山右叢書·二編

山右歷史文化研究院　編

上海古籍出版社

十二

目　録

樞政録・策寇

〔明〕張鳳翼　撰

李　蹊　點校

孫忠靖公全集

〔明〕孫傳庭 撰

王欣欣 點校

慎守要録

〔明〕韓　霖　撰

白　平　王　磊　點校

樞政錄・策寇

〔明〕張鳳翼　撰

李　蹊　點校

點校説明

　　《樞政録·策寇》，乃張鳳翼（其生平見本編《句注山房集》點校説明）於任明末兵部尚書期間的奏疏，從題目《策寇》可以看出，這些直接上奏皇帝的題本，是朝廷兵部提供給崇禎帝應對農民起義策略的建議或意見，每一題本都有崇禎帝的批復，也就是説，崇禎帝每一次決定對農民起義軍（所謂"流賊"或"流寇"）采取的措施，都是從張鳳翼主持的兵部提出、由崇禎帝批准，再由兵部下傳到執行某一措施的某個地方政府或駐扎在某地的部隊，遵照執行。雖只有五卷，即崇禎六年七月到十月（卷三）、崇禎七年正月到三月（卷五）、崇禎八年正月（卷八）、崇禎八年二月（卷九）、崇禎八年三月（卷十），還是能夠看出明王朝面對這場農民大起義的態度、策略，也能夠從朝廷的角度比較清晰地看出明王朝最終垮掉的部分原因。

　　顯然，這對於研究明末農民戰争抑或研究明末歷史，都是一部具有重要價值的真實的第一手資料。

　　本次整理所用本子是現藏國家圖書館的孤本，圖書館著録爲明代刻本，其根據蓋書中對清人所諱字如"玄"、"弘"、"虜"、"奴"等字，均不諱，而對明光宗朱常洛之"常"字則一律諱而作"嘗"。但從字體上看，又與明末一般所刻個人集子絶不相類，似非民間書坊所爲。從書名上看，當屬《鴻猷録》、《罪惟録》一類類編書籍。如以《鴻猷録》例之，則《樞政録》所收文章，當不僅僅是崇禎朝一朝之文，也應該不僅僅"策寇"一類，更不僅僅只收張鳳翼一人之作。但其全貌已不可見，其内容亦不可懸擬。

需要説明的是：一、此次點校中，發現原書目録稱《策寇》卷九部分共四十七疏，但實際只有四十六疏，大約是原書編者統計錯誤。二、原書卷三目録缺失前七題，今據原書卷五標題方式，將原缺目録按正文補足。三、今所見殘卷，其目録爲分卷目録，不知原書有否總目録。今仍保存其分卷目録，爲方便讀者，於書前依卷次列出總目録。四、個別奏疏有殘缺者，則於校勘記注明。五、凡原書模糊不可辨識及破損造成的空缺處，一律按其所缺字數，以□標出，第一次出現時，以校勘記方式説明，以下不再出校勘記。五、原書表示尊敬之抬頭、靠右側表示謙卑之小字（如自稱"臣"）等處，一律按今之正文字號排版格式處理。六、原書之明人忌諱字，第一次出現處，改爲常用字並出校勘記，下文則徑改，不再出校。

樞政録・策寇卷三

崇禎六年七月起，十月終止[一]。

賊衆據險疏

兵部尚書張鳳翼等謹題，爲賊衆據險流毒，生民塗炭不堪，官兵勢寡，策應乏人，謹述聞見情形，并陳芻蕘臆見，懇祈聖明速賜裁斷，以蚤解倒懸，以奠安金湯事：

職方車駕清吏司案呈，奉本部送，兵科抄出，總督京營襄城伯李守琦等題前事等因，奉聖旨："監紀内臣著楊進朝、盧志德去，倪寵、王樸，准加總兵職銜，每營内外二臣，准共敕一道；内庫賞功銀各五千兩，紅段一百疋，紅布三百疋；馬每營三百匹，健丁每營三百名，箭每營一千五百把。内臣仍給關防，餘著該衙門查酌速覆，限二日内具奏。"欽此。欽遵抄出，到部送司，案呈到部。除請監紀敕書、關防等項奉有明旨，無復再議外，如請給旗牌、安家鹽糧、出征公費并火炮器藥等項，聽户、工二部議覆。又請空札、勘合、火牌，相應照例給發。若正體統、專事權、定賞格、廣謀益、請西馬馱驟諸款，臣部謹逐款覆於左。

計開：

一、正體統

前件，看得馭世機權全在賞罰，賞必當功，罰必[二]當罪。如未有功而先賞，猶未有罪而先罰也。將梯榮者競起凌躐之思，樹績者並生觖望之嘆，非所以示勸也。京營倪寵、王樸未出國門，先請加銜，奉成命矣，臣部何敢復有爭執？但二將履歷亦稍不同，在倪寵，剔[三]歷邊疆，數任京俸，六年勞勩委深，即升總兵非過。在王樸，原無實歷，副參之任累次叙加，多從其父分。推京營僅逾半年，即以府銜出征，人亦孰能輕之？而又求加總兵，恐無以厭人望。今左良玉、李卑皆身經百戰，尚守副將之銜；鄧玘稍有損失，已受戴罪之罰。使聞王樸之儼然總兵，而能無解體？今成命既難反汗，合無將倪寵加總兵之秩，其王樸仍以原官統兵赴剿，俟有成績，另行題覆，庶賞不濫及而行間諸將俱知所激勸矣。伏候聖裁。

一、專事權

前件，看得用兵有分有合，機難豫之。當其分，一營之將與一營之監視自爲謀斷，因無所容其旁撓。設當其合，則各營之將與各營之監視互爲謀斷。斯時亦當有參和調劑之用，而巡撫提衡全省，相機呼應。難謂除領兵內外二臣外，不得容其調度也。前奉明旨，原有聽該撫監調度協同剿賊之文，則凡緊要機宜，仍應聽該撫監商酌進止，不得妄分畛域，致悞軍機也。伏候聖裁。

一、定賞格

前件，查得正德七年題准征剿流賊事例，擒斬渠從，升賞有差。至十年，又題准升賞事例，止言緝捕而不言擒斬，蓋因當時多殺良冒功，所以重在戡定而不重在割級也。今斟酌于二例之間，如擒斬有名劇賊，如紫金梁、老回回[四]之類，當查核明確，照七年例升賞。其餘脅從，果係就陣俘獲生功，應照十年例升賞。若夫兩軍對陣，追逐殺傷，須該地方官驗明核實，酌量給賞可也。是在諸將帥毋縱賊，毋貪功，早奏蕩平，以廣皇上好生之德耳。伏候聖裁。

一、廣謀益

前件，看得軍中奏帶原舊典所有，果謀勇可使之人，何不可羅致幕下？但近時每有見在提問罪弁，竟不對薄，而投充效用，如閻雄、牟海龍輩，則大非法紀；又有足迹未到軍前，而叙功列名者，皆屬冒濫。此又當慎擇而委用者。伏候聖裁。

一、請西馬

前件，看得所請西馬，業奉有"每營三百匹"之旨，第查太僕寺見在茶馬，總計不及三百，且又皆節次挑選下乘，恐不堪騎征。若調派必需時日，或請於近日買到西馬，存留御馬監之內，就便照數挑給，庶有濟于急耳。

又一款內稱，一應炮藥、鉛子等項，須用壯騾馱載，方濟急需。計算前項，每營約得騾二百頭，應發官銀速買。

前件，看得軍兵見已戎行，臨時而索二百之壯騾，倉卒何以湊集？合一面行令太僕寺動支庫銀四千兩，速給該將分發，各把自行買騾，完日，將匹數報部銷算可也。器仗、火藥聽臣部與工部照例撥車，沿途解運。再照豫之援師原有川、昌兵一萬，繼以潞、陽之二千，又益以京營之六千，加以本地之鹽營、毛兵，亦逾萬人，合之且三萬兵力，不薄矣。兼有火器、盔甲，與賊之徒恃挺刃者又不同。第須諸將協心戮力，無倖敗而撓成，毋趨利而避害，分頭搜搗，左右夾攻，未有不蕩滅之理。若晉中雖前報稍緩，而近且報破和順縣矣，又報破井頭等十一山寨矣，則賊勢尚自狼狽，李卑一軍斷難舍晉入豫。伏乞敕下，仍留晉地，俾盡力窮搜，俟西賊盡靖，方可趨赴中州。若中州乘勝長驅，逼賊入晉，則川、昌、京旅亦當尾後追殺，務令三省肅清，方不負聖明鄭重之遣與會剿之旨耳。敢因具覆而并及之，伏乞敕下施行等因。

崇禎六年七月初一日具題，初二日奉聖旨："加銜還遵旨行。用兵緊要機宜，聽該撫監同心商確，併賞格重在殲渠。選帶謀勇，不許濫冒，俱依議。所請西馬騾頭，另有旨了。李卑兵已經調發，若倏調倏止，成何樞政？且近日保、晉兩撫俱有協剿之疏，如果賊逼入晉，正當合力扼殲，乘勢蕩掃。朝廷總責成功，緩急進止，不必遙制。"

遵議亟調邊丁疏

兵部尚書張鳳翼等謹題，爲遵議亟調邊丁事：

職方清吏司案呈，奉本部送准京營總督李守琦等手本前事等因，到部送司，案呈到部。看得京營前疏所稱健丁，蓋二將之家丁，非邊鎮之夷漢丁也。今據來咨，一調之于宣，一調之于薊，則仍是邊鎮夷漢丁，非疏中健丁之本來面目矣。夷漢丁先已奉旨不許調，而此時秋防奴警，邊鎮方苦兵單，可復輕動乎？流賊與登州之叛卒强弱迥異，凡官兵遇之，無戰不勝。但以蜂蟻散漫，而我偵探之不先，險要之不扼，約會之不齊，致其縱橫四逸耳。非真勇怯不如，多寡必相當而後可勝也。今二將所領六千人，皆火器妙手，誰是弱卒？而數外又須健丁，即須健丁，仍選之于標下，豈無投石超距之士，而必調邊兵？臣等以爲二臣家世宿將，所蓄養健兒固當不乏，如必待邊兵而後赴敵，亦無爲貴請纓矣。東西夷虜交訌，驍健萬難輕調。既經移會前來，相應題請，合候命下，遵奉施行等因。

崇禎六年七月初三日具題，初四日奉聖旨："著該撫監酌量，併查空閒[五]的發與。"

官兵拚命破賊

兵部尚書張鳳翼等謹題，爲官兵拚命破賊窮追，勞苦已極，謹報剿殺情形，以慰睿慮事：

職方清吏司案呈，奉本部送，據陝西臨鞏總兵官曹文詔塘報前事等因，到部送司，案呈到部。看得轉戰窮追連日，夜不解甲，可謂良苦，雖斬級不滿百，計賊之死溝澗者不少矣。但萬山深處，爲遁逃藪，終未能清蕩。出奇設伏，早奏膚功，是在該鎮努力以報聖明耳。既經塘報前來，理合具本題知等因。

崇禎六年七月初四日具題，初六日奉聖旨："據奏，官兵追賊情形，亦見用命。還著鼓銳窮搜，出奇剿擊，務期蕩掃，以奏成功。毋得疏懈，致令復逞。"

狡寇再謀邑城疏

兵部尚書張鳳翼等謹題，爲狡寇再謀邑城，官兵出奇預截，大破狂氛，擒斬原賊首惡，馳報捷音，少伸兵威事：

職方清吏司案呈，奉本部送，據鎮守山西總兵官張應昌塘報前事等因，到部送司，案呈到部。看得據報張應昌冒雨入山，追撲賊營，斬級至一百三十餘，且有大小賊首四十餘顆，亦不可謂無功也。近見監臣疏，稱應昌尚駐寧武，調之不來，而觀此則在榆社殺賊，不在寧武也。其時亦有內臣之把牌王承詔督陣，當非飾說捷功，俟勘明彙叙。既經塘報前來，理合具本題知等因。

崇禎六年七月初五日具題，初八日奉聖旨："這官兵追獲捷功，亦見勞勣，著巡按御史查明彙叙。張應昌，已有旨了。"

塘報賊情疏

兵部尚書張鳳翼等謹題，爲塘報賊情事：

職方清吏司案呈，奉本部送，准河南巡撫玄默塘報前事等因，到部送司，案呈到部。看得此報乃六月二十二至二十六日內剿賊之情形也。固無挫折，亦無大勝。據該撫稱，賊已分南北二路，川、昌二帥亦分南北應之，則相背而馳，夾擊之舉，終未有期也。頃據晉撫許鼎臣咨，偵得賊分兩股，而進剿之路亦較若列眉。倘豫撫如約夾攻，則蕩平可計日待已。既經塘報前來，理合具本題知等因。

崇禎六年七月初七日具題，初八日奉聖旨：“據報，賊犯淇、輝，鄧玘兵何不速行赴剿？該撫僅率官健、鄉兵追擊，豈能大創？還著嚴飭各將，併會同晉撫，設計合殲，毋得但事馳逐，致悞事機。”

流寇漸滅土寇當防疏

兵部尚書張鳳翼等謹題，爲流寇漸滅，土寇當防，預陳善後之宜，以固綢繆，以消反側事：

職方清吏司案呈，奉本部送，兵科抄出，山西巡撫許鼎臣奏前事等因。奉聖旨：“該部看議，具奏。”欽此。又該本官題爲特舉勇略名將，專任防河事等因。奉聖旨：“兵部知道。”欽此。欽遵抄出，到部送司，案呈到部。看得晉中流寇尚未盡殄，而土寇已復縱橫。賊何論流、土？爲害等耳。該撫善後之議，雖尚似早計，而究竟亦不可少。第合算其所添兵將之數，爲副總兵者一，爲守備者五，爲兵五千四百，爲馬一千。夫增兵何難，增餉爲難。雖云取之留餉，非增之額外，而晉中留此五萬餘金，即計部新餉中缺此五萬餘金矣，復于何處取償？此度其必難如議者。臣部以爲河防現有兵一千，即賀人龍所領秦兵也。宜權留人龍統領此兵，駐札青龍鎮，督率守、把等官往來巡守，則但處馬五百匹與之，而不必再增。蓋青龍鎮屬汾州，而汾已增設遊擊一員，亦自有兵，足供策應故耳。若五守備之議設于韓信嶺、南關、東烏嶺、柏井、中西川者，總係太原、平陽、澤潞之屬地，而太原舊有參將一員，所統軍丁二千四百餘名；平陽新設參將一員，所統平陽衛官兵三千員名；澤潞亦新設參將一員，所統潞州、寧山二衛官兵一千三百員名，均非安坐養閑之具也。若以韓信嶺責之平陽，南關責之澤潞，柏井、中西川責之太原，東烏嶺責之平陽、澤潞，三參將各以兵數百委守、把官，更番出信于其地，則兵將皆可不增而用之有餘矣。賀人龍雖有戰功，然尚一守備耳，遽議加副總、參將之銜，亦屬過當，宜加都司僉書銜，料理防河事，俟有成效，再議加秩未晚也。既經奉旨“看議”，相應覆請，合候命下，遵奉施行等因。

崇禎六年七月初六日具題，初十日奉聖旨：“據奏，青龍鎮及韓信嶺等處，俱原設有兵將，即著責成各將分信防剿，不必議增。賀人龍准加都司僉書，料理防河，俟有功另叙。”

湯九州塘報疏

兵部尚書張鳳翼等謹題，爲塘報事：

職方清吏司案呈，奉本部送，據河南協剿加銜副總兵湯九州塘報前事等因，到部送司，案呈到部。看得湯九州統兵南下，正當銳氣方新之時，據其冒雨渡河，選快遠探，固有勝算在其胸中，而步兵立營，以爲犄角之勢；精銳追殺，以樹掩擊之奇，亦饒具調度者。其報稱，腰斬一賊，射殺混天王一賊，又斬首八顆。合候該撫按查明彙叙，而被掠六名恐係良民，應聽該撫審明發落。其陣亡及水傷軍丁，統候查明，分別議恤可也。既經塘報前來，理合具本題知等因。

崇禎六年七月初九日具題，十一日奉聖旨："據報，遠探襲擊，兼殲賊渠，湯九州亦見勇略。還著會同各將，奮鋭協殲，刻期蕩掃。有功員役，查明彙叙。餘依議。"

官兵屢戰屢勝疏

兵部尚書張鳳翼等謹題，爲官兵屢戰屢勝，飛報大捷事：

職方清吏司案呈，奉本部送，准河南援剿總兵官、今戴罪鄧玘塘報前事等因，到部送司，案呈到部。看得此報得獲馬騾驢三百餘匹，救出難民婦女千餘口，即稱大捷矣。然而濟源之戰，賊擁衆攻營，我僅能以炮火自衛，實未嘗一矢加遺也。不然，何賊拔老營遠遁，竟不敢窮追？既云"追至曲陽村，賊衆潰敗，尸橫滿地矣"，何又無確數，而第以"不許割級"之説飾聽聞哉？該鎮奉夾剿之明綸，未見一大創，寇之平也何日乎？相應約晉中兵將出奇制勝，早靖妖氛，庶免聖明南顧之憂耳。既經塘報前來，理合具本題知等因。

崇禎六年七月十二日具題，十五日奉聖旨："已有旨了。追剿事情，著該巡按御史查明具奏。"

塘報賊情疏

兵部尚書張鳳翼等謹題，爲塘報賊情事：

職方清吏司案呈，奉本部送，准河南巡撫玄默塘報前事等因，到部送司，案呈到部。看得流賊東擊西奔，原無定勢，非數大創之，無以收蕩平之效也。今據該撫所報，除湯九州已經臣部具奏外，如六月二十九、三十日，據李世翰等所報，擒斬之賊未有過五名者，而鄧玘所報云："砍死無數，尸橫遍野矣。"試問玘：遍野之尸骸果安在哉？夫流賊動以千萬計，即斬獲四五級，不過九牛一毛，而況概無斬獲，乃稱全勝乎？今賊雖退入胡嶺，而夥類、渠魁依然在也。宜敕該撫，督勵道將，以殲剿至盡爲功，毋得以驅逐出境遂爲了局。至諸將實籍，該撫聯絡鼓舞，何處結營，何處設伏，何處用正，何處用奇，仍與晋撫同心共濟，刻日夾攻，而後可以言破賊之事。不然，東馳西騖，徒疲兵力，賊之平也恐無日矣。既經塘報前來，理合具本題知等因。

崇禎六年七月十四日具題，十五日奉聖旨："報內剿賊情形，止辦堵逐，未見大創，豈得輒誇全勝？該撫調度何在？還著遵旨嚴飭各將，鼓銳設奇，仍會同晋撫，協力夾剿，不得玩寇流毒。"

豫寇渡彰踞逞疏

兵部尚書張鳳翼等謹題，爲豫寇渡彰，踞逞附黨，豕突可虞，督兵分路堵擊，以遵"相機扼剿"事：

職方清吏司案呈，奉本部送，據保定總兵梁甫塘報前事等因，到部送司，案呈到部。該臣等看得梁甫聞報，不知何日而其赴義城也，在前月二十八日，此時救焚拯溺，何遑請日興師，而于初三日乃督兵起行耶？據其取道礦山，去賊止三十里，何賊拔營晝遁，未聞一矢加遺？窺甫之意，止謂賊在鄰封，可膜外置之，不思"協擊"之明旨炳如日星，何得泄泄從事，養寇遺患乎？宜敕該撫，一面督催進剿，如再玩延，并行一體論治者也。

既經塘報前來，理合具本題知等因。

崇禎六年七月十六日具題，十九日奉聖旨："梁甫聞報，累日申請發兵，又止驅逐出境，不行追剿，殊屬玩怯。本當論治，姑著策勵辦賊，再有延違，一併參究。"

流寇突犯武安疏

兵部尚書張鳳翼等謹題，爲流寇突犯武安，官兵拚命力戰，剿殺大勝，恭報捷音，仰慰聖懷事：

職方清吏司案呈，奉本部送，兵科抄出，河南巡按曾偶題前事等因，奉聖旨："該部看議具奏。"欽此。欽遵抄出，到部送司，案呈到部。看得流賊突犯武安，屠戮我生民，焚掠我村鎮，虔劉我將領，該道力守孤城，勢同累卵，使非撫臣檄各鎮赴援，武安之禍尚忍言哉！斯時也，賊雖遁去，尚思再逞；五將所北，一朝未反，正臣子荷戈飲血之時，何得言功？然賊鋒所縣挫折，則不可謂非左良玉力也。使芮琦等少需以待，合兵夾擊，亦何至斃于賊手？惜哉！左良玉現在剿賊，膚功有待，尚容彙叙。芮琦罵賊而死，臨難猶能手刃數賊，忠勇可嘉，相應贈卹。白獻彩、王繼統、劉景耀後先死敵，當與陣亡兵丁郝才、王進忠等分別議卹者也。前撫臣樊尚燝倉卒馳報，未及致詳。據查，固無別情，爲法亦當受過。道臣祝萬齡、推官董有成、知縣張國柱，雖城守無恙，而地方已殘，均聽吏部處分。知州史欽明，查無失事，知縣趙永隆已經參處，俱應免議。

既經具題前來，相應覆請，合候命下，將原任遊擊芮琦贈署都督僉事，照衝鋒陣亡例，子孫襲升二級。查係肅州衛指揮僉事，應加指揮使加銜。守備王繼統、千總白獻彩、中軍劉景耀，

俱照死鋒鏑例，褒三等，各贈都司僉書，俱係流官。陣亡兵丁郝
才、王進忠等，行該撫按確查名數，照例議恤。樊尚爍、祝萬
齡、董有成、張國柱，聽吏部議處等因。

崇禎六年七月十七日具題，二十日奉聖旨："芮琦准贈署都
督僉書，子孫加指揮使世襲。王繼統等三員各贈都司僉事。郝才
等，該撫按查明，例恤。樊尚爍等四員著吏部議處。"

豫地出師失利疏

兵部尚書張鳳翼等謹題，爲豫地出師失利，謹據實糾參，以
聽聖明處分事：

職方清吏司呈，奉本部送，准山西巡撫許鼎臣咨前事，又據
陝西總兵官曹文詔揭前事等因，各到部送司，案呈到部。該臣等
看得晉中撫臣奉"協擊"之旨，即發鎮臣前往，復移駐澤州，
以待馳援，可謂切同舟共濟之誼矣。但查晉地近日情形，如交、
文則有王剛，靜、臨則有剪毛，汾西則有降丁等賊，頃和順之失
又見告，是賊之伏莽深山者，尚繁有徒也。該撫前奉有"安邇及
遠，不得反疏內顧"之聖旨，似應先固堂奧，而後可下甲天中。
今據報，曹文詔業已發兵，而豫撫止之無去，則不必疲于奔命，
使兩悞軍機。已計晉撫當嚴兵境上，鼓勵諸將，盡掃根株，然後
一力向豫，而豫撫亦應聯絡調度，乘機夾擊，毋第賊來拒堵，曾
不敢出奇制勝，以一矢加遺也。既經咨揭前來，相應題請，合候
命下，遵奉施行等因。

崇禎六年七月十七日具題，十九日奉聖旨："豫賊狓猖，晉
撫鎮約期會剿，正當乘勢合殲，玄默反移咨相阻，是何情繇？著
自行回奏。仍著鼓勵各將，聯絡應援。設奇協擊，亟圖蕩掃。如

再玩泄，致失事機，必罪不宥。其晉中伏擊，著許鼎臣一面料理，務絕根株，以靖地方。至進止緩急事宜，聽該撫鎮相機調度，不必遙制。"

敷陳剿堵情形疏

兵部尚書張鳳翼等謹題，爲敷陳剿堵情形，展布持循機局，謹致保薦大帥以重事權，請益兵馬弓矢，以資蕩平事：

職方清吏司案呈，奉本部送，該山西、河南監紀太監陳大金題前事等因，奉聖旨："據奏，鄧玘兵土樵，幾致失事。濟源分堵賊路，仍令遁逸，與前報連捷情形殊異。還著該監按查明，據實具奏。其南渡沿河處所，著督飭該道將有司嚴行防截，毋致疏虞。餘著該部酌議，速覆。"欽此。欽遵恭捧到部送司，案呈到部。除一面行該監按查明情形，據實具奏，并沿河處所著督飭道將、有司嚴行防截，毋致疏虞外，該臣等看得左良玉剿賊懷、衛，頗著聲名，且其師出有律，經過地方秋毫無犯，賊畏其威，而民懷其德，誠卓然登壇之選也。但其名位猶與諸將相埒[六]，無以節制各營，收其臂指之用。合無俞監紀之請，准加都督僉事職銜，充總兵官。其湯九州、周爾敬與本協三營兵馬屬其調遣，庶責成專而聲勢赫，可立收蕩平之效矣。至于馬匹以備追逐，而上駟多乘難以遽覓。查鄧玘營，原係步兵，且川兵南人，乘馬亦非素慣，近玘數與賊遇，未見有雷轟電逐之奇，原請馬匹幾爲無用。合無令該撫監查玘現在馬若干，留三分之一以備該營撥探、將領騎乘，其二分盡交良玉，以爲衝擊之用，毋得爭執，致悞軍機者也。至弓矢三千副，應聽工部酌發。既經奉旨酌議，相應覆請，合候命下，遵奉施行等因。

崇禎六年七月十八具題，二十一日奉聖旨："左良玉方在征剿，還候事平彙叙。馬匹著該撫另行措給，不必移用。"

晋寇巳去而復來疏

兵部尚書張鳳翼謹題，爲晋寇巳去而復來，晋民將生而又斃，懇乞聖明速爲拯濟，以固殘疆事：

照得晋中賊多兵寡，地廣防疏，以曾不滿萬之官兵，敵二三十萬之强寇，數不勝也。八百里太行，無處非其嘯聚，州城縣治多設於山澗之中，邈難防也。兼以有司所在偷安，漫不爲備，而將吏復苟塗耳目，未嘗實搗賊巢。故四年以來，破州者二，破縣者七，其名村大集、巨鎮雄莊以及小社孤村，靡不焚屠欲盡。舉九十餘郡邑，不被兵燹者，僅三五處耳。假令有鄭監門繪圖以獻，我皇上必有惻然痛悼者。前此，賊野無所掠，流入中州，子遺稍稍息魂。撫臣遂上善後之疏，即臣鄉父老亦幾幸一日之安矣。乃無何而報和順失，未幾而又報樂平陷。然則所謂"蕩平"者安在哉？今據監紀謝文舉疏稱，河南賊巳遁入山西；而曹文詔亦報，七月初三日，從陽、沁飛往絳州絳縣等處援剿，張應昌既受監視撫臣之調度，俾控扼太原，又爲監紀招呼，遠赴潞安之約，以致寧兵潰散，恢剿無人。計此時豹五、王剛、剪毛諸寇，不知如何肆掠，而垂危之城郭恐不能旦夕支也。夫天中既巳無賊，左良玉勢難株守，當從萬善驛直走澤州，與曹文詔兵分頭夾擊，庶渠魁脅從殲散有期。若鄧玘兵紀律不嚴，怨聲載道，但責守緊關隘口，使賊不得南下，固愈于詛咒相聞也。其禁旅六千，原奉天討賊，今豫州賊緩，則兩大帥不宜並走無賊之方。倪寵一軍似應繇固關入晋，聲靈所播，西可以安澤、潞，而東可以應彰、懷。此因敵變化，又策之最上者也。臣鳳翼謹瀝血控陳，伏祈皇下[七]垂慈省覽，如果臣言不謬，敕令左良玉、倪寵相賊所在，赴晉夾攻。其應用行糧，責各該州縣多方借給。如軍丁不法，亦當嚴覆鎧之條。至師行日費千金，況四年乎？晉人皮盡毛空，猶難滿望，竊恐土崩瓦解，將益不可爲已。蠲免發棠，萬不容已。臣尚當補牘乞恩，以救此一方黎庶。臣無任激切待命之至等因。

崇禎六年七月十八日具題，十九日奉聖旨：“卿職任中樞，兩省賊情宜密遣的當員役，確探消息，從長打算，以便提衡。何得但憑塘報，忽稱晉賊稍緩，又忽稱天中無賊，總屬臆揣。且兵機呼吸，各將進止，豈得一一遥制？晉賊仍著責成張應昌、李卑、艾萬年等僇力協殲。倪寵等俟赴豫，視賊緩急，相機行事，併左良玉俱不必輕調。”

漕運咽喉所在疏

兵部尚書張鳳翼等謹題，爲漕運咽喉所在，賊久垂涎，津門扼要之區，兵宜振刷，謹陳三略，仰祈聖明立賜施行事：

臣聞植木者先培根本，療病者先衛腹心。今國家之根本腹心，天津是也。蓋以數百萬漕粽於兹轉運，京師之命脈關焉。往者，奴踞盧龍，叛逆白養粹等曾教以據天津海道，會臣用間，殺之不果。兹孔、耿二賊既借奴以攻襲旅順，亦安能張頤待哺于奴？勢必整撊戈船，竊窺糧道。近則犯覺華之島，遠則闔直沽之津。漕運外淤，則咽喉中梗，不可不皇皇策也。

維今之計，一在復額兵：查天啓元年，因奴氛孔棘，天津募主客兵二萬，年來漸減漸裁，止得七千餘耳。今春會議計部，僅許增八百之餉。海壖千里，處處宜防。兵不滿萬人，分之則爲力愈薄，合之則無地不瑕。此二萬額兵即不能一時補足，一萬五千之數斷不可少也。

一在補戰船：查天津昔防倭警，鎮海等營有兵船一百五十餘號，嗣以鯨波告息，兵省而船亦散逸。頃者，合全力以援登，曾不滿三十餘隻，再爲颶風所損，强半化爲烏有矣。奴叛畜謀叵測，方索戰艦于朝鮮，而我不急備艨艟，其何以遏方張之焰？頃撫臣鄭宗周請造船五十隻，猶存乎見少，相應完一百五十之數，以備征援，是當敕該撫速行估計，刻日造買者也。

一在築炮臺：奴虜之技，野斬其所長，水戰其所短，衹慮逆賊勾引，挾屬國供給艅艎，驅島衆以充戰士，一旦乘風破浪，出没于津關海口之間，則我之内地危矣。查先年倭變時，關津一帶，自樂亭、寶坻以泊靜海、鹽山等處，俱有烽臺，應敕該撫臣相度舊基，一一修復。多貯火器于内，更募善手點放，或以火箭燃其帆蓬，或以大炮碎其鷁首，使舟不得登岸，則技無所施，而運道可恃以無恐矣。

以上三事皆緊要之著。兵餉屬諸户部，即移養旅順者養之，可無煩另議。船價取于水衡，即以借圊寺者還之，亦不費措處。修築責之班軍，天津通津與夫德州俱堪派撥。此三者大利大害所關，止爭先後之著。早一日，即厎一日之績；緩一日，即貽一日之憂。臣等終夜彷徨，再三籌劃，計必出此而後根本不摇，腹心無恙。安京師以安天下，諒户、工二部有同心也。伏乞聖明立賜允行，封疆幸甚等因。

崇禎六年七月十九日具題，二十日奉聖旨："津門重地，固防、增兵、補船，洵屬急務，但兵餉、船價亟宜措處，還會同户、工二部詳議妥確，速奏。其炮臺著該撫審勢緩急酌行。"

逆賊被追復入豫境疏

兵部尚書張鳳翼等謹題，爲逆賊被追復入豫境，官兵奮勇截殺，大獲全捷事：

職方清吏司案呈，奉本部送，據河南援剿總兵官、今戴罪鄧圯塘報前事等因，到部送司，案呈到部。看得流寇東西奔突，忽晋忽豫，未有定向。今復出濟源，我兵奮力堵回，地方倖免荼毒矣。但遁逃之餘，黨孼固在，所當力圖搜剿。晋豫鎮將俱不得畫疆而守，耽延養寇者也。至于斬獲首級并男婦子女，未有確數，統俟該撫監按查明彙叙。既經塘報前來，理合具本題知等因。

崇禎六年七月二十六日具題，二十八日奉聖旨："已有旨了。"

入豫協剿連獲全勝疏

兵部尚書張鳳翼等謹題，爲遵旨入豫協剿，連獲全勝事：

職方清吏司案呈，奉本部送，據臨鞏總兵官曹文詔塘報前事等因，到部送司，案呈到部。該臣等看得曹文詔三戰三捷，足以寒賊之膽。擒斬功級應俟該撫監按查明彙叙。但賊既奔入晋地，晋中撫鎮當奮銳剿殺，而鄧圯亦應擐甲直趨，合力夾擊，毋得株守豫界，徒老我師可也。既經塘報前來，理合具本題知等因。

崇禎六年七月二十八日具題，二十九日奉聖旨："捷功彙叙，已有旨了。屢戰雖有斬獲，然賊往來晋豫，飄忽靡常，徒事馳逐，何繇勘定？著兩省該撫監鎮選銳密偵，設奇合擊，務期一鼓蕩平，以底成績。京營官軍併著速催前進會剿，不得遲延。爾部即行馳諭。"

官兵赴豫協剿疏

兵部尚書張鳳翼謹題，爲官兵赴豫協剿，三戰三勝事：

職方清吏司案呈，奉本部送，據陝西臨鞏總兵曹文詔塘報前事等因，到部送司，案呈到部。看得漢高城，豫州地也，在陣斬獲共一百九級，應聽豫撫按查明彙叙。但文詔素爲晉豫諸賊所憚，行已整轡雲中，賊必有狡焉復逞之意。李卑已署鎮事，居然大帥旌旗，當鼓勵三軍，立奏蕩平之績，毋徒觀望，自墜厥聲，致隳後效可也。既經塘報前來，理合具本題知等因。

崇禎六年八月初七日具題，初八日奉聖旨："曹文詔所報捷功，着查明彙叙。賊氛尚熾，李卑署鎮方新，着鼓勵將士，速圖殲剿，以副委任。"

塘報賊情疏

兵部尚書臣張鳳翼等謹題，爲塘報賊情事：

職方清吏司案呈，奉本部送，准保定巡撫丁魁楚塘報前事等因，到部送司，案呈到部。看得流寇爲晉、豫所逼，勢必轉趨畿輔。據報，楊家莊口、贊皇等口，俱各有賊，是已近薄井陘矣。該撫督勵道將，奮力擊剿，務奏全捷，勿得稍有疏悞。而晉豫兩撫亦宜偵賊所在，遣將邀擊，毋使其奔竄蔓延可也。既經塘報前來，理合具本題知等因。

崇禎六年八月初八日具題，初九日奉聖旨："據報，賊逼井陘，始行調援，平時偵備何在？即着該撫嚴督道將，戮力奮剿。如有疏誤，必罪不宥。仍着晉豫兩撫遣將扼擊，共奏蕩平，不得畫境玩視，致賊遢蔓。爾部速行馳飭。"

鄰封盜警疏

兵部尚書張鳳翼等謹題，爲鄰封盜警，據報上聞事：

職方清吏司案呈，奉本部送，兵科抄出，河南巡撫玄默題前事等因，奉聖旨："永、夏二邑，大盜焚掠，全無剿禦。地方官疏玩殊甚，何得但借鄰境掩飾？王廷賓等併夏尚忠俱著議處，仍著戴罪，勒限緝賊自贖。前饒京疏稱，蕭縣等處報，擒大盜若干，何尚爾猖獗？著玄默移會該撫按，嚴飭道將，協力捕剿，不許彼此互諉，致滋流毒。睢陳道臣已有旨了，該部知道。"欽此。欽遵抄出，到部送司，案呈到部。除咨行該撫按欽遵外，看得大盜竊發於蕭、碭，而貽禍於夏、永。雖省直隔界而失事，地方印捕各官，豈得以盜有蘇來，輒可自逭疏玩？此明旨所以切責豫撫，謂不得借鄰境掩飾也。除王廷賓等應聽吏部議處外，其歸德守備夏尚忠防禦不蚤，擒獲無聞。又聞其賦性柔懦，兼不能乘馬，追奔逐北，非其所長。以處無事之地則可，而歸德不惟碭山之寇逼處茲土，且北臨大河，流寇實切震鄰，安可久留以愒地方？合無革任回衛，另推才幹之人，以資剿捕可也。至江北撫按，業奉旨嚴飭其責成該道將協力捕剿，諒不俟臣言之畢矣。既經奉旨議處，相應覆請，合候命下，將夏尚忠革任回衛，係世職等因。

崇禎六年八月十三日具題，十九日奉聖旨："是。"

塘報賊情疏

兵部尚書張鳳翼等謹題，爲塘報賊情事：

職方清吏司案呈，奉本部送，准保定巡撫丁魁楚塘報前事等因，到部送司，案呈到部。該臣等看得流寇方趨井陘，復薄沙河，分頭突逞，意在乘虛。今京兵業已抵順，倪寵、王樸二帥亦整隊入山，正當奮鋭衝擊，以奏首功。而在井陘者，宜責晋將夾剿。在沙河者，宜責豫將夾剿。該撫尤當鼓勵將士，直前追殺，不得借力他人，幾幸無事已也。既經塘報前來，理合具本題知等因。

崇禎六年八月十三日具題，十五日奉聖旨："已有旨了。"

飛報捷音疏

兵部尚書張鳳翼等謹題，爲飛報捷音事：

職方清吏司案呈，奉本部送，准山西河南監紀太監陳太金[八]塘報前事等因，到部送司，案呈到部。看得彭城鎮之戰，左良玉生擒十名，斬級一百一十三顆。又監臣陳大金親射一賊，割級一顆，生擒二名。其擒斬數内，有雪山虎等五渠魁在焉。此後益當奮鋭直前，設奇搜剿，務使窮寇無所竄匿，速奏廓清之功可耳。既經塘報前來，理合具本題知等因。

崇禎六年八月十三日具題，十五日奉聖旨："據奏，斬獲凶渠，亦見將士勇鋭。著查明彙叙，仍鼓勵殱剿，以奏全功。"

塘報奇捷疏

兵部尚書張鳳翼等謹題，爲塘報奇捷事：

職方司案呈，奉本部送，據京營援剿總兵官倪寵等塘報前事等因，到部送司，案呈到部。看得倪寵、王樸二將提兵南下，道值流賊，因撫臣丁魁楚、按臣衛景瑗手書公移，遂移師進剿。據報，斬級七十一顆，生擒四名，又救回男婦多名口，奪還馬騾等項多匹頭，軍聲可爲大振。獲過功級，俟撫按查明彙叙。又據報捷軍丁口供，倪、王二總兵已前發衛輝。查此時賊在磁州、順德之間，二將當趨師北向，與保鎮、天中之兵合力夾擊。前奉有"視賊緩急，相機行事"之旨，今急在畿輔，自宜還薄賊壘，早奏奇功可也。既經塘報前來，理合具本題知等因。

崇禎六年八月十四日具題，十六日奉聖旨："已有旨了。其合力夾擊事宜，著該撫監確偵賊情，相機剿援，不必遥制。"

剿賊情形疏

兵部尚書張鳳翼等謹題，爲塘報剿賊情形事：

職方清吏司案呈，奉本部送，准保定巡撫丁魁楚塘報前事等因，到部送司，案呈到部。看得賊之緜武安趨册井也，童維坤當其首鋒，據其列陣堵截，火炮衝擊，宜大獲全勝，而斬將搴旗未之聞焉，徒令當先之胡汝順深入身没，良可悼惜！幸而會逢其適，禁兵便道邀擊，賊始一創，而武顯文等雖合力應援，然驅逐亦有微力，斬級實無絶績，今賊且分投西北去矣。暫送出境，且夕可以粗安，而被攻重來，蔓延正無已時。該撫當與晉豫撫臣密相期會，不徒堵賊而圖剿賊，庶賊勢其有衰止，不然各顧目前，以鄰爲壑，蕩平何日之有？至于童維坤統兵若干，當汝順從敵之時，何不悉甲馳救？在汝順死事當恤，而維坤觀望不前，亦應戴罪自贖，如不效，併論不宥已。此一役也，總鎮梁甫不知屯札何處，接應何方，建大將旗鼓，而賊兵壓境，漠漠無聞若此乎？宜敕該撫一并查明，請旨定奪者也。既經塘報前來，理合具本題知等因。

崇禎六年八月十八日具題，二十日奉聖旨：“流賊奔突，屢旨嚴防銳剿，何又以失援殞將？若非京軍迎擊，安得被挫驚遁？暫逸必當復逞，着該撫密約晉豫二撫，設謀殲掃。母〔九〕但以驅逐出境便爾偷安。童維坤不行救援，梁甫漫無剿禦，是何緣故？該撫按查明具奏。胡汝順即與議恤。”

重地單虛疏

兵部尚書張鳳翼謹題，爲重地單虛，隄防宜早，謹陳愚悃，仰祈聖裁事：

照得昌鎮，祖陵所在，通州漕運攸關，向年虜薄都城，人心震恐，維時設督治、設鎮臣、設新兵二萬，又調川、湖、真、保、關、陝之戍卒協防，可謂陰雨綢繆已。迨四城恢復，三輔解嚴，烽消燧息，於是官俱裁省，兵亦汰除。昌鎮新營僅取四千之數，通州募卒止留二千餘人。頃以流寇披猖，且盡調中州討賊矣。目今關外奴氛甚惡，斷我聲援，而大隊狂奔者，復隱形于西北。據報，黃崖口、潮河川等處，俱有夷馬交馳，萬一邊備少疏，如己庚故事，此肘腋重地，將誰與任干掫哉？臣等日夜思維，心膽幾爲墮地，欲撤左良玉、周爾敬等兵還鎮，河北之賊尚未蕩平；欲徵調他方，又無處不相尋于戰伐，再三商確，惟鄧玘兵可移。蓋玘已爲撫臣所參，復爲士民所詆，據本官稟揭，有不能一朝居者，既成水火之形，安望壎箎之奏？强留其地，徒啓釁端，不若調赴通、昌暫駐，以資防禦，實兩利之道也。蓋急而治標，其勢不得不出於此。然奴之興兵搆怨，既無歇手之時，而我之簡將儲戎，豈僅計及目前遂已？則兩鎮新定經制缺額兵馬，斷宜及時補完，而石砫土司見在之兵，亦宜先期檄調，此際緩不及事。蓄艾三年，猶可備一朝之用，不然，悠悠忽忽，日復一日，恐焦頭爛額無及矣。臣等謹激切奏聞，伏乞聖明睿斷施行等因。

　　崇禎六年八月二十四日具題，二十六日奉聖旨：“鄧玘兵著即調赴通、昌防禦，其補額檄調事情，還確議。另，奏内黄崖口、潮河川等處夷馬交馳，何未見奏報還？著確查來説。”

中原兵力愈厚疏

　　兵部尚書張鳳翼等謹題，爲中原之兵力愈厚，畿輔之衝突可虞，亟議兵餉，以固内地事：

　　職方清吏司案呈，奉本部送，准户部咨前事等因，到部送司，案呈到部。除留新餉事隷户部議覆外，該臣等看得畿輔重地，防衛宜周，真定有標兵八千，加以保鎮二千兵，已滿萬矣。然以之合力剿擊，若似有餘；以之分頭策應，又存乎見少。頃井陘賊逼於外，沙邢賊犯其中，該撫業鼓勵將士，戮力堵回。乃賊之眈眈窺伺，實未嘗一日相忘。目今天中除鄧玘川兵外，左良玉及禁旅與鄉毛兵，不下萬五千人，果能併力同心，掃蕩渠魁，亦易易事。周爾敬一旅，相應仍還順德，聽保撫調度。如彰懷有急，不妨出境救援。至於賞功銀兩，晉豫二省蒙皇上慨發帑金四萬兩。今畿南諸郡拱護神京，而令荷戈之士不獲同沾浩蕩，恐無以鼓敵愾之氣，或照例發帑，以示醻繢之仁可也。緣奉"酌議"之旨，相應覆請，合候命下，遵奉施行等因。

崇禎六年八月二十五日具題，二十九日奉聖旨："周爾敬兵，依議撤回，聽該撫調度。畿南重地，將士能殫力禦剿，應與賞賚。著太僕寺發銀一萬兩前去，以示鼓勵有功，不得侵冒。"

飛報大捷疏

兵部尚書張鳳翼等謹題，爲飛報大捷事：

職方清吏司案呈，奉本部送，據京營援剿總兵官倪寵等塘報前事等因，到部送司，案呈到部。看得河北兵力厚集，賊復進擾，畿南倪寵等提兵北剿，三面夾擊，出其不意，夜襲大營，奪獲龍旗，斬賊首一百三十五級，得馬騾牛驢羊一千五百三十有餘，且迅掃狂氛，直追至山西地界。官軍勇奮，足徵將帥調度之能。獲過捷功，俟撫按查明彙叙。仍乞敕諸將與晉豫聯絡聲援，搜山合剿，務殲渠散黨，早奏蕩平可也。既經塘報前來，理合具本題知等因。

崇禎六年九月十一日具題，十四日奉聖旨："已有旨了。"

設奇合剿疏

兵部尚書張鳳翼等謹題，爲設奇合剿，三獲奇捷事：

職方清吏司案呈，奉本部送，據保定總兵官梁甫塘報前事等因，到部送司，案呈到部。看得保定撫鎮自八月二十四日至九月初一日，於元贊、井陘等處會集官兵，沿山摻剿，設奇夾擊，共斬賊首一百六十一顆，賊衆遂披靡奔潰。該撫鎮可謂調度有方，諸將士亦稱用命矣。所獲功級，應聽巡按御史查明彙叙。據倪寵等塘報，所領官兵現在畿南討賊，該撫鎮亟當聯絡並進，早奏全功，毋狃零捷可也。既經塘報前來，理合具本題知等因。

崇禎六年九月十三日具題，十五日奉聖旨："這所奏將士捷功，亦見撫鎮調度有方。著查明彙叙，仍與京軍聯絡犄角，盡殲賊黨，速奏蕩平。"

豫地群寇復返疏

兵部尚書張鳳翼等謹題，爲豫地群寇復返晉境，大圖攻克，官兵伐謀伏追，保全畿南郡城，大獲功級，馳報捷音事：

職方清吏司案呈，奉本部送，據鎮守山西總兵官張應昌塘報前事等因，到部送司，案呈到部。看得張應昌爲監視臣劉允中所參，臣部已議鐫二級矣。今奔馳岩谷，力救孤城，且直抵真定之平山，斬賊首一百六十餘級，又收還男婦二十餘口，奪獲驢騾三百有奇，可謂東隅之失，桑榆之收矣。須努力成功，庶幾贖罪。至若三方夾擊，屢奉明綸，乃晉兵累次出疆，而豫保絶不見加晉賊一矢，然則綠林流毒無已時已。竊念晉嘗復清化、修武，豫亦當援陽沁、澤州。曹文詔曾解涉縣之圍，左良玉亦宜救潞城之急。張應昌既殺賊于真定之平山，梁甫胡不可偪寇于太原之平定？伏乞皇上嚴敕該撫鎮，兵力既齊，當速約師期，合謀奮擊，務必殲渠靖黨，早奏膚功。若仍是痛癢不關，畫疆自守，以致師老財匱，變故別生，殷鑒在滇秦，恐不能常[一〇]徼天恩也。既經塘報前來，理合具本題知等因。

崇禎六年九月十五日具題，十八日奉聖旨：“賊入畿地，晋兵追剿于平山，該撫鎮未見合力夾殲，是何緣故？著自行回奏。仍一面偵賊向往，或晋或豫，即密約師期，協謀奮擊，務速奏蕩平。如有畫地諉卸，縱寇流毒，定重治不宥。盂縣閉門不給糧料，玩誤殊甚，併查職名議處。這有功員役，著查明彙叙。”

賊情疏

兵部尚書張鳳翼等謹題，爲賊情事：

職方清吏司案呈，奉本部送，准山東巡撫朱大典塘報前事等因，到部送司，案呈到部。看得東省界連畿、豫，流賊充斥，隨處可以蔓延，況單縣接壤豐、碭，逼近黃河，地方印捕防守各官，尤宜同心偵緝，協力擒剿，爲桑土綢繆之計。據委官蕭正律及單縣知縣劉都各報賊至，統兵剿殺，不惟情形互異，亦意見相左。如劉知縣甫稱“地方平静，不用兵馬”，乃越宿而賊已至，及營兵協力剿禦，又云“恐貽口實”，何閃爍之甚也？同時共事，緩急不關，安望其靖萑苻而資保障哉？應敕該撫嚴飭地方道將，于各要害處所，無事嚴防，有警協剿，保境固圉，庶有攸賴耳。既經塘報前來，理合具本題知等因。

崇禎六年九月二十一日具題，二十七日奉聖旨：“賊方伺逞，該縣尚稱‘平静’，其泄玩可知。且所報情形與蕭正律互異，其中必有隱飾，著該巡按御史查明議處。仍嚴飭地方道將、印捕各官，悉心偵備，遇警協剿。如諉疏誤，參來重治。”

塘報賊情疏

兵部尚書張鳳翼等謹題，爲塘報賊情事：

職方清吏司案呈，奉本部送，准大同巡撫胡沾恩塘報前事等因，到部送司，案呈到部。看得靈丘、廣昌，乃大同屬縣也。其東爲宣府之延慶，其西爲山西之平刑，其南則倒馬、紫荆，爲畿輔門户。今賊肆行焚掠，蹂躪莊村，據報，沿路召人，且問宣府、大同路徑，意欲何爲？或畏懼邊兵，或意圖投虜，情殊叵測。雲撫當促檄曹文詔，簡精兵一旅，星馳靈、廣，速挫狂鋒。仍約會晋、保官丁，相機夾擊，務使凶渠授首，毋致流毒可也。既經塘報前來，理合具本題知等因。

崇禎六年九月二十三日具題，二十五日奉聖旨："賊情叵測，著曹文詔星馳進剿。仍約會山西、保定官兵，協謀夾擊，務殲凶黨，毋得延縱。"

飛報再捷疏

兵部尚書張鳳翼等謹題，爲飛報再捷事：

職方清吏司案呈，奉本部送，准保定巡撫丁魁楚塘報前事等因，到部送司，案呈到部。看得流寇復竄平、井、南北峪等處，總兵梁甫分路夾擊，斬首八十餘顆，緣將士用命，故賊鋒少挫，該撫鎮亦稱調度有方矣。有功員役應行巡按御史查明彙叙。至千總楊繡，奮勇直前，墜崖殞身，應照陣亡例，量行優恤。至狡寇雖堵出境外，仍宜鼓勵將士，設奇合擊，刻期搜剿，以奏全功，毋以鄰境爲壑可也。既經塘報前來，理合具本題知等因。

崇禎六年九月二十四日具題，二十六日奉聖旨："賊犯平、井，雖報有斬獲，然止辦堵截出境，未見大創，還著該撫鎮密約豫晉，仍鼓勵將士，設奇合擊，盡殲凶渠，不得但佟零級。楊繡，即與優恤。是否繇失馬墜崖，併有功員役，通著巡按御史確查具奏。"

塘報剿捷疏

兵部尚書張鳳翼等謹題，爲塘報剿捷事：

職方清吏司案呈，奉本部送，准河南巡撫玄默塘報前事等因，到部送司，案呈到部。看得湯九州半峪之捷，臣部先經入告。今偵賊住白村，屯集院房，官兵設計焚攻，復斬級一百一十二顆，生擒二十名，可謂勇奮矣。有功將士，候該按查明彙叙。據活賊口供，賊遁山西，豫寇漸就解散，但闖王一家賊，尚盤踞窺逞，政不可測。該撫當嚴飭諸將，協力搜剿，勿以屢報零捷頓弛兵力也。既經塘報前來，理合具本題知等因。

崇禎六年九月三十日具題，十月初二日奉聖旨："捷功著查明彙叙。賊踪飄忽靡定，還用計協殲，毋得狃玩勢衰，致乘瑕突逞。"

校勘記

〔一〕此句原書缺，亦依卷五格式補。前七個標題皆爲整理者依正文所補。

〔二〕"罰必"二字，原書爲雙行小字，當是漏刻一字，後補字，遂成雙行小字。

〔三〕"剔歷"難通，疑似"斁歷"之誤，見《文選》注引《尚書》，後多作"揚歷"。

〔四〕"回回"二字，原書從犬旁，蓋爲對少數民族之蔑稱。

〔五〕"間"，依文意疑似爲"閒（此處同閑）"字之誤。按"閒"字可讀作"間"，"間"字不可讀作"閒"也。

〔六〕"埒"，依文意，疑當爲"埒"字之誤。

〔七〕"皇下"難通，"下"爲"上"字之誤。

〔八〕"陳太金"，前文《敷陳剿堵情形疏》及下文皆爲"陳大金"，必有一誤，未知孰是。

〔九〕"母"，顯爲"毋"字之誤。

〔一〇〕"常"，原書作"嘗"，避光宗朱常洛之諱也。本書中"常"字，皆作"嘗"，下文一律徑改，不再出校。

崇禎七年正月起，三月終止。

流寇釀禍日深疏

兵部尚書張鳳翼等謹題，爲流寇釀禍日深，道撫防禦無術，謹據實糾[一]參併陳合堵之先圖，以破互諉之積習事：

職方清吏司案呈，奉本部送兵科抄出湖廣道監察御史林銘几題前事等因，奉聖旨："縱賊渡河，撫道責無可逭。玄默、李春旺已有旨了。淮郡等撫移鎮設防事宜，再行酌議，嚴飭張應昌，著圖功自贖，不效，法無輕貸。該部知道。"欽此。欽遵抄出到部。除咨行各撫按并札張應昌圖功自贖外，又於本月二十九日奉本部送，兵科抄出，兵科都給事中祝世美題，爲流賊已成破竹之勢，三楚切近剥膚之灾，灑血再陳，懇乞聖明速敕户、兵兩部，調兵留餉，以救楚危，以護陵寢事，奉聖旨："兵部看議具奏。"欽此。欽遵通抄，到部送司，案呈到部。看得流寇自秦入晋，又自晋入畿輔、中州，總緣背敵走虛，故所向無前，到處供其魚肉耳。向使會剿諸臣張合圍之網，四面堵截，勿以鄰國爲壑，賊即狡，豈能飛渡哉！乃計不出此而縱之渡河，流入南陽。沿江數千里，蹂躪之禍非小。臺臣林銘几謂："鄖撫宜揚兵襄、樊，防其入楚，淮撫宜掬旅潁[二]、壽，防其入吳，東撫宜簡練於清、濟、曹、濮之間，防其入齊、魯。"誠預遏狂氛之至計。除鄖、淮二撫臣部久已飛咨控扼，東撫亦見在綢繆，告戒叮嚀，所當再行申飭者也。至科臣祝世美復有調川兵之請，蓋以荆、襄爲蜀之門户，且踞楚上游。徵檄一至，順流而下，旬日可抵，非若西江之激遠不濟事者也。合敕蜀撫臣於永寧、遵義等處，速簡精銳五千，付能將統領，督以道臣，刻期遄發，與鎮筭兵東西協應，聽督撫調度。爲楚即所以爲蜀，當無容再計矣。至於一切行鹽等項，川兵即取蜀之新餉，筭兵即取楚之新餉。計臣爲封疆並爲桑梓，諒不吝救焚拯溺之圖也。若鎮臣張應昌偏師奮擊，晋豫兩撫併力追剿，斷賊北歸，是正張合圍之網，以收桑榆之功，蕩平庶有日乎！緣奉有"酌議嚴飭，看議具奏"之旨，相應覆請，合候命下，遵奉施行等因。

崇禎七年正月初四日具題，初五日奉聖旨："奏内各款俱已有旨，還著嚴行申飭。川兵調用五千，馳諭該撫，務挑選精銳，不得以老弱游惰及沿途雇募充數，還擇有能道將統領，刻期前來會剿，不得逗延。給餉，依議。"

恭報淮撫設防疏

兵部尚書張鳳翼等謹題，爲恭報淮撫設防事宜，仰慰聖懷事：

職方清吏司案呈，奉本部送，准鳳陽巡撫楊咨前事等因，到部送司，案呈到部。看得淮鳳湯沐重地，祖宗之陵寢在焉。流賊渡河，震鄰可慮。臣部題奉明旨，咨行該撫調兵扼防去後。本月初五日，據撫臣楊一鵬咨報，已責道將等官各率營兵分駐於蕭、碭、亳州之間，則扼險防衝，俱有次第，賊即欲狡窺突逞，計有以待之已。既經咨報前來，理合具本題知等因。

崇禎七年正月初七日具題，初十日奉聖旨："知道了。"

流寇侵楚疏

兵部尚書張鳳翼等謹題，爲流寇侵楚，患急燃眉，且地近陵寢，宜防震驚，乞敕內外當事諸臣速圖剿禦之策，以安南服事：

職方清吏司案呈，奉本部送，該吏部等衙門尚書李等題前事等因。奉聖旨："楚省陵寢重地，豈容流賊窺伺？覽卿等奏，勢已蔓延，亟宜剿滅。各撫提兵合剿，整銳偵扼，昨已有旨。奏內三策，該部速與酌議具奏。"欽此。欽遵恭捧到部送司，案呈到部。看得流賊分途南竄，往西南者，在襄、樊之界；往東南者，直逼光、黃之交矣。家臣李長庚等爲桑梓計，以三事請，皆臣部所久奉旨敕行者。惟鄖撫移駐襄陽，楚撫移駐黃、德，飛檄嚴催，未見成籌報部。今應以襄、樊上下爲鄖撫汛地，承德[三]一帶爲楚撫汛地，務使賊不得闌入，否則責有所歸。其鎮篁兵現在催調，家臣等欲用許自强爲領袖。查江南亦係重鎮，不便遠調，該鎮副總兵楊正芳向稱驍勇敢戰，而楚鎮臣許成名歷著戰績，功在邊疆者也。應敕成名率楚水陸戰兵，同撫臣控賊江漢要害處所，一面督楊正芳速發篁兵，以圖會剿，則全楚之軍聲克振矣。至於酌留黔餉一事，昨奉旨："已允部議，無容復贅。"而臣等於是竊有請也。頃接豫撫揭報，稱賊畏湯兵追殺，繇信陽州出境去訖，則入黃州境地矣，過此則安慶矣。江南一帶俱應戒嚴，南操臣及南樞臣俱宜先期料理。而潁州猶屬要地，昨臺臣田用坤欲令該道臣申爲憲移駐潁城，不容刻緩。相應一併敕行。至西北各路追兵盡賊爲功，不得以賊出豫境便止戈勿前，是尤亟應嚴飭者也。謹奉旨酌議，相應覆請，合候命下，遵奉施行等因。

崇禎七年正月初八日具題，初九日奉聖旨："南陽、汝寧原

屬郧撫管轄，如何但以襄、樊爲信地？楚省接壤豫地，俱應該撫
飭防。今提兵駐汛，專取當賊偵擊，如株守致悮，立罪不宥。楊
正芳、許成名依議，餘俱有旨了〔四〕。”

流寇渡河疏

兵部尚書張鳳翼等謹題，爲流賊渡河，合剿之機已弛，南兵
久戍，便歸之递可虞。謹陳苦難下情，仰祈聖明鑒裁事：

職方清吏司案呈，奉本部送，兵科抄出，保定總兵官今戴罪
鄧玘題前事等因。奉聖旨：“鄧玘既馳赴河南，着協同各鎮奮掃
狂氛。所領兵丁若撫馭有素，自應殺賊受賞，何以‘久戍思歸’
爲詞？併保鎮交代事情，兵部即與酌議具覆。”欽此。欽遵抄出，
到部送司，案呈到部。看得鄧玘渡河援剿，政當悉衆南征，乃所
統馬步親丁不過千餘，而其餘竟在河上之逍遥，且言“人有歸
心，難以維繫矣”。朝廷養兵千日，正欲用命一朝。當賊氛孔棘
之時，而聽其以楚歌相煽，則將焉用彼帥矣！該鎮前奉旨赴豫，
亦曾言“各兵久戍思歸”，臣部具題，策以“便道剿賊，賊平許
放”，已奉有“事平奏請撤回”之旨，今賊在豫楚之界，正便道
立功地也。查玘兵留獲鹿、宜溝、孟縣者，共四千六百餘名，强
半係近時召募，應敕保撫丁魁楚逐名點驗，係北人及願留者，即
隸畿南防禦；係川湖願去者，該鎮統領赴南陽、郧、襄等處，順
便討賊，賊平放歸。計仗劍之途，即是凱旋之路，私情公義兩得
之已。明旨云：“協同各鎮，奮掃狂氛，則惟賊是求，固玘之職
分，況澠池一捷已有成勞，玘當一意辦賊，不得請決進止也。至
交代事情，保鎮無多兵馬，撫臣自有料理，姑俟賊平另議。”緣
奉有“即與酌議具覆”之旨，相應覆請，伏候命下，遵奉施行

等因。

崇禎七年正月初八日具題，初九日奉聖旨："鄧玘已有旨，着會兵剿賊，即勒令整勵全旅，刻期夾擊，一面聽新督調度。保鎮事宜，丁魁楚議委暫署。奏内'願去'、'願留'等語，成何軍紀？該司官殊屬不諳。"

元旦大捷疏

兵部尚書張鳳翼等謹題，爲飛報元旦大捷事：

職方清吏司案呈，奉本部送，據京營援剿總兵官倪寵等塘報前事等因，到部送司，案呈到部。看得京兵渡河剿賊，賊奔西北，屯聚信陽之牛蹄村，于元旦日開筵慶節，我兵出其不意，奮銳襲擊，陣斬壯級千餘，内有各頭目十七人在焉。救回男婦二千餘名口，奪獲馬騾牛驢二百餘匹頭，可稱奇捷矣。有功諸臣，應敕該按查明叙賚。惟是狡賊四散，實繁有徒，監鎮各官正宜乘勝追剿，務盡賊氛。頃據按臣揭報，鄧玘兵澠池薄斬，借口内地之虛，晋兵南陽一行，便了會剿之局。如此玩寇，蕩平何日？仍乞天語，申飭各監紀，嚴督鎮將，速赴豫楚會剿可也。既經塘報前來，理合具本題知等因。

崇禎七年正月十五日具題，十六日奉聖旨："這信陽捷功亟宜查叙，以示鼓勵。鄧玘及晋兵催赴會剿，昨俱有旨。爾部火速馳諭：賊奔竄，餘氛狂豕，分突郎、襄、商[五]雒間，山川陝壤，不得任其狡軼盤踞，又費禽獮。著豫、郎、秦、楚各撫鎮監按，密布協掃，一面催新督臣，提銳旅出關，早圖盪定。"

渡河賊信朝聞疏

兵部尚書張鳳翼等謹題，爲渡河賊信朝聞，屬邑告警夕至，臣鎮兵力有限，策應宜審，謹馳奏情形，仰祈聖鑒事：

職方清吏司案呈，奉本部送，兵科抄出，郎陽撫治蔣允儀題前事等因。奉聖旨："蔣允儀，已有屢旨。着督兵協剿，不得借近警兵少爲辭，致有延誤。奏内事情，該部看議具覆。"欽此。欽遵抄出，到部送司，案呈到部。看得流賊循山走間，緜嵩直達内鄉、郎、襄一帶，岌岌乎震驚矣。郎撫身任地方，權事勢緩急，有自救不暇之請，意欲顧守郎、襄之間耳。夫格鬥者不於堂奥而於門庭，南陽者，郎、襄之門庭也，此處截住，賊斷不得南窺。況該府原屬該撫管轄，不得但以襄樊爲汛地，已有明旨。則提兵北援，不可緩也。即云"兵少，不足策應"，原調去河北之兵應即撤還，以聽調度。至若楚撫移鎮德安，許成名鎮筭兵調赴襄陽，臣部久已咨札，至於南陽縣缺，已經銓部選補，毋容復議。既經奉旨"看議"，相應覆請，合候命下，遵奉施行等因。

崇禎七年正月二十日具題，二十四日奉聖旨："蔣允儀扼要防剿，速靖地方。前調河北兵，依議撤回聽用。"

流寇南奔疏

兵部尚書張鳳翼等謹題，爲流寇南奔未靖，官兵北轉非宜。懇乞嚴申追剿之綸，急救阽危之衆，早奏蕩平，以安重地事：

職方清吏司案呈，先該臣部於六年十一月二十四日題，爲流賊勢窮欲遁，官兵合剿難遲等事，奉聖旨："賊既團聚一方，各該撫鎮正當嚴兵扼要，設奇合擊，仍殲渠散脅，刻期蕩平。果能一鼓奏功，朝廷自不靳殊賞。如有玩泄逗怯，致悮事機，縱賊連蔓，該監按即查明所繇參來，重處不貸。爾部即馬上差官通行督飭。"欽此。欽遵，隨該臣部差官持令箭通行督飭去後。今於崇禎七年正月十七日，據原差官劉進道賫回署鎮副總兵李卑呈前事等因，到部送司，案呈到部。看得流寇渡河者，向報十餘萬，昌兵一擊於吳城店，京兵再擊於牛蹄村，雖斬俘不下數千，而蔓延奔突者，尚煩有徒也。據鄖撫蔣允儀揭報，內鄉、淅川、光化、均州等處，焚掠甚慘，而李卑乃謂內鄉等縣無賊，何哉？況卑原係應援之兵，賊入豫，則當援豫；賊入楚，即當援楚。安得謂賊已遠遁，便可班師哉？乞敕監紀孫茂霖，嚴督該將星赴南陽，與鄖撫協謀合剿，務必盡賊而後返，毋得逗延怯縮，自干不貸之明綸。至調兵原爲救民，非欲其助賊爲虐也。乃曹變蛟一旅大爲民害。數日前，臣部差官收得沿途謠帖數紙，云"寧被流賊搶，不教曹兵擋。流賊搶有限，曹兵害無窮。流賊搶民財，曹兵殺民命"等語。十七日，又據督陣官劉進道回稟：曹變蛟招降丁五六百名，焚毀民房，奸擄婦女，逼索財物，至汝州東西關住下，仍行搶掠，被居民用槍刺死四五名。有汝州道拘拿，審問未結，等情。夫古良將行軍，有取民間一笠覆鎧者，立斬以殉。今變蛟縱下殃民，即應拿問，但本弁先有戰功，姑降三級，戴罪討賊自贖。仍行巡按御史，確查首惡，正法軍前，庶群心知警，民命可稍全矣。統乞聖明敕下，遵奉施行等因。

崇禎七年正月十七日具題，二十二日奉聖旨："李卑奉命剿賊，內鄉等處焚劫甚慘，何得藉口'遠遁'輒回？著監紀孫茂霖嚴督前去，與鄖撫相機協剿，務在蕩平，不得逗延取罪。曹變蛟縱軍害民，本當拿問，既有前功，姑著降三級，剿賊自贖。其首惡軍丁，著巡按御史確查正法。各將有不申嚴紀律，恣肆流毒者，定置重典不宥。爾部通行申飭。"

塘報疏

兵部尚書張鳳翼等謹題，為塘報事：

職方清吏司案呈，奉本部送，准郿撫治蔣允儀塘報前事等因。於本年正月十九日，到部送司，案呈到部。看得流賊南渡，勢必犯楚。臣部久咨郿撫，提兵南陽，遏其狂突，為豫也，正為楚也。今據郿撫蔣允儀塘報，鄧州、淅川、南召、光化、均州等處皆賊，則賊不獨犯南陽西鄙，已入郿內地矣。郿兵千人，不敵賊眾數萬。臣部已調川兵，恐勢難猝至。若副將楊正芳率鎮篁兵堵之於南，總兵許成名率標兵扼之於東，晉豫邊兵追擊於北，合力夾剿，賊已三面受敵，計不難以次蕩平。至於保護城池，收斂人畜，又在地方有司之捍禦，不得專恃客兵也。既經塘報前來，理合具本題知等因。

崇禎七年正月二十一日具題，二十三日奉聖旨："流賊深入郿地，亟宜芟定。楊正芳、許成名及晉豫邊兵，依議三面夾剿，迅掃狂氛。其保護城池、收斂村落，責成道府有司分地固守，俱不得逗怯疏玩，致有憤[六]惧，以干國憲。"

親丁遠征疏

兵部尚書張鳳翼等謹題，為親丁遠征河南大寇，星夜飛援，急解靈寶縣危，普救黔黎之殘，深入重圍，以寡勝眾，血戰成功，馳報奇捷事：

職方清吏司案呈，奉本部送，據戴罪總兵官張應昌塘報前事等因，到部送司，案呈到部。看得正月初四日，賊以五六萬偪攻靈寶，城且危矣。總兵張應昌統親丁千人，突圍破陣，斬首二百一十七級，生擒草上飛等一十二名，又奪獲馬騾驢二百三十餘匹，領兵都司、守備、千總皆中箭，本帥戰馬亦被砍傷。可謂奮不顧身，圖功自見已。統俟該按查明彙叙。惟是賊南不得渡江漢，西不得入潼關，河雒之間必多竄伏，仍應與李卑、鄧玘等協同搜彌[七]，庶奏蕩平也。既經塘報前來，理合據本題知等因。

崇禎七年正月二十三日具題，二十五日奉聖旨："張應昌突圍破陣，斬獲渠魁，具見奮勇，著該按即與查叙。仍令協同李卑、鄧玘等奮銳追剿，以奏膚功。"

馳報賊情疏

兵部尚書張鳳翼等謹題，爲馳報賊情事：

職方清吏司案呈，奉本部送，該鳳陽巡撫楊一鵬題前事等因。奉聖旨："淮、徐地鄰齊、豫，且陵、運所關，允宜先事設防，費省功倍。這奏內增兵、措餉、製器、任將等事，該部看議速覆。"欽此。欽遵恭捧到部送司，案呈到部。看得淮、徐、陵、運重地，桑土之防，百倍他處，矧當流寇震鄰，而議增兵、製器以戒不虞，不待再計而決矣。第該撫前有《遵旨查明速奏》一疏，曾議練兵三千，奉旨："增兵三千，餉當何出？"臣部即移咨戶部酌議，回稱："查前者，淮陽巡按饒御史疏議募兵，該本部議覆，撥運司存庫修城銀六千兩，令貯該府，以餉新兵，徐俟增鹽以爲續食，并查續漲新沙，以給屯糧。題奉欽依，咨行督撫。至于正項錢糧各有項款，難以議留。”此户部議餉之大概也。今該撫復請增兵五千，較之前請又多二千矣。我皇上爲陵、運設防，或不靳此五千之數，惟是多一兵則多一餉，募兵非難，措餉爲難。該撫亦以爲言，應照前議增兵三千，分守要害。至以貯府六千銀給餉三千兵，不足二三月之食，增鹽尚無成議，新沙終屬畫餅。當此拯溺救焚之時，而作西江緩汲之計，于事必無所濟。撫臣蒿目時艱，不得已，欲動支新餉，臣部看係額餉，未敢擅議。伏乞敕下户部，再行酌議。或於新餉内動支，或照按臣鹽斤之議。事關陵、運，綢繆當先，諒亦計臣有同心者。馬爌已經推補，札行多時，計日可抵徐營。既經奉旨“看議”，相應覆請，合候命下，遵奉施行等因。

崇禎七年正月二十三日具題，二十九日奉聖旨：“淮徐增兵，准止募三千，於鹽運司留餉三萬兩支給，俟楚引增課抵還。修城貯庫銀兩，已有旨解工部，何得那移？其軍器着自行設法繕造。該督務精簡實核，練成勁旅。仍將募過兵數併餉册報部，以憑稽查。”

流賊殺焚甚慘疏

兵部尚書張鳳翼等謹題，爲流賊殺焚甚慘，兵寡難以應敵，急救大兵剿殺，以解萬姓湯火事：

職方清吏司案呈，奉本部送，兵科抄出，湖廣提督太獄太和山司禮監太監馬應辰題前事等因。奉聖旨：“據奏，賊突均州，焚掠最慘，州官何無備禦？楚、鄖撫道屢旨協剿，何無救援？併給餉事情，該部看議速奏。”欽此。欽遵抄出，到部送司，案呈到部。看得前報流賊渡河久，知勢必犯楚，臣部屢請明旨，嚴飭

楚、鄖撫臣控扼要害，分汛責成，實爲鞏固藩籬之計。兹報潰入
內地，突犯均州，焚掠傷戕，毒流村鎮，且云：「州城岌岌，若
不協剿撲滅，楚省又爲晉、豫之續。湯沐重地豈堪蹂躪？」除臣
部一面咨行楚、鄖各撫及總兵倪寵、王樸、鄧玘、張應昌、李卑
等，督兵會剿，務使殲渠靖黨，以安腹心。至於給餉一節，前疏
議調楚兵，即取楚之新餉，已荷俞綸，是在該撫蚤爲措處接濟，
俟蕩平銷算。其均州疏防事，應行該撫按查明，另奏可也。謹奉
旨看議，相應覆請，合候命下，遵奉施行等因。

崇禎七年正月二十四日具題，二十五日奉聖旨：「賊犯楚、
鄖，地方巡撫各有專責，著遵屢旨，相機剿定，不得弛玩諉卸，
致令蔓熾。給餉已有旨，仍料理接濟。均州失事各官，該撫按查
明奏奪。」

發兵赴援疏

兵部尚書張鳳翼等謹題，爲微臣發兵赴援，流賊突入鄖境，
還師自救，單窘難支，呼助雖有同心，應手實無兵餉，急請聖
斷，以保封疆事：

職方清吏司案呈，奉本部送，該鄖陽撫治蔣允儀前事等因。
奉聖旨：「流賊奔突數年，凡鄰境要害處所，各宜繕備。蔣允儀
任事已久，遇警輒稱兵力孤單，平時何無料理？本內調發、給
餉、補官事情，併楊世賞履歷，若何在閑，監司應否權宜委用，
該部看議速覆。」欽此。欽遵恭捧到部送司，案呈到部。看得流
賊入鄖，處處風鶴。該撫蔣允儀有「還師自救，單窘難支」之
請，因計及於施州民、土二兵勇猛可用，是亦就近赴援之着，應
如議檄調。至云「鄖之道司府縣未有應變之才，賊已臨門，遽議

更弦，似屬未便”，應責以“悉心備禦，疏玩失事者，立罪不赦”。若世賞之投閑，應否留以辦賊，南召之缺官應補，俱乞敕銓部查議速行。至黔餉還楚，已咨戶部議留十萬，即議隨便動支，如不足，再行議處。謹奉旨看議，相應覆請，合候命下，遵奉施行等因。

崇禎七年正月二十四日具題，二十五日奉聖旨：“施兵依議量調，但要擇能將統領，嚴明紀律，所過不得滋擾。郉屬郡邑官員有懸缺及不堪的，吏部于該省就近酌量調補。楊世賞係察處監司，又稱客遊，豈便題用？楚餉已有旨了。”

剿捕漢興零賊疏

兵部尚書張鳳翼等謹題，爲剿捕漢興零賊事：

職方清吏司案呈，奉本部送，准陝西巡撫練國事塘報前事等因，到部送司，案呈到部。看得漢南界連中州，強寇嘯聚至二三百人，遙與流寇相應，使撲滅不早，未有不燎原者也。據撫臣練國事塘報，聞警，即檄關南道王在臺、商雒道張光縉，調度遊擊鄭嘉棟、唐通，南北夾擊，賊不能支，奔竄餘息，不滿百人，窮兵追之，可盡殲矣。是役也，外絕南流之聲援，內掃再逞之餘孽，在事文武良足錄也。但豫、楚賊氛正熾，尚圖夾擊，且近奉有“豫、郉、秦、楚各撫鎮監按，密布協掃”之旨，合再敕下該撫，速探豫、楚賊聚處所，提兵扼要，共圖蕩定，俟事平之後，另行查明彙叙可也。既經塘報前來，理合具本題[八]知等因。

崇禎七年正月二十一日具題，二十□[九]日奉聖旨：“漢、沔、商雒，險阻蒙翳，素稱盜藪，宜倍加詰防，預絕勾引。不得以擒剿零賊便謂無虞。其與漢南鄰近道府衛所，該撫移文嚴飭。”

靈寶剿捷疏

兵部尚書張鳳翼等謹題，爲靈寶剿捷事：

職方清吏司案呈，奉本部送，准河南巡撫玄默塘報前事等因，到部送司，案呈到部。看得靈寶之捷，先據總兵張應昌塘報到部，臣部已具疏奏聞矣。但據該撫稱，賊衆分股，一竄於鄧州新野，一竄於内鄉淅川，則寇氛已迫楚矣。豫中兵將斷不應以鄰爲壑，撫臣玄默當仰遵合剿明旨，督率鋭師，疾馳鄖、襄，共圖夾擊，勿但驅賊出境，任生靈之荼毒也。既經塘報前來，理合具本題知等因。

崇禎七年正月二十五日具題，二十八日奉聖旨："玄默著慎固豫圉，仍簡發鋭師，赴鄖夾剿，務刻期掃蕩，不得玩延。"

鄖楚危急疏

兵部尚書張鳳翼等謹題，爲鄖楚危急，代題請兵事：

職方清吏司案呈，崇禎七年正月二十四日，奉本部送，准鄖陽撫治蔣允儀咨稱，爲照群賊渡河，自十二月初五日突奔内鄉，入楚地，賊衆兵寡，何、張二闖及吳守備、賈武舉、潘贊畫等官俱戰陣亡。鄖西、上津二縣已破，前後二疏入告等因。又接該撫手書，内稱歲底具疏，已告鄖之危急，今兩邑繼破，二闖陣亡，鄖之精鋭一朝而盡，則鎮城之危真若朝露。儀在襄欲還，而空拳不能獨往。且桐柏一股賊，自棗陽入者，又至襄矣。宛中有各撫鎮提兵追擊，而十三城之蹂躪尚且難支，況鄖、襄無兵，賊以爲竅乎？渡河之賊已稱十餘萬，今各地之蟻聚脅從者又且倍之，猖獗情狀當何如者？且聞賊之老巢在伏牛山，爲内鄉、嵩、盧連界之處，深杳四五百里，以此爲窟，豈直太行哉？鄖屬諸郡邑，勢不盡不止也。儀獨當厄，自分必死，但死而無以報國爲恨耳。正具疏間，忽接咨文，并拜手教，尚望之選將調兵，連營合剿，爲豫即以爲楚，而孰知其自救不暇哉！鄖之荒瘠，宇内所無，屬邑俱不成縣，賊必俱至，至即難保。而鎮城喪敗之後，人心震恐，官無調度，更爲可憂。前者議調施兵，尚屬西江之汲，倘不能守，儀一身不足惜，如天下事何？鎮篁勢在必調，況已得旨已。即刻馳會楚撫，猶恨其遲也。至石砫司自願出兵討賊一節，據稱奉旨，整搠待發。若其果然，用之於楚尤便，惟酌行之。至於敝鎮兵馬錢糧，止可當他處一哨。總之，在廟堂必有明鑒，而儀兩年拮据，修繕軍資，皆數米析薪所得，乃付之一擲，反以藉寇，更不如他人之無備者。此後一舉一動，俱自疑其左計不祥，尚安能展布？則早賜處分，尤所以爲封疆計也。盜賊載途，郵傳斷絶。齎奏者不能達，特具蠟書，伏望慨賜代題，封疆幸甚等因，到部送司，案呈到部。

看得流賊犯鄖，繼陷二城，殞將損兵，爲禍已烈。且恃伏牛山之險，搜剿未易言也。撫臣蔣允儀前疏議調施兵，既慮不能猝應，即鎮篁之旅猶恨其遲，是以有石砫司兵之請，亦急救燃眉計也。查該司之兵，先據總兵秦良玉具疏，願發一萬五千，以助剿賊，臣部覆議，暫行整搠，以待不時之用。今議調發，自可聞命即行。況兼楚、蜀接壤，誠計之便也。但數多，恐難猝辦，相應量調三千，本官親領赴楚。其行鹽等費，該撫須速爲措給。至于援豫官兵已到南陽者不下萬餘，臣部業累次差官督發，乞敕豫撫，急效緱冠之義，以慰秦庭之請。統候命下，遵奉施行等因。

崇禎七年正月二十五日具題，二十六日奉聖旨："石砫司兵依議量調三千。郿患孔棘，石砫、鎮筸道里相當，是否應急之兵？如賊大夥奔郿，援豫各兵將自合星馳赴剿，豫、楚二撫移近犄角。秦撫遣兵繇商雒出擊，不得觀望推諉，失事一體論罪。新督臣受事何日？前議調川兵，一併催赴郿、襄會師。爾部馬上馳諭，取確報回奏。"

流賊乘冰渡河疏

兵部尚書張鳳翼等謹題，爲流賊乘冰渡河，聲勢漸逼郿、襄，敬陳協剿之情形，仰祈聖鑒，以安全楚事：

職方清吏司案呈，奉本部送，該湖廣巡撫唐暉題前事等因。奉聖旨："楚撫移駐，協剿及調用兵將機宜，已有明旨。嚴諭該省，江湖複險，奸宄叵測。唐暉，著督勵鎮道郡邑，愨備銷弭，一面會同秦、郿各撫協謀夾擊，速靖寇氛，不得稍有弛誤，縱賊流毒。前所奏增兵留餉事情，戶、兵二部即與覆議。"欽此。又該湖廣巡按、今降三級管事宋賢題爲飛報流賊事，奉聖旨："已有旨了。唐暉既駐郿防剿，宋賢著分任調度，督勵所屬，慎固銷彌，不得以巡歷事竣爲辭。"欽此。欽遵，隨該本部咨會戶部酌議去後，今准戶部咨前事等因，到部送司，案呈到部。該臣等會同戶部尚書侯恂等議，照三楚湯沐重地，一旦流寇潰侵，撫按商堵剿之策，謂宜厚集其力，亟議糧餉。先該臣部調發川兵五千、鎮筸兵五千，共壯聲援，兵力亦云厚矣。計臣議留川餉一萬以餉川兵，黔還楚餉十萬以餉楚兵，軍前接濟糧餉亦可無慮。俱經奉有俞旨，應聽該撫按便宜調發，無容更議者。惟今寇焰方張，奔突未定，正宜嚴督道鎮諸臣協謀合剿，靖黨殲渠，早奏枚寧，毋致滋蔓可耳。謹奉旨議覆，臣等合詞覆請，合候命下，遵奉施行等因。

崇禎七年正月二十七日具題，二十九日奉聖旨："是。鄖楚告急，這議調併晋、豫各兵，俱速催赴剿，毋致滋蔓。仍著唐暉便宜調度，蚤底敉寧。"

塘報捷音疏

兵部尚書張鳳翼等謹題，爲塘報捷音事：

職方清吏司案呈，奉本部送，准鄖陽撫治、今革職聽勘蔣允儀塘報前事等因，到部送司，案呈到部。看得南漳圍急，鄧玘率師援解，其斬獲情形，臣部據該鎮塘報，已於本月二十六日具疏上聞矣。兹撫臣蔣允儀塘報前來，與先無異，擬合代題。惟是賊雖被挫于襄南，而鄖鎮之孤危日甚，所宜嚴督鎮將上緊窮追，毋狃捷弛搜，庶可收蕩平之績。餉銀接濟，業遵旨備咨計部酌議矣。既經塘報前來，理合具本題知等因。

崇禎七年二月初一日具題，□□日奉聖旨〔一○〕

續報追剿零賊疏

兵部尚書張鳳翼等謹題，爲續報追剿零賊情形事：

職方清吏司案呈，奉本部送准陝西巡撫練國事塘報前事等因，到部送司，案呈到部。看得零賊二三十爲群，不過釜底遊魂耳。即依山爲巢，何難一鼓殲之？乃致兵至則伏，兵去則劫，而于應元反被傷于狹路，唐通之勇略何在？況流寇攻破二邑，聲勢方熾，使蔓引不斷，與之作緣，燎原之勢行將復振。合敕該撫按嚴責該弁，設法搜剿，毋使有一孽之遺可也。既經塘報前來，理合具本題知等因。

崇禎七年二月十一日具題，十六日奉聖旨：“這零級〔一〕無多，該弁如此怯縱，即著議處，兵部知道。”

奏報賊情疏

兵部尚書張鳳翼等謹題，爲奏報賊情事：

職方清吏司案呈，奉本部送，據本部差回官齎鄖陽撫治蔣允儀咨前事等因，到部送司，案呈到部。看得自流寇狂奔，鄖、襄告急，臣部徵調之檄相望于途，意謂算旅南來，邊兵北下，庶幾滅此朝食，以抒聖明宵旰之憂。乃總兵許成名護守陵園，不敢越承天一步，而副將楊正芳統兵五百，又留衛惠藩，則所恃解鄖、襄之氛，以救民于水火者，惟有北兵耳。頃據監紀孫茂林揭稱：“李卑兵至光化，民間抛瓦石相拒而不得行。”監紀陳大金揭稱：“左良玉兵至鄖陽，城上炮矢交加而不得入，且擊死多兵。”夫賊至又苦于無兵，兵至而又誤認爲賊，致令漢江一帶蛇豕縱橫，亂之平也何日乎？查鄧玘兵正月盡可抵襄陽，倘再有阻撓，恐綠林日熾，楚之受禍將益烈已。伏乞敕下該撫按，凡援兵到彼，各有司須措辦糇糧，以資扼剿。用過銀兩，難于扣留，黔餉內開銷。如官兵有逗縮不前者，亦即據實奏聞，以軍法從事。庶軍民無斁，主客同仇。賊之殲除乃可期耳。既經咨報前來，相應覆請，合候命下，遵奉施行等因。

崇禎七年二月十一日具題，十二日奉聖旨：“護陵衛藩，必先禦寇境外。若賊已延入，鎮將徒守一城何益？據稱，賊至宜城、荊門，距荊州一二舍，楊正芳何無出擊？鄖陽是撫臣本鎮，光化密邇襄陽，監紀赴援，蔣允儀漫無接應，致有諜阻，豈得盡諉非州縣？唐暉見駐何處？何未見布置方略？著催調各兵，檄備糧芻，督勵道將，分馳殲掃。各將領紀律不嚴，恣行需索，殘擾地方的，從重究治。”

土兵整搠已齊疏

兵部尚書張鳳翼等謹題，爲土兵整搠已齊，職官公義可風，請旨調發，兼示激勸事：

職方清吏司案呈，奉本部送，兵科抄出，欽賜蟒玉、四川總兵官、前軍都督府都督同知、管石砫宣慰司事秦良玉奏前事等因。奉聖旨：“兵部知道。”欽此。欽遵抄出，到部送司，案呈到部。看得秦良玉忿賊披猖，蓄兵請調，臣部於去年五月間覆奉欽依，令其整搠以待。今賊犯秦、楚，蜀切震鄰。該司應有纓冠之義，臣部題奉明旨，已調發三千，速赴郎、襄，共圖夾剿，節經差官嚴催去訖。今本官復有是請，則其同仇之志亦足嘉矣。合再敕速發赴剿，并遵、永兵五千，共計八千，照臣部前檄，分途並進，一取道夷陵，一取道漢中，聽新督調度。惟是議留蜀餉一萬，計每兵不過一兩二錢，尚不敷一月之用，況衣裝器械猶有所需，萬一觸望，督發不前，不幾有悮軍機乎？伏乞敕下户部，再留一萬，庶臨戎無庚癸之呼，而征剿其有藉矣。至中軍江國紀，據稱歷效有勞，軍民咸戴，合無量加都司僉書職銜，令其隨營協剿，俟有成效，另行彙叙可也。既經具奏前來，相應覆請，合候命下，遵奉施行等因。

崇禎七年二月十八日具題，二十一日奉聖旨：“依議，著該撫催發石砫、永寧、遵義各兵，一趨漢、沔，一趨荆、襄，聽該督撫調度剿賊，不許沿途催募、騷擾需索及逗遛誤事，地方官亦不許遲誤軍需。如違，重治。江國紀量加都司僉書，隨營立功。其應再留餉，户部即與具覆。”

塘報疏

兵部尚書張鳳翼等謹題，爲塘報事：

職方清吏司案呈，奉本部送，准鄖陽撫治蔣允儀塘報前事等因，到部送司，案呈到部。看得流賊入鄖，豫師驅後，蔓延奔突，勢所必然。楚中兵將如許成名之駐承天，楊正芳之守荊州，無非爲護陵衛藩計，亦安能捹剿於屬邑之山谷也？近該鄖撫塘報謂：“賊分掠州邑，雖無連營會合之形，實多焚毁殺傷之慘，非出奇合擊，楚固不免動搖，而蜀且爲其繼矣。”前臣部遵旨調發援兵，隨飛檄蜀撫，令遵、永官兵自重慶會師，順流繇夷陵、荊州，沿途剿擊，以堵其入川。石砫官兵出忠州，抵梁山、達州、東鄉等處，間道出奇，以防其入陝。至如鄖陽一路通秦之山陽，竹山一路通秦之白河，荊門一路可達蜀境，豫之内鄉壤接商南，皆賊突出之徑。處處尤宜扼防，不使蔓熾，然後殲滅可期。若總兵鄧玘應於鄖、襄等處專事捹剿。鎮箪之兵務足五千，除衛藩外，餘應統以能將聽該撫調度。其所需糧餉，先經議發黔，還楚餉十萬兩，聽軍前支給。倘師集不敷，又當便宜措處，俟事平銷算。伏乞敕下各該撫按，相機剿堵，共圖蕩平。毋第畫疆自守，致塵聖明南顧可也。既經塘報前來，相應題請，合候命下，遵奉施行等因。

崇禎七年二月二十日具題，二十二日奉聖旨：“川兵分發援剿，昨已有旨。許成名、楊正芳護陵衛藩爲重，但不分布出擊，

僅以少兵坐守，於護衛之策是否萬全？鄧玘專事摻剿，鎮篁兵別
議將統領。一應軍機，還速催總督併鄖、楚各撫，共圖便宜計
賊。有應請旨的，星馳奏奪。”

流寇侵楚疏

兵部尚書張鳳翼等謹題，爲流寇侵楚，患急燃眉，且地近陵
寢，宜防震驚，乞敕內外當事諸臣，速圖剿禦之策，以安南
服事：

職方清吏司案呈，奉本部送，據本部湖廣差回官朱國威、馮
信、白似玉等齎湖廣巡撫唐暉咨前事等因，到部送司，案呈到
部。看得寇犯鄖、襄，蔓延各屬，其間焚掠奔突之狀，業經節疏
上聞，而所調川、篁、施、石等兵，臣部飛檄嚴催，計差官三十
一次，以爲諸臣救焚拯溺，必且投袂星馳，今據該撫咨稱，許成
名留護陵園，楊正芳留衛藩府，即調到左良玉，道臣又誤認爲賊
而拒之。官兵既緩急無裨，撫臣惟畫疆自守。然則楚民何時出湯
火哉？幸鄧玘兵於二月初五日抵襄，此弁夙稱敢戰，而川兵尤善
搜獵，其間徑路分歧，可截則截，可擊則擊，可追則追，相機馳
剿，當必能靖彼妖氛，惟在該撫駕馭有方，發縱得宜耳。至於餉
留十萬，猶若不足，所宜多方措處，或再行奏請，俟事平銷算可
也。既經咨報前來，相應題請，合候命下，遵奉施行等因。

崇禎七年二月二十三日具題，二十四日奉聖旨：“奏內鄖、
楚事情，俱有屢旨了。鄧玘奮銳摻獵，毋縱賊奔軼，仍即催鎮
篁、川、施各兵併左良玉等速赴協擊，以護陵藩重地。寇黨日
多，皆繇所在奸民傳〔一二〕會響應，該撫按督同道府有司，一面剿
禦，一面安戢解散。其一應官舍，軍民人等，有能統衆殺賊，照

條例一體升賞。該部即行馳諭。"

賊奔四省疏

太子少保、兵部尚書張鳳翼等謹題，爲賊奔四省交會之區，兵當一鼓成擒之際，乞敕各該督撫同心戮力，早奏蕩平，以慰聖懷事：

職方清吏司案呈，照得流寇報渡河而南也，初分二股，一股繇內鄉、淅川等處南犯鄖、襄，且有困荊門者矣。一股繇靈寶、盧氏諸山西窺商雒，且有入漢中者矣。荒岩小縣，無將無兵，連陷數城，人驚風鶴。撫道臣率登陴自守，村疃里舍酷被焚屠。臣部檄調援師，不遺餘力。今據報，楊正芳於正月二十八日破荊門之賊，恢復當陽，賊皆北遁矣。鄧玘於二月初九日破南漳之賊，斬首三百餘級，賊盡西奔矣。此時協從渠魁悉團聚於鄖陽境內，蓋鄖地萬山環遶，爲川、湖、豫、秦交會之區，若非四面合圍，連營追剿，必不能迅掃妖氛。聞施州兵二千、鎮筸兵一千五百，二月十五日已抵荊州，鼓行而前，東南可無異孽。秦督洪承疇業於正月二十五從子午谷抄入漢南，臣部所調石砫川兵亦可應檄而至。新督陳奇瑜將邊兵南下，計二月秒^[一三]可抵中州。撫臣玄默見駐南陽，枕戈待戰。若諸臣協謀共濟，鼓勵三軍，密約師期，分頭並進，賊四面受敵，當束手就擒矣。但兵家之勝不可先傳，運用之妙存乎一心。臣部所能爲者，徵兵遣將。若夫隨機應變，呼吸遞更，或出銳以截其前鋒，或掩伏以斷其歸路；或探老營所在而徑搗其巢，或偵遊騎所之而直翦其翼；或誅俘元惡，用伸九伐之威，或解散愚民，姑開一面之網，此在督撫之方略，而非臣部所能陶度也。然臣等猶有慮焉，師行糧從，自古記之，今驅數萬兵馬于鋒鏑，必須伍飽槽騰，然後勇氣百倍。查題留楚餉，尚未開徵，即豫餉議留，未必民間全納，倘諸軍雲集，恐不能待哺從征也。頃計臣雖另請五萬金，聽督臣支用，又恐輓飛不到，仍望救于西江。乞敕各撫臣，嚴督有司，不拘何項錢糧，通融接濟，姑俟事平銷算，其有資於撻伐非淺也。既經該司案呈，相應題請，合候命下，遵奉施行等因。

崇禎七年二月二十七日具題，二十八日奉聖旨："賊氛蔓延楚境，昨雖一二捷報，尚未見潰奔何處。鄖陽、漢中近日情形亦無確奏。兵難隃度，爾部速催督臣馳駐適中地方，遵照屢旨，調度剿擊。其糧餉通融接濟，還著户部酌議具奏。"

流寇狂逞疏

太子少保、兵部尚書張鳳翼等謹題，爲流寇狂逞，江淮無備，懇祈聖鑒撫臣呼籲苦情，速敕增兵留餉，以衛陵寢，以護漕運，以固東南藩籬事：

職方清吏司案呈，奉本部送，兵科抄出，户科給事中姚思孝題前事等因。奉聖旨："這增兵留餉已有旨了。金沙場事情，撫按官何無奏報？著設法禁戢，仍查明具奏。陵寢重地，漕淮咽喉，自當遠慮，周防駐鎮。即著該撫熟籌，操、江分護，該部酌議具覆。揚州道缺官，查明速補。該部知道。"欽此。欽遵抄出，到部送司，案呈到部。除金沙場仇殺事情，咨行該撫按查明具奏，揚州道臣員缺，移會吏部查補外，看得鳳、泗、淮陽、陵、運重地，近以屢歲大侵，民無粒食，聚而思亂者，實繁有徒，重以流賊南渡，逼近亳、潁，江北一帶震且驚矣。科臣姚思孝申淮撫增兵留餉之請，畫操兵護陵、護漕之圖，爲湯沐綢繆計甚周也。除兵餉奉有俞旨，撫臣已駐宿州，無容再議，惟照宿州距鳳、泗不遠，重臣擁兵其地，則陵寢之鎖鑰已固，江兵可勿調矣。瓜、儀漕運咽喉，濱于海口，較之上下江防尤爲喫緊，以千兵屯哨彼處，庶緩急有所恃耳。且叛將新經投奴，海上多警。廟灣、狼山處處可虞，整搠舟師，更番出汛，尤目前第一急著也。既經奉旨酌議，相應覆請，合候命下，遵奉施行等因。

崇禎七年二月二十八日具題，三月初一日奉聖旨："淮撫移駐宿州，江兵免調依議。其瓜、儀屯兵，廟灣、狼山等處整備詰奸，更番出汛，該撫著實飭行。"

續報追剿零賊疏

太子少保、兵部尚書張鳳翼等謹題，爲續報追剿零賊情形事：

職方清吏司案呈，奉本部送，兵科抄出，本部題陝西巡撫練國事塘報前事等因。奉聖旨："這零賊無多，該弁如此怯縱，即著議處，兵部知道。"欽此。欽遵抄出，到部送司，案呈到部。看得遊擊唐通領兵剿賊，方賊衆嘯聚之日，尚能夾擊，挫其狂鋒，迨餘息喙奔之時，竟不能一鼓制其死命，果大勇而小怯歟？抑始勁而終惰耶？律以怯縱，其又何詞？即褫斥亦不爲過。姑念該弁素稱健將，前此殺賊甚多，相應量鐫一級，戴罪圖功自贖者[一四]也。既經奉旨議處，相應覆請，合候命下，將唐通降一級，戴罪剿賊自贖等因。

崇禎七年三月初二日具題，初四日奉聖旨："唐通著降一級，戴罪剿賊自贖。"

官兵奮勇殺賊疏

太子少保、兵部尚書張鳳翼等謹題，爲官兵奮勇殺賊獲捷事：

職方清吏司案呈，奉本部送，准陝西巡撫練國事塘報前事等因，到部送司，案呈到部。看得流賊聚衆六七千，盤踞盧、商接壤之間，會剿方嚴，賊氛轉熾。今據秦撫塘報，官兵出奇奮擊，一鼓而斬馘二百三十餘級，亦足振軍聲而寒賊膽。有功將士相應分別敘賞，以作其氣。又據揭稱，前後斬獲不下四百餘級，而賊始遠遁。秦禍雖解，然入川入鄖之孽實繁有徒，所當乘勝搜獮，無俟滋蔓難圖可也。既經塘報前來，理合具本題知等因。

崇禎七年三月初五日具題，初八日奉聖旨："剿賊以掃蕩爲功，據報，夥賊遁入川、鄖，秦禍稍解，明屬謹事驅逐。這捷功還著確查具奏。"

搜剿流賊疏

太子少保、兵部尚書張鳳翼等謹題，爲搜剿流賊事：

職方清吏司案呈，奉本部送，據援剿副總兵左良玉塘報，又據潞陽守備周爾敬塘報前事等情，各到部送司，案呈到部。看得左良玉管根之戰，擒斬四十名顆，周爾敬灤川之戰，斬級六十二顆，俱各獲有婦女、馬騾、器仗，有功員役應俟查明彙敘。據報，狡賊奔遁山巓，則餘孽尚繁有徒，各將務宜聯師搜剿，必以盡賊爲功，勿誇零級可也。守備陳大倫力戰殞身，併應查恤，以慰幽魂。既經塘報前來，理合具本題知等因。

崇禎七年三月初五日具題，初七日奉聖旨："這所報捷功，俟查明彙叙。仍著左良玉等約會各將，合力扼剿，盡掃凶渠，不得但事尾追，誇報零級。陳大倫照例議恤。"

搜山連捷疏

太子少保、兵部尚書張鳳翼等謹題，爲塘報搜山連捷事：

職方清吏司案呈，奉本部送，據援剿遊擊湯九州塘報前事等因，到部送司，案呈到部。看得豫寇屢經大創，奔潰永、盧之灤川諸處。遊擊湯九州督兵搜剿，十二日有土橋之創，十三日有黑峪村之捷，擒斬計三百二十七名顆，得獲馬騾二十七匹頭，該將可謂勇奮矣。有功員役，應敕該按查明彙叙。惟是狡賊東竄西逸，流毒無已，該將亟宜乘鋭殲掃，務期一鼓蕩平，以膺懋賞。據報內所稱灤川巡簡被殺情形，應敕下該撫按，據實查明具奏者也。既經塘報前來，理合具本題知等因。

崇禎七年三月初六日具題，初八日奉聖旨："捷功俟查明彙叙。還著净掃凶鋒，毋留遺孽。巡簡被戕，地方必有搶掠情形，著巡按御史確查具奏。"

飛報賊情疏

太子少保、兵部尚書張鳳翼等謹題，爲飛報賊情事：

職方清吏司案呈，奉本部送，准湖廣巡撫唐暉咨前事等因，到部送司，案呈到部。看得流賊入楚，攻破房縣、遠安、興山，俱在正月二十六、八、九三四日內，計鄖迄歸，延袤千有餘里，屬邑同時被陷，則楚之西北以暨西南，無處非賊，而賊之蔓延充斥亦可概見矣。鄖之賊，鄧玘見在搜獮，新督陳奇瑜刻日抵襄，大兵四集，不難辦此。漢之賊，有陝督洪承疇在，賊聞膽寒，亦不難殲之。陝境惟夷陵距荊州不遠，順流而下，則荊南繹騷；歸州與夔門相接，越嶺直趨，則川東震動。況該州依山爲城，賊若憑高瞰下，亦難爲守。轉屬而西，爲巴東縣，逼處山麓，亦無城廓，寥寥數家，聞賊，計必披靡。繇此言之，賊勢奔騰，不入川不已。第按楚、蜀地形，夷陵至夔，山川險阻，路止一線。內有蛇退、鬼愁名目，賊若盤據此中，攻之誠難，困之則易。合敕楚撫，檄鎮篢兵，以荊南道、陶崇道監督，繇夷陵從白沙驛進，扼其東下之吭；川撫檄遵、永、石硅兵，以川東道周[一五]士登監督，繇夔州從巫山縣出，塞其西犯之途；又檄荊州推官劉承纓督發施兵，夔州同知何承光督發瞿塘衛兵，搜剿于巴、巫上下。可堵則堵，可擊則擊，坐困於高山窮谷之中，使之進無所掠，而退無所因，枵腹待斃，賊黨即衆，可立縛也。既經咨報前來，相應覆請，合候命下，遵奉施行等因。

崇禎七年三月十四日具題，十七日奉聖旨："已有旨了。賊既蔓延歸、巴，荊南、川東二道亟須上下夾剿。依議，既着唐暉、劉漢[一六]儒督勵沿江道府各官，措餉會兵，扼險立殲，不得少有延誤。爾部星速馳諭。"

晋寇從北渡河疏

太子少保、兵部尚書張鳳翼等謹題，爲晋寇從北渡河，擁衆南下，宜、延城邑危急事：

職方清吏司案呈，奉本部送，准陝西巡撫練國事塘報前事等因，到部送司，案呈到部。看得延水關賊巢自督撫追剿殆盡，計河西片地或可漸就牧寧矣。不謂大兵南征，餘孽復逞，晉寇從北渡河，土寇從內接應，延、宜、澄城一帶騷然震動，秦之罷寇何無寧日也？合敕督臣洪承疇以原調榆林兵北還，撫臣張伯鯨率師南出，協力捕剿，無使滋蔓可也。既經塘報前來，理合具本題知等因。

崇禎七年三月十三日具題，十四日奉聖旨：“晉賊西渡，防河官全無堵擊，且降丁、土寇接連內應，地方官何辭疏玩？即着該督撫嚴飭道將，速行蕩剿，毋到[一七]滋蔓。爾部馬上傳諭。”

飛報大捷疏

太子少保、兵部尚書張鳳翼等謹題，爲飛報大捷事：

職方清吏司案呈，奉本部送，准湖廣巡撫唐暉塘報前事等因，到部送司，案呈到部。看得歸、巴一帶，萬山層疊，人烟稀少，賊人入此中，已走絕地，以故推官劉承纓提施兵分出，便足制其死命，使多渠授首，積尸遍山，奔突喙息，望巫峽而遁，必至之勢也。夔關夙稱天險，聞警必有重兵堵截，若該廳乘勝長驅，何難殲之使盡？乃以援荊東下，致釜底遊魂猶得蔓延於夔地，則不能無遺憾也。許成名仙女山一捷，差強人意，而施兵既東，去路莫阻，安知荆門之賊不接踵走夷、走歸，相率以川爲藪哉？臣部頃議楚兵從夷陵、白沙進，川兵從夔府、巫山出，施兵、瞿兵從中摻剿，頗得坐困之法，所當飛檄飭行者也。既經塘報前來，理合具本題知等因。

崇禎七年三月十五日具題，十七日奉聖旨：“流賊烏合狂逞，有何難剿？各道將但將零捷誇功，以鄰爲壑，致令蔓延無已。許成名、劉承纓所報，亦見鼓勵，還著遵旨，速會川師夾擊，毋坐失地利。"

綢繆封疆疏

太子少保、兵部尚書張鳳翼等謹題，爲綢繆封疆，控扼形勝，固全蜀以制寇氛事：

職方清吏司案呈，奉本部送，兵科抄出，浙江道監察御史甘學闊題前事等因，奉聖旨："兵部看議速奏。"欽此。欽遵抄出，到部送司，案呈到部。看得楚、蜀相連，方賊犯鄖、襄，臣部已逆計前途堵截無兵，蜀又將爲晉、豫、楚之續，故於遵旨調發川兵時，檄遵、永兵自重慶順下，繇夔州、夷陵進剿，以扼其東入之途；檄石砫兵自忠州督發，繇東鄉、達州出擊，以防其北犯之路。雖以爲秦、楚，實以爲蜀，與臺臣甘學闊三方宿兵之議正相合也。昨據塘報，推官劉承纓敗賊於歸、巴之間，喙奔巫峽。臣部復申前議，楚兵追自夷陵，川兵出自夔峽，施兵、瞿塘兵從中摻剿，困賊於深山窮谷之中。所以籌蜀者，前後俱經入告，無庸再議。惟川撫移鎮梁山，道臣移駐東鄉，與夫鎮遠、建武、羅網壩之兵就近抽調，是皆分防扼要之著，所當如議飭行。但兵有圓機，在該撫隨宜調度，又難遙制于樞中者也。既經具題前來，相應覆請，合候命下，遵奉施行等因。

崇禎七年三月二十日具題，二十一日奉聖旨："奏內移鎮、抽調、分防、扼要事宜，爾部即馳諭該撫，着祗遵速行料理，仍聽便宜調度，協同鎮將督勵道府各官殫力除氛，不得費時延毒。"

續報剿賊疏

太子少保、兵部尚書張鳳翼等謹題，爲續報剿賊事：

職方清吏司案呈，奉本部送，准河南巡撫玄默塘報前事等因，到部送司，案呈到部。看得范正斗領兵南援，剿賊於內鄉之陳鄉平等處，斬級三十八顆，奪獲婦女馬騾，雖屬零捷，功亦難泯，應俟該按查明彙叙。據報，各賊奔山逃遁，則豫寇日漸披靡矣。湯、周諸將各宜搜山窮剿，務必一鼓蕩平，毋以秦、楚、川中爲壑可也。既經塘報前來，理合具本題知等因。

崇禎七年三月二十一日具題，二十四日，奉聖旨："流寇務在掃蕩，不以零級爲功，已有屢旨。玄默著督勵各將協力搜剿，毋得驅馳。"

分兵剿殺疏

太子少保、兵部尚書張鳳翼等謹題，爲分兵剿殺，飛報連戰大捷事：

職方清吏司案呈，奉本部送，據援剿總兵官鄧玘塘報前事等因，到部送司，案呈到部。看得鄧玘南漳一捷，已經奏聞。兹據該鎮報稱，於三月初四、五等日，分兵截剿，四面攻圍，斬級七百有餘，奪獲馬騾數百，渠魁授首，餘孽哮奔，援楚官兵可稱用命矣。所有功績，俟該按查明彙叙。惟是鄖山層疊，間道迂迴，竄息游魂尚多潛伏，仍宜鼓勵將士，乘勝窮追。即商南地屬陝西，亦不得界分彼此。務期一鼓蕩平，蕆奏全功，以膺懋賞可也。既經塘報前來，理合具本題知等因。

崇禎七年三月二十二日具題，二十三日，奉聖旨："已有旨了。"

續報官兵堵賊疏

太子少保、兵部尚書張鳳翼等謹題，爲續報官兵堵賊，斬獲首級事：

職方清吏司案呈，奉本部送，准陝西巡撫練國事塘報前事等因，到部送司，案呈到部。看得流寇初起於延水，蔓於漢南，五載於茲。今漢南之賊尚未殄滅，而渡河之寇復爾鴟張。據報，守備李英、都司高崇選等，鼓勇登先，首尾截擊，共斬級三百餘顆。又河西道王楫、延安知府劉三顧密約諸將，互相犄角，斬級一百五十顆，足以挫其狂鋒矣。惟是餘黨尚衆，獸鬥可虞，非大兵四集，不能盡殲。所請延撫兵南下，督師兵北發，張翼夾擊。臣部前已代題，奉旨咨行，所當再爲申飭者也。其有功員役并陣亡官丁，總俟事平，從優叙恤。既經塘報前來，理合具本題知等因。

崇禎七年三月二十二日具題，二十三日奉聖旨："據奏，漢南諸賊未殄，但驅入川、楚，豈成剿法？延水渡河餘孽，雖有斬獲，尚多逭誅。着練國事督率道將，設策討除綏靖。内有饑民相附，還分别解散。有功員役、陣亡官丁，俟查明叙恤。"

楚禍已極疏

太子少保、兵部尚書張鳳翼等謹題，爲楚禍已極，蜀勢漸危，調兵實難他應，扼要不可無官，謹陳末議，仰祈聖裁，以遏賊氛，以奠遠疆事：

職方清吏司案呈，奉本部送，兵科抄出，浙江道監察御史甘學闊題前事等因，奉聖旨："該部看議速奏，"欽此。又，該福建道監察御史倪于義題，為流寇披猖及蜀，蜀地東北已危，仰籲聖明電察情形，留兵要地，并敕撫道諸臣早移截堵，以保全蜀封疆，以奠遐陬水火事等因。奉聖旨："流寇入蜀，應行剿禦事宜，已有旨了。這所奏兵部一併看議。本內吏治貪暴、盜賊公行，撫按官何無清弭？該部院速行嚴飭。"欽此。欽遵各抄出，到部送司，案呈到部。除道臣清吏治聽該部院飭行外，看得自流寇渡河，鄖、襄告急，臣部議調川兵進剿，蓋以荊川接壤，為楚，政為蜀也。頃楚撫報，賊被施兵挫衄，遁入巫山；蜀撫報，賊自漢中掠通江等處，則是川中亦岌岌矣。臺臣甘學闊、倪于義憂深桑梓，請留原調八千，以資捍禦。臣部審時度勢，有不得不然者，蓋披髮纓冠，固是睦鄰之義，而芸人舍己，亦非自便之圖。似應如議，以靖妖氛。但賊以"流"名，原無定向，果在境中蹂躪，即當併力殲除。如其奔突鄖、楚，或遁歸秦、隴，亦必東西追剿，蓋禦寇者當禦之門庭之外，斷不宜坐守中堂也。至若合涪、萬、酆、忠及沿江義勇，扼劍閣、夔門之險，實為要着，所當并為申飭者也。既經各具題前來，相應覆請，合候命下，遵奉施行等因。

崇禎七年三月二十三日具題，二十五日奉聖旨："前所調用川兵，既稱賊在境內，即着就便擒剿。該撫仍嚴飭各將領，以刻期平定為功，不得借口遠援，致有諉誤。"

飛報流賊疏

太子少保、兵部尚書張鳳翼等謹題，爲飛報流賊事：

職方清吏司案呈，奉本部送，兵科抄出，四川巡撫劉漢儒題前事等因，奉聖旨："流賊糾陝西驅入川境，昨湖廣撫按已報。賊上巫、夔，該撫何無預偵遠遏？直待驀入界內，始議飭防。奏內調度事宜，知道了。據稱夷司環處，奸民猾商煽惑等事，亟須多方消弭。其應行機宜，兵部看議速覆。"欽此。欽遵抄出，到部送司，案呈到部。看得流寇發難于秦，蔓延于晋，今復糾豫、楚入蜀，是天厭其惡，使自投于阱也。蜀中素稱天險，大軍四面蹙之，立可成擒。據該撫東西布置，自足辦賊。惟所慮夷司環處，奸猾煽惑，爲地方隱憂，則不可不急爲料理。大抵天下事譬之救焚，曲突徙薪，可相安于寧靖，必焦頭爛額，則牛酒之費不訾已。兹當綠林昌熾之時，更欲消弭內變。亦惟是宣恩信以聯屬諸夷，嚴保甲以潛消不軌，謹關市以譏察非常，練鄉勇以實資戰守，扼險隘以阻絕凶氛，修屯堡以收保生畜。此自有流寇以來，廟堂之所申飭，不啻詳明，第在實實奉行耳。既經具題前來，奉有"看議速覆"之旨，相應題請，合候命下，遵奉施行等因。

崇禎七年三月二十六日具題，二十八日奉聖旨："蜀中天險足恃，兵力厚集，賊可盡殲。但夷司奸猾，易爲煽動。奏內所議消弭諸款，嚴飭該撫按悉心奉行，毋得疏玩，以致凶鋒蔓熾，坐失事機。"

校勘記

〔一〕"糾"，原文作"斜"。下文重出者徑改，不再出校。

〔二〕"潁"，原誤作"穎"。下文徑改，不再出校。

〔三〕"承德"，非楚撫範圍所及，當爲"黄德"之誤。

〔四〕"許成名依議餘俱有旨了"十個字，原書爲雙行小字，蓋或爲漏刻所補。

〔五〕"商"，原文作"商"，此非刻工之誤，乃明人書寫習慣。下文重出者，徑改不再出校。

〔六〕"憤"，依文意似當爲"債"字之誤。

〔七〕"彌"，"搜彌"難通，疑當爲"獺"字之誤。

〔八〕"來理合具本題"六字，原書爲雙行小字，蓋爲漏刻後所補正文，今按正文排出。

〔九〕□，原書爲空白，似當爲"二"字。

〔一〇〕□□，原書空白。"奉聖旨"以下原書全部闕失。

〔一一〕"級"，依上文當作"賊"。

〔一二〕"傅"，"傅會"不辭，疑似爲"傳"字之誤。"傳"當同"附"。

〔一三〕"秒"，當作"杪"。

〔一四〕"者"，疑似"可"字之誤。

〔一五〕"道周"至本疏末，原書編輯錯頁在下一疏之後，今移至此。

〔一六〕"漢"，疑爲"漢"字之誤。下文《飛報流賊疏》中正作"漢"字。

〔一七〕"到"，當作"致"。

狡賊圍攻縣城疏

　　太子少保、兵部尚書張鳳翼等謹題，爲狡賊圍攻縣城，官兵馳援斬級，再報捷音事：

　　職方清吏司案呈，奉本部送，准河南等處總督陳奇瑜塘報前事等因，到部送司，案呈到部。看得狡寇奔豫，合靈、陝之賊，攻圍閿鄉，勢甚危急，幸潼關道將協謀，各軍用命，斬級三百五十七顆，奪獲馬騾、器械，保全孤城，賊遂不得長驅。有功員役，俟查明叙賚可也。既經塘報前來，理合具本題知等因。

　　崇禎八年正月初三日具題，初六日奉聖旨："據奏，解文英閿鄉斬獲功次，俟查明叙賚。奏中兩遣將士，還着與豫、鄖各領兵官密會夾剿，力截奔逃。不得但以驅逐爲功，仍滋延蔓。"

臨鞏賊情疏

　　奮銳[一]，刻期剿賊，不許偏執逗遛。洪承疇適中調度，緩急策應，務協機宜。如此逐彼奔，互相延諉，仍蹈前轍，查明所繇，以失誤軍機論，決不輕貸。爾部即行嚴飭，仍將調過邊兵并各將領隨征兵馬實數，彙查具奏[二]。

南北賊情疏

太子少保、兵部尚書張鳳翼等謹題，爲塘報南北賊情事：

職方清吏司案呈，奉本部送，准陝西巡撫李喬塘報前事等因，到部送司，案呈到部。看得流寇在漢南者，浮江犯楚，在商雒者，分投入豫。秦撫李喬欲尾擊其後，而苦於無兵，且西賊接踵而來，又苦於肆應。頃奉明旨，即以陳奇瑜兵馬付該撫調度。所當敕下督臣洪承疇，或遣左光先，或遣孫顯祖統領前兵，星馳西漢等處剿賊可也。既經塘報前來，理合具本[三]

流賊情形疏

請[四]發邊兵三四萬，聽督撫分剿於秦中，調晉、豫、楚、蜀之兵三萬，分防於境上。又遣大將六七員，隨賊所嚮，共圖殲擊，俱奉俞旨。所以爲大舉計者，亦既無遺[五]算矣。惟措餉一節，押解軍前，聽户部酌議。堅壁清野，則各撫道當自爲地方計耳。至於漢中增兵一千，隴州增兵五百，臣部去年與户部各發銀三萬兩，聽該督募兵買馬，已經行督撫查奏確數，尚未報部，合於此内，照數撥兵應禦可也。既經奉有"看議速奏"之旨，相應覆請，合候命下，遵奉施行等因。

崇禎八年正月十一日具題，十四日奉聖旨："已有旨了。"

賊必盡奔入楚疏

太子少保、兵部尚書張鳳翼等謹題，爲賊必盡奔入楚，兵宜預堵於南，伏乞聖明敕部速議調禦，以救危疆事：

職方清吏司案呈，奉本部送，兵科抄出，該兵科給事中史可鏡題前事等因。奉聖旨："會剿已有屢旨。兵餉事宜，該部酌議速奏。"欽此。又，該湖廣巡撫唐暉題，爲塘報緊急賊情事，奉聖旨："已有旨了。調兵留餉事宜，該部看議速奏。"欽此。欽遵通抄，到部送司，案呈到部。除糧餉事宜聽戶部具覆外，看得秦寇迫楚，動以十數萬計，其勢愈熾，而所在益震驚矣。科臣史可鏡恐以楚爲壑，鰓鰓以陵寢爲慮，請調川東鎮篧、土司等兵。楚撫唐暉亦以单弱爲虞，有漢、土官兵五千之請，皆拯溺之計，刻不容緩者。查臣部先有《秦寇奔突日迫》一疏，調發篧兵二千，施、容兵二千，又遣總兵鄧玘等繇豫入楚，俱奉旨行矣。惟是寇日充斥，兵须請益。川東兵將既已援秦，復調援楚，恐未必能應。科臣既稱篧兵咸習於戰，原無成額，或既調此篧兵，或調施、容、漢土兵，應聽該撫度賊勢之緩急，量地里之遠近，爲調援之多寡，或三四千，或五六千，如科臣之議，不限名目，期於辦賊而止可耳。謹遵"酌議速奏"之旨，相應覆請，合候命下，遵奉施行等因。

崇禎八年正月十三日具題，十四日奉聖旨："已有旨了。"

流寇盡入豫境疏

太子少保、兵部尚書張鳳翼等謹題，爲流寇盡入豫境，中州萬分危急，仰祈聖裁，亟救該部多調兵將，合力堵勦，速遣樞貳督責提調，以救焚溺，以安腹心事：

職方清吏司案呈，奉本部送，兵科抄出，兵科給事中常自裕題前事等因，奉聖旨："洪承疇束馳勦寇，奉有屢旨。玄默身任封疆，河、汝、南陽等處分防協勦，是其專責，何得又請別遣？徒滋諉卸。兵餉事宜，該部看議速奏。"欽此。欽遵抄出，到部送司，案呈到部。看得流寇半屯宛、鄧，中州勢誠岌岌。科臣常自裕念切桑梓，疏請調發關門夷漢丁五六千，天津招練兵三四千，此捄楚拯溺之著，誠不容緩。惟是燕界之兵，前已調去二千，邊烽未靖，未便多調。合於鐵騎營量調三千，於天津調二千。敕下該撫，各選能將統領，星馳赴豫。應用糧芻，聽計臣酌發可也。至於總督一節，業奉明旨，不必別遣，臣部何敢再請？第洪承疇以西寧兵變，遄回安撫。今經三月，塘報無聞，即在秦已有鞭長不及之虞，尚何能照管豫、楚？茲五大帥雲集，撫臣無節制之權，勢難調度。或仍設總督，或假豫、楚二撫以事權，暫行統攝，庶號令有所稟承，而賊亦可計日殄勦矣。統乞聖明裁奪。謹奉旨看議，相應覆請，合候命下，遵奉施行等因。

崇禎八年正月十三日具題，十四日奉聖旨："流賊蔓久勢衆，秦、楚、鄖、豫急宜協力夾勦。爾部須將各處兵馬通行打算：某處見兵若干，應否增益；某處調兵若干，必能殺賊；何將統領，約束前進。務確有定畫，責成督撫，大舉會勦，刻期盡滅，以圖底定。其應用糧餉，與戶部會同酌議，必使節節應手，不得爭執推諉，致曠日持久，靡費愈多。著再確議速奏。"

夾擊獲捷疏

太子少保、兵部尚書張鳳翼等謹題，爲塘報夾擊獲捷事：

職方清吏司案呈，奉本部送，准河南巡撫玄默塘報前事等因，到部送司，案呈到部。看得逆寇東窺，自嵩、伊而犯汝，撫臣先事設備，預調將領陳治邦等併力扼防，總兵左良玉同時夾擊，共斬賊級一百三十六顆，内多渠首，奪獲馬騾、器具，足挫凶鋒。有功官丁聽查明彙叙。據報，賊勢甚衆，剿禦需兵，左營額外壯丁三百四十五名，未經開糧，難以責其用命。合行户部酌處。奪獲馬騾，挑選壯健者留用，聽該撫給價充賞可也。既經塘報前來，理合具本題知等因。

崇禎八年正月十四日具題，十七日奉聖旨："捷功着查明彙叙。左良玉壯丁果無虛冒，准與開糧。所獲馬騾，挑選留用，給價充賞，照例通飭行。"

官兵奮勇疏

太子少保、兵部尚書張鳳翼等謹題，爲飛報官兵奮勇獲捷事：

職方清吏司案呈，奉本部送，准鄖陽撫治盧象昇塘報前事等因。又准本官報爲塘報緊急賊情事，各到部送司，案呈到部。看得流賊奔鄖，自去冬臘月十八日接該撫塘報，迄今一月，音信不通，臣等心殊疑慮，未知孤鎮作何光景。今據差官間道而來，報稱斬獲雖僅二百七十餘顆，亦見將士之戮力，統俟事平彙叙者。惟是賊趨棗陽，則逼近德、隨，汝、黃一帶震動。合敕楚撫唐暉，同秦、豫督撫鎮將提兵夾剿，無使蔓延入楚可也。既經塘報前來，理合具本題知等因。

崇禎八年正月十七日具題，二十日奉聖旨："據奏，郎、津各路斬獲功次，亦見該撫調度，將士奮銳，着查明彙叙。豫、楚各撫鎮會兵夾剿，已有屢旨了。爾部再行嚴飭。"

流寇盡入豫境疏

太子少保、兵部尚書張鳳翼等謹題，爲流寇盡入豫境，中州萬分危急，仰祈聖裁，亟敕該部多調兵將，合力堵剿，速遣樞貳督責提調，以救焚溺，以安腹心事：

職方清吏司案呈，奉本部送，兵科抄出，本部會同戶部題覆兵科都給事中常自裕等題前事，奉聖旨："流賊蔓久勢衆，秦、楚、郎、豫急宜協力夾剿，爾部須將各處兵馬通行打算：某處見兵若干，應否增益；某處調兵若干，必能殺賊；何將統領，約束前進。務確有定畫，責成督撫，大舉會剿，刻期盡滅，以圖底定。其應用糧餉，與戶部會同酌議。必使節節應手，不得爭執推諉，致曠日持久，靡費愈多。著再確議速奏。"欽此。欽遵抄出，到部送司，案呈到部。臣謹會同戶部尚書侯恂等，看得寇毒三秦，復奔楚、豫，蔓延三四千里，集衆至二十餘萬。自非會師夾剿，必不能靖此妖氛；非多備糧芻，必不能師成宿飽。上敕臣部打算應用兵將，並會同戶部酌議錢糧，臣等欽奉聖謨，敢不悉心籌畫？因與計臣再三商確。查孔賊據一隅稱亂，曾調兵四萬，費餉一百四十餘萬。今寇連數省，計主客兵非六七萬不可，約半年，當用餉七八十萬。謹一一爲皇上陳之：

以兵言，秦兵先經臣部題允，留入衛兵一萬一千，續調九千，合督撫標兵及陳奇瑜所部張天禮、賀人龍等，可得二萬五千人，此當責成孫顯祖、左光先統領。楚有毛兵、石砫兵一千，鎮筸兵五千，續調漢、土兵四千，俱應屬許成名管轄。又鄧玘兵三千，秦翼明兵二千，合張令等所領川兵六千，可得二萬一千人。豫兵除陳治邦、陳永福等見領七千外，有左良玉、周爾敬所部四千五百名，張全昌、曹文詔家丁三千五百名，再調關門鐵騎營三千，即令戎帥尤世威統率贖罪，合之可得一萬八千人。以上南北官兵通計六萬四千有奇，此會剿應用之兵也。若夫分合進止，堵擊攻圍，或搗其巢，或截其路，是在該督撫隨宜調度。總之，賊在楚則提兵入楚，賊在豫則提兵入豫，賊若奔突畿、晋，則提兵入畿、晋，要以趕盡殺絶爲主耳。

以餉言之，則陝西及關、薊、通、昌諸兵原有月餉者，除本等月餉外，每兵月加鹽菜銀九錢，行糧米四斗五升。河南省磁、毛、鹽諸營行坐月糧及湖廣鎮筸等營月餉，各照見支則例支給。湖廣續調土、漢及張令所領川兵內，原有額餉者，出境日加行糧銀二分，無月餉者，照筸兵例，月支餉銀一兩二錢，加以將官廩餼，計每月約用銀十萬六千四百兩。馬以二萬計，每匹日支草一束，作銀二分；豆三升，作銀二分一釐，每匹月該銀一兩二錢三分，馬二萬匹，月共該草料銀二萬四千六百兩以上。兵馬六個月爲率，共該銀七十八萬六千有奇。此會剿應用之餉也。恐一時徵解未能湊手，今户部除近日題留五省餉銀一十八萬外，計太倉如洗，瓶罍交窮。持鉢無門，萬難措處。議括鹽課銀三十萬，臣部湊停賞銀十萬，懇乞皇上念生靈塗炭，俯賜矜全，借發帑金二十萬，一併解赴軍前，聽督撫按期給散，斯爲有濟。不然，時愈久，費愈廣，禍愈烈矣。夫有兵六萬四千，有餉七十八萬，合督撫鎮諸臣之智勇，同心戮力，未有不刻日廓清者。

仍乞皇上申嚴軍令，務限六個月内蕩平，倘復觀望延挨，以鄰爲壑，又或偏私執拗，有悮軍機，以致日久無功，督撫鎮諸臣俱照宣大例治罪。再照此兵此餉，原圖剿賊，而非用以乘城；原圖剿猖獗之凶渠，而非用以搜零星之土寇。蓋守城係地方官之責任，自有鄉兵、衛兵、衙兵等可以鼓勵，而土賊到處有之，借口遷延，則兵分而餉糜矣。合當并爲申明，如徵調不前，支用不當，除不准開銷外，地方官仍從重究論。謹遵旨確議，合詞上請，伏候命下，遵奉施行等因。

崇禎八年正月十九日具題，二十日奉聖旨："流賊猖獗，蔓延數省，生民塗炭已極。遣將調兵，務期能殺盡滅，前旨已明。這本内，兵馬是否盡有此數？果否俱堪殺賊？各省相隔，兵分則勢單。鐵騎三千，是否足用？着再悉心會議妥確，限即日具奏。"

流寇盡入豫境疏

太子少保、兵部尚書張鳳翼等謹題，爲流寇盡入豫境，中州萬分危急，仰祈聖裁，亟敕該部多調兵將，合力堵剿，速遣樞貳督責提調，以救焚溺，以安腹心事：

職方清吏司案呈，奉本部送，兵科抄出，該本部會同户部題覆前事，奉聖旨："流賊猖獗，蔓延數省，生民塗炭已極。選將調兵，務期能殺盡滅，前旨已明。這本内，兵馬是否盡有此數？果否俱堪殺賊？各省相隔，兵分則勢單。鐵騎三千，是否足用？着再悉心會議妥確，限即日具奏。"欽此。又奉本部送，兵科抄出，兵科都給事中常自裕題，爲臣鄉遍地是賊，鄉邑屠擄甚慘等事，奉聖旨："該部一併看議，即日具奏。"欽此。欽遵抄出，到部送司，案呈到部。看得剿寇一事，臣部昨遵明旨，會同計臣，打算兵馬錢糧，用兵六萬四千，馬二萬匹，餉七十八萬，合數省師武臣力，計可刻期滅此矣。兹恭承睿算，惟恐賊衆兵寡，此遏彼軼，終非一了百當之局。真大聖人遠慮，明見萬里外也。臣等謹再悉心會議妥確，爲皇上陳之。

天下勁旅多在西北，而川、湖之士兵亦皆敢戰。臣等昨所議西兵二萬五千，北兵一萬八千，南兵二萬一千，統領俱係驍將，實堪殺賊。若以鐵騎三千爲未足，則再調二千，即以張外加等統之，仍用戌帥尤世威協同前去，以此中多係其豢養家丁，必能僇力圖功。至於科臣所請真、保標兵，賊在河南，逼近畿輔，未便輕調，應整搠四五千，赴臨、洛等處，以便策應。此外，合調天津兵三千，即以徐來朝統領，繇臨濟趨赴歸、陳等處，一以截賊去路，一以防護運道，更爲便計。南兵除原議二萬一千外，再議白扞[六]羅網壩兵三千，以譚大孝統領，繇夔門趨赴鄖、豫會剿。以上南北官兵共增八千，合前計七萬二千之數。至於餉銀一節，勢必加增，因與計部臣商議，除前疏所議七十八萬六千外，再留楚省八年新餉一十三萬，以備戰兵之用，留蜀省八年新餉二萬，以爲杆羅官兵本折之需。仍乞皇上慨發前借帑金，以救生靈焚溺。俟外解到日，即行補還。頃聞督臣洪承疇已至西安，應遵旨星督大兵出關，駐豫、楚適中之地，以便調度，隨賊所向，務盡殲而止。其主客撫鎮俱歸節制，如有違拗逗延，即以失誤軍機指名參究。原奉有“即日具奏”之旨，因欽承召對，遂至隔宿。臣謹會同户部尚書侯恂等確議上請，伏候命下，遵奉施行等因。

崇禎八年正月二十日具題，二十三日奉聖旨：“剿賊兵餉既經會議詳確，關門鐵騎營兵准調五千名，着張外加等統領，仍著尤世威戴罪協同前去。再調天津兵三千，徐來朝統領，白杆羅網壩兵三千，譚大孝統領。各照奏内程途，前往合剿。其真、保標兵整捌五千，移駐臨、洺等處策應。餉銀連前疏七十八萬六千，再留楚省八年新餉一十三萬，蜀省八年新餉二萬。俱依議。仍准借發內庫銀二十萬兩，併運軍前，戶部遵于外解到日補進。洪承疇速督大兵出關，駐豫、楚適中，調度各撫鎮將領所部兵馬，合力截殲，務期盡滅，限六個月掃蕩廓清，立頒上賞。如違拗蒙延，仍留餘孽，撫鎮等官立置重典。各巡按御史有不從公據實指參，一體論治。其各處慎固城守，捕除土寇，係地方官專責，不得于此項兵餉內分用糜費，借端遷延。該部各詳行嚴飭。"

流寇勢已東奔疏

太子少保、兵部尚書張鳳翼等謹題，爲流寇勢已東奔，陵京漕運宜毖，仰祈天語嚴救所在地方，移鎮要害，以防侵犯事：

職方清吏司案呈到部，惟照流寇盡入豫、楚，繇歸德折而東，則逼曹、濮，而運道可虞；繇信陽折而南，則逼鳳、泗，而陵寢可慮；繇黃州順游而下，則逼安慶，而陪京震驚。臣部去歲十二月曾有《秦寇奔突》一疏，早已慮及於此，業咨南京兵部，操江、鳳陽、山東各巡撫加謹飭備去後。第恐諸臣奉行未力，處置未宜，合再請申嚴救東撫，移鎮曹、濮，防賊東軼，以固咽喉；淮撫移鎮宿州，扼賊南犯，以護陵寢；操臣移鎮安慶，防賊直下，以鞏陪京，而應天撫臣亦宜厲兵秣馬，移鎮瓜、儀，與漕撫相爲呼應。至各處將領、天津鎮臣，宜照上年之例，自津及濟，分兵往來，護送漕艘，而德州、臨清兩處參將，亦宜整捌士馬，以需就近應援。其南京兵部及提督等衙門，亦須遣發重兵駐扎浦口，以爲犄角之勢。庶幾四面密防，萬全可保。如致疏誤，責有攸歸。再照河工經始，丁夫蝟集，保無亡命聞風響應者，合令河臣多方約束，以杜亂萌。此又未雨先桑之着也。其他各處村鎮，收斂財物，毋資賊掠。沿江口岸撤去船隻，毋資賊渡。或設漏舟于河畔，至中流而鑿沉；或伏火藥于艙中，至半渡而舉發。總之，賊利於陸，不利於水。北有黃河，南有長江，東有大海，彼已走入絕地。且平原多而山箐少，又無巢穴可據，但使沿江把截得住，大兵四集而不即撲滅者，臣不信也。統乞聖明申飭施行等因。

崇禎八年正月二十二日具題，二十三日奉聖旨：“東撫、鳳陽撫及南操江移鎮事宜，俱依議。着即駐兵要害，把截流寇，以便大兵會剿，一舉蕩平。如設防疏懈，以致賊仍流逸，貽毒東南，各坐所繇，定置重典。南京兵部及提督等衙門併應撫，俱着提兵駐札就近地方，與鳳撫犄角呼應。天津鎮臣護送津、濟一帶漕艘，德、臨參將整揃以備應援。凡賊所至，鄰境有司官俱着鼓勵鄉勇，防護關厢，大小村鎮設法收保，沿江船隻預行撤去，毋得資賊。如有失事，該巡按御史查參重處。一應事宜，爾部速行馳諭。”

塘報疏

太子少保、兵部尚書張鳳翼等謹題，爲塘報事：

職方清吏司案呈，奉本部送，准鄖陽撫治盧象昇塘報前事等因，到部送司，案呈到部。看得賊犯棗、隨，張上公等率兵追剿，斬僞一字王，獲斬四十顆，雖未大創，亦見官兵之奮勇，應俟彙叙者。惟是汝南道所報，鄧、唐、內、淅[七]皆有賊犯，豫撫又稱賊過南陽，東軼北奔，大爲可虞。目下督臣洪承疇已至西安，合敕星提大兵出關，會師夾剿，速奏蕩平，無使蔓延可也。

既經塘報前來，理合具本題知等因。

崇禎八年正月二十三日具題，三〔八〕十五日奉聖旨："據報，獲級內有凶渠，着查明彙叙。賊勢東軼北奔，豫、楚各撫協力禦擊。洪承疇仍星馳出關會剿，速靖狂氛。"

秦寇愈多疏

太子少保、兵部尚書張鳳翼謹題，爲秦寇愈多愈橫，郿疆愈窘愈危，大敵臨城，孤兵力剿，飛報戰守情形事：

職方清吏司案呈，奉本部送，兵科抄出，該部郿陽撫治盧象昇題前事，奉聖旨："該部一併看議速覆。"欽此。又該吏部等衙門右侍郎等官賀逢聖等題，爲流寇水陸并犯，全楚郡邑皆危，伏乞敕部速議兵餉，以安陵寢重地，以救江漢生靈事，奉聖旨："該部一併看議速奏。"欽此。欽遵抄出到部，通送到司，案呈到部。看得流寇奔楚，所需兵餉，先該臣部會同計臣酌議，楚省用兵二萬一千，用餉二十餘萬，合詞上請。復承睿算，惟恐賊衆兵寡，命臣等"確議具奏"，而郿撫盧象昇又以該鎮單虛，鰓鰓爲慮。賀逢聖等念切桑梓，亦以救楚非三萬兵不可，欲以前調之數再增八九千。臣部以增兵非難，措餉爲難。三萬之數決難取盈，故昨議，量增杆羅兵三千，不足，聽該撫再調鎮筸兵四五千。餉議，該省自行設處，不在先議七十八萬及續議一十三萬之內。總之，兵事尚活，相機征調，臣部自不便中制。頃據治臣盧象昇塘報，寇在棗、隨、麻、黃等處，實未渡江。若沿江一帶撤去船隻，毋資賊渡，臣洪承疇提大兵出潼關，繇豫之楚，與郿、楚二撫合兵，自能制其死命。前兵似已足用，非臣之易視之也。蓋賊利於山，不利於水。昔正德間，劉六、劉七倡亂，聚衆數十萬，橫行中原，直至[九]。

渡剿情繇疏

太子少保、兵部尚書張鳳翼等謹題，爲塘報渡剿情繇，併報分路捷功事：

職方清吏司案呈，奉本部送，據援剿總兵官鄧玘塘報前事等因，到部送司，案呈到部。看得鄧玘奉命援楚，師繇鄭郾進發，適報大寇攻郾，該將分兵追擊，於寶豐縣之雞村陣斬賊級四十二顆，奪獲馬騾驢甚夥，救回擄去男婦三十六名口。雖未大創，而郾城之圍解矣。有功官員聽查明彙叙。據報，鄉民打傷官兵，搶奪馬匹及郾城、上蔡不應糧草，事必有因，應行該撫按查奏。仍飭經過地方，各宜預備糧芻，接濟軍馬，毋致枵腹。惟是賊越汝寧、光山，遁麻黄，已長驅入楚，勢甚猖獗。該將即宜乘勝追剿，務期盡賊，寧得以賊去二三百里而遽撤乎？合請嚴飭該將，惟賊是求，不得自分界限，以致脱逸可耳。既經塘報前來，理合具本題知等因。

崇禎八年正月二十四日具題，二十六日奉聖旨："戎兵誤糧事情，着該撫按查明具奏。還嚴諭地方有司，遇官兵經過，速備糧芻接濟。賊越汝入楚，鄧玘即星馳前剿，毋得畫界狃安[一〇]。"

糧餉可虞疏

太子少保、兵部尚書張鳳翼等謹題，爲官軍糧餉可虞，隨征馬匹不足，遥冀皇恩及時措給，以振士氣，以便剿賊事：

職方清吏司案呈，奉本部送，兵科抄出，户科外抄，寧夏總兵官祖大弼奏前事，奉聖旨：“奏内廪餉、馬匹事宜，着該部看議。祖大弼見抵河南，從行官丁可否便道協剿，一併作速議奏。”欽此。欽遵抄出，到部送司，案呈到部，除廪餉移咨户部議覆外，看得鎮臣祖大弼奉命鎮守寧夏，道經河南，臣部檄令隨路剿賊，蓋以該鎮威名素著，賊聞喪膽，用少可以擊衆，且以入秦之將剿出秦之賊，路徑相值，無迂道之繞，似屬便計。第頃據延鎮塘報，插酋住牧邊外，寧鎮亦有震鄰之恐，該鎮自合遇賊則剿，不遇則行，直赴寧夏可耳。所請馬匹，查寧鎮崇禎七年分年例，馬價銀二萬二千四百兩，業已發完，可自市買，無容再計矣。原奉有“看議速奏”之旨，相應覆請，合候命下，遵奉施行等因。

崇禎八年正月二十五日具題，二十六日奉聖旨：“是。寧夏虜警宜防，祖大弼着星馳赴鎮，毋得稽延。”

流寇震鄰疏

太子少保、兵部尚書張鳳翼等謹題，爲緊急流寇震鄰東省事：

職方清吏司案呈，奉本部送，據見職鎮守山東曹、濮等處，署總兵官劉澤清塘報前事等因，到部送司，案呈到部。看得曹、濮之間，賊之窟穴在焉。平時且爲可虞，矧流寇已抵中牟，距曹、濮不過一河，其中豈無揭竿之儔，乘機響應，齊、魯一帶實有剥膚之憂。臣部前移文東撫鎮守其地，早已及此。伏乞敕下該撫，督發標兵，即聽劉澤清調度毖備，以固東隅。其新調關津兵，就便迎擊，庶可立挫其鋒。既經塘報前來，理合具本題知等因。

崇禎八年正月二十五日具題，二十六日奉聖旨："賊突中牟，曹、濮悉備宜早，該撫速發標兵，着劉澤清調度防勦。其新調關津兵，還着就便迎擊。李懋芳星馳到任料理，毋得延誤。"

流寇東西交訌疏

太子少保、兵部尚書張鳳翼等謹題，爲流寇東西交訌，官兵策應難周，謹陳危急情形，乞敕廷臣會議，速施撻伐，以救秦疆事：

職方清吏司案呈，奉本部送，兵科抄出，陝西巡撫李喬題前事，奉聖旨："奏内漢興斬賊保城功次，着與查明彙叙。該撫亟稱兵少，川兵堪用，又以無餉復回，俱一併看議速奏。即催督臣東馳調度，不得稽延。"欽此。欽遵抄出，到部送司，案呈到部。除漢興功次，行該巡按御史查叙，併亟催督臣東馳調度外，看得秦中剿寇，臣部初議調邊兵二萬，以一萬付左光先，隨撫臣調度；以一萬付孫顯祖，聽督臣指揮，俱奉有明旨。今左光先已至漢中，斬賊百十餘級，雖足挫氛，而未聞有大舉之師，計其時尚在臣部未題之前，無怪該撫以兵少爲慮也。頃督臣提兵東下，必遵旨分兵該撫，共圖協剿，漢南廓清當有日矣。至於川兵，急須擊賊，昨方有再調杆羅之議，豈可因無餉聽其返旆？計部議留楚省八年新餉一十三萬，目下見措銀四五萬，解赴軍前應急。即令隨賊所向，在秦則入秦，在楚、豫則入楚、豫，務以趕盡殺絕而止耳。既經奉有"看議速奏"之旨，相應覆請，合候命下，遵奉施行等因。

崇禎八年正月二十六日具題，二十九日奉聖旨："兵餉俱已調發，川兵着檄留剿賊，不得撤回。秦省係該撫專責，其流突豫、楚各省的，督臣悉心調度，務遵限掃蕩狂氛，毋留餘孽。”

官兵出奇追剿疏

太子少保、兵部尚書張鳳翼等謹題，爲官兵出奇追剿，堵回東犯流賊，飛報捷音事：

職方清吏司案呈，奉本部送，據援剿總兵左良玉塘報前事等因，到部送司，案呈到部。看得左良玉同潞陽兵將擊賊于密縣金鑲城等處，先後斬賊級三百有餘，生擒一十四名，奪獲馬騾、器具，賊遂潰決，可稱勇奮。有功官兵聽按臣查明彙叙。據報，賊勢雖猖，蔓延全豫，一戰輒北，殲剿非難。惟是援剿各將專事尾追，以故豕突狼奔，致蕩平之無日耳。合請嚴敕援豫鎮將，宜扼險截賊，併力共圖，蚤奏廓清可耳。既經塘報前來，理合具本題知等因。

崇禎八年正月二十七日具題，二十八日奉聖旨：“據奏，左良玉等斬獲多級，具見奮銳，着即查明彙叙。賊勢易摧，須確偵聚處，合圍攻擊，一鼓可殲。不得但事尾逐，以致分逞流毒。該督撫通行申飭。”

截殲狡賊疏

太子少保、兵部尚書張鳳翼等謹題，爲截殲狡賊，飛報大捷事：

職方清吏司案呈，奉本部送，據援剿總兵鄧玘塘報前事等因，到部送司，案呈到部。看得鄧玘兵抵裕[一一]州，邊報寇屯博望，該將奮勇追擊，共斬首級三百五十八顆，生擒賊目一十四名，奪獲盔甲、僞旗纛及馬騾累累，官兵用命有功，聽按臣查明彙叙。惟是南陽在豫西南，今賊東奔鳳、泗，則漫衍幾二千餘里，非大兵四集，不能制其死命。昨臣部差官至陝西回，道督臣洪承疇於正月初四日提兵出關，計此時已在行間，合敕曹文詔、張全昌、秦翼明三總兵星馳直趨鳳、泗地方，扼賊南奔，以便督臣之殲剿可耳。既經塘報前來，理合具本題知等因。

崇禎八年正月二十七日具題，二十九日奉聖旨："據奏，鄧圮擒獲多級，且内有賊渠，着該撫按御史查明彙叙。近報賊漸南奔，已逼鳳、泗，曹文詔等俱着星馳赴援，以便督臣調度協剿，不得少延。"

中州待兵甚亟疏

太子少保、兵部尚書張鳳翼等謹題，爲中州待兵甚亟，師行接濟宜周，謹查往例，酌定途程，請敕該督撫嚴飭沿途各道預備糧芻，逐程押送，以速會剿事：

職方清吏司案呈前事，惟照豫寇披猖，勢已東逼，奉旨調發關門鐵騎營兵五千，着令尤世威、張外加等統領，赴豫會剿。已經臣部咨行該撫監，每兵先借給安家銀一兩，嚴檄差官星馳催發去後。惟是師行糧隨，沿途應用廩犒之需，勢必取諸州縣。若不先行戒備，恐致臨期誤事。臣部備查往例及經過地方，必從關内道起，逐程挨送，繇永、平直至山東、河南等處，令該管道官應預行各府州縣，多備糧芻，安插宿食，俾士馬飽騰，民無驚擾。至於統兵將領，尤宜申嚴紀律，約束部伍，不許沿途借端害民，違者即以軍法從事。其借發各兵安家銀兩，共計五千，而將領犒賞約以百計，共五千一百之數，雖經暫措，應即補還。伏乞皇上敕下臣部，准於班軍老幼銀內動支可耳。相應題不足者，或照科臣所請，留八年分廬、鳳等十府錢糧支銷可也。謹遵"速議具奏"之旨，相應覆請，合候命下，遵奉施行等因。

崇禎八年正月三十日具題，二月初一日奉聖旨："糧餉已有旨了。"

飛報賊情疏 [一二]

寇勢萬分緊急疏

潁州被賊疏

千，亦令星馳赴彼，庶東南一路可保無虞。又飛檄鄧玘，統兵三千，繇麻、黃直走安慶，以護陪京矣。今再敕楚撫發健丁一千五百，亦取間道先趨，而續調筭兵五千，亦令星馳赴彼，庶西南一路可保無虞。他如應撫壯聲援於瓜、儀，操江列戰艎於要害，漕撫邀擊於鳳、泗，南京內外守備防禦於滁、和，真、保標兵屯駐於長垣、東明，防其北軼，豫撫率諸將曹文詔、張全昌、左良玉等居中搜剿。至督臣洪承疇，臣部屢次飛咨督發，據差官劉光祖、党玄回報，已於正月十三日領大兵出潼關，當於吳、楚、豫適中處所駐札，以便居中調度。但有道將各官執拗逗延，致悞軍機者，即行參處。其府州縣各宜固守城池，團練鄉勇，收斂村疃，以自為固圉計。有如汜水、滎陽，賊未來而先逃，潁州城堅，賊不攻而自陷者，地方官即行顯戮，所當并爲申嚴者也。原奉"即日具奏"之旨，緣科抄申時到部，燈下繕寫，遂至越宿，謹遵旨看議，相應覆請，伏候命下，遵奉施行等因。

崇禎八年正月三十日具題，二月初一日奉聖旨："秦翼明統兵繇歸、陳趨鳳陽，鄧玘繇麻、黃趨安慶，山東、湖廣巡撫各發兵馳援，爾部即行檄催。關門鐵騎及曹文詔等見在何處？着再催他作速進發，依所定程途，勒限會剿。洪承疇既出潼關，着即調度諸將，申嚴紀律，會同鄖、豫、淮、楚、應天、山東各撫鎮，四面合擊。其各撫移駐、扼防、截殺，地方官城守、收保等項事宜，前旨已明，還再加嚴飭，兵不中制，一應軍機聽該督撫便宜行，真、保標兵發赴長垣、東明一帶屯遏，依議。"

校勘記

〔一〕"奮銳"以前，原書闕第一頁之後半頁至第二、三整兩頁及第四頁之後半頁。

〔二〕按本疏以上所闕，當爲奏報正文及崇禎帝批語（聖旨）的前部分。

〔三〕以下原書闕失卷八第五頁後半頁、第六頁整頁及第七頁之前半頁。

〔四〕"請"字以上，原書闕失卷八第七頁之前半頁。

〔五〕"遺算"不辭，疑當爲"遺算"字之誤。

〔六〕"扞"，下文又作"杆"，未知孰是。

〔七〕"淅"，疑當爲"淅川"之"淅"字之誤。

〔八〕"三"，當爲"二"字之誤。

〔九〕以下原書殘缺，只剩下一頁第一行最後三個字"期也但"。

〔一〇〕"糧芻接濟賊越汝入楚鄧玘即星馳前剿毋得畫界狃安"二十二字，原書爲雙行小字，當爲漏刻後所補，今一律按正文字號排出。

〔一一〕"裕"，原書該字從"衤"，誤。查《明史·地理志》，有裕州，屬於南陽府，洪武初，州治在方城縣，下轄縣二：舞陽縣、葉縣。

〔一二〕以下因原書闕第四十一頁到第四十三頁，故闕《飛報賊情疏》與《寇勢萬分緊急疏》兩篇，而本卷最後一篇《潁州被賊疏》“千”字以前也全部缺失，今録其所存部分。

亟調能將疏

　　太子少保、兵部尚書張鳳翼等謹題，爲亟調能將，就近統兵以護陵寢事：

　　職方清吏司案呈前事，照得寇勢東奔，已逼鳳、泗，陵寢震驚，調援之師未能猝至。臣部昨覆科臣常自裕《潁州被賊甚慘》一疏，議調山東標兵一千五百，就便防護援剿，統兵將領未定姓名。今查得原任總兵楊御蕃，家居沂州，去鳳、泗僅五百里，該將威名夙著，必能辦賊。合請敕下該撫，照數遴選勁兵，速令御蕃統領，星馳鳳、泗護陵。至曹、濮與豫接壤，爲東省門户，臣部前議東撫發兵，聽劉澤清扼防，未議兵數，恐致遲延，亦應亟敕該撫速撥標兵一千，聽該將調度可也。相應題請，合候〔一〕命下，遵奉施行。

　　崇禎八年二月初一日具題，初三日奉聖旨："山東標兵，著該撫選鋭一千五百名，委楊御蕃統領，星馳鳳、泗護陵寢。再發一千名，著劉澤清扼防曹、濮地方，務各奮勇剿賊，以遏南窺，不得刻延致誤。"

寇勢萬分緊急疏

　　太子少保、兵部尚書張鳳翼等謹題，爲寇勢萬分緊急，乞敕暫留客兵，以救民生事：

職方清吏司案呈，奉本部送，兵科抄出，該本部題覆河南巡撫玄默題前事，奉聖旨：「據稱，歸、陳、穎一帶賊勢披猖，祖大弼准暫留殲剿，俟曹文詔等兵到，仍即赴寧鎮料理。馬匹缺少，該部還議允給。即日具奏。」欽此。欽遵抄出，到部送司，案呈到部。看得鎮臣祖大弼奉命留豫剿寇，所請馬匹，查同寺寄養各府，一時難以應急，且多係歷年揀退者，恐不堪衝突。合無請發監馬二百匹，臣部差官押解軍前，以給大弼，庶可隨到而隨用也，其馬價，同寺照數補進。原奉有「即日具奏」之旨，相應覆請，合候命下，遵奉施行。

崇禎八年二月初一日具題，初二日奉聖旨：「是。監馬准發三百匹，爾部差官押解。」

中都焚劫疏

太子少保、兵部尚書張鳳翼等謹題，爲中都焚劫，陵寢震驚，謹據實奏聞，仰乞聖明嚴飭在事諸臣，亟圖戡定，以安重地事：

本月初一日，接河臣劉榮嗣揭帖，內稱鳳陽焚劫，臣不勝錯愕，因細詢承差師守禦，據云「正月二十三日，從宿州差出，彼時道途梗塞，塘報不通。傳聞十六日鳳陽焚劫，知府等官俱已被害，楊太監不知下落。賊打開高牆，放出宗室」等語。臣聞之，驚怖欲仆。夫祖宗發祥重地，宜何如預爲惢飭，以保萬全，而乃疏虞若此！地方官即死，何足贖哉！當流寇蔓延中土，臣部鰓鰓慮其東逸，於六年十二月內，曾具《馳報賊情》一疏，奉有「秦、郿、淮，通著選調將土[二]，扼要截剿」之旨；於七年十二

山右叢書·二編　第十二冊

八八

月內，曾具《秦寇奔奪》一疏，奉有"應天、淮揚等處巡撫，練兵儲餉，偵探聲援，相機進止"之旨；頃於本年正月，又具《流賊勢已東奔》一疏，奉有"東撫、鳳撫及南操江移鎮，駐兵要害，把截流寇"之旨，業一一馳飭矣。查留守司有守陵額軍，淮撫除舊兵外，又募有新兵三千，專一防護陵運，計必能先事綢繆，隨時調度，以鞏固湯沐之地，而今竟爲賊所蹂躪，平時料理之謂何？誠有不得其解者。今事急矣，所調各鎮兵，俱在數千里外，非一促可到。惟秦翼明兵已到河間，臣部差官督趨，刻日可抵鳳陽。然其兵僅止二千，且皆徒步，合請敕東撫朱大典，將臣部疏調標兵一千五百名，星速挑選精銳，撥給馬匹，付原任總兵楊御蕃統領，馳赴淮揚，合力進剿。其關門鐵騎，臣部已檄催六次，尚未報起程日期。懇乞天語，嚴飭關撫馮任，速爲督發，毋誤軍機。至應撫張國維、操臣馬鳴世、河臣劉榮嗣與夫南樞及內外守備，均有地方之責，亦當控扼要害，陳兵截剿，務與督臣楊一鵬同心協力，蚤奏蕩平。此時江南震動，伏莽奸民可慮，合再調浙兵二千駐京口，以資防禦。其目前失事情形，仍敕該撫按據實奏報，毋得隱匿，自重罪愆。伏乞聖明嚴飭施行。

崇禎八年二月初二日具題，即日奉聖旨："賊勢狂奔，鳳陽重地屢旨嚴防互援，何故漫無備禦，致有焚劫！楊一鵬尤有專責，罪何可逭！姑著降三級，戴罪悉力戡定。東撫標兵馬匹照數速發，楊御蕃與鐵騎營兵俱已有旨了。其南樞內外守備及河、操、應撫各官，悉遵前旨，移駐阨防，務令狡賊一騎一舟不得南窺。其浙兵速調二千，酌札京口防剿，依議星馳分飭。有玩誤的，參來重論不宥。其鳳陽失事情形，該撫按查速奏。"

急報流寇疏

太子少保、兵部尚書張鳳翼等謹題，爲急報流寇事：

職方清吏司案呈，奉本部送，准保定巡撫張其平塘報前事等因，到部送司，案呈到部。看得晋寇高加討等已降復叛，聚衆二千，所過焚掠，偪切畿輔，萬一不戒蔓延，與流寇作緣，則可憂方大。合敕畿、晋二撫，速令保定、寧武總兵合令[三]搜剿，一鼓盡殲，毋得坐視流毒地方可也。既經塘報前來，理合具本題知等因。

崇禎八年二月初二日具題，初三日奉聖旨："叛賊奔突焚掠，漸逼內地，著畿、晋撫鎮合兵摻剿，刻期蕩平，毋得互諉，致令煽結流毒。"

請火器疏

太子少保、兵部尚書張鳳翼等謹題，爲恭謝天恩，併請火器、鉛彈，以備征戰事：

職方清吏司案呈，奉本部送，兵科抄出，援剿總兵官秦翼明奏前事，奉聖旨："知道了。所請火藥、鉛彈，著作速酌發。據稱馬匹尚少，還再議兌給，即日具奏，該部知道。"欽此。欽遵抄出，到部送司，案呈到部。除火藥、鉛彈即咨工部酌發外，看得鎮臣秦翼明提兵二千赴援，曾於前月二十二日具題，請馬七八百匹，臣部以川兵利於步戰，只議給馬一百匹，以資哨探。且時報寇在中州，與畿南相近，步行亦不稱苦。今賊突入鳳、廬，遠在二千里外，徒步追躡，繭足可虞。今據該鎮差官何雲升禀稱，前以涿州兑馬一百匹，尚有餘馬，合無仍於該州再撥馬一百匹，兑給本官，逐程飼秣，押送前來，似屬便計。原奉"即日具奏"之旨，因科抄戌時到部，當夜繕寫，遂至隔宿，相應覆請，合候命下，遵奉施行。

崇禎八年二月初三日具題，初四日奉聖旨："依議，涿州再兑給馬一百匹，著秦翼明星馳進剿，不得刻延。"

恭報商雒流寇疏

太子少保、兵部尚書張鳳翼等謹題，爲恭報商雒流寇情形，仰祈聖鑒事：

職方清吏司案呈，奉本部送，兵科抄出，陝西巡按傅永淳題前事，奉聖旨："奏内孫紹烈等景村等處功次，已有旨了。山陽焚掠甚慘，何無援剿？併史大勛、彭存魯，俱著查明議恤。許國秀，著兵部查議。仍嚴飭策勵辦賊。"欽此。欽遵抄出，到部送司，案呈到部。除史大勛、彭存魯死難情繇，行該巡按御史查奏外，看得寇犯商雒、山陽，殺傷彼此相當。各該道將能使城守無恙，獲級累累，功亦足多。但守備史大勛、巡簡彭存魯竟斃賊手，誰司調度，致有疏虞？則道臣許國秀不能不爲法受過，但駐札商州，鞭不及腹，應戴罪剿賊，以圖後效者也。既經具題前來，理合具本題知等因。

崇禎八年二月初三日具題，初六日奉聖旨："許國秀著戴罪剿賊自贖。"

殺賊獲捷疏

太子少保、兵部尚書張鳳翼等謹題，爲殺賊獲捷事：

職方清吏司案呈，奉本部送，准河南巡撫玄默塘報前事等因，到部送司，案呈到部。看得秦將賀人龍等奉督臣令，正月十五日至靈寶，分兵擊賊，於澗口等處斬賊首三百六十有奇，奪獲旗纛、馬騾累累。有功員役，統俟查明彙叙。據報，賊勢蔓延，自潁、亳折而西回，逼近汴城，望援甚亟。督臣洪承疇出關有日，未見領兵幾許，屯於何處。合敕星馳調度，速奏蕩平可也。既經塘報前來，理合具本題知等因。

崇禎八年二月初五日具題，初六日奉聖旨："捷功著查明彙叙。洪承疇即遵屢旨，星馳調度會剿，速奏蕩平。"

商雒禦寇疏

太子少保、兵部尚書張鳳翼等謹題，爲商雒禦寇情形，據報奏聞，以祈睿鑒事：

職方清吏司案呈，奉本部送，兵科抄出，陝西巡按傅永淳題前事，奉聖旨："奏内事情已有旨了。李燁然等，該部覆議具奏。"欽此。欽遵抄出，到部送司，案呈到部。看得商雒之地，深山大箐，狡賊易于出没，官兵難於搜剿，故所在受其蹂躪。幸賴道臣李燁然調度有方，謀勇並著，三保雒南，免於塗炭，功安可没！至督發中軍李國政，間道赴援，俾都司李玉華全師歸雒，尤見該道濟變之才。合無將李燁然敕下吏部，量加一級，中軍李國政量准實授，以示激勸可也。既經具題前來，相應覆請，恭候命下，遵奉施行。

崇禎八年二月初七日具題，十一日奉聖旨："李燁然准量加一級，李國政准實授。"

彙報官兵擒斬疏

太子少保、兵部尚書張鳳翼等謹題，爲彙報官兵擒斬功級，仰乞聖鑒事：

職方清吏司案呈，奉本部送，兵科抄出，山西巡撫吳甡題前事，奉聖旨："該部看議具奏。"欽此。欽遵抄出，到部送司，案呈到部。看得晉寇未淨，所過焚掠，而陽曲令李雲鴻、榆次令任浚，或鼓勵鄉兵而剿之境外，或躬率技勇而擒之山中，捕斬撫散，相機互用，兩境以寧，庶乎銅墨中之金城也。該撫特錄其功，以勸有位，最於靖盜寢蘗有關。查二官，先因會問樂平知縣王從誨失事一案，擬罪未協，曾奉旨："各降職二級，照舊管事。"今照李雲鴻名下斬獲賊級二十九顆，任浚名下捉獲流、土賊目一十七名，招撫過八十餘名，功似可紀。臣部按邦政條例，載有軍職獲功、贖罪之條內，稱領兵部下獲功每五名顆亦准一級，惟文職獲功未經明載。然文武有地方責任者，功罪事同一體，合無即以前功，准其開復原降職級，不特昭朝廷酬庸之典，且可鼓諸邑募練之氣。其餘獲功員役，應俟彙叙可也。既經奉有"看議具奏"之旨，相應覆請。合候敕下吏部，將李雲鴻、任浚原降二級准與開復，此出聖明浩蕩之恩，非臣等所敢擅也等因。

崇禎八年二月初七日具題，十一日奉聖旨："是。李雲鴻、任浚既剿賊著勞，前以會問，各降職二級，俱准開復。"

塘報賊情疏

太子少保、兵部尚書張鳳翼等謹題，爲塘報賊情事：

職方清吏司案呈，奉本部送，據真定巡按吳履中塘報前事等因，到部送司，案呈到部。看得晉寇復猖，眈眈畿輔。據報，五臺地方有賊一股三千餘，盂縣地方有賊一股二千餘，又添一股千餘，合營一處，苗頭南行，意欲與豫寇作緣，其鋒方銳，其謀頗狡，應敕該撫鎮，速選勁兵，協力堵剿，一面約會晉撫，奮勇夾擊，務期盡掃，毋使流入畿輔可也。既經塘報前來，理合具本題知等因。

崇禎八年二月初八日具題，初十日奉聖旨："據報，盂縣地方兩賊自相衝殺，該撫鎮何無督兵堵剿？致令合夥狡逞。著作速選銳截殲，併移會晉撫，協力夾擊，毋得玩延，流毒內地。"

申明節制疏

太子少保、兵部尚書張鳳翼等謹題，爲申明節制，以便調度事：

職方清吏司案呈前事，照得戍帥尤世威等統鐵騎五千，總兵秦翼明督川兵二千，原任總兵楊御蕃領標兵一千五百，奉旨赴鳳、廬等處會師援剿，保護陵園，已經嚴檄飛催，併飭沿途有司，預備糧芻接濟，諒無濡滯。惟是將分主客，易起紛囂，必先定其節制，然後上下不紊，事權歸一。督臣洪承疇權攝提衡，而去廬、鳳甚遠，不免有鞭長不及之虞。合無以各將兵馬事宜，統令漕運督臣楊一鵬兼攝；調度軍需器械，亦應該督設處。伏乞天語嚴飭，庶無執拗推諉，而平賊可期也。相應覆[四]請，合候命下，遵奉施行。

崇禎八年二月初八日具題，十一日奉聖旨："洪承疇專任剿賊，不必又分事權。秦翼明、楊御蕃、張外加等領兵到盧、鳳地方，併聽調度節制。其一應軍需，著該撫設處支給。各將如有執拗逗遛、殺良冒功等情，該巡按御史指實參奏。本内戍帥是何名稱？該司官殊屬不諳。"

仰仗天威疏

太子少保、兵部尚書張鳳翼等謹題，爲仰仗天威，河防解嚴，恭報情形，以慰聖懷事：

職方清吏司案呈，奉本部送，兵科抄出，山西巡撫吳甡題前事，奉聖旨："昨郭尚禮疏報，代、崞、五臺等處，賊復狂逞，吳甡著即設法戡定，不得以河防冰解無虞，少有疏泄。其湯九州協剿豫寇事宜，兵部看議速奏。"欽此。欽遵抄出，到部送司，案呈到部。看得秦晋僅隔一河，去冬秦寇東奔，晋撫吳甡慮冰堅可渡，請調湯九州一旅，爲固圉之圖。今謂冰解無虞，應過河與左良玉合剿豫寇，具見纓冠大義。九州既無所事事，與其逍遥河上，不如會剿于中州，似應允從。惟是代、崞、五臺之寇尚繁有徒。頃據真定塘報，賊繇盂縣山南下者四股，約六千人，晋中歲歉民窮，不亟爲撲滅，恐又致燎原，仍當責總兵尤弘勛、參將猛如虎、虎大威、劉光祚等合兵搜剿，俟賊氛寧靖，即令湯九州赴豫，聽督臣洪承疇調遣可也。謹奉旨看議，理合覆請，伏乞命下，遵奉施行。

崇禎八年二月初九日具題，初十日奉聖旨："晋寇未靖，亟宜撲滅。該撫鎮督率將領合兵摻剿。湯九州俟賊平赴豫，聽督臣調遣。"

奸細歷供可慮疏

太子少保、兵部尚書張鳳翼等謹題，爲奸細歷供可慮，江南偵備宜周，懇敕沿江要地加意綢繆，以衛豐苄，以保東南億萬生靈事：

職方清吏司案呈，奉本部送，該刑科給事中鍾斗題前事，奉聖旨："嚴江防，護漕運，已有屢旨。二事關係重大，急宜萬分飭備。南京內外該管衙門及督撫、漕按等官相機調度，殫力幹辦，不許疏玩，致有他虞。其采口、蕪湖等處，作何設防，併推補南樞道府缺員，該部作速具奏。"欽此。欽遵恭捧到部送司，案呈到部。除江防、漕運飭備事宜，備咨該督撫、漕按等官，欽遵推補缺官，聽吏部具奏外，看得蕪湖踞金陵上游，東南財貨之所聚也，賊豈不垂涎？但長江天塹，飛渡無術，所患者，奸人作緣耳。科臣念切桑梓，議設防兵，誠扼要之著。惟謂中樞不知要害，毫無分布，則臣不任受也。從來臣部調度，止能調兵遣將，以資剿禦，至於某處設防，某處策應，隨時布置，悉聽行間便宜從事，況流寇奔逸靡定，兵機變化無方，豈臣能隃度於數千里外耶？查去歲十二月，臣部有操臣移鎮安慶之請，計安慶遠而蕪湖近，沿江飭備，業有嚴綸，斷未有顧遠而遺近者。合再敕操臣，以一旅防安慶，上下於安、池之間；以一旅防蕪湖，周游於應、太等處。舟中多備火藥、火箭，但有賊至江濱，即爲射擊。若夫撤船隻，無資賊渡；嚴保甲，毋作內應，此皆地方官事耳，臣部已屢疏言之矣。頃臣差官侯爵自南京來，云："賊陷鳳陽後，正月十八日到紅心、大柳、池河等驛。二十日，見南京兵部發兵三千，過江剿賊。"賊勢將逼廬州入安慶，此時東南主客兵漸集，西南無兵，孰與堵其去路？惟鄧玘兵近在豫、楚，順游而下最便，雖人言嘖嘖，不樂其兵，并罪及於臣，然臣爲地方計，不暇爲人言計，所當嚴檄東行，約束士伍，與東南之兵相合，共圖夾擊可也。謹奉旨速奏，相應覆請，伏候命下，遵奉施行。

崇禎八年二月初二日具題，十一日奉聖旨："安慶、蕪湖係南都上游，著操、應二撫分布嚴防，相機偵剿，不得恃江爲險，少有疏誤。鄧玘兵近在豫、楚，著即順流赴安，與東南各兵合圖夾擊，併其餘援兵，還通行嚴催。"

塘報賊情疏

太子少保、兵部尚書張鳳翼等謹題，爲塘報賊情事：

職方清吏司案呈，奉本部送，准保定巡撫張其平塘報前事等因，到部送司，案呈到部。看得晋寇窺犯畿輔，昨據按臣吳履中塘報，臣部已經具題訖。今該撫報稱，賊進馬圈口，守備王國璽被圍，雖奮力攻退，而復逞可虞。且所獲活賊供稱，賊已合營，欲議進搶。該撫當厚集兵力，布置堵禦，一面移會豫撫，嚴扼要害，絶其南向之路。仍密期晋撫，合兵夾擊，速行掃蕩可耳。既經塘報前來，理合具本題知等因。

崇禎八年二月初十日具題，十一日奉聖旨："據奏，馬圈口官兵拒擊情形，賊凶狡殊甚，尚未見大挫。該撫鎮務定計速剿，不得僅委營將，曠日滋蔓。昨已有旨，著會晋撫夾擊。畿、豫接壤，地方通移會申警，毖備扼殲。如少有疏虞，一體重治。報内初二、初三兩日事情，與吳履中所報互異，還著查明具奏。"

陵寢震驚疏

太子少保、兵部尚書張鳳翼謹奏，爲陵寢震驚已極，微臣罪無可辭，謹束身待命，蕭候處分事：

本月十一日，接准撫楊一鵬確查流寇焚劫情形一揭，內稱，正月二十四日，恭詣祖陵，叩閱寶冢，見玉樹盤固，碧草芳菲，齋宮如故，朝房如故，御製碑記如故，而北明樓、欞星門等處俱焚矣。臣讀未終，不覺驚魂墮地，血淚交頤也。夫祖陵，王氣所鍾，萬靈呵護，今忽爲么麽所毀，我皇上孝軼千古，不知如何痛悼！臣典司邦政，無能早靖潢池，致亂民勾引狂氛，造非常之變，在張弘道輩，固萬死不足贖，臣與地方官均難辭責，亦何所逃其罪哉！伏乞皇上先下臣於理，再治失事諸臣之罪。庶祖宗在天之靈可少慰已等因。

崇禎八年二月十二日具題，十五日奉聖旨："中樞職專調度，致賊氛狂逞，陵寢震驚，何所辭責？張鳳翼著戴罪殫力料理，刻期殲蕩，不得弛卸。該部知道。"

塘報疏

太子少保、兵部尚書張鳳翼等謹題，爲塘報事：

職方清吏司案呈，奉本部送，准鳳陽巡撫楊一鵬塘報前事等因，到部送司，案呈到部。看得流寇僭號稱元，罪惡上通于天，天必殛之。大兵四集，釜魚阱獸，授首端不遠矣。據報，老賊尚在桐柏山，雖未必盡真，然而桐柏山與漢南山相連，此時督臣提兵東向，萬一賊復折而西行，盤踞終南山中，如去歲故事，則掃蕩愈難。合敕秦撫摻剿山中，鄖撫率師鄧、宛界上，防其復軼。至於亳州以戰爲守，斃其僞王，賊遂北遁。向使潁州守官亦能如是，奚至賊來即陷？該州益當摩厲以須，毋狃小捷，致有疏虞可也。既經塘報前來，理合具本題知等因。

崇禎八年二月十二日具題，十四日奉聖旨："奏内戴允登所報亳州城守情形，較楊一鵬前疏更多誇詡，是否確實，林正亨一併查明具奏。鳳、廬等賊著洪承疇、朱大典悉力殲剿，仍著楚、鄖、秦、豫各撫扼要堵防，絶其奔軼，務期一鼓蕩平，如玩縱貽禍，罪坐所繇，必不輕貸。爾部再馬上馳飭。"

恭報津兵東征疏

太子少保、兵部尚書張鳳翼等謹題，爲恭報津兵東征日期事：

職方清吏司案呈，奉本部送，兵科抄出，天津巡撫賀世壽題前事，奉聖旨："知道了。登戍是否撤回，併援師安家銀數，該部酌議速奏。事平，津兵自回，不必議募。"欽此。欽遵到部送司，案呈到部。看得津門爲關、薊脣齒，漕運咽喉，士卒誠不容一日虛伍，但剿賊暫時調用，事平自回，不必議募。業奉明旨，無容再議。其登、海戍兵，原奉有"春和更代"之旨，今海波無警，撤回固守，以便策應，似亦計之便者。各兵安家，應照關門鐵騎例，每兵各給銀一兩，以示鼓舞。其銀即於同寺措發。既經奉有"酌議速奏"之旨，相應覆請，伏候命下，遵奉施行。

崇禎八年二月十三日具題，十四日奉聖旨："登戍依議撤回，津兵安家銀兩照數，囦寺給發。"

臣差已滿疏

太子少保、兵部尚書張鳳翼等謹題，爲臣差已滿，值倉儲之窮，須補救之急，敬陳一得，仰懇聖明俞裁必行，以裨儲政事：

職方清吏司案呈，奉本部送，准户部咨前事等因，到部送司，案呈到部。看得中都重地，陵寢攸關。禦侮除戎，洵爲要計。當流賊披猖之後，武備尤宜振刷。今總計食糧軍共有八千八百九十五名，而以兵名者止千人，何以稱熊虎，以資捍禦哉？毋惑乎賊一入而即殘破也。第各軍月糧三斗，糊口不給，難責訓練，而高墻軍月糧八斗，倍於各軍，反供閑役。今議除守陵軍三千名仍應照舊外，其高墻軍一千五百名內抽一千名操練，量撥雜差數百抵之，藉其厚粮，便於程督，化無用爲有用。應行該撫按再爲酌議者也。既經咨會前來，相應覆請，合候命下，遵奉施行。

崇禎八年二月十三日具題，十六日奉聖旨："這高墻軍抽抵操練事宜，著該撫按確議速奏。"

流寇聚衆窺城疏

太子少保、兵部尚書張鳳翼等謹題，爲流寇聚衆窺城，官兵奮勇截殺，恭報捷音事：

職方清吏司案呈，奉本部送，據援剿總兵官鄧玘塘報前事等因，到部送司，案呈到部。看得禹州寇氛孔棘，鄧玘率兵進剿，斬級一百一十五顆，擒賊目四名，奪騾馬五十三頭匹，捄回難民一十九名口，有功及陣傷官丁，俟查明叙恤。惟該鎮以馬少爲請，臣部以咨豫撫，將原題未給俵馬一百五十九匹，速解軍前，而該州各官又捐馬數十匹，亦足以供驅策之用。目今寇近留都，該鎮奉有“赴援安慶”之命，即宜星馳巡往，豫寇自有督臣大兵，毋致尾延可耳。既經塘報前來，理合具本題知等因。

崇禎八年二月十三日具題，十四日奉聖旨：“這捷功俟查明彙叙。仍著鄧玘星馳安慶援剿，毋得少稽。”

塘報剿寇疏

太子少保、兵部尚書張鳳翼等謹題，爲塘報剿寇獲捷事：

職方清吏司案呈，奉本部送，准河南巡撫玄默塘報前事等因，到部送司，案呈到部。看得左良玉抵密縣，探有賊屯，隨督官兵追剿，當斬賊首一百六十三顆，生擒賊目一十四名，救回婦女二十四口，奪獲馬騾驢二百一十七匹頭，賊乃奔潰，可稱奮勇矣。有功官丁統俟查明彙叙。各將屢報捷功，而賊之狂逞如故，屢報殲渠，而賊之名目如故，豈非所殺者脅從，而真賊自在？所當嚴爲申飭者也。既經塘報前來，理合具本題知等因。

崇禎八年二月十三日具題，十五日奉聖旨：“這捷功俟查明彙叙，仍著左良玉會同各將力圖殲蕩，毋但以零級侈報，爾部再行馳飭。”

晉中賊首就擒疏

太子少保、兵部尚書張鳳翼等謹題，爲晉中賊首就擒，昌兵亟宜援豫事：

職方清吏司案呈到部，查得山西巡撫吳甡題《爲仰仗天威等事》一疏，本部覆奉聖旨："晉寇未靖，亟宜撲滅。該撫督率將領，合兵摏剿。湯九州俟賊平，赴豫聽督臣調遣。"欽此。又，准該撫咨《爲生擒渠魁等事》內稱，本年正月二十七日，盂縣地方張全昌統兵與賊對陣，斬級數百有餘，生擒渠首顯道神，餘黨敗遁等因。又，准該撫咨稱，大同逃兵一百二十名，今亦就撫，付張全昌部下隨剿，則晉中劇賊、叛兵或殲或戢，亦既漸次蕩平矣。即有伏莽未靖，而有總兵尤弘勛、參將猛如虎、虎大威、陳國威、劉光祚、趙民懷等共圖夾擊，似亦不難辦此。頃據河南按臣金光辰揭稱，中州遍地皆賊，湯九州一旅，合令速赴開、歸剿寇，既可以信明旨，而豫中亦得藉一臂之用矣。相應題請，合候命下，遵奉施行等因。

崇禎八年二月十四日具題，十五日奉聖旨："既說晉寇漸平，各將不難戡定，湯九州即馳赴開、歸等處剿賊，不得稽延。"

再報殺退流賊疏

太子少保、兵部尚書張鳳翼等謹題，爲再報殺退流賊，立解廬圍事：

職方清吏司案呈，奉本部送，兵科抄出，鳳陽巡撫楊一鵬題前事，奉聖旨："廬州雖報解圍，舒、六、蕭、碭等處，所在被賊蹂躪，朱大典著督勵道將，作速奮剿。馬曠、駱舉馳擊功次，俟查明彙叙。王佐才逗延玩寇，著兵部議處。祝嵩齡革了職，著林正亨提問。金國光等勾引煽禍事情，一併奏查。該部知道。"欽此。欽遵抄出，到部送司，案呈到部。除馳擊功次及提問、查奏事宜，備咨遵行外，看得狼山副總兵王佐才，膺專閫之重寄，爲江北之屏藩，當寇入中都，震驚陵寢，撫按呼援之際，不行星馳速赴，及抵郡城，又復稽延二日，豈拯溺救焚之議？惟謂士紳挽留，非同觀望，然稽延之咎，百喙奚辭！本應從重究處，臨敵恐難易將，相應革去職銜，戴罪剿賊，圖功自贖者也。謹奉旨議處，相應覆請，伏候命下，將王佐才革去副總兵職銜，戴罪剿賊等因。

崇禎八年二月十五日具題，十八日奉聖旨："王佐才姑著革去職銜，戴罪剿賊自贖，如再有玩誤，參來重處。"

塘報流寇逼河疏

太子少保、兵部尚書張鳳翼等謹題，爲塘報流寇逼河，已抵曹境事：

職方清吏司案呈，奉本部送，據見職鎮守山東曹、濮等處署總兵官劉澤清[五]塘報前事等因，到部送司，案呈到部。看得流寇逼近曹縣，眈眈有渡河之勢，齊、魯之間又已震動。據報，賊聚圍歸德，連營十四座，直至河干，勢甚重大，歸德望救甚急。雖撫臣玄默調左良玉赴援，但恐賊聞兵至，設計渡河，而曹縣渡口甚多，防此遺彼，又爲可慮。昨東撫疏稱，已調標營馬、步兵一千，沂州營兵五百，兗州營兵五百，曹州營兵三百，聽道臣冒起宗監督，會同劉澤清分防曹、單二縣河口，已無遺算。而該鎮又云"無兵無馬"，豈彼時尚未到耶？今警報緊急，各兵諒已至信，合敕該鎮於兗州府就近去處，再兌八年分俵馬三百匹，合之標下有馬，騎兵過河剿賊，步兵留以防河，聽道臣飭備。如不擊之河外，而第株守河濱，萬一狡賊乘桴競渡，安能處處堵截乎？

所當速爲迎擊，以挫狂鋒者也。既經塘報前來，理合具本題知等因。

崇禎八年二月十四日具題，十五日奉聖旨："賊氛逼近曹、單，亟應濱河遏剿，該撫所奏調防各兵曾否到信？著再查。究屬八年分俵馬三百匹添給，責成劉澤清督催扼擊，不得縱令渡河，流毒東土。即嚴行馳飭。"

塘報疏

太子少保、兵部尚書張鳳翼等謹題，爲塘報事：

職方清吏司案呈，奉本部送，准山東巡撫朱大典塘報前事等因，到部送司，案呈到部。看得流賊突奔，意欲一葦航河，幸撫臣布置先定，曹、單、蕭、碭之間旌旗相望，賊懼，不敢東向。且劉緒等過河一呼，三凶就擒，尤足以挫賊鋒。若夫乘夜暗渡，前後掩擊，是又在該道將之出奇耳。既經塘報前來，理合具本題知等因。

崇禎八年二月十六日具題，十八日奉聖旨："據奏，曹、單、蕭、碭等處，沿河堵截，又遠哨擒凶，具見該撫調度。仍著嚴飭道將密布扼防，相機掩擊，毋得隙懈，致有疏虞。"

援將縱兵掠民疏

太子少保、兵部尚書張鳳翼等謹題，爲援將縱兵掠民，謹據實糾參，以肅軍紀事：

職方清吏司案呈，照得師行以律則臧，縱則亂。古人行兵，有取民間一笠覆鎧者立斬以徇，軍法之嚴如此。頃據臣部催張外加差官具禀到部，内稱，鐵騎左營步兵過北直崔黄口曹家莊，白吃人飯，搶人衣服。該地方朱應才、張福叩尤世威馬申禀，世威差役趕至前途，令該領兵把總鄭安國同失主認獲犯兵王奇功，身上搜出砂藍潞紬夾襖一件，青紬夾襖一件，白夏布裰一件，青綿綫一把，鞋一雙，贓真罪當，即押赴張外加正法，本官止責六十棍，未聞以軍法從事。夫將之馭軍止憑此法，今律紀不嚴，何以令衆？且近在畿輔如此，何以行遠？臣部昨仰體皇上約束軍士之意，給告示一道，發督撫，遍處張掛，内開：但有軍士奸淫婦女、搶掠人財者斬，將官縱容者，一體參處。王奇功犯法應斬，張外加縱馱，應降二級，戴罪圖功。又聞鐵騎五千，外加獨統四千五百，尤世威止領内丁五百，多寡不均，未便責成。合無各領二千五百，使兩將各成一旅，庶便于按軍實而課成功耳。相應覆請，合候命下，遵奉施行。

崇禎八年二月十七日具題，十九日奉聖旨："王奇功既搜獲真贓，著即軍前正法。張外加紀律不嚴，何以行師？著降二級，戴罪剿賊。鐵騎營兵與尤世威分領，協力圖功。援兵有剙劫、奸淫、荼毒良民者，審明梟示，將領縱容併處，一體飭行。"

塘報大捷疏

太子少保、兵部尚書張鳳翼等謹題，爲塘報大捷事：

職方清吏司案呈，奉本部送，據寧夏總兵官祖大弼塘報前事等因，到部送司，案呈到部。看得總兵祖大弼奉命留豫援剿，遣兵哨探，遇賊於白沙，奮勇追擊，斬首一十三顆，奪獲馬騾六十二匹頭，雖斬級無多，而寡能敵衆，先聲已褫賊魄矣。有功官丁，俟查明彙叙。傷亡員役，聽一併優恤。該鎮兵丁缺馬，未能長驅，今蒙皇上發内厩馬三百匹，計日可到，掃此妖氛，當無難矣。其尤翟文斬級，俟報到另題。既經塘報前來，理合具本題知等因。

崇禎八年二月十七日具題，十八日奉聖旨："據報，斬獲功次及傷亡官丁，查明照例叙恤。賊勢正猖，著奮鋭速殲，勿以零級輒稱大捷。"

遵旨奏明疏

太子少保、兵部尚書張鳳翼等謹題，爲遵旨奏明事：

職方清吏司案呈，奉本部送，兵科抄出，原任總兵楊御蕃題爲恭謝天恩事等因。奉聖旨："知道了。楊御蕃已有屢旨，星馳廬、鳳等處援剿，何尚稱病在藉？兵部何時檄調？著即奏明，仍馬上嚴催，不得刻延取咎。"欽此。欽遵抄出，到部送司，案呈到部。看得楊御蕃援剿廬、鳳，臣部於二月初一日具題，初二日奉有"山東標兵著該撫選鋭一千五百名，委楊御蕃統領，星馳鳳、泗"之旨，隨於初三日差官韓應元，初四日差雷鳴珂，初七日差陳伯松，初九日差錢國梁，十二日差吳繼德，十三日差羅坤，十四日差魏允登等嚴催，計今七次。查京師至山東沂州，計程一千八百餘里，遄行亦須半月。度本官拜疏時，臣部差官尚未到也。此時諒已奉命星馳，或不致濡滯。除一面再檄差官張承租亟催外，謹遵"奏明"之旨，理合具本題知等因。

崇禎八年二月十八日具題，二十一日奉聖旨："知道了。"

廢將擁兵住晉疏

　　太子少保、兵部尚書張鳳翼等謹題，爲廢將擁兵住晉，軍丁無糧堪虞，懇祈聖明敕令討賊立功，以杜地方隱憂，以收本將後效事：

　　職方清吏司案呈，奉本部送，兵科抄出，吏科給事中張第元題前事，奉聖旨：「張應昌既奉旨回衛，何又久住山西？本內事情，兵部看議速奏。」欽此。欽遵抄出，到部送司，案呈到部。看得原任總兵張應昌年來征寇豫、楚，又復援宣，亦著有級功，嗣因虜退，奉有「回衛」之明綸，則應昌即宜赴秦。惟是各丁昔皆攜有家口，入晉無慮千餘人。今應昌投閑，囊橐蕭然矣。既不能作歸計，又不能糊衆口，科臣目擊其艱，實切隱憂。即臣部亦計及此。曾遺一札，趣之歸秦。項據回稟內稱，見今奉督臣洪承疇檄調剿賊，合無即令本官統率健丁八百，星馳赴豫，與伊弟張全昌同心戮力，共圖榆收，似亦計之便者。惟是各丁家口嗷嗷待哺，不可不爲之計。查應昌官丁剿賊晉、豫、楚三省，通共斬獲首級二千四百餘顆，按邦政條例，斬獲流賊每名顆，賞銀五兩，約該功賞銀一萬二千有奇。臣部曾于崇禎五年十二月內題請解發山西賞功銀三萬兩。舊歲虜警，監臣劉允中疏請借作軍糈，業經戶部議以民運補還，覆奉欽依在案。伏乞皇上特敕該撫，于前項銀內，量動三千兩，給應昌各丁，俾得安家。其應用鹽菜、行糧，乞敕戶部酌給，使之隨地關支，以資飽騰可也。既經奉有「看議速奏」之旨，相應覆請，合候命下，遵奉施行。

　　崇禎八年二月十八日具題，二十日奉聖旨：「張應昌著統率所部健丁星馳赴豫協剿，圖功自效。該撫即於補還賞功銀內，速發三千兩給各丁安家。其應用鹽糧，户部行令，所在酌給。”

乞正微臣誤國疏

太子少保、兵部尚書張鳳翼謹奏，爲乞正微臣悞國之罪，速簡中樞靖亂之臣，以清邦政，以奠疆圉事：

先該臣以人言踵至，奏爲聖主恩隆使過，微臣罪在莫原等事，奉聖旨：“大臣當以國事爲重，寇患方殷，豈中樞引卸之日？著遵旨即出料理，不得再陳。吏部知道。”欽此。又，該臣奏爲陵寢震驚已甚，微臣罪無可辭等事，奉聖旨：“中樞職專調度，致賊氛狂逞，陵寢震驚，何所辭責？張鳳翼著戴罪殫力料理，刻期掃蕩，不得弛卸。該部知道。”欽此。臣仰遵明旨，不敢瀆陳，於十六日謝恩，即入署戴罪料理。閱科抄，見論臣者又有朱邦祈、許譽卿等，連章累牘，臣讀之，愧赧欲死。夫國家設司馬，原欲奉行天討，奢定邦家。今寇亂七年，天下半爲雲擾，臣職司九伐，曾不能迅掃妖霾，今且漫衍中都，震驚陵寢，律以“主憂臣辱”之義，罪蓋靡所辭矣，亦安敢不引爲己責，而曰“地方官剿禦之無能”哉？乃皇上不即加誅，猶敕臣殫力料理，臣即肝胸[六]塗地，豈足以盡捐麋？但臣之伎倆已窮，罪譴益甚，延一日，悞封疆一日之事，諸臣之論亦一日不休。方今中外交訌，社稷安危所繫，豈堪嘗試？伏乞皇上立治臣罪，另簡賢能，以辦此鴟張之寇，庶運籌決勝，潢池可旦夕告平，臣生不能報答君恩，死當爲厲鬼殺賊，以盡區區之血悃也。臣原奉有“戴罪殫力料理”之旨，未敢退居私室，以稽軍務，謹席藁公署，肅候聖明處分等因。

崇禎八年二月十九日具題，二十日奉聖旨[七]。

皇陵焚毀疏

　　太子少保、兵部尚書張鳳翼等謹題，爲皇陵焚毀，國家大變，懇乞聖明追尋召變之原，急圖修省之實，以安宗社事：

　　職方清吏司案呈，奉本部送，兵科抄出，河南道監察御[八]韓一光題前事，奉聖旨："皇陵守衛，補留守調班軍，俱屬急務，該部作速議奏。餘已有旨了。"欽此。欽遵抄出，到部送司，案呈到部。除中都司掌印留守已推劉甄賢速令赴任外，恭照陵園罹變，殿廡俱焚，寶宮一坏土，孤恃[九]於灰燼之區，而守衛官軍死者死而散者散，祖宗在天之靈將誰與守？臺臣韓一光議，將中都上班軍丁發回彼處，一以供版築，一以壯護衛，於計最便。今查中都留守司領班都司繆伯芳、黃一麟雖已到部，然所領班軍尚陸續在途，合令二弁即日出京，沿途催押赴鳳，以濟目前急用，致各軍應得月糧，原以各軍在京工操，故解京支散。今既發回彼處，則應得月糧亦應免解，以便彼處關領也。再照此軍先經駙馬萬煒請，造瑞安公主墳塋，皇親郭振明請，造父母墳塋，俱奉欽依派用。今以陵寢爲重，不妨以皇親駙馬之役姑俟秋班。且山東尚有班軍二千餘名，亦可先爲興工之用。在二臣必能仰體皇上孝思，諒無爭執也。恭候命下，遵奉施行等因。

　　崇禎八年二月十九日具題，二十日奉聖旨："繆伯芳、黃一麟即著出京，沿途催押，所領班軍馳赴鳳陽防守，應得月糧免解，就彼處關領。餘依議。"

豫寇實深疏

太子少保、兵部尚書張鳳翼等謹題，爲豫寇實深，楚防粗備，謹陳援兵之實著，以俟聖裁事：

職方清吏司案呈，奉本部送，兵科抄出，湖廣巡按余應桂題前事等因。奉聖旨："興都重地，據奏，衛護已周，及鄖陽近日情形知道了。隨州應山分防將領恇怯，余應桂何不指參？許成名專任扼剿，移駐避寇，設鎮何用？著兵部議處。楚省調兵既集，亟視賊所在，密約鄰壤犄角，速殲，毋但畫地坐守，空糜餉費。即再行馳飭。"欽此。欽遵抄出，到部送司，案呈到部。除馳飭楚、鄖撫鎮，遵旨速殲外，看得流寇蔓延，向繇各撫鎮以驅逐出境爲事，不顧以鄰爲壑，故臣部原議剿賊官兵不分省直，要以趕盡殺絕爲主。今楚鎮許成名職專閫外，統領多兵，止圖畫地自守，且步步向內，大與合剿之明綸有悖，本應重處，姑念臨敵易將未便，合無先降二級，戴罪圖功自贖，仍令速統所部官兵五六千，馳赴安慶、陸安等處剿賊，如彼處賊折回豫，即赴中州，聽督臣調度。其楚中護陵防守事宜，自有楚、鄖二撫，正不得留大將擁兵爲自衛計也。謹遵議處之旨，相應覆請，合候命下，遵奉施行等因。

崇禎八年二月十九日具題，二十日奉聖旨："調兵剿賊，何得畫地自守？許成名，姑著降三級，戴罪圖功自贖，速統所部官兵，馳赴安慶等處，遵旨合剿。仍視賊所向，聽督臣調度。如再逗怯，一併論治。興都重地，還著該撫按偵防周護，毋致疏虞。"

欽奉上傳疏

太子少保、兵部尚書張鳳翼等謹題，爲欽奉上傳事：

職方清吏司案呈，崇禎八年二月十八日，内閣傳出上傳："張外加仍照例犒賞，該部如何不覆？著該部回奏。"欽此。欽遵抄出，到部送司，案呈到部。看得關門鐵騎官兵，先該臣部題允，著張外加、尤世威統領援剿，隨咨山、永撫監先行借給犒賞安家。又該臣部題，動班軍老幼銀五千一百兩補遣，奉有"依議"之旨，即於二月初一日差官高仕、譚松管解前銀，赴該撫交收去後。初七日，准該撫揭帖内稱，花幣安家，令道臣楊于國於無馬丁銀借支。續于十一日復奉有"張外加兵丁該部照例犒賞"之旨，即應具覆。緣解銀差官未回，該撫給過數目未悉，不敢率覆。今奉上傳，謹據實回奏，俟撫監賞過清册到部，另本奏聞等因。

崇禎八年二月十九日具題，二十一日奉聖旨："近來調援各兵，近京俱有犒賞，如何以彼處安犒支飾？該司官姑不究，著作速具覆。"

六載賊氛不已疏

太子少保、兵部尚書張鳳翼等謹題，爲六載賊氛不已，七省蹂躪難堪，恭陳一得，仰祈聖鑒，立期蕩平，以奠封疆事：

職方清吏司案呈，奉本部送，兵科抄出，原任神木副總兵艾萬年奏前事，奉聖旨："該部看議速奏。"欽此。欽遵抄出，到部送司，案呈到部。看得副將艾萬年歷陳滅賊諸款，大要先餉而後兵，先剿而後撫，先收斂而後截擊，談言微中，深得蕩寇之法。今除廟堂之上措餉九十三萬，調兵七萬二千，已奉明旨，無容再議外，其曰：“賊在某處，應兵馬若干，該糧草若干，先一日運至經行處所，俾兵馬一到，即領即行，不致繞路等候。兵馬有飽騰之資，民間無騷擾之患。”應如議者一。

其曰：“入山剿賊，必備有糧芻、器具，相繼而行，然後官兵得一意剿賊。或以騾馬駝運，或以鄉夫代挑。”應如議者二。

其曰：“賊之滋蔓，繇於文武冰炭。夫索糧不應，索草不應，固守令接應之乖方；而奸淫見告，搶掠見告，尤將領控馭之失律。於是地方百姓有‘寧受寇掠，不願兵來’者，而地方有司亦多以盜爲諱，閉户拒者。文武不和，賊安得滅？今議，文武一心，同舟共濟。”應如議者三。

其曰：“兵之縱賊，繇於賞罰之不明。夫有功不賞，固以灰壯士之心，而殺良冒功，反以長貪殘之習。合無兵到某府，該府即選廉能府佐一員，親在行間監軍，稽覈功級。某係真賊，某係難民，即行馳報，撫按轉奏，以憑賞罰。庶功罪明而賞罰信矣。”應如議者四。

其曰：“嚴固城守。如河南滎陽汜水之破，繇于官府先逃；南直潁州之陷，繇于士民內潰。今議，每一垛口，以有身家者派守；三十垛口，以才幹官一員提調，不獨防外，而先防內。”應如議者五。

其曰：“嚴防奸細。有勾引之奸細，如鳳陽籍盜報仇之類是也；有潛通之奸細，如西寧開門揖盜之類是也。今議，安輯人心，清查保甲，使內外綫索不通。”應如議者六。

其曰：“弭盜之源，惟賢有司自任，乃根本之正論。各地方官果能團練鄉勇，以固吾圉，堅壁清野，使無所掠，則賊自不敢入境。"應如議者七。

其曰："禁止奸民，不許貿易。此款尤爲喫緊。蓋賊既不能攻城，又無可掠野，其斃可坐以待。若奸民貪其厚值，以米豆濟之，又或指引下窖糧食，令其開取，是所謂齎盜糧也。嚴行捕緝，立正軍法。"應如議者八。

以上八款俱於剿盜有裨，該將謀勇兼優，籌劃夙定，見經總督調用，合令從督臣標下剿賊，隨方布置，庶所陳不托之空言也。既經具奏前來，相應覆請，合候命下，遵奉施行。

崇禎八年二月二十日具題，二十三日奉聖旨："這所奏剿寇事宜，如運糧、城守、詰奸、弭盜及禁止奸民與賊貿易，語多切實，爾部即通行嚴飭。艾萬年既稱謀勇兼優，依議用。"

嚴防奸民疏

太子少保、兵部尚書張鳳翼等謹題，爲嚴防奸民，再申飭備，以保江南事：

職方清吏司案呈，本月十九日，接應天巡撫揭帖，内稱，廬江失事，桐城報圍，該撫張國維同副將許自强率領官兵三千餘員名，會師采石，即赴安慶堵剿，皖城一片地，或可恃以無恐，但彼中亂民未輯，萬一不戒，乘間連艘，引賊競渡，則江南可慮。合敕操臣嚴行巡哨，沿江不許一船樓泊北岸，而采石尤爲陪京門户，應撫合以一旅駐防其間。若夫從桐城而上四百里，即爲楚之黃梅，與九江相對，止隔一江，而瑞昌、興國夙稱盜藪，一不戒而土賊應之，則江西可慮。近聞該撫已移鎮九江，所當并爲申飭嚴防。再上則爲岐、黃，臣部前檄鄧玘兵東下，又疏請許成名繇岐、黃直趨安慶，此皆救焚之著，刻不容緩。再照京口、瓜、儀，天分南北，江山險巇，扼守宜周。前議應天撫臣應移鎮於此，今撫臣既往安慶，而所調浙兵，計此時亦將抵信，彈壓調度尤不可緩。合令蘇松按臣王一鶚同常鎮道臣徐世廕坐鎮京口，一以壯江北之聲援，一以當留都之後勁，庶幾萬全可保，而江南郡邑悉賴安枕矣。相應題請，合候命下，遵奉施行等因。

崇禎八年二月二十日具題，二十二日奉聖旨："東南土賊亟宜預防消弭，所調浙兵既抵信地，著蘇松該按同常鎮道駐札京口，以資彈壓。操臣嚴行巡哨，沿江不許一船棲泊北岸。江撫移鎮九江，其應撫會師采石，鄧玘繇麻、黃東下，許成名直趨安慶，俱已有旨，爾部再行馳諭。本內斫訛岐改正行。"

追剿西賊疏

太子少保、兵部尚書張鳳翼謹題，爲追剿西賊，斬獲首級事：

職方清吏司案呈，奉本部送，准陝西巡撫李喬塘報前事等因，到部送司，案呈到部。看得秦賊攻圍莊浪，探知兵至，奔入水落城。據報，火光遍野，賊近數萬，幾難撲滅，幸參將卜應第、吳弘器率領官軍奮勇追擊，斬級二百餘顆，奪馬五百餘匹，亦可少挫賊鋒。除有功員役俟查明彙叙外，吳弘器屢獲奇捷，功亦足多，相應免其戴罪，以策後效。並請嚴敕該撫道將，益加奮剿，勿以小勝狃安可也。既經塘報前來，理合具本題知等因。

崇禎八年二月二十二日具題，二十四日奉聖旨："吳弘器，准免戴罪。該撫道將，著益加奮剿，毋狃小勝，仍留餘孽。"

續報流賊疏

太子少保、兵部尚書張鳳翼等謹題，爲續報流賊情形事：

職方清吏司案呈，奉本部送，准陝西巡撫李喬塘報前事等因，到部送司，案呈到部。看得流賊雖云入豫，而盤據秦中者，實繁有徒。據報，縣靈臺、鎮原等處西遁。又報，縣德隆、靜寧南下清、秦，則漢、鳳、平、鞏無處非賊，殲剿亟需大兵。今督臣既已入豫，秦中之事，責在該撫，料能辦賊。然不患無兵，而患無餉。前臣部已發同寺銀十萬兩，差主事李燦解送該省，以濟急需，庶該撫便于集兵，當以平、鞏之賊責孫顯祖，以漢、鳳之賊責左光先，照限期蕩平，無再致燎原可耳。既經塘報前來，理合具本題知等因。

崇禎八年二月二十二日具題，二十四日奉聖旨："剿賊，巡撫專職，餉銀既經解發，依議。平、鞏、漢、鳳等處，責成孫顯祖、左光先分任殲除。李喬，仍悉心調度，立奏蕩平。"

欽奉上傳疏

太子少保、兵部尚書張鳳翼等謹題，爲欽奉上傳事：

職方清吏司案呈，崇禎八年二月二十二日，奉本部送，兵科抄出，本部題前事等因。奉聖旨："近來調援各兵，近京俱有犒賞，如何以彼處安犒支飾？該司官姑不究，著作速具覆。"欽此。欽遵抄出，到部送司，案呈到部。看得關門鐵騎五千奉命剿賊，臣部以寇氛孔棘，嚴檄取道天津，星馳赴彼，當咨撫監措給每兵銀一兩，臣部隨以班軍老幼銀解補。此照去歲薊、遼西援之例，非敢臆定也。及查援宣之衆，一兩之外，尚有犒賞五錢，原出皇上特恩，取諸內帑，未經部請。又查左良玉、湯九州、秦翼明所統之兵，調自薊門、通、昌等處，每兵止給銀五錢，今鐵騎一師，安犒已倍，若復再厚，別營不無觖望，是以不敢妄請。今蒙明旨下詰，敢不仰體宸衷鼓勵將士之意？應否仍照援宣特恩賞例，出自聖裁，非臣等所敢必也。謹遵旨具覆，相應題請，伏候命下，遵奉施行等因。

崇禎八年二月二十三日具題，二十五日奉聖旨："鐵騎營馳剿各兵，照例每名賞銀五錢，著於該部給發。"

流寇焚劫疏

太子少保、兵部尚書張鳳翼等謹題，爲流寇焚劫重地，陵寢可虞，謹據報奏聞，懇乞聖明速賜遣將征兵，亟圖剿滅事：

職方清吏司案呈，奉本部送，據剿援原任總兵、今充爲事官張全昌呈前事等因，到部送司，案呈到部。看得流寇奔馳靡定，軍機呼吸變更，總督洪承疇身在河南，從中偵探，凡賊所向往之處，見之必真，既稱大勢盤踞汝、寧、河南南陽、嵩、陝、永、寧、靈、廬等處，苗頭又復西向，凡應援兵將，即宜視賊所在，迅掃狂氛。曹文詔應馳赴軍前，聽合兵進剿。張全昌應從潼關赴陝，急剪凶鋒。督臣職任專政，一切機宜，惟其調度，廟堂原不中制，未可拘泥前檄，致悞軍機也。既經具呈前來，相應題請，伏候命下，遵奉施行。

崇禎八年二月二十四日具題，二十六日奉[一〇]聖旨："賊勢奔突靡恒，軍機呼吸異變，一切軍前調度，俱聽洪承疇便宜行，不必中制。"

臨丁窘迫討餉疏

太子少保、兵部尚書張鳳翼等謹題，爲臨丁窘迫討餉，饑民乘機肆搶事：

職方清吏司案呈，奉本部送，兵科抄出，陝西、甘肅巡按、降三級管事李嵩題前事，奉聖旨："據奏，窮軍索餉，饑民伺逞，雖暫弭寧，猶懷疑慮，著該撫按多方努力綏戢，務令革心安分。侯一位、王燕翼，著分別議處。道府曾否推補有人？及總兵隨督剿賊，該鎮事務作何責成？一併速奏。該部知道。"欽此。欽遵抄出，到部送司，案呈到部。除撫綏窮軍、饑民，行該督撫按遵奉，其道府曾否推補及議處王燕翼，咨送吏部具〔一一〕覆外，看得窮軍借餉，恰在侯一位往拜王燕翼之時，而饑民乘機焚搶，又恰在軍丁譁噪之夜，是率饑民而使亂者，軍丁也；率軍丁而使亂者，侯一位也。且主賓抑讓之際，非有萬難忍者，何至擲杯相詈？是王燕翼之忿戾，亦侯一位有以激之。查侯一位，係參革回衛者，合仍令回衛，永不許署事。王燕翼不善調停，移咨吏部議處外，至該鎮總兵孫顯祖，雖奉有"隨督剿賊"之旨，然督臣入中州，未聞顯祖在軍，昨據秦撫李喬塘報，賊大勢流入鞏、昌，爲顯祖信地，該鎮應速提兵迅掃妖氛，而該道府應撫輯饑民，無驅之應賊可也。謹遵旨覆請，合候命下，遵奉施行等因。

崇禎八年二月二十四日具題，二十七日奉聖旨："侯一位仍著回衛，不許署事。賊入鞏、昌，著孫顯祖提兵迅掃。其撫輯饑民，道府各官恪遵屢旨行。"

官兵奮勇剿賊疏

太子少保、兵部尚書張鳳翼等謹題，爲官兵奮勇剿賊，斬級獲功事：

職方清吏司案呈，奉本部送，據山西總兵官尤弘勛塘報前事等因，到部送司，案呈到部。看得晉撫南移，扼防豫賊，而代、崞、五臺之寇復爾鴟張，臣部檄促鎮臣尤弘勛，選鋭殲剿。今於康家溝遇賊，砍殺斬獲首級四十七顆，亦見勇奮。有功員役及在陣傷亡官丁，應敕該按查明賞恤。該鎮亟宜鼓勵官兵，乘勝追剿，毋留一孽可也。既經塘報前來，理合具本題知等因。

崇禎八年二月二十五日具題，二十七日奉聖旨："還著該鎮鼓勵官兵，蕩掃餘孽，毋但以零級爲功。"

塘報斬獲賊級疏

太子少保、兵部尚書張鳳翼等謹題，爲塘報斬獲賊級事：

職方清吏司案呈，奉本部送，准五省總督洪承疇塘報前事等因，到部送司，案呈到部。看得祖大弼白沙河之捷，先經奏聞，今據督臣報稱，副將尤翟文協剿白沙，活擒七賊，斬首八十六顆，奪獲馬騾二百五十三匹頭。有功官丁俟查明彙敘可也。既經塘報前來，理[一二]具本題知等因。

崇禎八年二月二十六日具題，二十八日奉聖旨："是。"

密奏疏

太子少保、兵部尚書張鳳翼等謹題，爲密奏事：

職方清吏司案呈，奉本部送，該本部題，爲欽奉上傳事等因。崇禎八年二月二十四日奉聖旨："鐵騎營馳剿各兵，照例每名賞銀五錢，著於該部給發。"欽此。欽遵案呈到部。查得援剿鐵騎官兵，先經臣部每名給發安犒銀一兩，解赴山海，取有庫收訖。茲復蒙皇上每名又加犒賞銀五錢，計銀二千五百兩，合於部貯班軍老幼銀內動支，自應齎解軍前，以昭皇上特典。第各處援兵赴南直、河南者，不啻雲集，若鐵騎獨頒而他營未及，恐灰衆心。前項銀兩似仍解山、永，撫臣備查各兵家屬給散，以舒其內顧之心，計各丁感[一三]恩圖報，當百倍于尋常矣。應否如臣部所議，相應題請，伏候密封下部，遵奉施行。

崇禎八年二月二十六日具題，二十七日奉聖旨："依議。著即解發該撫，給散各兵家屬，仍具冊報部，以憑覆查。"

臣郡被賊甚慘疏

太子少保、兵部尚書張鳳翼等謹題，爲臣郡被賊甚慘，合詞籲天，以保地方事：

職方清吏司案呈，奉本部送，該戶部等衙門尚書等官侯恂等題前事，奉聖旨："覽奏，流賊奔突鹿、寧等處，焚掠異常，歸德關廂被毒更慘。該府召募[一四]兵數不少，乃平時不加簡練，專事冒剋，以致臨敵潰敗。宇內定何所辭罪！兵部作速議處。員缺，即推來用。鄧玘逗遛情繇，該巡按御史查明奏奪。以後調度將領，嚴覈起程、到信日期，著通行申飭。班軍應否暫留團練，一併酌議速奏。"欽此。欽遵抄出，到部送司，案呈到部。除鄧玘逗遛情繇行該巡按御史查明奏奪，並調度將領嚴覈起程、到信日期，臣部通行申飭外，看得宇內定統領民兵一千，不能先事簡練，惟事虛冒扣剋，迨寇至而再戰再敗，全無堵禦之功，合革職提問，以儆劣弁。至歸德衛班軍二千餘名，例應秋月赴京者，今議暫留團練，以爲城守之用，似應如議。其各軍應得月糧，合聽彼處開領，不必解京，以滋往返。至折班銀兩，事屬戶部，臣部未敢越俎，合聽該部議覆者也。謹奉旨議奏，相應覆請，合候命下，將宇內定革職，該巡按御史提問，係流官等因。

崇禎八年二月二十六日具題，三月初一日奉聖旨："宇內定著革了職，該撫按提問具奏。歸德衛秋月應赴京班軍，暫留團練。城守月糧彼處關領，不必解京。其折班銀兩，戶部議覆。"

塘報退賊捷功疏

太子少保、兵部尚書張鳳翼等謹題，爲塘報退賊捷功事：

職方清吏司案呈，奉本部送，兵科抄出，鳳陽巡撫楊一鵬題前事，奉聖旨："兵部知道。王佐才兵，已有旨護陵，乃前既逗延，今又赴廬避賊，未報追剿，是否堪任無誤，著速議具奏。"欽此。欽遵抄出，到部送司，案呈到部。看得狼山副總兵王佐才，前以赴援逗延，奉旨革去職銜，戴罪剿賊，今報寇犯廬境，復又退縮不前，此一官者，恇怯性成，策勵難效，相應褫革，以儆將來。第今江北寇氛未靖，該營時難缺將，有永生州參將桂本枝，俸歷四年，薦經九次，資序已及，人地頗宜，合以就便升補，自能勝其任而媮快，更可朝聞命而夕受事矣。裘垣、沈通明與佐才同入廬州，未聞追擊，併應戴罪圖功自贖者也。謹遵旨議奏，相應覆請，合候命下，將王佐才革職回籍，係流官。桂本枝升補狼山地方副總兵，照例請敕一道，賷付本官，欽遵任事。裘垣、沈通明戴罪剿賊，圖功自贖。

崇禎八年二月二十七日具題，二十八日奉聖旨："王佐才著革任回籍。桂本枝依擬用。裘垣、沈通明俱著戴罪剿賊自贖。"

塘報剿賊疏

太子少保、兵部尚書張鳳翼等謹題，爲塘報剿賊事：

職方清吏司案呈，奉本部送，准河南巡撫玄默塘報前事等因，到部送司，案呈到部。看得祖大弼、尤翟文白沙一捷，已經兩疏上聞，無容再贅。據報，賊分股折回，攻圍光、顧、商城、沈丘、嵩縣等處，共以數萬計，皆從鳳、潁、壽、亳而返者，大勢已西遁矣。督臣宜分兵扼其要害，檄催張全昌、曹文詔共圖夾擊，毋致奔逸入秦，滋蔓難圖也。既經塘報前來，理合具本題知等因。

崇禎八年二月二十八日具題，三月初二日奉聖旨："據稱賊勢西遁，扼要夾殲，已有屢旨。再行馳飭，以後塘報捷級同係一事的，不必複奏。"

鄉紳倡義共保危城疏

太子少保、兵部尚書張鳳翼等謹題，爲鄉紳倡義，共保危城，謹據實陳請，以彰賢勞事：

職方清吏司案呈，奉本部送，兵科抄出，山西巡撫戴君恩題前事，奉聖旨：「該部知道。」欽此。欽遵抄出，到部送司，案呈到部。看得去歲奴犯宣、雲，闌入晋地，掠五臺、繁峙，克崞縣、原平，代州在四圍之中，外無勁旅相援，内有饑民思亂，孤城岌岌，幾不可爲已。該撫監計無復之，請吏部給假郎中孫傳庭畫策，本官挺身乘障，傾產招丁，一切城守之需，咄嗟而辦，故虜攻西北不得，攻東南不得，攻關廂又不得，竟炮斃多酋而去。然則代之垂危而復安者，本官之力也。迨城垣兩塌，修葺維艱，本官又庀料鳩工，身親版築。崇墉雉堞，曾不浹辰而告竣，真濟變才也。查鄉紳倡義，不過捐貲，本官既破千金，更身當矢石，可謂忠貞勇略俱優矣。該撫監按合疏題旌，夫亦彰往勸來之意云爾。合無行令吏部，特與紀録，俟起用日加級，於以酬庸勸義，此風勵一大機也。既經具題前來，相應覆請，合候命下吏部，將孫傳庭特與紀録，俟起用日，量加一級等因。

崇禎八年二月二十九日具題，三月初四日奉聖旨：「孫傳庭准紀録，其起用加級，著吏部酌量才品另議。」

校勘記

〔一〕“合候”二字，原書爲雙行小字，蓋爲漏刻後補所致，今按正文字號排出。

〔二〕“土”，顯爲“士”字之誤。

〔三〕“合令”，疑似爲“合兵”之誤。

〔四〕“也相應覆”四字，原書爲雙行小字，蓋爲正文漏刻後所補，今一律按正文字號排出。

〔五〕“澤清”二字，原書爲雙行小字，蓋爲漏刻後所補，今按同正文字號排出。

〔六〕“胸”，蓋爲“腦”字之誤。

〔七〕按常例，十九日上奏，二十日批復，此處當把崇禎帝聖旨抄出，但下面原書空白，疑原書有脱誤。從張鳳翼下面依然任職兵部、處理兵部事務看，大約崇禎帝不允其請辭。

〔八〕“御”字後疑似脱一“史”字。

〔九〕“恃”，疑似“峙”字之誤。

〔一〇〕“二十六日奉”五字，原書爲雙行小字，當爲漏刻後補刻，今一律按正文字號排出。

〔一一〕“部具”二字，原書爲雙行小字，當爲漏刻後補刻，今一律按正文字號排出。

〔一二〕按行文用語慣例，“理”字後應脱一“合”字。

〔一三〕“計各丁感”四字，原文作雙行小字，蓋後補字，今照正文字號排出。

〔一四〕“慕”，當作“募”。

崇禎八年三月分

視賊截擊疏

太子少保、兵部尚書張鳳翼等謹題，爲視賊截擊解圍撲剿，飛報大捷事：

職方清吏司案呈，奉本部送，據援剿總兵官鄧玘塘報前事等因，到部送司，案呈到部。看得鄧玘一軍，奉命繇麻、黄趨安慶防剿，道經汝寧時，報新蔡有警，真陽被困，縛官要挾，勢甚披猖。該將三路分兵，乘夜追擊，於羅山等處斬獲賊首四百二十二級，足稱勇奮。有功員役、傷亡兵丁，俟按臣查明叙恤。據難婦供稱，皆鳳陽紳衿子女妻室，則前破鳳陽之寇已西返矣。頃報，楚撫發兵六千，已來漢、黄剿禦，而該將仍宜星馳，奮銳夾剿，使賊旁逸無門，蕩平自不難也。既經塘報前來，理合具本題知等因。

崇禎八年三月初二日具題，初三日奉聖旨："據奏，鄧玘斬賊多級，生擒凶目，具見奮勇。有功官軍先行犒賞，仍查明叙賚。王信被害情繇，還著詳查具奏。鄧玘，即恪遵前旨，星馳麻、黄、安慶等處，相機夾剿，以奏全功。"

東土腹心要地疏

太子少保、兵部尚書張鳳翼等謹題，爲東土腹心要地，寇患剥膚，剿禦方急，敬陳膚見，以祈聖裁事：

職方清吏司案呈，奉本部送，兵科抄出，山東巡撫李懋芳題前事，奉聖旨："該部看議速奏。"欽此。欽遵抄出，到部送司，案呈到部。看得山左自妖叛倡亂後，地方脊脊多事。頃流寇震鄰，人心風鶴，揭竿之徒不無起而應之者，幸舊撫朱大典速於應變，處處設防，賊遂不敢東窺。然而寇氛一日未平，則其突逞可虞。新撫李懋芳欲自曹、單以及滕驛逐程設兵，步步棋列，誠萬全之計。第增兵必先增餉，當此兵餉告匱之時，豈能到處增兵？查臨清一州，東省財富所聚，爲漕運咽喉。崇禎二年，經制兵一千九百六十一名，馬四百四匹。崇禎四年裁汰，兵止一千一百五名，馬止二百五十四匹，不成一旅，其何以建威消萌？合無於臨清增兵一千，復其舊額。重地設以重兵，既可以杜窺伺，又可以資策應。且復兵而非增兵，似亦計之便者也。既經奉有"速奏"之旨，相應覆請，伏候命下，遵奉施行等因。

崇禎八年三月初二日具題，初三日奉聖旨："臨清既議增兵，即宜增餉。還會同户部議妥，合本速奏。"

流賊突入潼關疏

太子少保、兵部尚書張鳳翼等謹題，爲流紛[一]突入潼關，撫道疏虞實甚，乞敕速行剿蕩，以功贖罪事：

職方清吏司案呈，照得秦賊蹂躪中原，蔓延江北，蒙皇上救民水火，准調兵七萬有奇，措餉九十餘萬，命督臣出關，居中調度。飭各府陳師境上，防其奔軼。但有疏防縱賊者，罪坐所縣。煌煌明旨，不啻日星矣。方謂網張四面，賊可計日就殲，乃天險潼關，始不能扼其東馳，今又不能堵其西返，令饑則以鄰爲壑，

飽則以秦爲歸，賊之平也何日乎？道臣李燁然業奉旨議處，無容
再議。撫臣李喬嘗謂：「巡撫有地方之責，不能舍己芸人。」今
以秦撫辦秦賊，正其自芸之日也，該撫又苦無兵無餉矣。查臣部
原調秦兵二萬五千，隨督臣出關者不滿一萬，其一萬五千尚在秦
中，儘可調遣，而又有張全昌之兵奉檄入關，兵非不足也。戶部
初題秦餉十萬，又題留八年新餉五萬，今又發帑金十萬，餉非不
足也。兵、餉既足，何難辦此倦歸之賊？合以臨、鞏之賊責之孫
顯祖，以漢、鳳之賊責之左光先。其自潼關以至商雒、洛南，該
撫當處處嚴防，時時搜搗，務使在外者一騎不入，在內者一孽不
留，庶幾以功贖罪。不則明旨森嚴，恐不能再徼寬政也。相應具
題，合候命下，遵奉施行。

　　崇禎八年三月初二日具題，初三日奉聖旨：「合剿宜嚴堵截，
明旨屢申。且潼關險要，何無扼防，致賊奔突？該撫道玩泄殊
甚！李燁然，吏部即遵旨從重議處。李喬姑著戴罪亟圖殲賊自
贖，併孫顯祖、左光先分地責成，通再飛檄馳飭。如疏縱流毒，
重典不宥。軍前調度，昨有旨，俱聽洪承疇便宜行。張全昌兵，
奉何檄入關？還著奏明。」

剿賊議論太紛疏

　　太子少保、兵部尚書張鳳翼等謹題，爲剿寇議論太紛，廟算
著數皆遲，乞定文墨遙度之議，勿掣閫外相機之肘，以暢皇靈，
以奏廓清事：

　　職方清吏司案呈，奉本部送，兵科抄出，戶科給事中王之晉
題前事，奉聖旨：「這本說得是，兵部即看議具奏。」欽此。欽
遵抄出，到部送司，案呈到部。看得兵事尚活，師在外，君命有

所不受，非敢矯舉雄行，凡以變化呼吸，未可以刻舟求劍耳。科臣王之晉感時憂事，恐議論多而成功少，取諸臣條議，欲臣部參酌，擇其可行者，請聖明裁定，無致多指亂視。臣部謹約其要領，列爲四款，爲皇上陳之：

一曰申嚴紀律。夫紀律乃三軍之司命，故《師》之初爻即曰"師出以律"，蓋自古重之矣。今之援師，非殺良冒功，即淫掠無忌。臣閱諸疏，有謂"寧受流賊搶，毋受援兵擋"者，有謂"兵不用命，與無兵同"者，有謂"不遵節制，逗遛不進；規避畏怯，放賊縱賊"者，蓋已洞悉此弊。在督撫，務宜約束將領；在將領，務宜約束士卒。必所過肅然，秋毫無犯，乃爲有律之師。不則國典具存，安敢爲失律者寬？

一曰無分疆界。夫年來流寇蔓延，兩直五省盡遭荼毒，豈瘧焰真不可遏？良緣將士無敢戰之氣，有鄰壑之心，故日事驅逐，卒鮮成功。臣閱諸疏，如"西北兵不許畫界觀望，東南兵不許瀕江株守"及"賊合我合，賊分我分，出境逐殺，不盡不休"等語，深切時弊。是在各將士奮袂直前，大張敵愾，然後撲滅有期。有如賊至而呼之不前，賊去而鞭之不進，或中軍作好，或畫地自全，養寇糜餉，莫此爲甚。督臣視師閫外，所當量情輕重，應題參者題參，應軍法從事者，徑行處之可也。

一曰責成有司。夫殲渠散黨者，處將軍之事；安良禦暴者，賢有司之能，故諸臣疏內有曰"彌止未來"者，有曰"消弭內釁"者，有曰"清野保聚"者，有曰"立備設防"者，皆責成地方官。今議：城池若何保固，奸諜若何緝拿，內釁若何消弭，鄉勇若何團練，村落市鎮若何保聚，器械火藥若何設處，必須全副精神，著著實做，然後百姓樂爲我用，不則徒事虛文，苟且塞責，民情善伺，安能一一鈐束之？其不望風思逃、挺身走險者幾希矣。

一曰偵剿勁賊。夫賊雖號召數十萬，然真賊無多，不過難民依傍附和，故不覺日增月益耳。每聞賊出搶掠，必驅難民在前，如遇兵至，則難民當其鋒，而賊已遠遁矣。《語》云：「擒賊必擒王。」豈有渠賊未殲而日報零級，得奏蕩平者乎？臣閱諸疏，有曰：「願敕督臣洪承疇細偵勁賊所在，多集邊兵，相機定籌。或扼其去路，或擊其中堅。」其說極爲中竅。今議：馘斬必有馬真賊，始作級功，若徒步難民，則以收回生者爲功，是殲渠散黨之一法也。

以上四款，皆奉明旨申飭，臣部亦屢經馳諭，而奉行者未必盡力。敢乞聖明再爲申飭焉。至隨時應變，審勢相機，全在督撫道將諸臣，呼吸開通，同心戮力，又非臣部之所能遙度也。謹遵旨看議，相應覆請，合候命下，遵奉施行。

崇禎八年三月初五日具題，初六日奉聖旨：「這四款屢經奉旨，未見著實奉行。今後如仍有縱兵搶掠，畫地諉卸，勁賊不殲，徒報零級及有司不能團練保聚、結奸弭釁者，該督撫按即便糾參，以憑重處。爾部即行馳飭。」

遵旨合剿晉寇疏

太子少保、兵部尚書張鳳翼等謹題，爲遵旨合剿晉寇，恭報出關日期，以祈聖鑒事：

職方清吏司案呈，奉本部送，兵科抄出，保定總兵董用文題前事，奉聖旨：「山西招叛擒凶，餘賊該撫鎮可辦。今急在合剿大寇。董用文既經督臣調度移駐，應否遠入晉地，兵部看議速奏。」欽此。欽遵抄出，到部送司，案呈到部。案照本年二月初一日，准保定巡撫張其平塘報，爲急報流寇事，該臣部題，奉有

"畿晋撫鎮合兵搜剿"之旨，原未嘗令該鎮移駐也。況渠魁高家討業已就擒，其殘孽遊魂竄奔山谷，該鎮但當發兵會獮，以靖餘氛，自可指顧蕩平。目今大剿方殷，應急聽五省督臣調度，不得借題入晋，致有稽延也。緣奉有"看議速奏"之旨，相應覆請，伏候命下，遵奉施行。

崇禎八年三月初六日具題，初八日奉聖旨："是。督臣合剿方殷，董用文著速聽調度，協力扼擊，不得遠道入晋，致有稽誤。"

恭報援師先後抵信疏

太子少保、兵部尚書張鳳翼等謹題，爲恭報援師先後抵信，乞敕督臣嚴夾剿，速奏蕩平事：

職方清吏司案呈，奉本部送，據本部差官魏允登等賫回原任總兵、今充爲事官曹文詔、張全昌，又據總兵秦翼明，原任總兵、今遣戍尤世威，鐵騎署副總兵張外加各呈前事等因，到部送司，案呈到部。看得各路援師奉命剿寇，臣部凜遵嚴旨，屢檄星催，兹據各將呈稱，後先入境，則軍聲已大振矣。惟是賊如飄風驟雨，又購奸民爲偵諜，往往口[二]實擊虛，故兵反走無賊之方，賊得避有兵之地。今自鳳、廬南下者，已折入於汝、黃之間，鄖撫疏稱，南召賊寬厚約四十餘里，然則大夥盡在豫之西南矣。不突逞江淮，必竄還秦隴。分頭夾剿，正在此時。秦翼明、尤世威、張外加、徐來朝兵當扼其東奔之路，祖大弼、左良玉、尤翟文、湯九州兵當截其西軼之衝，鄧玘、曹文詔、張全昌、賀人龍、崔重亨、周爾敬、陳治邦、陳永福等，當從中搜獮，三方並進，如獵者之合圍。各撫臣亦應恪遵屢旨，併力蕩平。然兵有圓機，權難預設，因敵變化，是在督臣隨宜調度，非臣部所敢中制也。相應題請，伏候命下，遵奉施行。

崇禎八年三月初七日具題，初八日奉聖旨："據奏，援剿將士相次鱗集，合圍掃蕩，正在此時。但狡賊避實逃虛，一切明攻暗伏、堵回誘致機宜，悉聽督臣調度，其各撫都著遵奉節制，殫力圖功。事平，一體論叙。如有抗違償愒。參來重坐不宥。爾部通行馳飭。"

賊患甚深疏

太子少保、兵部尚書張鳳翼等謹題，爲賊患甚深，臣憂無已，昧死瀝血，再剖愚忠事：

職方清吏司案呈，奉本部送，兵科抄出，宣大總督楊嗣昌奏前事，奉聖旨："本內說民窮盜熾，切中事情。餘款是否可行，該部確議具奏。"欽此。欽遵抄出，到部送司，案呈到部。看得流寇本吾民也，初爲饑寒所迫，嘯聚弄兵，既而銷歸無所，附和愈多，遂至不可撲滅。督臣楊嗣昌籌此至熟，謂："殺不盡，撫不散。於給牛散種之外，求一接引方，則惟有開礦一法。以天地自然之利，公之民間，人人得以酌取，誠爲便計。"但臣部反覆思之，賊眾數十萬，縱橫六七年，彼方謂官兵莫可誰何，焉肯俛首就撫？年來殲渠散黨之詔何日不下？去歲陳奇瑜曾撫過男婦四萬有奇，一激輒挺而是[三]險。若聚之礦所，深山大谷，誰爲管轄之人？縱革面易心，而目不習辨砂，手不閑鑿洞，聚而不散，依然爲亂。此不可不深長慮也。至於皇太子出閣，大赦天下，使賊眾得以自拔，係特恩鉅典，雖海內無不喁喁想望。然臣等惟有候旨遵行，未敢擅議也。既經具奏前來，相應覆請，合候敕下户部，議覆施行等因。

崇禎八年三月初九日具題，十二日奉聖旨："開礦不准行。誅逆綏良，殲渠宥脅，屢旨自明。劇賊正在協剿，豈得概議恩赦？"

塘報流寇疏

太子少保、兵部尚書張鳳翼等謹題，爲塘報流寇事：

職方清吏司案呈，奉本部送，據見職鎮守山東曹濮等處、署總兵官、後軍都督府右都督劉澤清塘報前事等因，到部送司，案呈到部。看得流寇奔軼靡定，往往走無兵之處。前見曹、單有備，則折入湖、廣；見淮、泗有備，則竄入汝、寧。今開封、歸德雖見無賊，然關兵東下，楚旅南來，安知不又轉回乎？此時各路援師當急擊勿失，而山東護漕之衆仍宜刻刻嚴防。既經塘報前來，理合具本題知等因。

崇禎八年三月初九日具題，十二日奉聖旨："剿賊護漕，該督撫亟圖幹辦，毋得疏玩，致有突逞他虞。"

密奏軍機疏

太子少保、兵部尚書張鳳翼等謹題，爲密奏軍機事：

職方清吏司案呈，照得流寇披猖七載，久逭天誅，頃且漫衍中都，震驚陵寢。蒙皇上赫然斯怒，大張撻伐之靈，調兵七萬有奇，措餉九十餘萬，特命總督洪承疇出關征討，敕各撫鎮協剿，限以六月蕩平。計賊惡貫盈授首，此其時矣。惟是督臣以三邊兼五省，幅員萬里，耳目既有所不周，且統轄方新，捐[四]臂又未必靈應。臣部微聞各撫道多畫疆自守，未聞窺左足而先者。將士復驕悍自恣，鞭之不進，自非假天威震疊，恐人玩愒如前，仍是窶鄰，故知數十萬金錢糜盡，師老無功。皇上宵旰之憂將何時釋乎？頃科臣請賜劍尚方，未蒙俞允。臣等伏思，兵氣不振揚則不奮，將心不警惕則不前，皇上亦何靳一�鐔，不以作六師之愾？憶虜薄都城日，五大師[五]團聚薊州，不肯出城闉一步。臣奉命專征，蒙皇上賜劍，臣具疏奏請，士卒不用命者，將領得而斬之；將領不用命者，總兵得而斬之；總兵不用命者，臣得而斬之。繇是揮之進，則諸軍進據石門。雖毳幕如雲，而謝尚攻等當鋒不避；揮之攻，則諸軍直攻遵化，即矢石如雨，而鄧玘輩拔幟先登。此當日之明驗也。但出於臣下之條議，則其事輕；出於皇上之特頒，則其權重。伏乞皇上賜承疇一劍，俾其恭捧臨戎，肅將天討。地不拘省直，官無分文武，悉聽節制，如有逗遛執拗，失悮軍機者，撫鎮道奏請定奪，參遊府佐而下，許其正法軍前。再敕太僕寺措功賞二萬金，解發承疇，以爲斬馘渠寇之用。庶雨露與雷霆並運，賊之平也可計日而待矣。爲此密請可否，統候聖裁。如蒙睿允，伏乞特諭頒發，見恩威出自皇上。原本仍祈留中，原係密奏軍機事理，謹密切上聞等因。

崇禎八年三月初十日具題。

欽奉聖諭疏

太子少保、兵部尚書張鳳翼等謹題，爲欽奉聖諭事：

職方清吏司案呈，奉本部送，該司禮監太監曹化淳等於會極門傳出聖諭："賊氛披猖，流毒已久。兵餉大集，亟應合殲。一切行間事宜，責成督臣洪承疇調度，已有屢旨，猶恐人情積玩，致悮軍機，宜假事權，以肅衆志。兹特遣官齎賜尚方劍一口，不論省直、地方、文武將吏，凡賊到之處，悉聽節制。如有逗怯、執拗、畫地毒鄰及兵行無紀，擄掠騷擾，縱渠殺脅，飾級冒功等情，各撫鎮道指實參來重治。其參遊府佐而下，即以軍法從事。仍著太僕寺速發銀二萬兩，解至軍前，但有真能斬馘渠魁者，查明即行賞賚，以示鼓勸，仍俟事平優叙。承疇受兹重任，著悉心籌劃，定局設奇，務期依限蕩平，仁膺懋賞。毋或老師糜餉，自棄前勞。特諭。"欽此。欽遵恭捧，到部送司，案呈到部。除臣部遵行，各該衙門并札太僕寺動支銀兩外，所有原奉聖諭，例應進繳，第天威震叠，必須御札遙臨，另紙抄謄，恐猶視爲部檄，合將原頒聖諭并欽賜尚方劍及犒賞銀兩，特差職官一員，恭賚[六]前去，俾其新承上命，肅將天討，庶人心惕而賊可計日蕩平矣。爲此具本，謹具題知等因。

崇禎八年三月十一日具題，十四日奉聖旨："是諭著并賚前去奉行，事平奏繳。"

流賊情形愈急疏

太子少保、兵部尚書張鳳翼等謹題，爲流賊情形愈急，懇乞聖明速籌邊餉，以保危疆，以安豐芑事：

職方清吏司案呈，奉本部送，兵科抄出，巡視上江御史黃昌題前事，奉聖旨："巢、廬兩邑，賊到輒陷，的屬土宄句應，地方有司平時全無警備，殊可痛恨。縣官傷亡，著該撫查明具奏，道府官一併議處。本内事宜已有旨了。廬州議設將官，兵部酌議奏奪。"欽此。欽遵抄出，到部送司，案呈到部。除縣官傷亡，咨行撫按，道府議處，聽吏部具奏外，看得盧界鳳、安之中，幅員遼闊，鞭長莫及，且所屬州縣悉多山菁，揭竿之徒每爲嘯聚。臺臣黃昌議，於此處設將屯兵，以爲防剿之計，其意良善。但有將必須有兵，有兵必須有餉。事關經制，未便以意爲裁度。合救該撫按從長酌議，如建設果宜，即當計糧餉之措處，營塞之建立，兵數之多寡，將領之統攝，務須一一妥確，然後舉行無滯。如謂將不易設，所費過多，今寇氛稍靖，可省一番繁費，並聽撫按報罷可耳。謹遵旨議奏，相應覆請，伏候救下，遵奉施行等因。

　　崇禎八年三月十一日具題，十四日奉聖旨："撫按官若能嚴督道府有司，清練額兵，鼓勵鄉勇，賊至儘可捍禦，乃平時漫不飭備，有事但請增設兵將。當此餉匱之時，豈堪遊冗糜費？爾部以後宜按典制責成，不必一概徇覆。"

遵旨確查兵丁強弱疏

　　太子少保、兵部尚書張鳳翼等謹題，爲遵旨確查兵丁強弱數目，謹據實奏報事：

　　職方清吏司案呈，奉本部送，兵科抄出，山西巡撫吳甡題前事，奉聖旨："據奏，湯九州營兵多以弱小充數，又借隨征名色，濫收脫獄逃寇等項，沿途騷擾，避賊糜餉，大干法紀，著兵部從重議處。其所統兵丁應歸別伍，應撤回昌，併酌議，即日具奏。"欽此。欽遵抄出，到部送司，案呈到部。看得副將湯九州去歲援豫，曾著捷功，是以□□[七]吳甡疏請防晉。不謂該弁足高氣揚，初終兩截。濫收遊棍入伍，徒糜金錢。縱肆部卒劫官，大干法紀，若不重加懲創，諸將效尤，莫知底止。此一弁者，所當革職，行晉撫按提究，併查劫安鄉官是何兵卒，應於軍前正法。至於該弁部兵，業奉旨援豫，計此時已在行間。若徑撤回昌，恐無將管攝，必有譁潰之虞。合令原管中軍統領赴豫，撫按查點，汰其遊棍，轉付左良玉部下，聽督臣調遣剿賊。以昌將統昌兵，是亦計之便者也。既經奉有"酌議即日具奏"之旨，因科抄申刻到部，燈下繕寫，遂致隔宿。相應覆請，伏候敕下，將湯九州革職，行山西撫按提問究擬。係流官。原統昌兵，即令左良玉統領，聽督臣調遣剿賊等因。

崇禎八年三月十三日具題，十四日奉聖旨："湯九州著革了職，山西撫按提問具奏，併查劫安鄉官軍丁，審明正法。其所統昌兵著原管中軍統領赴豫，歸左良玉部伍剿賊。內有遊棍及不堪的，盡行汰革，仍報明實數支餉。"

申飭塘報疏

太子少保、兵部尚書張鳳翼等謹題，爲申飭塘報，以便調度事：

職方清吏司案呈，照得軍機呼吸異變，必偵報速而後調度靈，故書曰"羽書"，言其如鳥之飛也。牌曰"火牌"，言其如火之速也。未有軍情不行飛報，而能於數千里外呼之即應者，則塘報之係軍機重矣。乃今之塘報可異焉，如近者潁、鳳失事，報自豫省；巢、廬失事，傳聞已久，而該撫按遲至一月而後報。頃又傳潛山、太湖之間官兵失利，該撫疏報閱四十日而始到。臣詢之差役，云："被寇之處，縣驛焚戮，無馬應差，只得步走；未被寇之處，驛逃竄縣閉門，索馬艱難，是以報遲。"其情近真，固未可深求。但軍機緊急，傳遞全憑塘報，關通一脈，豈宜梗塞？合敕各省直撫按行各州縣，其被寇焚戮處所驛站，即不能全復，亦當設法量擺塘馬，但係軍機，即行傳送，不係軍機者，不得擅用。未被寇處所，奸細固當譏察，而有馬牌、有令箭者一到，即宜撥馬，不得藉口防奸，以致留難。違者，州縣官以失誤軍機處。差役亦不得借端需索，違者定以軍法從事。致于行間情形，隨地隨時俱宜報部，不便差人，即當發驛。各撫按鎮須于護封上明注某日某時從某處發行，限某日到部。經過州縣，亦於護封上實填某日某時到某處，飛遞下手，不論風雨晦明，但有稽遲者，罪坐所縣。如此則數千里外軍情，十餘日可以到部。臣部因得酌量緩急，以便調策。其於蕩寇之機，關係匪渺小也。相應題請，伏候命下，遵奉施[八]等因。

崇禎八年三月十六日具題，十七日奉聖旨："塘報關係軍機，何得遲至月餘？玩泄殊甚！奏內□塘撥馬、發驛限期事宜，著即嚴飭行。如州縣遲悞及差役需索，查明重罪不宥。"

賊奔吳楚疏

太子少保、兵部尚書張鳳翼等謹題，爲賊奔吳、楚交界之區，乞嚴合剿之令，以信明旨，以期掃蕩事：

職方清吏司案呈到部，照得寇勢靡恒，往來飄忽。每避實以走虛，或舍夷而就險。前據淮撫楊一鵬題報，江北境內已無流寇，賊折而西，悉奔汝、黃一帶，奉有"明係縱令飽掠，尾之出境，何得輒稱廓清"之旨；續據應撫張國維題稱，賊于二月初二日走潛山等處，隨發兵三千，立刻啓行前進，奉有"督勵道將，分□截殲"之旨，臣部俱經通行申飭矣。今又據應撫再報緊急賊情，一揭內稱，寇遁於潛山、太湖、宿、松之間，殺官擄掠，勢益披猖。防守既無多兵，籲援未能猝至。查潛、太多山，延袤四五百里，賊據其中，掃蕩未易。本月十五日，據淮撫朱大典咨稱，秦翼明兵已經先到，尤世威、張外加馬兵於三月初二日抵徐州，急應督發，星馳赴潛山、太湖、宿、松等處，截其東奔。吳、楚所發鎮箄及鄧玘兵，當取道黃梅，從西追擊。督臣親統重兵，自北南下，三方共進，賊之旁逸無門，江北一帶廓清可期。倘諸臣信守疏虞，各將逗遛不進，致賊狡脫，有"罪坐所繇"之明旨與督臣新承之賜劍在，恐不能爲地方及援剿諸臣寬也。相應題請，伏候命下，遵奉施行。

崇禎八年三月十六日具題，十七日奉聖旨："賊遁潛、太等處，速宜掃蕩。秦翼明等兵既漸齊集，即著該督設奇調度殲剿，不必又從中制。"

欽奉聖諭疏

太子少保、兵部尚書張鳳翼等謹題，爲欽奉聖諭，謹陳設備實著，仰祈聖鑒事：

職方清吏司案呈，奉本部送，兵科抄出，監視薊鎮東協太監張國元題前事，奉聖旨："知道了。奏內聯絡、應援及戰馬、糧餉并調關內外馬兵移駐分防事宜，該部看議速奏。"欽此。欽遵抄出，到部，隨該臣部移文戶部議覆糧餉，今准戶部回咨前事等因，各到部送司，案呈到部。看得東協太監張國元恭承聖諭，自矢所以綢繆毖防，爲封疆計者，已無所不至，而猶鰓鰓於三協之聯絡，誠恐狡奴擁衆狂突，一時並犯，則千里長邊，遠不及顧。宜敕督臣預將三協各臨口量其衝緩，兵馬酌其數目，奴犯東協，則中、西兩協某兵據某處堵截，某兵出某處邀擊；奴犯中協、西協，其堵截邀擊之法亦如是。緩急相保，首尾相應。我之先著既定，庶有警不致手脚忙亂矣。若夫團練鎮以馬兵四千移駐前屯，壯關門聲援，三屯營總兵以馬兵三千駐扎太平路，作建、冷策應，此皆備東協要著。至中、西有警，團練鎮亦當捲甲入關，往來堵剿，以作常山之勢，庶東西戰守相資。至所請戰馬，雖係軍前急需，但查該鎮原有椿[九]朋，無馬丁銀，及每年扣留永屬折價銀一萬一千八十八兩，以供買補。自崇禎四年至今，又陸續發過馬三千九百匹，馬價一十五萬兩。又因調援豫、鳳，張外加等領寺馬三百匹，該撫監又請留永屬俵馬二百匹。臣部之應關門者，已不遺餘力矣。頃據同臣蔡國用疏稱，厩、庫兩窮，此後再有額外請討，萬勿輕俞，此真不得已之極思也。總之，領過銀兩及椿朋缺額等銀，皆應作速買補。仍責各營餵養得宜，則厩櫪當日充盈矣。至於糧餉，據戶部咨稱，該協額數，在新舊餉銀，俱按月給發，並不缺少；在本色米豆，俱已派津預運，歲有贏餘，似無容再議矣。緣係奉旨“看議”，相應覆請，伏候命下，遵奉施行。

崇禎八年三月十六日具題，十七日奉聖旨：“奏内三協聯絡堵擊及團練三屯兵馬移駐事宜，即著該督同各撫監鎮熟籌飭行，以便臨警策應實圖。剿禦馬匹糧餉，知道了。”

東土腹心要地疏

太子少保、兵部尚書張鳳翼等謹題，爲東土腹心要地，寇患剝膚，剿禦方急，敬陳膚見，以祈聖裁事：

職方清吏司案呈，奉本部送，兵科抄出，山東巡撫李懋芳題前事，覆奉聖旨：“臨清既議增兵，即宜增餉，還會同戶部議妥，合本速奏。"欽此。欽遵各抄出，到部，隨咨戶部酌議去後。今准戶部回咨前事等因。又該戶科給事中汪惟效題，爲東土防寇之兵宜增，防海之卒可減，移緩用於急用，即省兵爲省餉，謹陳膚見，仰祈聖裁，倂乞嚴飭剿寇督鎮，刻期蕩平，勿老師匱財，貽禍封疆，自干國憲事，奉聖旨："該部看議速奏。督撫亟圖協剿，依限蕩平，已有屢旨了。"欽此。欽遵各抄出，到部送司，案呈到部。看得臨清增兵必先增餉，臣部亦已計及。但復兵而非增兵，則一清查原餉，便可計兵授食，是以未謀之戶部耳。今據戶部咨稱，該省妖變之後，曾留兵四千六百、馬八百四十匹。以歲入屯田科銀三萬四百四十二兩抵之，前銀見留該省，即使有缺額，不妨補足。其餉仍於屯科銀內支給。然則臨清原自有兵有餉，但在該撫一清查原額，哀多益寡，使四千六百名之兵、八百四十匹之馬，半歸該將，以時簡練，自足以壯干城，似不必另議增也。至目前東牟無警，海不揚波，科臣議移登鎮之兵，屯駐臨清以資捍禦，實爲有見，所當如議允行者。查牟、文、綏兵三千，見在鄒、滕防範，合移一千於臨清，俟寇平，再議撤回可耳。既經奉有"速奏"之旨，臣謹會同戶部尚書侯恂等合詞覆請，伏候命下，遵奉施行。

崇禎八年三月十六日具題，十八日奉聖旨："該省既有額留兵馬屯餉，即著該撫清查補練，酌量給發，并牟、文、綏、鄒、滕防兵內，以一千移駐臨清，扼要禦剿。"

官兵乘夜入山疏

太子少保、兵部尚書張鳳翼等謹題，爲官兵乘夜入山剿賊，斬獲全勝事：

職方清吏司案呈，准鄖陽撫治盧象昇塘報前事等因，到部送司，案呈到部。看得總兵左良玉剿寇南陽，而賊遁鎮平，該將屬兵追襲，斬首三十七級，生擒七名，救回婦女三十口，奪獲馬騾驢五十五匹頭，四散奔潰，大勢折而西回，則鄖、襄、漢南一帶又將告急。合敕該督撫，嚴飭各將，守扼隘口，設伏以待，無致再入鄖、漢，滋蔓難圖。既經塘報前來，理合具本題知。

崇禎八年三月十七日具題，十九日奉聖旨："據奏，賊勢西折，鄖、襄、漢南一帶亟宜扼隘設伏，以防蔓逞。即著該督撫審勢飭行。"

賊氛日甚疏

太子少保、兵部尚書張鳳翼等謹題，爲賊氛日甚，江上愈危，敬再陳防守事宜，并請大兵急剿，以固根本事：

職方清吏司案呈，奉本部送，兵科抄出，提督操江兼管巡江、南京都察院右副督御史馬鳴世題前事，奉聖旨："這沿江斂船防禦事宜，知道了。賊情飄忽，布置扼守，倍宜嚴毖。應撫已移鎮安慶，操臣應否同駐？兵部再酌議，速奏。調兵措餉合剿等事，已有旨了。"欽此。欽遵抄出，到部送司，案呈到部。看得安慶居陪京上游，三吳之門户也。去歲秦撫有賊連艘浮江之報，臣部恐其順流而下，則金陵可虞，且應撫遠在蘇州，未便猝至，故有"操臣宜駐安慶"之議。今應撫已提大兵駐札其地，則金陵之門户已扃，操臣只宜嚴防江干，上下策應，"移駐"之議應報罷也。謹遵旨速奏，相應覆請，伏候命下，遵奉施行。

崇禎八年三月十七日具題，十八日奉聖旨："張國維既提師安慶，馬鳴世還著嚴防江干，相機策應，不必又行移駐。"

微臣祇遵新命疏

太子少保、兵部尚書張鳳翼等謹題，爲微臣祇遵新命，不敢控辭，謹力疾星馳，恭報入境之期，仰慰聖懷事：

職方清吏司案呈，奉本部送，兵科抄出，鳳陽巡撫朱大典奏前事，奉聖旨："朱大典聞命赴任，知道了。"前奉有"會同洪承疇調遣援剿"之旨，"事權原重，將士有驕抗逗怯、不遵軍紀者，自應遵敕分別參拿正法，并馬爌守徐，秦翼明留鳳等事，兵部酌議速覆。"欽此。欽遵抄出，到部送司，案呈到部。看得撫臣朱大典新承簡命，奉有"馳赴鳳陽"之旨，時寇警方殷，陵園爲重，是以臣部有"提馬爌兵堵截"之請。今寇已西行，盤踞潛山、太湖，應撫望大兵之來，不啻望歲，秦翼明及尤世威、張外加等兵，奉命馳剿，非奉命設防，未便輕留，俱應聽督臣調遣，隨賊所向會剿。即云寇來無常，重地兵單，再逞可虞，淮兵護運，勢難分調，而楊御蕃部卒一千五百，原係該撫標兵，不妨留用。徐州南北咽喉，馬爌駐守其地，亦扼要之著，所當如議者也。謹奉旨酌議，相應覆請，伏候命下，遵奉施行。

崇禎八年三月十七日具題，十八日奉聖旨："流寇既盤踞潛、太等處，應撫望援甚急。秦翼明、尤世威等兵聽督臣調度，隨賊所向會剿。楊御蕃兵，鳳撫留用，護陵固圍；馬爌駐守徐州，俱如議飭行。"

異變端屬疏

太子少保、兵部尚書張鳳翼等謹題，爲異變端屬天開，修省宜圖實政，以收人心之叛亂，以慰祖陵之震驚事：

職方清吏司案呈，奉本部送，兵科抄出，禮科外抄，新授南京刑科給事中曹景參奏前事，奉聖旨："祭告詔諭等事，已有旨了。筑城置帥，著禮、兵、工各部酌議具奏。"欽此。欽遵抄出，到部送司，案呈到部。除祭告、築城聽禮、工二部酌議外，看得鳳泗陵園乃祖宗發祥之地，保護自難少疏，矧當流賊震驚之後，毖飭尤宜嚴密。科臣曹景參議設大帥一員，統率中都留守，擁護陵寢，以備不虞，誠建威銷萌之策，亟應如議。但有將必須有兵，有兵必須有餉，籌之妥而後行之便。臣部查中都留守司雖轄八衛，然軍不過八千九百，其以兵名者，不過千人。各軍每月止給倉糧三斗，糊口不給，安望騰飽？今欲更新其法，合將各衛官軍通盤打算，除守高墻軍前議抽換一千外，其守陵軍可否操練？春秋二班軍可否酌留？設鎮用兵若干，月餉增糧若干，與建衙舍設官役廩糧等項，俱坐派何處，臣部未能遙度，應行該撫按酌議妥確具奏。若漕運總兵，舊雖額設勛臣一員，然裁革已久，且有漕、河二臣，足資彈壓，勛臣似可不設。且承天顯陵併應置將，移會城總兵駐札其地，居重可以馭輕，亦當行該撫按，查確以請，庶無異議也。既經奉旨酌議，相應題請，伏候命下，遵奉施行等因。

崇禎八年三月二十一日具題，二十四日奉聖旨："楚鎮移駐事宜，該撫按詳議妥確具奏。漕運總兵原未裁革，與鳳泗置帥，爾部酌議具覆。"

塘報疏

太子少保、兵部尚書張鳳翼等謹題，爲塘報事：

職方清吏司案呈，奉本部送，准鳳陽巡撫楊一鵬塘報前事等因，到部送司，案呈到部。看得鳳陽當寇患之餘，土賊乘機復逞，如張永安等之嘯聚青山，熊文元等之白晝橫行，實煩有徒。撫臣檄兵揅剿，今已强半成擒，餘孽尚爾宵奔，且流賊見在潛、太之間，聲息相通，結連可虞。乞敕各該撫按申飭道將有司，急爲獮戢，毋致響應，毒流重地，自取罪戾也。既經塘報前來，理合具本題知等因。

崇禎八年三月二十三日具題，二十六日奉聖旨："已有旨了。"

蜀疆關鉅賊警疏

太子少保、兵部尚書張鳳翼等謹題，爲蜀疆關鉅，賊警再聞，謹合詞籲請，懇乞聖明速救當事諸臣，急圖戰守，並留兵餉，以遏狂氛事：

職方清吏司案呈，奉本部送，兵科抄出，詹事府等衙門詹事兼翰林院侍讀學士等官劉宇亮等奏前事，奉聖旨："奏内事情該部看議，速奏。"欽此。欽遵抄出，到部送司，案呈到部。除緩徵、議餉、免税移咨户部會題外，看得流寇去歲入蜀，破夔府，劫餉銀二十餘萬，亦□□飽掠矣。今以漢南無食，擁衆十餘萬，直抵黃壩等□，意欲再逞。該省殘破之後，且水西二安物故，夷目蠢蠢思動，豈堪流賊再蹂躪乎？雖幸撫鎮先事設防，當即折回，而賊氣方驕，入川之路非一，在在可虞。該省鄉紳條議禦寇諸策，誠目前急著，則撫臣宜駐達州，按臣宜駐保寧，相機調度，鎮臣專辦援剿，道將派守交界，守令戢暴安良，所當一一如議。至云川中勁兵檄調者多，譚大孝所統三千兵，應留防川。查此兵及張令兵六千，原在題調七萬二千數內，以為剿賊之用，賊既西奔，即不宜枉道入豫。但禦寇者當禦之門户之外，若能奮勇掃蕩，則為秦為楚為豫，總以為川，且該撫疏稱，川有兵三萬，可資防禦，所少者餉，又似不專恃此數千旅也。原奉有"看議速奏"之旨，相應覆請，伏候命下，遵奉施行等因。

崇禎八年三月二十四日具題，二十五日奉聖旨："狡賊情形靡定，蜀省衝隘甚多。撫臣相機□□□度，按臣分駐彈壓，查催鎮將，嚴明紀律，扼險擊殲。□令接濟芻糧，多方綏戢。著嚴加申飭譚大孝，張令□部兵餉俱屬會剿之數，賊入，務即殄殺；賊奔，急行□追。仍會秦、楚、鄖、豫各兵協力掃蕩。如仍事驅逐尾襲，或參差致悞，法豈輕貸！爾部傳諭督臣，一體節制。"

彙報官兵剿賊疏

太子少保、兵部尚書張鳳翼等謹題，為彙報官兵剿賊事：

職方清吏司案呈，奉本部送，准河南巡撫玄默塘報前事等因，到部送司，案呈到部。看得左良玉鎮平之捷，已經前疏奏聞，無容再贅。茲據撫臣報稱，該將復追賊於鎮平縣之孫家營隔河寺地方，斬賊二百二十餘級，生擒十□名[一〇]，救回難婦八十口，奪獲馬騾一百二十□□□□凶渠授首。都司陳永福於汝州顯山寺及□□□□兩戰，共斬賊首四十餘級，生擒共九名，救□□

□□夥，奪獲馬騾、器械。二將官兵足徵勇奮發，□□□□□彙叙。惟是賊之嘯聚南陽、河南者，實煩有□〔一〕。□□□〔一二〕昌兵已至，而祖大弼之戰馬亦抵豫矣。該□□□□嚴飭會師合剿，速奏蕩平。無僅誇小捷，致賊愈蔓□愈衍耳。既經塘報前來，理合具本題知等因。

崇禎八年三月二十六日具題，二十八日奉聖旨："左良玉等續報功級，俟查明彙叙。賊氛嘯聚，張全昌、祖大弼既抵豫境，該督撫嚴飭會師合剿，速奏蕩平，無狃小捷，致賊蔓逞。"

塘報連獲功級疏

太子少保、兵部尚書張鳳翼等謹題，爲塘報連獲功級事：

職方清吏司案呈，奉本部送，據山西總兵官尤弘勛塘報前事等因，到部送司，案呈到部。看得晉寇肆掠村寨，勢復披猖。總兵尤弘勛分發官兵驅馳於靜樂、嵐縣地方，遇賊撲砍，前後兩戰，共斬獲首級一百十一顆，奪獲男婦四十三名口，牛、驢三十一頭隻，不可謂將士無功，但□□□□鄉民李天保等連名告稱，本年二月十三□□□□兵馬到康家莊，妄割鄉民首級二十七顆，□□□□則前項功級似未可盡以爲真，應行該撫□□□□聞。至於寧兵，素稱驕悍，非譁即逃，今且妄割□□□□，目中尚有三尺耶？乞敕該鎮申明紀律，務嚴軍法，速靖餘氛。敢有違犯，立□典刑。既經塘報前來，理合具本題知等因。

崇禎八年三月二十六日具題，二十九日奉聖旨："該鎮寧武兵所獲賊級，據稱土民出郭迎犒，本縣驗明收照，乃鄉民連名赴部告稱，妄割民級，是何不侔？該巡按御史作速嚴查，確奏候奪。"

賊勢滋蔓臣鄉疏

太子少保、兵部尚書張鳳翼等謹題，爲賊勢滋蔓，臣鄉剝膚，上之患切陵京，下之憂深桑梓，以設防重地，備責專官，併固結人心之臆見，力疾控籲，以仰聽聖裁事：

職方清吏司案呈，奉本部送，兵科抄出，原任武英殿大學士何如寵奏前事，奉聖旨："覽卿奏，具見忠悃。賊氛披猖，皆由各府□□□□力合剿，畫境毒鄰，殊可痛恨。敕諭賜劍，專□□□□寬恤民隱，已有旨了。其餘事宜該部看議，□□□□。"又奉本部送，兵科抄出，河南道御史韓一□[一三]□□□[一四]已逼江南，臣鄉受害甚慘，懇乞聖裁，急敕樞臣速籌援備，不容再誤事。奉聖旨："該部看議速奏。援兵有無逗延騷擾及到信日□[一五]，俱著督臣查明奏奪。"欽此。又，奉本部送，准戶部咨同前事等因，到部送司，案呈到部。除援兵有無逗延、騷擾及到信日期，咨行督臣查奏外，看得安慶踞陪京上遊，控江楚之界，誠東南一大要害也。舊輔□何如寵念切牖戶，計深綢繆。議宿重兵，建大帥，鎮□其地。而臺臣韓一光亦議增兵易將，以爲鞏固之□。惟是建帥必須多兵，多兵必須多餉，當此計臣仰屋之時，額外豈能措餉？故戶部有因屯求軍、因糧求兵之議。臣部伏而思之，安慶雖有衛軍五千七百餘名，除後改調二千於河間等處，又以二千運糧，二百充班，餘一千五百，屯差、局差影占非一，所餘者，僅數□象人耳。頃流寇圍桐，待援於數千里外，主□□□□恃，則增兵誠不可緩，而建帥又不可輕議，□□□□新兵一千於應、太、安、池等府設處錢糧以□□□□得動支戶部額餉。至于遊擊周國政已□□□□□能將推補，改其官爲參將，畀以敕印，重以事權，責以操練。上自九江，下至金□□□□帶，守備衙門皆聽節制，庶呼吸可以相通，其於局□陪京關係非小。至舊輔疏請設邊督及專設勦賊之司道、餉司，亦屬要論，但查邊督及督餉司道，俱奉有"不准設"之旨，合無行令該督，隨處調用，惟求幹辦有濟，正不必立此名色也。謹遵旨速奏，相應覆請，伏候命下，遵奉施行等因。

崇禎八年三月二十七日具題，二十九日奉聖旨："據奏，該衛額軍五千七百餘名，今止餘五分之一，又爲各差影占，向來屯糧消歸何處？著該撫按徹底清釐，沐[一六]去老弱，補充莊勇。扣抵本衛軍餉，速□□□，按月給散，毋令奸猾侵折，務期修復舊制□□□□，不得輒議募兵，徒糜糧餉。遊擊改參將事□□□□[一七]"

官兵冒雨夜馳疏

太子少保、兵部尚書張鳳翼等謹題，爲官兵冒雨夜馳，深入賊營，斬獲全勝事：

職方清吏司案呈，奉本部送，據援勦總兵官左良玉塘報前事等因，到部送司，案呈到部。看得左良玉駐兵鎮平，報寇盡屯平市，該將潛師追擊，當斬賊首二百□□八級，生擒賊目二十名，救回婦女一百五十□□□獲馬騾驢二百二十一匹頭。賊遂喙奔。有功□□□查明彙叙。惟是賊氛充斥，此遏彼猖。該將□□□□長驅，窮搜合勦，務使賊勢日感，斯殲滅□□□□□塘報前來，理合具本題知等因。

崇禎八年三月二十八日具題，四月□□□[一八]（奉）聖旨："這鎮平地方斬獲，著該巡按御史查明彙□[一九]。□□[二〇]玉乘勝追擊摽剿，務殲滅爲期，毋得少懈。"

大兵漸集疏

　　太子少保、兵部尚書張鳳翼等謹題，爲大兵漸集，剿局宜周，懇乞聖明允設監軍，以便責成事：

　　職方清吏司案呈，切照流賊蔓延，禍連七省，伏蒙皇上神武，調兵七萬，措餉九十餘萬，且專任督臣洪承疇。畀以尚方寶劍，使之一力殲剿。煌煌廟算，已無遺策。今據該督報稱，各處大兵漸□□□六月之欽限，又屈指届期。此時此際，正刻不容緩之□□□□身任封疆，自能仰體焦勞，刻期掃蕩。但以一人之身，而轄數千餘里之地，□數十餘萬之賊，居中調度，既苦無及腹之鞭；隨□□馳，又未有分身之術。且耳目不到，師徒騷擾，禦暴而爲暴者有之；將士逗延，利賊而縱賊者有之；難民無告，殺良冒功者有之；行糧不濟，阻飢悮事者有之。自非得一持斧臣，協謀共濟，其何以規進止而稽功罪哉？臣等閱稽往案，凡動大兵，必遣監軍御史，如播州之役則有崔景榮，寧夏之役則有梅國楨，恢復四城之役則有吳阿衡，皆奏奇功，歷有成效，彰彰可法。前督臣陳奇瑜議請監軍道，奉有"不必設"之旨，故臣部議覆。舊輔臣何如寵疏，聽督臣隨便取用，夫亦謂"不必專設"，而非謂"不必設"也。頃接督臣洪承疇揭帖，内稱：地方遼遠，督剿需人，議將荆南道□□□胙土、隴右道參議張兆曾、延安府知府劉三顧各任，監軍道鞏昌府同知楊彤庭、延安府同知□□□、□州知州錢一寵，各任監紀廳。似與臣等之□□□□而合矣。大抵太平非一士之略，而況□□□□□不以群策屈群力而能成功者。今以八總□□□□統南北雄師數萬，亦既群力畢舉矣，必有□□□□之而後督臣之呼應靈通。其所請監軍監紀各官，蓋事勢之不容已者，但查□□□見任湖廣，拜命可即受事，當以監楚軍。若張兆曾、劉三顧俱在□□，豈能飛至？當以監秦軍。另擇一風力御史監南□□借豸繡以資彈壓，庶於合剿之局大有關係。伏乞敕下吏部議覆施行等因。

崇禎八年三月二十□題，四月初二日奉聖旨："已有旨了。御史不必遣[二一]"

校勘記

〔一〕"紛"，蓋"賊"字之誤，緣"流紛"不辭，且原書編者取題目爲"流賊突入潼關疏"，依題目亦當作"賊"而非"紛"。

〔二〕□，此處因底本模糊，不可辨識，據文意似當爲"避"字。

〔三〕"是"，當爲"走"字之誤。

〔四〕"捐"，"捐臂"不辭，當作"指"。

〔五〕"師"，疑當作"帥"。

〔六〕"賚"，於文意當作"賫"。

〔七〕□□，底本模糊，疑爲"晋撫"二字（前文云"山西巡撫吳甡"）。

〔八〕按行文慣例，"施"字後奪一"行"字。

〔九〕"椿"，當作"樁"。下文重出者，同此。

〔一〇〕□，依文例似當爲"員"字。又，本書最後幾頁（從本行起，共六篇九頁），每頁下面部分有殘損，凡有□處，皆爲殘損部分。

〔一一〕□，底本漫漶不清，據文例當爲"徒"字。

〔一二〕□□，據前文當爲"張全"。

〔一三〕□，底本漫漶不清，據前文當爲"光"字。

〔一四〕□□□，底本漫漶不清，據文意當爲"塘報賊"。

〔一五〕□，底本漫漶不清，據文意當爲"期"字。

〔一六〕"沐"，據文意當爲"汰"字之誤。

〔一七〕以下未知所缺字數（下頁無，當在本頁結束）。

〔一八〕□□□，底本漫漶不清，據文意當爲“初□日”。

〔一九〕□，據文意當爲“叙”字。

〔二〇〕□□，據文意當爲“左良”。

〔二一〕下闕。

孫忠靖公全集

〔明〕孫傳庭　撰

王欣欣　點校

點校説明

孫傳庭（1593—1643），字伯雅，號白谷，明代州振武衛（今山西代县）人。萬曆四十七年（1619）進士，授永城知縣。天啓初，擢吏部主事，遷稽勋司郎中。魏忠賢擅政，乞歸不出。崇禎八年（1635）超擢順天府丞，九年以邊才受代陝西巡撫，官至兵部尚書兼左副都御史，加督河南、四川、山西、湖廣、貴州及江南江北軍務，仍兼陝西三邊總督。孫傳庭的一生中，鎮壓農民起義軍構成了他軍旅生涯的主要内容，先後參與并主持了數十次對明末農民起義軍的鎮壓活動。崇禎十六年起義軍攻破潼關，孫傳庭戰死陣中。孫傳庭死後，明廷再也没有可以同李自成相抗衡的悍將了，故《明史》有"傳庭死而明亡矣"的説法。

孫傳庭著作的版本較爲複雜，有十幾種版本，根據書中序言所述，大致如下：一爲明崇禎十一年自刻本《鑒勞録》一卷，記載了孫傳庭自崇禎九年三月受命撫秦，至十一年十二月，仰邀帝鑒，隨時紀録的勞績，積以成帙，因題曰《鑒勞録》。現收在《四庫全書存目叢書》史部中。一爲明崇禎十六年孫傳庭殉難後，其子孫世瑞、孫世寧初刻，清順治十七年孫世瑞增修重刻的《白谷集》四卷。所傳清康熙四十二年刻本，亦此刻本再印。一爲《孫白谷集》六卷，是清乾隆年間"公四世孫廉州總戎爾桂再刻之粤中"。一爲《白谷集》五卷，《四庫全書》本。乾隆年間修《四庫全書》時，采進了孫爾桂刻六卷本，但只選取了前五卷。一爲《白谷集》卷六，2005年國家圖書館編《四庫全書補遺》，將《四庫全書》未收的卷六收録。一爲《白谷集》四卷，此爲清道光二十八年刻《乾坤正氣集》本，將乾隆本《孫白谷集》六卷彙刻爲四卷。一爲咸豐六年"公八世孫蘭溪司馬復刻之常熟縣署的《孫忠靖公遺集》八卷首一卷末一卷，始稱《忠靖集》"。但版毀於常熟城隍廟火災中，後孫豐"因在吳門重謀梓行"，於咸豐九年全書告成。一爲《孫傳庭疏牘》四卷，1983 年浙江人民出版社出版，是根據咸豐年刻本排印的。一爲民國三年（1914）閻錫山主持編輯的《孫忠靖公全集》鉛印本十卷首一卷。此本將孫傳庭疏牘分爲五卷，卷六爲《鑒勞録》，卷七爲《省罪録》，卷八爲《雜著》，卷九、卷十爲《風雅堂詩》，内外傳及先後題咏題跋爲《附録》列於卷首，是收藏内容最全的版本。

　　本次點校選用民國三年鉛印本《孫忠靖公全集》爲底本，以文淵閣《四庫全書》所收《白谷集》五卷本（校勘記中簡稱"《四庫》本"）、浙江人民出版社出版的《孫傳庭疏牘》（簡稱"《疏牘》本"）、《四庫全書存目叢書》影印明崇禎自刻本《鑒勞録》（簡稱"《四庫存目》本"）、《四庫全書補遺》中《白谷集》（簡稱"《四庫補遺》本"）爲校本，詳爲校讎。點校原則上以照録原書的文字爲准，底本中的訛、脱、衍、倒，不改原文，出校勘記説明。底本和校本中有異文，文義兩通而又不能斷定是非的，校勘記中只羅列異文，不作傾向性判斷。底本有闕文的，以□標示。底本爲鉛字排印本，有些明顯屬於排印之誤者，書後附有刊誤表。本次點校依照刊誤表徑改之，因錯處較多，不出校記。

重印《孙忠靖公全集》引言

　　錫山童時，即聞鄉先生道忠靖公名不絕口。公事業彪青史，以一身繫明室存亡，蓋籌碩畫，靡可殫舉，而要以論用兵雄當代。天人交迫，事雖不成，非公之咎，顧願讀公書而未獲也。甲辰秋，以陸軍留學日本，究心兵事。時日方戰勝於俄，伊藤、大隈諸人，經緯文武，震動寰區。竊以我國前途，禦侮之計，非將帥得人，籌兵措餉於萬難籌措之中，如孫公之在明，無兵而有兵，無餉而有餉，殆無以爲危局支。暇游其書肆，見明治初東方學士桑原忱氏輯明《孫忠靖公奏疏》若干篇，亟購而讀之。噫！日人之好爲有用之學也，無惑乎伊藤、大隈之相繼而起也。民國以來，中原粗定，外患方亟，胸韜肘符之士，將何以卧薪枕戈，講求於危難之際，以期一當乎！適孫君雪鷗携其家刻《忠靖公集》於太原軍幕，錫山既獲瞻全豹。公去今二百餘年，誦其詩，讀其書，而生氣如新。惜其版毀於火，流傳甚鮮，慕公之名、志公之學者憾焉。爰屬同志諸君重加斟定，速爲鉛印行之，庶共勉爲有用之才，以力濟此時，是亦公所深望於後起者也。

　　民國三年陽曆十二月冬至後五日，同武將軍閻錫山謹題

初刻序

　　己亥之春，余將有東粵之行，孫子世瑞手尊人白谷先生癸未

舊刻而問序於余。嗚呼噫嘻！迄今二十年矣，芳烈猶存，忠魂何在？取先生之詩文而讀之，不自禁其掩卷汍瀾而嘆表章之無地也。余於先生有姻婭之戚、門墻之義，知之深，信之篤，迹其行事，誦其文章，不能無遺恨焉。

先生垂髫偉岸，穎悟絶人，先孝廉擇坦深加器識。所爲應試之文，奇鋒電倏，妙論天成，探理窟之淵突，而以爽快出之，唐荆川、楊復所不能過也。英年拔幟，唾手南宮。作令中州，明斷廉仁之聲一時鵲起。蓋乙丑、丙寅間璫禍正烈，旗鼓森然，先生獨介然特立，雖藻鑑人倫者五載，而凶鋒不及，詿議無聞，其識見操持概可想見。及開府三秦，清屯誅叛，薙數千里之逋寇，起數十萬之金錢，趙充國金城之勣，范文正鄜州之功，其難易固相萬也。功高叢忌，權擅中樞，反被逮下狴犴，遠邇搖惑，幾欲成獄。賴明帝鑑其冤而脱之罪，復簡督師，解洛陽之圍。當是時，盜賊蜂起，李自成陷中州，張獻忠破武昌入川蜀矣，蓋天下大勢已去。又以愁霖數月，糧運弗繼，雖先生組甲之精、士卒之鋭、刁斗之嚴明、韜鈐之整暇，而咄咄有一木難支之恨。且悍帥各懷二心，不戰而走。潼關將潰，廟堂張皇，遣中官十數輩，勒馬催陣。將命不靈，師出無律，先生擐甲攀雉堞擊賊，渾身皆血，左右無一人相援。先生獨大叫殺賊，匹馬直入賊老營衝突，手誅賊百餘，卒爲亂軍所殺。嗚呼！先生可謂忠矣勇矣。人誰無死，如先生者，殺身成仁，舍生取義，有如此哉？嗟乎！人爲其易而先生爲其難，人值時勢之易而爲其易，即值時勢之難而爲其難，中才可以彌縫，長才可以表見，如先生者，值時勢萬不可爲之時而爲其萬難之難，雖智者失其謀，勇者失其力矣。嗚呼！豈非天哉。

迄今二十載，未聞有崇祠有旌典。精魂不死，青史猶存。余向秉憲關西，曾爲上其事於撫軍，而目爲迂遠，又何言哉？不得已，取先生之詩文而傳之，而散佚者什且八九，至"破寇""擊黨""清屯""堵禦"諸疏又不傳者多矣，殘蝕之餘，勉授剞劂。揚雄曰"詩賦小道，壯夫不爲"，先生上馬殺賊，下馬草露布，豈僅僅以詩文見哉？雖然，先生於幼學壯行時留心風雅，沈酣漢魏，黃初、建安而下，尤篤喜三謝。至近體，則刻意求工，直逼少陵"星隨平野""月涌大江"之句，而燕公、曲江諸大家，右丞、襄陽之雋澹，王子安、駱賓王之豪麗，又兼有焉。其輕俗瘦寒、聱牙佶屈之病，淘澣殆盡。夫詩以道性情、陳美刺，人心之邪正、國運之隆汙係焉。夫子刪詩而存鄭衛，子輿氏謂"詩亡然後《春秋》作"，子雲獨以爲"小道""不爲"，不亦過歟？先生雖不以此見長，而半生心血，實縷縷濡漬楮墨間，顧可淪没不令表見，使人於諷誦之餘想見其爲人哉？

至於先生合門死節，立身本末詳之本傳中。余於先生雖有姻婭之戚、門牆之義，不至阿其所好也。因叙詩文而並及之，蓋知之深，信之篤，緬想生平，追思遺烈，不能不横襟雪涕，掩卷三嘆云。

時順治十有七年歲在庚子暮春三月，門人馮如京拜書

再刻序

余自束髮受書，讀先高王父大司農奏疏，即知有雁門孫大司馬矣。粤稽前明崇禎壬午九月，闖賊決河灌汴梁，保督侯恂治弗效。高王父時爲少司空，劾恂誤工玩寇，仗左良玉以要君，大不敬。當是時，流賊既大熾，廷臣無敢談及河事，上憂之，即命以代恂。溯先大農胼胝河事日，正孫大司馬秣馬厲兵，與賊血戰時也。按癸未八月題《報黃流汛漲賊氛披狂疏》曰"近聞總督孫

某師已出關，一月三捷”，當在此時。至十月師潰南陽，大司馬揮刀躍馬陷陣死，先高王父痛哭以陳六大弊，疏曰“今潼關之衄尚忍言哉！”想見兩公當年憂國忘身，忠義憤發，真可歌可泣。迄今甫逾百年，徒以晉楚遙隔，兩家子姓杳乎不知踪迹，過此以往，不獨無見，而知之者亦無聞，而知之者良用慨然。

乾隆辛未夏，余來守廉陽，總戎孫君爾桂有賢聲，詢知爲雁門玄孫，一見如舊相識，因出大司馬《全集》示余。余午夜挑燈，每置書而嘆，嘆已復讀，不自休，曰：“有是哉！”公一生本領胥於是乎在，而千秋人品事業益於是乎彰。從來尚論古人，必先誦其詩，讀其書，然後攷其當世行事之實，以庶幾乎想見其爲人。若碩勛於孫大司馬，則固先世同官，今又得公遺編而讀之，如接音容而親謦欬，足以大慰生平仰止之願，何其幸歟！是故頌公之詩古文辭，具和平溫厚之旨，而時露其激昂慷慨之致，如松柏青蔥可愛，迨摧抑於霜雪而蚪結盤鬱，益奇以堅也。若奏疏，則字字本於血，誠非比臆度。當公之撫秦也，首重清屯爲救時良策，他如選將練兵，料敵制勝，殲賊渠高迎祥、蠍子塊，直探囊取物耳。乃爭“四正六隅”之説而釁端開，“代賊撤兵”之議出，而身幾不免。請室三年，疆事已大決裂，始脱堂皋而攏甲胄，亦已晚矣。然事君之義，有死無貳，復能威讋三邊，屢戰屢捷，賊已膽破。無何趣戰益急，霾雨助虐，一軍瓦解，卒以身殉，儻所謂天道是耶？非耶？攷公著作，根柢於性靈、原本於學術、磨礱於世務者甚深，故凡所起而行者，皆其所坐而言者也。嗚呼！南仲在内，李綱無功；潛善秉成，宗澤殞命。徒令百世下賢士大夫爲呼冥漠不知之天而欷歔往復，所謂曠百世而相感者，亦不自知其何心。太史公曰：“假令晏子而在，余雖爲執鞭所忻慕焉。”

孫氏舊有刻本，歲久漫漶，多殘缺。乙亥春，總戎屬余校正而編次之，得奏疏若干卷，《清屯錄》並雜著、近體、古體詩若干卷。國朝定《明史》本傳爲内傳，而以行狀、墓誌、今昔名賢所記撰爲外傳，合抄而授之矣。丙子秋，余奉調守潮州，計日就道，復屬序於余。時倥傯無餘暇，惟三十年風塵俗吏，自慚諛劣，何足窺前賢之萬一。總戎曰：　“是有成言，君固無宿諾者也”。

繼思先大司農與孫大司馬，前朝爲同憂共患之大僚，今何幸兩姓玄孫聚首海角，公餘之暇各談先世遺事，嘗嗚咽感慨。五年以來，彼此恒相勸勉，惟祖德是儀，蓋競競無敢隕越焉。追維往代，企念前徽，又何敢以媕陋辭，因書以序其端，并述兩姓淵源如此。總戎少余十四歲，倜儻尚氣節，曉兵法，所歷能張其職，近又能折節讀書，無忝祖風。茲幸時際，郅隆建樹，正未可量。臨行爲語之曰：“青眼高歌望吾子，仁者贈人以言，君其勉旃。”

時乾隆二十一年丙子閏九月，甯鄉周碩勛頓首拜序

三刻序

每讀《明史》，至白谷孫公傳，未嘗不三復而流涕也。論者謂明季人才盡於天啓，至莊烈朝，欲有爲而已無及。似矣，而未盡也。夫莊烈時人才不爲不多，一時疆吏能爲國立大功者，如公及宜興盧公，皆有可以平賊之才，而必使擯斥摧挫，不竟其用而以身殉。嗚呼！歷代興廢之故，未始不如是，是豈獨氣數使然乎？方公治兵食關中，用法刻急，秦人胥怨，及其没，而知與不知皆流涕思之。信其所以苦我者，乃爲我禦敵，而忠義之感於人者深也。抑方莊烈時，封疆之臣，辦賊有效，世所屬目者三人，公及盧公與洪公承疇耳。洪公尤負夙望，鼎革後聲施爛然，至今

獨未見其遺集。而公及盧公，詩文皆一再傳刻，世樂誦其書，而想見其人，則可知忠義之氣與功業之説不並行於天下，人心之所同。然而可貴者，誠在此不在彼，而富貴利達更不足言也。公集嘗著録《四庫》，頗多散失。至公八世孫今榷常熟縣豐始編校而彙刊之，其搜輯之勤，久而不倦，尤足嘉云。

　　錢塘後學許乃釗謹序

　　先《忠靖公遺集》，豐訪求海内藏書家，並搜羅散佚，歷數十年，始獲成帙，咸豐丙辰開雕於常熟縣廨。適奉移攝長洲之檄，公私敦迫，汲皇竣事，版藏常邑之城隍廟。未幾，廟祝不戒於火，版毀無存。因在吳門重謀梓行，就正於海寧許珊林觀察。觀察博學嗜古，取是集重加釐定，其間編次未善及繕刻沿訛之處，悉爲校正，爰付手民。己未正月，全書告成。於呼！是集初刊，方冀流傳永久，不虞旋遭回禄，實深扼腕。兹復粲然可觀，較舊時刊本愈覺整齊精覈，將使忠義大節歷久不磨，不可謂非先忠靖之靈爽有以呵護之也。而豐多年苦志不至墮於垂成，是又小子之幸也。

　　夫咸豐九年歲在己未正月既望，八世孫豐謹識於蘇臺之樹德誦芬齋

《四庫全書總目提要》

《孫白谷集》六卷　江蘇巡撫采進本

明孫傳庭撰有《鑒勞録》，已著録。史載崇禎十一年李自成自蜀還走陝西，傳庭扼諸澄城，分兵五道擊之，降其驍將混天星等，朝廷恃以爲屏蔽。十六年出師潼關，降其僞將四大[一]天王

李養純，擒其僞果毅將軍謝君友。自成懼，謀降，賊幾盡滅。乃以中旨督戰，值霖雨七日，餉絶軍亂致敗，遂歿於陣。今證以集中《澄城報捷》諸奏疏，委曲詳盡，一一相符。惟史載崇禎十二年正月戊辰，劉宇亮、孫傳庭會師十八萬於晉州，不敢進。考集中《官軍苦戰疏》內稱，解真定之圍，救濟南之陷，出口之役又率所統鎮將官兵戮力合戰，事皆在正月戊辰之後。又《恭聽處分兼瀝血忱疏》內，歷舉"正月二十七日，臣勉欲先發兵馳東安扼擊，而督察不從。二十九日，臣勉發曹變蛟、楊國柱等兵先往，次早復約督察同往，或臣獨往，而督察又力阻"云云，督察乃劉宇亮也。據此，則兵集不敢進，其責全在宇亮，傳庭特爲所牽掣，故《本紀》連書之耳。是亦足資考證也。此集自一卷至三卷爲奏疏，卷四爲雜著，卷五爲詩，卷六爲內傳、外傳。奏疏載自崇禎十年七月二十日起，至十二年六月十二日止。其於十五年復起救開封，至十六年奏疏，并佚不載，殆傳庭殉難，全家俱歿，十五年以後槁本或俱失於兵火歟？

《四庫全書簡明目錄》

《孫白谷詩鈔二卷》

明孫傳庭撰。傳庭文集中有詩一卷，而搜羅未備。此本乃其門人馮應京所編，較爲賅具。其詩落落抒寫，自行一意，不甚依傍門户，而氣象雄闊，風骨遒上，其格力乃非文士所及。

《四庫全書提要存目》

孫傳庭《鑒勞録》一卷

傳庭自崇禎九年三月受命撫秦，至十一年十二月，其間攘寇清屯，自以爲所有勞績無不仰邀帝鑒，隨時紀録，積以成帙，因題曰《鑒勞録》。卷前後俱有傳庭自識語，知當時業經付梓，今惟存鈔本耳。傳庭以"功高叢忌"數語，爲樞部督過，雖朝命賜褒，廢格不行，卒以蜚語被逮。觀於是編，可以見明政之不綱矣。

《乾坤正氣集》

《白谷集》四卷

明孫傳庭撰有《撫秦疏草》《督師奏議》《謀國集》《風雅堂詩橐》，乾隆中刻《孫白谷集》六卷，今彙刻四卷。

《孫忠靖集》舊名《白谷集》。牛應徵撰公行狀，周漢傑撰公墓誌銘，皆云所著有《撫秦疏草》《督師奏議》《謀國集》《風雅堂詩橐》藏於家，是必公手訂者矣。順治中馮憲副如京序公集，言先生有"癸未舊刻"，又言"散佚且八九"，"殘蝕之餘勉付剞劂"，則公殉難後，公子世瑞所重刊。今其奏疏刊本不見，而詩鈔猶散見鄉邑間，公集傳世自此始。乾隆中，公四世孫廉州總戎爾桂再刻之粵中。咸豐中，公八世孫蘭溪司馬復刻之常熟縣署，始稱《忠靖集》。攷《四庫全書》所録，分卷與再刻周序編次同，則采進時即周所校正之本也。蘭溪益加搜輯，增以《鑒勞》《省罪》二録，詩亦較舊爲備，哀然爲完編。第前此所刊皆係家集，載名人傳序、題咏極富。兹徵采諸説，附注《明史》傳中，而繁複之篇，稍加删節，別爲附録，置之卷首。至《乾坤正氣集》彙奏疏、雜文爲四卷，再刻合内、外傳爲六卷，三刻區爲十一卷，皆不標分"撫秦"、"督師"、"謀國"等，殊失公本意。今悉爲釐正，益以試策數篇於雜著卷内，以見公經濟始末。惜乎"破寇"、"擊黨"、"清屯"、"堵禦"諸疏，及崇禎十五六年起復後諸疏，皆佚而不傳也。

民國三年歲在甲寅陽曆十二月，雁門後學張友桐謹識

孫白谷先生遺像

讚

堂堂孫公，實産雁門。事昭史册，氣塞乾坤。昔讀公傳，今瞻公像，落落貌古，奕奕神王。公實虎熊，賊如沙蟲。天不祚[二]明，乃先喪公。身瘁戎行，神傷衆口。國■云亡，像亦何有。毅魄如生，英風遐扇。昔慕公名，今睹公面。句注嵯峨，滹沱浩汗。公有千秋，豈余能讚。

湘潭後學周系英拜題

明史列傳[三]

孫傳庭，字伯雅，代州振武衛人。自父以上，四世舉於鄉。

牛應徵《孫公行狀》：遠祖成，明初以從戎徙雁門，遂隸籍振武。四世而生岐，岐生宗派，宗派生汾秀，是爲公之曾祖考。汾秀生觀成公嗣約，配任淑人生孝廉公元震，

配吳太淑人生公，是爲公之祖若考妣。周漢傑《孫公墓誌銘》：岐嶷於鄉，仕莒州守。宗派嘉靖十三年復舉於鄉，觀成公父子每計偕之，歲聯鑣而北，鄉黨榮之。傳庭儀表頎碩，沈毅多籌略。萬曆四十七年成進士，授永城知縣，以才調商邱。天啟初，擢吏部驗封主事，《橫雲山人史稿》：天啟初，白蓮賊黨居歸德，謀應徐鴻儒，傳庭弭其變，擢吏部驗封主事。屢遷稽勛郎中。請告歸，家居，久不出。李因篤《孫公傳》：時逆奄魏忠賢方起搢紳之禍，傳庭念子身孤子，母老子幼，請假歸奉嫡母，版輿游宴，居恒則危坐讀書，若將終身焉。

　　崇禎八年秋，始遷驗封郎中，李因篤《孫公傳》：莊烈帝御極，魏奄伏誅。中外用兵，迄無勝算。傳庭憂心世故，慨慷談兵，有澄清天下志。八年起司封郎。超擢順天府丞。李因篤《孫公傳》：叙里居時功，曾繕垣犒士，定亂全城，超擢順天府丞。《橫雲山人史稿》：流寇犯代境，傳庭佐有司捍禦，城獲全。陝西巡撫甘學闊不能討賊，秦之士大夫譁於朝，乃推邊才，用傳庭，《橫雲山人史稿》：時四方多難，廷臣畏當軍旅任，諱言兵，傳庭獨談論娓娓，當事者群目爲邊才。李因篤《孫公傳》：時求人孔亟，官華要者率捫舌避邊才如阱罟，傳庭談論風生，不少遜忌。又謝升掌吏部，貴倨甚，傳庭常抗不爲下，銜之。屬陝西巡撫闕，遂推傳庭。然傳廷〔四〕意亦願一當也。以九年三月受代。李因篤《孫公傳》：帝召見便殿，期勉慰藉如家人，傳庭面奏"往者秦兵宿邊鎮，而秦撫治其腹，誠不煩置兵；今賊反在內，臣恐不能以徒手撲強賊。"帝顰頏曰："措兵難，措餉更難，朕給爾今歲餉六萬金，後則聽若自行設處，不中制。"傳庭受命而西。傳庭涖秦，嚴徵發期會，一從軍興法。李因篤《孫公傳》：秦兵久驕而習剽，督撫率姑息吞聲。傳庭一裁以法。秦人愛之不如總督洪承疇，然其才自足辦賊。《橫雲山人史稿》：總督洪承疇用兵六年，數奏捷，賊勢總不衰，巡撫李喬、甘學闊並坐失事，喬遣戍，學闊罷官。傳庭受命，慨然以平賊爲己任，練舊卒三千人，爲己標兵。賊首整齊王據商、雒，諸將不敢攻，檄副將羅尚文擊斬之。

　　當是時，賊亂關中，有名字者以十數，高迎祥最強，拓養坤黨最衆，所謂闖王、蝎子塊者也。傳庭設方略，親擊迎祥於盩厔之黑水峪，禽之，及其僞領哨黃龍、總管劉哲，李因篤《孫公傳》：傳庭標營甫成軍，而迎祥自漢中取黑水峪出犯西安。傳庭心策賊來遠，路險阻，雨滂沱，人馬必憊，扼之於山可擒也。渡渭迎擊，大敗之。總督洪承疇聞捷報，馳至合兵。明日復進戰，陣獲迎祥，獻俘闕下。錄功，增秩一等。而賊黨自是乃共推李自成爲闖王矣。明年，養坤及其黨張文耀[五]來降。《橫雲山人史稿》：傳庭署文耀守備，後數有功。已而養坤叛去，諭其下追斬之。擊賊惠登相於涇陽、三原，登相西走。《橫雲山人史稿》：登相等敗，賀人龍於寶雞乘勝犯涇、三，傳庭力戰，乃西走。河南賊馬進忠、劉國能等十七部入渭南，追之出關，復合河南兵夾擊之，先後斬首千餘級。進忠等復擾商、雒、藍田，叛卒與之合，李因篤《孫公傳》：許忠、劉世傑等據藍田。將犯西安。遣左光先、曹變蛟追走之渭南，降其渠一條龍，招還脅從。募健兒擊餘賊，斬聖世王、瓦背[六]、一翅飛，降鎮天王、上山虎。《橫雲山人史稿》：傳庭初入秦，即發兵討賊，失亡多。進忠等擾商、雒，諸將悉他出，左、曹方西追，惠登相聞變急引還。甫抵咸陽，進忠等由渭南遁，官軍追之，降其渠一條龍。傳庭自劾，帝以其有功不問。傳庭乃招還脅從，募健兒，擊餘賊，斬聖世王、瓦背等，軍容復振。又殲白桿賊渠魁數人，關南稍靖。《橫雲山人史稿》：商、雒遺賊與土寇聯，名曰「白桿賊」。遣副將盛略等敗賊大天王於寶雞。賊走入山谷，傳庭追之鳳翔。他賊出棧道，謀越關犯河南，還軍擊。賊走伏斜谷，復大敗之，降其餘衆。西安四衛，舊有屯軍二萬四千、田二萬餘頃，其後田歸豪右，軍盡虛籍。傳庭釐得軍萬一千有奇，歲收屯課銀十四萬五千餘兩，米麥萬三千五百餘石。李因篤《孫公傳》：許、劉等據藍田，傳庭橄括[七]衛軍備城守，不滿三百。傳庭曰：「四衛屯軍額二萬四千，贍軍腴地二萬六千餘頃，地歸豪右，而軍籍遂虛至此，欲不貧寠得乎？」遂下令清屯。帝大喜，增秩，賚銀幣。

會楊嗣昌入爲本兵，條上方略，洪承疇以秦督兼剿務，而用廣撫熊文燦爲總理，分四正六隅，馬三步七，計兵十二萬，加派至二百八十萬，期百日平賊。傳庭移書爭之，曰："無益，且非特此也，部卒屢經潰蹶，民力竭矣，恐不堪命。必欲行之，賊不必盡，而害中於國家。"累數千言，嗣昌大忤。李因篤《孫公傳》：傳庭移書，謂用多而不用精，非徒無益，且民竭矣，不堪重困。今但選關寧精騎八千人，屬督、理及僕分將之，同心殫力，不數月賊自可盡也。嗣昌得書，大忿恚。部議，秦撫當一正面，募土著萬人，給餉銀二十三萬，以商、雒等處爲汛守。傳庭知其不可用也，乃核帑藏，蠲贖鍰，得銀四萬八千，市馬募兵，自辦滅賊具，不用部議。李因篤《孫公傳》：部議下，傳庭知剿功必不成，疏辭曰："臣有屯課贍兵，無需餉也。"嗣昌益銜之。傳庭又綜核各郡帑積、撫屬贖鍰，使市馬於番，募兵於邊，復調選邊鎮各道將親兵。會諸撫報募兵及額，傳庭疏獨不至。嗣昌言軍法不行於秦，自請白衣領職，以激帝怒。傳庭奏曰："使臣如他撫，籍郡縣民兵上之，遂謂及額，則臣先所報屯兵已及額矣。況更有募練馬步軍，數且逾萬，何嘗不遵部議？至百日之期，商、雒之汛守，臣皆不敢委。然使賊入商、雒，而臣不能禦，則治臣罪。若臣扼商、雒，而逾期不能滅賊，誤剿事者必非臣。"嗣昌無以難，然銜之彌甚。李因篤《孫公傳》：嗣昌請褫職，傳庭疏辨，謂"今臣募兵購馬，期爲國家效實用，尚未就緒，故未即報。有如賊入臣汛[八]而不能追討，則治臣罪。如剿功以限成，臣不敢貪。萬一逾限，而賊不滅，誤剿事者必非臣，請存臣疏爲驗。"已而，剿限既逾，賊勢不少殺。而傳庭所市之馬與兵先後至，自練自將，得精銳六千人。賊震其威名，卒莫有至其汛[九]地者，具如疏言。傳庭兩奉詔進秩，當加部銜，嗣昌抑弗奏。十一年春，賊破漢陰、石泉，則坐傳庭失援，削其所加秩。

　　傳庭出扼商、雒，大天王等犯廣陽、寶雞，還軍戰合水，破走之，獲其子二[一〇]，追擊之延安。過天星[一一]等從徽、秦趨鳳翔，逼澄城。傳庭分兵五道，擊之楊家嶺、黃龍山，大破之，斬首二千餘級。大天王知二子不殺，遂降。李因篤《孫公傳》：傳庭兵既成，大寇之在秦者，獨闖將與洪督相持，餘如過天星、混天星輩十數部合犯涇陽、三原諸内地，衆數十萬。傳庭親擊之於楊家嶺、黄龍山，俘斬二千餘，散降且萬人。賊引而北，犯延安。傳庭策鄜州西、合水東三四百里，荒山邃谷，賊入當自斃。乃率標兵中部遏其東，檄變蛟、慶陽拒其西，伏兵三水、淳化間。賊饑，出掠食，則大張旗幟，鳴鼓角以邀之，一日夜馳二百五十里。賊大驚，西奔，至職田莊，遇伏而敗。李因篤《孫公傳》：傳庭計延地貧而荒，賊衆必不能留，而澄、合之西、三水之東，中間三數百里無人烟水草，可以斃賊。於是悉發兵，預布險要，扼賊必走之途。不數日，賊果南返，因大張旗幟，鳴鼓角往迎之。復走寶雞，取棧道，再中伏大敗。折而走隴州關山道，又爲伏兵所挫。三敗，賊死者無算，過天星、混天星並降。李因篤《孫公傳》：賊計窮蹙，且心服用兵如神，盡解甲降。又逐賊邠、寧間，陷陣，獲其渠。《横雲山人史稿》：又討平漢中餘賊，且盡降鄠縣一條龍、城固摇天動餘黨。河南賊馬進忠、馬光玉驅宛、洛之衆，箕張而西。傳庭擊之，賊還走。又設伏於潼關原，變蛟逐賊入伏。而闖王李自成者，爲洪承疇所逐，盡亡其卒，以十八騎潰圍遁。李因篤《孫公傳》：闖將亦勢孤失援，爲承疇殲幾盡，僅以二十餘騎逸入豫。關中群盜悉平，是爲崇禎之十一年春也。捷聞，大喜，先叙澄城之捷，命加傳庭部銜。嗣昌仍格不奏。

當是時，總理熊文粲主撫。湖廣賊張獻忠已降，惟河南賊如故。羅汝才、馬進忠、賀一龍、左金王等十三部西窺潼關，聯營數十里。傳庭計曰："天下大寇盡在此矣。我出擊其西，總理擊其東，賊不降則滅。此賊平，天下無賊矣。獻忠即狙伏，無能爲也。"乃遂引兵東，大敗賊閿鄉、靈寶山間，貫其營而東，復自東以西。李因篤《孫公傳》：貫其營者再。賊窘甚，以文粲招降手諭上，言旦夕且降。傳庭曰："爾曹日就熊公言撫，而日攻堡屠寨不已，是僞也。降即解甲來，有説即非真降，吾明日進兵矣。"明日擐甲而出，得文粲檄於途中曰"毋妒吾撫功"。又進，得本兵嗣昌手書，亦云。傳庭怏怏撤兵還。然賊迄不就撫，移瞰商、雒。文粲始悔，李因篤《孫公傳》：豫寇十三股屯於殽函之間，總理尾其後招之。賊要挾過當，卒爲賊所紿，迄不就撫，馴致後難焉。期傳庭夾擊。屬吏王文清等三戰三敗之，賊奔内鄉、淅川而去。傳庭既屢建大功，其將校數奉旨優叙，嗣昌務抑之不爲奏。傳庭懇請上其籍於部，嗣昌曰："需之。"

十月，京師戒嚴，召傳庭及承疇入衛，擢兵部右侍郎兼右僉都御史，代總督盧象昇督諸鎮援軍，賜劍。李因篤《孫公傳》：時賊俱入楚，傳庭休兵長安，威名著中外，帝亦嘉其功，遂有督師之命。《横雲山人史稿》：傳庭抵真定，會總督盧象昇敗歿，命代督諸鎮援軍。當是時，傳庭抵近郊〔一二〕，與嗣昌不協，又與中官高起潛忤，降旨切責，不得朝京師。《横雲山人史稿》：傳庭受命督軍，謝疏言當面請決大計，嗣昌謂傳庭將傾之，又與總監高起潛牴牾，及是疏請陛見，遂嚴旨切責。李因篤《孫公傳》：傳庭具密疏，有所糾舉。又請面決大計，嗣昌謂將傾己而奪其位也，益大詫恨。又傳庭既受事，移書嗣昌曰："事勢異宜，兵形有變，宜用火器，用步兵，用土著，精器械，訓士卒，憑險自保，餉既省而軍法易行。"反覆數千言。嗣昌懼其説上聞，無以解前罪，而結〔一三〕後眷，謀殺之益急。承疇至，郊勞，且命陛見，傳庭不能無觖望。無何，嗣昌用承疇，以爲薊督，欲盡留秦兵之入援者守薊、遼。傳庭曰："秦軍不可留也。留則賊勢力張，無益於邊，是代賊撤兵也。秦軍妻子俱在秦，兵日殺賊以爲利，久留於邊，非譁則逃，不復爲吾用，必爲賊用，是驅民使從賊也。安危之機，不可不察也。"嗣昌不聽。傳庭爭之不能得，不勝鬱鬱，耳遂聾。《横雲山人史稿》：時嗣昌已入閣，督軍大學士劉宇亮失事被詰，亦誣咎傳庭。詔下部勘議。傳庭申辨，頗侵宇亮。復責以郡邑失陷，不得委卸，傳庭大懼，稱耳疾乞休。帝不允。李因篤《孫公傳》：會首輔劉宇亮自出督察諸軍，誤糾總兵官劉光祚而復救之，帝大怒，削職需後命。宇亮皇懼不知所出，嗣昌謀諸閣臣，薛國觀令授意曰："惟速參督師，可以自解。"傳庭遂奉部院勘議之旨。時議盡留秦兵，傳庭以聽勘不得與議，移書爭之，嗣昌置弗省。傳庭候議通州，不勝鬱憤，患耳症。

傳庭初受命，疏言："年來疆事決裂，由計畫差謬。事竣，當面請決大計。"明年，帝移傳庭總督保定、山東、河南軍務。既解嚴，《橫雲山人史稿》：大清兵南下山東，十二年正月破濟南。傳庭坐失援，鐫秩視事。旋以故官總督保定、山東、河南諸軍務。二月大軍北旋，傳庭尾至建昌，不敢擊。疏請陛見。嗣昌大驚，謂傳庭將傾之，斥來役齎疏還之傳庭。傳庭愠，引疾乞休。嗣昌又劾其托疾，非真聾。帝遂發怒，斥爲民，下巡按楊一俊覈真僞。一俊言〔一四〕："真聾，非托疾。"並下一俊獄。傳庭長繫待決，《橫雲山人史稿》：法司擬邊遠充軍，不許。傳庭兩疏乞哀，且乞練見器自劾，亦不許。十三年正月，刑部尚書甄淑擬絞罪，以上命長繫待決。李因篤《孫公傳》：嗣昌日夜偵伺，思所以文致之，而不得其端，見其且病廢，意稍解，乃移傳庭總督保定軍務，趣之任。傳庭具疏請陛見，嗣昌大驚，怒斥齎疏者返遞，改而上之。傳庭至保定，念嗣昌方在事，己必不能有爲，引前疾乞骸骨。而嗣昌即以欺罔議革職，且引唐太宗斬盧祖尚事，勸帝亟殺之。帝雖爲嗣昌所動，而心惜傳庭才，因繫獄焉。舉朝知其冤，莫爲言。周漢傑《孫公墓誌銘》：適韓城、德州、黃縣、滑臺相次居政府皆修郄於公，而扼其出。在獄三年，文粲、嗣昌相繼敗。《橫雲山人史稿》：文燦撫事壞，嗣昌自出督師，明年以陷藩封自盡。李因篤《孫公傳》：在獄二年，寇益大橫。嗣昌出剿經年，襄、福二藩相繼陷，憂怖死。國觀亦以受賕伏法。而是時，闖王李自成者，已攻破河南矣，犯開封，執宗龍，殺唐王，兵散而賊益橫。帝思傳庭言，朝士薦者益衆。《橫雲山人史稿》：兵部尚書陳新甲薦之。李因篤《孫公傳》：周延儒再相，悉反前爲，因言於帝。

十五年正月，起傳庭兵部右侍郎，親御文華殿問剿賊安民之策，傳庭侃侃言。帝嗟嘆久之，燕勞賞賚甚渥，命將禁旅援開封。開封圍已解，賊殺陝督汪喬年，帝即命傳庭往代。《橫雲山人史稿》：傳庭兼程馳赴，會汪喬年敗歿於襄城，大將賀人龍潰入關中，帝命往代。大集諸將於關中，縛援剿總兵賀人龍，坐之麾下，數而斬之。李因篤《孫公傳》：秦將賀人龍，降賊也，兵最強，而心不爲國家用。秦督傳宗龍、汪喬年先後將入豫，人龍皆陷之於陣，而自行剽掠反長安。密敕誅之。謂其開縣噪歸，猛帥以孤軍失利而獻、曹出柙也。又謂其遇敵先潰，新蔡、襄城連喪二督也。諸將莫不洒然動色者。

傳庭既已誅人龍，威讋三邊，日夜治軍爲平賊計，李因篤《孫公傳》：傳庭至汴，禁旅脆弱不可用，喟然曰："我思用秦人"。及誅人龍，得其所部萬餘人。而賊遂已再圍開封。詔御史蘇京監延、寧、甘、固軍，趣傳庭出關。傳庭上言："兵新募，不堪用。"《横雲山人史稿》：時承傳宗龍、汪喬年兩敗後，關中兵强半覆沒。傳庭方募兵，未堪用。帝不聽。傳庭不得已出師，以九月抵潼關，大雨連旬，《横雲山人史稿》：大雨，留旬餘始出關，而開封已陷。自成決馬家口河灌開封。開封已陷，傳庭趨南陽。自成西行逆秦師。傳庭設三伏〔一五〕以待賊：牛成虎將前軍，左勷將左，鄭嘉棟將右，高傑將中軍。成虎陽北以誘賊，賊奔入伏中，成虎還兵而鬥，高傑、董學禮突起翼之，左勷、鄭嘉棟左右横擊之。賊潰東走，斬首千餘。追三十里，及之郟縣之冢頭。賊棄甲仗軍資於道，秦兵趨利。賊覘我軍囂，反兵乘之，左勷、蕭慎鼎之師潰，諸軍皆潰。《横雲山人史稿》：羅汝才援自成，遇後部將左勷、蕭慎鼎。勷紈袴不習戰，望而怖曰"前鋒歿矣"。遂奔。副將孫枝秀躍馬以追賊，擊殺數十騎。賊兵圍之，馳突不得出，馬蹶被執，植立不撓。以刃臨之，瞋目不答。一人曰："此孫副將也。"遂殺之。參將黑尚仁亦被執不屈而見殺。覆軍數千，材官小將之歿者，張暎奎、李樓鳳、任光裕、戴友仁以下七十有八人。賊倍獲其所喪馬。傳庭走鞏，由孟入關，《横雲山人史稿》：傳庭走鞏縣，賊復入掠河南府，傳庭乃由孟入關。執斬慎鼎，罸勷馬以二千，以勷父光先故，貸勷。李因篤《孫公傳》：傳庭還長安，赫然曰："此輩復用人龍故智，獨不懼爲人龍續乎！"取倡潰將領悉斬之。是役也，天大雨，糧不至，士卒采青柿以食，凍且餒，故大敗。豫人所謂"柿園之役"也。《横雲山人史稿》：傳庭上章待罪，帝令圖功自贖。御史京言殘卒不及三千，臣無軍可監，謹席藁請命，乃移巡河南。

傳庭既已敗歸陝西，計守潼關，扼京師上游。且我軍新集，不利速戰，李因篤《孫公傳》：上疏曰：“兵無鬥志久矣，且賊大勢已成，今欲再舉，非數萬人不可。是宜大行調募，大行訓練，恩信既孚，賊尚可滅也。”帝一聽傳庭言。乃益募勇士，開屯田，繕器，積粟，三家出壯丁一。火車載火礮、甲仗者三萬輛，戰則驅之拒馬，止則環以自衛。督工苛急，夜以繼日，秦民不能堪。而關中頻歲饑，駐大軍餉乏，士大夫厭苦傳庭所爲，用法嚴，不樂其在秦，相與譁於朝曰：“秦督翫寇矣。”又相與危語恫脅之曰：“秦督不出關，收者至矣。”《橫雲山人史稿》：傳庭先爲巡撫，有所徵發，以軍法從事，吏民畏之，以討賊故不敢怒。及是物力愈絀，法愈嚴，民不能無怨。李因篤《孫公傳》：練兵長安，馬步凡五六萬人，秦紳之官京師者，意不能無厭苦，倡議於朝，謂兵已成，宜速出。帝雖不中制，亦日夜望傳庭出師。戴廷栻《孫公傳》：吏部尚書李遇知，秦人也，急欲兵離秦境，慫恿，數以師老讒於上。

明年五月，命兼督河南、四川軍務，尋進兵部尚書，改稱督師，《橫雲山人史稿》：先命吳甡〔一六〕督師，已而不果，改命傳庭。加督山西、湖廣、貴州及江南、北軍務，賜劍。李因篤《孫公傳》：賜劍以重其權，鑄督師七省印畀之。趣戰益急。傳庭頓足嘆曰：“奈何乎！吾固知往而不返也。然大丈夫豈能再對獄吏乎！”頃之，不得已，遂再議出師。總兵牛成虎將前鋒，高傑將中軍，王定、官撫民將延、寧兵爲後勁，白廣恩統火車營，檄左良玉赴汝寧夾擊。《橫雲山人史稿》：廣恩、傑皆降將，桀驁不可使，傳庭以其驍勇，不得已用之。戴廷栻《孫公傳》：良玉曾遣人買馬秦邊，公繩之以法，與良玉有隙。當是時，自成已據有河南、湖北十餘郡，自號新順王，設官置戍，營襄陽而居之。將由內、浙窺商、雒，盡發荊、襄兵會於氾水、滎澤，伐竹結筏，人佩三葫蘆，將謀渡河。傳庭分兵防禦。八月十日，傳庭出師潼關，次於閡鄉。李因篤《孫公傳》：傳庭以八月出潼關，旌旗戈甲聯絡數十里，精強衆盛爲二十年餘所未有。《橫雲山人史稿》：諜報自成將由內、浙窺商、雒。傳庭令陝撫馮師孔率四川、甘肅兵駐商，而成虎以三千餘騎先趨雒陽，至澠池與賊游兵遇，擊走之。賊先圍李際遇於登封之玉寨，聞官軍出，伏滋澗以待。官軍見道險，下馬搜伏，賊乃走龍門。比追及，賊已走。官軍遂駐龍門，別遣兵追賊汝州。賊盡奔寶豐，玉寨圍亦解。二十一日，師次陝州，檄河南諸軍渡河進剿。《橫雲山人史稿》：河南巡撫秦所式方轉餉河北，聞自成發荆、襄兵會於汜水、滎澤，將北渡，大懼，請援於傳庭。已而，賊不至，傳庭劾奏之。河南總兵卜從善擁軍河北觀望，總兵陳永福逗遛郭家灘，傳庭並劾奏。詔所式白衣視事，貶從善、永福爲副將。李因篤《孫公傳》：傳庭銳意滅賊，自調軍書、籌機要外，一切不遑問。時豫按監軍，豫撫轉餉，傳庭神忽忽常在賊，揖讓高卑，不無疏略，監軍退而駭然曰：“是不難莊賈我！”傳庭又會疏豫撫不勝任，恐難緩急恃。帝命褫職，急轉餉自贖。豫撫深恨之。九月八日，師次汝州，僞都尉四天王李養純降。養純言賊虛實：諸賊老營在唐縣，僞將吏屯寶豐，自成精銳盡聚於襄城。遂破賊寶豐，斬僞州牧陳可新等。《橫雲山人史稿》：傳庭自趨攻寶豐，自成來援，廣恩、傑夾擊再戰，自成敗走，遂克寶豐，戮僞將吏。遂擣唐縣，破之，殺家口殆盡，賊滿營哭。轉戰至郟縣，李因篤《孫公傳》：傳庭至雒陽，連戰俱大捷，賊望見旌旗，即引去。追至郟縣，逼其巢。賊畏迫襲，連夜築七堡，中貫以墻，而悉索精銳出戰，復大敗之。賊遁入墻，施火器自保。時寶豐爲賊城守，一鼓而克，不敢出救，婦女輜重之屯唐縣者，傳庭以千人走間道擣其虛，所獲牛馬、金帛以萬計，紛紛潰入郟。遂禽僞果毅將軍謝君友，砍[一七]賊坐纛，尾自成，幾獲。《橫雲山人史稿》：師次郟縣，賊萬騎逆戰，復大破之，幾獲自成。賊奔襄城，大軍遂進偪襄城。賊懼謀降，自成曰：“無畏！我殺王焚陵，罪大矣，姑決一死戰。不勝，則殺我而降未晚矣。”而大軍時皆露宿與賊持，久雨道濘，糧車不能前。《橫雲山人史稿》：或勸退軍以就糧，傳庭曰：“師已行，還亦饑矣，不如破郟縣就食。”士饑，攻郟破之，獲馬騾噉之立盡。雨七日夜不止，李因篤《孫公傳》：淫雨大降，至一月不少止，糧糗露積河北，而三日不至。後軍譁於汝州。賊大至，《橫雲山人史稿》：頓兵五日後，軍譟於汝州，陰通賊。李因篤《孫公傳》：軍中馬足没泥淖中尺餘，將士相顧無人色。雨稍霽，餉車微至，又爲賊所劫。流言四起，不得已，還軍迎糧，《橫雲山人史稿》：傳庭分軍三，令廣恩由大道，已與傑由小道，還軍迎糧。李因篤《孫公傳》：傳庭念賊以今日出，則兵必不支，下令姑退師河畔，就糧養銳。命廣恩先退四十里而營，高傑斷後防追襲。留陳永福爲後拒。前軍既移，後軍亂，永福斬之，不能止。賊追及之南陽，官軍還戰。《橫雲山人史稿》：二十一日，官軍還戰。賊陣五重，饑民處外，次步卒，次馬軍，又次驍騎，老營家口處內。戰，破其三重。賊驍騎殊死鬥，我師陣稍動。廣恩軍將火車者呼曰："師敗矣！"脫輓輅而奔，車傾塞道，馬絓於衡不得前，賊之鐵騎凌而騰之，步賊手白梏遮擊，中者首兜鍪俱碎。自成空壁躡我。一日夜，官兵狂奔四百里，至於孟津，死者四萬餘，失亡兵器輜重數十萬。李因篤《孫公傳》：時廣恩方與傑不相能，兵既動，賊選驍渠數千人犯之，高兵且戰且走，望白爲援。而廣恩違令，已退九十里至汝州矣。高兵失望，遂大潰。白兵聞之，亦大潰。傳庭引劍欲自裁，既曰："吾死，天下事益壞。吾疾趨潼關，收潰兵而守，萬一賊不入秦，則事猶可爲，此時束身司敗，聽斧鑕未晚也。"《橫雲山人史稿》：傳庭憤恨，引佩刀欲自裁，左右力持之，乃與傑以數千人走河北。帝聞敗大驚，命充爲事官，戴罪自贖。傳庭單騎渡垣曲，由閿鄉濟。《橫雲山人史稿》：傳庭由山西渡河轉入潼關，廣恩亦從之。賊隨至。傑曰："我軍家屬悉在關中，今戰敗思歸，而強之守關，危道也。不如徑入西安，憑堅城固守。"傳庭曰："賊一入關中，則全秦糜沸，秦人尚爲我用乎？"絀其言不納。賊獲督師坐纛，乘勝破潼關，大敗官軍。《橫雲山人史稿》：十月六日，自成攻關，廣恩戰敗，傑憾廣恩不救。傳庭登陴固守，賊分兵從南山繞出其背，夾攻官軍，關城遂陷。李因篤《孫公傳》：傳庭馳至關，賊亦大至，乃收潰兵關城外，而自起登陴督守禦。自成率數十萬衆悉力來攻，城外兵復戰敗。是時白兵之妻孥俱在關，廣恩率其衆，保妻孥奪門出，潼關遂陷。傳庭與監軍副使喬遷高躍馬大呼而歿於陣，廣恩降賊。傳庭屍竟不可得。傳庭死，關以內無堅城矣。

初，傳庭之出師也，自分必死，顧語繼妻張夫人牛應徵《孫公行狀》：南京通政使和節先生孫女。曰："爾若何？"夫人曰："丈夫報國耳，毋憂我。"及西安破，張率二女三妾沈於井，揮其八歲兒世寧亟避賊去之。兒逾牆，墮民舍中，一老翁收養之。李因篤《孫公傳》：夫人在西安，降將張文耀願保歸晉，夫人持不可，豫以幼子世寧屬乳媼，匿楊氏家，城陷赴井死。長子世瑞聞之，重趼入秦，周漢傑《孫公墓誌銘》：逾一年，世瑞入秦。得夫人屍井中，面如生。翁歸其弟世寧，相扶携還。道路見者，知與不知皆泣下。傳庭死時，年五十有一矣。周漢傑《孫公墓誌銘》：公生於萬曆二十一年四月乙巳，卒於崇禎十六年十月丙寅。又二年，世瑞歸張淑人之蜕於秦，而復以公衣冠卜於十一月癸酉，襄窀穸銘曰："蕭蕭者雁門之風兮，吹大漠而撼長空兮？業業者臺之巔兮，松磊砢而蘭幽妍兮。我公之賢，厥配之賢，天胡爲而俾然？淵淵者沱之源兮，泉泌泓而流潺湲兮。松楸在原，脊令在原，衍餘慶於德園。"傳庭再出師，皆以雨敗也。或言傳庭未死者，帝疑之，不予贈廕。《橫雲山人史稿》：已而都城亡，恤典竟不及。《欽定勝朝殉節諸臣錄》：孫傳庭，夙嫻良畫，屢著捷功，倉卒殉軍，仁成身殞，今謚忠靖。周漢傑《孫公墓誌銘》：李賊既入城，下令懸重賞，巫募生致公。害公者不敢自明，相與夜匿公屍，遂不知其處。而秦晉忠義士屬望無已，欲藉公餘威懾强寇，揚言孫公出走矣，且夕起大兵圖恢復。李賊亦以破公喝郡邑，每至城下，即宣言曰："尚有用兵如孫督師者乎，何所恃而不降？"趙廷錫《弔白谷先生序》：公以身殉國，傳聞不一，疑信叢生。予彼時年雖舞象，已游泮，因仲兄大允以副帥被誣，從公於患難圉扉中，提携之立功。又堂叔完瑛，以諸生從戎，撫叛帥，公拔置前幕，朝夕相依。自賊衆奪關，時公猶巷戰，手刃數賊，被創墜馬，雜之敗伍中，爲亂卒槍刺而僵，加數刃，目不瞑。予叔就卧屍處，推墙垣覆之，同時只三人，倉皇各被刺，散去歸里。爲予言之甚確。仲兄奔省，就詢公眷屬，知張夫人率女媵俱躍入井，覓孤爲山叟匿去，不可得，撫膺大慟。被僞帥劫之，强之任，終以不肯易初志被戮於商州，屍亦爲部下所藏，與先生同，終不能得。余叔匿深山不出，僞帥搜之從戎，亦棄屍沙磧中。嗚呼！公不負國，余叔與兄亦不負公，相見泉臺，不無餘恨，而或共含笑九原也。許作梅《忠節序》：或曰先生當敗北之餘，棄劍披髮，效赤松遊之智，避秦入桃源耳。許子曰：惡是何以全軀保妻子？誣先生也。余不及交先生，亦嘗聞其立朝之大概矣。入山辟穀，非先生志也。竭股肱之力，而繼以忠貞，勝則社稷之靈，不勝則以死繼之，此先生之志，亦先生之力所能爲也。明季稟天地清剛之氣，上虞、吉水、杞縣諸名臣，文章、品行皆與楊、左諸君子後先伯仲，而文武爲憲，備提戈草檄之才者，宜興盧九台與先生而外，指不多屈。若先生者，何可以成敗論也。武全文《乞言小引》：逆闖播亂，白谷先生拒守潼關，全師俱没。或曰公死之，或曰未知死所，或曰公間免變姓名入山中。同里馮子訥生曰：是何言？是何言？

方公受命顛沛，泣血誓師，義不與賊共生。潼關淪陷，猶率餘卒，冒白刃，迎戰不屈，當時將士有親見其被箭墜馬死亂軍手者。公全家死賊本末，秦晉父老迄今尚能言之。馮子一言，司馬公九原爲不死矣。不知司馬視張夫人，不知夫人視其子女妾媵。傳庭死而明亡矣。

　　贊曰：流賊蔓延中原，所恃以禦賊者獨秦兵耳。傳宗龍、孫傳庭遠近相望，倚以辦賊。汪喬年、楊文岳奮力以當賊鋒，而終於潰僨。此殆有天焉，非其才之不任也。傳庭敗死，賊遂入關，勢以愈熾，存亡之際，所繫豈不重哉！

陝西通志列傳<small>華山王弘撰著</small>

　　孫傳庭，字伯雅，號白谷，山西代州人。萬曆己未進士，初授河南永城令，歷遷吏部稽勛司，以逆璫用事請假歸。乙亥，起司封郎，尋以邊才超擢順天府丞。時秦寇方熾，廷議以庭巡撫秦中。上詔見便殿，庭面陳方略，毅然自任。至秦，簡募標旅，得勝兵三千人，自將之，戰屢捷，擒闖王高迎祥，獻俘闕下。上大悅，告廟行賞。復殲拓養坤。乃奮然清屯軍，凡得守兵九千餘人，歲得餉銀一十四萬兩有奇、米麥二萬餘石。上益大悅，褒獎備至，且命諸撫以秦爲法。武陵爲司馬，限期合剿，計用兵十二萬，加餉至二百八十萬。庭移書力爭，謂兵貴精，不貴多，恐致潰蹶，且民力已竭，不堪重困。武陵銜之，剿事卒不就，具如庭言。庭於是復自簡募，得勝兵六千人，自將之，擊賊於楊家嶺、黃龍山，大破之。嗣復擊之於職田莊。賊走寶雞，取棧道，中伏，折而走隴州關山，又中伏，皆大敗之。闖將僅以二十餘騎由秦嶺南遁入豫，秦賊遂平。上晉庭階。

　　尋以失執政意，下請室幾二年餘。上悟庭冤，以佐樞召庭於闥扉，御文華殿，問所以安天下者，庭爲指陳甚悉。上嘉予燕勞，賞賚甚渥，遣庭將禁旅援汴。時秦帥賀人龍兵最強而肆，秦人苦之。上改庭督秦軍，屬誅人龍。庭竟誅人龍，所部萬餘人無敢譁者，兵威大振。朝議令庭亟入豫，庭言兵未訓練，未可用，弗聽。庭乃出師，戰於郟，大破賊。後軍潰，庭收兵入關，斬倡潰者。上疏曰：“兵無鬬志久矣，賊大勢已成，今欲再舉，宜大行調募訓練，恩信既孚，鼓行而東，賊尚可滅也。”上聽庭言，命督七省師，賜尚方劍。

癸未，庭簡募得馬步兵凡六萬人，方訓練，朝議復謂庭兵已成，宜速出潼關。上意雖不中制，亦日夜望庭出。庭以八月出師，至洛陽與賊戰，數捷。賊引去，庭追至郟，復大捷。時三軍露宿久，值大雨七日夜，糧不繼，馬足陷泥淖中幾及尺，將士相顧無人色，庭令移師河畔就糧。兵既動，賊以驍騎數千人犯之，乃遽潰，庭退守潼關。潼關陷，庭遂遇害。庭妻張淑人在西安，聞之，率一妾二女俱投一井死。庭貌魁梧，膽智絕人，忠義憤發，具大有爲之略，而功卒不就，則天也。

附　錄

余昌祚《商征小記》云：

余幼時讀史傳四皓事，私竊訝之，謂四皓既逃名深谷，則世緣盡斷，豈肯爲子房輕一出？毋亦子房假飾形貌，欺高皇以愚婦人，而陰妙斡旋之術，在高皇固或識其意也。因念松影棋聲，當與紫芝長留商山頂上，何時假緣入秦以挹其芳？今歲獲從罪廢，補判西安。聖天子銳意廓清，下大司馬四面剿寇之策，移鎮中丞孫公傳庭於商。臘月二十四日，節屆萬壽，中丞率屬嵩呼畢，即出長樂門。余幸供餉役，追隨纛鞬，暮抵藍田，中丞假駐藩館，余宿城隍廟舍。留兩日，大兵方集。二十七日，發藍田，巖嶺險峭，出沒積雪中，日芒道道爭光，眴不可視。余不能騎，徒跣以登。中丞方據鞍談笑，時下馬指畫戰守之要，步履若夷，不謂威武，天縱若是。晚次牧護關，中丞疊石危坐，諸將士蓺草達旦。余偃臥霜雪，二虎哮而過，怖念不生。晨陟秦嶺，拜韓文公祠。公以逐去，余以逐來，黯淡雲山，不知吾家在何處，悵怏久之。下嶺，輿馬滑蹶冰石上，鏗鏗然。行過説法洞，鬼猶知聽法，師何不爲群盜一揮麈也？稍前，則四皓墓在焉。漏下至州，傍城居民三五家，鵠形不堪圖繪。商爲秦漢要區，歲時伏臘，當年光景不知何如，今竟蕭條乃爾耶！明日登城，東望雞冠、莬和，峰豁而川明；南望文屏、滴翠，環郭如几，旁有兩峰，傳爲惠帝駕迎四皓之道；西則熊耳特峙於龍，餘勢若奇鬼搏人；至其盤鬱而宬負者，則北之大雲山。山下有寺，離寺數武爲書院，成於紫溪蘇公，今已黍離於寇矣。於是退而思，維造物瑰奇之氣，結爲山川之詭變，而英雄遂憑以自勝。秦之所以鞭笞宇内者，恃有諸險，何昔爲六國之所裹足，今爲盜賊之所馳驅；昔爲群仙之所鍊真，今爲虎狼之所呼嘯？余夙慕商山，乃親底其地而不獲一游，余亦自懺余慳矣。

崇禎丁丑除夕新安余昌祚記。

鄭廉《記永城鞫獄》云：

萬曆己未，代州孫傳庭初仕永城，性簡傲，不畏上官，而能廉察非常事。時有孝子方取妻，未成婚，而廬於墓者，老母、新婦各居一室。昏夜，一盜著衰衣，假爲孝子服，闖入其室而調之。既而，其母覺，問婦。婦以其子告，母疑之，立之墓所責孝子。孝子大駭，則潛歸，深匿他室而伺之。夜將半，盜復果來，方解衣就寢，孝子突出，盜急棄衰衣而逃。孝子忿忿還墓所。婦大慚愧，自縊。孝子聞婦死，亦自縊。母亦抱賊之衰衣而訟於縣，傳庭佯受其服不問也。一日，忽傳境内縫工皆赴縣，至則閉諸内庭，乃出衰服而示之，使其自認誰所作。内一人反覆視之，進而曰：此某宅公子命僕呼某於秘室中所作。傳庭親領役至某宦家，擒公子以歸，一鞫而服，斃諸獄。盜父六卿，嘗饋魏忠賢黃金溺器者，其勢熏天，不顧也。後卒爲名臣，死國難。

尤侗《雁門哀詩序》云：

初，相國丘瑜子之陶，年二十，有姿容、器略。宜城陷，爲自成所得，授兵政府，令守襄陽。潛遣人間道以蠟書貽傳庭，曰：「督師與戰，吾當詭左兵大至，彼必返顧，督師尾其後，我從中起，賊可擒也。」傳庭大喜，報以手書，爲賊邏獲。自成既困督師，之陶果舉火報東師至，自成呼而詰之，出孫書責其負己，支解之。之陶大罵而死。

牛應徵《孫公行狀》云：

公夙慧天挺，六歲就里塾，鄉人占其舉止，輒嘖嘖驚異。十三應童子試，列首選。爲諸生，屢試輒冠軍，每一藝出，人爭傳誦。所刻有《問心齋稾》。萬曆戊午舉於鄉，己未聯捷南宮。天啓末，托疾歸田，構別圃，樹奇花異木，旦夕與鄉鄰知契飲酒賦詩，翛然自適，絶口不談世事，惟切切以造就後學爲務。里中從公受業者，咸得睹經術大旨。愍皇御極，即家起司封郎。時朝臣方持重養安，文法相羈縻，兩端首鼠，彼此觀望，議事有口，任事無方，而修郤報怨者，種種皆是。公獨正色立朝，侃侃論略，不阿不徇，一二宵人輒已心銜之，公不問也。秦撫報可，愛公者咸爲公危，公毅然曰：「食君之禄而辭其憂，其爲朝廷何！我欲爲其易，誰當任其難者？盤根錯節，思得一當，此素志也。"武陵將以十撫分汛守合剿，公知其迂，移書爭之，詞甚剴切，武陵反以爲怒。公固不較，惟以朝廷大事爲重，殫心經畫，事無遺算。豫寇曹操、混十萬等十三部屯聚剽掠，本屬總理汛守地，公曰："此莫非王事，何得生分別見也。"即提兵出潼關。京師戒嚴，武陵方日夜逼督師盧公決一戰，公拊心曰："果爾，國家大事去矣。"密疏不可。奏入，而盧公潰報已至，武陵計以中盧公者中。公自後事事中制於武陵，東西倏忽，迄無成命。公識度英偉，才思敏練，歷任中朝，每建一議，出人意表，而公忠端亮，剛腸疾惡，其見忌於小人，宜也。

周漢傑《孫公墓誌銘》云：

公慷慨談兵，有澄清天下志。公之門人馮容乘間進曰："先生豈有意天下事乎？願先生無以天下事爲也，天下事殆不可爲。"公喟然曰："是何言也？孰爲爲之而遽曰'不可'，不可乎？爲之自我，濟不濟，命也。"馮常從公行陣間，述公每剿賊至某地，必召問土人，圖畫山川，謀定而後戰，諄諄諭將領，寧失全功，無中賊伏。兵既出，則坐止無恒處，食不暇咽，鬚鬢欲白。

以上事輯

李因篤《孫公傳》云：

傳庭肝膽智計，穎異絕倫。值國家多難，一意以撥亂爲己任，毀譽禍福勿顧也。然而內掣肘於樞輔，外齮齕於總理。當在撫秦時，秦寇平矣，豫寇亦旦夕可盡，而總理以貪功受欺，致賊復蔓；樞輔以妒功修郤，代賊除仇。功臣長繫，賊焰彌天，始出之於圜扉，晚矣！然其再舉逼巢，連戰連捷，賊勢亦岌岌，天若祐國，太平猶可望也。乃淫霖助虐，餉斷兵疲，以致退師就食，一軍瓦解，豈非天哉！而監軍以私嫌上疏，委糧於敵，歸罪傳庭，枉也。

周碩勛《孫公傳序》云：

公固天生間世才也。崇禎丙子，關中盜賊蠭起，時事孔棘，公膺命撫陝。涖任二載，遣將出師，設伏制勝，悉合機宜。群盜梟桀者以次授首，餘則或降或竄，至戊寅之春，削除殆盡。於是釐屯田之侵佔，而糗糧有儲；覈軍籍之虛冒，而卒伍以實。厥功懋哉！無何，樞部有增兵派餉、出關會剿、期以百日殲盜之檄。公力爭其不可，遂相齟齬，前功概從抑置，且中以危法，幽繫三年。而曩時秦盜之竄匿他省者益肆，其蔓延猖獗，海內騷動。乃出公圄圉，而畀以督師之任。於斯時也，使公得大展其才，不致掣肘，尚可補救。乃新募之兵甫集，而催戰之旨屢下，公迫於無可如何，不得已而以身殉之，遂致潼關失守，事竟不可爲矣。蓋嘗綜公任事之顛末而計之，澄城之捷，格不行賞，已灰將士之心；柿園之役，蹶難復起，又重以趣戰之命。其始也，公主必剿，而總理、本兵咸以招撫誤之；其繼也，公主必守，而中旨、樞筦又以速戰誤之。以垂成之功而多方擠之，使不得成；以救敗之局而多方促之，使速其敗。既阻抑而齮齕之於前，又束縛而馳驟之於後，竟使壯志莫伸，徒以一死塞責，不亦重可悲哉！

薛所蘊《忠節録叙》云：

流寇初起，祇以關左潰卒未敢歸伍，嘯聚山谷，饑民附之，盜弄兵柄於潢池，畚事撲剿，直易易爾。諱疾養癰，使之滋蔓，至烽火币於秦晋漸燎原矣，然猶與官兵巧相避也。時封疆大吏能毅然以殲渠散黨爲己任，猶不難奏廓清之功。而制府三邊者下令，流賊本吾赤子，戕寇一命者，法予抵。於是單議撫，而獸駥魚爛，不可收拾，荼毒數省。專閫之人，每望寇壘而却步，廷議始用孫白谷先生鎮撫西秦。先生一入軍中，旌旂壁壘，皆爲改觀。俘高降拓，其他標名著姓亡慮數十部，徧布延、慶、環、鳳，内逼涇、三，西連沔、隴，一敗之於職田莊，再敗之於連雲棧，復屢敗之於關山道，及同、華、商、雒之間，望風降者踵相接。此平定一大機括也，而中樞以合勦豫寇分其成。迨師出崤函，捷功屢著，賊已窮蹙乞命，摧枯拉朽，勢如疾風之埽敗籜。此又平定一大機括也，而總理以撫局掣其肘。奉命督師，壯猷未展，旋下司敗，英雄爲之短氣。至郟之戰，將猛兵强，無不人人思奮，一以當十，兵威震疊，風雲變色，假息游魂，旦夕滅亡。此又不止尋常平定一大機括，而七日霪雨，饋餉中絶，竟壞全功。間繙宋史，竊嘆先生累戰克捷，勝籌在幄，而撓於中樞、總理，與宗汝霖直趨澶淵，而阻於汪伯彥，虞彬甫經略兩淮，進取鳳翔，而阻於史浩同；甫任督師，方規戰守，而褫職下理，與岳鵬舉捷郾城，捷朱仙鎮，誓將會飲黃龍，而秦相以金牌召殺之同；郟之役，功成目前，而連旬大雨，與崖山之颶風同。何覆車相尋，不遠殷鑒如是耶！

徐鳳來《讀忠節録斷》云：

或謂七日淫雨，天也，武陵扼之，總理撓之，亦天也，以是無成功，余獨謂不然。明之亡，譬如人受病諱之，及於沈痼而不復起也。今夫人之初受病也，五官四肢皆無恙，似不能即殺人，即有盧、扁從而指之曰病在腸胃，酒醪可治，緩則無及，而舉家之人多竊笑之，無從施其肘後之秘也。明之末朝，士大夫壯其規模，麗其丰采，儼然飾盛世之容，誰敢信其天下之將亡。即忠義之士，亦多溺於見聞，以爲三百年來未嘗有，故究無能出而任事者，養成流寇之難，猶曰"赤子弄兵潢池"耳，尚未知其爲禍如此之烈。此武陵所以惡公之異己，下之請室；而總理所以受賊之紿，以爲撫功之可成也。及已入膏肓，必不可治，始悔而用公，授之以節鉞，重之以尚方。主人有求醫之誠，孝子有割股之志，亦已晚矣，何得即潼關一戰之敗卜天心之去就哉！

　　戴廷栻《孫公傳》云：

　　先生死事之臣也。世之論者，略其大而責其小，謂先生失御左帥，殺賀帥，不從白帥守關而任自救之，高傑委賊，以其饑軍決勝於無糧之地，必敗。賀人龍圖敗官軍屢矣，彼以戰場要市，不殺何施？良玉久持張獻忠，不欲先用其衆於兩敵之間，卒惰也。先生敗，詔良玉勤王，曾有一騎過河無有哉？廣恩號知兵，兵交先去，不可倚以守關，亦審矣。先生即善遇三將，賀必走高平，左必失期垓下，廣恩亦爲韓陵之爾朱弗績。兵法：五百里而轉餉者蹶上將。饑軍爭利，敗固當也。先生乘屢勝之威，從天而下洛陽，此時堅約束守，便宜通河北、山西糧道，賊豈敢越我而西哉？賊既西犯潼關，林言向讓之來路，守關者所知，坐令自成繞關後，何智勇之不終也？賊雖入關，若以四萬兵背城，視戲下之囚徒萬倍，終以走死死辱。然哥舒翰死不識聖人，先生死事，遂其由來以身許國之志，丈夫哉！

　　李中簡《孫公集序》云：

　　蜀漢忠武侯、南渡文信公皆以一木支大廈之傾，甘殉無所逃之大義，其盡瘁無補，蓋不待身試而後知也。讀大司馬白谷先生傳，未嘗不嘆先生孤立無助，不盡其才以殉國也。先生自處，豈在襄城事去後哉？當其以邊才推，天子非素知也。既屢建功關輔，遂清屯田，事稍就緒，而樞臣忤矣，總理猜矣。過靈寶之捷，留入援之師，前勞已棄。在獄三年，河南已糜爛，乃始起於請室。督不教之民，以就方張之寇，事與心違，固非勝算。至於一蹶之餘，徐圖後舉，帝始知天下全勢繫於孤臣，又復束縛而馳驟之，此燕太子丹所謂悁然若不能待，適以孤注速亡耳。論者謂先生再敗皆以霖雨，然觀當時瓦解大勢，撫固徒勞，剿亦難盡，內外無助，庸相掣肘，流言四起，即兩役幸而克捷，未必能盡其用，則與其復對獄吏，毋寧免胄入軍之爲得死所也。及全家殉節，天子仍惑無稽蜚語。嗚呼！國之將亡，刑賞顛倒，乃至此極耶！蓋天之所以挺生於季運，早以武侯、信公相位置，而先生盡瘁取義，固非匹夫匹婦之諒所能仿佛其萬一也。

吳鴻《孫公集序》云：

余嘗嘆明三百年間，其瀕於亡者屢而皆有大力者起而持之。統、泰之際，微于蕭愍，則京師淪於土木；正德之末，微王文成，則乘輿陷於逆藩。時皆變起倉卒，戡定之力，似較公所辦爲難。然以公處天下極敝之時，當累載養成之寇，而又制於文法，迫以流言，雖使沈毅善斷如蕭愍，出奇制勝如文成，度亦無以過公而不能救國家之敗。故蕭愍之才可以馭石亨，而公不能收賀人龍之用；文成之心迹能諒於張永，而公不能燭白廣恩之奸：是皆天也。讀公撫秦時條上疆事疏，癸未之變，公已預料其後，奚必雨霖餉絕，始決一死哉！

以上論輯

余昌祾《蕩寇行》十首呈

孫白谷撫軍_{崇禎戊寅元旦賦}

長向蓬萊看五色，豈知天子念三秦。碧桃春暖商山雪，遠出金符賜老臣。千旌欲挾星辰下，萬騎行侵冰雪寒。此日軍中呼大樹，赤眉無復入長安。迢迢荒嶺鎖寒雲，枯草殘霜一夜分。前路不愁群虎鬥，藍田自有李將軍。怕對危巖齊下馬，蕭然蹋雪憶扶筇。雲浮冀北三千里，人在終南第幾峰。石冷風高紅葉下，星躔霞布紫騮驕。林間好鳥無相避，一箭謹呼爲射雕。驃騎雲屯羽隊鮮，那知號令闡中傳。城頭夜靜三更月，帳外寒生萬竈烟。開門又是新年景，雪片梅花襯馬蹄。鴻雁不傳鄉國信，狼狐已落大旗西。六街燈火元宵夜，半世文章逆旅中。醉步營前看舞劍，月明清嘯遠山空。藏得白猿黃石卷，讀之翠壁青松閒。鷹揚自是尋常事，鵲印腰垂意氣閒。千嶂好教齊積甲，一溪長自抱孤城。鶯呼鳥語春風外，盡是元戎奏凱聲。

馮雲驤 《潼關行》 并序

有明末造流寇鴟張，大司馬孫公傳庭危時授鉞，泣血誓師，遠道秋霖，援絕糧盡，潼關抗節，裂膽斷胸，鼓死城摧，氣虹血碧。三秦同事之人，率目擊，能道其梗概也。至夫人張氏，從容就義，聞長安之將陷，淪寒井以明心，數姬聯袂相從，弱女吞聲就死，孤兒流落民間。越二載餘，長公子世瑞，千里裹糧，蒼茫西向，問之潼關父老，皆知大司馬盡節之地，而遺骸不可復識矣。爰求母骸，携其幼弟，間道歸里。蓋張夫人出之井中，他人率不可復識，夫人獨容色未消，衣裳不毁。其孤心苦節，足以動天地而感鬼神，故特訶護其身。夫人潔己捐軀，能以大義自處，孫公刑于之化可知。且夫人之死，率閨房衆輩以從，不留遺一人以辱司馬，其節苦，其志密矣。獨怪其小星妾媵，皆視死無難色。顛沛造次之頃，非有法令之可繩也，其內政之肅何如哉！孤嬰數齡，間里衣而食之，不加毒戾，孫公之於秦民厚哉！公子艱難道路，奔走飢寒，求其弟而得之，其孝友哉！而今世或猶有不得其詳者，謂公遁逃不知死所，夫何不問之當時諸將士？余同里人也，知之悉，至若張夫人尤著矣。時又有監軍道喬公元柱，定襄人，潼關罵賊死，後寧武有周將軍遇吉力戰死吳鴻云：周亦公舊將，皆殺身成仁之賢也。故作歌以紀孫公、張夫人，而并及之。

　　潼關城下月如水，潼關城上鼓聲死。司馬北望拜神京，臣報國恩畢於此。萬群寇馬踏沙黃，長戈大戟飛寒鋩。彎弧舊將嬰城鬥，斷甲材官泣戰場。孫公灑血潼關道，鬼馬不歸嘶碧草。花袍玉劍委紅泥，渭水飛鴉波浩浩。冰心巾幗何嶙峋，就義從容不顧身。雛鳳玉顔同日死，千年石砌閟青春。幾隊蛾眉愁耿耿，飛鳥輕身墮碧井。綠鬢吹爲夜雨苔，紅衫化作流霞影。有子蒼茫西向秦，荒園遺迹訪蒿榛。昔時夾道紅旗陣，今日空衙動野燐。愁雲覆井寒烟古，秋風蕭蕭黃葉雨。玉骨曾傳葬此中，鬼神常護埋香土。牽來素綆古龍驚，莊容衣佩宛如生。觀者萬人共嘆息，方知天地鑒幽貞。重向戰圍淚沾臆，青山一帶愁何極。元戎戰骨碎刀痕，魂魄茫茫招不得。更有遺孤一二年，父老指點私相憐。破巢漫說無完卵，趙氏嬰兒自瓦全。同時引劍有喬公，呼天拊膺氣何雄。腰橫寶帶眠隤垛，手擲頭顱向晚風。眼見山飛滄海立，銅駝霜冷荊榛濕。寧武孤城再合圍，餘者降旐拜寇入。吁嗟乎悲哉！國家之亂誰爲基，英雄數盡際艱危。翼虎已分鶉首策，趙卒長平大聚時。一門仗節古來少，日月飛光同皎皎。青楓夢斷麒麟圖，香閨血化鴛鴦鳥。有臣死國婦死夫，高風大義屬頑愚。嗚呼！其形往矣神未徂。嗚呼！其形往矣神未徂。

武全文《和馮訥生潼關行》
四首 小引摘録

　　明大司馬孫白谷先生拒守潼關，全家死賊。訥生出長歌一章以相示，讀之慨慷悲壯，使人淚下數十行。又如英雄卮酒，縱談古忠臣烈女之事，擊節拊膺，四座動色。司馬公九原信乎不死，讀罷長歌，率和四律。

　　寒雲萬里壓秦關，一片孤城落照間。秋去琱戈抛碧草，春深古井閟紅顏。貔貅帳冷星猶隕，風雨香銷夢不還。獨有長河依故壘，東流日夜水潺湲。

　　潼關城上角弓鳴，城下關門殺氣橫。東去黃河臨晉坂，西來華嶽俯咸京。英雄戰苦雲垂幕，環佩聲淒月照營。寧武將軍同抗節，重圍仗劍一身輕。

　　古城烽火接荒臺，寇騎紛紛鼙鼓催。浩氣沙場吞虎豹，貞魂月夜吼風雷。吹殘隴樹笳猶怨，夢斷并門雁不回。帝子閣中今在否？百年金殿鎖青苔。

　　故國銅駝自古今，秦川西望氣蕭森。乾坤血濺孤臣淚，日月精懸烈女心。白草秋原燒野火，黃沙遠渡覆城陰。河山不盡興亡恨，夜夜烏啼楓樹林。

吳偉業《雁門尚書行》 有序

　　《雁門尚書行》，爲大司馬白谷孫公作也。公代州人，地故雁門郡。長身优爽，才武絕人。其用秦兵也，將憑巖關爲

持久，且固將吏心。秦士大夫弗善也，累檄趣之戰，不得已
始出。天淫雨，糧糗不繼，師大潰。潼關陷，獨身橫刀衝賊
陣以沒，從騎俱散，不能得其屍。公之出也，自念必死，顧
語張夫人，夫人曰："丈夫報國耳，無憂我。"西安破，率二
女一妾沈於井，揮其八歲兒以去。兒逾垣避賊，墜民舍中，
有老翁者善衣食之。二年，公長子世瑞重跰入秦，得夫人
屍，貌如生。老翁歸以弟，相扶還，見者泣下，蓋公素有德
秦人云。余門人馮君訥生，公同里人，作《潼關行》紀其
事。余曾識公於朝，因感賦此什。公死而天下事以去，然其
敗由趨戰，且大雨糧絕，此固天意，亦本廟謨，未可專以責
公也。公之參佐，惟監軍道喬公，以明經奏用，能不負公，
潼關之破，同日死，名元柱，定襄人。

雁門尚書受專征，登壇顧盼三軍驚。身長八尺左右射，坐上
叱咤風雲生。家居絕塞愛死士，一日費盡千黃金。讀書致身取將
相，關西鼠子方縱橫。長安城頭揮羽扇，臥甲韜弓不忘戰。持重
能收壯士心，沈幾好待凶徒變。忽傳使者上都來，夜半星馳馬流
汗。覆轍寧堪似往年，催軍還用松山箭。尚書得詔初沈吟，蹶起
橫刀忽長嘆。我今不死非英雄，古來得失誰由算。椎牛誓眾出潼
關，墟落蕭條轉餉難。六月炎蒸驅萬馬，二崤風雨斷千山。雄心
慷慨宵飛檄，殺氣憑陵老據鞍。掃籜謀成頻撫劍，量沙力盡為傳
餐。尚書戰敗追兵急，退守巖關收潰卒。此地乘高足萬全，只今
天險嗟何及。蟻聚蜂屯已入城，持矛瞋目呼狂賊。戰馬嘶鳴失主
歸，橫尸撐拒無能識。烏鳶啄肉北風寒，寡鵠孤鸞不忍看。願逐
相公忠義死，一門血恨土花斑。故園有子音書絕，勾注烽烟路百
盤。欲走雲中穿紫塞，別尋奇道訪長安。長安到日添悲哽，繭足
荊榛見眢井。轆轤繩斷野苔生，幾尺枯泉浸形影。永夜曾歸風露
清，經秋不化冰霜冷。二女何年駕碧鸞，一姬無塚埋紅粉。複壁

藏兒定有無，破巢窮鳥問將雛。時來作使千兵勢，運去流離六尺孤。旁人指點牽衣袂，相看一慟真吾弟。訣絕難爲老母心，護持始識遺民意。回首潼關廢壘高，知公於此葬蓬蒿。沙沈白骨魂應在，雨洗金瘡恨未消。渭水無情自東去，殘鴉落日藍田樹。青史誰人哭蘇碑，赤眉銅馬知何處。嗚呼！材官鐵騎看如雲，不降即走徒紛紛。尚書養士三十載，一時同死何無人。至今惟説喬參軍。

沈會霖《吊大司馬孫白谷先生》有序

　　明端皇朝[一八]角三案無虛日，秦寇之變亦泄泄視之，顧時事尚可爲也。大司馬孫公，先是開府秦中，慷慨談兵略，視賊直如樊鵲腐鼠，數數出奇兵勝之，賊望風輒宵遁。張獻忠以三百騎駐穀城，李自成僅十七騎伏襄鄧山內[一九]，此時利用戰，公更毅然主力戰。會督師熊文燦誤給撫局，韜弓襄滸，約公勿得戰。廟堂左熊議者，尋以他事下公于理。閱數年，賊復猖甚。朱仙鎮之敗，禁旅雲集，左寧南提十萬師，忽夜半拔營去，一軍皆驚，互相踐踏。賊乘虛剚刃，無片甲還者，中原之氣盡矣。端皇[二〇]悔前事之非，始出公廷尉，特進[二一]大司馬，仍駐節秦中。時俊壯零落，人無鬭志。豫南一帶，復一望白菩，反者蠭起，無更輓芻茭以佐頓飽者。此時不利即戰，公亦請練兵蓄銳，少需半年，姑勿戰。而聚訟盈廷，督公必速戰。公不得已，出潼關而陣，飲血誓師，甘以一劍當背水，凡數戰皆大挫賊。會朸[二二]雨浹旬，星馳露立，高、白兩大帥皆先後潰，賊已從間道襲潼關後矣。公亟退守關中，白帥復保妻拏[二三]午夜奪門出，賊乘間闌入，公死之〔二四〕。夫前此之應戰而必不得戰，後此不應戰〔二五〕而必戰，説者謂庸人誤國，致敗乃公事。然天心去漢〔二六〕，殆非人力，讀往代史，未嘗不撫膺三嘆也。公固死且不朽，惟是歌生寶鼎，茸母烟寒，血濺沙場，何補國是？以一人之生死，繫宗社安危，孝陵有知，將無恫乎？公殁之後，西安陷，夫人張氏得公狀，區分二女一妾沈〔二七〕井中，匿蔵諸孤于比舍，始從容自投井死。公無負于國，若夫人，洵無負于公矣。余諸生時謬厠參軍之役，天下事皆耳而目之，每怪信史未確，擬自作一實録入史補。適公之丈夫子世瑞，以幣來屬〔二八〕余爲傳。顧公生平已詳墓誌，不復贅附，記靖難始末于此，反其幣而系以詩〔二九〕。

勞臣一劍繫滄桑，角鼓悲風繞戰場。大地自更秦日月，夜臺猶是漢封疆。豈能抔土埋孤憤，祇許殘霞照夕陽。欲賦招魂招未得，乾坤荒莽足凭嘗。

大河南岸野雲橫，慘淡幽魂不受旌。天風〔三〇〕未肯憐庚癸，廟算何曾數甲兵。七尺沙場醻節鉞，一家瞀井畢平生。千秋惟有華陰月，偏繞銅駝夜夜明。

沙黃〔三一〕日冷覆層陰，贏得河山〔三二〕付陸沈。豎子從來撓國是，先生何事傲天心。不妨靖節身如寄，説到成仁恨轉深。極目潼關烟水闊，依然霪雨暗衰林。

二崤風雨捲〔三三〕旌旗，坐見昭陽月〔三四〕影移。世事海田歸目睫，君家閨閣盡鬚眉。精誠猶〔三五〕戀山陵側，功罪才應地下知。不爲睢陽褒一死，傷心雲散夜潮時。

尤侗《雁門哀》序略

關內洪，關外盧，雁門孫公亦丈夫。原序：洪承疇督關中，盧象昇督關外，孫傳庭繼之，欲固守爲持久計。秦城百二障京都，據關守險真良圖。飛檄趣戰何爲乎，勞師轉餉幾千里。天雨路斷鼓聲死，火車挂輶奔不止。四萬良家血化水，尚書橫刀歿殘壘。嗚呼！潼關失，天下事去矣！惜哉蠟書計不成，襄陽並殺邱公子。

丁澎《哀潼關》序略

尚書代郡之偉人，專征秉鉞來西秦。獅頭璪鎧束細鱗，旌旗蔽野盾弩新。赤眉銅馬方橫陳，驍渠摧折丈八矜。黑峪洗兵蠆塊淪，棄甲倒戈若奔麋。太華孟門失嶙峋，白日墮地光作燐。猰貐殲蕩風埽塵，權奸肆嫉柄國鈞。一疏排陷纍孤臣，朝廷拊髀起寇恂。誓師關外一旅振，鼠子宵遁乘郊屯。洛陽銅駝突怒瞋，霆潦涓洞浹兩旬。委糧露積盈萬囷，天狼夜吼隮河漘。鼓聲半死逽吠狺，國殤啾啾泣蒼旻。退保函谷據重闉，城門不啓敗將嚬。城下焰勢如抱薪，手拍赤虯搏火輪。揮刀仰天辭北宸，英風毅魄爲明神。喬監力戰創滿身，寧武罵賊刻兩齦。公之參伍多絕倫，卓哉忠義亦以均。夫人堂上芙蓉紉，從之者誰紛衆嬪。梧楸瘞井通渭津，佩環窈窕骨白蘋。複壁藏兒祀勿湮，前朝遺事垂貞珉。蕭蕭風雨荆與榛，隴山鸚鵡愁青春，至今痛哭咸陽民。原序：世寧泣會稽，亟來乞余紀其事，嗚咽不禁，因作此歌。

薛所蘊《郟縣戰寇歌》

明運將終紛赤羽，中原遍地驕豺虎。秦關失險楚江圻，豫人肝腦充餔乳。其時廟謀何優游，專征授鉞快恩讎。白面書生筦鵲印，擠之陷穽誰爲憂。臨敵聞聲心膽裂，棄甲曳兵朝廷羞。不聞吉語奏明光，坐縻芻粟等山邱。因循十年勢橫決，如火燎原誰能滅。庭推始用孫司馬，仗劍入關煩有截。黑水猘獝一戰擒，彭衙梟獍長繩縶。獻俘闕下君心慰，馳傳露布國恥雪。亡何中樞區十汛，四正六隅分道進。公也一旅出長安，崤函連捷賊膽寒。何期大權屬總理，居中姻婭相依倚。怙賊如兒堅撫局，勝勢一旦東流水。更因忌才讒國門，下公請室天日昏。大廈將傾無復支，乃出狋狋統戎軒。有識咸謂不可爲，忠憤激烈義不辭。九重面召籌方略，條對井井披肝脾。李牧元思用趙人，上言練兵復歸秦。貔貅十萬號無敵，鎧甲躬擐矢石親。搴旗斬將雛之下，豕突狼奔郟邑野。騰騰殺氣遏秋雲，赫赫軍聲震屋瓦。蠢爾蒼黃懼莫當，連築七堡潛遁藏。聚族相謀款轅門，旦夕真可縛名王。無那七日霖雨溜，銀河倒瀉天崩漏。饋餉中絶士枵腹，沾濡千金在介胄。前軍小却後軍靡，義旗仆地鼓聲死。公惟一劍答君恩，壯志未酬聲徒吞。自緣天命歸真主，彼寇雖強終膏斧。至今龍山紀戰功，成敗豈可論英雄。

徐咸清《潼關殉節哀辭》

太華千仞高，高飆衝其巔。大河萬里長，長鯨吸之乾。戡業秦關立函谷，猶聞野老吞聲哭。血漬原花滿地斑，淚滋野草隨汀綠。我向秦關吊汨羅，皋蘭[三六]腸斷招魂些。浮圖還著南雲箭，行潦多沈東魯戈。此地尚書力戰死，科名不愧真奇士。故國科名恥論兵，誰肯師中任長子。天柱將傾不可當，尚書突兀扶隤[三七]綱。羞與蟫魚蝕故紙，誓同精衛填東瀼。手握《陰符》伏而讀，雄師十萬藏胸腹。喉舌臺中具爪牙，淵雲禁内生頗牧。崇禎輓季歲苦飢，天狼奮角鳴狐狸。芸夫佩犢乘銅馬，織婦蓬頭畫赤眉。三方蟻賊如麻沸，千里提封盡魚潰。愍皇仰瞻枕戈鋋，空使焦僥飼梟狒。拊髀長思禦侮材，孫吳在側囚均臺。妬相但知仇國士，明君還識重邊才。赤囊奔命檄加羽，事急方知求燭武。脫却羅鉗賜錦袍，頓收檠劍持繡斧。設壇拜命鑿凶門，白徒市衆徒紛紛。孤豚咋虎至則靡，特起蒼頭成異軍。鈴閣中權生光弼，一朝盡變旌旗色。宿將先馳紫髯威，勝兵早奪黄巾魄。投石拔距氣何雄，埽[三八]除枯籜如飄風。河上沸沙鳴擊鼓，關前伏石動彎弓。鶻入鴉群快擊奮，狼孫虎子爭逃遁。此時臣力真可爲，此日天心不可問。昊天不吊淫雨零，昊天堅意亡朱明。商羊振翼撓鵝鸛，萍翳乘權落將星。龍旐不展雕弓解，軍竈生鼃戰士餒。縱使玄冥爲洗兵，無如河伯能漂鎧。吾鞭所指馬未班，一呼朱序如崩山。孤臣仗節困猶鬥，降將揚旛去不還。三精無光天欲墮，揮兵巷戰投熛火。祇留一劍答君恩，不願遺屍馬革裹。長城已壞賊長驅，長蛇儵忽游天衢。僉曰天亡非戰罪，誰人不痛孫尚書。尚書死忠妻死節，從容就義偕群妾。瘖井冰堅鳳女魂，隤[三九]墙碧化鼉叢血。一門死義汗史留，天存令子如孫謀。孝廉船載朱雲劍，單父琴歌羊祜裘。滄浪比清漢比潔，三户神君頌不歇。共嘆忠臣有後人，懷香遥向函關爇。青雲望重黄綬影，卧龍山下槐松高。秦民只望孫公子，重見尚書渡渭橋。

吳鴻《書明大司馬遺集後》序摘録

廉州孫總戎名爾桂，前明督師尚書白谷公玄孫也，暇日
爲余追叙公殉戰事，與史傳合，且出公奏疏、詩集若干卷，
屬余校勘，感而成詩。

將軍雅望開軍府，五葉家聲代州土。忠孝之後衆所欽，雁門
尚書實君祖。嗚呼明政失綱紀，群盜中原滿豺虎。平時不識顔真
卿，憂國誰聞祭征虜。尚書受命辦劇賊，大將風雲建旗鼓。吹笛
中宵白髮生，卧戈堅壁丹心苦。廟堂失計頻催戰，食肉寡謀譏不
武。共道同仇屬甲兵，誰知萬竈空罌瓾。淫霖路絶豈人算，憤氣
填膺仰天拊。匹馬單刀誓竟成，穿齦嚼齒嗟何補。自公殁後全秦
失，殺氣縱横暗三輔。遂使神州嘆陸沈，可憐蜑語愚亡主。聖朝
徵信有特筆，紀傳分明表忠譜。即今優孟假衣冠，猶想行營淚如
雨。何況清標萃一門，死忠死節皆千古。當時不擬保孤雛，異代
猶堪暎華組。吁嗟乎！尚書謀國不顧身，一時參佐多忠臣。惜哉
枉賜尚方劍，恨不先斬憸回人。英雄壯氣未磨滅，回薄河嶽光星
辰。我爲將軍述祖德，承家節操輝貞珉。

林芬題《潼關盡節圖》

螯屋血戰擒闖王，獻俘手縛高迎祥。賊擁自成賊膽破，公
復敗賊軍閿鄉。一騎飛來止兵檄，止兵者燦劻者昌。下公於獄
復出獄，事急用之貞可傷。襄城軍潰喬年死，司馬督陝安封
疆。汴民爲魚一河水，黿鼉助虐横豹狼。水聲賊聲塞四野，波

濤流毒妖氛狂。當此開關一擊萬，豈可輕鋒徒强皇。朝廷驅戰戰不利，雨淫餉絶天茫茫。怒髮上指手兩賊，馬革不裹無屍藏。潼關火光照咸陽，王根子已開門降。可憐一井九貞骨，六姬二女夫人張。八歲稚子墮地走，賊不能聲天道彰。參軍同死死大義，公生雁門喬定襄。代郡有祠馨俎豆，聖朝賜諡騰輝光。忠貞氣聚丹青手，圖中往事誰評量。忽檄止兵忽驅戰，朝權遥制干戈場。英雄死矣大事去，庸夫論兵灾廟堂。嗚呼！庸夫論兵灾廟堂。

焦友麟《題潼關圖》

兵潰潼關恨不禁，那堪覆轍又重尋。恩深不共熊袁死，事去難收賀左心。夜雨行營悲冷竈，秋風戰血上衣襟。羽書莫怨飛催急，天意蒼茫嘆到今。

慷慨登壇想警師，傷心馬革裹無尸。一門血化殷家井，六尺孤存趙氏兒。國破尚留忠憤補，謀深難荷聖明知。河山氣逐英雄盡，坐使長安寇馬馳。

瞿顗《題潼關圖》

日薄虞淵漸欲沈，二崤風雨寇方深。運移縱乏回天力，身滅還留報國心。灞岸春蕪藏戰骨，渭橋秋漲咽哀音。披圖指點招魂地，贏得青衫淚滿襟。

以上題咏

校勘記

〔一〕"大"，《四庫全書總目》無此字。

〔二〕"秭"，似當作"祚"。

〔三〕文中大字爲《明史·孫傳庭傳》，小字爲其他史傳著作。

〔四〕"廷"，當作"庭"。

〔五〕"張文耀"，據《明史·孫傳庭傳》當作"張耀文"。

〔六〕"瓦背"，同上書，當作"瓦背王"。

〔七〕"括"，《疏牘附録三》作"刮"。

〔八〕"汛"，同上書作"信"。

〔九〕"汛"，同上書作"信"。

〔一〇〕"子二"，《明史·孫傳庭傳》作"二子"。

〔一一〕"過天星"，同上書作"過天星、混天星"。

〔一二〕"傳庭抵近郊"，同上書作"傳庭提兵抵近郊"。

〔一三〕"結"，《疏牘附録三》作"給"。

〔一四〕"言"，《明史·孫傳庭傳》作"奏言"。

〔一五〕"伏"，同上書作"覆"。

〔一六〕"牲"，當作"牷"。

〔一七〕"砍"，據《明史·孫傳庭傳》本當作"斫"。

〔一八〕"明端皇朝"，《四庫補遺》作"明愍帝朝"。

〔一九〕"内"，同上書作"中"。

〔二〇〕"端皇"，同上書作"愍皇"。

〔二一〕"進"，同上書作"晋"。

〔二二〕"朽"，同上書作"狂"。

〔二三〕"拿"，當作"挐"。

〔二四〕"公死之"，《四庫補遺》作"公知勢不可爲抗節死之"。

〔二五〕"後此不應戰"，同上書作"與後此之不應戰"。

〔二六〕"天心去漢"，同上書作"天心已去"。

〔二七〕"沈"，同上書作"深"。

〔二八〕"以幣來屬"，同上書作"來屬"。

〔二九〕“反其幣而系以詩”，同上書作“而系以詩”。

〔三〇〕“天風”，同上書作“天心”。

〔三一〕“沙黄”，同上書作“沙場”。

〔三二〕“河山”，同上書作“山河”。

〔三三〕“捲”，同上書作“暗”。

〔三四〕“月”，同上書作“日”。

〔三五〕“猶”，同上書作“獨”。

〔三六〕“皋蘭”，同上書作“蘭皋”。

〔三七〕“隤”，同上書均作“頽”。

〔三八〕“塙”，同上書作“捲”。

〔三九〕“隤”，同上書均作“頽”。

疆事十可商疏

題：爲廟算當一無不愼，疆事尚十有可商，敬抒愚見，恭請聖裁事。自流氛煽亂，殆閱十年，發難之初賊勢甚小，我兵日剿而賊勢益大。今用樞臣楊嗣昌之議，復措餉二百八十萬，集兵十二萬，付之督、理及臣等各撫臣，以圖大創，謂滅賊在此一舉矣。儻任事諸臣蹂今之道，迄無變計，臣恐今之措餉二百八十萬，豈多於向者已費之幾百十萬哉！今之集兵一十二萬，且不逮向者見調之九萬矣。廟堂苦心而籌，豈可再供一番嘗試？而天下事又尚堪再誤乎？臣不爲臣等身家慮而爲朝廷封疆慮，蓋事之可商者有十焉：

一曰商兵。夫剿賊須兵，此必然之理也。然兵必核實爲我用，否則紙上空談，有兵亦與無兵等。今各邊之精銳以屢調盡空，即欲照部議集兵，不可得矣。如使可得，皇上但據督臣所奏兵數一細按之，似督臣之所以應大剿者，竟未有加於前也。且榆鎮以聞警淹留，寧鎮以被衄歸息，皆不能即至。夫兵力如故，迅掃何期？又況可憂不獨在無兵乎？此其可商者一也。

一曰商餉。夫未籌兵先籌餉，士馬所以貴飽騰也。然必餉圖可繼，餉始不窘。今海內之脂膏已竭澤欲盡，雖欲照部議徵餉，未必如數矣。即能如數，皇上但據督臣所奏餉數一細覈之，似兩部之所議以供兵三萬者，必不能供二萬也。且兵合於何日？餉足於何期？見支猶虞掣肘，補欠更需時日。調兵原期大剿，餉將困於坐食。又況可憂不獨在餉之難繼乎？此其可商者二也。

一曰商地。夫用兵全在地利。地利者，我之所利，而賊之所不利也。向來賊勢，張則四出，困則歸秦，賊之地利在秦明矣。乃我又若惟恐賊之不得地利，始則合督、理之力而驅之於秦，繼則儘一督之力而守之於秦。環秦皆山也，賊既據山爲巢，兵又視山若[一]阱。賊自安閒於山內，兵殆坐困於山外。賊掠糧，而兵不能斷賊之糧道。兵屯日久，所需米豆日益騰貴，至不能支。是逼賊於山，不能窘賊，反以自窘，此剿賊之大病也。樞臣四面六隅之議，毋亦欲我殺賊有地，賊逃生無地耳。若竟如此，賊將踞全秦爲窟穴，而四面六隅幾爲空張之網矣。此其可商者三也。

一曰商時。滅賊須審天時。天時者，我當其時則可勝，賊當其時則可圖也。賊夏秋則橫，冬春稍戢，賊之時不在冬春明矣。乃我若偏憐賊之窘於冬春，而不肯乘機者。無兵每嘆於冬初，兵集已至於春杪，屢值冬春。我既無兵乘賊，賊更乘我無兵，不戰而賊愈鴟張，强戰而兵或敗衄。繇是賊益肆，而我愈無如賊何。兵無能爲，而賊所垂涎之城堡日任其攻劫，竟付之不能問矣。夫有圖賊之時，我既錯過，賊反狂逞，此剿賊之大患也。部臣計餉一年，毋亦謂我之殺賊在此一年，而賊之滅亡在此一年耳。若竟如此，雖再易年，亦無望獲醜報訊。而年復一年，竟成不了之局矣。此其可商者四也。

一曰商賊。剿賊必須知賊，而後賊可圖也。賊動稱十萬，動稱數十萬，而老本精賊畢竟無幾。今豫、楚、江北雖皆報有多賊，乃賊之强者悉在秦。然秦賊自闖王被擒，蝎子塊、張妙手就撫，惟過天星、闖將、混天星三賊略稱悍肆，而三股精賊亦自寥寥無多也。今我如畢智竭力，日夜惟三賊是圖，第能於三賊了當一二股，而秦賊便成破竹。秦賊平，而豫、楚、江北之賊便可傳檄定矣。如不握定要領，早從大頭顱處下手，而泛泛從事，賊必不可滅也。夫賊雖無他志，然原非善類，未有竟不滅而竟無他志者，臣不能不深憂其卒也。此其可商者五也。

一曰商我。圖賊宜先知我。我之滅賊，非更有可待也。地方破殘凡幾，人民殺戮凡幾，猶可徐俟修復。乃上下人心渙散，黠卒窮民，到處思亂，是吾之可憂者，不獨在賊。蓋自廿載供邊、十年備寇以來，已悉索敝賦矣。茲復議餉二百八十萬、兵十二萬，措辦之難爲何如？此番兵餉豈可輕於一擲耶！當如臥薪嘗膽，痛念此番兵餉非易，使此番之兵餉不又似從前之虛擲，而我之力尚可少舒。我力舒，而後來再有征繕，猶可勉強供應也。如不深維根本，而悠悠如故，後來之事益難矣。夫我之元氣久索，尚爾剜削不已，寧有不危者乎？臣又不忍深思其卒也。此其可商者六也。

一曰商剿。覷定一股，剿完一股，此剿賊之要訣也。今計不出此，迎擊既畏賊鋒，合圍又苦兵弱，遂不得不殺零截尾以掩飾目前，而剿不成剿矣。不思賊即衆強，自可設計以圖之。蓋賊無城郭自固，原日日寄命於我。驅之於必困之途，取之於垂死之日，王師所以有征無戰也。如第一彼一此爭勝負於矢石之間，即勝亦無關於蕩平，況未必勝乎？專剿之責在督、理兩臣，各撫臣止可協心參贊[二]，必不能隨賊遠逐也。此其可商者七也。

一曰商撫。懷之以德，懾之以威，此撫賊之要著也。向之歸命未必假，我既有誘殺之嫌，今之投戈未必真，我已無堅拒之力，遂不得不遷就籠絡而撫不成撫矣。不思賊即真誠無他，我亦須張威以待。蓋賊已窮極思返，我惟有以懾服之，則狐疑狙伺，失其故智。又乘其欲盡之勢，迫以難犯之鋒，乃可永消反側也。如已恩窮威頓，始望懷來於狡詐之輩，即來亦難保其有終，況必不來乎？第行撫專責之各撫臣，而督、理惟宜一意剿殺，庶不啓賊以輕視也。此其可商者八也。

一曰商將。制勝之機在於擇將。總鎮偏裨，皆剿賊之將也，乃能實實剿賊者幾人？即左光先、曹變蛟二帥，一則頗能詳慎，一則頗能勇往，然久歷行間，究未能獨奏膚功，而此外之庸碌者尚多也。臣謂曹、左暫堪驅策，其餘亟宜裁汰。失律者亟宜按以軍法，以警衰惰。即如臨洮總兵孫顯祖，年暮無功，斷難姑容，則凡如顯祖者，均宜次第甄別。此事之可商者九也。

一曰商人。戡亂之任在於得人。督理、巡撫皆辦寇之人也，乃能實實辦寇者幾人？惟督、理二臣[三]，一則勞著征流，自可券諸已往；一則功成靖遠[四]，尤可信其將來。其餘尸位應不乏人也。臣謂督、理併膺倚任，其有不能辦寇者，似宜亟行更易。如臣傳庭心徒切而命實乖，今且貽累督臣，一事無成，即或憐非禍始，亦宜重加罪斥。則凡似臣者皆不敢貪戀，勝臣者亦不敢推諉矣。此事之可商者十也。

以上十事，伏祈穆然深思，毅然獨斷，於一切事情，宜廟堂裁決者即行裁決，宜該部申飭者即行申飭。於文武諸臣，宜照舊留用者仍行留用，宜覈[五]議斥處者即行斥處。懲前毖後，改故圖新，封疆之事或有瘳乎？臣身在局中，實見情形如此，用敢備疏請裁，期於在事諸臣力圖共濟，非徒以條議塞責。伏祈聖明全覽施行。

崇禎十年七月二十日具題，八月二十七日奉旨："該部看議具奏。"

報甘兵抵鳳併請責成疏

題：爲恭報甘兵抵鳳，臣遵旨調度，併請防擊一定之責成，以便遵守事。崇禎十年六月初一日，準兵部咨，爲塘報成、階剿賊級功等事，該本部覆題，奉旨："是。這川兵應量撤量留，著該督撫會商妥確速奏。西、鳳留王國靖兵，專聽撫臣調度，及川兵回日分別賞擢等事宜，俱依議。標旅屯軍，併著該撫上緊募練，務濟緩急，不得遲延。"欽此。欽遵，抄出到部，移咨前來，隨經移咨督臣洪承疇會議去後。除川兵撤發回蜀，已經督臣另疏具題外，其甘兵奉旨給臣調度，臣一面移咨督臣督發，仍一面屢次移文王國靖催調。

今於七月十五日準督臣咨稱：原任總兵王國靖統領甘肅官兵二千八百餘員名、馬騾一千八百餘匹頭，於五月二十五日自禮縣離營回鎮，將選留實在官兵二千七十九員名、馬一千三百二十八匹、騾五十四頭，俱交付甘肅原任副將盛略統領，於七月初八日自秦州啓行，前赴鳳翔、西安，聽貴院調度。其官兵應支廩糧、馬騾料草，自六月二十日以前，俱於本部院軍前餉銀動給；自六月二十一日起至七月初十日止，共該廩糧料草銀四千五百八十八兩七錢六分，已行布政司，於收貯[六]八九兩年新裁公費銀內支給。其自七月十一日起應支廩糧料草則例：總統副將一員盛略，日支銀五錢；見任甘肅遊擊[七]一員趙用彬，日支銀三錢；甘肅總兵標下坐營都司一員葛勇，日支銀二錢五分；甘肅總兵標下旗鼓守備一員鄧萬鍾，日支銀一錢八分；加銜遊擊、見任大平堡守備一員王萬策，日支銀二錢五分；加銜守備楊奎光等三員，每員日支銀一錢六分；千總曹撒賴等二十一員，每員日支銀一錢四分；把總孫登魁等四十員，每員日支銀一錢；材官紅旗張六等一百一十一員名，每員名日支銀八分；百總管隊大旗陳能等一百一十名，每名日支銀七分；軍丁一千七百八十九名，每名日支銀六分；馬一千三百二十八匹，每匹日支料草銀八分；騾五十四頭，每頭日支料草銀五分。以後聽貴院給發，等因。到臣。

該臣看得，甘肅之兵奉旨屬臣調度，臣催取再四，今始東來。適寶雞屢報賊警，臣即檄令屯駐鳳翔剿禦。此兵共計二千七十九員名，並馬騾月費餉七千二百餘兩，計一年即該費銀八萬七千餘兩，臣不得不照督臣原支則例，按月支給。督臣通計剿兵，猶欲將甘鎮續調之兵併以予臣。第督臣曾移臣手書，謂甘兵非賊敵手。臣查此兵隨征半載，功級寥寥，塘報可稽。臣受防剿一面之寄，安能全領非賊敵手之兵，以圖僥倖於萬一！查有部調鎮臣王威，親統延兵南下。威以宿將臨戎，威聲紀律，自與偏裨不同。乞敕賜[八]臣將威兵留之西、鳳，佐臣防擊，又可兼顧本鎮。其甘鎮見到各兵內，其中有應汰者，臣清屯事竣，刻下即親詣鳳翔逐名選驗，分別去留，約或可得千餘名。臣聞延鎮整搠待調之旅亦僅千餘。以此二兵，合臣見在標兵并各防兵，與臣所遣官市募者，陸續齊集，共可得馬步戰兵六千餘名，臣必能於分防協擊。勉圖報效。

臣於此竊有請焉。朝廷馭邊臣之法，必責成分明，然後賞罰畫一。臣職任鎮撫，奉皇上分防協擊之命，東西皆當兼顧，勢不容鶩東而遺西，鶩西而遺東。理臣，剿賊於東者也，如理臣追賊近陝，臣即應分防協擊於潼關。督臣，剿賊於西者也，如督臣追賊過隴，臣即應分防協擊於鳳翔。儻東西防擊，各無隕越，則臣可幸叨不譴。如東西防擊或有不效，則皇上治臣之罪，以為督撫戒，臣甘心焉。此外，不特潼關之東，臣不能越境東出，即秦隴之西，業有督臣大兵，臣亦不能舍却根本，與督臣盡聚[九]西偏。如今歲春夏間，督臣提五鎮之兵剿賊於隴右，臣居守省會，西、鳳郡邑幸得晏然。即有零騎窺逞，臣檄偏師一擊，賊即踉蹌西遁。

數月以來，臣雖苦無兵，實未誤事。邇奉嚴旨與督臣一併嚴處，恩威出自朝廷，臣子豈敢飾避。然犬馬微忱，亦欲仰邀天鑑，俟有處分部咨另疏剖陳外，臣思地方之責成若不分明，則廟堂之賞罰何以畫一？伏祈敕部覆議，分別責成。除漢、興、商、雖，臣已前疏籲請復設郎撫專轄外，自今以往，如令臣遵奉屢旨，於潼關、西、鳳之間調度兼應，即以調度之效不效定臣之功罪，惟命。抑或念督臣久勞行間，宜令督臣彈壓於潼關、西、鳳之間，使臣提分防協擊之孤旅隨賊專剿，臣亦不敢不惟命。總期於責成分明，賞罰畫一。臣非敢擇便，非敢避難，惟有竭智畢能，以求仰分聖憂於萬一而已。若似今者，督臣提五鎮之兵剿賊於西，臣在省防守，近省千里內毫未有失，一旦併干聖怒，使臣惶惑無措，則此後臣將何以自免也？統祈聖明鑒裁施行。

崇禎十年七月二十六日具題，八月二十七日奉旨："該撫親統甘兵協剿，已有旨了。這延兵留鳳事宜及分別責成以定功罪，該部看議速奏。"

糾參婪贓刑官疏

題：為刑官委署婪贓，遵敕先行拿問事。臣惟剿寇必先安民，而安民尤在察吏。臣備員秦撫，每於詰戎討寇之餘晷，益厪察吏安民之本圖。故屢飭所屬郡邑，凡問理詞訟，不許濫贖加罰；徵收錢糧，不許勒收羨耗；日用買辦，不許虧累行戶。榜示諭禁，再三嚴切，尤於署篆各官諄諄加意。詎有貪黷恣肆，如署涇陽縣事慶陽府推官何守謙其人者。涇陽一邑，為三秦富庶之區，前任知縣王程先，經臣備察論劾，臣慎重此缺，不敢輕率擬補，而西安丞倅寥寥，無可委署。藩司因議借才鄰郡，以守謙調委。臣據詳批允，謂本官必知刻勵自愛，或不至染指犥地。

臣以邇來吏治日汙，秦中尤甚，恐徵收索羨錮弊難除，密諭守、巡兩道單騎親往，掣櫃拆驗。隨據分守關內道李虞夔揭報，親至涇陽抽驗各里收完在櫃糧銀，每櫃抽驗二封，每兩除正數外，有加收羨耗三四分、有五六分者，有原收數少者却於流水簿并封袋捏寫數多者，其餘在櫃銀兩尚未盡拆，等因。又據稟稱，自本月初七日以前收者，何推官拆訖，無可查考。惟自初八日以後者，貯櫃無幾，抽掣數封秤兑，每兩正數之外，餘者多寡不一，至少不下三分，至多不下六分，另單呈覽。中有一櫃，係收書作弊，簿封與銀數不符，現發糧廳究擬另報。臣又訪得本官婪肆多端，復將單款事迹，并被害證佐姓名，開發該道就近秉公親審明確呈報。一面令該道先將收完在櫃糧銀，公同教官逐封秤兑通完總算，原該正數若干，外加羨耗若干，并將收糧原戥及拆驗之戥嚴追封解去後。隨據該道呈報，該本道公同西安府通判余昌裸[一〇]、該縣教官李連芳等親詣該縣堂，將前抽驗銀封驗明本道原判硃封，即追原收銀戥三把，將各里銀櫃共一十一個，逐一拆驗秤兑。正數銀二百八十九兩五分一厘八毫，外加羨耗銀一十四兩五錢二分，總計每兩外加耗銀五分。屢經申飭之後，尚有此數，就此計算，本官任内共收銀二萬三千七百四十二兩二錢零，共外加羨餘銀一千一百八十七兩一錢一分。其前收過銀兩已經起解，恐所加之數尚不止此。今將收銀吏趙參、張光顯、田國璽原收銀戥三把固封呈解。拆驗之戥係民間私戥，恐于天平不合，請乞本院查審，將三戥發布政司較合，等因。臣面審趙參，供稱何推官原定戥子每兩比民間重三分，秤時又高攙六七分，大約每兩重一錢。先因百谷里花户成光德納銀六錢八分，拆銀輕少，責二十板，枷號二日，身死是實。又據張光顯供稱，何推官平素火耗原有加一，今回慶陽，因本院告示嚴禁，令户房吏分付上糧花户，從今秤平些，是實。又據田國璽供稱，何推官自枷死花户成光德後，因火耗輕少，又拿三櫃、四櫃、九櫃、十櫃、十一櫃花户羅安等約十餘人，各責二十板、十五板不等，將十一櫃、九櫃、十櫃各間有力杖罪六人。自此以後，花户俱加火耗，每兩以

民間戥子在加一以外，以降發法馬，每兩約加六七分。又封銀不
論多少，俱要成錠，因此百姓所費遂多。又供秤銀若是平了，何
推官便說，就是買賣也沒有這樣平秤之理。等情，各供明白。及
將解到原戥，與布政司法馬較兌，所差無幾，恐此戥猶非收糧原
戥。并將各吏所供火耗輕少，拘拿花戶枷責〔一一〕斃命，及納銀無
論多寡俱要傾銷成錠情節，併行該道，與原發單款一併審明確報
去後。今據該道將臣原發單款計十四款，逐一審明登答呈報前
來，併粘連已故知縣王光翰妻曹氏、武生樊聖謨、當鋪行王周、
斗行張萬庫告狀四紙，同審明犯證申解到臣〔一二〕。臣復行親審
無異。

　　該臣看得，秦吏至今日固稱數摘之瓜，而秦民至今日更無可
剜之肉。連歲均輸助餉，派徧九州。皇上獨俯聽臣言，特免陝西
者，誠以十載兵荒之殘黎，實有旦夕難保之勢，不得不少留一
息，以養將來回蘇之脉。如聽不肖有司朘削吞噬而莫之問，則皇
上破格所免，與微臣痛哭所請者，不且毫無及於小民，而止飽此
輩之囊橐耶？慶陽府推官何守謙，司理既有察吏之權，握篆更受
保民之寄，乃不聞潔己，惟知谿壑是盈，且加以殘民，豈但簠簋
不飭！憑奸儈爲綫索，賄賂潛通；視民命如草菅，枷責立斃。尤
可異者，以縣令之妻，忠將之母，煢煢孀嫠，望八垂死，而本官
無端桺指，慘目傷心，又何有於武生樊聖謨之橫加責罰也？本官
酷以濟貪，斷難逃於三尺。除遵奉敕諭，一面先行拿問外，謹將
審實事款備列糾參。其慶陽推官員缺，敕下吏部速選，嚴限到
任。臣謹會同按臣謝秉謙合詞具題。

　　崇禎十年七月二十六日具題，八月二十七日奉旨："何守謙
即盡法追擬具奏，員缺速補。該部知道。"

恭報官兵兩戰獲捷疏

　　題：爲恭報官兵兩戰聯捷事。據分守關西道李公門塘報，大天王、合陵雁等賊塘馬，逼犯寶雞地方，請兵援剿。適甘兵奉調東來，已至岐山。臣隨飛檄副將盛略，速返鳳翔偵賊剿殺。臣亦即親提標兵前往調度。乃以天雨連綿，至八月初二日，臣統兵西發。本日據副將盛略塘報，七月二十四日，官兵至寶雞渭河迤南八廟、天王村、伐峪，與賊大天王、賽闖王等對敵，斬獲首級九十八顆，等因，到臣。臣復諭令該將乘勝鼓勵，務期盡殲賊衆。旋聞賊被創之後，猶屯渭河南伐峪、八廟等處。臣思賊在河南，宜從盩、郿進兵。且賊方隄防河北，正可掩其無備，首尾夾擊，一鼓剪滅。臣隨提標下馬步官兵一千八百餘員名，介馬星馳。又檄監紀同知張京督內丁二百名，并咸陽駐防參將尤捷、都司賀英、守備馬虎官兵七百一十六員名，悉赴盩、郿協剿，至初三日俱抵盩厔。臣隨發隨征守備薛見龍從盩厔渡河，與副將盛略約期夾攻去後。至初五日卯時，臣督兵行至郿縣，聞盛略已於初四日殺賊獲功。隨據該將報稱，八月初四日官兵至賈家村，與賊鏖戰，斬獲首級二百三顆，等因，到臣。又節據分守關西道副使李公門塘報相同。

　　該臣看得，大天王等賊，從徽、秦東犯，逼近寶雞。督臣洪承疇大兵方扼闖、過等賊於階、成。臣檄甘兵剿擊，一戰得捷。臣復悉索標下馬步從盩、郿而西，迎賊之前，期會甘將，以圖夾擊。乃師方次郿，而甘兵再戰復捷之報已至。賊兩創之後竄伏山峪，似欲西奔。臣馳渡鳳翔，調度官兵兩路搜討。儻奔軼不遠，更無別股賊黨爲之聲援，則此賊必落彀中矣。甘兵久在隴右，未立功績，一入鳳而兩戰兩捷，雖賊僅數千，亦以新來之氣可鼓耳。副將盛略、都司葛勇並應敘錄。而葛勇斬臨陣退縮一卒，遂使軍氣大振，功尤足多。隨征參將趙用彬、加銜遊擊王萬策、旗鼓守備鄧萬鍾、加銜守備楊奎光、中軍祁功偉、千總盛允昌等，均應彙敘。獲功軍丁，臣即照例賞給，用示鼓勵。

臣繕疏將發，九月初九日晚，據都司葛勇差塘丁口報，本日早，該將遵臣屢檄，期約標兵從顧川一帶偵探大天王等賊會剿間，忽見南山有馬賊無數，執打大旗絡繹出峪，循渭河南岸東走。有賊營走出一人，因販椒被擄，乘空逃出，稱出峪之賊，係闖將、過天星、混天星、賽闖王、四隊、六隊、八隊、小紅郎等十數大股，合力東來。賊自寅至酉，尚未走盡，東西寬約四十餘里，聲勢甚猛。次日酉時，又據守備薛見龍報稱，徽、秦東來大賊，於初九日三鼓從東石家嘴探河口，看賊之向往從東路行。又於初十日寅時從益門鎮出來之賊，俱往東行，兩日尚未走盡，等情。臣於數日前即聞督臣督左、曹兩帥大兵駐札禮縣，賊日近縣城索戰。若大兵不勝，賊必倒〔一三〕東，直犯涇、三內地。今賊果東矣，大兵消息尚未知何如。臣維闖、過等賊，與大兵相持於階、成山中者七八月，氣焰風聲，益〔一四〕非昔比，各賊固多有借之以為名者。此東來出峪之賊，亦未必即係闖、過。然據報，兩日之間，自寅至酉，尚未走盡，其衆可知。憶去冬今春，賊盡聚西、鳳，即闖、過等賊，其衆亦未至此。當其從咸陽東窺涇、三，闖、過糾諸股之賊合力狂逞，臣提寥寥標旅，猶能扼之使西。使此賊即闖、過也，則是賊勢未嘗少減，而猶少增；使此賊非闖、過也，則闖、過之勢又不知若何，而賊衆之猖獗愈不可言矣。且聞西、禮〔一五〕之賊尚有未盡東者。如此，賊之來，竟無剿兵尾其後。督臣止分臣甘兵二千，晉、蜀之餉尚未解到分文。臣新增之兵，雖竭蹶募練，焉能一蹴就緒，乃欲以獨力支此猖獗之寇，豈易易也。且初八、九等日，節據潼關道稟，混十萬、老回回等賊，已至陝州，塘馬撤至閿鄉，有河南王都院、陸兵道督兵追剿，勢必入秦。儻東西之賊合謀並犯，更可寒心。除臣馳檄西、鳳州縣固守城池，并行潼關道督關門及韓、郃防兵，贊畫司務廳陳繼泰督鄉兵馳赴堵禦外，臣惟有酌量緩急，往來調度。謹先馳報上聞，伏乞垂鑒。

崇禎十年八月十一日具題，九月二十一日奉旨："據報甘兵再捷，闖、過、混十萬等賊東西交遑，俱有旨了。該撫須嚴加秣勵，相賊形勢，與督、理二臣協力夾剿，蚤奏蕩平，不得借口弛卸。該部知道。"

降處陳謝并瀝下忱疏

奏：爲臣罪蒙恩降處，恭陳謝悃，併瀝下忱事。崇禎十年八月初六日，準吏部咨，爲馳報平、鳳、商、雒賊情暨聞石、漢二邑賊寇入城事，準兵部咨，該巡按陝西監察禦史謝秉謙題前事，等因，奉旨："據奏，賊突涇鎮，南窺西屬，又商、雒紛告軼入，石、漢不聞疾救，玩延流毒，殊可痛恨。該督撫身膺鉅任，遵限蕩平何在？俱著議處。仍一面嚴飭鎮將互援分討，窮搜盡殲，速底廓清。如再償誤，諸將定立置憲典不宥。其興安傳報情形，該撫還確查馳奏。該部知道。"欽此。欽遵，移咨到臣。該本部覆題：看得流賊橫軼漢中，時日不爲不久，攻剋石泉，因而圍困漢陰，民命旦夕。正宜調發兵將，救焚拯溺，迺督臣洪承疇、撫臣孫傳庭二臣均膺討賊之任，坐視城陷，置赤子於淪亡，咎將誰諉？相應各降二級，照舊戴罪剿賊自贖，等因。奉旨："洪承疇、孫傳庭著各降二級，照舊戴罪剿賊自贖。"欽此。欽遵，抄出到部，移咨到臣。臣不勝感激，不勝惶悚，除恭設香案，望闕叩頭謝恩外，臣竊惟秦事當壞亂之極，實微臣受事之初。臣自銜命入關，所見所聞，皆堪浩嘆。臣已自分有必得之罪，然私意挽回補救雖非臣力所及，而頂踵捐糜，臣所素矢。逾歲以來，率一旅標師東援西擊，恨不立奏蕩平，其僥倖所成，往往出於臣力之外，臣不敢老師也。皇上給臣餉銀六萬兩，臣直欲當幾百十萬之用，支用經年，猶未告匱，此外剿餉未嘗分費錙銖，臣不敢糜餉也。鞏、漢所屬，雖失事屢聞，第非在大兵行剿之地，即係撫治分轄之區。他如西、鳳、平、慶等府，幸皆保全寧〔一六〕謐，臣不敢貽誤地方也。凡此皆皇上所素鑒，舉朝所共知。惟是藍田之變，兵叛標下，就中委曲，臣茹苦難明，實臣之罪。乃蒙皇上矜其乖蹇，特賜寬宥，自此以外，臣竊謂可幸無罪矣。

頃因按臣謝秉謙有馳報平、鳳賊情一疏，臣奉有議處之旨，臣皇皇莫知所措。續接部咨，因賊攻剋石泉，圍困漢陰，將臣與督臣洪承疇並議，各降二級，戴罪剿賊自贖。覆奉諭旨，其涇鎮西屬之有無失事，商、雒之曾否軼入，該部並未議及，想已知之悉矣。惟是石泉、漢陰之攻陷，俱在大兵入漢之後。爾時臣止慮彼中米貴餉絕，特促布政司那借餉銀七千兩，於標兵數百名內選撥二百名，徒步分攜，從黑水峪解漢接濟。至於大兵救沔後，奔亡之賊猶能攻陷兩邑，與夫民命之旦夕，咫尺大兵，猶待臣迅發將領馳赴，此豈臣意料之所及也。如所云均膺討賊之任，臣敢謂非臣之任。第討賊之所必需有三，曰兵也，餉也，權也。委付均，則責成亦均。臣之均與不均，不待臣言之喋喋，固盡在聖明鑒照中矣。況即委付原均，而東西遠近，必有區別，寧臣之敢於坐視乎？為法受過，臣所甘心。故臣初奉嚴旨，即有寧重無輕、寧斷無疑之請。第該部擬議之際，權衡微覺未審，恐罰臣不足以示後來之警，則臣之所重惜也。若夫不即褫斥，仍許臣剿賊自

贖，此實皇上鼓勵之洪仁，臣雖駑劣，不敢不竭蹶從事。其能逭
過與否，臣莫能自必。惟恃聖明在上，無微不燭，朴忠鯁念，終
當仰荷憐督也。爲此謹奏。

崇禎十年八月初九日具奏，九月三十一日奉旨："地方功罪，
督撫均屬一體，孫傳庭著同心共濟，力圖殲剿，毋得諉卸。該部
知道。"

奏報賑過饑民并發牛種銀兩數目疏

奏：爲遵旨行賑已竣，謹會疏奏報事。崇禎十年二月初三
日，準戶部咨，該臣題，爲秦民窮困已極，相率走險可虞，懇特
沛殊恩奠安危疆事，該本部覆題，本年正月初十日奉旨："覽奏，
秦省災荒至極，民不聊生，深惻朕懷，亟宜賑恤。但目今部庫匱
詘，茲特發御前銀三萬兩，再著太僕寺發銀二萬兩，光禄寺發銀
一萬兩，該部撥給車贏，著忠勇營中軍李應忠星夜押解，會同該
撫、按相度緩急，設法救濟，務令饑民得沾實惠，事完報銷。如
奉行不善及乘機作弊者，據實參奏。仍查災重之處停征錢糧，并
飭地方有司實心拊循，不得虛行故事。"欽此。欽遵，移咨前來。
臣即檄行陝西布政司，督令被災州縣確查應賑饑民戶口。三月初
四日，欽使賫銀六萬兩到省，暫停布政司聽候分發。臣同監臣李
應忠、按臣謝秉謙仰遵明旨，會同商確，除慶陽、臨洮二府屬州
縣，兵荒未若西安等府州縣之甚者不遍賑外，將西安、鳳翔、延
安、平涼、興安、漢中、鞏昌六府一州所屬兵荒州縣逐一詳酌，
分別應賑、量賑。先以里甲之多寡、州縣之大小擬注銀數，及取
册已到，復爲衰益。其在鞏昌府屬者，臣等與甘肅按臣黄希憲一
體移會。緣流寇擾害，道路多梗，齎册發銀，勢難齊一。有從山

峪間道陸續投冊者，臣等即陸續會議銀數，一面行布政司分撥解發，一面行各該道府委廉幹官員，公同監臣，分遣把牌并該州縣掌印官，分鑿包封，逐名點散。有臨時不到或別有事故者，即扣銀繳還，毋容混冒。至秦、韓兩藩貧宗，與衛所牧監窮軍，亦皆報冊求賑，蓋罹灾實與民同，往例原皆并賑，是以臣等亦酌議量賑。其荒殘最甚州縣貧民無力耕種者，仍各酌給牛種，令每十人同領銀一十五兩，俟其收獲二年後，止照原數還官收貯，仍備賑貸之用。今事已報竣，總計賑濟過極、次貧宗、貧生、貧民、貧軍共九萬八千一百三十九人，共散過賑濟銀五萬六千四百八十四兩三錢，共給過牛種銀三千六百五十八兩六錢七分，二項共用銀六萬一百四十二兩九錢七分，內一百四十二兩九錢七分係秤兌多餘之數。

臣惟三秦荒盜頻仍，哀此下民，非死於賊，即死於歲，其顛頷未盡，而僅延視息者，蓋已無幾矣。不惟含鼓非其故，即耕鑿亦鮮其人。郡邑集鎮，強半邱墟；阡陌田園，祗餘蓁莽。一二孑遺，皆竄伏於土穴山洞之中，掘草根剝樹皮以果腹，甚至有人相食者。各省灾祲困苦，未有若斯之極。仰蒙我[一七]皇上特允臣等之請，沛發多金，遣使遙臨，渙綸遠播，鳩形鵠面咸戴皇恩，山谷水濱盡沾聖澤，人心賴以維繫，即天意亦賴以挽回。蓋自欽賑既頒之後，西、鳳近地遂得風雨無愆，來年有獲，此實皇上軫恤灾黎、感格天心之所致也。其十年分灾重[一八]之處，如漢中、興安與鞏屬數處，寇擾最久，斗米價至兩餘，所有應蠲應緩錢糧，已經兩按臣疏請，奉旨止酌量蠲緩存留。然漢中、興安及鞏昌兵荒最甚之處，一切錢糧俱萬難催徵。至西安、鳳翔、平涼所屬之商、雒、隴、扶、涇、崇等處，殘破已極，遽難望荒蕪於有秋。近按臣謝秉謙復以商、雒五屬遼[一九]餉、賦役全書、生員優免三項具題矣。其餘應免錢糧并延安旱灾、雹灾，俱俟西成之後，勘確重輕分數，同漢、興、鞏昌，臣等通行酌議題請外。今將賑過人數、銀數及發過牛種，臣謹會同監臣李應忠，按臣謝秉謙、黄希憲合疏具奏。至臣等於欽賑未至之先，按臣曾發倉穀分賑，臣於山陽、鎮安、藍田三縣，行司府措給過賑銀共一千兩，然爲數涓滴，未敢溷列上聞。爲此謹奏。

崇禎十年九月初四日具奏，本月二十六日奉旨："已有旨了。該部知道。"

報寶郿剿撫捷功疏

題：爲恭報大捷事。先是，大天王等賊從徽、秦東掠鳳、寶，我兵兩戰兩捷，斬三百餘級，賊敗入顧川山谷。臣抵鳳翔，仍督標兵與甘兵兩路搜討，間又有棧道出峪之賊，從寶雞渭河南岸東犯。又潼關道報，混十萬等賊已近閿鄉，勢將西闖關門。臣酌量東西緩急調度堵禦情繇，已於八月十一日具疏奏聞。隨准督臣洪承疇手書，謂東犯之賊，係小紅狼、蝎子塊餘黨。及臣詢差官李明，謂闖、過、混諸賊亦俱東犯。臣亦即於十一日移文督臣幷按臣謝秉謙，會調大兵東來合剿。隨據統領甘兵都司葛勇報稱，出棧諸賊選精賊渡渭窺探虛實，都司率漢土[二〇]兵丁擒獲活賊一名來山虎，縛解到臣。臣面審，據供，出棧之賊係猛虎、中斗星、關索、一練鷹、闖事王、奎木狼、黄巢、闖將等股，欲繇盩、鄠、渭、華一帶，徑下河南。臣諭來山虎："爾賊頭闖王等已就戮，蝎子塊等已就撫。今放爾回去，宣布恩威，有能改邪歸正者，皆待以不死。若有好漢，准隨營殺賊，有功一體給賞。如執迷不悟，本院督大兵盡行剿滅，不直殺爾一人。"釋放去後。十二日午時，據原發寶雞探賊塘撥守備薛見龍報稱，本日寅時，賊到高店、蔡家坡放火，等因。據此，臣見賊漸東犯，如過省南，則鄠、藍、臨、渭一帶震驚；如渡渭北，則興、咸、涇、三等處可憂。因一面檄行監紀同知張京，督同參將尤捷等，統延兵於寶雞堵扼賊後，臣提標、廿二兵從岐、扶渡螯屋，馳抄賊前迎剿，以螯屋地稍平衍，便於衝擊。本日酉時，師次岐山。當夜，有中斗星領步賊哨頭草上飛，的名楊威來投，稟稱："來山虎蒙本院不殺放歸，故小的捨妻子來降。"又供各賊欲東犯河南等情。十三日，臣行次扶風，據鳳翔府通判陳元勛、推官張鳳鳴，差役押被擄難民杜存孝[二一]，齎猛虎等八頭目乞撫稟帖到臣。臣一面給示開諭，一面鼓勵兵將赴武功渡河衝殺。

十四日，臣至武功，報賊復西退二三十里。十五日，臣復移咨督臣，催發剿兵，從鳳、寶東下，與臣東西夾擊。至十六日，又據原發郿縣探賊塘撥守備薛見龍報稱，從賊營投來頭目番[二二]山鵲等一十四名，并帶男婦六十四名口、馬騾驢八十匹頭。查番山鵲係前賊闖王舅子，臣審明收撫。隨差千總張世強前去猛虎等營招諭。十七日，張世強回稱，行至河上，與賊宣布招撫德意，見各賊雖口稱願降，仍行搶劫，似有潛往東行消息，等情。是日，又據潼關道報稱，混十萬等賊仍在閿鄉一帶屯札，等因。十八日寅時，又據塘撥守備薛見龍報稱，賊在高店等處圍攻堡寨甚急，等因。臣自至武功，大雨三日，是日少晴，臣即提兵渡螯屋進剿。途中又據監紀同知張京報稱，大天王等賊從楊家河出口，捉住鄉民，盤問猛虎等賊今在何處，要去合營。卑職即於十七日發內丁并延兵前去衝殺，斬獲首級一十五顆，生擒二名。日晡，賊始逃奔上山，等因。臣於十九日五鼓，提兵從螯屋馳至郿縣東三十里槐芽鎮，遇賊，我兵奮勇衝殺，賊敗西返，日暮收兵。次早，臣至郿縣，據分巡關內監軍道僉事王文清塘報，斬獲強壯賊首四顆，生擒一名，射死無數，收獲強賊九名，等因。臣慮賊仍東潰，一面檄潼關道丁啓睿併標下贊畫司務陳繼泰，從藍田一帶差塘撥遠探，如賊潰敗，或賊有從東路奔逃者，該道即督關門防兵，該廳即督民屯等兵設伏堵賊；一面督官兵於二十一日進攻。賊據險不出。二十二日，賊頭關索、一練鷹復具禀，令難民張義投臣乞撫。臣仍給告示，差鄉導趙士學等往諭，并偵賊頭住址及賊中虛實。二十三日，賊復遣書寫岑彭等二名，齎禀赴城投見。臣察彭願撫最真，授計於彭，使搆賊相圖去後。二十四日，賊遣精兵近縣窺探。臣發馬兵數隊馳殺，陣斬二級，活擒馬賊三名，審明梟斬。是夜，岑彭約同賊精健數十人，潛驅馬騾出營來投。臣即於二十五日發兵，分四路進剿。賊憑高瞭見，先發老營入峪，留精健賊倚山待敵。我兵馬步並進，奮勇仰攻，鎗炮齊發，賊不能支，敗退上山。我兵奪嶺，大戰獲捷。

據監軍道王文清塘報，共斬強壯馬賊五十二顆，生擒一十三名。塘報間，又據降丁番山鷂赴本院禀稱，鷂先年隨闖賊時，曾在扶風、醴泉地方埋銀二處，醴泉埋銀處所記識不真，扶風城下埋銀處所至今猶能記憶，乞行差人押赴該縣掘取等情。蒙本院差官郭鳴鳳、李國艾押同鷂，并行令扶風縣印官同赴原埋銀處所，眼同鷂等掘取去後。本月二十七日，隨據該縣申稱，卑職同差官及降丁、街民掘出銀四大錠二百兩、碎錠六百九十三兩，共銀八百九十三兩，同衆秤兑包封解赴軍前，等因。蒙本院驗明，給賞番山鷂等各降丁銀一百兩，餘銀發監收廳貯庫充餉訖，等因。復探賊自殺敗，狼狽已極，循山西遁。臣又星夜移文督、按二臣會催剿兵，從西面堵擊，使賊進退無路。至二十八日二鼓，有臣先後差役李玘均等，同督臣差役齎督臣回文到臣。臣閱督臣密字，謂親提左、曹等兵，於二十八日早至寶雞。據報猛虎、中斗星、大天王三賊合營，俱屯聚寶雞以東楊家店。本日辰刻，具函會兵間，傳聞賊已向西行走，未知何如，賊情變幻，時刻不定。若果向西逼近寶雞二三十里，官兵勢又不容等待延遲不速剿，以致失此機會。希即傳齊官兵，先量發馬步各兵若干，執火器，速赴斜峪山口鳴炮扼堵，再督大兵從東往西擊殺。若左、曹等兵一殺，則各賊勢必東竄，正所謂東西夾剿，可必成功。如或今二十八日午、未時以後，賊苗頭未盡向西來，未甚迫近寶雞，則此中官兵必不先動，必以今夜二更發兵，二十九日黎明到賊處剿殺。本院官兵亦即於今晚定更時發行，次日黎明同到賊所，東西夾剿，等因。臣當即傳齊各將掌號發兵，西馳合剿去後。

據監軍道王文清塘報到臣。又據監紀同知張京報稱，二十九日進剿各營共斬賊級八百餘顆，生擒一百餘名，又招投降上天虎等賊五百名，內精賊一百五十六名，俱到鳳翔關厢住宿，等因。又據總兵左光先、曹變蛟差人口報[二三]相同。除左光先、曹變蛟等營斬獲功級聽督臣具題外，九月初一日，又據潼關道塘報，八月二十五日，探得豫中之賊，老營仍在地名中原、西留、東留、魯山等村屯札，塘馬到秦村，傷人八口，復至永泉鎮，離閿鄉止二十里，等因，到臣。該臣看得，臣之振旅而出也，爲大天王一股也，其衆僅數千，臣擬調度標、甘二兵夾擊盡殲。乃臣提標兵方出，甘兵已遵臣先檄，兩戰獲捷，斬首三百有奇。故臣抵郿，而賊已西。臣遂渡渭入鳳，欲另畫攻圍之計以盡賊，而忽報大賊出棧，蓋即猛虎、中斗星等賊也。各賊哨目頗多，猛虎則代蝎子塊，中斗星則代闖王，統其黨衆，以稱老掌盤子者也。賊出棧，即遣賊撥渡河，直瞰寶雞。甘營都司葛勇率親丁生擒其領撥之來山虎，解臣訊之，知賊欲繇盩、鄠，歷渭、華徑犯河南。臣釋之，使復還賊營，宣布朝廷恩威，以開其來歸之路，而携其死戰之心。臣一面提師東旋，從武功渡河，於盩厔川中迎擊。比來山虎去，而草上飛隨投。未幾，賊目番山鷂亦以來山虎之言，率其精健併男女六十餘人繼至。番山鷂乃與俘賊闖王相伯仲，而久以驍雄敢戰聞者也。當小紅郎投降之後，衆議欲以山鷂統其衆，因闖將總掌各賊之盤，惡其勇力儕己，乃以中斗星統之。此賊歸，而中斗星之衆皆不能自保矣。賊復具稟求撫，臣亦佯應之，而惟決計以圖鰲屋迎擊之舉。

及臣武功阻雨三日，賊猶逡巡寶、郿之間，又報攻剋堡寨。臣恐秋禾遍野，賊或據險久屯，臣遂於十八日渡河，十九日從鰲赴郿，忽遇賊於槐芽鎮。賊之塘馬與我之塘馬方見，而賊之老營即隨其後。官兵奮力撲賊，賊護老營，各輪死鬥，苦戰半日，僅斬賊數級。賊老營漸登山，賊乃引去。官兵亦以日暮收營。是夜，臣與監軍道臣王文清領率官兵露宿本鎮。臣復懸賞，遣奇兵姚敬、邢公夜入賊營借撫行間，而賊目孟絶海又率其妻孥，隨姚敬等來投。絶海，乃蝎子塊營中之錚錚出色者，當張鎮被陷時，賊得其蟒甲三領，蝎子塊與存孝及絶海各分其一，今絶海猶披之，其勇力可知。此賊歸，而猛虎之衆亦莫不相顧震悚。

次日報賊西折，臣督官兵至郿偵剿。而賊屯郿之南山下，西踞五丈原，東接洪河，南倚斜峪關各山口，北則石河稻畦圍遶其前。臣於二十一日發兵誘戰，賊恃險不出，我兵空返。臣復諮度地形，密籌用間用奇之著，使鄉導趙士學往復賊所，盡得賊中情形及賊首居停之處。二十三日晚，賊復遣其書寫岑彭等叩臣乞撫，而岑彭盡輸賊情於臣，願爲臣用。臣密授彭意，彭唯唯而去。次日，賊遣精騎近城窺探。臣發馬兵數隊縛斬五人，甲馬併獲。是夜，彭遂率其同謀歸正之唐守玘等驅賊馬騾偕來，而賊頭關索之戰馬在焉。彭至，言賊甚窘畏，各頭目共議出山，而群賊憚險不從。臣於是日晚，分派標、甘等兵，於二十五日之五鼓，四路並進。賊方日夜懼臣進剿，每至夜半，即發老營入山，精賊輔馬待戰。兵方出郿，賊已偵覺，狡伏兩翼，從中迎敵，勝則肆彼長驅，敗則誘我入伏。不意臣兵分路而往，埋伏之賊計無所施，只得分頭接戰。官兵奮勇披殺，立斬其哨隊精銳數十級，敗遁上山。我兵亦乘勝攻山，追歷數嶺。賊之滾崖落澗者紛紛無數，慮馬騾悉爲我得，自行砍傷與推入崖澗者無算。我兵爭欲乘勝窮追，而山徑益險不可逾，不得不收兵回營。賊自是東犯之謀寢，而西折之形見，乘夜起發老營，循山而徙營於寶雞之南山。精賊找搭窩舖，狙伏山頭，以防臣躡其後。時尤捷之兵雖駐防寶雞而爲數不多，不能出奇制勝。臣屢咨督臣，請兵夾擊。督臣慎密，東來禁絕行旅，即臣請兵之差役，亦慮其漏洩不肯先發，於二十七日之夜至寶雞，次日近午裁書約臣於二十九日黎明夾剿。賊距郿遠而寶近，故督臣期臣兵於定更時發，左、曹等兵於二鼓發。乃差使不能飛馳，書至時已二鼓。臣得之，固知臣即發兵已遲，然喜賊之必可大創也，不覺從榻中躍，蓋竭賊之力止防東邊，若西邊，則不惟不及防且不及知，出其不意，大捷必矣。急傳各將掌號啓行，諭以即不能依期馳至賊所，但能扼賊東奔之路，併嚴防諸峪，使賊毋軼出，俾左、曹得以趕盡殺絕，亦即各將之功。比兵行則已三更矣。途中復有石河、稻田，各兵將纔歷崎嶇，復行沮洳，心徒急而不能前也。辰時至釣魚臺，則見賊已登山，左、曹大兵已擒斬近千，收兵札營。甘營都司葛勇憤無賊可殺，見山頭有賊，堅欲攻山，匹馬先登，樵徑狹仄，馬實難行，徒步往[二四]從者數人而已。勇之土丁擠擁山下，方尋路急進，而勇已中林莽伏賊之矢，落馬殞生。各丁痛恨，搜林斬獲六級，負勇回營，各兵收札山下。總兵曹變蛟聞各兵至，亦領兵四隊至山前，與盛略等相見而返。略等本日統兵回郿。是夜，賊從山內奔竄，次日發塘出哨，並無一賊。復差步撥乘夜入峪哨探，行百里外無所見。

　　憶[二五]此賊初出益門鎮時，氣焰風聲不可嚮邇，旁觀者皆以衆寡不敵爲臣危之，即督臣寓書於臣，亦言此賊如與大天王合，則甘肅等兵迎敵宜慎。臣擒獲來山虎，訊賊之情，言將犯省會，闖關門東去中州。臣爲髮豎眦裂，陳師鞠旅，迎頭苦戰。臣每曉諭各兵將，以迎頭之與截尾，苦戰之與掩襲，其難易懸絶，人所共知。然蕩平之功，必應從迎頭苦戰做起，則各兵將之有志功名者，亦必應從迎頭苦戰做起。各將兵但能迎頭苦戰，即斬馘無多，亦必從優叙録。故各將鼓鋭，諸兵奮勇，槐芽鎮之役，力遏潰决，使不得東下。臣復於就中用間設奇，頗費籌畫。幸賴皇上威靈，屢發皆中。賊之戰馬歸我營廄，賊之積金歸我帑藏，賊之心腹爪牙歸我部曲。且各兵將殲鋭逐北，不避險阻，使賊膽落西折，逼賊之老營於西，牽賊之精健於東，以成左、曹數月來未有之大捷，遠則河南之郡邑無虞，近則鼇、鄠、華、渭之禾稼可保，目前滿簣滿車，轉盼即千倉萬箱，諸將之功不可没也。使賊從峪徑狼狽西出，督臣復發偏師巡往，扼擊於徽、鳳要險之處，此賊其無噍類矣。臣已移咨督臣，謂當以左、曹大兵仍偵闖、過各賊所在，馳赴圖剿。而以臨洮總兵孫顯祖及副將賀人龍之兵待此賊於徽、鳳之間掩擊，度督臣必有定畫。臣因西賊既敗遁，而豫賊之在閿、靈者猶眈眈西窺未已，督臣大兵見在鳳翔，郿縣斗城兵難久駐，遂令監軍道王文清督甘兵駐鼇屋，留標兵駐鄠縣，臣暫回省彈壓，兼料理關門之防。如此，賊仍出峪東窺，臣仍介馬星馳赴鼇屋調度，一日可至。

所有迎頭苦戰屢捷之諸將，如甘營統兵副將盛略，遊擊趙用彬，旗鼓守備鄧萬鍾，加銜遊擊王萬策，加銜守備楊奎光、崔朝印、王宗義，中軍祁功偉，千總盛允[二六]昌、盛允祥、葛衛國、卜言兔、張士英，標下統兵調征參將王永祥，隨征原任參將解文英，統兵後左營實授都司僉書李國政、郝光顯，實授守備張文耀，調征守備李遇春、王世惠，督陣守備千把總郭鳴鳳、王加福、魯自友，知事錢士芳，參謀武清周，中軍千把總實授守備黨威、楊豹、李文奎，監軍道中軍鍾鳴豐，俱應從優議叙。内李國政剿賊最久，上歲十二月華、渭、潼、閿剿混十萬等，屢著捷功。今歲正月以孤兵入山，解商、雒之危，剿撫皆有成效。此番聯絡將士，督陣衝鋒，又居中策應，得本官之力最多。臣標下別無大將，獨恃有本官，宜量加遊擊銜，以示鼓勵。至陣亡都司葛勇，臨敵身先士卒，且晄峪之戰，手刃退縮之大旗軍丁馬尚德，而諸兵奮戰獲捷，又親縛賊撥之來山虎。臣特破格旌賞，勇益銳意當先，遂欲攻大帥不攻之山，躍馬巉巖，隕命鋒鏑，殊爲可惜。除臣賞棺收殮，親行致祭，仍應題請優恤，以慰忠魂，伏乞聖鑒施行。爲此具本謹題。

崇禎十年九月初四日具題，本月二十六日奉旨："據報鄜、寶合捷，具見督撫同心調度，將士戮力行間，著乘勝極力夾剿，净此賊氛，毋氣盈弛懈，復縱他逸。兵部馬上馳諭。其有功陣亡兵弁，著察議具奏。"

恭報司務廳練兵併請關防馬匹疏

爲題請關防馬匹事。準兵部咨，遵奉明旨，行據標下贊畫司務陳繼泰呈詳到臣。該臣看得，用兵莫善於土著，莫不善於遠調，臣童而知之。自入秦疆，疚心寇患，而兵單餉匱，無力驅除，恨不做古人寓兵於農之意，以握根本之圖，而收蕩平之效。惟是邇來之寇，狂逞多年，精强慣戰，實不易與。每思標本兼舉之計，方議募調邊兵，以資目前之摧陷，而又清練屯兵，徐圖自强，臣實非敢薄土著而貿貿遠求也。臣查司務陳繼泰請縷一疏，不禁稱快。繼准部咨，以繼泰充臣標下贊畫，俾其募練土著三千，隨臣征剿，臣既幸於無兵之日得兵，又幸臣所有志而未逮者，可於本官見之施行。准部議，云西安州縣募有自守之兵，一縣三四百名，歲費銀六七千兩。故臣於本官未至之先行司，議將近省州縣民兵摘取二千名，即以原有工食充餉。各州縣工食，每兵每日有三分、四分、五分之不等。臣令一遵部議，悉准五分，聽本官至日，選練支給。如所取民兵不能如本官之意，即聽其汰回，令扣解工食，候本官另募，則在各州縣不徒養無用之兵，在本官自可得見在之餉。其挑揀教訓，又一任本官爲之，臣惟樂觀厥成，併不掣本官之肘。

此外，臣有清出屯軍，所給鎗銃、炮藥，一一精備，正當分營團練之時，撥給本官一千名，與民兵合練，俾成勁旅三千，以裨征剿。茲時將三月，臣昨有鳳翔之行，臣尚恐簡訓或有未周，不肯輕試其銳，留防省城。後恐豫賊西犯，秦賊東逸，惟令本官於潼、藍之間張聲設疑，乘敝擊惰，戒勿輕與接戰。蓋臣方期本官以大用，而不敢令其汲汲漫爲也。今蒙行查，據本官申報，選收各州縣解到民兵九百六十名，本官自募官生材勇九百七十名，并臣所發屯軍九百六十二名，計數幾於三千，不爲不多；閱日已過八十，不爲不久。又謂訓以百日之功，可效半臂之力。臣謂本官既從實地做實事，即百日之期亦可無限。本官肝膽意氣，勃勃無前，皇上惟執本官之言，以責本官之效，苟能裨補廓清，即稍需時日非遲也。乃本官又以茶馬、關防、功賞三事爲請，臣惟衝突須馬，故剿兵皆以馬三步七爲率。本官銳意殺賊，不欲以尋常鄉兵自格，且云所選官生兵丁并屯兵內，熟練弓矢，精通劍戟，善於馬上技藝者屈指千餘。皇上於本官既不惜破格鼓舞，將爲各省練用土著之倡，豈靳此茶馬千匹，使本官詘於前鋒而安於後應也。臣所那湊遠市西馬千餘匹，見在募到邊丁數百，虛策以待，其未到而需馬者猶多。本官亦知臣馬無幾，不能分給，故特求茶馬。應請敕下兵部，將本年解京茶馬二千匹內撥給本官一千匹，以展其才。此一千匹之路費草料，該銀三千五百兩，亦祈併給本官，以充數十日草料之費。其以後不足者，臣即以剿餉動給。至於本官文移動關錢糧、兵馬，須有關防，應請敕下禮部鑄頒。若夫功賞銀兩，臣標下原無額設。本官之兵但能立功，豈患乏賞？臣請於剿餉內一體那給，似不必另請專設也。

再照本官原請募兵三千，今三千內有臣發屯軍一千名。臣祇以屯軍亦皆土著，又不煩措餉，而其人之年貌勇力不讓募兵，且器械精備，似尤過之，臣故撥令並用。如目下臨敵剿禦，募兵果遠勝於屯兵，臣願為本官另行措餉，使其募足三千之數。且不但三千，即盡皇上所給之剿餉，臣悉倚本官俱募土著，以速奏蕩平，用力逸而收功大，又不至釀釁貽憂，臣何憚而不為也？至於因用民兵，扣取其原有工食，臣祇以既有此民兵，有此工食，即其兵不若本官自募之兵，而其工食豈不可為本官自募之餉，莫非地方之物力，莫非朝廷之錢糧，何必剿餉始為餉，而付此項於虛糜也。此實臣區區節縮苦心，然亦本部文私鬥公戰之意而行之耳。統祈聖明鑒裁施行，謹奏。

崇禎十年九月初六日奏，十月初一日奉旨："該部看議具奏。"

報降丁掘獲窖銀疏

題：為續報降丁掘獲窖銀事。臣昨提兵於郿、寶間擊剿出棧諸賊，收獲降丁番山鷂等。據番山鷂供，先年隨闖賊時，曾在扶風、醴泉地方埋銀二處。醴泉埋銀處所記識不真，扶風城外埋銀處所，至今猶能記憶，乞行差人押赴該縣掘取，等情。隨經臣差官押番山鷂至扶風，同該縣知縣宋之傑掘獲銀八百九十三兩，解至軍前。臣給賞各降丁一百兩，餘銀七百九十三兩發監收廳收貯充餉，業經臣於報捷疏中附奏在案。

續據番山鷂稟稱，醴泉埋銀處所雖記識不真，若至彼相度形迹[二七]，尚可掘挖，等情。據此，臣票委參謀武清周押同前往醴泉縣，同該縣印官掘取去後。今據該縣知縣韓景芳申稱，蒙委武清周押降丁番山鷂等到縣，卑職即同委官并降丁番山鷂等至窖銀處所，掘出原窖銀兩，眼同秤兑，共二千九百一十三兩九錢，封裹貯庫，等因。據此，臣行令於内給賞山鷂併衆降丁劉君槐等三百五十兩，俾製買甲馬隨征報效，其所餘二千五百六十三兩九錢貯庫。

爲照降丁番山鷂，的名拓攀高，乃前俘賊闖王高迎祥心腹至戚，而其智力亦與迎祥相頡頏者也。迎祥於八年九月屯擾西鳳，其所劫掠之貲，捆載不盡者，悉穴藏於扶、醴空闊之地，諸賊皆不與知，惟令攀高知之。迨迎祥成擒於盩厔，而攀高遠遁於漢南。今始從棧道出峪，感臣不殺其夥賊來山虎之恩，率衆來歸，遂舉迎祥所瘞之金，一一首出掘獲。查窖銀處所，於扶則在郊關之外，於醴則在園野之間，乃攀高等記憶既真，不敢私起，頗能守法輸誠。臣用敢即動原銀從優給賞，俾製買甲馬隨征效用。由此或能格面格心，得其死力爲我用亦未可定。除給賞各丁外，先後二次共存銀三千三百五十六兩九錢，俱應充餉或作軍前功賞之需，統俟事完，同兵餉彙册報銷。謹題。

崇禎十年九月十三日具題，十月初八日奉旨："知道了，先後掘獲銀兩著充兵餉、賞功等用，彙册報銷。該部知道。"

清屯第三疏

奏：爲微臣清屯事竣，三秦永利已興，彙報前後清出實在兵糧數目事。竊惟清屯之舉，臣不揣譾劣，謬欲修舉祖宗久湮之成法，於患貧患寡之時，爲足食足兵之計，矢志殊迂，用力匪易。今幸邀寵靈，克副愚忱，竟臻成效。以兵，則向欲爲省會四門各索乘障之三百人而不可得，今則於前、後、左三衛清出實在營軍九千三百三十八名，於右護衛除旗軍校尉七百八十名外，清出實在修工軍二千五百一十七名，悉年力精壯。營軍已分六營團練，修工軍已撥令增築會省三關矣。此臣清出實在之兵數也。以餉，則向盡四衛之歲入，支都司、衛所廩俸雜費，及標下家丁二百月餉、奇兵千人加糧，而猶虞不足，今則於前、後、左三衛清出課銀一十四萬五千二百四十二兩零，於右護衛清出本色麥米豆一萬三千五百五十六石零。今夏課銀已將完，而本色亦見行徵收。至原兌各軍未起課之地，應納丁條、草馬等銀共四千五百八十一兩零猶不在內。此臣清出實在之糧數也。

是役也，兵不煩募徵，第稽之斷殘之尺籍，遂得萬二千餘，修我戈矛，事乃畚鍤，在將來終不敢謂戰則不足，在今日已可謂守則有餘；餉不假摋派，第復自奸宄之橐囊，遂得一十五六萬兩石，金盈於帑，粟充於庾，在目前可支繁匱之軍興，在後日可裨富強之永計矣。至於酌其便於人情，留其餘於地力，故當經畫之初，已無難於慮始；即經撓亂之後，竟無害於觀成。蓋臣籌度逾年，確有主見，經營數月，斷在必行。遂使二百載相沿之弊竇，摋滌無餘；億萬年不涸之利源，流通罔既。臣於是益信天下無不可爲之事，而自今以往，凡有心爲朝廷任事者，亦不至以臣之多事無成爲戒矣。

然其所以成始而成終者，非臣一手一足之力所能辦。除原任西安府推官、今行取王鼎鎮，當臣初舉此意，本官即力贊其可行。及奉臣檄，則直窮蠹壞之根，不避群小之忌，精心擘畫，定力擔當，始事之功，獨居其最。臣已於第一次清屯疏內題叙，奉有准與優敍之旨，聽部考選。外如分守關内道副使李虞夔，接管清理，不徇情面，至於軍户、地户爭訟之案，情僞百出，剖斷公明。至各衛之册籍繁多，每衛輒至十餘本，而分郡分邑縷析於三十六州縣者，每本輒經數造而續清續發，每州縣又輒至數番，紛紜浩繁，本官必經手經目，勞績鮮儔，敍酬宜厚。此外，督徵州縣，當屯政修明之始，能加意奉行，有裨軍國大計，與尋常歲額遵例催辦者不同，應照完課第次，併行甄敍。内如長安縣知縣賈鶴年，清操軼俗，催徵有法，首先報完夏課，以爲諸有司之倡。咸寧縣知縣宋屺，留心督催，夏課遵限報完。鄠縣降級知縣張宗孟，悉心調劑，使軍佃悉得其平，不急爭一日之早完，獨深圖長久之至計，而夏課報完亦不落後。渭南縣署印、西安府同知王明福，奉文之初，有一二奸徒妄思延抗，本官擒首惡枷責示警，旬日之内，遂報完三千餘兩。蒲城縣知縣田臣，正項錢糧不逾夏而徵完六分，於屯課尤竭蹶從事，遵限及額。同州知州羅爌，守潔才練，使梗頑頓化，課額能完。華州知州鄧承藩，本州額課雖數僅五百七十餘兩，而夏季遂完解八分，亦見勤敏。興平縣知縣閻堯年，額解亦僅數百，而鼓舞軍佃有方，使人皆知納課之便。臨潼縣知縣張鼎，課額頗多，完將及數。以上各官，均請議敍，以示鼓勵者也。其餘州縣或解數儘多，而準之原額尚不及半；或解雖及額，而按之銀數原自無多；又或解將及額、銀數亦多，而始則奉行不力，近於急緩，繼復肯綮未得，涉於張皇，臣俱不敢濫舉。

所有清出軍糧，臣謹造册奏報。再清出屯課銀粟共十六萬餘，數固不爲不多，然較國初尚不敷原額。秦方兵餉兩絀，臣搜剔有此，自兹以往，庶幾經理有方，侵牟永絶。以秦兵衛秦地，即以秦餉養秦兵，凡遇軍興，不至動煩呼籲，可永寬聖明西顧之慮。若此項銀粟，則必不宜別有挹注也。蓋四衛軍糧各有定數，有一軍即應有一糧，有一糧即應補一軍，必軍糧漸如原額，乃能漸復先朝富強之盛。內且有額支丁條、草馬、司衛雜費等項，又營軍加糧、軍役工食與夫延寧各邊班價，俱於此中取給。又向蒙聖明准臣設標兵三千，除當年給臣囤金裁站新餉六萬兩之外，以後着臣自行設處。臣凜奉明旨，至今未敢另有陳瀆，亦應以此項接支。頃戶、兵兩部計議會剿兵餉，該給臣餉銀二十三萬四千兩，止撥給臣本省裁站并晋蜀均溢銀一十八萬七千餘兩，尚不敷銀四萬六千有奇，以臣見抽屯餉緩議。昨臣通計剿兵，原列標兵在內，亦自應以此項通融湊抵。又省會重地，南、北、西俱無關城，東關有城亦低薄不堪。臣見行分守道，督咸、長兩縣分工修築，夫役即用右衛軍丁，而鹽菜等費亦於此項支給。又打造軍器、獲捷賞功，臣衙門併無額設，亦應於此項那用。則此屯課，自各項支銷外，無多贏餘，即欲招補額軍，已不能不需之異日。況軍佃良頑不一，未必一一通完。臣若不預爲陳明，當茲司農仰屋之時，或臣取所清出之課另充別項酌濟，則不但使秦地空虛如故，且併有名無實之原額亦永不可問。是臣徒費一番苦心，於秦無益，而反害之矣。

至於十面合剿之舉，仰借皇上天威，諸臣謀力，果能刻期蕩平，則自崇禎十年以後秦與各省之剿餉，俱不煩戶部撥給。即或餘孽猶存，尚費驅殲，臣有此兵，有此餉，臣爲悉心料理，自可支撐防擊，臣亦必自崇禎十年以後，再不敢仰求接濟於戶部。此則臣之所可自任而敢昌言於聖明之前者也。統祈鑒照施行，謹奏。

崇禎十年九月十三日具奏，十月初八日奉旨："據奏，清屯既竣，裕餉足兵，孫傳庭具見實心任事。該部看議具奏。"

題被灾地方蠲免^{〔二八〕}錢糧疏

　　題：爲遵旨查明灾重地方仰請蠲緩事。卷查崇禎十年二月初三日，准户部咨，該臣題，爲秦民窮困已極，相率走險可虞，懇特沛殊恩，奠安危疆事。該本部覆題，本年正月初十日奉旨："覽奏，秦省灾荒至極，民不聊生，深惻朕懷，亟宜賑恤。但目今部庫匱詘，兹特發御前銀三萬兩，再著太僕寺發銀二萬兩，光禄寺發銀一萬兩，該部撥給車騾，著忠勇營中軍李應忠星夜押解，會同該撫、按相度緩急，設法救濟，務令饑民得沾實惠，事完報銷。如奉行不善及乘機作弊者，據實參奏。仍查灾重之處停徵錢糧，并飭地方有司實心拊循，不得虚應故事。"欽此。欽遵，移咨前來。除監臣李應忠齎到賑銀，臣等會議散賑，并分發牛種先後事竣，前已造册具疏奏聞外。其十年分灾重之處，臣等仰遵明旨，檄行布政司分行各道府確勘去後。節據分巡關南、關西、河西、商雒、潼關各道，并西安、漢中、平涼、鳳翔、鞏昌等府及興安州，各申報所屬州縣灾傷，有值亢旱，夏麥無收、秋禾未種者；有雖佈種成苗被冰雹打傷者；有人民被寇殺擄逃散，未能佈種荒蕪者；有苗秀將成，被寇殘毁者。或請賑恤，或請蠲緩等情，到臣。臣復批行布政使^{〔二九〕}覆勘彙報去後。十月十六日准户部咨，該監臣李應忠奏，爲微臣賑秦事竣，恭報散過銀數并查蠲緩錢糧仰祈聖鑒事，九月十七日奉旨："據報，賑濟秦省饑民六十二處，已盡霑實惠，并節存改助牛種，蠲緩勘明續奏，知道了。内稱印官有棲身無地、俸薪全無者，該撫、按確查廉善，分別勸勉，俾得堅心愛民，以昭朝廷體群臣至意。該部知道。"欽此。欽遵，抄出到部，移咨前來，已經備行遵照去後。今於十一月二十二日，據該司呈詳到臣。該臣會同按臣謝秉謙、黃希憲，議得軍旅饑荒乃從來偶值之變，而秦則歲以爲常。臣等拯救無能，乃蒙聖明注念危疆，軫存遺子，大沛恩膏，既使野殍溝瘠咸荷更生，猶慮災重地方窮民應輸錢糧不能辦納，令臣等查明停徵，雖古聖人如傷在抱，何以加諸！

臣等祇奉明綸，分行踏勘，如商雒之累歲荒盜，漢中之斗粟兩餘，鞏昌之罷寇最久，與興安之巖邑兩陷，臣等先後疏報，俱在御前，自應併以災重徼恩。其他西、鳳、平、延各州縣，或殘破之極，一望邱墟；或殺戮之餘，呻吟徧野；或民逃寇踞，東作未興；或夏旱秋雹，西成罔獲：臣等查覈，分別奏聞。除西安屬地，有寇警稍息，二麥頗登，惟夏末稍旱，併臨洮府屬雖經寇擾，被災未甚，與凡稍可徵輸州縣，俱不敢概議蠲緩外。查得屢經寇殘地方，與夫旱雹災傷最甚之處，如西安之山陽、鎮安、商州、商南、雒南，漢中之南鄭、洋縣、城固、西鄉、沔縣、褒城、略陽、鳳縣，鞏昌之階州、文縣、兩當、成縣、西和、漳縣、秦安，平涼之涇州、崇信、華亭，鳳翔之隴州、麟遊，興安并所屬之白河、紫陽、洵陽、平利，以上三十州縣，或屢被寇殘，或酷遭旱荒，被災一等，應將十年分存留錢糧，并新舊遼餉及雜項公費、羊價、料價、匠價，并衛所屯派遼餉，俱蠲五分，緩五分。鞏昌之隴西、寧遠、伏羌、秦州、禮縣、清水、徽州，并洮、岷、西固城三衛所，平涼之靈臺、隆德、鎮原、平涼、莊浪，鳳翔之扶風、汧陽，延安之安塞、保安、延長、甘泉、宜州、延川，慶陽之寧州、真寧、安化、合水，以上二十四州縣并衛所營堡，曾經寇掠，民多逃竄，地多荒蕪，即間有耕種，又罹旱雹，被災二等，應將十年分存留錢糧，并新舊遼餉及雜項公費、羊價、料價、匠價，俱蠲三分，緩二分，徵五分。西安之耀州、同官、永壽、長武、三水、淳化、同州、藍田、朝邑、韓

城、蒲城、郃陽、澄城，鳳翔之寶雞、郿縣、岐山，鞏昌之通
渭、安定，平涼之固原、靜寧，慶陽之環縣，延安之鄜州、膚
施、中部、宜君、雒川、綏德、安定、清澗、米脂、葭州、神
木、府谷、吳堡，以上三十四州縣并各衛所營堡亦經寇擾，民殘
地荒，又值夏旱，秋成甚薄，被災三等，應將十年分存留錢糧，
并新舊遼餉及雜項公費、羊價、料價、匠價，俱蠲二分，徵八
分。至於石泉、漢陰、寧羌三州縣，俱新經寇陷，百姓殘傷已
極，十年分存留錢糧，并新舊遼餉及雜項公費、羊價、料價、匠
價，俱應盡蠲。以上所議蠲緩，止及存留錢糧，與新舊軍餉、雜
項公費、羊價、料價、匠價數項。此外有祿糧爲宗藩急需，民運
爲邊軍急需，站價爲驛遞急需，預徵軍餉爲剿兵急需，俱未敢概
議蠲緩。

　　至監臣疏稱印官有棲身無地、俸薪全無者，蒙旨著臣等確查
廉善，分別勸勉。臣等查得西安府鎮安縣知縣秦來奚，力捍空
城，賊逼境內，猶能出奇斬馘，已經兵部叙錄，先因薪俸無給，
至家口不免嗷嗷，臣曾括金四十兩以贍之。鳳翔府隴州知州文應
麟，受事該州，當屢經殘破之後，無復州治。該本府知府熊應元
條議修復，督臣洪承疇發兵鎮守，一時在事諸臣各有捐助，臣亦
搜捐贓贖二百餘金，以佐工料。今城工報竣，而拮据綢繆，賴該
州之力居多。扶風縣知縣宋之傑，委署之初，該邑官舍民廬無復
存者。本官代庖數月，勞來有方，未幾而百堵具興，市肆如故，
邑治漸有可觀。臣因以本官題升該縣，以償其前勞，且以鼓其後
效。平涼府靈臺縣知縣敖泓貞，方履任時，賊猶踞城內，本官受
事於城外之南堡。及賊漸引去，本官招集居民，繕葺城垣，置備
守具，殫竭心力。厥後大寇屢犯其境，竟能固守。崇信縣知縣高
斗垣，歷殘邑二載，臥薪嘗膽，形神俱瘁，今城已修復，廢墜可
徐俟興舉，而本官以憂去。之數官者，艱難困苦，既已備嘗，黽

勉勤劬，復能自效，與“廉善”二字有當，用當遵旨勸勉。内高斗垣雖以憂去，而勞不可没，故並列以聞。至於見在各官，倘能初志不渝，末路愈振，以廉善始，復以廉善終，是在各官之無棄勞矣。此外，凡城經殘破之處，官之俸薪未盡無給，而棲身實苦無地者，尚有山陽、永壽、華亭、麟遊、涇州、襃城、漳縣、秦安、成縣、階州、文縣、兩當、石泉、寧羌、漢陰等處。第其官或經參處，或久缺未任，或新任而廉善未能自見，臣等所以分別勸勉者，亦不能不徐俟其後。而官廨、俸薪等項，現飭各道府從長計議，另疏題報。爲此謹題。

崇禎十年十二月初十日具題，十一年正月二十六日奉旨：“該部看議覆奏。”

題按臣錢守廉恤典疏

題：爲勵勞臣以光大典事。准吏部咨，遵奉明旨，行據陝西布政司呈詳到臣。爲照臣忠莫大於致身，主恩特優於死事，若其勞在邊疆，尤宜上邀殊典。該臣看得，前巡按陝西監察御史錢守廉，立朝著謇諤之風，報國矢捐糜之志。有懷慷慨，匡扶豈異人爲！殫力澄清，髮膚總非我有。入關值寇盜擾攘之日，縱橫盡封豕長蛇；按部際郡[三〇]邑殘破之餘，來往悉青燐白骨。乃守廉罔辭險阻，備極辛勞。既巨細靡不身親，復安危引爲己任。籌兵籌餉，捋蓄而肌骨爲銷；議撫議征，擘畫而心神幾瘁。憤將士之驕玩成習，直欲以繡斧代尚方；痛我師之延誤罔功，恨不以駑馬當汗血。故擒闖酉於螯屋，實守廉畫策於火攻；收滿寇於延安，又守廉自授[三一]以戎索。此守廉勞績昭昭，在人耳目，俱有塘報可稽。然守廉致病致死之緣，不專在是也。兼任三年之巡閲，勞且書於簡伍稽儲；親瞍兩鎮之邊防，歷馳驅於衝寒冒暑。故郿、宜之轍未返，馬上血傾數升；比榆、固之役方周，榻間食惟幾箸。迨勉竣掄才之典棘甫撤，而守廉遂不起矣。按臣謝秉謙接任，謂守廉以死勤事，誠[三二]不敢没其成勞，亦臣所真知灼見。若非破格優恤，非所以勵臣節而昭國典。至守廉生平才品，與夫察吏安民、觀風問俗諸善狀，爲巡方職業之所應盡者，臣不敢一一縷數也。查得《大明會典》一款：“凡在京、出外文武官員，不拘品級，其以死勤事者，恤典取自上裁”。今守廉功在秦疆，臣謹會同按臣謝秉謙合詞具題，伏乞敕部議覆施行。謹題。

崇禎十年十二月初十日具題，十一年正月三十日奉旨：“該部查例覆奏。”

移鎮商雒派防汛地疏

題：爲微臣遵旨督兵斷截商雒，恭報到汛派防情形，仰祈聖鑒事。照得流賊[三三]煽禍十載，勢益披猖，臣實不勝痛憤，於十一月初十日具有“微臣素負癡腸”一疏，以秦寇適去，臣兵少集，輒自請出關剿賊。方在候旨，本月三十日准兵部咨，爲請旨責成剿賊第一事，令臣兵斷截商雒。十二月初三日，又准兵部咨，爲緊急軍情事，令臣速赴所派地方。臣一面咨覆兵部，一面屬兵秣馬，發撥遠探豫、處[三四]各賊西向情形間，本月二十一日，又准兵部咨，爲兵機介在毫髮，賊勢急於奔湍，申令扼剿，謹具題達事，内云賊既自南而北，勢必自東而西，或涉南陽走内、淅，則商南受其衝；或過汝州走永、盧，則雒南受其衝。苟一入商、雒，而萬山環之，岐徑錯出，出藍田則通鄠、杜，出山陽則達鄖、房，出興安則奔蜀漢。而我官兵追之不及，截之不能，又散漫而無可如何。故臣前議陝撫堵商、雒，實當賊首衝，而潼關一路，有晋兵橫截陝、靈，即諸賊不敢正視。此形格勢禁，用兵之理有不可易者也。本月初三日，接得陝撫孫傳庭"微臣素負癡腸"之揭，自請出潼關殺賊，而欲令監軍道張京，領王洪、祖大弼之兵別出鄖西。此或拜疏在未見責成之前可耳，若既見明旨責成，該撫宜急趨商、雒，預堵賊衝，等因。移咨前來。準此，臣於二十四日親督官兵，縣藍田赴商、雒，議以後左營都司李國政，統領馬步官兵九百一十三員名，屯兵炮手四百四十四名，署中軍事旗鼓都司王國棟，統領馬步官兵一百七十員名，奇兵炮手四百二十名，直抵商南，以堵內、淅之衝。以甘營副將盛略，統領馬步官兵一千五百八十八員名屯駐雒南，以堵永、盧之衝。以原任副將、遣戍趙大允所統馬步官兵六百八十八員名，併原任副將王根子所統漢土〔三五〕官丁一百八十四員名、原任參將解文英所統馬步官兵五百九十六員名、守備張文耀所統馬步官兵一百四十二員名、操司孫枝繡所統馬步官兵四百四十二員名，俱駐商州，居中四應。及臣至藍田，據前發河南及鄖西塘撥報，豫、楚各賊尚未有西犯情事。

　　臣因念商雒米糧騰貴，臣前發商雒道屯課銀三千兩，所買糧料不能濟多兵駐防之用。臣因暫駐藍田二日，又發屯課銀，令該縣糴買料豆，令旗鼓都司王國棟同奇兵千總董朝薦分派騾軍轉運。查臣原買運騾僅二百餘頭，計程運至商州，六日一轉，每次運豆一百五十石，以供千馬六日之料，尚爾不足。其兵士所需糧米，臣先行藍田糴買，併屯課折納在倉者約千餘石，俱不及運。臣因令趙大允等兵於藍田暫住，其盛略甘兵見在潼關，臣亦行令暫駐關上。俟發李國政、王國棟各兵赴商南之後，即調趙大允等兵齊赴商州，盛略兵亦俟臣另檄至即赴雒南。臣親提李國政、王國棟各兵，於二十七日自藍田入山，從七盤坡攀援而上，側身一望，萬山如簇，行旅久絕，草木蓊藹，併所謂羊腸鳥道不可辨識。臣棄馬而徒，同官兵披荊捫石，躡雪凌冰，下窄坡關，經藍橋[三六]。每至險滑不能定足之處，左右爭掖臣，臣不欲使各兵將窺臣之憊，輒皆麾去。行數十里，所過村落，廬舍無一存者。晚露宿牧護關，燐火生於寢處，馬溺時濺襟裾。軍中巡更之卒，於數武外喧傳虎過者至再。臣擁裘，與隨征健丁十數輩危坐達曙，呼早炊，無所具，僅脫粟一盂、鹽蔬數莖。其諸將士枕戈懸斧[三七]之苦，固可知已。洎陟[三八]秦嶺，道枕南巖，積陰險滑更甚，臣雙足蹣跚，欲踣者幾再。臣益賈餘勇，以示諸將之稍懈者。再行竟日，近商州僅一舍，尚有[三九]人烟。比及郊關，亦以賊火成墟。始見三五老稚行立道左，然皆疾首蹙額，似畏多兵之至，不能相容者。既抵州，詢商南城內居民，約僅百家，難以駐兵。查有商雒鎮、龍駒寨兩處，居商州、商南之中，距州百里，猶可運糧接濟。臣因將李國政、王國棟所領兵馬分屯兩地，擇賊焚餘之屋稍存椽瓦者居之，俾於郇、豫兩路遠差哨探。如商南以東但有賊耗，李國政等兵即馳詣商南截剿，一日可至。其趙大允等兵與盛略之兵，亦俟賊警稍西，大允等兵即從藍田徑馳商州，盛略兵即從潼關徑馳雒南，俱兩日可至。兵在內而賊在外，兵在近而賊在遠，汛地已經派明，聞警即可遄赴，庶於扼堵既無誤，而亦不自致窘困。若關門重地，雖陝、靈已有晉兵，我兵猶宜設防。臣行令原派防韓郃參將王永祥，統領馬步官兵四百二十七員名，仍與潼關守兵協防。至漢南大寇，雖遁入川中，而遺孽尚多，與土寇相倚為祟。如略陽、階州、城固、洵陽、白河之間，或報千百，甚或報萬餘。臣雖行各該道相機剿撫，卒[四〇]難盡滅。且漢中米糧騰貴尤甚，商雒見今雲棧猶梗，販運難通。臣行令贊畫司務陳繼泰統民兵二千名疏通棧道，給以三月餉銀共九千兩，即作糴本，販運米糧入漢接濟外。有原任參將田時升所統馬步官兵八十九員名，并所督練屯兵一營，及司務廳屯兵九百六十二員名，與各營屯兵，俱留防省城。臣到汛派防已定，謹具疏馳報。

至臣斷截之方略，請預陳焉。方臣未至商雒，而商雒之情形在臣意中；及臣既至商雒，而商雒之情形在臣目中。其在臣意中者，賊無處不可入，我無處可防，故臣謂惟有困賊於山之外，擊賊於山之内而已。其在臣目中者，賊無處不可入，我無處可防如故，而臣所以算賊者，則似更進一籌，固即該部所謂臣先入伏兵待賊，毋使[四一]狡賊先入爲伏待兵之説也。蓋商山之險阻荒苦，我與賊共之。臣既提兵先入，則以逸待勞、以静待動之勢猶在我，較扼賊而困之山外取效捷，與索賊而擊之山内用力易。故或賊繇永、盧入雒南，或繇内、淅入商南，臣必能迎頭擊堵。即或繇永、盧、内、淅各山峪紛出之岐徑，奔竄於不商不雒之間，然未有竟不商而突興、漢，竟不雒而越藍、鄠，竭臣之愚，即不能滅此朝食，乃如部議所云，務必驅之東出，俾禁旅、理臣與豫、晋之兵收功一戰，臣不敢不惟力是視。第賊衆我寡，賊合我分，故該部復議調督臣洪承疇兵，與臣兵合勢斷截。倘督臣旦夕果至，計乃萬全。

然今川事決裂，督臣或不能焂然東返，而臣亦不敢以單薄自諉。乃臣所慮者，陝、靈横截之兵，未必能代臣塞峪函之罅漏。誠[四二]以在人者不敢恃，故臣仍以韓部之兵與潼兵協防關門。臣所無可奈何者，郿防之南竹、房等處，接壤興、洵，臣鞭長難及，不能並騖。賊或自楚地從彼中闌入，在臣即可卸責，而藩郡震驚，又在所不免。然此自有治臣郿、襄之汛兵扼之於前，督臣漢、興之剿兵殲之於後，臣猶不能不鰓鰓過計，則臣爲封疆無已之私衷也。至於此中駐兵無地，運糧最難，臣惟望天心悔禍，速滅此賊，臣何敢妄冀立功！不然，則望大兵星馳電掣，速驅各賊早至荒山，臣得以未疲之力與之一決，可僥倖寸竪，仰報聖明，亦臣之所願也。伏乞垂鑒，爲此謹題。

崇禎十年十二月三十日具題，十一年正月二十二日奉旨："據奏，到汛派防情形，知道了。所陳方略，孫傳庭著即相機扼賊，毋致狂突。仍飭督、治諸臣力遏鄖、襄，以障藩郡。如玩誤諉卸，一併重治。該部知道。"

校勘記

〔一〕"若"，《四庫》本作"爲"。

〔二〕"專剿之責"，《疏牘》本作"專剿之責在督、理，而臣亦撫臣，止可協心參贊"。《四庫》本作"專剿之責在督理之臣，各撫臣止可協心參贊"。

〔三〕"臣"，《四庫》本作"人"。

〔四〕"遠"，同上書作"邊"。

〔五〕"覈"，同上書作"覆"。

〔六〕"貯"，《疏牘》本作"儲"。

〔七〕"甘肅遊擊"，《疏牘》本、《四庫》本均作"甘肅鎮夷遊擊"。

〔八〕"賜"，《四庫》本作"督"。

〔九〕"聚"，《疏牘》本作"取"。

〔一〇〕"袚"，同上書作"稜"。

〔一一〕"責"，《四庫》本作"號"。

〔一二〕"臣"，《疏牘》本作"司"。

〔一三〕"倒"，同上書作"到"。

〔一四〕"益"，《四庫》本作"並"。

〔一五〕"禮"，《疏牘》本作"鳳"。

〔一六〕"寧"，同上書作"安"。

〔一七〕"仰蒙我"，《四庫》本未有"我"字。

〔一八〕"重"，同上書作"甚"。

〔一九〕“遼”，《四庫》本及《疏牘》本均作“軍”。

〔二〇〕“漢土”《四庫》本作“蕃漢”。

〔二一〕“杜存孝”，《四庫》本作“杜孝孝”，《疏牘》本作“杜孝”。

〔二二〕“番”，《四庫》本作“翻”。以下凡“番山賊”，《四庫》本均作“翻山賊”。

〔二三〕“報”，《四庫》本作“稱”。

〔二四〕“徒步往”，《疏牘》本無“往”字。

〔二五〕“憶”，同上書作“意”。

〔二六〕“允”，《四庫》本作“胤”。下同。

〔二七〕“形迹”，同上書作“形勢”。

〔二八〕“躐免”，同上書作“躐緩”。

〔二九〕“使”，同上書作“司”。

〔三〇〕“際郡”，同上書作“際近”。

〔三一〕“授”，《四庫》本、《疏牘》本均作“受”。

〔三二〕“誠”，《四庫》本作“實”。

〔三三〕“賊”，同上書作“寇”。

〔三四〕“處”，據《四庫》當作“楚”。

〔三五〕“漢土”，《四庫》作“蕃漢”。

〔三六〕“橋”，同上書作“田”。

〔三七〕“斧”，同上書作“釜”。

〔三八〕“陟”，同上書作“涉”。

〔三九〕“有”，同上書作“杳”。

〔四〇〕“卒”，同上書作“度”。

〔四一〕“使”，同上書作“令”。

〔四二〕“誠”，《疏牘》作“臣”。

孫忠靖公集卷二　撫秦疏草

辭加級銀幣疏

奏：爲異數殊恩萬難祇受事。崇禎十一年正月初五日，準户部咨，該臣奏，微臣清屯事竣，三秦永利已興，彙報前後清出實在兵、糧數目事一疏，該本部覆題，十年十一月初六日奉聖旨："李虞夔加一級；賈鶴年等俱紀録；孫傳庭清屯充餉，勞怨不辭，著加一級，仍賞銀三十兩、紵絲二表裏，用昭激勸。今後各撫務以秦撫真心實事爲法，不得自狃匿詘，徒煩仰請。"欽此。欽遵，抄出到部，移咨到臣。臣跪誦明綸，不勝惶感。

伏念臣至謭劣，誤蒙皇上簡擢，鎮撫秦中，今幾二載。方臣叱馭入關時，秦徧地皆寇，而問兵無兵，問餉無餉。臣惟照臣所請設兵數招集訓練，即以所請冏寺遼[一]站等銀六萬兩催解支給，東援西剿，亦累奏微功。然兵力既單，餉且虞斷，寇氛方劇，迅掃難期。臣日夜展轉，恨不折肢爲兵，糜骨作餉，以遄靖狂飆，早紓宸慮；且以振弱濟虛，俾百二重關可永恃無虞。臣因查西安前、後、左三衛併右護一衛有軍如許，固一一可勾；每軍有贍田一頃，固一一可覈。臣竊嘆國家兵餉莫大於是，乃日疾首攢眉，憂兵憂餉耶？用是多方稽討，一力擔承，溯流窮源，循名責實。幸藉皇上寵靈，一時道府州縣諸臣靡不協心共濟，得成厥功。雖於兵食大計不無裨補，然爲家國應有之利、臣子應盡之職。乃蒙皇上嘉許過甚，寵賚非常，謂臣清屯充餉，勞怨不辭，加臣一級，仍賞銀三十兩、紵絲二表裏，用昭激勸，且俾各省撫臣以臣真心實事爲法。臣聞命自天，措躬無地。

夫以軍衛民，以屯養軍，原祖宗富強永圖，袛以法久弊滋，盡歸隱占，致難究詰。臣受封疆重寄，何得悠忽瞻徇，不一清釐？即獨勞衆怨，皆臣所甘。況自有此舉，在臣既幸展布有資，不苦襟捉肘露；在地方之人亦以緩急足恃，謂可席慶蒙安。臣且一勞永逸，有德無怨矣。而更以勞怨厪聖慈之矜憐，叨明庭之晋錫，則於臣誼涉欺罔而於君恩為逾格。況臣自受命撫秦之初，曾蒙召對平臺，親承真心實意之聖訓，茲即以區區樸誠，荷皇上之洞鑒。昨於臣奏報之疏，既嘉臣以實心任事；今於戶部叙覆之疏，又嘉臣以真心實事，且俾各省撫臣以臣為法。臣何人斯！蒙皇上知遇至此，臣生既非虛，死且不朽。況臣撫秦無狀，叢愆實多。日者漢陰之失，不即加臣以斧鉞，僅薄示降罰。若復以負罪之身，冒茲寵異，雖聖明固有不測之恩，而臣愚實凜非分之懼。伏乞收回成命，準臣辭免，使臣心稍安，臣罪稍逭。臣無任激切屏營待命之至。為此謹奏。

崇禎十一年正月初九日具奏，二月初十日奉旨："孫傳庭清屯著勞，叙賚已有成命，不必辭。該部知道。"

議蠲漢中錢糧疏

題：為漢郡復值灾荒亟請拯救事。照得漢中親藩重地，無歲不罹寇患，而凶荒亦因之。去歲之春，斗米八錢，窮民饑餓死者不知凡幾。仰賴我皇上發帑賑濟，一二未盡孑遺幸得少延旦夕，以冀天運之轉移。不意入夏，旱魃為虐，二麥俱枯。及夏末得雨，稍種穀黍，晚田幾幸薄收。乃八月間，闖將、過天星等九股大寇，復遭蹂躪，迨十月去蜀，西成已過，顆粒未登。兼以棧道久梗，販運阻絕，即今斗米價至一兩，且無處糴買。臣每詢之彼中差來官役，僉云在城在野，殍殣相望，白骨成邱。臣心如割，無計可援，幾擬再懇皇慈發帑賑濟。又思聖澤即可頻徵，而涸鮒亦難久待，展轉再四，惟有疏棧通糴一策，尚可以濟燃眉。

適臣標下贊畫司務陳繼泰扼腕時艱，條畫具申，欲以疏棧通糴爲己任。臣即據本官詳議，令統領官兵二千名疏通棧道。臣仍檄布政司轉行西安府借動屯課，預給本官三個月餉銀九千兩，內以四千五百兩給散各兵充餉，以四千五百兩作糴本，易買米糧、驢頭，販運接濟。臣又念棧道屢經流寇奔突，人烟斷絶，各兵應用器具俱宜自行携帶，仍檄西安府動屯課銀二百兩，給賞各兵，以爲製辦之資，鼓勵遄往，令於棧道挨程屯駐，更班轉運。兼令設法招勸附近民人，給與糴本，同各兵往來負販。除糴本之外，得有利息，即給各軍民自潤，使樂於從事。本官已於十年十二月二十六日於西安府領銀，督各兵從涇、咸取齊前往。至十一年正月初五日，又接按臣謝秉謙手本，議再借銀數千兩，易買米糧，兼買騾驢，另行委官設法販運。臣念彼中饑荒至極，增本廣運，多多益善，又行布政司復湊銀四千兩，行分守關西道李公門轉發鳳、寶、岐、郿等縣，易買米糧。仍令該道移駐鳳縣，令鳳翔府通判陳元勛移駐寶雞，催督各縣將買完米糧運交鳳縣署印官收貯。該道即設法雇募騾驢，或募夫轉運。并令漢中道府急速設法給文，貸價前來接運，或鼓勸士民自行販運至漢，報數在官，聽該道府仍即酌定出糴之價。除原本之外，營出利息，亦聽販運軍民自潤。然此兩運糴本，若即分給漢民作賑，勢難遍及。故臣責成官爲買糧，督兵接運，又招致民人負販，俾其絡繹周轉，源源不斷，則所濟於漢民自多。

至於彼中一切錢糧，已萬難催徵，業據布政司申詳，已俱有“遵旨查明災重地方”一疏，議將漢屬各州縣本年各項存留，并新舊遼餉及雜項公費、羊價、料價、匠價，分別蠲緩。內議寧羌州盡數蠲停，南鄭、洋縣、城固、西鄉、沔縣、襃城、略陽、鳳縣俱蠲五分，緩五分。除存留遼餉等銀外，尚有禄糧、民運、站價俱未議及。今該處凶荒至此，臣恐所緩之五分，與禄、糧、民運、站價，即不議蠲，亦難望其完納，似應全數蠲免之爲愈也。臣謹會同按臣謝秉謙合疏具題，伏乞敕下該部覆議施行。爲此謹題。

崇禎十一年正月二十五日具題，二月十七日奉旨：“據奏，疏棧通糴，招勸賑濟，知道了。所請蠲緩事宜，該部看議速奏。”

奏報甘兵廩餉疏

奏：爲甘兵廩餉久有成額，微臣接管委難釐正，謹具疏奏聞，仰[二]祈聖鑒事。崇禎十年十月初八日，準兵部咨，該臣題，爲恭報甘兵抵鳳，臣遵旨調度，併請防擊一定之責成，以便遵守事，該本部覆題，本年九月初八日奉旨：“督撫功罪一體，協力夾剿，屢旨申飭[三]孫傳庭，著與洪承疇等彼此同心，隨賊東西殲堵，早奏蕩平，豈得分別，以滋規卸。若失時僨事，國憲具存。甘兵仍聽孫傳庭調度，毋庸又更。甘兵廩餉事宜，作速釐正。”欽此。欽遵，抄出到部，移咨到臣。除臣與督臣洪承疇協力同心，隨賊殲堵，不得分別規卸，及臣調度甘兵，祇遵明旨外，臣隨將甘兵廩餉事宜移咨督臣會議去後。至十一月十六日，準督臣回咨，内稱甘肅官兵，本部院原定則例，係二月間調到之初，即在臨、鞏、階、文、洮、岷、徽、成地方，米豆價騰，自應照各營事例，一體支給。今各官兵既改聽貴院調度[四]，皆駐在西安、潼關、渭、華、涇、三、鳳翔地方，往來不過二三百里，力不苦於奔疲，且地方米豆價賤，糧餉自可節省，以勞逸、

饑飽、遠近之勢較之，自不能以相同。所有甘兵與各官目酌量釐
正等項，應聽貴院裁酌，相時隨地，先爲釐正，另行會題，等
因。準此，該臣看得甘兵乃督臣三邊四鎮所統轄之兵，而臣則隔
鎮之撫軍也。彼自督臣軍前發臣標下，其所應支廩餉，臣即未准
督咨，亦不便歧視。況督臣曾以則例移[五]臣，臣安得不照督臣
則例支給。今該部據臣奏報，覆請釐正，奉有明旨。當[六]束手
憂餉之時，苟可以酌盈劑虛，豈非臣之至願。第揆之情理，釐正
之舉，臣實未可冒昧。故臣遵部咨，移咨督臣會議。及得督臣回
咨，調甘肅官兵二月間調到之初，在臨、鞏等處，米豆價騰，應
照督臣各營事例，一體支給。今聽臣調度，皆在西安、潼關、
渭、華、涇、三、鳳翔地方，米豆價賤，自可節省，應聽臣酌量
釐正。

　　夫去歲春初，臨、鞏米豆價猶減於西、鳳，後因大兵久駐，
價始日騰，恐臨、鞏貴而西、鳳賤之說，實非定論。即以勞逸、
饑飽、遠近爲言，臣奉命措兵，亦思滅此朝食，倘遇赴湯蹈火，
各兵豈得不往？即便[七]解衣推食，在臣豈容少靳？若任其逸，
不妨聽之饑，而第知減餉；俟其勞，方可許之飽，始爲增餉；又
復鰓鰓焉較量於遠近，以爲之衰損，其何以使各兵樂爲臣用，而
得其死力乎？且各兵之在西、鳳，距甘鎮不較在臨、鞏倍遠乎？
又[八]隨臣斷截商、雒，非即向來官兵所裹足不前之地乎？其勞
逸、饑飽、遠近之處又何如耶？況從來軍餉，由少得多，則以爲
固然；由多得少，則以爲駭然。臣即慳吝存心，刻薄成性，實未
敢以三軍之怨讟爲可嘗試，輒貿貿然輕議釐正也。

　　至於臣之所釐正，亦不少矣。各兵初屬臣調度時，每月應支
餉銀七千二百五十餘兩，臣於郿縣親點一過，復行監軍道王文清
同總統副將盛略逐一揀選，汰去官目三十一員、兵丁四百一十四
名、馬騾七十匹頭，每月共減支銀一千五百六十餘兩，是臣之所

釐正也。至臣約束各兵，不得擾民間一米一蔬，各兵洗心滌慮，以奉令惟謹，是亦莫非臣之所釐正也。且樞部計議兵餉，督臣之兵與臣之兵原無等差，今臣標兵廩餉不敢概拘督臣則例，而甘兵廩餉似不得不仍如督臣則例支給矣。至臣之兵數原應一萬，今計臣見在兵數，即除去甘兵，尚在一萬之外。刻下臣即以臣練就兵馬營制及分營將領詳列奏報。稍俟二月合剿後，臣擬將甘兵繳還督臣。如督臣不用，則應發回甘鎮。臣已移督臣咨會矣。伏乞聖明垂鑒，爲此具奏。

崇禎十一年二月初二日具奏，三月初三日奉旨："該部看議具奏。"

剖明站銀斟酌衰濟疏

題：爲剖明秦省站銀僅存給驛之數，併請斟酌衰濟，以裨實用，以佐急需事。崇禎十年六月初一日準兵部咨，該本部等衙門會題，爲兵餉遵旨熟商，事機萬難遲滯等事，八月十六日又準兵部咨，該山東巡撫顏繼祖題，爲驛遞倒逃不飭，緩急脉絡難通等事，俱移咨到臣。卷查秦省節裁站銀，先該兵部坐派八萬四千一十二兩零，後據各府報到所屬州縣原開撤數，止該八萬三千九百五十二兩零。十年分議以三分之二給驛，該給驛銀五萬五千九百六十八兩零。該部通查本年銀數，除督臣洪承疇題留剿餉銀四萬兩，又漢中新增兵餉銀一萬二千兩，止存給驛銀三萬二千一十二兩零。及臣覆查本年銀內，又應除前撫臣甘學闊題允俟事平始撤兵餉銀一萬兩，併前州縣原開撤數少銀五十九兩零，止存銀二萬一千九百五十二兩零。又漢中新增兵餉銀一萬二千兩，布政司原議以漢中所屬寧南九州縣裁站銀八千三百二十餘兩兌給。及查該府所屬州縣殘破幾半，又值異常饑荒，此項站銀萬難催徵，臣已行該司另以應存站銀補給，則又當除去銀八千三百二十餘兩，止存銀一萬三千六百三十二兩零。乃漢中而外，又如鞏昌之階州、文縣、漳縣、成縣、兩當、西和、秦安，及西、延、平、慶、鳳、興所屬各殘破地方，應徵錢糧，無論已未題免，悉催納不前，站銀豈能獨完？故即督臣原留之四萬，尚多借解漢中原留之一萬二千，亦臣以屯餉借給。見今嚴催該司抵補，該司若不能措，又安所得一萬三千六百三十二兩給驛之銀也？則此給驛之銀，自應從十一年始。及查十一年站銀，照該部原議，以二分給驛，該銀五萬五千九百六十八兩零；以一分報部，該銀二萬七千九百八十四兩零。其報部銀內，又應除寇平始撤兵餉銀一萬兩、漢中新兵銀一萬二千兩，尚該銀五千九百八十四兩零，乃十一年之民力豈遽加於十年？即給驛之二分，與事平始撤及漢中新留之兵餉，亦斷不能盡完無欠，又寧有贏餘可以報部乎？此臣所謂秦中站銀僅存給驛之數，其報部之一分，自應仰懇天恩，敕該部即爲除免。至於給驛之數，無論完多完少，俱應給驛，乃臣又請爲之斟酌哀濟者。查兵部原議，陝西用兵，所在驛遞數倍艱難，徑免三分之二，仍給各驛，是該部原因秦之用兵，而念其艱難；因秦之艱難，而始爲給驛也。乃秦之驛遞固艱難，而驛遞之艱難實不一；且秦之艱難又不盡在驛遞，而更有甚於驛遞者。

臣身任秦事，第欲使此徑免之二分實足以濟秦之艱難，以仰副聖明之德意，以不虛兵部爲秦請命之苦心。則於給驛之中，既不容混施；於給驛之外，又不得不兼顧矣。查得秦中驛遞，向因各衙門差遣繁多，夫馬苦累。臣於入關之初，設法嚴禁，置立號票，非係傳報緊急軍情、部解京邊錢糧，與夫取辦軍器等項，例應用勘合、火牌者，不得用驛遞一夫一馬。於是濫差盡杜，應付遂減。臣又查近省各州縣驛遞，如咸寧、長安、臨潼、渭南、華州、華陰、潼關、高陵、富平、三原、岐山、鳳翔等處，驛遞向皆僉募馬戶，多有市棍包攬，借口衝繁，攀害里甲。每馬里甲幫貼銀八九十兩，甚有百五十兩、二百兩者。臣盡革市棍，仍訪其奸弊之甚者，嚴拿勘問。時尚未有兵部官養馬匹雖是美意，實非良法之議。臣行令各該州縣，以原額站銀官買馬騾，於公所攢槽餵養走遞。其馬騾間有倒斃，仍詳申臣衙門批動站銀買補，於官無累，於民無擾。即不敢保後來永遵無斁，而見今行已逾年，頗有成效。故臣接部咨之後，於未經官養者固行令照舊，於已經官養者亦未敢更改。節據咸寧、長安、岐山、潼關等處開報，該驛站銀自官養以來，各有省剩不等，今如概行給驛，欲給民則民未應差，欲給官則見在已有省剩，此項之給，不幾付之虛擲乎？是此十餘處官養之驛遞，固可以無給矣。此十餘處乃本省有數衝繁之地，經臣釐飭調停，既支撐容易，其諸次衝而少僻者，自可類推。即其中道路遠近不一，原額多寡相懸，亦可以無概給矣。

又有向來雖稱衝繁，近因前路梗阻，差使罕至，如鳳翔之寶雞，西安之武功、興平等處，走遞既減，即宜量示優恤，亦可以無全給矣。臣何敢以朝廷軫恤艱難之賜而漫為市恩也。至有昔稱簡僻，今較衝繁，如沔縣、略陽、徽州、秦州、清水、隴州、汧陽等處，自棧道梗阻，漢、興一帶差使俱改繇此路，其臣禁裁偽濫之所減，亦不勝此道路歸併之所搏〔九〕，自應遵照部議，以三分之二徑給。又有殘破驛遞，無論夫馬全無，即驛舍、民居皆被火毀，如草涼、三岔、松林、安山、武關、青橋、馬道、開山等處，俱宜另議修復，工費不貲，雖儘此原給之二分，或再於二分之外更加一二倍，猶不能濟事。故前撫臣練國事曾請有修復站銀二萬，竟未敢輕舉。昨臣已借動買馬，今勦威大振，賊滅有期，凡各例〔一〇〕廢驛遞皆應次第整理，似不得舍此項而別請經費，自應那各驛可以無給與可以無概給及可以無全給之銀，以充修復之

孫忠靖公全集・卷二

二四三

用。故敢以斟酌衷濟，仰請明旨。

乃秦之艱難，更有不在驛遞而甚於驛遞者，無如防餉是矣。查得韓城、郃陽、馬蘭、潼關等處防兵，先年題準每年支用兵荒銀一萬九千五百六十兩七錢、商稅銀二萬九百九十四兩，初時計口授食，無虞虧缺。嗣因寇勢披猖，兵數日增，餉額不敷，俱於題留剿餉內湊支。至崇禎八年，部議將兵荒銀改充韓藩宗祿，其應支防餉於本省遼餉內，照兵荒銀數撥抵。其防餉不敷者，亦應仍以剿餉湊支。乃本年因調到剿兵衆多，題留剿餉且不能支剿兵之用，故不能湊支防兵，節經前撫臣李喬、甘學闊批行布政司措給。除正項外，剿兵及防兵共長支過遼餉銀五萬四千五百六十六兩零，曾經前撫臣甘學闊題請開銷，部議以未題先支未準，仍將前長支銀，令每年設補一萬九千餘兩，即準作撥抵兵荒之數。自九年起，防餉益無著落。今查九年防餉支過銀三萬六千九百餘兩，原額商稅銀止收完八千六百有奇；十年防餉支過銀三萬六千一百餘兩，原額商稅銀止收完一萬一千八百有奇。其餘不敷之數，皆於司庫那借湊支，以至於今那無可那，借無可借。除臣於稍緩處節次裁去兵約一百七十餘名，馬約三十餘匹，而實支月餉歲費尚約需三萬三千餘兩。此在戶部自知為應支之數。且該部既以原支之兵荒銀撥抵韓藩宗祿，題明以遼餉撥補，乃因前撫臣於額外各有長支，遂吝惜刌予。自臣接管，併額內應支之一萬九千餘兩亦不準支，故臣不得不行該司委曲借給。今所借日多，該司日申詳促臣請補。臣以時值空匱，聖明宵旰方殷，逡巡不敢瀆陳。頃臣清有屯課銀兩，除支三衛官俸、軍糧，解給班價，及修關軍丁鹽菜與夫造器充賞之外，尚可湊補此項。但戶部因臣見抽屯課，已將應給臣剿餉扣短四萬六千餘兩。又臣自崇禎十年該部撥臣剿餉一十八萬之外，以後即臣兵不能遽撤，其所需之餉，臣矢不取給於該部，臣已於"清屯事竣"疏中明白入告矣。是臣所期以屯課濟朝廷之用者，固不能一樹幾剥以應各項之需也。幸此裁站銀兩，兵部已題允給驛，合無容臣通融支用，除應給之驛遞與應修理之驛遞，臣酌量徑給及通融動用外，餘有若干，即湊給防兵餉銀。總此給秦之物，一衰濟間，而於彼既不致虛糜，於此亦不患匱乏，計蓋無便於此者。至給過銀數，布政司於年終分析造冊，報部銷算。其户部抵過宗禄原撥防餉兵荒銀一萬九千餘兩，止照原數以遼餉撥臣抵補。其九年、十年用過防餉，除每年應支遼餉一萬九千餘兩併税銀外，九年長支過銀八千六百餘兩，十年長支過銀四千七百餘兩，令該司照數補完。其前撫臣八年長支銀五萬四千餘兩，候事平水陸路通商筏税銀足額陸續扣還，庶透支永杜而正項亦永清矣。

再照站銀雖屬在兵部，防餉雖屬在户部，然兩部協心體國，豈分彼此？且此銀業已給秦矣，又用以餉兵，兵部豈有靳焉？至該部原議以十年分站銀給驛三分之二，未及十年以後，乃秦彫竭至極，非微皇上厚澤深仁，徐爲培養，元氣何能遽復？則皇上之所以濡沫而噢咻之者，豈忍自十年遂已！即臣之所以仰懇再造者，亦非直以秦十年之自處其窘，未獲實霑浩蕩，輒敢喋喋也。統祈敕部施行，爲此謹題。

崇禎十一年二月初二日具題，三月初三日奉旨："該部知道"。

報流寇自蜀返秦疏

題：爲微臣遵旨東截，剿兵邀賊北返，謹馳奏上聞，併報微臣回省調度，相機防擊，以竭臣愚事。臣遵奉明旨，親督官兵在於商、雒斷截，已經具奏併節具塘報外。今於二月十一日，據西慶平鳳監軍道僉事張京塘報，同日又準按臣謝秉謙手本，到臣。
案照先於二月初五日，據漢羌營遊擊韓進忠塘報，同日又據分巡
關南道劉宇揚塘報，各到臣。今據前因，該臣看得，自闖、過等
賊入蜀，而秦之西南半壁亦併無大寇之迹矣。督臣洪承疇復提固
原總兵左光先、臨洮總兵曹變蛟及副將馬科、賀人龍、趙光遠等
勁兵盈萬，入蜀遠討，而又馳調延鎮總兵王洪及寧帥祖大弼之
兵，厚集於漢、略、徽、秦之間，首尾聯絡，以防賊之奔逸，而
備我之堵擊。臣謂盡賊在此一舉矣，故臣奉聖明斷截商、雒之責
成，臣亦不敢望督臣分一鎮之兵以佐臣之單弱。即樞臣楊嗣昌低
回籌度，亦似穆然於臣力之難支，而臣迄不敢稍萌諉卸，且有督
臣不能恝然東返之奏，以決我兵入蜀之行。臣之區區，惟日望大
兵滅賊於蜀，使一騎不還，則蜀之危解，而秦西南之患亦可以永
絕矣。縱臣汛守之地或以力綿償誤，致干斧鉞，臣甘之已
不謂[一]。

自臣入山，豫、楚之寇反徘徊，未敢突犯商、雒，而[一二]入
蜀之寇忽又盡報遷秦，老營已札西、禮，塘馬已至秦州矣。查各
賊自至蜀中三閱月，皆盤旋於川西一帶，在白水江西，故所失城
池亦俱係江西地方。川西西阻羌番，東南俱阻大江，川兵亦盡聚
於東南，故賊不能東出夔門，南走叙瀘。設使我兵即從川西進
發，川兵扼堵於前，秦兵馳擊於後，賊逃死無路，勢成釜魚。不
謂兵從川北南下，賊遂從川西乘罅而北矣。此實秦之劫運未已，
臣之蹇劣，應值此厄，夫復何言！據報，左、曹兩帥似皆在賊
後，王帥已赴漢中，倘祖帥又不能拒堵於西、禮，則西、鳳、
平、慶勢復岌岌。臣見防商、雒，豫、楚諸賊，如八大王等股，
猶鷙伏於穀城，而葉縣、舞陽亦報有大寇擾掠，瓦背餘孽復出於
嵩、永之間。臣原不敢遽離商、雒，第西、鳳內地尤宜亟顧。查
原任總兵張天禮領有馬兵一百餘名、步兵三百餘名，先奉督臣檄

駐咸陽，臣已移文促令馳赴鳳翔防禦，然爲力幾何，恐不足恃。臣不得不馳還省城，適中調度。如西賊突犯鳳、寶，恐商、雒駐防官兵遠調不及，亦應預檄赴省，以備發剿。俟臣至省，酌量緩急調取，謹先據報奏聞，伏乞聖明垂鑒。

至臣母老子獨，迎養則水土不宜，送還則倚閭難禁。臣方欲俟大剿期畢，陳乞終養，而今不敢請矣。賊既返秦，此臣報君之日，非臣報母之日，臣所練就兵將儘堪一試。臣惟有捐糜頂踵，矢不與賊俱生，以盡臣戮力封疆之義。倘徼天之倖，稍有寸效，可以稱塞萬一，臣乃敢披瀝血誠，萬懇聖恩，以還臣身於臣母，俾臣母未盡之餘年得以少延。臣今年方四十有六，竭萬死以報聖明固有日也。臣無任悚息待命之至。

臣草疏甫畢，據商雒道副使邊命塘報，本月十二日酉時，據本道原差往內鄉探賊舍役趙自旭等報稱，年前剋了鄧州，裹去難民一百有餘，蒙郾縣給票各回本地，從穀城來，正月三十日到州。州官審問，難民説八大王、長判子二營安穀城縣內，一半爲民，一半跟隨郾院，招成兵馬，他俱要剿賊。又有鎮平縣差人在內鄉縣探報賊情，二月初二日，據報縣官説，四大營賊闖塌天、老回回、掃地王、興世王俱在裕州、唐縣、泌陽縣，後有河南撫、按兩院統領祖、左二將官兵馬，俱在裕州駐札跟剿。其四營賊並不殺人放火，俱在裕州討招安，不知真假，等情。據此，則豫、楚賊情俱緩，臣斷截商、雒之兵益應預發還省，無容再計。爲此謹題。

崇禎十一年二月十三日具題，三月初三日奉旨："據奏，蜀賊返秦，孫傳庭馳還適中調度，併駐防商、雒官兵檄令赴省備剿，知道了。督兵必繇川北始達川西，這所奏即從川西進發，取道何路，還著查明具奏。"

酌議量蠲民運錢糧疏

　　題：爲蠲緩已奉明綸，查酌萬難需待事。崇禎十一年二月初三日，據陝西布政司呈詳到臣。該臣看得，秦中被寇殘破州縣及兵荒最甚地方，崇禎六、七、八年存留課程等項錢糧，凡拖欠在民者業荷聖恩蠲免矣。至於民運一項，係供延、寧、甘、固四鎮軍需，盡蠲則邊餉虧缺可慮；不蠲則灾黎輸納不前；另議抵補則公私匱竭，從何取辦？臣仰遵明旨，從長確議。除臨、鞏二府屬州縣九年以前起存錢糧，已經前按臣黃希憲具題，分別蠲免；又漢陰、石泉二縣九年以前起存錢糧，已經按臣謝秉謙具題全蠲；俱經部覆，奉有諭旨。又漢中府屬九州縣十年以前各項錢糧，昨臣已疏請全蠲，兹不再贅。

　　今復將其餘州縣，酌被灾之重輕，議蠲徵之等差。如西安府屬山陽、鎮安、同官、永壽、澄城、藍田、商州、商南、雒南九州縣，鳳翔府屬之隴州、麟遊、扶風、汧陽四州縣，與平涼府屬之涇、崇等十州縣，慶陽府屬之寧、安等五州縣，延安府屬之鄜、膚等十九州縣，并興安州及所屬白河、洵陽、平利、紫陽四縣，應將所欠六、七、八年民運錢糧全蠲。如鳳翔府屬之鳳翔、寶雞、岐山、郿縣四縣，應將所欠民運錢糧在六、七兩年者全蠲，在八年者量蠲五分，帶徵五分。如西安府屬之咸陽、耀州、韓城、邠州、長武、三水、淳化、乾州、白水、富平、華州、華陰、郃陽、蒲城十四州縣，應將所欠六、七、八年民運錢糧，量蠲五分，帶徵五分。如西安府屬之鄠縣、盩厔、長安、三原、臨潼、同州六州縣，應將所欠六、七、八年民運錢糧，量蠲二分，帶徵八分。總之，在議蠲之數，原皆不能徵者也，祗緣民力已殫；在議徵之數，亦未始非可殫者也，祗緣軍需難缺。正該司所謂萬不得已之情、無可奈何之勢也。除將蠲免過存留課程等銀遵旨造冊報部外，臣謹會同按臣謝秉謙、周一敬合詞具題，伏乞敕部覆議施行。爲此謹題。

崇禎十一年三月初六日具題，四月初一日奉旨："該部知道。"

恭報東西寇警併陳剿禦情形疏

題：爲恭報東西寇警併陳剿禦情形，仰祈聖鑒事。節據分巡關西、分守河西、守巡隴右并固原、洮岷、商雒及分巡關内、臨鞏、漢興監軍各道所報東西賊情，臣已塘報閣部訖。三月初三日，據潼關道按察司丁啓睿塘報，初四日又據邠州知州鄧元復塘報，又據西安府同知管三水縣事孔宏變塘報，同日又據西慶平鳳監軍道僉事張京塘報，各到臣。該臣看得，自入蜀大寇復返階、文，臣慮其飽而愈橫，且有左、曹等兵逐之於後，恐賊即出我不意疾走西、鳳，故臣從商、雒還省内顧。然猶不敢遽撤商、雒斷截之兵者，誠以屢旨責成甚嚴，又臣荒山久戌之苦辛，不忍自棄耳。及嵩、盧之小醜宵奔，平、固之警聞復迫，臣方欲移緩就急，盡臣所有之兵悉索西援。乃河南按臣忽有傳帖，馳約夾剿，情事甚急，且有一刻千金之囑，而靈、陝之晋兵又因期畢渡河，臣何敢以西援廢東顧，故臣先將盛略之兵調至臨潼，又將李國政之兵調至省城，其趙大允及王萬策之兵亦擬併調出山，發之使西而今不敢盡調矣，乃六隊、大天王、混天王諸賊已從平、固分道而來，左、曹之兵俱落賊後。又兩帥相倚，仍與闖、過相持，不能分圖此賊。祖、王之兵雖在賊前，或緣道左相失，今亦俱落賊

後，遂聽其爰爰東奔。據各處塘報，此賊分合無常，飄忽不定，
衆寡之勢似猶未確。及得監軍道張京之報，該道哨探最真，此賊
盡非小弱。督臣洪承疇已摘發一旅，付該道分提尾逐，轉瞬之
間，此賊便當越平、慶，突邠、乾，瞰淳、三矣。臣朝夕摩屬，
與賊一決，正在此候，其又何敢藉口於商、雒之斷截奉有畫一之
責成，而遂任此賊鴟張內地，剽掠惟意乎？

第臣之兵，合之差堪自强，分之未免見弱，然臣不敢以弱自
諉也。臣且將總兵張天禮之兵，移令與該道合力逼賊。又嚴檄該
道，謂賊在東而兵在西，且賊塘已至鎮寧，該道惟逐賊使東，勿
縱賊復西，即該道之功。若夫迎頭堵擊、設奇殲剿，臣當惟力是
視，成敗利鈍，悉臣任之。臣今將李國政、王根子、張文耀之
兵，檄繇耀、淳、邠、乾之間，隨西賊所向，奮力迎擊；而發參
將解文英之兵，與王萬策兵分駐商、雒，偵探東賊，以應河南之
夾剿。潼關有韓部參將王永祥兵，併關兵馬步千名，堪與王萬
策、解文英兵犄角聲援。其趙大允兵暫更回省，併副將盛略兵、
中軍鄭嘉棟新兵亦俱屯駐近省，聽臣酌量東西緩急，檄發策應。
此臣目前調度之大略也。爲此謹題。

崇禎十一年三月初六日具題，四月初一奉旨："兵部知道。"

復級謝恩疏

奏：爲恭謝天恩事。崇禎十一年三月初六日，準吏部咨，該
臣奏，爲微臣清屯充餉雖效微勞，過蒙異數殊恩，萬難祗受，謹
披瀝控辭，仰祈聖鑒事，奉聖旨："孫傳庭清屯著勞，叙資已有
成命，不必辭。該部知道。"欽此。欽遵，抄出到部，移咨前來。
同日，又準吏部咨，爲微臣清屯事竣，三秦永利已興，謹彙報前

後清出實在兵糧數目等事一疏，該戶部覆題，奉旨："李虞夔加一級，賈鶴年等俱紀錄。孫傳庭清屯充餉，勞怨不辭，著加一級，仍賞銀三十兩、紵絲二表裏，用昭激勸。今後各撫務以秦撫真心實事爲法，不得自狃匱詘，徒煩仰請。"欽此。該吏部覆題，查得見任巡撫陝西等處地方、贊理軍務、都察院右僉都御史、加從三品服俸降二級戴罪孫傳庭，加一級應加從三品。查部院無從三品職級，合無將本官原降二級俯準開復，仍免戴罪，等因。奉聖旨："是"。欽此。欽遵，移咨到臣。卷查先該兵部覈叙擒闖功次，奉聖旨："洪承疇、孫傳庭著各加一級，仍俟事平彙叙。"欽此。該吏部覆題，查得見任總督陝西三邊兼攝總督河南、山西、陝西、湖廣、保定等處軍務兼糧餉、兵部尚書兼都察院右副都御史洪承疇，係正二品，今加一級，該從一品，合加宮銜，伏候聖裁；見任巡撫陝西等處地方、贊理軍務、都察院右僉都御史孫傳庭，係正四品，加一級，該從三品。查部院無從三品職銜，合無擬加從三品服俸，等因。奉聖旨："洪承疇著加太子太保，孫傳庭加從三品服俸。"欽此。臣連疏控辭，兩奉"叙升已有成命，著即祗受，不必遜辭"之旨，臣具疏謝恩祗受訖。嗣因大兵入漢剿賊，賊攻陷石、漢，按臣謝秉謙具題，吏部覆奉聖旨："洪承疇、孫傳庭著各降二級，照舊戴罪剿賊自贖。"欽此。欽遵，移咨到臣，欽遵在卷。今準前因，伏念臣有懷報主，無術匡時。頃以力尋濟否之方，輒爾勉爲清屯之役。祗甘勞怨，敢冀寵榮！乃疊荷褒嘉，更渥邀叙賚。雖勞微賞重，式蛙市駿，朝廷自有機權；然器小易〔一三〕盈，濡鶂續貂，臣子宜揆涯量。用是特求辭免，以慊愚忱；何期未賜矜原，更叨溫汗。幸藉司衡之裁酌，適協引分之籲陳。即臣秩之原無可加，知君恩之益有未極。矧戴華袞而迍斧鉞，微倖已多；又曳文綺而橐精鏐，冒叨復甚。臣惟有追前愆以省過，矢竭捐糜；勵後效以酬恩，永圖稱塞而已。臣無任瞻依感戴激切屏營之至。爲此謹奏謝以聞。

崇禎十一年三月二十五日具奏，四月二十九日奉旨："該部知道。"

題潼關設險合兵疏

題：爲設險乃能據險，合兵即以增兵，謹請留用工軍，改移營將，以固巖關，以明責成事。崇禎十一年二月初八日，據潼關兵備道按察使丁啓睿呈詳到臣。卷查十年十一月三十日，準兵部咨，該臣奏，爲遵旨查奏事，該本部覆題，十月三十日奉旨："李煜然專轄地方，任賊闌入，漫無扼禦，豈得以不繇潼關輒議調用，著革職。賊出入既不必繇關，以後堵禦作何責成，該督撫詳查確議具奏，不得朦溷。"欽此。欽遵，抄出到部，移咨前來，已經備行潼關道查議去後。十二月十二日，據該道呈詳，隨即移咨督臣會議去後，今準咨復前來。該臣看得潼關夙稱天險，比來賊騎衝突惟意，豈河山形勝忽異，則以控扼需人，今不古若耳。

查關城之南有平野四十里，直抵南山之麓，爲南原，與豫之閿鄉壤地相錯，寥闊漫衍，實賊往來孔道。賊入秦出豫，率從此奔竄。此外依山傍塹，有徑可行者謂之峪。豫、秦處處爲鄰，而處處皆山，處處皆峪。然繇豫入秦之峪，其通商雒道地方者，紛紜不可指數。其通潼關道地方者，則惟蔥峪、甕峪、蒲峪、潼峪、嵩岔五峪通華陰，（山間）峪、喬峪、構峪、石堤四峪通華州。第使南原四十里之罅漏一塞，則陰、華之九峪俱有一夫當關之勢，而關門一帶節節皆成難逾之險矣。臣又查南原四十里，俱下臨禁溝，深峻可憑。故臣與潼關道臣丁啓睿籌畫經年，議於原上建三堡，堡與堡相距約十里，各屯步兵二百名，扼守聲援。又置一十五墩，墩與墩相距不三里，各宿火器手二十名，俾憑高擊打，火炮之力彼此相及。其堡若墩俱傍禁溝築建，又將溝旁樵牧小徑剗削壁立，但堡墩先完，各依前數置兵於內，賊即有十萬之衆，必不敢逼近溝下。此臣所謂設險乃能據險也。

今墩已修完八座，臣又發屯課三百兩，檄該道嚴督夫役併工修築，刻日可以通完。惟是三堡之創，工費頗多。該臣議將潼關衛本年應撥延寧、鄜州班軍一千二百一十八名暫留一年，以自爲計。在延寧不過免催一年逋欠之班價，而可使全省咽喉之地金湯永固。想延寧共濟有心，或亦必許留不靳也。至設險既周，固可無需多兵。然此堡兵六百，墩兵三百，在不可少。除墩兵即以衛卒撥用，其堡兵六百，專令伏險邀擊，非邊丁不可。查關門有見在漢土〔一四〕丁僅五百名，即盡充堡兵，尚少一百名。又自堡兵而外，如別無一兵，非所以建威消萌。故臣欲共設兵一千二百名，原不爲多。然當此單虛匱竭之時，縱兵可另募，餉從何出？臣查先年因寇起延北，設有韓部營兵，除先撥關門三百，即在今五百之內，又因防餉不敷，陸續逃亡、調用者，未行招補，今止存三百二十名。又馬蘭防兵亦因備禦延寇而設，俱係邊丁，除逃亡、調用外，尚存一百名。今延北寧〔一五〕息，兩地又俱非重地，臣於馬蘭且另撥有屯兵往守，此兩地之兵俱應歸併關門，合之關門漢土〔一六〕丁共九百二十名，再於潼關衛兵內撥炮手二百八十名，共足一千二百名。以馬兵六百當關，步兵六百居堡，俱付王永祥統領，以其營改爲潼關營，以該將改爲潼關營參將，則不煩增兵，而關門自不患兵寡矣。此臣所謂合兵即以增兵也。

查王永祥原銜係以遊擊署參將，該將資俸已深，勤能練達，屢有戰功，應改爲實授參將，則該將感恩圖報，凡可爲巖關效竭者，當益無不殫之力矣。夫如是，則天險以人謀增勝，非徒有山河百二之名；兵威以地利益雄，居然成虎豹當關之勢。自今而後，賊乃不敢正視關門。倘或更有窺逞，該道將自當併力堵禦，務令匹馬不得闌入。脱致疏虞，該道將不能辭其責。然或賊從内出，則難概爲苛求，蓋我據溝設險，險俱在外不在内也。凡内出之賊，必先據南原，非墩堡所能禦；且賊衆動稱數萬，亦非墩堡之軍所能格。又各峪之徑，自内扼堵，固易爲力；若賊原在内，我即有百十戍守之卒，站立且難，尚望其扼堵乎！若該道將能出奇擊剿，即當據功論叙。至道臣丁啓睿締造籌劃，爲重地永遠計，尤備極苦心，應俟堡工通完，查覈優叙。至於商、雒賊入之路，不啻萬徑千蹊，實窮於扼堵無方，則所以責成商雒道者，惟有預偵早報，嚴守城池，以待援兵之至而已。臣謹會同督臣洪承疇合詞具題，伏乞垂鑒。爲此謹題。

崇禎十一年三月二十九日奉旨："該部看議具奏。"

報合水捷功疏

題：爲官兵出奇扼要，恭報捷音事。臣提標下副將王根子等兵，馳赴慶陽征剿六隊等賊，先檄監軍僉事張京，督遊擊崔重亨、吳國偉兵，從西緊躡賊後，又檄監軍僉事王文清，督副將盛略、趙大允兵，赴中、郎埋伏於前；檄定邊副將柳汝樑，從北面堵截夾剿。三月十七日夜，臣抵慶陽，據報，賊老營奔東北水飯臺、吳旗營，賊撥精健尚在馬嶺、潘家寺。臣傳令各兵秣馬，的於十九日平明進兵。十八日，據副使鞠思讓報稱，監軍道督崔重亨、吳國偉二將尚在萬安監。是夜臣[一七]率各兵肅隊前往，約四鼓將近皁城。又據報，賊營已移閻家嶺。臣恐我兵疲勞，勢難追擊，又以崔、吳二將尚在萬安監，距曲子驛二百餘里，不能遽至，因將兵馬撤伏皁城歇息，擬俟二十日進剿。十九日卯時，據曲子驛稟報，崔、吳二將兵馬於十八日二鼓抵曲子驛，十九日進兵。臣即督副將王根子、參將鄭嘉棟、遊擊李國政等兵馳赴夾擊。我兵窮追六十里，賊奔東北訖，臣將步兵屯皁城。二十日，帶馬兵至慶陽，探賊所向，另圖進剿。二十二日，據監軍張京塘報，本職奉總督軍門牌委，監遊擊崔重亨、吳國偉，統領馬步官兵一千三百餘員名，於二月二十六日自禮縣起程，赴平固追剿六隊等賊。三月十二日師次鎮原，嚴督崔、吳二將兵馬扼險設伏，驅賊東奔，毋使西折，以便大兵就進夾剿。職思賊在曲子驛，若我兵直抵府城，則賊必西奔，遂於十四日改繇萬安監。接據慶陽府塘報，內稱賊在環縣地方曲子驛、馬嶺河攻堡搶糧，久屯不去，等情。職思該監離賊營尚二百餘里，路險溝深，不宜趨利，遂與二將等商議，令於十八日五鼓起行，直抵賊營。十九日平明交鋒，賊精健五六百騎，倚險迎敵，鏖戰多時，賊且戰且却，誘我深入。官兵已追殺三十餘里，恐墮賊計，乃始收營。當陣斬賊首級，奪獲大旗、盔甲、馬匹。賊本日即東奔柔遠川，等情。

　　臣度賊雖東遁，東邊一帶人烟斷絕，無可搶掠，恐賊乘我官兵在西，或南奔合水，出犯三、淳，遂一面發參將鄭嘉棟統兵馳赴華池、襄樂堵截，一面發副將王根子、遊擊李國政、都司張文耀各統兵馳赴合水擊剿。二十四日，至合水青岡原，遇賊大戰，賊敗東奔。臣一面檄令副將盛略、趙大允兵迎頭截殺，一面檄李國政、王根子等兵尾賊緊促窮追。二十六日，忽報過天星、混天星等賊自階、文透出成、徽，突至寶雞。臣聞警，即調李國政、王根子、鄭嘉棟俱撤兵馳赴鳳、寶截剿，又調參將解文英、遊擊王萬策俱赴臣軍協剿。其六隊之賊，仍檄崔、吳二將兵從西尾追，又檄盛、趙二將兵從東堵禦。臣於二十七日自慶陽，繇華池先統鄭嘉棟兵南發，復檄李國政、王根子星馳赴援。臣已塘報閣部，併合水捷功附報大略訖。

本日據報，三月十九日，追賊遠遁，賊衆忽東忽西，各處竄奔。二十四日巳時，官兵至合水縣，隨據鄉民報稱，賊從羊圈溝蜂擁前來，前隊已過黃家崖窰，離縣城二十餘里。馬兵從旁抄撲，三路齊攻，衆賊大潰。各路官兵追殺二十餘里，至青岡原龍王廟，當斬獲賊級，生擒活賊，奪獲盔甲、戰馬。隨有賊數千接戰，迭相迎殺。自午至酉，我兵奮勇，戰經百合，群賊調聚各山精悍設伏誘敵。我兵鼓勇直前，當陣砍殺馬上精賊數人，旗幟、盔甲、弓刀、馬匹全獲，賊衆披靡。我兵乘勝又追十餘里，漢土[一八]兵丁追砍射賊落馬者數十，當陣斬獲首級無算。前後一日五陣，追殺三十餘里，我兵全勝，收兵回營，於戌時回至合水縣。查得都司孫鑑等斬獲老管隊賊混名三隻手等首級六顆；新營副將王根子標下守備張大成斬獲小頭目飛山龍首級一顆；中哨都司趙祥斬獲上天虎首級一顆；千把總王嘉棟等一十九員各斬獲強壯賊首級一顆；土丁[一九]毛哥則等斬獲老管隊黑虎，賊混世龍、小天神、二天王首級各一顆；紅藍旗材官土丁明罕等一十五名各斬獲強壯賊首級一顆。新營副將王根子標下都司趙祥等，奪獲大天王長子雷神保，年十二歲，次子三家保，年五歲；奪獲賊婦盧氏、常氏、劉氏、張氏。遊擊李國政標下守備李文奎等斬獲強壯賊首級八顆；把總吳養純等斬獲管隊賊飛龍、賊頭鑽天龍、老夜不收張飛等首級各一顆；隨征都司守備路哼囉等二十一員各斬強壯賊級一顆；監營遊擊張承烈標下親丁張應太等五名各斬強壯賊級一顆；都司張文耀等斬獲上天虎、不著地、小鷂子首級各一顆；周永圖等一十八名各斬獲強壯賊首級一顆；材官范廣等擒獲活賊三名李敬等，奪獲賊婦陳氏、王氏。以上各營官兵，斬獲有名賊頭首級併强壯精賊首級共一百五顆、生擒活賊三名、賊婦六口、賊子二名，俱押送合水縣查驗明確，取有印結在卷。所獲鐵盔甲二十二頂副，棉盔甲六十一頂副，弓箭刀共四百二十件，驗明仍付原獲兵丁收執。各營共獲馬騾三百餘匹，分別給賞有功員役。各等情，到臣。

三十日，臣行次邠州，據報，過、混等賊已過興、咸。臣先因標下贊畫司務陳繼泰統兵漢南疏棧報歸，即檄本官統民兵二千名，赴口子鎮扼防六隊等賊出犯涇、三。嗣因各賊殺敗東遁，臣復檄本官統兵赴涇河上下渡口堵截混、過各賊去後。續據各縣報，賊已至涇、三，時王根子兵次政平，李國政兵次寧州。臣令鄭嘉棟之兵改繇淳化截徑於四月初一日先赴三原，臣催王根子兵亦繇淳化於初四日抵三原。據陳繼泰塘報，三月二十九日丑時，探至南原，有賊騎二百餘已到涇陽縣之南渡。職親督官兵截之於信和堡，與賊相遇，當陣斬獲強壯首級七顆，活擒一名，奪獲婦女二口、馬騾驢一十六匹頭、盔甲一副、弓刀十三件，箭刀銃炮所傷無數，等因。又據各縣報，賊從高富東奔。臣先於沿途一面檄催參將解文英、遊擊王萬策從商、雒作速前來，一面調原任參將朱國棟、田時升，統在省銃炮手一千五百名赴軍前，俟各兵齊集，即隨賊所向，合圖大剿。該臣看得六隊、大天王、混天王、爭管王等賊，與闖將、過天星、混天星等賊，自秦入蜀，飽掠同歸。而六隊自負精強，惡為闖將所軋，因先度陽平，走略陽，歷禮、伏，越平、固，直抵慶陽，將為久屯之計，以其地有糧可因，且險足踞也。

臣自聞賊東犯，即申約道將分汛責成，誓圖剿滅。比東西兩川之聚結報探稍真，臣一面檄監軍張京，督遊擊崔重亨、吳國偉兵，又擇總兵張天禮所部精銳益之，俾從鎮原一帶張勢東逐；一面檄監軍王文清，統副將盛略、趙大允兵，俾從中、宜一帶鼓銳西截；又一面檄定邊營副將柳汝樗，率該營精銳塞其北遁之路。臣親督中軍鄭嘉棟、遊擊李國政、原任副將王根子、都司張文耀等兵，出淳、三、寧、真，徑撲慶陽迎擊。臣於十七日夜四鼓率各兵入慶陽府城，於十八日傍晚發兵，約十九日早可至賊所剿殺。及行逾夜半，將近皂城，而守弁郝光顯報稱，賊營又北徙三十里。臣念各兵遠涉已勞，若趨利於百三十里外，恐犯兵家之忌，又崔、吳兩兵不能齊集，因撤各兵暫憩皂城。不意崔、吳二遊擊是日於二百里馳至，突逼賊壘，遂與接戰。臣迅發各兵應援，乃兵未至，而賊已望塵奔矣。僅二遊擊斬賊二十七級，稍挫其鋒，猶未大創。賊奔之後，據險不出。累據偵役報，賊精衆猶出没西川，而老營則已密移東川。臣慮賊欲賺我兵於西，却繇東川疾走三、淳，乘隙剽掠。臣遂檄監軍道張京，仍督崔、吳屬兵以憝西邊之防，而以鄭嘉棟兵發華池，以李國政、王根子兵發合水，偵賊南向，即縱兵截擊。比李國政等兵方至合水，忽報賊果結隊而南矣。兩將能謀善戰，決機迅敏，當即申嚴軍令，奮臂先登。而都司張文耀素懷忠義，復經樞部叙升，期以死報，與兩將聯鑣同進。又各率所畜土[二〇]降丁健驍勇絕倫，故能迎頭苦戰，冒險窮追，殲對壘之窮凶，執渠魁之孽子。雖功級僅百餘，然皆馬上精賊，較襲零尾後掩殺被擄脅從，豈但一可當十！至所獲二孽，俱皆賊首大天王之愛子，乃悉爲我俘，則我師之勇奮與賊衆之狼狽，固可知已。

夫賊當掠蜀新歸，凶鋒烈焰，不可嚮邇。諸將之捷，使我氣振而賊魄奪，即内地風鶴之人心，亦有所恃以無恐，其有造於風雨漂搖之危秦殊非淺鮮，衡功論叙，似不宜較量於功級之多寡矣。王根子善用土丁[二一]，此戰尤最得土丁之力，所擒大天王二子，皆其部下官丁厥功居首。本官曾經題參擬戍，尚未部覆，後以擒闖功奉旨另案酌議，今應行免議，量與湔除。李國政瀝血誓衆，殫力殫心，且此戰之分合有法，始終不懈，實賴有國政爲之指麾，相應優叙。張文耀率偏師一枝，能與二將分路齊驅，勇氣無前，亦應並叙。其原獲雷神保之趙祥、胡椒大王之孫成才，與督陣當先、衝鋒斬級之兵部差官施應堂，都司守備孫鑑、郭鳴鳳、崔應舉、任國柱、王加福等，各營守備千把總張大成、李文奎、李秀、張鵬翼、李國愛、苗大勝、劉友元、賀登第、吳養純、范廣、許成光等，漢土〔二二〕兵丁毛哥則、卜桑、顧高遷、孫世才、卜卜戶、白光明等，亦應併叙。至遊擊崔重亨、吳國偉星馳赴敵，突爾一戰，實爲各將之前驅。中軍鄭嘉棟、都司張一貴與隨征都司李世春，派伏南路，雖未與戰，勞不可泯，亦應紀録。監軍道臣張京，度賊去向如在目中，而往來邀擊，宵征露處，備極勞苦，併應紀録示勸。定邊副將柳汝樗，曾經檄調未到，或因道梗，至都司郝光顯始雖探賊未確，繼能親尾賊後，得賊情形，不時馳報，俱應免議。其獲功官兵與對陣被傷兵丁，容臣動屯課銀兩徑行賞恤。

至賊既東竄，臣查邵莊、隆益一帶荒苦至甚，毫無可掠，隨檄李國政與王根子裹五日糧，緊促賊後。臣又預設盛略、趙大允兩兵於鄜、延，候賊夾擊。臣私計此賊業入殼中，或即其應滅之時。臣忽以鳳、寶告警，牽臣以不得不顧之内地，無奈撤兵而東。鳳、寶之賊爲過天星、混天星兩大股，及邢家、米闖將兩小枝，乘臣在慶，即星夜奔突，徑越涇、三，今且渡雒河犯同、澄。蓋及臣未至，欲先據黃龍山爲逃死地。臣隨飛檄司務廳陳繼泰阨守涇河，毋縱賊渡。第賊風馳雨驟，又衆寡相懸，未易截堵，尚在可原。臣草疏巳畢，又據監軍道王文清塘報，六隊、大天王、爭管王等賊圍攻甘泉縣，盛、趙二將統兵馳援，至甄家灣與賊對敵，把總王萬虎斬獲首級一顆，塘馬守備張守艾等又生擒賊塘一名抓地虎，中哨守備張登朝生擒爭管王兒子小黃鷹，餘賊奔潰，立解縣圍。又招出領哨賊頭一名滿山紅，管隊一名小黑鷹，救獲被擄難民張希春等一十五名。查賊因鄜東有兵，遂從西原遶走，及聞鳳、寶告警，追兵撤赴内地，賊徑圍甘泉，旋被官

兵衝擊北遁，等情。又據監軍道張京塘報，稱賊見在鄜州西原，
知鳳、寶有警，本院大兵調回，惟趙、盛兵在鄜城，賊準備打
仗。職兵自西，賊不隄防，機會可乘，擬不至鄜州，俟至張村，
若有路可抵賊營，則密會王監軍訂期夾剿，等情。臣仍檄該二道
相機期會夾剿去後。又據延安府報稱，大天王的名高見，係延長
縣人，於四月初一日到雒河地方，卑職將王副將擒獲大天王兒子
二名情繇寫帖招諭去後。隨據大天王稟稱："小的因饑寒所迫，
求生無路。今王副將將小的嬰兒收住，一名雷神保，一名三家
保，未知存亡。既然有命，懇乞本府轉報，將小的兒子送出一個
來相見一面，必然就撫。"等情。臣相機操縱，如果渠寇大天王
悔罪輸誠，實心乞命，即準收撫，陣擒孳子給渠收養。再照臣計
前後東犯之賊約十之八九，其未東者獨八隊闖將一股，及闖王餘
孳中斗星一股，此外無可指數之寇。夫此寇非即破蜀郡邑之寇
乎？今獨以臣當之。臣兵自甘兵而外，未嘗另分邊鎮一旅。臣餉
戶部原議短給臣四萬，而蜀餉又毫未解至，乃臣之兵尚堪支賊，
臣之餉尚堪支兵，臣在昔或屬空言，今一一皆可明試。臣惟有殫
竭臣愚，以勉圖仰報天恩於萬一耳。

　　再敢冒陳者，臣之兵分防協擊者也，乃使之兼防獨擊，豈臣
所敢諉卸？倘旦夕各總鎮念臣孤危，鼓義東援，乃臣之至願，然
而必不能遽至也。即一二月內或至，而兵又疲，賊又遁矣。向臣
請與督臣分地分兵東西分剿，度兵力、賊情必應如此。時樞臣楊
嗣昌迫欲滅賊，以西安無賊，恐臣意在規避，其所舉以責備臣
者，實疆臣之通病。且臣奉有不得分畛畫疆之諭旨，固未敢更有
瀆陳。今賊之大勢八九在東，止闖將一股在西，以四總鎮及各副
將、參遊之全力圖之，自應刻期殄滅。其東邊之賊紛紜正甚，殲
除量非易易。臣今復申前請，自與規卸無涉，伏乞聖明速敕該部
覆議。賊勢雖盡在東，督臣剿滅闖賊之後，不必盡發各總兵於

東。臣止願分一鎮，携原食剿餉東援，其餘兵將盡在西暫時休息，俟臣將各賊驅剿西遁，督臣即督西兵迎頭急擊，即不能使賊衆盡滅，又必驅之使東。倘賊復東折，臣仍以臣兵及一總鎮之兵迎擊於東，即不能使賊盡滅，仍必逼之使西，而督臣仍以西兵迎擊。如是則我靜賊動，我逸賊勞，我飽賊饑，往還數次，使賊疲於奔突而自不可支矣。至應分汛地，或即照臣前疏區畫，或樞部另爲酌議。其應分東援之鎮，必應於曹、左兩鎮擇撥一鎮，以兩鎮之汛地、兵馬皆與臣尚相關涉，臣調度爲便也。臣向以尾賊亦可滅賊，第視尾賊者如何人耳。今尾賊諸將官且忽失賊之處，賊何能滅也？故臣又謂滅賊要著必應如此，如第與賊俱騖，臣不知奏效何日矣。伏乞聖鑒施行，爲此具本謹題。

崇禎十一年四月初七日具題，五月初二日奉旨："該部看議速奏。"

報寇孽率衆投撫疏

題：爲寇孽率衆投撫，謹報解散安插確數，仰祈聖鑒事。先於二月二十九日，據監軍道僉事王文清塘報，賊首一朵雲等四名率衆投撫，等情。據此，臣一面檄行監軍、商雒二道，仍行山陽縣審察，如投撫果真，即令解散安插，已於三月初三日塘報閣部訖。今於四月初五日，據山陽縣知縣常吉申報，又據商雒道副使邊命塘報，各到臣。該臣看得山陽地方與上津接壤，一朵雲等盤踞上津六郎關一帶，出没肆掠，於商、雒爲卧榻之賊；一爲官兵追迫，輒遁入商、雒，其視商、雒又逋逃藪也。自秦兵駐防商、雒，賊營窟之計已窮，而遊釜之勢日促。故其化豺狼爲鴻雁，易牛犢以劍刀，豈真悔罪慕義，蓋實無可奈何。此正樞臣楊嗣昌所謂形格勢禁之明效也。

第恨荒山兵難久處，又秦寇殊多，臣以有數之兵，隨賊四應，不能逐日守山，然有此五百人之投戈，則我兵數月之苦守非徒然矣。今據該縣册報，招撫過共五百一十九名內，解散歸各原籍者一百九十七名，見在該縣給田耕種者三百二十二名，造具姓名、籍貫清册前來，固可無虞反側，永保輯寧矣。其在事監軍道王文清、商雒道邊令、山陽縣知縣常吉應請議叙。其差委員役小王虎、劉應祥、史邦遂、楊世重、張秀等，臣酌量給賞外。伏乞聖鑒敕部施行，爲此具本謹題。

崇禎十一年四月初七日具題，五月初四日奉旨："該部知道。"

報澄城捷功疏

題：爲大寇合股東犯，官兵齊力奮剿，仰仗天威恭報奇捷事。照得大寇過天星等自鳳、寶東犯，直越涇、三、富、同，在澄城縣地方搶掠。臣先於慶陽聞警，馳回追剿。料賊欲倚黃龍山盤踞爲害，臣親提官兵，夜渡雒河，馳至澄城，分兵五路，按期進發，於四月十二日在楊家嶺、虎兒田、馮原等處，大戰獲捷，斬級千餘，生擒活賊，及奪獲男婦、盔甲、器械、馬騾無算，先於陣前差報部科訖。

今於本月十九日，據潼關兵備道丁啓睿、監軍道王文清塘報，准副參遊都鄭嘉棟等牒報，三月二十六日，過天星等大夥自蜀入秦，突犯鳳翔，蒙撫院與按院檄，令監軍道督副將趙大允、盛略兩營官兵從間道南下，一面督率鄭嘉棟、李國政、王根子、張文耀等營各官兵，前往鳳翔迎頭截殺，兼程馳至邠州，據報賊

已過涇、三；一面檄調原任參將解文英、遊擊王萬策各統駐防
商、雒之兵，同管餉西安撫民同知王明福前來合剿。撫院復縣三
水、淳化至蒲城，賊已縣同州地方晉城渡雒河，意欲盤踞黃龍山
一帶搶掠。賊倚北山為營，須於東西兩面并正南一路會兵齊進，
方可制勝。隨檄監軍道督甘兵自中部、宜君，縣白水徑抄黃龍
山，先據險要以扼賊路；復檄潼關道督潼關精勇營，自朝邑馳赴
澄城合剿；令原調商雒駐防遊擊王萬策統領甘兵，并原任參將朱
國梁統領屯兵，星夜馳赴黃龍山，與監軍道所統趙、盛二副將合
兵；檄令贊畫司務陳繼泰統兵扼雒河，管餉同知王明福、督參將
解文英及田時升駐蒲、白，以防賊潰。撫院隨於初十日酉時，督
領副參遊都鄭嘉棟等兵，自蒲赴澄，三更至雒河。蒙撫院不避危
險，策馬先渡，各官兵聯絡過河，五更入澄城，兵馬盡伏城內，
不許一人出入以泄兵機。密探賊營住縣北沿山一帶馮原、劉家
凹、劉家圪老、南北趙莊、上下彌家村、黨家莊、虎兒田等二十
餘村，首尾七八十里，烟火相望，聯絡不絕，離澄城縣七十餘
里。隨準監軍道移會鄭嘉棟等，併督趙大允、盛略兵縣白水趕行
一百八十里，亦於十一日寅時到黃龍山屯兵夾剿，約以鳴炮為
號。隨蒙撫院繪圖，分兵四路。其黃龍山之兵專堵黃龍山一路，
各照派定村莊，一齊剿殺。隨分馬步官兵八百七十員名、炮手五
百，向東路剿殺武安村、高原村、雷村、寺莊之賊；分馬步官兵
一千一百一十八員名、炮手二百四十有三，赴西路剿殺密石、南
北趙莊、上下彌家村、黨家莊、溝西上下村之賊；又分馬步家丁
八百二十一員名，炮手五百，分中路剿殺何家莊、羅家凹、楊家
嶺、虎兒田、喬莊之賊；又分漢土馬兵四百餘員名，赴河西剿殺
馮原、劉家凹之賊；督家丁一千五百八十三員名，從黃龍山約會
夾剿。於十二日黎明，潛至賊所，申明號令。賊已知覺，將老營
打發起身，惟留精健迎敵。職各官兵照依派定汛路村莊，一擁齊

衝，賊眾遁走，官兵乘勢追砍。參將鄭嘉棟，都司張一貴、李世春等從東抄殺，遊擊李國政、都司張文耀等從西路殺入，副將王根子、守備胡安等從中路殺入，參將王永祥從河西馮原一路追殺。官兵力戰，賊眾大敗。官兵窮追，逼賊老營。賊護老營，益拚命死鬥。官兵齊力圍攻，當將賊老營衝開。副將王根子家丁池化受，將過天星親姊張氏擒獲，其餘擒斬、射傷、砍殺及落澗墜崖死者不計其數。賊潰，徑向黃龍山奔逋，塵土障天。監軍道督副將趙大允、盛略、郭鳴鳳等，同王萬策塘馬哨，見塵起，知大兵從東南殺來，即於馬上傳諭諸將士，務要勇往接殺。各官兵無不踴躍，直從黃龍山殺下，信炮相接。趙大允、盛略領官兵奮勇撲砍，賊眾驚見我兵從山頭殺下，復向東奔。趙大允親執白旗，領衝鋒官丁，同盛略一齊赴殺，與李國政領李文奎、李國愛等兵會合一處，衝殺愈勇。死賊〔二三〕棄馬滾溝，陣前喊稱：“我過天星、混天星從來未喫此虧。”乃復將各哨精賊傳合一處，拚命抵當。時已過午，各路又將新造白甲官兵直撲賊中砍殺，賊愈不能支，遂奔石堡川，又上射公山。五路官兵齊力趕殺，仰面上攻鏖戰。時已至申，遊擊李國政謂此戰必須穿攪賊營，方可盡殲，即令本官內丁二隊喊殺，直入賊中，射殺穿紅蟒甲賊頭一名，死賊〔二四〕大潰。時已至酉，馘斬死賊〔二五〕千餘，滾跌及帶傷死者無算，餘賊哭泣逃奔，有不入大營四散落草者亦不計其數。天色漸晚，乃鳴金收營。監軍道仍督趙大允等兵回黃龍山，防賊暗竄白、富。各營收兵回營。

查得中軍參將鄭嘉棟所部官兵，斬獲強壯賊級一百八十四顆，生擒活賊五十六名，奪獲馬騾五十五匹頭、婦女八口、鐵盔甲三十六頂副、綿盔甲一十九頂副、弓箭刀共六千一百三十五件，陣亡家丁宋學孔等四名，重傷家丁張英等九名，輕傷家丁王天柱、甯有德二名。後左營遊擊李國政所部官兵，斬獲賊級二百八顆，内官丁李文奎等斬賊頭目領哨老管隊一撮風等首級二十二顆、强壯賊級一百八十六顆，生擒活賊八十名、婦女十口。奪獲馬騾三百二十七匹頭、鐵盔甲四十二頂副、綿盔甲七十三頂副、弓箭刀一千二百一十四件，陣亡隨征把總一員王國武，土丁一名撒兒計〔二六〕。新營副將王根子所部官兵，斬獲賊級二百二十九顆，内官丁王建都等斬賊頭目領哨老管隊虎頭大王等首級二十八顆、强壯賊級二百一顆，生擒活賊四十一名、婦女二十二口，奪獲馬騾三百二十四頭、鐵綿盔甲一百五十頂副、弓箭刀三千四十件，陣亡土丁阿桑等三名，重傷官丁張一鳳等九員名，輕傷家丁一名。中營都司張文耀官兵，斬獲賊級六十二顆，内官丁范廣等斬領哨老管隊青背狼等首級八顆、强壯賊級五十四顆，生擒活賊一十二名、婦女四名，奪獲馬騾七十三匹頭、大旗一桿、鐵綿盔甲五十五頂副、弓箭刀一千四百六十件、鐵鞭一十一根。潼關營參將王永祥所部官兵，斬獲賊級一百二十七顆，内官丁艾登舉等斬賊領哨老管隊紅狼等首級九顆、强壯賊級一百一十八顆，生擒活賊三十一名，奪獲馬騾三十一匹頭、盔甲弓刀器械共二千三百一件，重傷官丁馬蛟麟等九員名，輕傷家丁李賢等七名。澄城縣鄉兵，斬獲賊級三十五顆。前右營副將趙大允所部官兵，斬獲賊級八十二顆，内官丁郭鳴鳳等斬賊頭目管隊明樓等三十顆。内守備趙完英斬級一顆，面刺"大王"二字，據生擒活賊黑鷹認識，係混天星哨頭，領三千人。斬獲强壯賊級五十二顆，生擒活賊二十四名、婦女八口，奪獲馬騾二百五匹頭、盔甲五十三頂副、弓箭刀撒袋共二千二百一十二件，重傷官兵張我耀等二名。甘營副將盛略所部官兵，斬獲賊級三十二顆，内官丁辛土、谷赤等斬賊頭目新天王等首級一十一顆、强壯賊級二十一顆，奪獲婦女二口、馬騾一百六十一匹頭、盔甲三十六頂副，弓箭刀器械俱全，陣亡家丁劉尚仁等六名。甘營遊擊王萬策所部官兵，斬獲賊級五十八顆，内官丁劉建勛等斬賊頭目下山虎等首級二十二顆、強壯賊級三十六顆，奪獲馬騾一十八匹頭，陣亡千總一員葛衛國、家丁一名李進。監軍道守備朱貢瑞等，斬級五顆，生擒活賊一名。奪獲馬騾九匹頭；黃龍山守備賈奇珍内丁袁汝欽等，斬獲賊級一顆，生擒活賊一名。守備吕承誥斬級一顆，邱加遇斬級一顆。以上各營通共斬級一千二十五顆，内據生擒活賊來虎、黑鷹等併賊婦認出，各營官丁李文奎等斬獲有名賊頭目領哨老管隊、一撮風等首級一百三十顆，強壯賊級八百九十五顆，生擒活賊二百四十六名，俱當陣乞降，解驗審明，各給免死票發回原籍。奪獲婦女五十四口，俱發澄城縣招諭親屬認領。其所獲功級驗明，發該廳縣收貯，仍取印結附卷訖。各營奪獲馬騾一千一百九十九匹頭，馬匹堪用者，給兵丁准自備入營騎征；騾頭堪用者，留營給價充官運糧；其馬騾併驢不堪者，分賞有功併原獲及同隊同伍兵丁。各營共奪獲鐵、綿盔甲四百六十四頂副、大旗一桿、鐵鞭一十一根、弓箭刀撒袋共一萬六千三百六十二件，仍令原獲兵丁收執，隨營應用。陣亡後左營把總一員王國武、甘營千總一員葛衛國、各營土[二七]漢兵丁宋學孔等一十四名。陣失併射死各營官馬三十一匹、自馬一十五匹。重傷官丁徐成等四十員名，輕傷官丁岳友才等十員名，重傷官馬一十八匹、自馬一匹，輕傷官馬六匹。等因，塘報到臣。

該臣看得過、混兩寇，衆盛精強，並稱雄於諸大寇之中，烈焰凶鋒，不可嚮邇，八年之覆曹帥，九年之陷俞帥，十年之衄祖帥，皆兩寇之爲也。今復掠蜀飽還，聲勢益橫，又有[二八]邢家、米闖將等諸小股爲之羽翼，乘徽、秦夾剿之稍疏，遂繼六隊、大天王、爭管王、混天王之後，分道東窺。知臣有事慶陽，輒直抵涇、三；及臣未返西安，遂飛越同、郃。屯札澄城，將倚黃龍山爲負嵎地。臣聞警馳追，算賊倖中，以我兵先發據山，使彼衆計窮營窟。臣復提旅親征，銜枚密進。河水難渡，臣即率衆投鞭；曙色未分，兵已入城息鼓。乃爲精選鄉導，細畫地形。分兵分路，期於一網兼收；爲衝爲援，毋令針芒或漏。嚴門禁以防預泄，得奸謀而破狡謀。二鼓出師，五路向賊。平原萬隊，既若輪地以來；高嶺一軍，又已從天而下。賊驚駭莫測，應接不遑。加以士卒盡選練之驍雄，號令遵申明之約束，故能奏功一鼓，斬首千餘，擒降累百，死傷潰散及所獲甲馬器械不可勝記，過、混二賊僅以身免。此實秦中剿賊以來未有之大捷也。非賴皇上聖武旁昭，神謀遠運，及朝臣計劃周詳，樞部指授盡變，與夫督臣同心共濟，按臣新任協恭，豈臣之區區所能辦也。

臣受寄嚴疆，奄及二載，無裨戡定，臣罪實深，臣不敢借此自贖[二九]。至於在事道將與行間材武，如不爲破格優異，恐無以作奮新之氣，而鼓樂效之心。故臣不得不以賞不逾時之曠典，仰懇皇上立沛恩綸，敕部甄叙。如潼關道臣丁啓睿、分巡關內監軍道王文清，俱應優叙。臣標下中軍參將鄭嘉棟，往來策應，所獲功級纍纍。後左營遊擊李國政，奮銳先登，誓以死圖報，身中七矢而鏖戰益力，且部下所獲功級最多。新營原任副總兵王根子，衝鋒破陣，功級獨多於各營，且合水之役，俘獲大天王之二子，今又俘獲過天星親姊張氏。查張氏有夫混名二虎，子混名大星宿，俱以慣戰得名賊中，過賊倚之如左右手。張氏既獲，則過賊氣奪，而二賊皆可間之，使爲我用。前右營原任副總兵趙大允，設伏山上，進兵悉如期會。潼關營參將王永祥，率關兵馳至，獨分溝西一路掩擊得勝，逼賊使就我夾擊，而獲級且多。中營都司僉書張文耀，所部降丁僅一百四十，而每戰必扼要爭奇。都司僉書張一貴，擐甲臨戎，能使千人自廢。甘營副將盛略，提甘營馬步一千，雖獲級較少，然與趙大允聯鑣並進，能無失夾剿之期。原任太平堡守備加銜遊擊王萬策，綟商雒遠至，兵不及食息，馬

不及飼秣，即毅然隨剿，而獲級差多。以上各將，均應優敘。内
王根子原任薊鎮馬蘭副總兵、都督僉事，降三級，又因陝西剿賊
題參擬戍，尚未部覆，前以擒闖功，奉旨另案酌議，昨合水捷
功，臣已題請量與湔除。趙大允以原任陝西流曲副總兵題參遣
戍，前以殲蝎功，部題奉旨戍案量與湔除。以上二員俱應量予復
職。王萬策新經甘肅按臣糾參，奉旨提問，應照從輕量擬，俾殺
賊自贖。張一貫前因藍田兵叛奉旨戴罪剿賊自贖，應免戴罪。督
陣兵部差官施應堂，標下旗鼓都司王國棟，隨征都司孫鑑、郭鳴
鳳，守備胡安、崔應舉，原任參將郭清，原任遊擊張承烈，分營
督戰，鼓勇直前。内施應堂、王國棟、孫鑑、郭鳴鳳、胡安、崔
應舉六員，應各加一級。郭清以原任寧塞參將被劾，奉旨提問擬
徒，相應論功末減。張承烈以原任紅德城遊擊被劾，奉旨革任回
衛，相應論功敘用。中營中軍李毓椿，千總劉吉、明臣，把總馬
負圖，後左營守備張鵬翼、李文奎，千總李國受、苗大勝、吳養
純，前右營中軍守備黨威，千總李遇春、郭永壽、武大定、拓應
卿，新營中軍王建都，實授都司趙祥，千總張大成，潼關營千總
馬蛟麟，以上十八員，躍馬當先，摧鋒斬銳，俱應加一級。中營
隨征都司李世春，千總楊王庭，把總魯典、魯宗周、陳自興，後
左營中軍守備李秀，守備楊豹、路哼囉、路著太，千總羅國用，
把總賀登第、劉友元，隨征守備楊成，材官王友蒼，前右營千總
趙完瑛，新營千總杜成禄，中營張文耀下千總范廣，把總牛希
才，潼關營中軍艾登舉，把總劉福禄，監軍道下中軍守備鍾鳴
豐，把總孔珠，甘營盛略下守備楊奎光，甘營王萬策下千總席大
卿，黃龍山駐防加銜守備賈奇珍，以上二十五員，戮力苦戰，馘
斬功多，併應紀録。原任參將解文英、田時升，從商州調剿，兵
馬急趨奔疲，臣因令伏兵蒲城，以防賊潰，雖未交鋒，勞不可
泯，應俟彙敘。駐札黃龍山西延捕盜同知徐文泌，管餉西安撫民

同知王明福，澄城縣知縣傅應鳳，蒲城縣知縣田臣，管餉咸寧縣縣丞喻品，参謀武清周、雷鳴時，或撥防兵隨營協剿，或選嚮導審察地利，或轉運糧餉備辦軍需，併應敘録。内武清周以原任知縣被劾遣戍，臣稔其素有才幹，故以参謀委用。今本官隨征已久，頗多勞績，至自募丁健殺賊立功，所騎戰馬亦皆本官自備，費殊不貲，亦應量與湔除。

其各營斬獲首級，應請照兵部題頒新例，每顆給銀五兩，用示鼓勸。臣查有臣前題降丁拓攀高兩次掘獲窖銀三千三百餘兩，堪以動用。除即先照向來舊例，每顆賞銀三兩，俟欽賞頒到，仍照新例補足。其陣亡後左營把總王國武、甘營千總葛衛國，均應議恤。内王國武以所乘戰馬付之主將，步戰殞身，尤宜厚贈，以旌忠義。至標下贊畫司務陳繼泰，虛怯無當，本官倚借京銜，鴟張於桑梓之地，官民上下罔不側目，錢糧出入亦不清楚，伏乞聖明敕部察議。爲此謹題。

崇禎十一年四月二十二日具題，五月二十日奉旨："奏内有功及陣亡員役，該部核議叙恤。欽賞銀兩，著即給發。陳繼泰併即察議速奏。"

校勘記

〔一〕"遼"，《疏牘》本作"軍"。

〔二〕"仰"，《四庫》本及《疏牘》本均作"以"。

〔三〕"屢旨申飭"，《疏牘》本作"即申飭"。

〔四〕"調度"，《四庫》本及《疏牘》本均作"調處"。

〔五〕"移"，《疏牘》本作"示"。

〔六〕"當"，《四庫》本作"臣當"。

〔七〕"即便"，同上書作"即使"。

〔八〕"又"，同上書作"又今"。

〔九〕"搏"，《四庫》本作"增"，《疏牘》本作"遵"。

〔一〇〕"例"，據《四庫》本當作"倒"。

〔一一〕"謂"，《疏牘》本作"顧"。

〔一二〕"而"，《四庫》本作"及"。

〔一三〕"易"，同上書作"受"。

〔一四〕"漢土"，《四庫》本作"夷漢"。

〔一五〕"寧"，《疏牘》本作"靖"。

〔一六〕"漢土"，《四庫》本作"夷漢"。

〔一七〕"是夜臣"，同上書作"臣是夜"。

〔一八〕"漢土"，《四庫》本作"夷漢"。

〔一九〕"土丁"，《四庫》本作"夷丁"。

〔二〇〕"土"，同上書作"夷"。

〔二一〕"土丁"，同上書作"蕃丁"。

〔二二〕"漢土"，同上書作"蕃漢"。

〔二三〕"死賊"，據《疏牘》本當作"衆賊"。

〔二四〕"死賊"，同上書當作"賊衆"。

〔二五〕"死賊"，同上書當作"賊级"。

〔二六〕"撒兒計"，《四庫》本作"薩奇勒"。

〔二七〕"土"，同上書作"蕃"。

〔二八〕"又有"，《疏牘》本作"又用"。

〔二九〕"贖"，同上書作"免"。

孫忠靖公集卷三　　撫秦疏草

報官兵迎剿獲捷疏

　　題：爲狡賊聞風先遁，我兵迎剿獲捷，恭報調度期會情形，仰祈聖鑒事。照得流寇過天星、混天星等自澄城大創後，與六隊、爭世王等俱奔竄延安地方。臣因西安麥秋未畢，將標下官兵分布白、蒲、富、耀等處扼防。五月初四日，據分巡關內監軍道僉事王文清塘報，延賊苗頭已向鄜州地方。臣即檄調派防白、蒲、富、耀各官兵，俱赴中、宜堵擊，并移會總兵左光先統兵自鳳翔馳赴慶陽夾剿。臣亦於即日赴中、宜調度，繇三原、耀州行次同官縣，欲候兵齊，即從中、宜進剿。初七日，據宜君縣塘報，賊於初六日三更發老營奔馬蘭等處，精健天明亦去，等情。臣因賊勢西奔，恐兵從中、宜尾追，不能殲掃，且慮賊從馬蘭突犯涇、三，一面督發遊擊李國政統兵自同官馳赴中、宜，從東防擊。臣仍返耀州，督發中軍參將鄭嘉棟、原任副將趙大允、參將解文英等兵，馳赴三水扼堵，并移會總兵左光先自慶、寧截剿去後。初八日又據塘報，昨初七日探賊老營奔西北，今仍折回店頭、蘇家險等處，等情。臣查賊屯店頭等處，驚疑不定，官兵一至，賊非西奔慶陽[一]，必南犯三水，我兵宜三面約期緊促，使賊遁逃無處。隨檄監軍王文清監督副將參遊鄭嘉棟、趙大允、解文英、王萬策等兵，從三水、真寧扼剿，以防賊潰。臣親提副將王根子、都司張文耀等兵赴中、宜，與李國政之兵約於十四日從中、宜進剿。復移會該總兵亦於十四日馳赴隆坊進剿[二]。賊潰，勢必南奔三、真，彼中有鄭嘉棟等兵扼堵，店頭、隆坊之兵創賊之後，即乘勝追擊。第慮賊情瞬息變幻，兵機遙度爲難，仍宜隨機應變，俟兵至隆坊、店頭，該總兵與臣彼此移會進剿的期。如東西各有可乘之機，期會可以無拘，即隨便圖之去後。

十一日臣抵宜君，據報，賊知官兵至，老營已奔老山，惟過天星等精健在於隆坊西北侯村河、李家凹、太平原等處打糧。十二日，臣抵中部縣，議於十四日發王根子、李國政等兵從隆坊進剿。十三日卯時，準左總兵手本回稱："本鎮從合水、邵、隆進剿，則寧州西華池無兵，賊乘空逸出，我兵返殲不及。昨蒙軍門手札，内云曹、祖兩總兵初四日自秦州起身走固原，計十四日可到慶陽，若賊轉向張村、邵、隆，北路自有曹、祖兩總兵堵截，本鎮准於十四日至賊駐之處剿殺，請乞貴院提兵北進，使賊同時兩面受敵，首尾難顧，可藉運籌而成大功。期會固如此議約，但賊情變幻，若早晚離店頭，西犯保安、蘆保，則本鎮兵近，貴院兵遠，應遵憲檄所云，東西各有可乘之機，不拘期會，隨便而圖之矣"等因。又據李國政塘報，太平原之賊於十二日夜從猿猴神嶺入山奔竄，距官兵已遠，難以窮追。臣隨查此山人烟斷絕，不惟官兵未易深入，即賊亦難久居，勢必出山奔突，非西遁合、慶、環、固，必南犯真寧、三水。臣復移會總兵左光先，督兵從西，視賊所向，如西奔合、慶，則該鎮就近迎頭截擊；如從合水北竄環縣、固原，則該鎮急移曹、祖二總鎮於彼處極力扼剿；如南奔真、三，則有臣預發鄭嘉棟等兵足資堵殲，使賊不得西奔南竄，務逼東折。臣督兵從東扼擊，賊一再往返，掠糧不得，困餓待斃，可以盡殲。移會該鎮并咨督臣去後，十四日，又據王根子、李國政等報，過天星等知官兵於十二日到中部縣，賊於本日夜二更俱起營西奔，繇猿猴神嶺柏樹店大山，犯慶、寧、合水等處去訖，等因。十五日據監軍王文清探報，十二日左總兵在羅山鎮打伏得功，賊已大潰[三]，奔駱駝巷，往東南中部地方，等情。

臣查過天星之賊，十二日二鼓方始西遁，該鎮所殺之賊，必係混
天星一股，且各賊自聞兵西遁，並未東折。恐賊從西奔竄，復移
左總兵會查堵剿去後。十六日，准該鎮手本移稱，本月初十日，
准貴院手本，過、混等賊折回店頭、蘇家險等處，約會十四日彼
此進兵，以期夾剿，等因，到鎮。准此，本鎮隨遵照指授啓行
間，忽於本日申時，據報，初九日賊塘數十騎出駱駝巷，徑往蘆
保兒嶺看路，情形亦具報矣。十一日寅時，復據報，賊於初十日
卯時經過駱駝巷，往蘆保嶺、羅山阜去。本鎮即日取道襄樂秣
馬，午時肅兵潛進，十二日黎明馳至羅山阜，賊已起營。追至羅
保嶺，官兵奮勇力戰，斬首二百七十顆，生擒五十六名。審據活
賊口供，西來者係混天星、新天王、張妙手三家之賊，畏怕貴院
雄旅迫剿，故奔西躲避。其過天星之賊走張村、邵莊、隆益，至
合水相合，又有言駐札隆坊求討招安。其混賊被殺之後，或奔合
過賊，亦不可定。本鎮列營羅山阜，分投差撥嚴探，看犯某路，
即行緊追。至於過天星，未知果約去合水，抑尚駐隆坊請受招
安。如去合水，本鎮自應追殺。如駐隆坊，另聽調度，等因。准
此，查臣十一日據報，賊知官兵至，遂發老營已奔老山，止有過
天星精健在隆坊西北太平原等處打糧。是晚臣督王根子、張文耀
兵駐宜君，因過天星投稟赴臣乞撫，臣以我兵不能即至賊所，故
給與諭帖，以緩其遁，令其悔罪自決。及十二日臣抵中部，各賊
遂於是夜西遁，非過賊假撫探兵，則知混賊被創急遁合營。除臣
復移該鎮，賊如西奔合、慶，該鎮就近迎擊；賊如北竄環縣、固
原，該鎮急移曹、祖二鎮扼剿；如南遁真寧、三水，有臣預發鄭
嘉棟等兵堵殲；賊如東折，臣從鄜、中之間督兵扼擊，使賊往返
延慶荒山中，掠食無所，逃生無路，即可盡殲外。該臣看得過、
混等賊，自澄城被創北奔，蹲伏延安一帶，惕息不敢南下者半月
餘矣。茲以延地荒苦，無糧可掠，乃從甘、鄜遠出，分突中、

宜，恐臣之標旅又忽飆馳迅擊，驚棲不定，到處窺探。臣甫次同官，而彼已西奔；臣復返耀州，而彼又折還；比臣提師再進，而彼益聞風急走。雖臣許撫以緩之，亦不能使之少需，故竟乘夜奔逃矣。幸臣三方之布置頗預，累次之申約已明，混賊先奔一日，至羅山阜，適與鎮臣左光先及副將馬科兵遇，迎頭一擊，斬級二百七十顆，生擒五十六名，賊遂大潰。賊以東南俱有官兵，故未敢折鄜、中，覷三、淳，度必馳合過賊併突慶陽。據左鎮移文稱，曹、祖兩鎮於五月初四日自秦州起行，計十四日可至。曹鎮素爲賊憚，又有祖鎮佐之以併力，此路賊自不能爰爰逸去也。

臣查鄜州百里之西，合水數十里之東，真寧百里之北，慶陽東川之南，橫竪約三四百里，彌望荒山，掠食無所。賊藩觸此中，萬難久處，非西突合水，走寧、邠、鎮、涇，則東返鄜州，折甘、延、中、宜；非南下真寧，突三、淳、涇、三，則北越慶陽，奔環縣、固原。第使臣兵能阨之於東南，各鎮兵能堵之於西北，各勿縱令賊逸，併斷其出掠之路。賊窘促坐困，殺食牲畜一盡，惟有束手就死而已。樞臣所謂雖有十萬之衆，難禁三日之饑，正此地此時滅賊之要著也。至延北之賊，惟六隊、爭管王二股。蓋自合水賊衄，混天王以潰散失群西遁，頃報自環、慶折還，必已附入過、混之營；大天王因二子被擒，已經投撫；止餘六隊、爭管王，彼中悉索鎮堡官兵必能辦之。若漢中，雖報闖將復騷略、沔犯寧羌，然據各鎮塘報，闖將自河洮屢創之後，所餘無幾，自難復振。倘徼天幸，過、混旦夕就殄，餘賊次第可滅，三秦庶有蕩平之期矣。除臣移咨督臣併移會左鎮，及申飭臣標下各將鄭嘉棟等，各嚴加堵扼，及左鎮捷功，俟查明題叙外。爲此謹題。

崇禎十一年五月十七日具題，六月十四日奉旨："知道了。該部知道。"

報三水捷功疏

題：爲馳報捷功，以紓聖明西顧之憂事。照得混天星、過天星、米闖將等各股大寇，繇延安折犯中、宜，臣馳約剿師與臣標兵四面圍賊。以標兵分任東南二面，臣親督遊擊李國政、原任副將王根子等兵於東面逼賊，以臣中軍參將鄭嘉棟、原任韓郃參將解文英、原任副將趙大允、甘營原任遊擊王萬策於南面候剿。賊從合水突出，總兵左光先、曹變蛟等從慶陽馳追。賊折三水、邠州、馬蘭等處，鄭嘉棟、解文英、趙大允、王萬策等兩日三捷，擒斬約一千名顆，投降男婦六百。臣復介馬親督王根子等兵，繇中部、宜君、趙和尚寺、馬蘭，一日夜行二百五十里，入山搜剿，又收降大掌盤子混天星、邢家米闖將、火焰斑、就地飛、劉秉義等，并過天星領哨通天柱、尖兒手等，及各營領哨管隊精賊，與隨從男婦約二千五百餘人，潰散無算。先於五月二十一日差官報部科訖。

今於本月二十四日，據監軍道王文清塘報，准標下中軍副將參遊鄭嘉棟、解文英、趙大允、王萬策塘報，混天星、過天星、邢家米闖將等賊，繇涇、三東犯，至澄城地方。四月十二日，我兵擒斬一千二百餘名顆，已經塘報訖。死賊^[四]狼狽北遁延安，蒙撫院以西安二麥正值收獲，恐賊復南下，繇東必犯韓、郃、白、蒲，繇西必犯同、耀、淳、三，仍宜分布扼防。隨令監軍道親督參將鄭嘉棟、原任副將趙大允扼防白、蒲，東援韓、郃；遊擊李國政、原任副將王根子、都司張文耀扼防富、耀，西援淳、三。又蒙移會延綏撫鎮發兵，從延北剿殺。於五月初三日，據報，混、過等賊自雒奔鄜，苗頭西向中、宜，本職等極力堵剿。

又蒙監軍道調取派防白、蒲、富、耀及藍田駐防原任參將解文英，雒南駐防遊擊王萬策各官兵，俱赴中、宜堵擊，并移會左總鎮統兵自鳳翔馳赴慶陽夾剿。本院亦於即日繇三原抵耀州，先提遊擊李國政、原任副將王根子官兵，行次同官縣，欲候兵齊，即從中、宜進剿。初七日，據宜君縣塘報，賊探知官兵將至，於初六日三更，將老營先奔馬蘭等處，精賊天明亦去。蒙本院因賊勢西奔，恐兵從中、宜尾追，不能殲掃，且慮賊從馬蘭突犯涇、三，一面督發遊擊李國政統兵自同官馳赴中、宜，從東防擊，本院仍返耀州。初八日，又報賊仍折回店頭、蘇家險等處。蒙本院檄，因查賊屯店頭，驚疑不定，官兵一至，賊非西奔慶、寧，必南犯三水，我兵宜三面約期緊促，使賊逃遁無所。其中、宜一路，本院親督進剿，無用多兵，除量提遊擊李國政、副將王根子官兵，及都司張文耀家丁，先赴中、宜，從東進剿；其餘四營官兵，應赴真、三截剿；并移會左總鎮督兵自慶陽馳赴隆坊，從西進擊。然賊情瞬息變幻，兵機遙度爲難，仍宜隨機應變。如東西各有可乘之機，期會可以無拘，即隨便圖之。該監軍道親督中軍參將鄭嘉棟、原任副將趙大允、參將解文英、甘營遊擊王萬策各官兵，馳赴真、三，分布設伏，扼防南奔；仍急督四將遠行偵探，極力堵剿，務期一鼓殲掃，萬勿致賊遁逸。蒙此，監軍道即移會本職等，俱要仰遵撫、按兩院憲檄，鼓銳出奇，擒渠掃黨，滅此朝食。准此，偵剿間，十一日，本院兵至宜君，據報，賊知兵至，遂將老營發奔老山，止有過天星等精賊在隆坊西北太平原等處打糧。是晚，過天星等投禀，遣令小賊管來子赴院乞撫。本院以我兵不能即至賊所，因給與諭帖，以緩賊遁，令其悔罪自決。

及本院抵中部，據報各賊遂於是夜西遁。蒙本院檄，云十三日准左總鎮手本覆稱，本鎮從合水、邵隆進剿，則寧州西華池無

兵。昨蒙軍門札開，曹、祖兩總兵初四日自秦州起身，計十四日
可到慶陽。若賊轉向張村、邵隆，北路自有曹、祖兩總兵堵截。
本鎮准於十四日至賊駐之處剿殺，請乞貴院提兵北進。期會固如
此議約，但賊情變幻，若早晚來西犯，本鎮兵近，貴院兵遠，應
遵憲檄所云，東西各有可乘之機，不拘期會，隨便圖之。准此，
查賊已西遁，本院復移該鎮，賊如西奔合、慶，該鎮就近迎擊；
賊如北竄環、固，該鎮急移曹、祖二鎮扼剿；賊如南遁真寧、三
水，有本院預發鄭嘉棟等兵堵截；賊如東折，本院從鄜、中之間
督兵扼擊，使賊奔突無路，掠糧不得，困餓待斃，即可盡殄。除
移該鎮查照督兵堵剿并移會軍門及按院外，該道速督各將遠偵堵
剿，務期殲掃，不得疏縱。蒙此，本道即移會各將遵照。

十三日，據報，十二日左總兵在邏山阜打仗，賊敗，奔駱駝
巷，往東南中部地方。蒙本院於十五日接報，查賊聞兵西遁，並
未東折，中部地方亦未報有賊警，恐賊從西奔竄，復一面移文左
總鎮會查堵剿，一面檄監軍道即督各將確探堵剿，俾賊不得
遁〔五〕逸。蒙此，即移各將嚴加偵剿。又蒙本院令箭傳諭，慶、
寧一帶已有左、曹等鎮兵馬，足能堵剿，各將宜駐三水、馬蘭防
剿，等因。該本職鄭嘉棟、解文英駐防三水，趙大允、王萬策駐
防馬蘭，各督士卒偵剿間。本月十八日午時據報，賊哨已至湫頭
原一帶，直奔西南，等情。該本職與解文英會議，過、混等賊素
稱狡悍，我兵當分兩路夾擊，出奇制勝，使賊前後受敵。當即飛
移趙大允等知會。十九日，本院中軍參將鄭嘉棟，統領該營都司
張一貴等官兵八百餘員名，本院參將解文英等統領官兵八百餘員
名，并會同西安府同知孔宏燮，發該縣鄉兵五百名，縣三水地方
迎頭進剿。本院監營原任參將郭清等官兵七百六員名，并監軍道
中軍守備鍾鳴豐隨征家丁五十名，甘營遊擊王萬策統領官兵四百
九十餘員名，俱從馬蘭赴邠州地方，當先邀擊，并飛報撫院訖。

本日寅時，賊果漫山塞野，蜂擁而來。本職等以逸待勞，預布官兵扼險設伏、更番迎敵。賊率精壯[六]撲戰，我兵奮勇鏖戰。我之伏兵衝出，賈勇砍殺，賊不能支。鄭嘉棟所部官兵，當陣斬獲賊級一百五十七顆，生擒活賊一百一十二名、婦女二十口，奪獲馬騾一百六十七匹頭、弓刀箭五百六十件、鐵綿盔甲八十五頂副。餘賊披靡奔竄，我兵馳追，有掌盤子、劉秉義等率領男婦約四百名口，跪伏馬前乞命，職等遵檄准收投撫。參將解文英所部官兵斬獲賊級一百六十五顆，生擒活賊七十名、婦女二十三口，奪獲馬騾一百六十一匹頭、鐵綿盔甲七十二頂副、弓箭刀一百五十二件。三水縣鄉兵加銜守備陳登盈等，斬獲賊級四十二顆。餘賊分爲兩股，混天星一股奔去馬蘭、宜、中，赴撫院軍前投撫。本職等即飛報本院發兵馳赴馬蘭剿撫。過天星一股奔去西南史家店地方，知彼處已有趙、王二將官兵在前截剿，正中本院分路截擊，本職等仍催兵向前追殺，使賊不知前有伏兵，一意奔竄。該副將趙大允、遊擊王萬策哨賊已至，遂於前途披殺。賊且戰且走，我兵賈勇撲砍，賊皆潰竄，我兵追殺四十餘里。副將趙大允所部官兵當陣斬獲賊級四十二顆，生擒活賊五十二名，奪獲馬騾一百六十五匹頭、撒袋二十一副、弓箭刀五百六十四件。王萬策所部官兵斬獲賊級一十二顆，生擒活賊一名，奪獲馬騾九匹頭、紬面鐵甲一副、弓箭刀四十件。賊之滾溝落崖者不計其數。時天晚，不便前追，收兵暫屯南河村。甫二鼓，趙大允等傳令，兵貴神速，急宜乘勝追剿。各兵裹糧已畢，有賊一股潰折三水炭店溝地方，二將復督各兵連夜馳追。於二十日寅時，賊仍出死力回敵，我兵一齊衝殺，賊不能支，拚命從邠州地方奔西。我兵因連戰兩日，又兼大溝阻隔，收營。查得趙大允所部官兵當陣斬獲賊級八十七顆，生擒活賊八十一名，當陣乞降混天猴、通天柱等男婦二百名口，奪獲馬騾一百三十匹頭、弓箭刀二百四十件、綿盔

甲一十八頂副。遊擊王萬策所部官兵斬獲賊級一百一十一顆，生
擒活賊六十四名，奪獲馬騾九十四匹頭、弓箭五十七副、刀三十
五把、綿甲九副。監軍道標中軍守備鍾鳴豐等，斬獲賊級七顆，
奪獲弓箭刀一十七件、騾一頭。

是日，本院據西路塘撥傳報，趙大允等統兵已赴邠州地方截
剿，恐賊西邊被殺，奔突馬蘭，一面檄令遊擊李國政統該營官兵
仍在中、宜地方扼賊北奔，一面親督副將王根子、中軍王建都
等，自中部馳赴宜君，先令土丁〔七〕飛赴馬蘭哨探，入山搜剿。
比有賊頭大掌盤子混天星，的名郭汝盤，邢家米闖將，的名米進
善，被各兵追殺窘迫，欲赴軍前投撫。行至馬蘭山後劉家店，各
賊以本院駐節中部，相距窵遠，復懷疑畏。及前哨塘撥哨見王副
將塘馬土丁〔八〕回報，前途又有黃帽達子截剿，混天星等驚惕無
措，遂率夥衆約二千人，奔赴馬蘭城下，具稟投降。隨諭各降丁
赴趙和尚寺空堡內藏駐，候撫院明示裁奪。適本院差官至彼，混
天星與米闖將隨具稟帖，內稱“小的等原係良民，因連遭荒旱，
逼在迷途，萬死難贖。小的等前在中部，有乞撫之心，但衆口難
調。今幸陳把總說撫院奉旨招安，小的等衆情願投生”，等情。
蒙本院令副將王根子馳馬止兵，暫退於玉華二十里。本院單騎至
趙和尚寺，抓山虎等率衆羅拜馬前，哭聲震天，叩頭乞撫。蒙本
院宣諭朝廷恩威，俱俛首傾心乞命，俱准收降。又有小掌盤子火
焰斑、就地飛等，原領約五百人逃匿山內，亦即出山投降，俱一
體准收。本院仍即起馬，日馳二百五十里，三更復抵三水，仍令
將混、闖等賊營男婦約二千五百人，俱赴三水縣點名安插。

查得各營官兵通共斬級六百二十三顆。在邠州地方所斬者，
該州驗明收貯。在三水地方所斬者，俱擺列通衢，蒙本院并監軍
道飭三水縣驗明收貯，取有印結附卷。共生擒三百八十名，奪獲
婦女四十三口，共收降三千五十名口。內大掌盤子混天星的名郭

汝盤一股，領哨抓山虎的名李玉傑、走山虎的名郭應春、王龍的名李望昇、普天飛的名孫養教、惠傑、管隊一條龍的名張玉、正江虎的名高政、過天飛的名劉將、過天王的名王守信、飛龍的名李安、猛虎的名楊秀頭、翻山虎的名田一秀、飛虎的名張希雲、劉輩的名曹丙英、二點油的名楊君禄、永長的名任之才、隨虎的名李二、惠國孝、惠文英、惠國順、李有才、白其金、黃希全、張有良、李友士、王進禄、高靈、綫一龍，并率領男婦一千一百二十名口，獻出馬騾一千二百一十四頭。大掌盤子米闖將的名米進善一股，領哨走山虎的名景友倉、跟虎的名薛孟秋、一盞燈的名蘇孟秋、三刀毛的名王一節、賀守亨，管隊搜山虎的名楊守禮、三要子的名高自卓、增虎的名劉望、軒存孝的名馮守瑞、笑虎的名張士英、宋虎的名王景玉、飛浪的名高明、跟虎的名李可元、喬應高、飛鶘子、劉二、張新虎、閻明、朱朝貴、小笞子，并率領男婦七百三十名口，獻出馬騾七百二十一匹頭。小掌盤子火焰斑的名高仁美一股，領哨隨虎的名白養奇、跑山虎的名黨丙友、高宜普、閻五，管隊奎木狼的名王小則、趙五、劉成、張聚寶、王玉、周之才、梁長閣、王尚禮、劉大利、高中兒、趙玉、李撓絲、梁初志、趙龍，并率領男婦二百八十三名口，獻出馬騾二百二十三匹頭。小掌盤子統地飛的名白坤一股，領哨草上飛的名封養正、劉世安、郭俊，管隊走虎的名賀養浩、俊龍的名王佐、偏虎的名折邦俊、過天龍的名薛方成、一根葱的名劉昇、曹養玉、曹養正、劉光友、趙守全、蘇宗儒、任國宗、周瓜子、鄧一山，并率領男婦二百一十名口，獻出馬騾二百三十四頭。大哨番山鷹的名劉四禮，管隊摳地虎的名宋尚遷，并率領男婦四十一名口，獻出馬騾三十二匹頭。次掌盤子劉秉義一股，領哨新虎的名張國能、魔羅的名白邦英、馬上飛的名馬守伏，管隊張虎的名張應庫、三條龍的名王汝昇、馬漢的名景彥、一斗金的名周希

貴、來虎的名馮希才、飛山的名高進賢、來軍的名石立、旗牌的
名李自顯、隨虎的名趙文耀、沙將官的名李國寵、騙過海的名趙
應選、并率領男婦三百一十二名口，獻出馬騾二百六十九匹頭。
混天星下大哨頭李三，管隊韓來選，并率領男婦四十名口，獻出
馬騾二十九匹頭。過天星下大哨頭尖兒手的名高英，領哨四隻手
的名張一科、雲裏燕的名黃建恩，管隊馮成、劉福安、崔友亮、
周彥奇、王汝正、閻自聰，并率領男婦一百一十四名口，獻出馬
騾一百五十四匹頭。大哨頭通天柱的名韓宗位，領哨馮萬油，管
隊琉璃猾的名王世倫、新燕青的名龐文升，并率領男婦一百三名
口，獻出馬騾七十七匹頭。大哨頭混天猴的名路三讓，領哨迫天
飛的名吳養世、秦明的名趙可秀、管隊北飛的名路川、雙花的名
位能、八虎的名位養道，并率領男婦九十七名口，獻出馬騾七十
五匹頭。俱行監軍道同三水縣點查收訖。內願隨征者收營隨征，
願回籍者給免死票發回原籍。其各賊逃散及爲鄉民所殺未驗者，
不可勝算。各營當陣奪獲馬騾共七百二十七匹頭，馬堪騎征者給
兵丁，准自備入營騎征；騾堪用者留營給價，以充官用馱糧，不
堪者分償[九]各有功兵丁。各營奪獲鐵綿盔甲共一百八十五頂副、
弓刀箭撒袋共一千六百五十二件，俱給各原獲兵丁備征。陣亡兵
丁張贇等七名，傷斃各營官馬三十五匹、自馬一十二匹，重傷官
丁寫令等二十六員名，輕傷官丁馮在京等四十八員名，等因，到
道。塘報到臣。

　　又據陝西監軍道右參政樊一蘅塘報，准固原總兵左光先塘
報，本鎮於五月十二日在羅山阜殺混天星等賊，斬獲首級二百七
十顆，生擒五十七名，已另具塘報訖。混賊被殺之後，復東遁
鄜、中地方。本鎮十五日轉慶陽備辦糧糗。同日，曹總鎮統兵亦
至。十六日報賊走合水南山向西南[一〇]，撥隨獲一賊子，訊據供
稱，混、過兩賊又合營一處，往西路搶糧。即知會曹總鎮迎頭攔

殺，本鎮追尾殲剿。十八日至真寧縣地方三河原大戰，斬獲首級七十五顆，生擒二十六名。十九日至三水縣地方，斬首級一百六十五顆，生擒五十八名，收降二百四名，奪獲馬騾六十四匹頭，等因。又據該道塘報，准臨洮總兵曹變蛟塘報，本鎮十五日至慶陽，據報，賊從合水南原徑奔黑水河，本鎮會同左總鎮同副將馬科提兵從合水大路追躡賊尾；本鎮同副將賀人龍提兵從華池間道以截賊頭，即連夜越寧州至早社。十八日晚據報，賊在湫頭原，本鎮督統官兵連夜前進至真寧，又報賊於二更起營奔回邠州。本鎮繇大廟捷路馳至金村原，適遇混、過前哨精賊，本鎮嚴督各將兵努力惡砍，賊悉敗奔。查得當陣斬首二百八十顆，生擒五十名，奪獲婦女一百六十口、馬騾五百六匹頭，等因。又准寧夏總兵祖大弼塘報，本鎮十六日抵邠州，即差官各路偵探。十八日酉時，據報，有賊數千從三水逸出，本鎮即統官兵出城。十九日黎明至赤茶坡與賊對敵，斬獲首級二百三十八顆，生擒一十八名，收降一百一十七名，奪獲馬騾一千餘匹頭，等因。各報到臣。察秦中大寇，自闖擒蝎殲而後，則必首稱混、過，混天星固大寇中之最雄者也。若邢家米闖將，雖不及混天星，然亦自領一營，與混同驅並逐。火焰斑、就地飛雖所領止二三哨，然皆不附混、過等營，而各爲一營。至劉秉義，則又全領張妙手之遺孽，以錚錚於諸賊之中，故皆得以掌盤子稱也。各寇猖獗十年，蔓延七省，決裂至於今日，我之元氣爲之銷索殆盡。

　　臣秉鉞三秦，兩年碌碌，竊以憤悁有心，揮霍無具。去歲樞臣楊嗣昌畫策大剿，分餉措兵，臣亦與有專責。臣彷徨審顧，拮据數月，粗有可觀。及大天王與爭世王、混世王、爭管王突犯平、慶，臣嚴申道將，務逼使東。臣報警之疏，亦可覆按。比合水一戰，賊直走鄜、延，就我夾剿。我師緊促其後，勢在垂剪。而混天星、米闖將與火焰斑、就地飛、劉秉義，及今僅以身免狼

狠西遁之過天星、新天王等，又復越鳳、寶而東，牽臣以不得不
內顧之勢。臣分身無術，兼顧實難，用是竊竊憂之。然臣耿念癡
腸，不敢不以東邊剿賊自任，重申前請，明區區之愚忱，已備載
合水報捷一疏。

第臣矢願雖奢，才疏識黯，幸荷皇上威靈，楊家嶺之役使賊
膽落魂銷。比賊遁折中、宜，驚棲不定，臣詳察地形，變窮賊
計，馳約剿帥，分布標兵，又合督臣西來之師，三月之內大小七
戰，總計此賊幾滅十分之八。據臣標各將探得，賊匪隨過賊西奔
者大約不及千人，內精賊不及一百。比臣晤督臣洪承疇，云西奔
之賊尚有二千，精兵尚有二三百。臣已密行賊所經過州縣確查具
報。該臣看得混天星等藪澤凶頑，乾坤沴戾，或頡闇頏過，狎主
梟獍之盟；或合隊分營，並張虎狼之勢。蔓延七省，罔非流毒之
區；烽積十年，尚鮮銷烟之日。金雞之赦累下，全無繇作其悔
心；鐵馬之征不休，迄莫能戢其逆志。恩威兩頓，剿撫俱窮。頃
復掠蜀飽還，輒爾躝秦深入。欺內地之單弱，恃賊夥之衆強。將
謂我如彼何，豈知今非昔比。臣稟責成於樞部，磨勵已閱三時；
荷特達於聖明，報稱惟期一日。擬嗣凱旋於黑水，遂賀戰勝於黃
山。酋魄早褫，軍聲大振。洎北奔延鎮，賊得緩死三旬；比西遏
宜郊，我遂出師五月。迹其驚棲不定之狀，度其潰奔必出之途。
千里合圍，九軍齊奮。既雲屯而霧列，或一地二營，或兩地三
營；亦電擊而颮馳，或兩日三戰，或三日四戰。在賊傷弓之後，
寧堪萬弩環張？在我投網之餘，肯使一面或漏？故報捷之騎方絡
繹而來，乃傳餉之符猶聯翩以往。遂使金魚檻獸，馘首而膏斧鉞
者，前後三千；澤蟨山猛，革心而入縶縱者，大小五股。收渠散
黨，一朝幾致蕩平；懷德畏威，指日可期底定。蓋過寇僅以身
免，虎無翼而難飛；矧餘夥罔不心寒，鴟有音而可格。此實聖天
子中興之烈，亦惟師武臣大創之功。欲鼓敵愾之忠，宜渙酬庸之

典。若臣猥逢多事，抒丹敢謂臣勞？謬有積忱，垂白嘗思母老。幸我圉之無恙，庶親闈之可依。此屬至情，別無他冀。

除督臣標下及各總鎮功聽督臣題叙外，臣標下中軍參將鄭嘉棟、原任參將解文英功實居首。鄭嘉棟前以澄城捷功題叙加級，今請再加一級。在解文英澄城之戰前已彙叙，今請加一級。本官先任韓部參將，因病回籍調理，後陝西按臣奉旨彙叙秦中剿功，議加本官一級，給有副總兵部札，今請以副總兵加級征剿。原任副將趙大允、甘營遊擊王萬策，伏兵馬蘭，聞警西馳，一戰再戰，兩日連捷。趙大允前以殲蝎功，奉旨戍案量與湔除，又以黄龍山捷功題叙復職，今應同前功通叙。新營副將王根子，鼓率土丁，所向無前，屯營玉華，懾賊歸命。後左營遊擊李國政，扼險隆防原，獨當東面，逼賊入網。王根子先經題參擬戍未覆，以擒闖功奉旨另案酌議，昨合水捷功已經題叙，量與湔除，又澄城捷功已經題叙復職。李國政前以澄城捷功已經題叙加級。俱請同前功通叙。中營都司僉書張一貴、李世春，每戰當先，千人辟易。旗鼓都司王國棟、都司僉書張文耀、新營中軍王建都，戮力行間，屢有成效。張一貴前因藍田兵叛，奉旨戴罪剿賊自贖，昨以澄城捷功免罪。李世春前以澄城捷功已議紀録，王國棟、張文耀、王建都前以澄城捷功已議加級。原任參將李當瑞、田時升、郭清，監營守備署指揮同知郭鳴鳳，千總盧自友、雷世英、樊學仁，臨陣督戰，指麾嚴明。郭鳴鳳前以澄城捷功議加一級。郭清前因參劾提問擬徒，昨以澄城之捷論功末減。今均請一體議叙。中營中軍李毓椿，千總明臣、楊王庭、萬流芳、梅永高，把總魯典、魯宗周、趙光遠、陳自興、馬負圖，鋒營中軍守備劉夢鯤，中哨千總解文學，把總趙希貴，守備張進忠、江奇華，前右營中軍黨威，三哨守備張登朝、李遇春、郭永壽，守備武大定，甘營守備葛士英，千總劉建勛，當先勇戰，擒斬功多。内李毓椿、明

臣、馬負圖、黨威、李遇春、郭永壽、武大定，前以澄城捷功各
加一級；楊王庭、魯典、魯宗周、陳自興，前以澄城捷功已叙紀
錄。今請併前功各加一級。萬流芳、梅永高、趙光遠、張登朝、
劉夢鯤、解文學、趙希貴、張進忠、江奇華、葛士英、劉建勛，
俱請量升一級。馬蘭把總陳我志，收降宣力，應與塘撥百户王明
德并叙。分巡關内監軍道僉事王文清，前以黃龍山捷功優叙，因
誤傳賊信，今應停其議叙。參謀原任知州雷鳴時，隨營畫策，多
合機宜，經前撫臣糾參，節經督按諸臣審明，部覆奉旨降調，澄
城功已經叙錄在案，今請復還原職。管三水縣事西安府同知孔宏
燮，自兵屯該縣，措辦糧芻無誤，且所練鄉勇隨兵協剿，又多馘
斬之功，請與優叙。統領鄉兵守備陳登盈等，請給加銜部札。布
政司經歷劉文濟，隨營管餉，輓運收支各數明晰，前叙澄城捷功
未經列名，昨於寇渠投撫疏中補叙，今請前後一併優叙。以上有
功文武各官，仍俟寇平日，照部頒新例彙題，分別再議。其應給
功賞銀兩，臣先動餉銀墊給，俟部發大賞到日還項。

　　臣草疏已畢，頃據長武縣報，十九日有賊千餘騎，自本縣東
北地方來至城北，將欲扎營，仍復散往西南去訖。是晚三更，有
過天星下頭隊四虎，及六隊郭應聘等男婦三百餘名口，復回城下
乞降。又據鳳翔府報稱，有過天星下頭目王永吉等七人，率領男
婦一百一十四名，業赴府投降，各等因。據此，則知賊勢瓦解，
過天星之黨存者亦實無幾。除臣已行該府縣點查解驗審明，一體
遣散安插外。統祈聖明敕部施行，為此謹題。

　　崇禎十一年五月二十六日具題，六月十四日奉旨："這剿降
各股大寇，允稱奇捷。孫傳庭具見方略勤勞，並有功各官俱先行
叙升，仍俟寇平彙叙。應賞者准動餉銀軍前立賞，該部作速解
補。敗遁者乘勝盡殲，已降者務安插得所。該部知道。"

報漢中官兵獲捷疏

　　題：爲漢中流孽突逞，官兵奮勇獲捷，謹據報奏聞事。本年五月初十日，據漢中副將趙光遠、遊擊韓進忠塘報到臣。該臣看得，漢南流寇遺孽，糾合土賊飢民，藏伏南山，不時出掠。臣嚴檄副將趙光遠督兵偵剿，俾毋養癰貽患。四月間，賊繇棧道南犯黃沙，該副將督率遊擊韓進忠與同參將鄒宗武官兵，及漢中府知府姚一麟親丁，合力截擊，斬級一百四十餘顆，且擒獲首賊一名，殺死首賊一名，除藩郡切近之憂，絕賊夥滋蔓之勢。擬合恭疏報聞，爲此謹題。

　　崇禎十一年六月初二日具題，本月二十九日奉旨："兵部知道。"

糾參貪橫監司疏

　　題：爲監司貪橫已極，謹據寔糾參，以肅憲紀事。比來察吏之法不及於監司，在賢者固不因以弛防，在不肖者遂至敢於敗檢。于是有恣饕餮以營私橐，而攫取勝於盜行；縱狐鼠以剝民膏，致科派多于額賦。且憑播弄以行其顛倒，法紀全無；借傾險以肆其把持，善良側目。以至虐行濫訟，鬻士買官，批問輒下及中軍，關說敢旁干學政，誠不容一日姑容。如分守關西道副使李公門者，特爲我皇上臚列陳之，計事迹共十七款。該臣參看得本官欲如溪壑難盈，情比山川尤險。指能障目，遂謂天日可欺；膽欲包身，寧復神明是畏！罄竹莫窮其穢迹，鑠金更饒有讒謀。廉吏視之如讎，民瘼置之罔恤。最可恨者，徇劣令則一縣之錢糧侵混至一萬有餘，竟欲使知府不敢揭參；庇積役則兩地之幫貼科派至二萬餘金，幾欲使按臣不得過問。祇緣利令智昏，寧惜身敗名裂！況於文較武試，亦欲居奇，而請託公行，即聖明累飭之功令，曾不足以動其顧慮。其他塗面昧心、寡廉鮮恥之事，於本官又何責焉！若不重加斥處，則大之不法，安望小廉？前之不懲，何有後警？秦之吏治，臣殆不知所底矣。再照驛遞私派一事，抗不裁革，知府熊應元、鳳翔知縣楊大勛幾欲請損，亦竟不能力爭，蓋本官儼然監司。本官既爲群役所用，雖於臣之檄禁面叱，尚恬不爲意，各官亦何能爲！至若知府熊應元一清若水，徒以本官驅除異己，竟罷盆冤。貪人固善爲下石之謀，廉吏豈竟杳撥雲之日！是非難泯，故微臣不能無復楚之心；袞鉞有靈，惟明主乃能爲烹阿之事。伏祈敕下該部，將李公門嚴加議處，庶官邪知警，而憲紀可肅。臣謹會同按臣王僎合詞具題。

崇禎十一年六月初二日具題，本月二十九日奉旨："該部嚴察速奏。"

報收發甘兵晉兵日期疏

題：爲甘兵歸還督臣，晉兵還駐晉地，謹將收發兵數日期恭報上聞事。照得甘兵先隨督臣洪承疇軍前征剿，崇禎十年六月內奉旨屬臣調度。七月十五日准督臣咨，送副將盛略，遊擊趙用彬、王萬策等所統實在官兵二千七十九員名、騾馬一千三百八十二匹頭赴臣標下。隨於鳳、寶截剿，屢獲捷功，節經臣題敘在案。其官兵內有患病，馬騾內有瘦弱者，臣於郿縣親行點驗，汰退官目三十一員、兵丁四百一十四名、馬騾七十四頭，令趙用彬帶領回鎮，止留堪戰兵馬，令盛略、王萬策等統領，向在潼、華、商、雒駐防。先准兵部咨，以官目數多，移臣將甘兵廩餉釐正。臣查甘兵自督臣軍前發臣標下，其應支廩餉不便異同。且又查部派臣應統兵一萬，臣遵旨選募，除甘兵外，馬、步已逾一萬，足資防剿。故臣於釐正廩餉疏中，議將甘兵仍還督臣。如督臣不用，發回該鎮。臣於今歲正月二十九日移咨督臣會議去後，三月初六日准督臣回稱，本部院時下亟圖滅賊，正苦兵單，宜照來咨，留甘兵於本部院軍前，即令就近聽西、慶、平、鳳監軍道監同崔、吳兩遊擊官兵合營，於平慶、西鳳地方，專剿六隊裏之賊，等因。准此，適報六隊各賊逼犯平、固，欲從慶陽逸出耀、淳。又潼關道報抄河南按院張任學手札，內云曹操等寇欲入秦，令秦兵一出函關截賊於盧、靈，一繇商州截賊於商、雒。臣東西兼顧，時各鎮大兵又無一鎮東援者。臣遂一面發標下副將王根子、參將鄭嘉棟、遊擊李國政等兵，視平、慶之賊隨向堵剿；一面發王萬策甘兵五百，同臣標下參將解文英官兵分防商、雒，以堵豫寇；令盛略甘兵一千暫駐臨潼，聽臣酌量緩急，調發東西援剿。俟東賊稍緩，商、雒撤防，發甘兵赴督臣軍前，復移咨督臣去後。隨報六隊各賊已至慶陽，臣即親督王根子等兵擊剿，一面令盛略同臣標下副將趙大允各統兵赴中、郿扼剿。臣至慶陽，提王根子等兵於合水大戰獲捷，馘斬百餘級，陣擒大天王二孽子，賊敗東奔。我兵正乘勝追剿，忽報混天星、過天星等賊透出寶、鳳，東犯同、澄。臣聞急督標下各兵返顧內地，併於中、郿調盛略等，於商、雒調王萬策等，俱赴黃龍山截剿。臣督各兵於楊家嶺等處大戰獲捷，擒斬一千二百餘名顆，賊敗奔延北，與六隊各賊合。臣隨將盛略甘兵除選汰及陣傷外，點驗見在官兵九百五十二員名，發隨西慶平鳳監軍道張京，合剿六隊各賊。其王萬策官兵四百九十四員名，臣因報混十萬賊逼犯朱陽關，仍發本官雒南防剿，未同盛略併發。嗣報混、過折犯中、宜，臣提王根子、李國政等兵赴中、宜從東擊剿；一面調發鄭嘉棟、解文英、趙大允、王萬策之兵，預伏馬蘭、三水之間，防賊南犯；一面移會總兵左光先等，於慶、寧進剿，扼賊西奔。及臣赴中、宜，賊聞兵至，起營西移。因左光先等就糧慶陽，賊從合水南奔。鄭嘉棟等四營官兵，於三水等處迎頭敵戰，兩日三捷，擒斬千餘。渠魁混天星等五股、過天星下三哨，共三千餘人，勢窘投降。又總兵左光先、曹變蛟、祖大弼共報擒斬九百有奇，收降三百餘人。過天星僅以身免，所餘殘孽無幾，遁入秦隴山中。督臣令曹變蛟及副將賀人龍等兵，急趨入棧扼截，并令副將馬科統兵緊促追剿，潰敗零孽，無難剪滅。至六隊各賊，聞諸大股剿撫殆盡，勢孤膽寒，亦觌慶陽西北遠遁。督臣令左光先、祖大弼等兵追剿，可期盡殲。頃准督臣咨，稱甘兵若合全營，猶可收一臂之用；若將一營分爲兩處，未免俱屬單薄。希將盛略、王萬策所統全營官兵俱送本部院，庶兵合力厚，便於成功等因。准此，臣遂撤王萬策從鳳、汧回省，找給餉銀，移送間。六月初五日，准兵部咨，該臣題，爲官兵出奇扼要，鹹斬當陣精賊，俘獲寇渠二子，恭報捷音事，該本部覆題，奉旨："是。即著猛如虎與秦撫合兵奮擊，共圖蕩寇。奏內有功將士，著監軍御史作速勘報，兵丁軍前立賞。"欽此。欽遵，抄出到部，移咨到臣。隨據副將猛如虎稟報，統領官兵一千員名、馬騾駝六百八匹頭，已於本月初二日渡河入秦。至初八日，該將統兵至臣標下。臣將王萬策甘兵查點，除事故、陣傷外，見在官兵四百七十七員名，馬騾五百三十七匹頭，已於十一日咨送督臣訖。

　　臣因賊孽遁入西山，諸帥搜剿可盡，暫留晉兵駐省。十一日，據猛如虎稟稱：十日蒙山西撫院憲牌，准兵部咨，竊照秦賊東奔，虞其衝出潼關，非晉兵不能就近過之也。今自陝撫澄城一戰，賊折而西而北，大掠延安，秦將吳國偉戰死，則眈眈之勢不在潼關，而在延東，盈盈衣帶，與晉緊鄰。該撫宋賢前者大聲疾呼，謂兵單不堪他調。該將猛如虎呈報，領安犒啓程，僅兵一千，則未足以當大敵也。合行晉撫，斟酌所向，就近延東一帶河狹水淺凡可偷渡之處，嚴斷賊衝。如可乘機截殺，不妨出奇暗渡，破賊成功，不必拘於前議，繇陝入關，空勞士卒，而不與賊相值可也。若偵賊遠遁，在晉近河駐防，不得疲我兵馬，聽調防邊，等因。該將備録原牌稟報到臣。除行該副將遵照部文，刻日啓行回晉外。該臣看得，殺賊需兵，然必真能殺賊而始謂之有，故鶴立成隊非有也；惟不能殺賊則謂之無，即尺籍森列皆無也。臣雖不知兵事，然自役秦中，於兵之利鈍、用兵之得失窺之頗稔。故臣謂無兵，臣必實見其無兵，乃不敢謬以爲有。雖樞部曾以川兵、延兵予臣，而臣亦不敢受，蓋此二兵無論强脆若何，而臣不能用，則臣不敢倚之以爲有也。及臣遵照部派之數，自行募練，漸有可觀，臣又何敢諱以爲無？故秦賊入蜀，臣輒自請出關；蜀賊返秦，臣輒願圖一當。至因甘兵廩糧不便，自臣釐正，併欲將甘兵繳還，亦以臣兵亦可不靠甘兵，非徒以其釐正之難，而遂敢因噎廢食也。

乃未幾，蜀賊之還秦者相繼東突，又無一鎮剿兵尾其後。豫寇混十萬窺關逼雒，且同時見告。臣東西馳騖，兼顧恐難。又臣兵自募練之後，未曾一試，臣亦不能不竊竊憂之。故於續報緊急賊情疏中，謂臣本非利器，而盤錯已甚。臣之私憂過計，不得不爾。比臣展轉揣度，謂爲其事而無其功，乃淳于髡之所未睹。臣挑簡各兵，蓋無一兵之弓矢技藝不經臣躬親試驗者。挑簡之後，凡如何進剿，如何接應，如何收營，無一不經臣窮思極慮，務求一當，爲各兵耳提面命，三令五申者也。賊即衆多，即不乏精銳，其能如臣所挑簡訓練之兵，諒必無幾。故臣恐懼之餘，又不禁鼓奮。即初報六隊等賊豕突慶陽，臣且申嚴道將務逼使東；即臣曾致書樞臣，亦惟願大兵逼賊使東。比賊盡東，大兵未至，臣又敢以獨力往來馳擊，使賊大潰喪。比大兵既至，三水之役，臣復敢以孤標與各鎮兵分任東西，今迄〔一〕無一賊潰而在東者，則以臣誓不與賊俱生之一念，有以奪賊之氣而褫其魄，又臣所挑簡訓練之兵稍稍爲賊所憚耳。今賊滅不止七八，據塘報，過天星之賊零星鼠竄，勢必不能復振。其哨目見存者已無多人，内有臣所擒張氏之夫二虎、子大星宿，皆彼最得力之人，雖以彼日夜緊防，不能脱離，然已皆繫心于我，且晚之間，此賊非滅即降。止餘六隊各賊，又安能孤立於秦？而臣兵則猶如故，且非復昔之未曾一試矣，臣差可恃以無恐。

甘兵除臣先將盛略所統馬步一千移送督臣外，其王萬策兵五百，臣因其久駐雒南，習熟雒南地利，欲留以備彼中緩急。督臣謂與盛略所統之兵分之恐俱單弱，臣遂併送督臣。至山西副將猛如虎之兵，將最勇而兵頗單，且臣鄉自鎮臣虎大威而外，所恃惟該將之兵，故臣鄉撫臣宋賢謂兵單不堪他調。而樞臣覆議，亦謂不必繇陝入關，若偵賊遠遁，在晉近河駐防，聽調防邊。臣又安敢虛拘該將於秦中，故隨檄該將如部議遵行矣。

至若與督臣同心共濟，以臣自揣，亦似無有如臣者。無論累當賊禍決裂、欽限嚴切之際，臣於剿事每能累效一臂，聖明知之，中外知之，即督臣亦知之。第以用兵一節，陝撫之有固原、臨洮兩鎮，猶甘撫之有甘鎮，延撫之有延鎮，寧撫之有寧鎮也。臣奉皇上之命，併有剿賊之責，于固、臨兩鎮之兵，分一鎮以隸臣，豈不較他兵得力！乃兩鎮皆在督臣軍前，督臣方左右手倚之，臣故從不敢爭執請討，寧〔二〕自募兵，寧以隔鎮之兵屬臣，一切調停駕馭，較本鎮原有之兵未免費手。臣豈樂彼而惡此！則以督臣惟恃此兩兵，而臣如分其一，是欲督臣失左右手之倚，臣故不敢出也。今又以甘兵還督臣，併王萬策之五百，亦惟督臣之命，未留一人，即此亦可想臣與督臣同心共濟之一端矣。徒以臣曉曉多口，未免取罪督臣，致滋中外之疑，反似臣與督臣不能同心者。臣之曉曉，豈臣得已，即督臣亦未嘗不諒臣也。夫賊之如何滅，如何不滅，臣亦既知之已。滅，則秦之土地人民與秦之藩封俱安，而臣與督臣之身家性命俱可無恙；不滅，則秦之土地人民與秦之藩封俱危，而臣與督臣之身家性命皆不可保，而且皆爲萬世之罪人。如是而欲臣之不曉曉，得乎？臣原非崖異褊急之人，第因處禍亂危急之中，迫圖共濟，而致滋中外之疑，故臣之區區，不得不望於中外之平心一觀也。然臣之始終止知爲朝廷濟事而已，他非所知，則臣之此言，又曉曉已。臣無任惶悚之至，爲此謹題。

崇禎十一年六月十二日具題，七月初四日奉旨："據奏，收發各兵事宜，知道了。孫傳庭以實心任事，同力協剿，朕所素知，不必剖陳。該部知道。"

議浚漢江淺灘疏

　　題：爲臣職當竭其力，報國猶有苦心，極慮禦防，捐資制造，以壯軍威，以固根本事。崇禎十一年三月初四日，據陝西布政司呈，蒙撫、按兩院案驗，准工部咨，該南京守備司禮監太監孫象賢題，前事，等因。十年四月初九日奉旨："留都餉備宜周，據奏，捐資製炮等項，具見急公，併寄貯改造事宜，俱依議，完日開報覆銷。其湖廣、漢中灘峽淤淺宜浚，著該撫、按看議速奏。該部知道。"欽此。欽遵，抄出到部，移咨前來，備行到司，准守巡關南二〔一三〕道查議到司，呈詳到臣。該臣會同按臣王俠，看得漢江發源秦地，故江流在漢、興猶淺，如能挑浚，胥成巨浸，使賊衆望洋自失，寧非至願！第查洋縣之金峽灘等處，向可挑浚，已經該道行該府州所屬地方，督率鄉勇合力浚深。若洵、白之間，淺處皆係沙灘，旋浚旋淤，工無所施。故該州申議，遇警則撥鄉兵，用舟載炮防堵。蓋險阻不足恃者，仍須以人力扼守耳。既經該司查報前來，相應題覆。爲此謹題。

崇禎十一年六月十二日具題，七月初六日奉旨：“該部知道。”欽此。

恭報過賊投降疏

題：爲恭報過賊投降事。六月十六日，據陝西監軍道右參政樊一蘅、西慶平鳳監軍道僉事張京塘報，案照過天星一股大賊，蒙總督軍門、陝西撫院分布各官兵，於三水縣、邠州等處剿殺，大敗勢窮逃走。復蒙總督軍門分布總兵曹變蛟，副將賀人龍、馬科等官兵分頭追剿。又於本月初七日，發遊擊崔重亨等于東河堵截間。初八日，有邢家掌盤子勇將等，先赴寶雞，于軍門軍前投降。初九日，有過賊親侄大黃鷹等亦至寶雞投降。初十日，有過賊親兄張二等至寶雞投降。十一日辰時，有大掌盤子過天星併王吏目等，俱至寶雞投降。蒙總督軍門准降安插南關訖。除各賊大小頭目男婦馬騾數目查明另報外，理合塘報，等因，到臣。

該臣看得，平寇之策，惟剿惟撫，然必有真剿乃有真撫。故剿有剿之著，臣向疏所謂驅之於必困之途，取之於垂死之日，此剿著之不易者也[一四]；撫有撫之著，臣向疏所謂乘其欲盡之興，迫以難犯之勢，此撫著之不易者也[一五]。前據累報，過天星之賊零星鼠竄，勢必不能復振，非滅即降。臣於疏報中業已屢悉。今據監軍道樊一蘅、張京塘報，過天星等賊果從寶雞山中陸續出山投降。此賊降後，則秦中西奔之賊止餘六隊等一夥，似難[一六]孤立久存。且當混天星等初降之日，臣馳諭遣使分投賊營招安。六隊等回報[一七]，語甚哀切，第有[一八]疑混寇之未降，內有云"如各股來投，縱分屍斬首，亦甘心樂輸"。今過賊又投降矣，則彼之歸命，亦在可必。倘闖將之賊竄入漢南者，果大狼狽，或即渡江遠遁，秦賊之蕩平，只[一九]在旦晚矣。再臣前遣招安官任國柱至山，新天王尚領賊黨約三四百餘，見國柱一人馳至，即盡棄馬騾登山，賊之窘蹙已極，故相繼投降，束身歸命[二〇]。臣等自當推廣皇恩，待以不死。第中有必不可赦者，則吏目王賜袞是矣。彼以職官，從逆作惡，尤逾於諸寇，故人人切齒，即諸寇亦無不謂賜袞之宜誅者。若賜袞不即正法，凡投降諸寇必且相顧猜疑，謂[二一]朝廷之招撫若真，豈有併賜袞而不殺者，恐反側自此起矣。況二虎、大星宿等前在隆坊，原曾屬任國柱稟臣，謂王吏目與伊等不同，自無併赦之理，伊等願縛賜袞以自贖[二二]，豈可令賜袞倖逃法網[二三]？臣已移咨督臣洪承疇，遣任國柱與投降各丁面質，即將叛官王賜袞於軍前斬決梟示[二四]，另疏題報。除收降大小頭目併安插事宜，與招降有功官丁，俱聽督臣彙題外。爲此謹題。

崇禎十一年六月十七日具題，七月初八日奉旨："該部知道。"

辭剿餉借充鹽本疏

題：爲聖明原諭暫累吾民一年，微臣不敢再累，謹辭今歲剿餉一十三萬，還之戶部，併議借充鹽本，裕國濟邊事。竊惟朝廷恤民以禦寇，每厪念於痌瘝；乃疆吏糜餉以老師，竟甘心於延誤，貽宵旰之憂於至尊，際全盛之時而無策。臣雖譾劣，恥之恨之。自流寇蔓延十年，披猖七省，皇上既從樞臣楊嗣昌之請，厚集師徒，大張撻伐，又慮軍需難措，重困閭閻，渙發德音，如不得已。臣三復"暫累吾民一年"之天語，輒慚憤欲死，謂誰任封疆，縱寇流毒，以致聖衷憂惕至此！聖諭婉摯至此，臣輩庸碌玩泄之罪，真不容誅。

時臣方有清屯之役，臣計其課入，儘足養兵；養兵既成，自可辦寇。臣恨不即將户部派給臣餉繳還該部，體皇上之心，以恤皇上之民，併聖諭所云暫累一年者，臣亦不累，實臣至願。第臣屯在初興，恐數難取盈，又兵亦新設，諸費繁多，且户部派給臣餉該二十三萬四千兩，因有清屯之舉，隨短給臣餉銀四萬六千兩，故臣遵照派數催解按支。其撥在四川者，距秦寫遠，難以遽至。臣仍題以本省預徵遼餉兑抵，其兑抵未盡者，臣復一面檄行布政司措給，一面咨部扣抵。至於今歲剿餉，臣矢不仰給户部，臣已屢疏自認。昨准部咨，因剿局未結，重煩聖慮，復諭該部量徵均輸一半，以濟急需。且諭該部，即行撫、按，嚴飭有司仰體朝廷爲民除殘萬不得已之心，大書榜示，多方勸勉。臣跪讀聖諭之婉摯較前有加，仰窺聖衷之憂勤較前彌切，臣爲感激泣下。又續准部咨，內開陝西巡撫十年分撥給餉銀一十八萬七千四百八十六兩零，今約派十分之七，計銀一十三萬兩，已奉有先將見數分派支用之諭旨。臣查兵部原派臣應統兵一萬，今臣募練兵數合邊屯計之，約一萬五千餘。內邊兵及馬匹月支之餉稍浮於部額，其屯兵則惟選鋒月有加糧，出征日有行糧，支數較邊兵頗少。計自昨歲起，以十年剿餉及臣所清屯課接支，今歲之餉可無虞匱乏。頃者大寇相繼東突，臣兵往來馳擊，業有成效，似兵亦可無再增。臣思臣兵既足辦賊，臣餉又足支兵，其今歲給臣之餉，臣安敢不照數繳還，以副皇上"暫累吾民一年"之明旨，且以明臣區區報效之微忱。若户部原給臣十年之餉，以臣清屯比應給之數扣短四萬六千，是臣於皇上之民亦未敢全累一年也。

至民之屯課，業已抵支剿餉，自不堪一樹幾剥。有秦中原額防餉，舊取足於兵荒及商税銀兩，户部先以兵荒銀一萬九千五百六十兩七錢撥充韓藩宗禄，議以新餉撥抵。今欲取足於屯課，又因慶藩疏奏，該部復議，將商税銀一萬二千七百七十七兩七錢撥抵慶藩宗禄，亦應以新餉照數撥抵，今亦欲取足於屯課。臣屯課止有此數，實難勉從，非臣敢慳吝也。

至此剿餉，臣既繳還户部，即爲户部之餉，臣又欲借充鹽本者何也？臣嘗考國家大利，自屯田之外，無如鹽法。鹽法邊支、海支，其支之海者，臣未敢遥議。其支之邊者，爲各倉口鹽糧，向係商人辦納，徒有其名。若官備鹽本，改商納爲官納，一轉移間，第就秦之三邊論，可以歲增户部本色十萬，又可使邊兵多得一倍之利。且收其餘息，可以備秦省兵凶緩急之需，其有裨軍國，視臣所清屯課尤多。臣已移文延、寧、甘肅巡撫，及檄各道，取三鎮節年鹽糧清數，以憑酌議。今延、寧兩鎮册已賫到，惟候甘鎮册到，臣即另疏奏聞。倘事在可行，伏乞敕部，即以臣所辭剿餉借作鹽本，不足者臣另行布政司設法那湊。計一年所增户部本色之數，即可與此剿餉相當，況此剿餉終在，不致懸宕也。統祈聖明敕部議覆施行，爲此謹題。

崇禎十一年六月二十一日具題，七月十七日奉旨："該部即速議奏。"

題覆華陰議修磚城疏

題：爲賊勢橫據秦中，民力凋敝已極，懇乞聖明發銀倡義，

以救殘黎，以保危疆事。崇禎十一年三月初二日，據陝西布政司
呈，蒙撫、按兩院案驗，准工部咨，該掌河南道事浙江道監察御
史王之良題，前事，崇禎八年十一月初四日奉聖旨："紳民好義
散財，協力城守，著一體叙録，已有旨了。華陰築城事宜，該
撫、按酌議速奏。該部知道。"欽此。欽遵，抄出到部，移咨前
來，案行該司，行據西安府查議呈詳，通詳到臣。該臣會同按臣
王俲看得，華陰彈丸之區，城係土築。鄉官王之良因寇氛未靖，
議易土城爲磚城，此誠一勞永逸之計。無奈工費浩繁，措辦非
易。捐助之舉，自一二鄉紳而外，未可多望之編氓。前任知縣崔
大任方集衆通議，致愚民夜譟，經臣題參議處在案。繼委華州判
官李如楠署印，鼓勸官僚紳士，於城外增築圍墻，於城上修茸舊
垛，今俱報竣，尚堪固守。至磚包大城，宜俟年歲豐稔，民力有
餘，另議舉行。既經該司呈詳前來，相應具題，伏乞聖明垂鑒。
爲此謹題。

　　崇禎十一年六月二十三日具題，七月二十二日奉旨："該部
知道。"

題犯官任錡等招繇疏

　　題：爲微臣殫力清屯，群奸多方撓法，謹將續清軍課實數併
處分事宜據實報聞，以祈聖鑒事。准户部咨，遵奉明旨，行據陝
西按察司呈報勘問過犯弁任錡等情罪招繇到臣。該臣看得，任錡
視軍紀若弁髦，居營務爲奇貨。賣閒空伍，工剥削以充囊；鑽委
撓屯，肆奸欺而蠹國。多贓狼藉，衆怨沸騰。欲正王章，宜投邊
戍。張彪按時且久，包月復同，第效尤之罪可輕，又欽恨之人較
少，似應衡情末減，合准照例立功。既經該司勘明，具招前來，

相應具題，伏乞敕下該部復議施行。爲此謹題。

崇禎十一年六月二十三日具題，七月二十日奉旨："該部核擬具奏。"

題覆扶風協濟平屬站銀疏

題：爲遺黎困苦已極，殘邑賦稅當清，謹據實控陳，比例懇恩，伏乞聖明垂憐釐正，以拯水火事。崇禎十一年三月二十九日，據陝西布政司呈，蒙撫、按兩院案驗，准戶部咨，該本部福建清吏司郎中王玑奏，前事，等因，崇禎十年三月十一日奉旨："這奏內事宜，著交該撫、按查奏。該部知道。"欽此。欽遵，抄出到部，移咨前來。又准兵部咨，同前事，俱案行到司，行准守、巡關西二道查議，咨牒到司，通詳到臣。該臣會同按臣王僉看得，驛站之有協濟，所以通地方之肥瘠，齊道路之衝僻，均力役之勞逸。派徵原等於正供，索取亦異於私屬。故在爲所協濟者，雖似挹彼注此；在協濟之者，實非舍己芸人。扶風縣原派平涼所屬各驛遞協濟站銀六千五百二十三兩，歲有成額，相沿已久。扶風鄉官王玑因念桑梓破殘，具疏控籲，懇求掣回。臣等備行藩司，移文守、巡兩道，轉行平、鳳二府，往復查議。在鳳翔爲殘黎計，恨不即行除免；在平涼爲窮募計，似難毫釐遽負。彼此爭執，各具意見。今該司議將十年以前欠數盡行蠲豁，十一年以後額銀乃行徵解，此既可以寬子遺之力，彼又不至滋窮募之累，一調劑間，似兩地均得其平矣。再查扶風協濟平涼站銀之數，與《賦役全書》開載毫無浮溢。《賦役全書》訂正方新，尤難另議更張。既經該司呈詳前來，相應具題，伏乞敕部議覆施行。爲此謹題。

崇禎十一年六月二十七日具題。

題紫陽縣官老病疏

　　題：爲縣令老病不堪任事，懇就近升補，以慰民望事。崇禎十一年六月初八日，據陝西布政司呈詳到臣。該臣看得，紫陽屢經寇殘，印官久缺，諸務廢弛。李瑤升補逾歲，以衰病不能赴任。按臣王佚已據興安州申報，彙請另銓。續據布政司呈詳，因紫陽士民合詞籲請，議以興安州州判史采就近升補。臣方批允會題，而李瑤因申請晉撫咨題未果，恐秦中糾其規避，輿疾赴秦乞休。查本官升自廣文，年老病劇，委係實情，應准回籍。第員缺雖經彙報，尚未銓補，司議以興安州州判史采升補。本官出身正途，勤能練達，委署洵、紫兩邑，繕城禦寇，著有成績。向因漢陰缺官，臣曾議以本官升補漢陰知縣具題。嗣因漢陰補有新官，未經部覆。今紫陽新升知縣李瑤既病廢不堪蒞任，署官莊冕又新報病故，本官雖報升兵馬尚在興元，紫陽士民爭欲得以爲令。合無俯從輿情，將史采改升紫陽知縣，庶殘邑料理得人，從此可望有起色矣。既經該司呈詳前來，臣謹會同鄖陽撫臣戴東旻、按臣王佚合疏具題，伏乞敕部復議施行。爲此謹題。

　　崇禎十一年六月二十七日具題，七月二十三日奉旨："吏部知道。"

糾參規避疏

　　題：爲糾參規避官員，併請就近升補，以濟時艱事。崇禎十一年六月初六日，據陝西布政司呈詳到臣。該臣會同按臣王僎看得，合水以蕞爾之區，經荒盜之後，一切恤民固圉，治賦練兵，惟印官是賴。知縣張瑞傑升補年餘，尚未到任，規避顯然，自當照例議處。所遺員缺若推自遠省，恐益耽延。查得邠州州判孟學孔，由恩貢出身，綽有幹才，已登薦剡，堪寄民社。合無即以本官就近升補合水縣知縣，則聞命即可受事，而殘邑料理有人，地方幸甚。爲此謹題。

崇禎十一年六月二十七日具題，七月二十三日奉旨：「吏部知道。」

議留道臣疏

題：爲議留重地道臣，懇恩降級照舊，以鞏藩郡，以慰輿情事。據陝西布政司呈詳到臣，該臣看得，分巡關西一道駐札平涼，該郡建立韓藩，夙稱重地。比來因饑加旅，捐脊多虞，幸賴副使萬谷春駕馭得宜，恩威並著畢殫心力。定四履於擾攘之日，措累棋若覆盂；復五城於殘破之餘，易風鶴爲澤雁。勞績具在，公論咸孚。乃於保舉案內，部議降三級調用。在該部衡鑑無私，欲伸連坐之罰，以塞倖進之門，故不能爲成例少寬。乃臣等處，兹多事需才之時，其可與共濟危舟，同支亂國，才識兩優，官兵共賴，若該道其人者，實指不多屈。今地方輿情攀卧甚切，惟恐本官一去，後來推補者即才能無異本官，亦不若本官駕輕就熟之爲愈，啓懇韓藩，命長史司申臣保留。臣批布政司查議前來，臣謹會同督臣洪承疇、按臣王僎合疏具題，伏乞敕部覆議，合無將本官照所降之級，從寬留任。該員果能益加奮勉，酌限保題，庶保舉之法既行，而重城亦不至失人矣。至本官所保舉之聶朝明，該部參其文品俱劣，臣則以該部考官止定於一日之帖括，文固可定，而品難遽窺。如以品也，臣不敢知；如以文也，皇上此舉所重似不在文，是本官之罪並不在不可寬之列。爲此謹題請旨。

崇禎十一年七月初九日具題，八月十二日奉旨："該部知道。"

題犯官林應瑞招繇疏

題：爲糾劾劣員以飭吏治事。准刑部咨，奉旨，行據陝西按察司呈報，提問過犯官林應瑞贓罪招繇到臣。該臣會同延綏撫臣劉令譽、陝西按臣王僉看得，延長當大寇殘破之後，煢煢遺子，業已無肉可剜。林應瑞賦性本貪，又年當衰暮，亟欲以一符取償，不思延長乃急當撫恤之地，延長之民豈尚堪朘削。故覬腹未盈，怨聲已沸。嚴審入橐之贓，較原參曾不及十分之二。然而鄙穢難容，昏瞶已極，耳目旁寄，狐鼠縱橫，大負民社之寄，奚辭糾劾之條？雖受事半年，離鄉萬里，承讞至此，猶不能不爲應瑞憐。第一家哭，何如一路哭，褫衣徒配，固以警官邪，亦以酬民恨。衙蠹郭盛民、張芳、董洪雨、朱心悟、宋士傑叢樹作奸，憑城肆害，贓證俱確，併徒不枉。既經該司勘擬前來，相應具題，伏乞敕部復議施行。爲此謹題。

崇禎十一年七月初九日具題，八月十二日奉旨："該部核議具奏。"

校勘記

〔一〕"慶陽"，《四庫》本作"慶寧"。

〔二〕"剿"，同上書作"擊"。

〔三〕"大潰"，同上書作"大敗"。

〔四〕"死賊"，《疏牘》本作"賊衆"。

〔五〕"遁"，同上書作"少"。

〔六〕"壯"，《四庫》本作"兵"，《疏牘》本作"衆"。

〔七〕"土丁"，《四庫》作"蕃丁"。

〔八〕"土丁"，同上書作"夷丁"。

〔九〕"償"，據《疏牘》本當作"賞"。

〔一〇〕"南"，《四庫》本作"北"。

〔一一〕"今迄"，同上書作"迄今"。

〔一二〕"寧"，《疏牘》本作"願"。

〔一三〕"二"，同上書作"三"。

〔一四〕"此剿著之不易者也"，同上書作"此剿著之不易者也，則三水等處之剿是也"。

〔一五〕"此撫著之不易者也"，同上書作"此撫著之不易者也，則三水等處之撫是也"。

〔一六〕"似難"，同上書作"其何能"。

〔一七〕"六隊等回報"，同上書作"六隊等曾以一稟付臣原□□□自□"。

〔一八〕"有"，據《疏牘》本當作"猶"。

〔一九〕"只"，《疏牘》本作"的"。

〔二〇〕"賊之窘蹙極矣"三句，《疏牘》作"賊之窘蹙極矣。故其相繼投降豈得已！然彼既束身歸命"。

〔二一〕"謂"，同上書作"曰"。

〔二二〕"自贖"後，《疏牘》本有"併求貸張氏死"六字。

〔二三〕"豈可令賜袞幸逃法網"，《疏牘》本作"豈可令賜袞概徼寬典，以致國法盡廢乎？若今姑舍之，而後再殺之，則萬萬不可。我之大信一傷，彼等之順逆皆不知所據，害事殊非小也"。

〔二四〕"即將叛官王賜袞於軍前斬決梟示"，同上書作"務使賜袞伏法而衆心帖然斯善耳"。

題出關善後疏

題：爲微臣出關北上，亟陳地方善後之策，仰[一]祈聖鑒事。臣遵旨出關，已於十月二十五日渡河而北，十一月初三日過平陽矣。臣於出關之後，還憶臣入關之初，郡邑半墟，人民幾燼矣，兵餉兩竭，寇焰益橫，豈意獲有今日，幸不至以身殉秦，且舉秦之一塊土，盡洗妖氛，還之皇上。臣痛定思痛，即不敢顧影自憐，而回首金城，有懷如刺，其何能不爲秦一圖善後也。顧此時爲秦計者疇，不曰呻吟方息，則元氣宜培；反側乍安，更隱憂當慮。乃臣低回於標本緩急之間，其所鰓鰓慮者，則無如永斷商、雒，嚴扼漢、興而已。

昨豫、楚諸寇耽耽西窺，雖經臣屢創東奔，然諸寇之渠首與其哨隊狰獰者，十九皆係秦人，一爲兵逼，勢必望秦若歸。如北走內、淅，則秦之商、雒當其衝；西走郿、竹，則秦之漢、興當其衝。商、雒山峪勾連，蹊徑百出，向以臣拚命從事，固於皇上斷截之命未至隕越。今臣奉命遠出，在省兵將，又以臣摘携千餘，未免單弱。臣已欽遵明旨，行令監軍道臣王文清統領防禦。文清大略小心，遇有緩急，固自能竭力支撐，第須再益以剿兵千餘，方可濟事。即總兵左光先、曹變蛟之兵不能摘撥，或以孫守法、尤捷等兵湊合一千，或以盛略、王萬策所統甘兵選擇一千，增付該道調度，或以監軍道張京統領，同文清分汛合力，共圖堵擊。其潼關營副將王永祥之兵，亦聽兩監軍移會潼關道臣丁啓睿，斟酌情形調援策應，而三秦東南之罅漏乃可塞也。漢、興界在僻遠，賊每視爲避兵之地，非重兵預駐扼防，迨聞警調發，遂已無及。左光先、曹變蛟等兵，自闖將餘孽突蜀返漢以來，日告疲頓。前據監軍道樊一蘅塘報，且有"情見勢詘"之語。近接督臣洪承疇疏藁，亦以各兵病苦爲言。今曹變蛟已奉旨調赴理臣熊文燦軍前，其左光先及賀人龍與馬科原領剿兵，似俱應留駐近漢地方，休息秣屬。漢中尚有邊賊與饑民聯合爲祟，據督臣疏謂實繁有徒，宜即責令左鎮等努力迅掃，勿留一孽。其豫、楚之賊，如從鄖、竹一帶西突，亦即責令迎頭奮擊，勿縱一賊闌入，則三秦西南之釁蘖可無滋也。

至臣已遠離地方，幸督臣奉旨留秦，自宜東西兼顧。然漢中未了之局，恐尚煩收拾。督臣即或稍移秦、隴，仍應專顧漢、興。省會爲列屬轂縮之區，五方雜沓，奸宄易生，隄備彈壓，惟恃一二藩臬大吏。查臬司久缺未補，臣就近題升，尚需部覆。清軍道王公弼，臣復檄令帶管監軍，隨臣行矣。學道職專較士，新升未任。監軍道遇有警息，即當督兵出征。居守省會遂寥寥乏人。布政使司左布政使梁鼎賢，自郡守以至臬藩，久蒞秦中，賢聲懋著，士民咸長城倚之。又目今軍興旁午，措辦饋餉，宜借練才。乃本官以開報關西道李公門官評一節註誤降調。夫李公門之不肖，臣於往來征剿，得之耳聞目睹最真，故能抨擊於該司開報之外。而該司平昔於該道亦未稱以爲賢，獨其所開報於監臣者，不宜薄許本官之才幹，以微示抑揚。監臣耳目既遠，故於本官劣狀無繇摸索，該司誠難辭咎。第向來臣等舉劾方面，原不憑兩司之開報；其兩司開報方面，亦不若開報有司。明以應薦應劾分別臚列者例也，則該司固在可原。兹聞降調之命，一時人情皇皇，攀臥籲懇，萬口一辭，惟恐本官離任以去。昨臣接本官申請署官詳文，故批令暫留理事，候新官交代。今新官尚未推補，即推補亦未必遽至。秦省兵荒疊罹之餘，固圉安民，不可不惜遺老成。

合無將本官遵旨降級，俯准留任，用資保障，於地方善後之計固亦裨益非淺也。

若夫禦災捍患，守令最宜得人。西安華陰一縣，治雖蕞爾，然錯壤崤、函，咽喉全陝，實稱重地。前任知縣崔大任以築城債事罷斥，頃接茶臣疏稿，今任知縣李向日又以庸碌被糾矣。如欲以治邑佐當關之用，非具有骨力兼饒幹略者不能勝任。查得岐山知縣張名録，一腔浩氣，四應長才，若以本官移調華陰，則關內第一要區庶可恃以無虞。至岐山撫育荒殘，催徵屯課，亦需賢令料理。查有安化縣知縣賀應祥，嚼然自好，且雅欲有爲，乃因奉行餉部勸納一事，急公之過，致爲刁生訿誶，而人地遂不相宜。本官英年美質，儘堪遠到，若即調補岐山，必能以一割自見。所遺安化一缺，另遴一新令治之，斯刁頑可戢，而人與地兩得之矣。凡此爲地方計用人，俱屬善後急切之務，臣故敢喋喋併及，統祈聖明敕部復議施行。

崇禎十一年十一月初四日具奏，三十日奉旨："該部看議速奏。"

辭樞貳疏

奏：爲微臣驚聞新命，揣分難承，謹披誠控辭，仰懇聖慈鑒允事。臣奉調入衛，於本年十一月十八日行次獲鹿，據報，北兵環繞真定，臣遂介馬攢甲，督兵於十九日馳赴真定解圍。至二十一日，准兵部咨，爲奉旨事，內開，該吏部題，爲陝撫出關別當推補等事，十一月初九日奉聖旨："孫傳庭著升兵部添設左侍郎，仍帶住俸。陝撫員缺，務須得人，還著確選另推來看。"欽此。欽遵，抄出到部，移咨到臣。臣跪誦明綸，恐惶無地。自維樞貳重任，非臣謭劣所能祗承。除恭設香案於寓所，叩謝天恩外，擬即具疏控陳，祈天辭免。時臣吏書俱阻獲鹿，無人繕寫。茲臣行抵保定，暫駐候旨，十二月初一日，又准吏部咨，同前事，促臣到任管事。臣謹披誠叩懇，竊念臣徒有癡腸，殊無遠略。頻年辦寇，伎倆已窮；終日憂親，神情復亂，祗以職守羈絆，竟致請告遷延。何意渥被殊恩，寧[二]敢冒叨顯陟？不但器小受盈則易覆，抑且力綿肩重則難支。思邊腹交訌，而廟算猶紛，其何以贊帷幄萬全之計？顧策力幾竭，而國威未振，其何以邙朝廷九伐之靈？雪恥誰無同心，而鎮將巾幗自甘，其何以鼓忠忱於敵愾？飭備屢煩明旨，而郡邑衣袡罔戒，其何以挽錮習於處堂？況進而仰格主心，何以使一切不急之政刑毋煩宵旰憂勞，而獨握安攘之要？又幸而俯協群意，何以使百凡無益之議論毋使雌黄爭搆，而共抒[三]戡定之猷？倘躐添設之一官，有同疣贅；即縻虛生之七尺，莫贖愆尤。此臣所以聞命自天，有懷如刺者也。伏乞聖明俯賜鑒原，收回成命，准臣以原官率兵入衛。其臣原缺，幸已准補有人，俟臣入衛事竣，許臣陳情歸養，庶幾依子舍以終母餘年，惟有廣民謠以祝君萬壽。臣無任悚息待命之至。除俟臣入都赴鴻臚寺報名見朝外，爲此具本謹奏，伏候敕旨。

崇禎十一年十二月初二日具奏，初九日奉聖旨："樞佐已有成命，孫傳庭不必控辭。該部知道。"

密奏疏

奏：爲密奏事。北兵發難，業經二十餘年，而封疆之臣無一人爲皇上做實事、説實話者。大家延挲，一味欺蒙，以致決裂。至於今日，良可悲痛。臣素蒙皇上鑒知，今蒙皇上委任，其何敢效尤他人，朦朧耽閣，致于必不可再誤之時再有一誤。臣竊見今日各鎮之兵，望風膽落，必不能驅之使戰。其言戰者，非愚昧即欺罔。若真逼令一決，譁潰之形，瞬息立見。當此之時，豈堪更有他虞？至於不戰之故，祇緣簡練不豫，積怯難前，非關兵寡。臣細察各兵情狀，即使立增十倍，蓄縮依然。其稱兵寡者，皆藉口也。臣又觀地方有司物力，實萬萬不能供兵，故閉門罷市，到處皆然，雖日取所在守令加以重法，亦不能禁。若更增兵，無益於戰，徒自窘困，儻滋釁端，尤爲可慮。臣愚竊謂當救急之時，豈容復用錯著？尋持危之計，何得稍萌倖心？似宜將各鎮援兵量選精銳，留督監及微臣軍前，人各數千，隨敵向往，犄角聲擊，正不必輕言戰勝。至於機會可乘，臣等各有心知，寧[四]肯坐失？若其餘之兵，俱宜分發京畿逼近之邑，隨地守城。即有見圍之處，亦須密約守令，間道潛往，力圖捍禦。夫如是，則兵不結聚一處，糧自可繼，又實有濟於守兵。此微臣一得之愚，亦今日萬全之計也。統祈聖明密敕本部確議施行。事關兵機，故敢密奏。然不得不與聞本部，以便籌劃。臣無任悚息待命之至，爲此謹具奏聞。

崇禎十一年十二月初六日具奏，本月十一日奉旨："知道了。殘破已極，孫傳庭著聯絡督監，盡力防禦。其分發隨守，著各相機行。該部知道。"

督師謝恩疏

奏：爲微臣祇承新命，拜受敕劍，恭謝天恩事。本月二十七日，准兵部咨，爲緊急軍機事，該本部題，奉旨："孫傳庭著以兵部左侍郎兼都察院右僉都御史總督各鎮援兵，仍賜尚方劍，敕書、關防、符驗、旗牌併速給發。該衙門知道。"欽此。欽遵，併咨差官備齎捧敕諭一道、尚方劍一口到臣。臣即恭設香案，郊迎於臨清公署，叩頭祗領訖。其符驗、旗牌、官[五]防尚未齎到。臣以外患方殷，義難卸諉，不敢循例控辭，即於二十八日任事外。竊念臣廿載憂時，一心報主，其不敢自愛頂踵，欲爲朝廷一效緩急者有日矣。第臣矢念惟忠，作事以實，其不敢僥倖欺君，朦朧誤國，亦不自今日始。然如使臣爲事有功，按期奏效，臣雖至不肖之人，而天下無不可爲之事，未有雪我朝之仇耻，必應借異代之才能。獨是無米之炊，巧婦不能；臨渴之掘，萬分難濟。臣即自欺欺世，妄謂可能，亦必聖明之所不許，而舉朝之所難信也。然今日之事，臣不能，誰爲能者？臣不任，誰肯任者？當主憂臣辱之時，豈見可知難之候，此臣之所以拜命不辭，當即祗領敕劍受督事矣。獨是向來悠忽觇延，誇張誕妄，虛廿餘年歲月，糜幾千萬[六]金錢，而秋毫罔績，遺憂君父者何人？臣以戮力危疆，不遑將母，三年盡瘁之孤臣，滅寇無可居之功，而又當疆事決裂已甚，收拾最難之後甫任協勦，已無督可協；再改總督，已無兵可督；方束手待兵，已束身待罪。此實臣命數乖蹇使然，臣有付之無可奈何而已。惟祈皇上原臣苦情。

　　見今雲帥王樸兵北去未還。宣鎮楊國柱、山西鎮虎大威兵已潰難收。延綏和應詔兵往調未至。河南總兵左良玉、臨洮總兵曹變蛟兵竟無音耗。臣所督者，除保鎮總兵劉光祚步兵一千，與關遼原任總兵吳襄兵五千，俱屬步兵，同臣原帶步兵五百，照監臣高起潛題疏防守臨城，更易登撫楊文岳兵赴青，併監臣大兵征勦[七]外，止有原帶陝西馬兵及劉光祚馬兵共千餘耳。是尚不堪當一裨將指揮，臣顧能擁此區區以對壘哉？然即使諸兵既合，而各兵伎倆，廟堂不知，臣甚知之，決勝殊未易易。但舍此請兵，將徵兵何處？臣故不敢別有無益之瀆陳。乃兵尚未合，而見今二東郡邑望風淪陷者，已不知凡幾矣。

第祈皇上於臣兵未合時，憐臣原屬無辜；即臣兵既合後，鑒臣非甘有罪。少寬斧鉞，或使臣苟存視息。臣非欲强顏人世，亦不敢遽陳烏私，第得薄命朝天，罄竭平生，面請聖明[八]，爲皇上確定大計，料理年餘，於以遠詧皇靈，定有微效，臣於此時死有餘榮矣。臣無任感激惶悚之至，爲此具本謹奏。

崇禎十一年十二月二十八日具奏，正月初十日奉旨："覽奏謝，知道了。符驗、旗牌、關防何尚未到？著嚴催。孫傳庭仍遵旨集兵，出奇制勝，以副簡任。該部知道。"

辭保督併謝降級疏

奏：爲微臣力竭重任難勝，罪深量罰猶幸，謹謝天恩，兼陳愚悃事。本年正月二十八日，准吏部咨，爲薊督亟宜早定，保督不宜另推，伏乞皇上敕部速竣，以便從頭實做事，該本部會題，正月十八日奉旨："洪承疇仍以兵部尚書兼都察院右副都御史降四級戴罪住俸，總督薊州等處軍務，兼理糧餉，經略禦倭[九]，著作速到任。孫傳庭仍以兵部左侍郎兼都察院右僉都御史總督保定、山東、河北等處軍務、各鎮援兵，兼理糧餉。俱寫敕與他。"欽此。欽遵，抄出到部，移咨到臣。臣即於行間恭設香案，望闕叩頭謝恩，繕疏控辭。間二月初五日准兵部咨，爲飛報省城失陷事，該本部會題，正月二十六日奉旨："省會重地，兵到輒陷，甚至親藩罹難，尤國家從來所未有。内外防援各官俱屬有罪，然主客久近，又當分別。宋學朱力阻援兵，又無防禦，著確查下落定案。顏繼祖雖奉旨守德，而平時全無料理，有事一味虛恢，著革職聽勘。倪寵巧猾避敵，著革了職，錦衣衛拿解來京究問。高起潛雖有調援，豈能辭罪？著降六級，仍戴罪。孫傳庭受事日淺，著降一級戴罪，與高起潛奮力圖報自贖。首輔劉宇亮督察何事？也著戴罪。李績、祖寬等，楊振、周祐等，朱之鎮等，還著作速查明，分別確議具奏。山東撫鎮員缺，著即推立補。本內無名首領、衛所等官，也著一併查明，鄉已有旨了了。"欽此。欽遵，恭捧到部，備咨到臣。臣不勝感戴，不勝惶悚。

竊念軍中制勝，宜借壯猷，閫外持衡，每需福將。臣天下之庸人也，廿年通籍，什五投閒；三任當官，萬一罔效。遠不具論，即頃者奉命入援，詎不切同仇之義？且浸假而躋樞貳，浸假而以原官總督。乃將多巾幗，不能遽使之赳桓；兵若眠蠶，不能速化爲驍健。庸莫庸於此矣，臣又天下之蹇人也。役秦秉鉞，備歷艱辛，念母尸饔，未伸菽水，非所敢言。即今者代匱督師，已屬極難之任，而何以聞命適在濟陷三日之前？又何以兵集已在濟陷三日之後？況二東雖靖，而保全之外無纚副永奠[一〇]之心；左輔尚紛，而出口之時誰可爭到頭之著？臣之蹇莫蹇於此矣。庸爲人之所棄，寧[一一]堪更試以錯盤？蹇實天之所刑，豈得自逭於斧鉞？何以聖明重加委任，既若忘臣之庸，薄示創懲，又若憐臣之蹇。第臣力已竭，而難效驅馳；臣罪實深，而莫酬浩蕩。此臣所以感激涕零、愧憤莫措者也。除於行間恭設香案，叩頭再謝天恩外。其保督事任，俟北兵出口，臣乃敢另疏瀝血懇辭，今仍以原銜督兵自贖，統祈聖明原鑒。臣無任感激惶悚之至，爲此謹具奏聞。

崇禎十二年二月初五日具奏，初十日奉旨："覽奏謝，知道了。孫傳庭著恪遵屢旨，鼓勵督兵，不必另辭。該部知道。"

附請陛見原疏

　　奏：為恭謝天恩，兼陳微臣切欲陛見之悃，仰請聖明裁諭事。臣臥病通州，伏候廷議。本月二十八日，准兵部咨，核[一二]兵科都給事中張縉彥題，為薊督擔荷甚重事，奉旨：「這本説的是。再嚴行申諭孫傳庭，著即赴任，作速料理抽練事宜。該部知道。」欽此。欽遵，恭捧到部，移咨到臣。臣不勝惶悚，不勝感戴，隨於寓所恭設香案叩頭謝恩外。伏念臣自督師役竣，屢多舛謬，數奉嚴綸，九死餘生，不堪震疊，徬徨憂懼，無以自容，於前月二十三日突感耳症，遂至失聰，今已浹月。向臣甫任督師，皇上復允廷臣之請，俾臣總督保定、山東、河北等處軍務。臣綿薄無似，且已成廢物，自應具疏籲免。然以方在席藁，即斧鉞或逭，而鞶帶應褫，故不敢自行控請。何意聖明雷霆忽霽，雨露頓施，若暫寬臣前愆，且將責臣後效。臣罪不容寬，才無可用，仰荷不測之矜原，復蒙無已之收録，感激思奮，恨不捐糜頂踵，稍圖報塞。第臣自絕於天，五官缺一，其何以振飭將史，臨蒞軍民？祗誦溫綸，踞蹐無地，惟有回環飲泣，仰天搥慟而已。顧犬馬戀主，寔難恝然。至臣無可奈何之下情，容當瀝血另陳，今不敢遽瀆宸聰也。

　　臣自丙子陛辭，忽越三載，迫欲一覲天顏。又臣仰荷任使，雖防禦罔效，然於一切軍國大計，竊嘗留心究考，稍窺約略。臣耳固廢，心尚存，舌猶在也，意懇聖明召臣入見，庶幾罄陳芻蕘，即皇上俯有諮詢，但令輔臣書示數字，臣亦能一一條對。臣竊見皇上虛懷下問於真保等屬新設監司，諸臣俱令星馳陛見，豈獨於臣而靳之？臣才略非能於諸臣有加，然巧不如習，言貴可行，臣似覺有微長。惟皇上勿吝階前盈尺，俾臣畢吐其愚。臣於內安外攘之間，必有一二肯綮之言，可以收事半功倍之效者，用備采納。如膚襲無當，斧鑕願甘。倘以臣聾廢蹣跚，趨承未便，或容臣越闕一叩，敕樞戶部垣諸臣各出兵餉款略，與臣籌議一二日。臣苟有一得，即令各臣酌確上聞，臣不敢謂輕塵墜露，必無補於嶽海高深也。臣無任感勒激切待命之至。

官兵苦戰斬獲疏

爲官兵雖有斬獲，不敢言功，實實苦戰三日，臣不敢不據報轉聞，仰祈聖明敕部察覆事。竊思敵圍真定，首至退敵者臣也。臣耻報解圍，而保撫報之。及敵據濟南，首至退敵者亦臣也。臣耻報恢復，而東撫報之。即靖二東、障陵京，且爲聲防，爲拒堵，爲接戰，殫厥心力，悉副明旨，而臣之所入告于皇上者，亦惟是如何聲防，如何拒堵，如何接戰，以無没諸將士之血苦已耳。臣先事未嘗誇詡，後事未嘗欺飾也。蓋臣以癡忠報主，“憤耻”二字，臣實獨切。臣身可殺，臣必不敢自喪本心以熒聖聽。出口之役，我兵用步得力情形[一三]，實實如此。彼時各監提兵，內臣與各邊鎮將領士卒同集邊口，臣如飾罪冒功，大言無實，皇上之斧鉞可逃，而萬衆之指摘奚逭也？且初十日之戰，曹變蛟遵臣指畫[一四]，與北兵轉戰衝突，臣之步兵莫不一往無前，臣與總監諸臣俱在陣前，豈敢欺乎？至十一日之戰，以敵去[一五]漸遠，故從衆議用馬，遂不能摧陷[一六]如前。然我兵與敵騎力抵竟日，亦臣等所目擊者也。

十六日，臣旋師薊州，據監軍道塘報到臣，正在繕疏具奏間。適接邸報，見督察一再誣臣，意不可測。又見各部“痛感天言，泣領臣罪”疏內，首指及臣，云夫失群望之所歸，而推毂則名實不副。又該部覆察沙偶疏本，有“原係孫傳庭飾詞，不必行察”之旨。臣乃自痛才劣隕越，竟至於此，遂於出口叙疏，趑趄不敢具報。

已思各將士拚死力戰，實向來所未有[一七]，豈可以臣故湮沒，輒復據實勒陳。內云臣身任軍務，大創無能，惟有引罪，何敢復爲諸將士言功？第諸將士臨陣血戰，昭昭在人耳目，臣不得不據報轉聞。除總監原督關門勁旅，及山永巡撫與從西應援之薊督、宣督、京營提督督理分監遵撫所獲功次，應聽各臣自行察奏，其臣所統各鎮將官兵，與分監陳鎮夷[一八]兵，合營同進，仰仗天威，頗知鼓奮，雖馘斬無多，而敵懾殊勇。總兵曹變蛟則揮刀當先，強敵[一九]辟易。祖大壽親語臣等曰：“今日衆將中顯了一人，諸將皆服，則變蛟也。”此固大壽彝好之公，而變蛟之勇略冠軍，概可知已。王樸則親提步卒，力撼敵[二〇]鋒。九日之役，北兵以數千人來突，而能不爲動。楊國柱則往來摧陷，矢捐糜以圖桑榆之收，均應併錄。在將領，李國政則決策鼓衆，先後數陣，本將聯率之力居多。而全守亮、刁明忠、鄭嘉棟、王根子、趙大允、李有功、劉忠、劉芳名、魯文彬、張天麟、張一貴、郭清、王國棟、王越、趙祥、賀人龍、郝崇允、劉世爵、王希貴、蕭繼節等，恪遵師律，有進無退，均於行陣有裨，相應併錄。其餘文武將吏應否分別議叙，俱候該部酌覆。至於戰殁之台賴李孟貞、王兩等，血濺沙場，俱應優恤。內李孟貞係臣標下札委守備，以一人步逐五敵奮砍，忽中敵矢，貫腦而出[二一]，亦祖大壽親見，爲臣等言之，曹變蛟遣材官身負其屍以歸，爲臣慟服不已者也，尤應優恤。被傷之劉成、吳宗、馬應騰、郭汝磐、武大定等，臣驗多對面之傷，足稱[二二]進戰之勇。內郭汝磐即降寇之混天星，武大定即殺蝎子塊之黃巢，而堅不復叛者，俱能報國忘身，尤宜風勸。

至於從來捷報，率多誇張，臣矢志不欺，素邀聖鑒。頃以舉事謬妄，又爲舊輔劉宇亮兩次牽誣，致聖明屢責其諉飾，即同朝亦莫保其初終。臣有身未死，無血可揮，於此番叙疏，實惴惴然，閣筆難下，止以諸將士戮力疆場，勞勚難泯，輒敢詳述以聞。第祈皇上敕部密察，則諸將士血戰之苦得明，臣雖身受斧鉞，有餘榮矣。爲此謹題。

崇禎十二年三月十七日具題，二十一日奉旨："該兵部知道。"

恭聽處分兼瀝血忱疏

爲微臣行近通州，忽接嚴旨，暫止中途，恭聽處分兼瀝血忱，併請交割陝兵，以聽薊督酌議事。臣因内外多事，憂憤廿年，揣摩十載，懷忠思效，匪朝伊夕。初奉命協理，臣即有面請聖明，另作良圖之奏。既奉命督師，臣又有面請聖明，決定大計之奏。復以請見之意，寓書閣部，不一而足。臣之率妄極矣。該部此請，蓋特爲臣若薊督事竣，陛見前已有旨，無俟請矣。彼時臣方下部院看議，正在席藁，又安得借前席之箸耶？該部豈見不及此，使臣于此時僅得蒙恩召對，罄所欲吐，無論於禦敵長策，條畫必當聖意，即議留陝兵，臣得一參末議，亦何至徒失戰守家當，虛糜無限錢糧，而薊門竟未得陝兵絲毫之計也？顧薄命如臣，胡可得也！痛思臣自入援以來，萬苦備嘗，一著未錯。比敵將去，臣罪遂多。及事甫竣，臣即束身待議，雖欲碎首御楷，剖心無繇。臣因具疏瀝陳，内稱臣三年遠役，半載入援，咫尺天顏，妄冀一瞻睟穆，稍申犬馬戀主之私。

本月二十日于三河接邸報，知原任督察閣部劉宇亮又疏，牽指及臣，奉有"孫傳庭躲閃虛恢，全無調度，大負重任，該部院一併確議速奏"之旨。又兵部請召薊、保督臣，奉有"薊督著遵旨陛見，陝西兵馬著洪承疇酌議速奏，孫傳庭已有旨了"之旨。臣惟有席藁待罪，無能稽首瞻天矣。獨是"躲閃虛恢"，臣所萬萬不敢出。臣向剿寇秦中，無兵措兵，無餉措餉，能使十年之寇數戰立掃，蒙皇上"真心實心"之褒，不一而足，臣豈初終相謬？其不能滿志於御敵者，則以今昔之勢異〔二三〕，亦兵馬不皆臣所自練耳。皇上痛念藩封淪陷，郡邑邱墟，生民塗炭，無論是否臣任後之事，何敢置辯？但督察欲蓋已愆，誣臣不已甚乎？且舉經過州縣駐宿時日一一可稽之事，惟其顛倒，不知何以誑誕至此！

臣報北援在濟陷之先，彼時前股北折之敵尤多於後股，東省有總監大兵，臣應否不顧陵京？及初六日聞濟陷之變，臣等公議，謂宜併力南向。屬督察具疏，臣於初七日即發兵分防，初八、九日即發總兵王樸等統兵縣平原併趨禹齊，十一日臣亦親赴平原，焉用督察之挽捉？且督察自聞濟陷，稱病臥榻，又何暇挽臣捉臣？豈病未真耶？抑祇任奚僮挽捉耶？其遠縣河間者，督察欲遠縣也。督察不於十八日從德州過河，赴河間行十里許乎？時河西無警，督察已攜延綏、保鎮火器兩營及雲鎮馬兵一千，同提標營馬兵五百，可無虞矣，又欲攜宣鎮馬兵一千。臣以兵不能多分無戰之地，始邀還督察同行。督察逡巡不敢行。臣於本日夜至吳橋，督察止德州，囑令臣駐吳橋相候。二十日早，臣遣兵迎督察至，始同抵東光。二十一日，臣欲縣泊頭赴滄州，督察堅欲迂道交河。二十二日，督察復駐交河，囑令臣先至滄州相候。二十三日，督察始至滄州。今謂臣欲遠縣河間，獨不思經過州縣、駐宿時日一一可稽乎？夫督察即遲行一二日，於事何礙？第督察止，亦不容臣行，即或容臣行，亦必令臣相候以擁護，督察今反以迂遲誣臣。若夫督察盡職於革職之後，咨札紛至，固欲補向來之缺陷，以爲抄送兵部之地，抑知刺謬多端，祇見心勞而日拙矣。他如偵探之不確，驗級之未真，即今偵探有報可考，而首級之經臣解與督察解者，司馬堂當自有定衡也。

又前[二四]督察參劉光祚彈墨未乾，又復疏救，致奉嚴旨，忽指及臣。初但以沙偶之言，略爲點綴，繼聞朝議頗嚴，復具"瀝陳顛末"一疏，謂臣當言不言，一味旁觀，專欲以督察卸擔。夫督察參後，始袖出一稿示臣，方參時，臣不知也，何以謂臣卸擔？且督察前疏，既云若督臣白簡無靈，尚方空握，而必借臣代糾，督臣亦難自解，反謂臣以督察之參卸擔，豈督察好爲此等不倫之語？祇以歸罪於臣，督察必可解釋耳。若臣之所以不參劉光祚者，非縱也。茨州之役，劉光祚等原未失律喪師，即怯懦委屬隱情，而參劾宜有顯罪。自大城督察爲各鎮下拜，各鎮將皆怵惕不寧。臣以各鎮新合之兵，辦敵實非易易，恐繩之太急，別致僨誤。又行間之情形，左右之奸僞，督察殊未諳未知，臣實慮之。

正月二十七日，我兵大城戰敵，後報苗頭已向東北，臣謂宜量留火兵設防，先發戰兵馳赴東安扼堵，而督察不從。故臣止發刁明忠、李國政、劉芳名領哨兵八百，隨敵偵探，餘兵俱頓大城。二十九日晚，臣勉發總兵曹變蛟、楊國柱等兵先往，次早復約督察率餘兵同往，不然，或臣獨往。掌號將發，督察遣家人力阻，復停一日。比兵兼程於初三日寅時奔至東安，晝夜疲勞，距河猶六十餘里，敵即於是日午時盡數渡河，又安能爲半渡之扼擊？及敵掠[二五]黃花店等村，各鎮布置敵兵設伏誘戰，各鎮俱在張家浦一帶埋伏。臣等未嘗易各鎮於前敵，而各鎮不遵。臣等歸後，前官兵遇敵接戰，互有殺傷，我兵僅斬二級[二六]。敵未至張家浦時，已薄暮，北兵放號火吹觱栗而還，我兵亦收營，各鎮未嘗臨敵潰逃，無可罪也。乃督察遽行題參，發疏之後，以稿示臣。臣因以行間情狀爲督察微及，與臣所入告於皇上者無異也。未幾而有磚廠之役，督察不候報至，即行具奏，約略繕疏，如內云首級在二十顆上下，從來無如此報法。督察謬誤，當自有因，乃無端相尤，執定沙偶之言，爲下水拖人之計，督察即思陷臣，當強敵在內、邊丁久戍之時，何可以此語見之章奏。督察顚倒乃爾，而毅然請纓，則臣等行間文武之不幸，於督察何責焉！若劉光祚鎮屬郡邑多陷，自有光祚應得之罪，臣始終非爲光祚寬也。

臣蒙皇上委任不效，即靖二東，障[二七]陵京，衛[二八]內堵外，前後零斬，大戰屢捷，俱不敢言功[二九]。第臣即不才，亦不至遠遞督察。乃督察患失懼禍，厚誣臣以行其掩飾，臣即任受，將如清議何哉？臣見候議處，陝西兵馬應遵明旨交薊督，聽其酌議。臣繁冤欲訴，謹就事剖析，伏乞聖鑒。爲此謹奏。

崇禎十二年三月二十二日具奏，二十八日奉旨："郡邑失陷，孫傳庭任後不少，豈得諉卸？併所奏督察事情，該部院通行確議速奏。"

趣赴保任謝恩疏

奏：爲恭謝天恩事。臣臥病通州，伏候廷議。本月二十三日准兵部咨，該兵科都給事中張縉彥題，爲薊督擔荷甚重等事，奉聖旨："這本說的是。再嚴行申諭孫傳庭，著即赴任，作速料理抽練事宜。該部知道。"欽此。欽遵，恭捧到部，移咨到臣。臣不勝惶悚，不勝感戴，隨於寓所恭設香案叩頭謝恩外。伏念臣自督師役竣，屢多舛謬，致奉嚴綸，九死餘生，不堪震疊，徬徨憂懼，無以自容，於前月二十三日突感耳症，遂至失聰，今已浹月。向臣甫任督師，皇上復允廷臣之請，俾臣總督保定、山東、河北等處軍務。臣綿薄無似，且已成廢物，自應具疏籲免。因見候議處，故不敢自請褫斥。何意聖明雷霆忽霽，雨露頓施，若暫置臣前愆，且將責臣後效。臣罪在難寬，才無可用，仰荷不測之矜原，復蒙無已之收録，感激思奮，敢不捐糜頂踵，稍圖報塞？即臣自絶於天，五官缺一，似不容靦顔於將吏軍民之上。然臣年未五十，倘徽靈藥餌，未必不調理漸痊。臣荷聖明如此特恩，其何能自甘暴棄？臣當勉强趨任，一面調養，一面料理，萬一竟不瘳，臣始瀝血另陳，今不敢遽瀆宸聰也。

臣自丙子陛辭，忽越三載，迫欲一覲天顔。又臣竊見皇上虛懷下問於真保等屬新設監司諸臣，且俱令星馳陛見，臣才略非能於諸臣有加，然巧不如習，言貴可行，臣似亦有一得。倘能續諸臣之後，跪伏御前，畢吐其愚，臣於内安外禦[三〇]之間，必有一二肯綮之言，可收事半功倍之效，用備采納。第恐聾廢蹣跚，趨承未便，故亦不敢妄有瀆請。臣過都之時，或當於正陽門外望闕一叩，以伸犬馬戀主之私。然亦必奉有明旨，乃敢遵行。至保鎮之事，不止兵馬錢糧俱屬新創，應俟部議，即臣兼管直省屬地頗寬，駐札衙門似宜適中，以便調度，今亦未審當在何處。併祈聖明敕部確議請旨詳示施行。爲此具本謹奏。

崇禎十二年四月二十四日具奏，二十六日奉旨：“陛見不必行。保督練兵計餉，昨已有旨，孫傳庭著即星速遵行，真心實做，朝廷自有裁鑒。駐札不必又議。該部知道。”

請斥疏

奏：爲微臣迫欲報主，已至地方，奈兩耳竟廢，不能聞言，何以受事？又拂戾輿情，已見其端，展轉無計，不得不據實哀鳴，仰祈聖明，敕部速議斥更，以無致貽誤事。臣負恩溺職，罪孽深重，自三月二十三日於通州感患失聰，了不聞聲，今已二月有半。前月二十三日，臣方席藁候議，忽接部咨，知臣復徼皇上宥過洪恩，催赴保督新任。臣跪讀明綸，感激思奮，不暇深維，始終謬謂臣年未衰暮，或可調養料理，漸需痊可。既具疏謝恩，刻期赴任，固臣區區犬馬報主之私也。孰意兩耳既廢，跬步難行，一至地方，始知不可旦夕容留。如不及早馳請斥更，以至耽延時日，虛負重寄，臣雖死不償責矣。

臣方過都之時，臣同鄉親友官於京邸者，視臣於郊關之外，見臣狼狽之狀，皆爲掩泣。日暮抵蘆溝橋，會分監臣武俊以督修城工在彼，邀臣一飯，凡所問訊慰勞之言，臣俱不能聽，惟令書役私記而已。及行近涿州，該州知州吳同春及衛輔營將官溫良等出郭相迎，突值輿前，臣不知爲誰氏，茫無以應，左右以手指畫，臣都不省，一時慚憤，無地自容。比至城署，舉炮迫近臣輿，止見火光迸發，亦不之聞也。臣在通州，尚有一日偶聞炮聲，茲殆以慚憤之故，錮蔽更加於前矣。迨入署，於各將吏俱未延見，閉門獨坐，泫然泣下，既就榻，淚猶涔涔盈枕也。次日抵定興，諭令左右，於該縣官吏接見，皆豫開一帖投臣，始能辨識。比該縣知縣王賜璽接見之後，原役偶離臣所，突有易州道臣劉在朝因便道就見，遣差官大聲喊稟，無如臣何。旁役不得已，乃代爲傳免，謝之而去。已得中軍官李國政小帖，始悉其故。臣於是慚憤益甚，幾不欲生。及進該道入見，留坐少頃，該道有所語，亦惟令書役於其去後書寫呈臣。次日至安肅縣，又次日至保定府，凡有將吏接見，非報帖不能知聞；凡有事體聲說，非開寫不能裁示。臣時覺環臣左右，殆無一不揶揄臣，而姍笑之者。臣之慚憤，愈不可言。

臣因思，臣方新蒞，於將吏參謁之末節不能支吾，已無以肅體示觀。若臣任事之後，諸所經畫，非稽閱兵馬，即清覈錢糧，與夫勸懲將吏諸務，乃臣出入內外，俱不得不借聽于報帖，假手于開寫，就中藏奸啓弊，寧有紀極？若欲左右之人體臣充耳，不相愚弄，此萬萬必無之事。然即令若輩守法無他，亦必不能禁所屬將吏之借口，其何以保無後言，使群然懾服乎？臣因候印未至，偃坐一室，前思後想，無一而可。即臣才力果堪，而聽而不聞，豈得尚言才力？即使三五月可愈，而保督之事豈可耽閣三五月？況臣伎倆已竭，又廢病難瘳，緣是煎憂之過，煩躁增劇。兩日已來，併水火結澀，頭目暈眩，手足時作麻木，延醫呂國賓診視，謂心腎不交，肝經火燥，故爾〔三一〕氣閉聲收。蓋緣累年勞役，受病已深，且恐轉生他症，殊非藥餌可能旦夕取效。臣竊維保督新設，責任何等重大！上廑宸慮，何等殷切！乃於一刻千金之時，而容以兩耳無聞之人尸位貽誤乎？其宜仰請斥更，無容再計。乃臣方擬繕疏瀝陳，而初七日夜已有匿帖粘臣署前，云「軍門瘂，總督聾，雖有苦情，誰陳九重」？又聞各巷口及各衙門亦粘有此帖，旋經揭毀。則臣之不孚眾望，拂戾軍門，已見其端。然使臣力或可勉，即人言奚恤？乃臣憒憒若此，安能稍圖寸效，以謝茲悠悠之口，又烏得不早自裁決也。用是泣血哀鳴，冒死馳奏。

至于臣罪原應罷斥，蒙聖明寬宥，趣令復任，實出臣之望外。今臣既不能復任督事，自應仍行褫革，庶國法明而臣心亦可自愜，非臣所敢辭也。若夫堪任保督者，以臣愚計之，實不乏人。皇上敕該部廣求公舉，天下之人自足供天下之用，何至於今日而嘆乏才乎？以臣所知，如原任兵部侍郎張福臻，作令臨潁，不損公私，創造磚城，百雉屹然，至今豫寇紛紜，臨潁獨獲安堵，皆福臻之貽也。又如登撫楊文岳，氣定神閒，遇事迎解，前者守德守臨，以及援登，俱先期遄赴，便宜即行，具見遠略，而沉雄溫湛，妙有張弛，殊不易及。向臣曾以文岳及東撫顏繼祖併舉之樞部。臣於繼祖，猶知之撫之前。若文岳，則臣信宿清源時，親見其遇卒能暇，處紛不亂，圓應無方，所不勝心折者也。臣耳目固陋，其自三臣而外所不及知、不能舉者何限，第在該部之廉訪推用耳。伏祈皇上敕令該部，務爲新設重鎮推舉賢能，仰請簡用，俾其星馳受事，早奠嚴疆，力振初局。

念臣已經聾廢耳，且不能聞屬官之言，身何能勝地方之任；又憐臣撫秦剿禦三年，入援馳驅六月，積勞嬰病，萬非得已。及臣印敕俱未領到，無可交代，允臣即去，俾早獲回籍調理，又與臣老病之母早獲相依一日。倘不遽填溝壑，惟有偕山樵野牧，共祝聖壽於億萬斯年矣。臣無任悚息待命之至，爲此謹奏。

崇禎十二年五月初九日具奏，十三日奉旨："孫傳庭特任練兵，何得輒以病諉？著即遵旨刻期料理，不許延誤取罪。仍著兵部查明速奏。"

再請斥革疏

奏：爲微臣幸邀寬政，恭謝天恩，併再陳聾廢及病苦迫切情狀，萬乞聖明慨賜矜憐，急行斥革，另簡才能，蚤爲料理，免誤封疆大計事。臣自五月初六日抵保定，因兩耳聾廢，萬難受事，具有"微臣迫欲報主，已至地方，奈兩耳竟廢，不能聞言，何以受事？又拂戾輿情，已見其端，展轉無計，不得不據實哀鳴，仰祈聖明敕部速議斥更，以無致貽誤"一疏，於初九日拜發去後。初十日准兵部咨，該本部題，爲功罪關封疆之重，威福繫朝廷之權，歷數失機，列爲五案，祈皇上立伸國憲，垂玩逗之大戒，以鞏治安之新圖事，臣奉旨實降五級，照舊管事。臣跪誦明綸，不勝感激，不勝惶悚，除恭設香案望闕叩頭謝恩外。竊念臣承局雖殘，矢心原實，第智勇俱困之日，殘局委屬難收。矧庸蹇無似之人，實心何能自白？負愆殊重，伏罪何辭！乃謬蒙廷議曲原，特荷聖恩薄創，此臣於稽首稱謝之餘，所不禁感激涕零者也。惟是應斥獲留，臣之際會誠奇；雖生猶死，臣之嬰疾最苦。乃今不但雖生猶死，且又垂死難生矣。

　　臣自前疏拜後，枯坐一室，咄咄書空。僮僕、書掾皆視臣若無物，或詬誶於門屏之外，或構鬥於廳事之上，臣如在夢寐間。有解事者密帖告臣，即於帖後求臣勿加窮詰。臣忿不能忍，呼群役親訊之，而彼此執筆互推，臣竟莫悉其故，反致誤責陝西携來稿書一名，而群役相顧散去，已乃知所責者非其罪也。臣子然一身，別無親屬相從，可以代臣體察禁飭。然即有親屬，亦止能體察禁飭於門之内已耳，門之外何以代也！臣乃知天之廢臣一至於此，臣真雖生猶死矣。又不意復感一症，將無生理。臣因醫官呂國賓之言，謂臣耳受恙，由肝火燥發，且中有積痰，恐轉成別症，連服清痰之劑，未有微效。至十二日早起，忽覺胸膈如有一物，直抵喉間，嚥之不下，咯之不出。及以匙箸引之，則有血塊如核，與頑痰相繾不解，愈引愈多。該醫及僕輩相視惶駭，謂不急圖謝事靜養，性命之憂且在旦夕，不但聽不聞聲而已。臣爲憮然者久之，因思臣之性命亦何足惜，惟是臣母衰年，獨臣一子，臣向在秦，切欲請告塵皇上睿聽者屢矣，第以疆事遷延至今。倘臣或有他，臣母暮景爲可憐耳。然此終屬臣之私情，亦非臣所敢言也。

　　臣所不能不急急陳者，則以臣既兩耳無聞，必不能卧理保督之事，而保督之事又斷不可時刻耽延。惟祈皇上如臣前疏，將臣速賜斥革，另簡賢能，星馳抵鎮，早爲料理，俾抽練重務，毋致耽遲。臣或死或不死而猶之死，總非臣所計也。使非臣病廢，萬難受事，保督之事又萬難頃刻耽遲，臣前疏猶未奉旨，安敢復有瑣瀆？伏祈聖明立賜施行。臣無任激切待命之至，爲此謹奏。

崇禎十二年五月十四日具奏，二十一日奉旨："孫傳庭已有旨了。該部知道。"

奏繳督剿^[三二]符驗關防兼報
撫秦存積銀兩疏

奏：爲敬繳微臣前任督剿符驗、關防，兼報撫秦任內存積錢站銀兩事。臣前任督剿符驗^[三三]敕劍、旗牌，已於四月十九日具疏進繳訖。其關防因查覈官兵支過行鹽，併候部文扣算功賞，臣已奏明俟事竣同符驗併繳。今行鹽文册，臣已行令各鎮將徑報理餉主事李光宥，查覈功賞，臣已銷算奏報，所有關防暨符驗相應併繳。至保督關防，據塘官王燦于五月十二日齎至，時臣業已病廢請斥，未敢開動。其准到部文及行各衙門文移，凡關抽練事務者，臣俱用督師關防轉行。至二十一日接邸報，臣蒙恩革任行查，臣即於公所恭設香案叩頭謝恩訖。至二十六日接邸報，新督已推登萊巡撫楊文岳，奉有諭旨，登萊原在督屬聞命即可受事。臣隨將保督關防，於六月初二日，差旗鼓守備楊豹率官承吏書羅國用等六員名，齎送新督臣訖。有節次准到部咨二十九件，併行過及各鎮道投到文卷，不及一扛，檄發保定府呈送。其衛、鞏二營兵馬，已行井陘、易州二道，遵照部題，責原管官訓練，應交新督臣稽閱。

臣於本月初九日自保定扶病移駐易州，聽候查奏。再臣原任秦撫，叨轉今官，節改四任，俱於行間拜命。其巡撫復命事宜，臣曾於協剿謝恩疏中奏明，俟協剿事竣補行。秦撫自臣以前七易其人，而無一好去者，故歷十三年未有一復命之撫臣。獨臣得倖升，例應復命，今亦以病廢蒙罷，不敢補行矣。惟是一切錢糧，臣仍期移會今撫臣丁啓睿銷算明白奏報。至臣撫秦三年，禁訟寬罰，任内贓贖無多，除湊買戰馬打造軍器及抵充賞犒外，未嘗以一鍰入私橐。有臣摘發鳳、岐驛遞私派等弊，各贓贖併臣行潼關、京兆、岐陽等驛，站馬立法官應，除省民間私幫無算，而在官正項站銀，各州縣俱有節省，悉在該州縣存積，但未彙確總數。向各州縣有申文至臣報充公費者，臣皆嚴批拒之，未動一分。二項合之約三萬餘兩，臣在秦之日，悉以分檄布政司西安府收貯，以充本地軍餉，用備剿餉之不敷。今原卷與各項錢糧册簿，俱於獲鹿失毀，經承吏書亦被殺獲。然俱經臣屢次批駁，原委數目自可稽考。臣已屢檄司府取造清册，俟至日，臣雖廢處田間，亦必覈確報聞，亦臣已離地方，不忘敝笱之區區也。

　　臣自鎮撫危秦，苦心拮据，措餉則實實使無餉而有餉，只清屯一項，計三年共得折色銀四十五萬餘兩，本色米麥豆約五萬石。措兵則實實使無兵而有兵，清出屯兵一萬二千人，練就邊兵五千人，即昨太平之役，總兵曹變蛟勇推獨冠，而所得力者半繫臣標。剿寇〔三四〕則實實使全秦十載不結之大寇數戰蕩平，就中有名渠首如闖王、蝎子塊、張妙手、混天星、過天星、大天王、米闖將、劉秉義、火焰斑、就地飛、整齊王、瓦背、一條龍、鎮天王、一朵雲，皆屬臣殲撫。臣屢蒙皇上"實心任事"、"勞怨不辭"、"大捷奇捷"、"方略勞苦"、"體國籌邊"之褒，不一而足，甚且以臣風示海内，俾各省撫臣皆以臣真心實事爲法。乃臣之已蒙鑒知於皇上者，止此清屯、足餉、練兵、剿寇〔三五〕之數事。其臣朝夕礪砥，及諸裨益地方，未經奏報，而可以爲海内嚆矢者，臣未敢一一自明，顧後來未有不爲聖明洞燭者。即此鍰、站二項，臣原擬於復命時一併奏報，然非因文册失逸，吏書被殺，恐後來隔手經承，或致隱混，臣業留之地方，即以完臣始終爲秦之一念，亦不敢自矜苦節，仰瀆聖明也。爲此謹奏。

崇禎十二年六月初八日具奏，十七日奉旨：“該部知道。”

奏請查結疏

奏：爲微臣聾廢久真，監按查奏未結，披瀝泣陳，仰請明旨事。臣因兩耳聾廢，疏請褫革，萬非得已。荷蒙聖明，重念封疆，革臣之任，別推保督。其臣病之真僞，敕令監按勒限查奏。臣聞命以來，感涕無已，日夜靜俟查奏，惟恐不速。以查奏一事，關於臣之一時進退者小，而關臣平生之忠詐者大也。夫臣才智疏淺，氣質剛躁，則誠有之。若夫畏難求脫，甘處人後，平日夢想亦所不出。臣始任秦撫，繼任督援，拚性命而靖十載之妖氛，殫心力而計方張之敵勢，未嘗一日稱病。矧今蒙皇上洪使過之仁，及是時爲解嚴之日，從容儘可料理，勉圖尚足贖愆。且臣三年揚歷，尚未徼聖明已逮之恩；千載遭逢，亦思沐臣鄰共被之典。顧無病呻吟，願褫鞶帶，自外生成，夫豈情理？臣感恙在方候議之日，求斥在已抵鎮之時，其病廢不堪之狀，人所共睹。蓋臣於三月二十三日通州感恙，通州監臣崔進自能洞悉。臣過都時，涿州監臣武俊亦曾目擊。臣駐保定月餘，真定監臣陳鎮彝密邇保定，諒亦知之。臣病今近三月，服湯丸藥約一百劑，迄未有效。在通醫治，有醫官傅懋宰；在保醫治，有醫官呂國賓；又在通時，主事楊汝經及道臣江禹緒，每過臣，皆爲惻然，甚至垂涕。在保時，道臣錢天錫正值臣咯血來見，曾面親[三六]其狀。既得保定府臣黃師夔牛黃丸，連服數丸，其血乃已。至於易州道臣

劉在朝，與保定府廳各臣黃師虁、湯一統、黃圖安，皆曾與臣一
面，臣襃充之情景，又皆各臣所共矚者也。任舉一人詢之，皆可
爲據，臣萬萬不敢有所假托明矣。臣庶幾望夫早結一日，則臣之
心事亦可一日早見，而安心調理，冀有瘳期。

不意適值按臣劉呈瑞奉旨革任，總監臣方正化亦奉旨革任回
京，而新者又未知何日題差。臣之候查，即今已逾二旬，其前任
督剿符驗、關防業已奏繳，保督關防亦送新督臣楊文岳，不日且
至，臣不宜復駐地方。乃監按俱缺，查結何時，溽暑孤栖，有如望
歲。伏祈聖明垂念臣病非僞，查結無人，或敕令臣所陳三監臣中擇
一查奏，詢之衆口，訪之醫人，自不患其不實。或另展限期，仍候
新任監按查奏，及臣或駐境候查，或回籍候查，統祈聖明裁示。

昨見山海總兵侯拱極告病，亦蒙皇上敕下督監查其果否真
病，然於拱極即准革任回衛，臣地異邊關，職非戰帥，八月馳
驅，一身狼狽，其可憐念，倍於拱極，皇上帷蓋之恩，豈有斬
焉？臣迫欲報主，一片癡腸，原不敢仰負君父，臣苟不終絶於
天，但得兩耳稍豁，異日如蒙聖明不棄，臣雖執殳荷戈，以當朝
廷一士之用，亦臣所願效也。臣無任悚息待命之至，爲此謹奏。

崇禎十二年六月十二日具奏，二十一日奉旨：「孫傳庭著俟
查明奏奪，不得瀆陳。該部知道。」

題報遵旨出關疏以下續補[三七]

爲微臣遵旨出關，謹馳報上聞，仰祈聖鑒事。崇禎十一年十
月初八日，准兵部咨，爲三審機宜事，該閣部楊嗣昌題，前事，
內稱「臣維北敵至是三入內地矣。其爲謀益狡，其窺伺必深，非
得善戰善守之人多方以禦之不可。臣觀今日若陝西巡撫孫傳庭，

恢宏之局量，饒有戰略，東撫_{下闕}若名調傳庭以剿敵出關，東撫移駐德州境上，皆可爲緩急之用。”_{下闕}九月二十四日奉聖旨："秦、東二撫俱如議，在京在外各官有材堪禦侮者，著庭臣公舉所知疏名以聽。_{下闕}禁旅已有旨撤回，其餘剿兵及辦_{下闕}。”欽此。欽遵，恭捧到部，移咨到臣。_{下闕}臣素切仇恥，且辱在疆吏，敢不聞命星夜赴。第准兵部咨，惟云名調臣以剿敵出關，原未限定地方，如東撫之移駐德州者。迨接閣部移臣手書，又云量率所部兵北上，則似非以關外爲駐足者。臣即於標下戰兵内選馬兵一千名，又於火器兵内選步兵五百名，俱年力精壯及身家堪倚者乃攜。其馬兵馱正馬騾，選驃壯俵給。仍念陝西地方較北方節氣和暖，目今尚著夾衣，官兵嚴冬遠涉長途，孰爲挾纊？各給布花、安家銀兩，從優鼓勵，俾製辦衣裝數日，限本月二十日啓行就道。其士卒行糧，臣自行攜帶，可以果腹。而長馬每日必需料四升，騾需料三升，各草一束，應行所過州縣預備。至破敵機宜，與剿賊方略迥異，臣矢念不欺，聖明所鑒，臣尚當瀝膽另陳。謹將量帶兵馬北上情由先行馳報，勉效臣子疾趨君命微忠。

若臣於七年閏八月在籍，因敵掠臣鄉，具有"敵情必有虛怯之處"一疏。九年八月在秦，因敵擾畿輔，具有"微臣驚聞敵警"一疏。中言剿禦之策獨歸重於火器，語雖平實，頗中肯綮，臣自信與臆決膚陳者不同。原疏現在御前，併祈皇上特賜省覽，敕部飭行，等因。

崇禎十一年十八日具奏。

遵旨協剿謝恩疏

奏：爲微臣佐樞非材，協剿應效，謹遵旨任事，恭謝天恩事。十二月初三日，准兵部咨，該本部題，爲畿南敵勢散漫，臣力似難支，再酌廷臣協剿之議，立請聖鑒施行事，十一月二十九日奉旨："是。孫傳庭即著以原銜會同該督監奮鋭協剿，仍撥鞏固營兵一半及劉光祚、左良玉兵，聽其調度。務期視敵向往，併力大創，共奏奇功。部中關防准借給，敕書不必發。該衙門知道。"欽此。欽遵，備咨，併將兵部左侍郎關防一顆遣官移送到臣。臣不勝感戴，不勝恐惶，隨於公署恭設香案望闕叩頭謝恩外，竊照臣奉命入援，忽承寵擢，自維佐樞重任，非臣之謭劣所能勝，業具有辭疏，籲天鑒免。乃臣疏甫發，復奉今旨，義不容辭矣。主憂臣辱，實惟此時，雪恥復仇，豈異人任！臣當即遵旨任事，惟有偵敵所向，勉圖效竭，以慰宵旰。

若夫兵之衆寡，敵之强弱，事之險夷難易，非臣愚所敢計也。其保定總兵劉光祚兵，併鞏固營副將張德昌兵，臣已檄行該鎮，將併移總監方正化、分監陳鎮夷選發。左良玉兵不知今抵何處，臣亦即檄行該鎮馳調，臣於即日起行而南矣。

其陝西巡撫關防，臣當遣官馳送新撫臣丁啓睿接管。至臣吏書及一切錢糧交代緊要文卷，與臣備携餉賞，因臣赴援真定，俱留獲鹿。今聞該縣城陷，度已盡失，俟查明另行具奏。又臣復命事宜俟協剿事竣，即以今任關防補行外，爲此具本謹具奏聞。

崇禎十一年十二月初四日具奏。

敬陳目前機宜疏

題：爲敬陳目前喫緊機宜事。臣前因目睹各鎮兵狀，深切杞憂，輒敢昧死陳言，仰瀆宸聽，第恐洩漏損威，故以密奏上聞，茲不幸而臣言中矣。初據陽和鎮家丁王振所禀兵潰情形，已經塘報閣部兵科訖。十五日，臣因候吳襄關遼兵未至，暫駐晉州，一面行該鎮催促，一面遣參將李國政，提該將所統兵丁，先往鉅鹿一帶哨探。續據收回潰兵所言兵潰情形，大同小異。又據宣鎮遊擊何鳴陛禀稱，宣鎮總兵楊國柱與寧武總兵虎大威突圍而出，今俱現在。鳴陛曾親見虎鎮，言兵潰之後曾與楊鎮相會。其鳴陛領出潰兵約數百名，現投晉州河南村莊暫駐。臣隨給牌曉諭，令候各鎮將查點收營併給文付鳴陛差人找探兩鎮去訖。其兵潰始末確情，應俟兩鎮具報。至兩鎮與陽和兵既全潰，而雲鎮王樸兵又西還已久，其延、寧、甘、固及豫、楚剿兵，與臣續調陝西滅寇之兵，雖合之可得數萬，然不能旦夕遽至，尚須月餘方可齊集，西路此時遂無重兵。

查得遼東總兵祖大壽，名高大樹，望重長城。而該鎮士馬精強，又甲於諸鎮。今東邊無警，該鎮已奉調入關，現駐三屯，宜即責令該鎮就近從豐、玉南下，遶出敵西，與監臣高起潛所督兵分道聲擊。敵當飽掠思揚之日，又懾之以該鎮之雄師偉略，自將驅殪恐復，又奚但喙駚宵奔也。向丙子之役，敵深入涿南，旋以該鎮威名，悚息潛遁，議者猶以未能出奇大創爲該鎮惜。臣以彼時敵入未久，第宜速行驅出，早靖內地，原不必以馘斬爲功。今敵悍然長驅，攻陷多城，盤旋三月，輜重狼戾，流蕩不歸。若得該鎮之兵，忽加於敵志已驕、敵氣已盈之日，迅掃狂氛，永雪仇耻，封狼勒燕之業，臣知該鎮不難一鼓收之矣。至總兵虎大威、楊國柱，向亦錚錚有聲，今以督臣盧象昇迫圖報主，堅求一決，致有此失。兩鎮如果殺出重圍，似宜原情末減，姑貶削官階，仍令統領原兵，戴罪立功自贖。兩鎮感恩圖報，有不奮合餘燼以收桑榆之效者，非人也。

至於兵行之處，悉被敵殘，州縣固無糧可應，惟有閉門堅拒，且併關廂不容居處。我兵待哺無資，投宿無所，一遇緩急，據守無地，故其惴惴思潰，不必在遇敵之時。更祈皇上速敕户部措發一月餉銀，約某兵若干，行糧、鹽菜等項共該本折若干，分遣司官解赴軍前，折色徑行支給，本色責令該撫按選委道廳，同該州縣隨地買運接濟，庶三軍可望宿飽。其各州縣如遇兵至，有不容留關廂住宿設法供應糧草者，必行拿問，以儆玩肆。此皆目前喫緊機宜，臣不敢不爲披瀝上聞。

至臣所現領之兵内馬兵堪用者，合臣與保鎮，總計約一千二百，其餘盡屬步兵。其吳襄步兵約五千，今報於十六日可至，且聞以遠涉奔疲，安能與此强虜馳逐郊原也。其左良玉兵，臣已行檄催調，尚無音耗。若鞏固營兵一半，監臣陳鎮夷又以候旨未發，然此兵亦止堪留守真定，臣遂無兵可資協剿。乃臣竊計，此時剿局第得祖鎮提兵遄至，敵魄可褫，臣協剿之兵正不必湊合多多，以糜難供之餉也。若夫臨戎，督察元輔劉宇亮已奉特遣，祖鎮職任提督，自不必復設督師以掣其肘。皇上第責成該鎮，以滅敵爲期凤望，凤望如該鎮，豈不能與監臣高起潛併建旗鼓，共奏膚功也？統祈聖明敕部覆議施行，爲此具本謹題請旨。

崇禎十一年十二月十六日具奏。

又密奏疏

奏：爲密奏事。臣有"敬陳目前喫緊機宜"一疏，内專責遼鎮以任西路，暫寬宣、寧二鎮以收潰兵。臣非不知東防宜嚴，續入可慮，國法當峻，失陣必誅。但恐西路無兵，即有援旅繼至，零星湊合，無裨驅剿。敵再久踞，爲禍益深，若遼鎮率多兵一來，自可驅之使出。至逃潰之兵相望於道，即令原鎮招集，庶不至四散無歸，相率爲亂。此臣斟酌於經權緩急之間，故爲此萬不得已之瀆陳，統祈聖明自爲宗社遠慮，與閣部諸大臣密計裁決。如臣所言無當，原疏祈賜留中。其閣部揭帖，臣已諭齎本差役，非臣疏下部不敢投也。臣無任惶懼悚息之至，爲此具本謹具奏聞。

崇禎十一年十二月十六日具奏。

敬陳現在兵力併餉窘情形疏

題：爲敬陳微臣現在兵力併餉窘情形，仰祈聖裁事。臣於十二月初三日奉命協剿，兵部撥給臣鞏固營兵二千三百五十，保鎮劉光祚兵三千五百，河南援剿總兵左良玉兵五千。初六日，又准兵部咨，該本部題允，撥給臣關遼兵五千，連臣原携馬兵一千、步兵五百，爲數共一萬七千三百五十。自奉旨之後，調至軍前者，惟劉光祚兵三千五百，其鞏固營兵以候旨未發，吳襄兵由通州西來，該鎮於十六日同各領兵官目先至，其兵於十七日始到。左良玉兵聞過磁州中有敵梗，未知從何道赴援。十六日，准分監陳鎮夷手本，併據劉光祚、張德昌稟報，鞏固營兵已奉旨免發，劉光祚亦應赴彼戰守，以鞏重地，則臣軍前止有原携馬兵一千、步兵五百、吳襄新到之步兵五千耳。而吳襄步兵又皆各營選征所餘，湊合備數，且以不慣跋涉，重跰疲敝，合臣原携之兵，遇有緩急，即防守一城尚費支撐。頃據傳報，敵營北折晉州，士民擁門告急，求臣拒堵。臣審酌彼已，驚擾欲絕。未幾，而定州知州胡震亨請兵之稟一時再至，臣亦茫無以應也。臣之兵力如此，又當督臣兵潰之後，人心風鶴，臣何能別有謬巧，勉强張皇，以副皇上協剿之命乎？

至於大敵在前，各兵應得行糧稍不以時，遂滋藉口。今乃日日無取給之處，臣兵自保定初四日起程，至今越十四日，除鹽菜折色，臣自措給，本色糧草止支七日，米止支三日，此後遂無處控求矣。關遼兵至真定，臣力懇撫臣張其平、按臣張懋熺准給本折四日，今已告盡。臣檄行晉州知州陳宏緒，勉圖那發，即能強供一日二日，所濟幾何？

皇上誠思辦如此大敵，而兵如此單微，餉如此艱窘，臣不一一據實急告，後來即糜臣之骨，其何以卸責萬一也？伏祈皇上速敕廷臣從長酌議，務於萬難措手之中，確圖實可倚恃之著。毋不論兵之堪否敵愾，第撥給一兵，即曰有兵；不問餉之能否接濟，第行文地方，便曰有餉。以至耽誤不已，可憂益大。臣言至此，涕零如雨矣。臣竊計臣現在寥寥之兵十九步卒，以之隨敵逐剿，萬分無補，似宜駐防畿南。儻敵折真、保，即與真、保現在守兵協力防禦，且可環衛京都；儻敵從臨河北折，臣亦可間道馳赴河間扼防兼護通州，庶幾有濟。又臣雖愚昧，於軍國大計偶有管窺，亦便於就近條奏。若使臣率此必難辦敵之兵力，隨敵遠逐，併臣身亦置於無用矣。至保鎮兵，原應遵照明旨俱發真定，以鞏重地。但此兵發回，則給臣之步兵亦止關遼一旅，又於此間地利不習。臣不得已，於保鎮兵內量留千餘，令該鎮劉光祚統領，隨臣商酌進止機宜，而臣之兵力愈苦單薄已。若夫行糧匱乏，萬分可慮，臣已另請皇上敕戶部措發一月餉銀，約某兵若干，行糧、鹽菜等項共該本折若干，分遣司官解赴軍前，折色徑行支給，本色責令該撫按選委道廳，同該州縣隨地買運接濟。惟祈聖明立賜施行。

臣草疏已畢，又准兵部咨，該本部遵為議增協剿之兵，以便調度事，十二月初九日丑時奉聖旨：“鞏固營兵已有旨了。左良玉、和應詔即著速催，與曹變蛟俱聽孫傳庭調度協剿。盧象昇以二萬餘兵不能救援一邑，情罪顯著，卿職任中樞，應嚴行責成，不必屢爲解釋。"欽此。欽遵，移咨到臣。又准兵部咨，該臣奏，爲密奏事，十二月十一日未時奉聖旨："知道了。北敵殘掠已極，孫傳庭著聯絡督監，盡力剿驅。其分發隨守，著各相機行。該部知道。"欽此。欽遵，移咨到臣。又接閣部楊嗣昌手書，促臣抄向南方，阻其深入。臣恨不馳抄敵南，迎頭截阻。第查所撥臣兵，俱遠難遽至。除左良玉兵聞過磁州，未知現抵何處外，其曹變蛟兵，昨亦有傳其啓行在途者。頃詢之陝西差役，云該役於十二月初一日離省，聞變蛟尚在秦州；至和應詔兵，亦未知在關外何地；即臣續調陝西副總兵鄭嘉棟等兵，亦聞於本月初三日始自陝西啓行。臣將以何兵馳抄敵前乎？部疏云以不滿萬之孤軍，當勢方張之勁敵，責以扼擊分堵之事，雖起衛、霍而將之，亦有所難。乃臣自馬兵千餘之外，惟有發留保鎮之步兵千餘，與關遼挑殘之步兵五千，無論去萬數尚遠，即於此内選三千堪抄敵前之兵，亦不可得。臣如貿貿從事，臣之一身不足惜，不益重聖明南顧之憂乎？

適又聞敵犯東南，仍犯臨清。臣計監臣高起潛之兵，與登撫楊文岳之兵、東撫顏繼祖之兵，應俱集彼中；即左良玉之兵如已出豫，或亦取道彼中；又監臣盧九德、劉元斌與通鎮劉澤清之兵，聞亦在彼防剿。是彼中可抄敵前之兵，固自不乏。敵或逼於多兵，仍從東路，或西出臨沼，輾轉思遁，亦未可知。然臣終不敢以臣如此之兵力不一一實告之皇上，而輒有幸心也。臣惟有探敵向往，但可勉圖一效，務期殫竭心力，不敢自蹈退怯。統祈聖明垂慈鑒宥，爲此具本謹題請旨。

崇禎十一年十二月十七日具題。

恭報兵至北援疏

　　題：爲恭報雲、宣兩兵將至，微臣隨敵北援，以祈聖鑒事。崇禎十一年十二月三十日，據山海總兵官侯拱極塘報，二十八日據大撥營都司任得功報，據把總劉天祥報稱，本日卯時帶兵探至平原縣，離臨清一百四十餘里，有敵一股，起營往德州去訖，一半未動，聞説要上京去，等情。本日又據本官塘報，二十九日據任得功報，據劉天祥報稱，探至平原縣城南，遇逃回難民李秀二口供，敵在平原縣晝夜攻城，向縣內人要金銀、馬匹，城內人十分用命敵打，有前從臨清迤南所過達兵一股往濟南府去。又探至恩縣城北，遇難民李先業供，二十八日敵到德州城東南札營，要攻德州，如攻不開，就上東光、吳橋，等情。十二年正月初一日，又據德州鄉官謝升等連名公書，告急請兵。又接河臣周鼎移咨東撫顏繼祖移書，請援會城。臣隨以臣兵未至，及監臣次第發兵赴濟援剿移復去後。初二日又據標下前右營副將趙大胤塘報，初一日辰時，據陸遊營馬參將原差塘丁陳卿，探至土橋臨邑縣，離德州四十里，敵札營七處，前哨已至德州薄頭河，離州一百五十里正北地方。三十日晚吳橋失守，周圍俱是大營，尚未起身，一股已至薄頭河，苗頭向德州西北河間府地方，一股向正北天津地方，一股向東北近鹽山、慶雲地方，等情。又據山海總兵侯拱極塘報，正月初二日寅時，據大撥營都司任得功報，據把總劉天祥報稱，初一日午時探至平原縣西，遇逃出難民劉登供，平原縣未攻破，有德州敵兵於三十日拔營往東北去訖，等情。本日，據大同總兵王樸塘報，本職統兵於十二月二十六日至真定府，蒙督察閣部面諭，官軍裏十日餱糧，聽候調遣援剿。蒙此，除即裏備餱糧，於二十九日馳赴本部軍前聽候指揮外，理合塘報，等情。又據宣鎮總兵楊國柱呈報，本職所統官兵，蒙督察閣部面令，挑選堪戰有馬兵丁一千名，跟隨援剿，其弱馬并無器甲者，回鎮整頓，聽文調援外，理合呈報，等情，各報到臣。

該臣看得，方臣之提一旅入冀也，以冀爲適中之地，便於調度聲援耳。已聞敵突東南，臣因有渡河之行。比接監臣高起潛疏揭，促臣移駐臨清，易監臣兵，援剿登撫楊文岳兵防青，蓋知臣兵寡且係步卒耳。臣遂於前月二十六日抵臨，將臣兵與監臣計議派防訖。今敵之大營既報北折，其分掠東南者雖未見折還，監臣已次第發兵馳援，惟是北折之敵無兵驅剿。臣正切徬徨，忽報王樸兵與楊國柱所收合之兵尚存千餘，俱於前月二十九日自真定起行前來，約旦夕可至。臣當檄王樸徑赴德州，國柱尋間道馳入河間防守，臣亦即由臨趨德，隨敵北援。其關遼總兵吳襄等步兵五千，臣與監臣同河臣及監臣齊九皐商酌再四，監臣以臨城遼闊低薄，又爲敵久謀之地，不得不厚兵嚴備，故仍全留防臨。至北折之敵，臣既有王樸之兵與宣鎮楊國柱之兵一千，但能及敵，雖他兵未至，臣於敵迴翔瞻顧之日，自可勉圖驅殲，或不至重有決裂。若京、通東南應防之地，臣兵不能無翼飛至，監臣兵又方併力東南，祈敕該部，於就近營兵或援兵内酌量緩急，哀益防扜，以保無虞。爲此，臣謹會同河臣周鼎、監臣高起潛具本謹題請旨。

崇禎十二年正月初三日題。

恭報兵至日期併合分緣由疏

題：爲恭報兵至日期併陳合分緣由，以祈聖鑒事。前臣奉命協剿，止率馬兵千餘，外皆步兵，又皆調選所餘，多屬疲弱。臣於去年十二月二十三日至冀州，聞敵東渡，遂於二十四日移棗强偵敵向往。二十五日，接總監臣高起潛疏揭，內云俟臣一至臨清，監臣立刻交付，托以萬全，監臣即飛督鎮臣，視敵馳擊。臣即星馳一夜，於二十六日巳刻即抵臨清。二十七日將臣携步兵派撥城上，登撫楊文岳即於是日赴青訖。臣止餘馬兵千餘，臣不敢令休息一日，因報敵折平原，臣悉選赴德州偵防。本日，臣驚聞新命，即於次二十八日祇受敕劍，謝恩受事，而給臣應督之兵，未有一旅報至。臣現在兵除步兵盡撥防臨，仍止馬兵千餘。臣商同監臣，盡選精銳，發赴德州。

初一日，兵部遣官齎送關防併符驗旗牌到臣。初二日，臣因北折之敵已突吳橋等處，臣與監臣俱駐臨清，何以兼顧？臣因欲赴德偵援，乃臣兵自步兵防臨馬兵發德之外，止餘馬兵，不及五百，不能成行。不得已，欲於吳襄步兵內選二千，隨臣俟抵德，候大同總兵王樸等兵至日，視敵擊剿。乃監臣同河臣周鼎及監臣齊九皋，恐守臨兵單，欲臣止携一千。臣等商酌未果。是日近酉，忽接王樸及宣鎮總兵楊國柱稟報，各提兵隨督察閣部劉宇亮，於十二月二十九日自真定起行，約初四五日可至臣軍前。臣隨與監臣、河臣及監臣齊九皋議妥，併吳襄兵全留臨清，臣止携保鎮步兵千餘同馬兵數百，馳赴德州，一面馳檄楊國柱，從間道直撲河間防援；一面馳檄王樸等，定於初四五日至德州取齊，聽臣調度；一面具疏報聞。臣於初四日未刻至德，王樸併延綏副將和應詔率前哨兵先至，稱餘兵於明日隨督察閣部劉宇亮俱至。據報兵數，王樸馬兵三千五百、步兵三千五百，和應詔馬兵二千一百、步兵一千五百。臣隨檄王樸等，發撥分探，許俟各兵到齊整捜一日，即視敵擊剿，無論用奇、用正、用虛、用實、用明、用夜，惟有不遑啓處，盡力盡心，以求無負聖明知遇與同朝期望已耳。第臣兵力止此，且皆重合重整之兵，其到臣軍前各有日期可考，臣不敢少有觀泄，此自難逃聖鑒。至督兵原分西路，昨因敵營北折，臣又自任北援，其東南之事，既有關遼勁旅，又得監臣老成歷練為之指揮。

臣初至臨清，首以濟南為慮，每與監臣同監臣齊九皋及在事諸臣面議，謂臨清特財貨之區首會，建有藩封，關係尤重，監臣深以為然。昨據監臣疏揭，於十二月二十三四等日已發副將祖寬、郭進道，二十六七等日發副將楊振、參將王鳴喜等，又副將徐成友、屠朝相，參將劉伯祿，遊擊李得威等，前後騎兵四千，俱嚴檄務奮勇殺入城下為首功，逗怯必罪。又以副將周祐、程繼儒、張鳳翔，參將高桂輕騎二千，間道襲擊平原，仍與濟南兵犄角聲援，則濟南重地自應保無虞。至臨清，臣又將吳襄步兵五千全留彼中。天津總兵劉復戎兵三千五百，亦經監臣題留在臨，則臨亦可無虞矣。臣雖束手待兵，竊用自幸。頃接東撫顏繼祖疏揭，又以援濟責臣，又面屬臣不可移德。撫臣疏發於初三日，不知初四日以前，臣猶徒手也。即初四日以後，臣兵尚無前督臣盧象昇之半。前督臣以分任債誤，臣能兼顧有濟乎？惟祈聖明責成分明，使臣不至首鼠瞻顧。臣雖至愚，臣兵雖至少，尚可勉圖微濟，不然徒使臣手足無措，不但誤臣，且誤封疆。誤封疆可痛，誤臣亦可憐也。臣無任悚息待命之至，為此具本謹題請旨。

崇禎十二年正月初四日具題。

馳報緊急敵情疏

自注云：因候總監會稿二日未至，遂具此疏題報。

題：為緊急敵情事。臣於初二日接大同總兵王樸等報兵之稟，隨檄樸等馳赴德州。臣亦於初三日由臨詣德，調度北援。至初四日，督察閣部劉宇亮催王樸同延綏副將和應詔提前哨兵先至，餘兵於次初五日俱至。督察閣部於是日晚亦至。臣因敵大營北折，已陷吳橋、南皮，又有"上京"之語，一股已犯滄州，臣恨不星馳擊敵，即兵力單薄，俱不暇顧。乃督察閣部謂臣兵既稍集，濟南告急，宜先併力南援，當傳鎮將王樸、劉光祚及和應詔等商榷間，有寧晉縣難民自省城逃出，報東撫云，濟南於初二日飯時陷訖。又長清知縣王心學申稟撫臣，亦云省城於初二日寅時失陷。未幾，總監高起潛移臣書，云"濟南信果真矣，潛即馳監諸軍，兼程東發，誓不與敵俱生。如督察到德，希力言敵勢如此，非濟兵何以埽蕩"等語，臣不覺憤悗欲絶。督察閣部因敵陷重地，總監已誓師東發，臣宜督兵繼進，約原任吏部尚書謝升、戶部給事中葛樞，及東撫、雲鎮、保鎮齊集西城，僉謂東南之敵患在腹心，北敵患在手足，欲臣留東會剿。議間總監遣官吳從光投書到臣，臣等面訊，本官云總監復自高唐西還，督察閣部隨致書總監往訊其故。臣一面商之閣部，先於雲、延兩兵内選發馬步官兵共三千六百餘員名，由平原又續發大同右營參將張鳴鶴前探。參將韓斗、都司李時華等領馬步官兵三千員名，保定火攻營都司蕭繼爵、傅朝紀等領馬步官兵七百員名，由陵縣各進發，分屯濟西、濟北各州、縣，防守城池，相機殲剿。其吳襄兵五千，原留臨清，臣移文總監，就近同監臣所統關遼兵分發濟東、濟南，一體防剿。如敵設謀久據，另候調援兵，集合力進攻；如敵窺我四面布置嚴密，潛圖宵遁，即各隨敵襲擊，不得株守一隅。又發延綏遊擊蕭漢鼎馬兵八百五十八員，以東撫標丁引領，馳赴兗州，同通州總兵劉澤清協防。至臣身邊，止存馬步三千，以備發縱驅殲。若機勢在我，原不必多多始善。倘團聚一處，臣恐未必能戰，反以誤守，且易致餉窘。固不如隨敵分布，有濟於守，無妨於戰，而糧亦以分取易供也。

本日，又接總監書，云"敵欲已滿，其遁必從北去。德州要地，亟宜多宿重兵，一切火器火藥，城頭俱宜多貯，城外宜深濠結柵，惟亟圖之"云云。又昨總監囑臣差官趙安攘云："河間、景州一帶，俱應發兵嚴防。"臣已先檄宣鎮總兵楊國柱兵一千赴河間，今又檄大同總兵王樸，發都司連世捷領兵一千員名，赴景扼防矣。俟目下宣大總督陳新甲兵至，臣仍撤還軍前，別發防剿。至防兗之兵，臣遠從德發，誠恐通鎮之兵或又以路梗不至，即至亦不妨更以此一旅佐之。

若夫各兵於初五日抵德，臣於次日檄餉司李光宥，將原攜餉銀，人各借給一兩，併行糧十日，乃尚未鑿分，即促之啓行，非臣不知體悉兵情，第敵患孔棘□□□□耳。至臣督兵馬陸續漸集，軍餉一斷，可憂豈直在敵？今幸有閣部帶來李主事原攜之餉，可以支持旦夕。此後總兵曹變蛟、左良玉等兵俱至，需餉愈多，若照部文取之州縣，萬難濟事。今查有催餉科臣葛樞，催到兩浙鹽課銀八萬一百九十九兩零，現在德州，乞盡數給臣，以充軍餉。其戶部原派真定京場銀二萬四千餘兩，併留阜城銀三萬兩、良鄉工銀一萬五千兩，又臣借兌陝西功賞銀一萬五千兩，除真定解到銀五千兩，其餘俱聽戶部扣數撥抵。乞敕下該部施行。臣在行間辦敵，此後凡緊急軍情應奏請者，恐軍前繕寫不及，伏乞准臣止具正本，而不及啓副；其應塘報者，止報兵部，而不及別衙門。統惟聖明照察，爲此臣謹會同總監高起潛具本謹題請旨。

崇禎十二年正月初八日具題。

密奏疏

　　奏：爲密奏事。臣向第以今日兵將不堪實與虜決，猶謂張聲設疑，或能辦之，而詎知亦不可望也！濟南去臨清二百四十里，使總監高起潛所發祖寬等兵能間道馳至，入城協守，自可保無恙。即不能張聲設疑，出奇擾之，敵當飽揚之時，亦必倉皇引去，乃俱不能。寬等發於去年十二月二十三四等日，城陷於正月初二日，寬等之罪可勝誅哉？關遼兵頗稱勁旅，二十年來，朝廷竭海內物力以供之，專爲備敵，尚且如此，他復何望？臣所督諸兵久延不至，幸賴督察閣部招集催督，又爲措給行糧。宣鎮楊國柱重收兵一千，於正月初三日報至棗強，臣即檄由間道赴河間扼防。大同總兵王樸馬步兵七千，延綏副將和應詔馬步兵三千六百，於正月初四五日，俱相繼至德。臣思臣等欲仰釋宵旰，惟有奮力擊剿，第度兵將情形，萬萬不能。至如恢復省城，自是目前正著，臣謂敵如飽掠思歸，無俟恢復；如生心久踞，必宜俟諸路兵合，另圖攻圍。此時惟有如臣前奏，將現在之兵分發近省州、縣，與士民協力共守，使敵不得四出擄脅，再生羽翼，爲急著耳。倘朝議紛紜，或又誚臣觀望，惟恃聖鑒在上，非臣所敢顧也。臣之此疏乞賜留中。臣無任悚息惶懼之至，爲此具本謹具奏聞。

　　崇禎十二年正月初八日具奏。

題督兵南下疏

　　題：爲微臣分路應然南下殊非得已，謹備述情形，以祈聖鑒事。崇禎十二年正月十二日，准兵部咨，爲塘報敵情事，該本部覆題，內開，今虜哨北來，已徧鹽山、慶雲之地，則其無深入登萊之事可知。在我督監援兵，一當由河東以截其後，如吳橋、東光、南皮、鹽、慶一帶皆是；一當由河西以抄其旁，如景州、阜城、蕭寧、交河、青縣、靜海一帶皆是，等因。正月初五日卯時，御前發下紅本，奉聖旨："該督監著各分路抄截，祖大壽即於津門等處堵擊，中東撫監、鎮、道相敵必經之處，多方橫衝。通州重地，速撥京兵往防。餘俱依議，嚴飭行。敵既遁回，各鎮路務要奮力協謀，以奪輜重、救難民爲第一奇功。如再逗怯，坐視飽揚，前後併罪不貸。其衛輔營兵除守良、涿外，尚有房、固等處當防，應否遠守香河，禁旅趨薊，應否先在通灣扼剿，再酌議速奏。"欽此。欽遵，恭捧到部，移咨到臣。竊照臣於正月初二日接敵犯東光、吳橋之報，彼時臣雖束手待兵，即擬星馳北援。本日大同總兵王樸、宣府總兵楊國柱、延綏副將和應詔報兵文至，臣之一念已飛越於景、河、滄、通之間矣。隨一面檄楊國柱，由棗強間道先馳河間扼防；一面檄王樸、和應詔赴德州，聽臣調度發剿。臣於初四日馳至德州，王樸、和應詔兵於本日及次初五日陸續繼至。督察閣部劉宇亮亦至。次日，臣方與樸等計議北援，而會省報陷，督察閣部集德紳、謝升，與奉差催餉戶垣葛樞，同東撫顏繼祖，約臣於城樓會議，謂省會被陷，患在腹心，臣接管督務，雖分西路，今兵既稍集，宜合力東南，驅敵早遁。臣遂不敢拘執北援，屬督察閣部具疏請旨。

臣於初七日即分發大同參將王鉞、王虎臣領兵由臨邑赴濟陽、齊東；延綏遊擊杭棟、陳二典領兵由平原赴禹城、齊河；又續發大同右營參將張鳴鶴前探，參將韓斗，都司李時華，保定火攻營都司蕭繼爵、傅朝紀等，各領兵由陵、平等處分防濟西、濟北。其吳襄領關遼兵五千原留防守臨清，臣移文總監高起潛，就近同總監所督關遼兵分防濟東、濟南。會魯王亦遣使告急，督察閣部同東撫又屬臣發一旅防兗，臣隨發延綏遊擊蕭漢鼎馳赴兗州。臣止餘馬步精銳三千餘，以備期會合剿。至初九日，楊國柱兵報至河間，臣原調陝西副將鄭嘉棟等兵報至棗强，次初十日嘉棟等兵至。臣於十一日，於各官兵内挑選精銳，同前發杭棟、陳二典兵共足五千，檄王樸統領，由禹城、齊河期會總監大兵合擊。臣亦親至平原調度。至十二日，接關遼總兵吳襄塘報，云總監於初八日返臨。臣慮王樸孤軍輕敵未便，即馳移督察閣部，併會總監，發兵共力驅逐。

十三日，據王樸稟報，敵大營在濟南周圍屯札。隨接總監疏稿，内云據難民言，敵運紅夷大小炮返攻臨清，與屢次哨供無異，議以臣暨督監輔臣至臨，托以萬全重任。總監即提一旅，惟敵是求。臣隨移札總監，云臨距省二百四十餘里，敵即謀返攻，豈能飛至？況聲西犯東，狡虜之常，難民之供未可信也。且敵即有此謀，今宜留步旅爲扼防計，第挑選輕騎，望濟合驅，不肖之兵亦從禹城聲擊，或可成共逐之勢。倘敵決意攻臨，我之輕騎不難抄出敵前，回臨扼守未晚也。又移會督察閣部，促東撫赴臨調度防守，易出總監行剿。此東南近日敵與兵之情形也。至如兵聚愁多，兵分愁寡，決戰恐輕，一擲發防，處處不容。今敵猶踞省會，而臣昨所發防濟西、濟北諸州縣兵，度已俱至；其濟東、濟南，應總監發防之地，臣已移文總監，應切同心。倘遇臣等兵至，各州縣慨然相納，自可固守。俟敵勢變遷，我兵復隨敵抄防，臣等更各提輕騎，乘敵之暇，鼓奮縱擊，豈非完策？第恐竟不能如願也。故臣之苦與用兵之難，殊非臣言所能盡、所敢盡，惟恃聖明在上，無微不徹，亦無俟臣之喋喋也。爲此，臣謹會同督察閣部劉宇亮、總監高起潛具本謹題請旨。

崇禎十二年正月十三日具題。

題參悍令拒兵疏

題：爲到處拒兵成習，悍令已甚難寬，謹據實直糾，仰祈敕部重處，以儆將來事。本年正月十四日，據大同總兵王樸塘報，據大同火攻右營參將張鳴鶴稟稱，遵示統兵於本月十一日午時至德平縣，商議防守，該縣口稱城內並無糧草，關廂亦不容一丁一馬住址，併將該縣不容駐兵親筆花押原文一紙，賫報到鎮，轉報到臣。十五日，又據大同健兵前營都司李時華稟稱，蒙委赴防商河、濟陽等縣。於十二日巳時領兵到商河縣，在西關駐札。縣官說本縣並無糧料草束，內有民兵守城，不用兵馬，止與兵丁行糧料草一日，隨將城門謹閉。取有該縣印信回文可據。又據大同參將韓斗稟報相同。又據陝西續調到赴援官兵同稟，本月初七日至藁城縣，不給糧料，不容關廂駐札，持糧單向講，城上即點放大炮擊打。隨審各領兵將官，俱稱是實。

該臣看得，比來州縣敵未來必拒兵，敵既去必拒兵，及敵忽來或再來，盼兵徒穿兩睫，支敵旦夕不能，城之被陷，遂易於拉朽，良可痛也。臣蹇承壞局，兵力稍集，適報濟陷，僉議臣宜併力東南，臣因留德合剿。臣念賊踞重地，周圍州縣處處宜防。然欲靠有司董率士民人自爲守，萬不可望。臣因將所督兵內挑選應守之兵，如臣屢疏所奏，分發濟西、濟北各州縣，止留精銳堪戰者以備縱擊。又移文總監高起潛，於濟東、濟南一體發兵分防，似爲得策。今敵自省城北奔，則德平、商河、武定皆必由之路，臣方自幸此著庶幾不落敵後，然已惴惴以各地方不肯納兵爲恐。今據總兵王樸等之報，相繼見拒於德平、商河矣，其餘州縣之慨然納否又未可知也。噫！敵至略不能禦，兵來斷不肯容，即縋城猶能告急，乃纓冠豈易解圍？此地方劫運應然。故使此庸有司遍滿郡邑，往往以一方之社稷生靈，聽其坐待淪胥也。夫先敵豫守，又隨敵抄防，而別留勁旅相機襲擊，則我不至以窘迫致債，敵自當以禁格圖奔。臣以此時之兵，籌此時之敵，竊謂必應如此。第無如此有司之冥頑不靈何耳？至於怙惡不悛，肆然無忌，如藁城擊兵之事，正在奉旨行查。頃陝西調到鄭嘉棟等兵經由該縣，糧草不應，復用炮擊，方且佟然曰："即再參不過行查，自有上司作主。"若然，豈國家多事之日，或可罷兵不用，各路應援之兵，可令其借口裹足乎？故臣謂藁城知縣張印立，必宜重加究處，以示將來。若德平知縣田瑄、商河知縣賈前席，當虜禍剝膚之時，爲因噎廢食之計，其執謬與藁城無異，但止以無糧相謝，商河且曾給糧一日，如果竟能自守，或可免其深求。第恐一有疏虞，人已噬臍無及，且不得執該令而問之矣。至所在拒兵之故，動以無糧爲辭，及買敵免攻，馬騾金帛，罄竭罔吝。若高唐州知州尹亮，徑以浙、湖寄貯銀拾萬兩，委以與敵。人心至此，良可痛哭。是又當立行逮問，推究同謀之人，嚴行追賠，依律重究者也。伏乞聖明敕部施行。爲此，臣謹會同督察閣部劉宇亮、總監高起潛具本謹題請旨。

崇禎十二年正月十六日具題，二十四日奉旨："田瑄、賈前席，着吏部議處。藁城、高唐已有旨了。該部知道。"

題商令悔過納援保城疏

題：爲商令悔過納援，危城賴保，仰祈嚴諭通遵併陳近日情形事。本年正月二十一日卯時，據山東商河縣知縣賈前席塘報，於正月十六七兩日，敵兵聯營無數來攻東、南、西三門。卑職隨與發防參將韓斗、都司李時華等統領軍丁，用炮打死賊目，將屍駄焚，四鼓時分纔散。十八日辰時，又攻西、南二門，自辰至巳，復用大炮打敗，等因，到臣。同日，又據大同參將韓斗、都司李時華塘報，正月十七日，據哨撥任榮哨探，牙橋南離縣三十里，敵從南往北七股行走，卑職即領馬步兵官丁郊外札營防守間，敵從西南闖來，卑職督放火炮，並城頭火炮繼發，將敵打散去訖。本日申時，大營達兵在城周遭下營，定欲攻城。卑職會同賈知縣開北便門，將原發應援官丁二千收入城內把守。敵果於十八日平明時分三面來攻，卑職等合力放炮，打死達兵無數，後隨拔營遁去，等因，到臣。又據德平縣知縣田瑄申稱，留兵協守，必需糧草，今庫藏如洗，委難措辦。前具回文，係鄉官口筆，非出自卑縣一人之創見，亦將官所目擊耳聞者。今以辭兵之罪獨歸卑縣，豈能任受哉，等因，到臣。又據濟陽縣知縣丁元祚申稱，本縣於十一年十二月二十五日被陷，卑職賒死待罪，帶傷護印，庫內銀兩被劫，及查倉中芻粟漕米尚有。達兵北退，本縣土賊盛發。蒙大同參將王鉞兵經本縣杜家水口，有土賊一起，將大兵哨馬截劫，被王參將領兵殺死數十名，活拿二名。即今四鄉稱王稱帥，意欲竄據城池，懇祈暫留防守剿捕，以救殘黎，等因，到臣。又准東撫顏繼祖咨，據武定州知州王永積申稱，本年正月十二日，蒙憲牌發來大同參將王虎臣領馬步官丁一千員名到州，遵照原單，廩糧、草豆即時應發訖。十四日辰時，又蒙憲牌發來大同參將張鳴鶴領馬步官兵一千員名到州，真為天助，又遵照即時應發，等因，移咨到臣。案查先據參將張鳴鶴、韓斗等稟稱，德平、商河不肯納兵情由到臣。臣一面題參，一面再檄嚴飭去後。

今據前因，該臣看得，自濟南告陷，臣兵稍集，臣從督察閣部劉宇亮先清腹心之議，既發兵分防於濟之西北，復移會監臣高起潛分防於濟之東南，仍約監臣與臣各提驍勁犄角聲擊。臣發王樸等兵，於十三十四由禹、齊進剿，而敵於十五日宵遁，直走濟、原、商、武。臣先與督察面商，預知此數州縣爲敵必走之地，即嚴檄各守令留兵駐防，不啻諄切。未幾而德平、商河拒兵之報至，臣頓足久之，乃一面復行檄諭，一面具疏題參。比檄至德平，而原發張鳴鶴之兵已併赴武定，其參將韓斗等防商之兵，幸能堅守汛地，尚未遠徙。該縣接臣再檄嚴屬，乃易慮强留，不旋踵而敵衆擁至城下，苦攻兩日，賴我兵力禦得保。臣詢該縣之城低薄頹圮，牛羊可陟，使非納兵，豈有幸哉！德平或因敵忌重兵在西，未出其境，然亦可免噬臍矣。至濟陽，雖城陷賊去，猶具稟留兵，則兵非無益可知。若武定人和兵集，敵益不能正視，度敵必當駃騄北歸，臣等於聖明速靖二東之旨，庶幾無負。其此後州縣必不宜拒兵自誤，所當請旨嚴敕通遵者也。

頃報敵將由鹽山、慶雲突滄州，臣於十七日自平原抵德州，十八日抵吳橋，因偵敵苗未定，又曹、王兩兵在後，稍候一日。二十日臣同督察抵東光，期間道渡滄抄敵之前，一以逼敵，一以衛京，且欲倚滄爲扼吭之地，乘機奮擊。自兹以往，敵似不能復折重地。臣惟有鼓勵將士，勉圖敵愾，倘邀皇上威靈，三軍用命，洩憤神人，臣乃飛書告捷，用慰宵旰。若零星剿殺，無裨安攘，臣誓不飾功妄報，以欺君父且貽愧同朝也。即昨保鎮總兵劉光祚撥馬二次，斬敵五級，臣俱驗係真敵，諭發該地方官收貯，以零功俱未塘報，統俟事平彙叙。爲此臣謹會同督察閣部劉宇亮、總監高起潛具本謹題請旨。

崇禎十二年正月二十一日具題。

題報環濟分防二東已靖疏

題：爲環濟分防二東已靖，謹據實奏明，以俟事平查叙事。正月三十日，據大同總兵王樸報稱，案照先蒙本部院憲牌，照得本部院大兵未集，濟南先已告陷。今恐附近州邑無兵扼守，難以驅剿，相應發兵馳援。雲鎮官兵以二千速赴濟陽扼防，如探敵向濟陽，則以一千守濟陽，分一千徑赴齊東設防；以三千兵至德平，留德平一千，以二千赴商河扼防，如探敵向商河，以一千兵守商河，先發兵一千徑赴武定設防。如德平無敵，守德之兵亦赴武定，餘應由平原至禹城駐防，聽調援剿。各該領兵官，統兵照汛急赴防剿，仍令各將不時確探敵情向往，一面彼此移會，相機犄角聲援，期於所在城池保全無虞。若敵有可乘機會，勿俟本部院調遣，等因。又蒙本部院憲牌，發職都司連世捷領兵一千，援守景州。蒙此，即遣參遊都司韓斗、王鉞、張鳴鶴、王虎臣、李時華、連世捷，赴濟陽、齊東、德平、商河、武定、濱州、景州援防去後。今據韓斗等稟稱，卑職遵令各至原蒙分汛援守各州縣，如王鉞至濟陽，連世捷先至景州，復至齊東。適值敵從濟南北行，先有敵撥五七百騎臨城試探，卑職督兵擊打，固守無虞。韓斗、李時華至商河，正遇濟南大敵北行，晝夜環攻，會同知縣賈前席，奮勇擊退，固守無虞。王虎臣至武定州，馬兵札營南關。張鳴鶴先至德平，後亦至武定札營東關。十八日大敵分二面攻營，奮勇血戰，擊退大敵，知城池援守無虞，即遵令復抄援附近，濱州二州俱援保無虞，等因，到臣。

又據武定州知州王永積申稱，正月十二日蒙委參將王虎臣駐防本州，十四日參將張鳴鶴續至，深幸大兵協助，每日糧草照單給付。時敵信尚遥，未及收城。十七日報敵已離省城，商河縣南十里下營，本將復撥馬兵偵探。十八日探馬未下，敵騎突至南關，各兵鞍馬未備，即與衝打，殺傷大略相當。卑職督令沿城速赴東關，與張參將合營。至二更時分，不及相聞，上濱州去訖。十九日自卯至酉，達兵力攻南城，凡數十次，幸兵民奮勇，打達兵無數，所得首級、器械查明另報，等因。又據督察閣部標下聽用官張師孔稟稱，正月十八日巳時，達兵至武定州，攻南關，參將王虎臣用火器埋伏各巷口，敵攻數次，未分勝負。至午後，敵下馬用挨牌攻，我兵奮力迎敵，互有殺傷。敵退，虎臣遂沿壕移至東關，與參將張鳴鶴兵合營，同上濱州防守，等因。又接總監高起潛手書，內云偶接一逃難營兵閻秀者，摘其口詞供，係大同王總兵下兵丁，奉明文往守武定，該州堅不納兵入城，有王將官領馬步一千在南關廂住，張將官領馬步一千在東關廂住，兵馬俱於十五日到州。達兵約有三千，於十九日即先攻南關廂，兵馬支持不住，損傷大半，王將官騎馬跑出。後攻東關廂，張將官帶有馬兵跑出，止步兵，多被殺戮。兩關兵馬大約被敵殺傷者不下一千四五百，營馬丟有七八百。敵遂於二十日攻城，止聽炮聲不絕，等因，抄録到臣。

臣因前稟與難兵所供不同，再備詢張師孔互傷數目，回云："張鳴鶴兵是火營，原在東關，並無損失。王虎臣領係馬兵，屯駐南關，敵用步攻，我兵與敵彼此俱有殺傷，大約傷兵七八十名，失馬一百餘匹，餘無別情。"臣猶以口稟未的，即行大同總兵王樸細查兩將損折數目去後。今本月初三日，兩將兵還永清，該總兵據該將官呈稱，遵蒙原發票文，并有警入城協守公文，俱赴知州驗明，不容入城。卑職將兵馬札住南關設防，間於本月十八日巳時，敵從省城擁衆衝來。卑職奮勇血戰，至未時，射死達兵甚衆，復被步賊四股，對面各執門扇、桌板以作挨牌，兩面上房，從高擊下。卑職兵寡，無險可恃，收兵赴東關，與參將張鳴鶴合入火攻營。敵隨攻東關，火營純是火炮，打死達兵甚多，敵收兵西南札營。查我兵陣亡官丁九十九員名，陣失馬騾一百六十九匹頭，重傷官丁三十五員名。卑職見得州城業已保全，原蒙軍令，仍視敵所向抄救鄰近州邑。今敵苗頭已東向濱州，十九日到濱州復防無虞，等因。又據延綏遊擊蕭漢鼎稟報，蒙發官兵速赴兗府，以保藩封，卑職星夜於十二日至兗府，十四日朝王親宴，賞金花一對、銀杯盤二付、緞四疋、銀三十兩，與統兵、都司、守備等官銀八十五兩、犒丁銀一百兩，等因。同日又奉魯王手札，内云兗城危若朝露，勢難保矣。蕭遊戎統領兵馬於正月十二日到兗，駐札關外，各官法令嚴明，秋毫無犯，士民安堵，兗城億萬生靈咸蒙再造，等語，各到臣。該臣看得，自前月初二日濟南告陷，雲、宣、延綏等兵，賴督察閣部劉宇亮催調收集，於初四五至德，聽臣調度者纔萬餘耳。合之猶不見多，而臣復分之使少，非臣愚昧無知，或別有奸欺，妄圖脫却也。蓋臣濫役行間有日，實知各兵簡挑精銳十僅得三，即盡聚一處，而臨戰可發者亦止此十分之三耳。若以不堪戰者驅之盡往，則進必倡逃，退無善敗，不惟無益，而且有害。何如挑堪戰者備戰，以不堪者分防，則餉既易供，守猶能辦，不惟無害，而且有益也。此臣區區之愚，即使舉朝非之，臣終不敢謂無當也。

今敵自我兵逼濟而北，臣與閣部商派之兵一一適當。敵還折之處，雖各州縣有納有不納，有始不納而繼納，有納之關而不納之城，然我兵已羅列豫待。敵瞻顧既多，喙駛乃決，二東州縣從此遂無一失，兹二東不爲不靖矣，分防之效亦略可賭。若云敵飽必揚，無意攻掠，夫敵欲亦何厭之有？當獲鹿捆載，西窺龍、固，及前營東折已逾津、滄之日，敵豈不飽哉？何復圖攻臨清，且有濟南之事。慶雲、鹽山何以一到輒破，易於拉朽也。

所有分防各將勞績，自應題明存案，以俟事平彙叙。至王虎臣等與敵殺傷相當，今且振旅而還，查所折數實止此，逃丁閻秀之口稟的係逃後妄供，且時日俱訛，益徵其妄。若武定州先因兵至，具申內有天助之語，臣故謂其人和兵集，乃不收令登陴，而暴露郊關，驅守兵以拒戰，頗非情理。然自我兵格敵之後，城竟保全，應免推求。爲此，臣謹會同督察閣部劉宇亮、總監高起潛具本謹題請旨。

崇禎十二年二月初四日具題。

題到頭一著必宜大做疏

題：爲到頭一著，必宜拚命大做，謹馳疏奏聞，仰祈聖鑒事。臣維我兵禦敵，惟步兵乃能取勝。今之步兵不敢用者，以平時無選練之步兵，故不若馬兵，猶可遇緊收還耳。敵用弓矢，我必宜用火器。今之火器亦不敢用者，以原未有精熟之火器，故不若弓矢尚可勉强一發耳。然以短角長，勢處必敗。欲行訓練，而敵在內地日肆攻掠，豈能少待？此臣所以切齒腐心，自受事及今，痛憤而付之無可奈何者也。

乃今敵將出口矣，樞輔楊嗣昌因有到頭一著之請，即臣與閣部劉宇亮日夕歔欷，亦謂反敗爲功，惟在此時。故臣等所以鼓勵諸鎮將者，向來心血已傾，此時倍加緊切。臣謂我之馬兵弓矢堪勝與否，此時不暇計也；我之步兵火器堪用與否，此時亦不暇計也。蓋到頭一著，更無兩著，且此一著，勝則敵勢立摧，我氣大振，雪恥除凶，即在此舉。萬一不勝，或至稍有損折，敵已離重地，亦不過闖關出口，然猶使敵知我將士忠憤所激，尚有不欲與敵俱生之意，少懷憚心，即損折猶愈於保全也。譬之奕者，全局將終，彼勢已勝，我更有一最大之劫著可以翻局，復憚不敢下，惟惴惴然殘子之是護，而甘處其敗乎？

臣謂及今，賊飽我合，賊驕我憤，賊欲全歸，我宜放膽之日。臣與宣督陳新甲所提剿兵，及京營提督監臣閻思印、督理監臣劉元斌所提禁旅，併密撫劉曰俊之兵，現在遵化、三屯、建昌等處。據報，敵後哨尚在豐潤，前哨已至沙河，必奔冷口。我兵設伏建昌，自可出奇制勝。敵即突關門，我兵亦可馳抄永平，約會關門守兵暨總監大兵，內外夾擊。除密撫之兵應自審地利，隨敵防剿，及禁旅應聽兩監臣相機調度，共奏膚功，其臣與宣督所督各鎮將之兵，臣等嚴令挑選，專用步兵，其馬兵止量用什二，以備誘追，餘悉併為步，分作三面。昨在遵化，臣同督察閣部，及宣督陳新甲，携贊畫楊廷麟、監軍道張京，親詣教場申飭，訓以陣法。及至三屯，臣復親行演練，以火器當先，弓箭繼後，悶棍居中，循環聯絡，呼吸相應。三面之中，又復因敵變化，臣各諄諄密諭方略，諸將亦各以為可恃，頗增鬥心。有大同前營遊擊蘭應魁列伍少有參差，臣當即以軍法責治。延綏副總兵和應詔，素稱敢戰，今亦未顯，有失律之罪，而志氣不揚，言行未副，臣復於眾中申嚴戒諭，責以拚命圖功，本官願以死報，各兵將一時咸為奮栗。臣現與宣督俱抵建昌，預伏待敵，決計一戰，務如前習陣法，三面進攻，何處堅則力抵牽掣，何處瑕則乘虛直搗，但能一面得手，即可立翻前局。其各鎮將惟以率兵奮勇為功，不以傷折論罪，所獲輜重、首級，懸示計股均分，庶免貪利僨事。若復退怯不前，鎮帥遵照嚴旨，必置重典。協將而下，無論是否臣所統領，俱以皇上賜劍從事。

臣度敵出口尚須數日，臣等一面具題，一面期會舉事。至臣議專用步兵，以其遇敵，勢在必爭，尚可牢定腳根。若敵飄忽分逸，步兵不能追逐，則仍用馬兵精銳馳擊，不敢拘執一途，以誤機會。其總監高起潛，從豐、玉一路躡敵，今亦遣總兵侯拱極抄至建昌，候敵至邊口，兵自齊集，或分或合，臣當協力共圖。乃臣更有請焉：敵思飽揚，我兵非抄前預伏扼擊，則不能成功；非從後上緊驅逐，則敵去不速。故臣與總監臣一任抄前，一任驅後，臣等同肩剿務，不敢分別彼此，較論難易。議定之後，總監即具疏入告矣。今臣已如議馳抄敵前，勢不能復轉驅後。乃敵盤旋遲迴，狡謀叵測，倘再作數日淹留，臣又不得不提兵還剿。第迎戰之與伏擊用力懸絕，且兵併一處，倘敵突出兵前，便已到口，我兵同事尾追，即終能與殿後精敵苦戰一番，恐亦不能一洩神人之憤，而大裭犬羊之魄。此臣之私憂過計，而不得不預奏之聖明之前者也。爲此，臣謹會同督察閣部劉宇亮、宣督陳新甲、密撫劉曰俊、總監高起潛、提督閻思印、督理劉元斌具本謹題請旨。

崇禎十二年二月二十一日具題。

奏關防微損疏

奏：爲關防一角微損事。臣原奉欽頒關防以行間，日事馳逐，特令親丁懸繫肘上，便於隨臣巡征。二月十九日，行至三屯地方，石路崎嶇，又天雨泥濘，本丁偶爾墜馬，致將關防左邊一角磕損半分，雖與篆文無礙，事關符信，臣不敢不據實奏明。至本丁以偶誤墜馬，固係無心之失，亦不容不究處示懲。除臣量加責治，併行所屬鎮將等衙門通知外，爲此具本謹具奏聞。

崇禎十二年二月二十一日具奏。

題用命宜審疏

題：爲拚命實切臣願，用命不可不審，謹因部疏申飭，冒死奏明，以祈聖鑒事。本月二十一日，准兵部咨，爲軍前一日無報，微臣激切申明事，除具題外，合先知會，移咨到臣。該臣看得，今日之事，敵衆將圖出口，剿事已至到頭，聖明重典不宥之旨日下樞部，徒事尾逐之戒時，申滿朝之議論，旁觀最明。前人之罪戮，覆轍可鑒，其宜拚命決戰也。無論鎮將寧全無血氣，而臣輩亦尚有心知，矧調度遣發，豈遂攖鋒？逗怯自甘，是誠何意？故臣於部咨未到之先，已具有“拚命大做”一疏，正與樞輔楊嗣昌之疏互相發明。臣等隱憂惟一也。第臣辱臣死，實惟今日，則命不可不拚；反敗爲功，萬一有濟，則命尤不可不拚。如儌倖竟難，情知罔效，甘心冥目，益致決裂，則命不可徒拚也。即如臣議，併馬而爲步，寧非置死以求生？乃此用步之法，亦非可漫然而已也。各路烏合之衆，心志不能遽齊，可無問也；數十年養成之蓄縮，膽氣不能驟易，可無問也。即使壁壘忽新，神情胥奮，然非背附城郭，憑據山溪，設伏出奇，扼險縱擊，而故欲爭衡於廣漠之野，奔跳於百里或數十里之外，以步格馬，敗則重喪，勝亦難收，臣何敢以封疆大事付之一擲乎？故臣疏謂“若敵飄忽分逸，步兵不能追逐，則仍用馬兵精銳馳擊，不敢拘執一途，以誤機會”，臣之心良苦矣。

今臣已同宣督陳新甲抄敵之前，伏兵建昌。敵甫逾西、中，應出建、冷，勢險節短，可謂得地。乃敵前哨忽報南折開平，又似欲瞰關門。臣已將總監高起潛分發建昌，總兵侯拱極、副將周祐等兵檄赴關門防剿。如總監既從西悉衆緊促，關兵復從東張勢聲堵，逼賊直走建、冷，得如臣等所算，發伏縱擊，此時此際拚命，庶幾有益。倘敵南淹數日，臣等懼貽觀望之罪，又不得不督兵南向，地利既不可知，野戰安敢嘗試？則惟有不拘馬步，挑選精銳，與之一再格鬥，能無大損，已屬厚幸，如欲大勝，似未可期。比敵突兵前去，口已近兵，安能復抄敵前？敵一至口，精敵堵後，兵遂無如敵何，第靠口兵支撐，安能濟事？即備有伏火，亦當先難民受之，斃敵能幾？縱使伏火遍山，所斃惟敵，能令敵跬步難行，乃不拒之於外而拒之於內，豈敵之害而我之利也？臣不敢負聖明，故不敢愛死，不敢誤封疆，故不敢徒死，則不得不矢臣不欺之衷，一一歷陳於皇上。至臣所願以死報者，尤不敢不與行間將士罄竭以圖也。

臣接兵月餘，絕無可紀之功；俟敵遁出口，惟有當引之罪。第今猶非自效之時，故臣自真定南關閴處陰房，欲覓星火粒米，了不可得，凍餓竟日，感症至今。宵征露宿，痊可無期；憂憤相煎，鬢半成白。痛苦之狀，人所共賭。臣迄不敢妄有陳請，則臣之致身大義，想亦中外之所共諒也。

臣草疏已畢，接總監手札，因關外松塔報敵，調張天麟、徐于躍、柏永鎮三營兵回顧關門。查天麟等所領兵三千俱係火營，向守臨清，至薊臣始調赴軍前。因曹變蛟等兵全無火器，故令天麟等與之合營，連日方行訓練成陣，今若調往關門，則臨洮一鎮止用弓矢，何以禦敵？故臣回書總監暫留，且臣先已檄總兵侯拱極率馬步三千五百馳赴關門。如彼中報警，即令天麟等俱往，臣等亦當督各兵望關門繼進也。爲此具本謹題請旨。

崇禎十二年二月二十二日具題。

奏解欽犯疏

奏：爲欽犯關係最重，懇乞嚴飭經行地方收防解赴事。本年二月二十二日准兵部咨，本月十八日亥時，奉御前發下紅本，該援兵總督孫傳庭題，前事，等因，奉聖旨："劉光祚著提解來京，究明正法。該部知道。"欽此。欽遵，恭捧到部，移咨到臣。除即會同督察閣部劉宇亮，選差都司朱國梁、王孝守，守備梅永高帶領兵丁，將犯官劉光祚押解赴京，併咨兵部查收外。爲此具本謹具奏聞。

崇禎十二年二月二十二日具奏，三月初四日奉旨："劉光祚解到即送法司究擬具奏。兵部知道。"

題報分兵抄截疏

題：爲兩地傳烽並急，臣等分兵抄截，謹飛疏奏聞事。臣與宣督陳新甲先後抵建昌，設伏待賊，已經題報外。乃敵盤旋玉、豐，苗頭未定。二十二日，准兵部咨，奉有三路齊舉之旨，臣已移諮督察閣部劉宇亮，密訂師期，鼓銳合擊。臣猶慮會師舉事必須數日，敵遷延內地，爲害日滋，復會同宣督，於二十三日選發臨、宣、山、大四鎮并臣標下精銳馬兵三千，由遷安赴豐、開，視敵所向，出奇擊剿，務促賊北奔，就我到頭之著。二十四日卯時，臣復傳集臣所督各鎮將兵，親提直趨遷安，迎頭偵剿。人馬列隊將發，忽於本日巳時據建昌路副將汪壽報，據冷口守備范世瞻差家丁口報，冷口關外，敵在大戶店札營，離邊三四十里，等因。據此，臣即塘報兵部訖。

　　未幾，喜峰與冷口傳烽並至，其爲接應內敵無疑。臣隨撤還各兵，與宣督面商，兩路俱有烽警，臣等自應分兵兩應。宣督之兵原與禁旅合股，必宜遄返三屯，或傍山抵太平寨，與提督監臣閻思印、督理監臣劉元斌，及真保分監陳鎮夷、密雲分監邊永清併密撫劉曰俊之兵，期會並舉；臣仍督兵建昌，摩屬以須。如敵兩路分出，臣專任冷口一路，鼓銳奮剿；宣督與各監臣專任喜峰一路，合力邀擊。如敵盡趨冷口或盡趨喜峰，臣等兩地之兵，或間道會剿，或犄角出奇，力圖到頭一著，不敢有失機宜。至總監高起潛率通鎮劉澤清、津門劉復戎之兵，緊躡敵後，自能視敵追殲，共奮敵愾，仰慰宵旰。爲此，臣謹會同督察閣部劉宇亮、宣督陳新甲、總監高起潛、京營提督閻思印、勇衛督理劉元斌具本謹具題知。

　　崇禎十二年二月二十四日具題。

馳報敵情疏

　　題：爲馳報敵情事。二月二十四日巳時，據建昌路副將汪燾報，據冷口守備范世瞻稟報，冷口關外敵在大户店札營，臣已於本日午時塘報兵部。未幾，喜峰與冷口傳烽並至，臣復於本日戌時具疏題知。本日亥時，據山永撫標右營遊擊吳東善報稱，二十四日酉時，據千總陳尚忠差撥口報，老營賊從冶里開營往東南行走，等因。又據吳東善報，據南路哨探把總吳紹雍報稱："卑職哨見梨園兒冶里敵從開平城東南行甚多，塵灰蔽天，不知是老營，不知還是搶糧。"又據西路哨探千總陳尚忠等報稱："職等探至畢家店，哨見建州營一帶地方敵甚衆，往東南行走，不知是哨馬，不知是老營。”建州營係開平地方，在開平東南，離開平四十餘里，在灤州西南，離州五十餘里，等因。二十五日寅時，據建昌路副將汪霫報，據尖哨侯自成口報，撫驍二營中軍趙九功等官，帶領撥丁一百員名，同張總鎮及陳副將等各差親丁，同出冷口正關，探至三岔兒，見敵撥將建、冷四起步撥，砍死二名，其踪迹係由廟兒嶺東溝過來，役等引同官兵隨探踪迹，至擦都嶺二十五里，正遇敵撥四五十騎，各官兵往前追趕至橫河，敵奔過頭道橫河，敵兵打大白旗，俱在二道橫河那邊由東往西行。敵與我兵相持對射多時，敵撥俱過河去，其苗頭似向太平路境外去訖，等因。本日午時，據山海經理總兵官侯拱極報稱，本職奉督師憲檄統兵赴關，於二十日行至臺頭，據山海路參將慕繼勛報稱，二十一日申時，據羅城坐營尖夜把總李景芬稟稱，本日申時，據烽軍朱加槐稟報，本日接得土烟臺放炮一個，挂旗二面，連放六次。二十三日，又據尖夜把總李景芬稟報。二十二日卯時，據烽軍朱加槐稟稱，二十一日酉時起至本日丑時止，接得土烟臺放炮一個，共放十六次。二十四日巳時，又據慕繼勛報稱，二十三日戌時，據烽軍朱加槐稟稱，本日接得土烟臺放炮一個，連放三次，等因。同時，隨據薊鎮總兵官陳國威火牌報稱，二十四日午時，據駐防青山口副將崔秉德塘報，本日巳時，有精敵數千餘騎在廟兒嶺，接連穿明盔甲達兵無數，已抵口外河灘，離邊不過二里，等因。又據太平路副將張拱微塘報，二十四日，敵兵千餘札營於榆木嶺口外西靴嶺兒，離本邊四十餘里，苗頭向擦關一帶，等因。本日未時，據大同鎮前探守備曹雄稟稱，於二十四日探得，敵離玉田東南三十餘里丁官兒屯、鴉紅橋小桃一帶，照舊下營不起，等因。又據大同鎮前探守備倪光友稟報，於二十四日寅時探至牛河鋪開平一帶，敵安營未動，等因。本日申時，准督察閣部劉宇亮發來抄錄副將薛光胤稟報，二十四日未時，職等哨至喜峰口，據中軍李成虬説稱本日辰時，在邊外坐撥夜不收傳報，哨見敵五六百騎，從龍鬚門往董家口艾峪來，現在艾峪外下營，約有三四百，一半往青山口去，一半在艾峪，皆是邊外達兵，等因。本日同時，據山永撫標遊擊吳東善報稱，二十四戌時，據南路哨探把總吳紹雍報稱，探至鹹土地方，遇見哨馬達兵百餘騎，因衆寡不敵，帶領撥丁隱伏樹林，隨有多兵續至，已過鹽土，離灤州三十餘里，未見老營。又據西路哨撥千總陳尚忠等報稱，二十五日卯時，據高山哨丁馬朝舉等回報，二十四日在高山瞭見，敵於五更時各處放火，哨馬平明先行，隨後老營俱起營往東南行走，至午後老營仍翻回，在冶里一帶地方札營。有一股往東南搶糧，一股往北去搶糧。起更時，南北搶糧達兵回營，等因，到臣。

　　該臣看得，東中協與關外之烽相繼見告，則接應之敵已至矣，乃敵猶盤旋玉、豐間，若行若住，忽東忽西。越一日，而各處之烽復稍緩矣，蓋敵之所挾者重，故多方以分我之防，乃其哨撥與老營既指東南。未幾折轉，則似土烟墩之犯，猶是丙子歡喜嶺之故智，而敵之所專窺者必在建、冷，所竊忌者，則我建昌與三屯等處之兵也。臣以我兵欲實圖到頭一著，必預伏始能半擊，若尾後則止有送還。建昌地處適中而當要害，故臣欲以獨扼待衆驅，不敢分兵別往，稍圖零捷。即奉三路齊舉之明旨，亦以聞烽馳約未果，無非欲專力此舉。

　　頃又因芻糧斷絶，併馬匹分發別城喂養。如臣初意決意步戰，蓋拒敵非步無當，用步此地獨宜耳。乃敵停緩如故，建昌不惟馬無草料，即兵之米食亦不能繼。今斗米貴至七錢，其何以支？再遲三二日，臣惟有南趨永、灤，與總監高起潛之兵東西犄角，偪虜北遁，蓋與其堵之於內，毋寧逐之於外；與其嚴塞三面使突關門，毋寧佯開一面使出邊口耳。即敵迂緩之故，止俟建兵之他移，我不得不將計就計，亦事之無可奈何者也。至如聖論三路齊舉著數最大，但臣細思進兵之路，惟總監兵在後，近敵較便，其禁旅與宣督陳新甲等兵之在三屯者，欲求適中宿兵之處不可得，而望其長驅曠野，直擣虜巢，殊非容易。如臣之轉折進發，無論迎擊之取勝萬不可必，即能迎擊使西，則是欲重令深入也，故臣萬不得已之計惟有南抄永、灤，多方驅擊耳。其臣先與宣督同發一旅，昨亦因傳烽撤返。今臣復選協將督往，并檄侯拱極之一旅俱先赴永、灤，出奇奮扼矣。

敢因塘報備述以聞，統祈聖明鑒照施行。爲此，臣謹會同督察閣部劉宇亮、宣督陳新甲、總監高起潛、京營提督閻思印、勇衛督理劉元斌、密雲分監邊永清、真保分監陳鎮夷，具本謹題請旨。

崇禎十二年二月二十五日具題。

題報督兵南剿疏

題：爲微臣督兵南剿，馳疏奏聞事。臣因敵情狡變，忽東忽西，接應烽傳，內營不動，於本月二十五日晚拜發"馳報敵情"一疏，詳列情形，欲圖南剿。二十六日午時，復接總監高起潛"爲塘報敵情，并請合力夾殲，蚤奏廓清"一疏會稿到臣，謂敵養銳待應，監臣以孤軍而支敵之全勢，心有餘而力難逮。欲由邊東上鎮將選有馬精銳，迎頭沙河驛、榛子鎮、開平、豐潤奮力剿擊，與臣疏意略同。臣初意抄前設伏，扼要待敵，以步格馬，決圖死戰，或可敵懍舒恥。今情形若此，臣不得不南抄馳截。若臣進發之路，必應從永、灤以扼開平，臣前疏已詳奏矣。至屯札建昌之兵，止臣一旅，仍半留設伏建、冷。若宣督陳新甲與京營各兵，亦應選發馬兵從敵脅聲擊。餘兵仍應同伏三屯，如敵苗必圖東犯，臣等即盡調建、冷三屯之兵，與總監兵合力驅剿。

本日酉時，臣傳總兵王樸、曹變蛟等議定，留王樸、曹變蛟督各營兵在建伏剿，臣携楊國柱併副將鄭嘉棟等率領精銳馬兵，於二十七日啓行南發。至三鼓，據建昌路副將汪喬至臣寓口稟，太平路傳烽一次，有火一把，燈籠一個，係大舉近墙。又稟燕河路傳烽一次，係零賊。至二十七日丑時，接該將報帖，據冷口守備范世瞻報稱，太平路二十六日從西傳來炮二個，火一把，梆一通，却未開，有燈籠一個，亦未開，有燕河傳烽之事。至寅時該將又口稟，冷口傳烽有火四把，敵哨馬已至哈喇坎，離冷口二十里，係大舉。至卯時，據該將領冷口尖夜把總司遇稟稱，五更時候有敵哨馬至橫河，離邊三十里，後有大營，離邊六十里。臣因烽火狃至，遂未啓行。又接協守建冷副將陳可立報帖，內開本月二十六日戌時，據范世瞻報稱，西頭龍王廟頂撥尖哨高具挨撥傳來，有本日辰時原差找探敵情建昌路內丁趙江等，同尖夜侯自成等，共十五名，馬十五匹，行至龍王廟，撞遇達兵趕散，等情。同時，即據侯自成奔回報稱，撞遇穿白甲達兵三四百騎，不知他虛實，等因。却未言傳烽有火四把，亦無哨馬已至哈喇坎之說。

臣因所報參差，隨差副旗鼓楊豹前往冷口馳探。至巳時，據汪喬又領陳可立差旗牌高方口報，邊外達兵前哨撥兒明盔明甲在哈喇坎，離邊十七八里，至冷口山前即可望見大營在橫河，離邊約三十里。比楊豹至冷口探回，並未見有達兵。至未時又據該將塘報，據冷口守備范世瞻報稱，二月二十六日戌時，有境外撥夜傳來炮火，隨即舉傳零賊，放炮四個，梆一通，分投東西接傳外，連傳十次。又接得大擦一號烽傳來炮二個，火一把，梆一通，連傳五次。又於二十七日辰時，據建、冷玉皇廟三十二號烽臺總陳得勝、墩頭王奉舉傳大舉烽火，放炮一個，旗四面，梆一通，連傳三十七次，尚未停止。查得二炮一旗係太平路大舉烽火，一炮四旗係建昌路大舉烽火，等因。及至巳時以後，烽火又止。隨接關撫朱國棟移咨，內稱達兵連結不動，突冷可虞，闖關更可慮，欲臣急移一旅分發永平，扼奴東窺。臣因思各口烽火據所報不無異同，然敵已至口外接應無疑。彼連日踪迹詭秘，出没叵測，不過欲牽誤我兵。在我此時惟有急趨內敵，勿使窺關，早出邊口，爲中策耳。今內敵尚在開、灤一帶，臣不得不迺往，與總監犄角夾擊。至口外之敵，檄令守將嚴堵，務使一騎不入。如臣等驅內敵北奔至口，則擊剿責在援鎮，但能大有斬奪，使敵狼狽而去，無分援守，皆當論功，而特寬其出口之罰。蓋內敵宜驅之使出，外敵必不可縱之使入，此間輕重機宜，兵家當審。

　　頃接部咨，已自了然，無俟臣語復贅也。臣拜疏即行，特此馳奏以聞。爲此，臣謹會同督察閣部劉宇亮、宣督陳新甲、總監高起潛、京營提督閻思印、勇衛督理劉元斌，具本謹具題知。

　　崇禎十二年二月二十八日具題。

校勘記

　　〔一〕“仰”，《四庫》本及《疏牘》本均作“以”。

　　〔二〕“寧”，《疏牘》本作“豈”。

　　〔三〕“抒”，同上書作“成”。

　　〔四〕“寧”，同上書作“豈”。

　　〔五〕“官”，應作“關”。

　　〔六〕“千萬”，《四庫》本及《疏牘》本均作“萬萬”。

　　〔七〕“征剿”，《疏牘》本作“堵禦”。

　　〔八〕“聖明”，同上書作“聖命”。

　　〔九〕“倭”，同上書作“敵”。

　　〔一〇〕“永莫”，《四庫》本作“報效”。

　　〔一一〕“寧”，《疏牘》本作“豈”。

〔一二〕"核"，據《疏牘》本當作"該"。

〔一三〕"我兵用步得力情形"，《四庫》本作"我兵用步得力，是以一鼓戰勝情形"。

〔一四〕"指畫"，同上書作"步法"。

〔一五〕"敵去"，同上書作"相距"。

〔一六〕"摧陷"，《疏牘》本作"抵禦"。

〔一七〕"實向來所未有"，《四庫》本作"敵愾之勇實向來所未有"。

〔一八〕"鎮夷"，同上書作"正彝"。

〔一九〕"强敵"，同上書作"人馬"。

〔二〇〕"撼敵"，同上書作"戰衝"。

〔二一〕"出"，同上書作"斃"。

〔二二〕"稱"，同上書作"知"。

〔二三〕"其不能滿志於御敵者，則以今昔之勢異"，同上書作"其不能滿志者則固以形勢之地方各異"。

〔二四〕"前"，《疏牘》本作"言"。

〔二五〕"掠"，同上書作"破"。

〔二六〕"我兵僅斬二級"，《四庫》本作"我兵未能抵禦"。

〔二七〕"障"，同上書作"遮"。

〔二八〕"衛"，同上書作"守"。

〔二九〕"前後零斬，大戰屢捷，俱不敢言功"，同上書作"前後大小血戰，屢次俱不敢言功"。

〔三〇〕"禦"，同上書作"攘"。

〔三一〕"爾"，《疏牘》本作"診"。

〔三二〕"督剿"，《四庫》本作"督師"。

〔三三〕"符驗"，同上書作"原領"。

〔三四〕"剿寇"，同上書作"禦敵"。

〔三五〕"剿寇"，同上書作"禦敵"。

〔三六〕"親"，據《四庫》本及《疏牘》本當作"睹"。

〔三七〕以下各疏《四庫》本及《疏牘》本無收。

派就壯丁曉示闔城告白[一]

照得守城壯丁每垛一名，共該二千四百九十九名。隊長及把柵等項約用二百名，共該用壯丁二千七百名。及實查在城居人堪應壯丁者，殊不能派足此數，故初議鄉官自身應免，今除家人、住户照列抽派外，仍議令幫應有差，且視餘人幫應獨多矣；初議生員業儒又已派管壯丁應免，今又酌其力量厚薄，議令幫應矣；衙門人役係在官之身應免，今亦議令協應或幫應矣；初議營衛軍丁應免，今除在城營軍不派，爲備有事征調之用，其外城食糧者一概不免，即本城衛所軍，亦查其原未著伍者，議令協應矣。幫應者，此借彼之利，彼利此之餘，原可以相資，而不爲相厲；協應者，取二人之力，收一人之用，原可以兩濟，而不至兩妨；至於幫應之外，有獨應一壯者，非其父兄子弟之多，即其產業生意之厚，原可以獨承，而非爲獨苦。傳庭清查以來，拮据兩月，頗竭苦心，無非爲一城身家性命之計，固不敢望一城之人相感，第欲求一城之人相諒。倘派定之後，鄉紳責余曰：“我輩叨在仕宦，奈何反視平民幫應獨多。”傳庭則曰：“我輩曾沾俸禄，宜[二]爲地方倡義乎？”在學諸友責我曰：“我輩列名庠序，既分管城垛，奈何又復令幫應？”傳庭則曰：“諸友既爲四民之首，宜明大義，且幫應原責之饒有力者，非敢強寒畯以難堪，豈有自甘菲薄乎？”各衙門人役責余曰：“我[三]等服役公家，安能分身守垛？”傳庭則曰：“爾等惟身家十分豐厚者，始令獨應一名，其餘身家稍次者，必兩人乃協應一名。爾輩即在官之身，獨不有上班下班乎？”

其衞所及外城食軍糧者責余曰："我等亦列在軍籍，奈何不如例均免？"傳庭則曰："爾等不著伍，假借名色坐領公餉，已屬不法，豈公派守城，復可聽爾等偷安乎？"至於肆市商賈，既於各巷住居挨派，浮鋪原議俱免，其不免而亦議幫者，則以資本厚而得利多耳。倘或私有後言，傳庭則曰："使窮民登城爲爾等守財，爾等鋪面正財利之藪，止令量幫銀錢分文，猶如割如刺。天神鑒之，亦豈肯福爾乎？"事期共濟，傳庭固不辭怨勞；心苟相同，闔城想自能體念。今將派定壯丁揭示如左。

　　雨公先生評後云：霖按，丁壯守陴，天下通例。而貧富多寡之際，調劑極難。有人心不固，而金湯可恃者哉？比年協贊城首，竊效芻蕘法，屢變而後定。讀孫白谷先生議，實獲我心。總之以人和爲要，遵孟夫子談兵法也。

清屯示

　　照得西安左等三衞所額設屯軍屯地，照軍給地，以地養軍，乃祖宗足兵足食良法。祇緣承平日久，初制盡廢，屯軍既不堪實用，屯地亦徒有空名。其各軍原領屯地，有被權貴、豪强、衙蠹、學劣霸占者，亦有始因兌食軍糧、日久欺隱者，甚至有本軍逃亡，所遺田畝，佃户徑行侵没者。種種詭弊，難以枚舉。已經嚴行西安理刑官溯流窮源，從頭搜查。務照國初原額軍地及額徵糧草，一一查出，地不容失一畝，糧不容失一粒，通融祖制，設立新規，使地出之糧實可養軍，糧養之軍實堪征戰，則國初富强之盛可復見於今日，而三秦可以長治久安矣。

　　俟查明議定，本院以必行爲主，一任權貴、豪强、衙蠹、學劣與各項奸徒百計阻撓，本院已矢之天日，斷無調停人情，爲若輩轉移之理。想若輩亦各有良心，當此內外空虛，虜寇[四]交訌，兵單餉匱，民人日見殺擄，城郭所在破殘，五位宵旰勞心，群工上下束手之日，即不能捐貲效義，戮力佐公，乃猶忍占朝廷之軍屯，貽國家以單弱，此其爲人，毒尤愈[五]於流賊，而奸更甚於細作。無論明有人非，抑且幽有鬼謫。本院叨茲鎮撫，若使此法不伸，此志不行，尚可羞茲簡命，汗顏於三秦士民之上哉！爲此，示諭爾屯軍屯餘暨[六]占種屯地之家，其各靜聽查理。至各軍屯投到告詞，姑收立案，待查出之後，各家如敢怙終不悛，生端抗拒，本院應按法處治者即按法處治，應特疏糾參者即特疏糾參，亦無庸爾等紛紛控瀆也。若所官軍職旗甲人等，務洗心滌慮，將從前隱弊一一首出，除往罪盡行寬恕，仍加賞勸。如藐玩不遵，復肆奸欺，一經發覺，身家性命皆不可保矣，決不虛示。

崇禎九年十一月二十二日。

行西安理刑官清屯檄

爲清查軍屯以裨實用事。

照得西安左、前、後三衛所額設屯軍屯地，照軍給地，以地養軍，乃祖宗足兵足食良法。祗緣承平日久，初制盡廢，屯軍既不堪實用，屯地亦徒有空名。其各軍原領屯地，有被權貴、豪強、衙蠹、學劣霸占者，有始因兑食軍糧日久欺隱者，甚且有本軍逃亡，所遺地畝，佃户徑行侵没者。至如常追免補一項，軍有二千餘名，皆係豪強霸占。每軍一名，該地一頃，歲取麥米或三四十石，或二十餘石，止議追糧價銀二兩三錢七分，即免補伍，更可駭異。當茲內外多事，虜寇[七]交訌，人民日見擄殺，城郭所在破殘，設此數萬屯軍，何嘗效一臂之力！乃以有用之屯糧，徒飽奸狡之口腹，何如照地徵租，另募精兵，以資戰守之爲得也。爲此，仰本官即將前項軍屯，調取各衛册卷，并所官旗甲軍職人等，溯流窮源，從頭搜查，要見國初原額軍屯若干，内水旱地各若干，額徵糧草各若干，坐落某州某縣地方，其地或係軍種，或係民佃，或係權貴、生員、衙役人等承種，令其各遞認狀，報首明白，俱許照常耕種，免其當軍。即照所種地之肥瘠，分爲等第，酌定本、折糧銀數目，備開某某地應徵本色麥豆米各若干，折色銀各若干。其糧銀近省者運赴永豐倉上納，離省窵遠者納貯坐落州縣，專聽另募精兵支用。至於赴邊班軍，亦免上班，止議納價。各衙門應用軍役，亦止議給工食，俱不許兑種屯地。務要一一查出，地不容失一畝，糧不容遺一粒，通融祖制，設立新規，使地出之糧實可養軍，糧養之軍實堪征戰，則國初富强之盛可復見於今日，而三秦可以長治久安矣。此事本院期於必行，如有權貴、豪强、衙蠹、學劣與各項奸徒，詭計阻撓，生端抗拒，及首報不實者，指名報院，應按法處治者即按法處治，應特疏糾參者即特疏糾參。本官務要留心清理，速竣此役，仍備造屯地糧數、坐落州縣、承種花名文册，齎院以憑覆覈具奏施行。

崇禎九年十一月二十六日。

行清軍兵備道查各衙門軍役檄

爲清查衙役軍丁實數，議給工食以釐積弊事。

照得西安左、前、後三衛屯軍，昔年鑽營各衙門答應，有應舍人者，有應夜役者，有應軍伴、軍牢者，有應鼓手雜差以及諸色匠作者，名色不可勝數。又巧立二三班，更圖歇役。計各衙門濫用之數，實繁有徒。推原其故，蓋以倚藉衙門占役名色，希圖霸種屯地，甚有全不應役，而以家僕充點一時者。其影占之弊，種種難悉。今本院痛釐此弊，將前項軍役一概起課，即衙門差使不可盡裁，宜另議工食，豈可以官軍額屯任冗役濫食乎？如本院衙門舊有雜項軍役三班，共計四百三十餘名，今已盡發起課，止留二班，每名另給工食七兩二錢。本院衙役既清，而司道操屯府廳衛所獨不可清乎？為此，仰道官吏即將三司各道，并屯操參將府廳衛所等衙門各役使軍丁，盡數會查實數，行令起課。其有應該留用勢必不可缺者，另詳申議工食。但係濫役，盡行裁汰歸營，以實伍省費。逐一清查明白，總造一冊報院。再照按察兩院駐劄省城，為日不多，豈可常設軍丁，影占滋弊？此項尤宜盡裁也。以後每遇兩院進省駐劄，其應用軍役，各衛所即照有司撥快皂例，撥牢伴或各衙門下班人役借用應役，不得仍前常川設軍。限不日內查清造冊報院，以憑施行，毋得延緩。

崇禎十年四月二十九日。

行西安監收官第一次屯田起課檄

為徵收屯糧事。

據西安監收官呈齎改正西安左、前、後三衛常追免補等項起課冊到院。案照本院先因各衛軍屯，或被權貴、豪強、衙蠹、學劣霸占，或被奸狡之徒侵隱，以致營伍空虛，檄行西安理刑廳清查。續據該廳將常追免補、勢豪影占、遠近脫逃、衙門答應四項逐一查出，酌量地之肥瘠，分別上中下三等起課，上地每頃一十八石，中地每頃一十五石，下地每頃一十二石，每糧一石折銀七錢，冊繇前來。查有股項未明者，隨行監收廳覆覈改正去後。今據前因，合行徵收。為此，除行各屯地坐落州縣收解外，仰本官

查照發去册造應徵糧銀，自崇禎十年起，將各州縣解到屯糧銀兩
照數收貯永豐倉，專聽本院兵餉支用，不許別項擅動分毫。仍轉
行各衛所管屯官員，各將原管前項屯地應徵糧銀，亦自崇禎十年
起，督責旗甲，嚴催種地人户，速赴坐落州縣上納，務要六月内
先完一半，十月内通完，永爲定例。如各官催徵有法，銀完獨
早，本院具題優叙。倘或漫不經心，以致軍餉缺乏者，官定重
處，旗甲拿究，決不輕貸。先具遵依緣由報查。

崇禎十年四月二十九日。

又行布政司查追喊譟軍人
屯田并拿未獲譟軍檄

爲發審事。

據該司呈具李進成等焚劫喊譟詳縣到院。該本院審看得，各
犯無端發難，法紀蕩然。李進成擒於本院大門之内，與李統業、
許通江、段守强所劫陳隆化家衣物俱被見獲，固皆應斬無辭。至
其餘各犯，原赴教場應點，乃相率入城，恣行無忌，當被擒獲，
俱應正法，未可以有贓無贓、爲首爲從分重輕也。至胡久興當擒
獲之時，除去大帽，自稱非軍，及欲加刑，乃將地畝、軍户一一
供出，貌狰獰而語閃爍，尤是各犯之渠。若劉見所携皮襖，裁製
方新，未經穿著，豈本軍曾用之物。況五月非衣裘之時。又見獲
雲屨一隻，云得之三門口。查陳隆化之門，即與三門口相對，此
非本犯隨衆譟亂之確證乎？至吳錫方在喊譟之時，擒自鐘樓之
前，是本院所目擊者，若以無贓曲宥，使各犯止譟於本院衙門
前，不焚劫陳隆化之家，或焚其室而不劫其有，遂可置之不問
乎？若各犯者，正所謂求其生而不得，則死之可也。除將七犯俱

行梟示外，其陳應積、朱一寧、馬一坤、王權、楊應曉、賈浩兒、陳希虞、徐登山、程宗德、李繼忍姑行捆打，陳征徊姑行責治，李樸然審係新至，原未至教場，當即釋放外。爲照已斬李進成等七名，與捆打責治陳應積等十一名，皆係應點之軍，併無一人在起課之數者。

本院清屯之舉，於應軍者，但取軍能實在，除種原贍屯地外，仍議每年另給銀二兩四錢，加恩不爲不厚；於種地者，但使地不落空，僅照各軍私典之價，止每畝納徵租銀一錢，取數不爲不輕。故凡實在應軍者，未有不忻然入伍；凡本等種地者，亦未有不樂於輸租。惟是貪紳、梟弁、蠹役、劣衿，徑欲白占軍屯，與夫積年包軍奸徒，指稱代應，剝取軍資自肥，併無實軍操點，皆以此舉爲害己、爲不情，於是邀衆講止未已也，而倡議阻撓；倡議阻撓未已也，而挑釁恐嚇，謂第得鼓煽各軍一譟，遂可寢其事耳。逐審李進成等，止陳應積、許通江、楊應曉、程宗德、李繼忍各自種地五十畝，王權自種地四十畝，陳希虞自種三十畝，李樸然自種十三畝，徐登山自種十畝，其餘俱係各占地之家，僱覓應點。若輩冒軍霸屯，流禍至此，其各名下屯地，豈可復聽若輩占據？合行查議。爲此，仰司官吏即將前犯一十八名原占軍屯地逐一查清明白，作何追還招佃，速議妥確呈院，以憑施行。未獲脫逃王爾勛，仍嚴限緝拿，務獲另給[八]，毋得疏縱。其王爾勛軍地的係何人隱占，查確併報。

至都司原出示點軍，及各軍齊集教場，又分付不點，且遽下嚴令以駭衆聽。本院原行令該司領兵二千，屯司領兵一千，操司領兵二千，本院中軍官領兵一千，如何不遵原示移付各官分點？又兵先在教場喊譟，如何不行禁止？即不能禁止，教場距城約三里餘，如何不馳報城內遏阻，聽其入城？一併查明，通詳兩院毋遲。

崇禎十年五月初六日。

又行各州縣申飭徵收屯糧檄

為徵收屯糧事。

據長安縣申稱，本縣額徵三衛上半年屯課銀一千二百餘兩，止催旗甲嚴督佃户完納，收糧吏役公平收受，並不加收毫釐。仍給佃户原發縣票一張，佃户樂意輸納，今已通完，等因，到院。為照西安贍軍屯地率皆膏腴，原派課額極輕，完納最易。無奈各有司悠忽因循，以致各佃户觀望抗負。如長安縣催徵不擾，鼓勸有方，原派夏季額銀一千二百餘兩，奉行僅月餘，開收不旬日，即照數通完，有裨軍務，殊非淺鮮。除將賈知縣紀功優敘外，第查長安屯地較之該縣肥瘠相等，而長安未煩鞭朴勾攝申擾，能令佃户樂從輸納通完，而該州縣均司督徵，完報豈容獨後？合行申飭催解。為此，仰州縣官吏即將該州縣額徵屯課，照依節行事理，并師賈令催徵之方，嚴責旗甲督催佃户人等，速將應納上半年糧銀設法催完報院，定與賈令一體優敘。如或泛視緩延，定行參處，決不輕貸。

崇禎十年六月十八日。

行都司議給各衙門軍役兑支工食檄

為立法兑支軍役工食，以省煩擾事。

照得本院與各衙門裁定，應留供役軍人原種屯地，既經起課，合照本院前行每名月給工食六錢，歲給七兩二錢，應於屯糧内支給。但查留用各役中，亦有自種屯地者，今議即於原種屯地應納課銀給票抵兌，以免本軍輸納，以省官給煩擾，實爲兩便。擬合清查造冊給票。爲此，仰司官吏即將本院及各司道衛所等衙門原奉本院批準應留軍役，逐一查明，彙造一冊，每一衙門備開某項人役若干，某某共若干名，造冊報院，以憑查發印票，徑給本役，執赴原種屯地坐落州縣，付收糧吏，將本役名下應納課銀，照票内銀數登簿注收，即作已支工食。本役止取實收，并領縣票存照。其兌糧票著收糧吏存貯抵數。除抵兌之外，本役仍該課銀若干，即照數補納通完，不得拖欠毫釐。中有新應未種屯地者，應該另行給糧，不得混造一處，致難稽查未便。

崇禎十年六月十九日。

書清屯疏後　顧炎武[九]

國家當危亂之日，未嘗無能任事之人，而常患於不用。用矣，患不專。用之而專且效矣，患於輕徙其官，而不竟其事，使之有才不得其所用，以至於敗，而國隨之。若兵部尚書代州孫公之事，可悲已。

方崇禎朝，流賊之爲秦患且六七年，天子一旦用公巡撫陝西，於是兵且增而餉詘。公以爲國家之所以足兵食者，屯田也，乃爲權豪有力者所占據，以至欺隱侵没，弊孔百出，而軍實虧。軍實虧，而國家且不得一軍之用，是國家之患不在賊，而在占據侵没之人也。於是重立法繩之。先之於西安三衛，而軍果大譁，斬李進成等七人而後定。公持之不變，期月之間，所清釐而歸之天子者，計兵得九千餘，餉銀得十四萬有奇，米麥二萬石。天子爲降詔襃賞進秩，而關中之賊或斬或擒或撫，三年關中幾無賊矣。

而北方告急，天子以武陵楊公之策召公入援，遂用之督師山東、薊州，又移之保定。而公屢請陛見，不許，因以病辭，且得罪下獄。及賊陷襄、雒，復出公督師陝西，而事已不可爲矣。使當日不用武陵之策，自陝以西委之公，十年而奏其效，則他方雖潰敗，而公必能爲國家保有關中。使賊不得關中，亦必不敢長驅而向闕也。一詔移公，而國之存亡乃别於此。

余讀公清屯疏及文移，而深有感焉。欲爲公立傳，而功狀闕佚，不得其詳，特舉其大者書之於此，以見公之一身而繫國家之重。然則天下未嘗無人，而患於不用，又患於用之而徒用，徒三四年之間，而大事已去，忠臣義士所以追論而流涕者也。

答魯王啓

頃敵擾東國，播越德藩。此時職兵未集，負罪萬千。比各鎮餘燼稍稍收合，因念殿下名封震鄰[一〇]，不勝顧慮，輒發一旅馳衛，分自應爾。乃蕭弁重荷金帑之賜，職復謬蒙慰譽過當，實增愧悚。至於疏奏録功，尤非菲劣所敢承也。兹因蕭弁役旋，肅裁附復。臨啓不勝感戢悚惶之至。

致閣部札

自敵南下，我兵實不能一矢加遺，想台臺自有確聞，僕何敢妄贅？大約各處兵情，一言北敵，遂無人色，又安能責以交鋒？然此猶督監所提之精鋭也，若保鎮左帥之兵，人馬、器甲不能望督監精鋭百一；而劉光祚兵，壯馬不及二百；鞏固營兵一半又以從征久疲，其馬率多款段，其人與光祚步卒十九盡畿輔鄉民：固可一〔一〕僥倖乎？況〔二〕左鎮兵尚未到，關遼兵較諸兵或強，然亦總監摘攜之餘也，又驕而難馭，必不能驟成節制之旅。僕無他謬巧，臨渴掘井，其何以仰副帷算？

聞北兵實未出龍固，俱在畿南。頃報督師提兵已遠出廣平，若僕一渡河而南，又空真、保之兵以往，倘敵復北折，真、保亦危，似不可不深長思也。爲今之計，斷不宜輕言進戰，飾報捷功，惟宜馳飭督監，各提一旅，一東一西隨敵聲援，分兵守城。至撥僕之兵，即旦晚可集，俱宜駐防東邊，照管真、保。倘敵勢南侵益深，勢不能復折真、保，僕乃可舍真、保而與之俱南。若敵從山左、河北俱出山西，僕即從龍固與之俱北，而畿南重地乃可無虞矣。

致閣部札

鉅鹿之失，緣當事者計無復之，惟思謝責朝廷，罔顧貽憂宗社，真堪令人切齒痛心也。宣、晉兩鎮，雖幸拔出，責以收潰圖功，不可望已。雲鎮規避，殆成積習；榆兵烏延之事，伎倆已見。曹帥音信杳然，左鎮亦無消息。僕謬膺新命，其所督者，依然原帶之一軍，與新益保定及關遼〔三〕疲敝〔四〕之步卒耳。今且派守臨城，僕亦以此兵僅堪派守，故唯聽總監之布置。鄭嘉棟兵約旬日乃可望至，僕徒手難搏，亦不敢以無兵自諉，頃已選精兵近千，發繇武、德之間張聲堵擊。但報敵尚無北折之意，而兵力單薄若此，安能禦之使去？僕向謂用奇用少，可圖一當，祇以前督喪師，侯鎮又復被挫，士鮮鬥志，無著可施，則惟有用虛而已。然虚則難恃，况將領中解人甚少，怯病已深，併虚亦不能用也，可奈何哉！伏楮漫陳，憂憤欲絶。

答閣部將材札

今日之所以無將者，以封疆大吏無將將之人也。有將將者，則大冶洪爐，是鐵堪鑄，而將材不可勝用矣。以小喻大，僕非能將將者也。

方僕奉命入陝，時標下止罪廢數弁耳。僕即因而用之，渠輩偶有一長，即嘉許誘掖；偶有一短，即裁抑呵禁。甚或萌心不肖，逞詐試貪，又爲之預先逆折，使其廢然自返。如竟至違犯，則毫不假借。或又稍有功勤，則又稱賞不置，使知鼓舞。至於一切方略，必多方解説，務令躍然有會。及試之有效，又迎機省諭，俾其觸類引伸。故去歲澄城、三水以及關門數戰，遂成掃蕩之功，即此數弁。以至僕出關之日所與俱者，亦惟此數弁。

以僕觀之，今似亦人人可將，乃最優者無如李國政一人，今以功賞事，爲分監糾參，見候究擬，已矣！此外沉毅精練，則有鄭嘉棟，即可旦晚登壇；恢宏明爽則有趙大允；技勇知機則有王根子，二弁亦可需次。至其勛勞實績，一一俱在，按册可知，無俟縷數。若夫遊都而下堪備簡拔者，不能徧及。至標下之外，又未敢臆對矣。無已，廢帥中有張天禮者，當是守將之選，置之取到諸帥，或猶稱白眉乎？噫！取大帥於廢帥之中，此實出於不得已，然廢帥之可用者原寥寥也。敬復。

答樞輔札

僕祇遵尺一,量率所部官兵共一千六百餘員名,已於本月廿日啓行矣。繇秦赴都,取道山西較近,乃計程亦四十一站。士馬遠涉長征,勢難越站馳突,俟渡河而後,或可催令儳行。然亦須月餘乃能抵都,心徒急而足難前,想必能垂諒也。

至此時敵勢若何,僕無能遙度,乃區區之愚,謂惟一意固守,勿事張皇,則敵無如我何,而膚功可立奏也。第恐廟堂之上議論紛吷,令當事者即欲不張皇而不可得,且奈何!

又

昨行次徐溝,原擬改繇紫荆可以兼程入都。旋奉部咨,俾從真定迎敵[一五],義不敢以兵單自諉,遂取道井陘。方抵柏井,真、保按院、道府告急之文接踵而至。因此馭冒險,直撲恒陽,幸保重地無恙,一切情形具載塘報中,不敢復贅。到郡之日,驚聞新命,兼接台札,自惟謭劣,君恩台誼,何以克副!祇有跋踶靡寧已耳。奉教,約在月終,先茲馳報。前後差官,緣道路梗塞,今始同返,統惟慈炤。臨穎瞻結。

致樞輔札

六日定州具書,同公移塵瀆,想蒙垂鑒。僕至真、保,吳襄兵尚須數日。總計撥給僕見在各兵內，不能選堪用馬兵五千，較督監兵力衆寡強弱奚啻天淵。

乃今之可慮猶不在兵之寡弱，師行糧從，始能責以用命。比見所在芻糧皆苦難繼，且地方士民恨兵若仇，一聞兵至，緊閉城門，關廂房屋惟存四壁，戶牖鍋竈一切無有。況行間無折色接濟，兵即携有金錢，何處可易一飽？至真定以南，所過州縣率多殘破。又敵去之後，繼以大兵，僕兵再往，即欲搜乞於鄉村，不可得矣。當此時勢，即有精銳之兵可以多携，亦恐以嗷嗷致變，況敢以備數之兵徒自窘苦乎？

候吳襄兵到，僕選携馬兵大約不敢過五千；步兵欲備分防，亦不得不勉携數千，亦不能多也。其選餘之兵，應留發真定所屬分防。惟定州胡守識力超群，或當願留，餘則恐不相容，尚祈移檄馳餝。若僕承他人極壞之局，恐不免終與同罪，然報主有心，亦所不計也。至題催戶部多解折色權宜救濟，是目前喫緊之著，併乞留意。

旅舍匆勒，不知所云。

致樞輔札

僕於初九日抵恒陽，原意就便携鞏固營兵馳往，乃該營兵因分監題留，不肯遽發。左鎮兵不知何在？劉鎮堪用馬兵約僅二百，關門兵再須三四日始至，聞亦係步兵，則僕之軍前馬兵，依然止原携之一千，與新增劉鎮之二百耳。即以之撒塘發撥，尚難支吾，顧可以當一面犄角乎？惟有憂憤欲絶而已！

敵苗頭見指何處[一六]，已遣塘撥偵探，馳請督師裁酌。

致樞輔札

廿七日驚聞新命，方切徬徨，明日差官已賚敕劍至矣。揣時度勢，力必難勝；許國致身，義無可諉。當即郊迎祗受訖。至於外警方甚，兵集無期，郡邑攻陷日聞，人心所在風鶴，即三藩重地，刻下俱有不可知者。僕功無可望，罪非敢辭，惟是東偏[一七]之事，自有主者，僕方束手待兵，萬希台臺公虛主持爲幸。率勒附謝併懇。

致樞輔札

壞局難承，屢懇矜免，無可奈何，竟蒙相屬。當此時勢，何能有爲？一切苦情，具詳疏揭，惟台臺念之。

猛如虎兵單而將勇，故欲一借，然須得部咨馳催方能遄至。祖大壽兵已見調，併祈檄赴僕軍前爲懇。閱邸報知有內備之議，懲前毖後，自應早計。第所列某某眞才，殊大不然，天下事恐不堪再誤也。若僕之一身，倘逭斧鉞，具所願效，容當面請，僕必不敢舍難趨易、避險就夷也。

杞憂在念，冒昧附陳，死罪，死罪。

致樞輔札

敬咨：

保鎭劉光祚庸碌不堪，台臺據閣部劉老先生疏參，立請正法，大是快舉。第賜劍從事，惟副將而下爲然，若施之鎮帥，頗駭耳目。僕久役行間，深知此時兵將積怯，殊非誅戮所能立起。若繩之太急，恐致僨誤，益煩聖慮。昨曾冒死密奏聖明，業即聞之台臺矣。今僕同劉老先生審酌再四，此舉殊有關係，因合詞馳請聖裁。倘下部議逮問結正，乃不易之法，萬惟台臺主持。

臨穎不勝悚切。

與樞輔札

陝省標兵，原因剿寇[一八]從各邊新募成營，其家口俱僑寓省城，無親可托。兹以從戎半載，戰事幸竣，迫欲西歸。僕察其情不容已，業爲移文請示，竚[一九]候發還。乃遂有迫不能待，乘夜潛逃者，業已行該營互相挨查，俟查確再報。至其餘兵丁，雖畏法未敢從行，而思歸之情，人人皆同。僕謂宜念其從行微勞，檄諭先逃者速止前途，候本營將官領餘兵俱至同還。併密諭該將，至彼止訪查前倡者拿解正罪，足以儆人心而彰國憲，此外仍不必深求也。

數行佈達，臨穎無任延切。

致督察劉

台臺宜駐德兼顧，頃已略陳。細繹明旨，所云一隅，蓋指臨也，非可總監之奏也。又明旨云"視敵所向"。今敵實未嘗向臨，攻臨之説乃總監意外之慮耳。台臺必欲一往，爲總監勸駕，後仍宜遄返德中，守臨豈台臺事也？步火兵餘雖無幾，俟旌旆朝發，即照濟兵南發之數，撥令赴防。而彼中緩急，仍僕任之。

李主政餉銀，實此間續命之膏，萬勿令攜之入臨。高唐有寄餉八萬，已爲總監取去，彼中固無需此也。曹變蛟兵共五千，原無額餉，俱應取給行間。連[二〇]行鹽日費不貲，聞軍士沿途頗以窘苦咨怨。內副將賀人龍兵千餘，已於祁縣譁逃，今尚不知作何狀也。曹鎮兵見在止存四千，在秦時已欠餉五月，洪亨老借之州縣，量給兩月，尚欠三月。乃赴援又一月矣，將何以免其嗷嗷乎？曹鎮負勇[二一]敢戰，副將白廣恩亦武夫中出色者，叩見時希勿吝金玉一鼓勵之。然此無庸囑也。

又致督察劉

台體就平，社稷之福也，披翰可任手額[二二]。台臺駐德，南北東西可以兼顧，豈爲滯於一隅？入清源則一隅矣。若東撫，自應一往，以彼中守計，惟東撫可便宜以圖也。德州之防，僕自時時在念，但有聲息，即遣馬兵一千馳往。火步兵自分發之後，僅存千餘，備札營緩急之用。頃報曹變蛟與楊國柱兵且陸續抵德，彼中事必不敢誤也。第台臺應否入臨，宜一酌耳。率占奉報。

又致督察劉

兵漸集矣，將士之氣較前亦稍知競奮。俟曹鎮兵至，偵有機會，鼓勵而前，務圖一當，不敢負台臺拳切也。曹鎮兵凡四千，儘多驍健，然未攜有片甲。禦敵與剿寇不同，昨曾爲台臺屢悉。密兵原駝盔甲二百頂副，步兵無所用之。萬祈借給該鎮，僕當補牘以聞也。台臺大札已抄示諸鎮將矣。敬復。

委曹鎮領兵擊堵諭四鎮札

　　戰守機宜，必協謀乃能共濟；臨時進止，必專責乃不互諉。適與諸大將軍面屬，不啻詳矣。不佞所以强借曹大將軍者，以臨鎮兵多，又不佞標下之兵，即曹大將軍所素統者。區區之意，諸大將軍想已洞悉。功成題叙，亦照各鎮所獲爲差，毫不敢以意軒輊。機會難得，師克在和，惟諸大將軍實圖利之。囑囑切切。

答東撫札

　　氣誼最深，暌違日久，悵結可知！邊禍如此，誤國何人？比極壞難支，乃責之襁褓子曰“非爾不可”。區區一身不足惜，其如疆事何哉？弟甫奉協剿之命，已無督可協；今又承乏總督，已無兵可督。豈可以徒手搏乎？弟所率惟秦中一旅，馬步凡一千五百，餘皆保定及關遼疲敝之步卒耳。初報敵渡河北折，擬徑指德州。比得總監疏揭，促守清源，遂繇棄强取道南下。及抵清源，即以所率步兵盡派登陴〔二三〕。弟遠辱使命，仰體懸切，已儘原部馬兵挑選精銳數百，繇武赴德，稍示聲援。應用芻糧，荷年兄輳濟，自無虞缺乏；駐歇關厢，又有郡守照管，已屬厚幸。濟、兖諸重地，總監俱已撥有援兵。面晤有期，臨穎瞻結。

又答東撫請援兵札

緣冀趨德，改適清源，其詳已悉前札，兹不贅。會城告急，纓冠之救，自不容緩，且何敢緩也！第弟於前督債潰之後，突承新命，其所撥給之兵，祇今無一旅調至，弟何能張空拳以格強敵[二四]！屢晤總監，云已發兵二枝往援。東路之責專在該監，度必不以誑言相誤也。德州諸紳亦復有書望援。昨發去兵數百，皆弟部下之錚錚者，若收之城上，以備應援，的可勝鄉兵及內地兵數萬。第恐州人士不肯納入，然納入萬萬無妨也。蓋若輩強半皆功升都守，又弟經年行間與共利害死生者，幸年兄爲閤州一曉諭之。頃報雲鎮及榆林兵旦夕可至，至即提赴左右，惟年兄指揮是聽。不宣。

答兵科張坦公札

不佞庸劣無似，蹇承壞局，艱辛萬狀，非所敢言。獨是黽勉支撐，自受兵以來，幸不至或有決裂，就中著數，實未敢少錯針芒。第屢奉嚴旨，震疊有加，凜凜天威，不啻雷霆在頂，惟有勉圖竭蹷，束身以待已耳。督察公才略猶人，請纓而出，一籌莫效，受誤左右，舉動乖違。既奉嚴旨，無端欲嫁禍不佞，當靜聽處分之時，乃咨移紛出，謾罵相加，以爲出疏自解之地。此等用心，寧[二五]不可恥！俟部咨到日，亦當有小疏略剖。即不敢過傷雅道，然封疆事重，何能寂無一言也？

各鎮將積怯有日，又所部無兵，此豈嚴法可能立振？不佞教訓鼓舞，嘔盡心血，今且人人知奮，又自屬不佞教訓之後，若輩實未嘗失律逗怯，有顯罪可誅，難逃台鑒。至從前可殺之罪，又非向後領兵者所宜究。督察今日因左右之怒而參，明日又因左右之喜而救，兩次之疏，俱於發後相示，不佞何能略贊一語？乃謂不佞卸擔於督察，不亦奇乎？夫總督奉朝廷威靈，手握尚方，而鎮將漫不知畏者，有所以使之褻也。不佞自信實不至此，亦知己所可共信者。太平一戰，總兵曹變蛟等鼓銳直前，副將而下若白廣恩、萬邦安，中矢愈奮，與各鎮譟呼衝陷，連奪四山城頭，萬目共見，皆以爲二十三年以來所未有。即向所稱文懦無如王樸，亦步率火器，仰面攻山，豈樸忽能畏法死戰至此？則不佞之披誠激勸有所以使之然也。不佞於若輩又何求焉？其若輩從前罪狀，輕重不同，廟堂自有公議。俟協剿[二六]事竣，細衡功罪，誰可相準，誰應另議，不佞自當率諸鎮同請斧鉞。國憲具存，何敢玩徇於其間也。

冗勒附報，可任依切。

又回兵部議發陝兵回鎮咨

爲軍務事。

四月初五日申時，准兵部咨，前事，等因，到職。準此，爲照自北兵出口，各鎮援兵已奉有著從便道還鎮之旨，大同、宣府等兵俱已遵旨回鎮矣。其陝西兵馬，因復奉有聽薊督酌議之旨，職隨檄令延綏並陝西撫標之兵各暫駐，聽候薊督同臨固甘寧等兵一併酌議，一面移咨薊督酌議具題。及接薊督回咨，止欲酌議臨固甘寧之兵，而以延綏及撫標之兵聽職去留。職以薊督奉有明旨，非職所敢擅議，因復咨請貴部及薊督會議。今準貴部咨，謂己巳西兵入衛，至辛未陸續發回，將延兵先發回鎮，其餘兵馬仍

聽密行遼東偵探北兵有無續發真確信息，再酌請命，已經具題，
自應遵候。

第查己巳入衛，皆各鎮額兵。今陝撫標兵，係因剿寇[二七]從
各邊新募而來，且內多降丁，携帶眷屬，僑寓省城，自去冬入援
已閱半載，心牽內顧，頗切思歸。目今關外警報且息，況宣大、
延綏各兵既俱回鎮，此兵亦應暫行遣還。如防秋需兵，不妨馳檄
再調，想陝撫誼切急公，未有不遵依巡發者。聞薊督方往閱邊
口，恐不能即行酌議，各兵日望遣還，徒糜芻粟，亦屬可惜。爲
此，合咨貴部，煩請查照，或將陝撫標兵先行具題發回。其臨固
甘寧各兵，聽薊督酌議施行。

崇禎十二年四月初六日。

報兵部拿獲逃丁正法揭

爲擒獲倡逃官丁即行正法警衆事。

陝省乘夜私逃兵丁，已經職屢諭該將密查爲首倡逃者拿解去
後。十二日辰時，據職原差標下札委旗鼓都司楊豹、守備梅承高
禀報，卑職等蒙差追諭先行兵丁，今俱見住舊店地方，約共一百
餘名。至十一日，副將鄭嘉棟、遊擊張文耀統兵回鎮到彼，查出
張遊擊下倡逃札委守備一員劉三本，材官一名邢永祥，同住通州
東南關外，倡說我們見今防禦事竣，先行也不妨，遂與永祥當街
約叫各丁起身。又查出鄭副將下倡逃二名尚自友、蔣宏明，俱係
家丁，住十里村，聽說劉三本等起身，遂邀約各丁同行訪實。鄭
副將等隨同卑職等，即時將四犯擒拿，解送良鄉縣監候，取有收
管。其劉三本及邢永祥下餘丁，併尚自友、蔣宏明強騎車户騾八
頭，妄稱係給錢催騎，隨查給本户認領，等情。又據張文耀呈稱，

蒙本部院憲牌，仰卑職等即拿倡首逃丁，馳報本部院正法。蒙批，卑職選差鍾千、范廣、牛希才等，即將逃回守備劉三本、材官邢永祥趕至地名舊店拿獲，赴良鄉縣監候。除將家丁張平等二名，卑職捆打一百棍警衆外，理合呈報。又據鄭嘉棟呈稱，卑職十一日辰時至良鄉地方舊店，據先差官楊玉庭同本部院原差都司楊豹等俱稱，初九日將各兵丁趕至舊店，即止諭令候[二八]本營人馬同行。各丁在途未曾生事。當即查出家丁尚自友，在村聞知東來兵馬吆叫人馬起身，自友即出，沿街催督步兵[二九]，併蔣宏明奪騎騾頭同行。卑職等當將二丁拿送良鄉縣，其騾二頭，涿州曹副將帶同原主認去。餘兵點明收伍前行。等因，各報到職。據此，爲照陝西標兵方候遣發，乃忽有私逃之事，劉三本固居然札委守備也，向來剿寇諸案俱列有三本之功，見候叙升，即偶與各丁同逃，未嘗預約，亦應以三本爲首，況實三本作俑乎！至邢永祥，以張文耀之貼身，而背主約逃；尚自友、蔣宏明，以隔營之部卒，而聞風糾合，皆爲戎首，均應梟首。若候提解正法，恐各營兵馬去遠，無以示警，不若當此前兵甫行後兵纔發之時，即就彼中駢戮，庶可以懲一警百耳。故職當差傳號遊擊趙祥執令旗前往良鄉縣，同該縣印官，將劉三本等四員名即行梟首，仍發示馳傳各營，以警將來。其所奪騎張秉廉等騾頭，已經追給原主訖。至鄭嘉棟、張文耀等應否免議，統惟貴部裁酌，議題施行，理合揭報，須至揭者。

崇禎十二年四月十二日。

答樞輔楊札 崇禎十一年十一月十三日 以下各篇續補[三〇]

前札已發，而手翰繼至。讀大揭，敵在目中矣。第此時敵情又變，傳聞敵撥已過定州，不知督監大兵現屯何處？僕携來兵雖無多，若至真定，能在敵先，亦可稍裨防禦且略張聲勢，使敵不得悍然長驅。第敵近我遠，而衆寡復相懸之甚，一切進止機宜，俟抵獲鹿，發撥遠偵的確詳慎行之，必不敢貿貿從事也。今差官因由河南道左十三日辰刻始至，本日未刻抵壽陽。即勒此馳報，臨穎不任悚切。

附樞輔來札

望臺臺馳入都門，仰慰主上，延佇久之，不得確耗，甚爲悵然。茲捧翰教，更進使者問之，知取道晉中，此月末旬方可到。區區私心，猶將以刻爲年也。教中種種，切中時情。惟主上睿裁，與不肖持議多合，台旨俟奉面後商之，茲未敢宣洩。草草附復，并賀新簡，不盡言。

與樞輔楊札 十二月初四日

佐樞之命，揣分難承，業具小疏，籲天辭免。忽奉今旨，義不容辭，當即祇遵任事。倘頂踵可效，敢愛捐糜？第敵勢方張，兵力不競，襁褓如僕，其何以副聖明簡任。慰滿朝屬望耶？念之惟有慚懼。劉光祚兵騎僅五百，堪用者不能十四；鞏固營兵精銳寥寥，又從征久疲；左良玉兵不知今抵何處；聞曹變蛟兵旦夕當至，未審可撥給僕稍資一臂否？至如敵惰可乘，我忿可鼓，用少設奇，但有機會，必不敢以單薄坐失。

與閣部楊札 十二月初九日

敵因井陘路險，改趨順、廣，其必由臨洺出山西者，勢也。

今已有督、監兩兵東西分促，僕兵落敵之後，距敵且遠，追恐無及。即敵東折河間，亦追無及矣。敵後州縣又無庸分守，僕兵似宜暫駐真定，以卜進止。如敵走臨洺，則僕度龍泉；如敵折河間，則僕返保定，俱可及敵，又可備京、通之緩急，不知台臺以爲何如？僕至真定，上下候吳襄兵必須數日，惟酌確速示。若刻下敵情別有變幻，亦不敢膠執俟命。臨穎無任翹悚。

與閣部楊札<small>十二月十二日</small>

王慶芝至，賚有總督咨文，驛路斷絕，不能前往，因僭諭塘撥轉去，僕附以片札致慶芝來意矣。聞元輔奉命視師，壁壘旌旗自應改色。第敵勢愈熾，而我積怯之兵益難振，又所在官紳、士民病狂喪心，轉相尤效。一切杞憂，匪言能悉，已屬令慶芝親稟。至僕於分監請兵不發，爲保鎮請餉綦艱，候關遼兵又不至，窘苦之狀，想慶芝亦能口述也。臨穎不任悚栗。

與樞輔楊札<small>十二月十四日</small>

總督兵潰矣。前小疏深慮至此，乃竟至於此，可勝搥恨。僕率寥寥一旅，內馬兵僅千餘耳，原意遶出大名，爲督、監略樹聲援。今前爲敵阻，而所過州縣安置大炮，不擊敵而擊兵。如昨次藁城，哨馬纔至郊關，便用炮擊回，千呼萬籲，付之罔聞，兵一遇敵，安有退地？今督兵已潰，僕即前進，何濟萬一？不得已暫屯晉州，另卜進止。又聞晉州拆橋斷渡，而真定人情又萬不可與共濟圖存，僕之孤軍，且晚亦在不可知之數矣。如元輔早至，或可振醒群迷，俾相照顧接濟，以略圖拯救也。此時代督師者，萬萬非元輔不可。總督此潰，大約亦由於地方窘迫，無奈以元輔之尊臨之，或當稍爲動念也。率勒不既，無任哽咽。

答樞輔楊札 十二月十七日

督兵既潰，僕率寥寥一旅，什九皆挑殘之步卒，重趼疲敝，用以支此，其何能濟？且抄敵前，勢必不能尾敵後。無城可守，又請餉無門，僕素負癡腸，即不敢以不可爲而諉之於無可奈何，然到此田地，台臺設身以處，將令僕如何措手也？疆吏中知有國不知有身家自僕而外，豈復有人？今若便承他人已債之局，而坐視其同歸於敗，後來誰更肯爲朝廷任一事？其可惜不獨在區區一身也。小疏瀝血控陳，聲淚俱下，儻下部議覆，萬祈曲爲僕地，僕之所以報朝廷者，終有日也。至反敗爲功，但有機會，僕敢以逗怯坐失，非人矣。別諭薊督之説，願勿置口，倘僥倖敵退，僕入都與台臺面商後，凡有委命，方敢唯唯。制敵非難，猝辦則難，僕所願效於帷幄者方大，惟台臺念之。

附樞輔來札

奉台臺密教，言言皆實話，字字皆苦心也。聖慮焦勞，紅本立下，不待部覆，揣摩恐稽時刻，其痛憤達賊殘掠已極，行間驅剿無方，蓋在尾後遙追，致令深入不已。今日之事，若能抄敵苗頭，使之輾轉思遁，期爲首功。台臺所慮，不遽舍真、保而南，恐又非聖明所望也。自敵甫入，昌即以用寡用奇用夜，諄諄督監行之而不能耳。惟台臺所見，恰合鄙心。今所望於驅剿成功，亦惟台臺一人爲舉朝所傾注耳目，即劉蓬老此行，亦惟恃台臺爲同心，昌從不敢作誑語於台前也。關寧兵僅五千，不爲難馭。和應詔現在晉境，一檄可來。若曹變蛟與鄭國棟俱至，更是妙事。總期台臺抄向南方，阻其深入，即功能過人萬倍。而台臺此舉，關社稷蒼生，非第區區芥子忝在同舟，倚藉之殷也。臨楮無任馳切。

又來札

　　敵難未發，僕欲藉台臺於宣；及其既作，急欲藉台臺於薊。故以驅敵出關，即趨入衛，此聖心所注，輿望所歸，非僕一人之私也。即台臺聞命之初，隨引嚮時圖敵之疏入告，夫豈不自信當今之世，舍我其誰哉？推穀專征，實維鄙願，僅云協剿，猶非本懷也。承台翰屢示兵機，敵情洞若觀火，敢不服膺？願惟此時爲其可爲者，夫人而能之；爲其不可爲者，乃第一等豪傑事，環觀宇內，不望台臺誰望乎？古信陵之奪晉鄙也，衆中選寡，卒破秦兵。光弼之代子儀也，登壇指揮，精采立變。今日之事，正復類此。敵深入無已，轉禍爲福，因敗爲功，敬倚台臺一手。敵如折轉頭子，奔竄晉中，台臺以少兵追襲，亦自不妨。若猶未也，僕以和應詔、曹變蛟益台臺之兵，良有深意。關寧五千皆步，選留分發，唯台臺行間命之可也。

與樞輔楊札十二月二十四日

僕於二十四日抵棗强矣。據報敵於廿一日破武城，二十二日奔高唐，苗頭又似向東南，河西無敵，僕不得不赴清源，會同高監商酌援剿。總之，兵力既單，又人心風鶴，且行糧艱窘，易滋藉口，渡河之後，未知竟作何狀。阜城留餉三萬兩，必應就便催發僕軍前。若派役往提，恐已解赴真定，萬祈台臺中闕數行，無復言矣。各鎮兵潰後遂徑行還鎮，即宣鎮報收一千五百餘，及檄挑有器甲而堪留者，僅報百餘，且無留意。桑榆之效，胡可望也？制敵須兵，僕日夜輾轉，實不能謬出一奇，以塞協剿之責。下闕

與督察劉札十二月二十八日

昨聞旌旄將抵中山，擬暫駐晉城祗候，乃爲豪守不容，遂叱馭而東抵冀州。報敵突平、夏之間，因馳赴清源，以便偵探，且可爲總監面商也。此時河西已無一敵，第濟、兗、青、登不免任其狂逞，可憂方大耳。倘折入東北，宵遁庶幾有期，此惟恃宗社之靈。若以目前兵力驅除，非所敢望也。僕驚承新命，束手待兵，憂心如灼，引領車騎，不啻雲霓，萬惟遄至爲禱。如敵情變幻，台節或宜由棗强指德州，僕當遣急足馳報也。冗次占勒，臨穎翹悚。

答總監高札

自注云：十二年正月初二日接總監札，因傳庭赴德，囑至德即發一旅赴河間援防，答云。

王樸等兵於二十九日自真定東發，度抵德當在明日，即途中遲延一日，初四日必至矣。僕至德之日，即檄該鎮先發一旅赴河間援防，必不敢少遲也。

報總監高札

自注云：正月初三日卯刻，拜疏北援，即單騎赴德。時秦之馬兵先已選發赴德，保鎮馬兵俱擺塘撒撥，關遼步兵俱留守臨。從傳庭行者，惟秦之步兵五百、保鎮步兵一千，與執事官役數十人耳。比行近武城，總監馳一札，云適聞濟城已陷，邀之返臨。傳庭因各鎮將至德，傳庭勢不能返臨，訊來役，云係風聞，未有塘報。遂遣一役，同來役往報云。

濟南未有報到台臺所云"適聞"者，或未確也。據報，雲兵已赴德矣，即閣部旌斾亦指德城。武邑芻糧俱絕，萬難屯駐，不得不入德調度。且細思台臺所聞即實，某返臨亦屬無謂，況北折之敵又不知如何。不佞已以北援入告，晤時已面悉矣。容至德閱兵一過，兼偵南北敵勢，以決向往。台臺如有指揮，希馳示期會，蓋我兵斷無盡數駐臨之理，又無兵在德而不佞在臨之理惟亮之。不盡。

答東撫顔札

自注云：正月初三日晚，又接東撫請兵札，答云。

援濟萬不容緩，奈弟方束手待兵，現今所携數千，什九皆步兵，又什九皆關遼之兵。總監原任東路，題疏又自謂候弟至臨交付，彼即率兵往剿。弟因星馳至臨，而彼徑不往。昨弟無奈，欲撥携關遼兵二千赴德，與年兄共計，彼又以守臨之兵尚存見少，可奈何哉？適報雲鎮及宣鎮收合之兵旦夕可至，弟即檄令雲鎮赴德，又催榆兵同往。弟亦於即日啓行赴德，約明日即可聆台教也。

報總監高札

自注云：接總監札，謂濟南信果真。又一札謂有飛報省城失陷疏來，會中有未妥語，欲取原稿更易，乃會稿之使尚未至也。初六日報云。

初三日午後接台札，憂憤欲絕。初四日抵德州晤東撫訊之，云殊無所聞。至初五日，東撫差家丁劉三正押淄川快手司瓏、吳正來稟，云在敵營，從濟南七里鋪於初二日晚滾出，見濟南城守如故。竊幸台臺所云“適聞”者，或係道路之訛傳也。初六日早，有自省城逃出難民閻喜至，又長清令報東撫之稟亦至，乃知城陷竟真矣。台臺屢發兵將，而竟不能一至，豈非天乎？現今兗州又復告急，劉澤清此時定無不至之理。然恐該將兵單，台臺不可不續發大兵急援也。大疏尚未至，彼中情形不佞何敢揣摩入告，惟速賜教是懇。景州、河間已如命發防，附復。

與總監高札

自注云：正月初七日，因從督察議留東與總監併力濟南，即選發防兵赴近濟州縣分防，傳庭亦擬於旦晚南下，會總監使至，云總監從高唐返清源矣，因以一札訊之云。

敵之北折者，報陷吳橋、南皮，突滄州矣。不佞業以北援入告，將誓師北發，兵少敵衆，不暇計也。會聞台旌已抵高唐，督察劉公及東撫，同德紳與催餉葛掌科公議，僉謂敵踞省會爲憂益大，欲不佞南下，與台臺併力援剿，且促不佞即刻啓行。比使者至，云台臺已返清源，督察因走一札聞之左右矣。惟台臺有以教之至，區區之意，似南北仍宜兼顧。附此奉訊，惟照不一。

答總監高札

自注云：初八日晚又接總監札，以防德見屬，答云。

再承台教，慮敵飽揚北折，嚴防德州，敬聞命矣。第未知敵此時作何舉動，台臺有聞，幸即馳示。東撫初三日具疏不知不佞兵未至，其所責於不佞者殊大不情，因於報兵疏内略附數語相駁，故未敢列台臺會銜。率復。

答總監高札

自注云：初九日始接總監濟陷會稿札，云濟南事竟如此，或即追轉原札也。札中詢在德兵力，併言臨兵進止狀，答云。

濟南被陷已逾六日，北折之敵且已越滄州，此敵宵遁亦應在旦夕，乃尚無確報，何也？德兵稍集，然欲鼓之使戰似未可望，惟有分發防守庶幾有濟，詳具公移及疏揭中，幸台臺有以教之。小灘漕米及東南寄餉，必宜發兵防運，併希留意。防兗之兵，不佞遠從德發，以魯王告急，東撫力請，義不容拒，附此併聞。

致總監高札

自注云：十一日督兵南下，致總監。

自有濟南之失，人心風鶴，兵將倍難鼓舞，分兵發防，計非得已。然分則愈寡，又分之遠則難合，此際殊大費躊躇，祇慮合不能戰，固不若分之爲便耳。頃報敵一股走東北，若突濟陽，迤北兵又落後矣。由是觀之，分防亦未易也。淄川、章邱等處，萬希台臺就近各發一旅往守，或即摘發吳襄步兵可也。更祈諭令間道遄行，務抵城下，無如祖寬等之怯懦負委，致貽憂君父，且重台臺焦勞也。

又附札

不佞於今日赴平原就近調度，且便與台臺相聞也。敵如盤踞，自當勉與一決。一切機宜，萬乞不時馳示。

致總監高札

自注云：十一日抵平原，聞總監亦督兵出臨赴濟，因致書。

不佞於十一日午刻抵平原，即發雲鎮王樸選挑各營驍健五千，由禹城赴濟南，會合台臺大兵進剿矣。詳具公移，附此馳告。

答東撫顏札

自注云：十二日接東撫札，以赴濟兵相訊，答云。

十一日風烈異常，衝風南發，遂致感冒，伏枕憂苦難喻。敵踞省會，發兵聲擊，自不容已。昨咨所列年兄標兵即前發之七百，以數少故未詳聞耳。頃報總監還臨，王樸提孤兵屯駐殘邑，殊屬未便。鄙意因欲年兄移鎮臨清，調度防禦，易總監大兵出，驅剿庶幾有日乎。東阿防兵已移咨總監就近馳發，想不至膜視。又於便箭檄延將，俾與通鎮設法運護矣。率復。

與總監高札十二年正月十三日

臨距省二百四十餘里，敵即謀返攻，豈能飛至？況聲西犯東，狡虜之常，難民之供未可信也。且敵即有此謀，今宜留步旅爲扼防計，第挑選輕騎望濟合驅，不佞之兵亦從禹城聲擊，或可成共逐之勢。倘敵決意攻臨，我之輕騎不難抄出敵前，回臨扼守未晚也。事在同舟，輒敢直告，希速賜裁決。

又附札

防兖之兵，因魯藩告急，督察及東撫屬發一旅馳往，蓋恐通鎮復蹈祖寬故轍，則又噬臍無及耳。發已數日，度此時可至矣。

與督察劉札 十二年正月十三日

總監竟返臨矣，且疏請台臺及僕赴臨守城，總監乃提一旅，惟敵是求。此何説也？僕已移札，趣令發輕騎合剿，北賊果向臨，抄回防守未晚。固知必不見聽，然不敢不盡此共事之愚也。鄙意又謂東撫如移臨，則總監之辭塞，或可望其合力剿滅乎？已備公移，統惟垂照。不盡。

與督察劉札 十二年正月十四日

連日鼓勵兵將，心血幾嘔。若輩似亦感激思奮，儘可相機有為。顧總監返臨，殊可詫異。守臨似應東撫一往，台臺第當駐德適中調度，惟台臺裁之。曹鎮兵報至，楊鎮兵亦報還矣。敵如北遁，度在旦晚，前布防州縣之兵最為得力，第未知各州縣慨然納兵否耳？曹、楊兩兵，借給月餉，預支行糧，應與前兵一視，遂檄餉司行矣。特此附聞，併候福履。社稷之身，萬惟自玉。僕亦感恙二日，今始稍痊，外疏稿呈覽。

與樞輔楊札 十二年正月十六日

向云壞局難承，猶壞之始也，何意壞至此極，僕乃承之，濟南之陷，守如無人，援同坐視，可任飲恨？僕自德州聞變後，所督兵始稍集，纓冠無及，自應一意北援，乃督察閣部謂敵陷重地，須合力併圖，故留之南下。其原分之路，反置茫然，苦愈可知。幸僕計兵算敵，曲盡區畫，我着未錯，彼欲且滿，今已盡報北遁。略俟探確，東南歧路，無虞轉折，僕即親率簡就之精銳，與素蓄之義勇，追擊於河間、滄、津之間，倘有機會，必能實圖一創也。即事難逆料，而此後敵勢當少戢矣。特此馳報，以慰帷籌。所請盔甲，惟檄衛輔營撥馬馳送，庶幾有濟，千祈留意。外聞薊督猶懸，必欲付僕，毋乃大不情乎？僕雖微賤，孤臣亦臣，孽子亦子也。果如人言，敵遁之後，銓部即相擠置，僕雖欲一覲聖明，奉教左右末由，僕死不瞑目矣。若容入都數日，得以區區之愚面請裁決，須軍國大計商榷有成算，赴湯蹈火，一唯台臺之命，辭險就夷，僕非其人也。幸賜力持，無任切切。

致督察劉札

自注云：十八日至吳橋，十九日致札。

頃報敵由商河走慶雲、鹽山矣。計敵按程急行可二十一日至滄州，我兵須二十一至彼，方能豫伏待敵。三軍明日可至東光，後日兼程，必至滄州。今吳橋殘破閉門，南皮光景大略可知。我兵與敵同在平原，百里之內，時時戒嚴。台臺之行，決宜河西，且台體尚未平善，兼有輜重隨後，即從天、雄趨滄州，相距甚近，亦可秉成指授也。台駕如竟欲由河東，須於今晚抵吳橋，其輜重必宜走河西。惟台臺裁之。

與閣部劉札十二年正月十九日

敵苗歧向，偵猶未確，吳橋城門土屯，闃無人應，征車仍宜暫止德州。刻下諜至，即另遣飛騎馳報，併請旌斾東指也。行間率勒，臨穎瞻悚。

答淄川張相公請兵札十二年正月十九日

日役秦關，徽廕秉鈞，生成之感切於肌骨，顧以戎馬倥傯，綸扉嚴重，迄未能以葵向之私申致左右，缺仄如何！北虜決裂，遂至此極。大壞難收，乃屬之褓襁子曰"非爾不可"，即痴人宜擠，將如疆事何哉？僕代匡督師，聞命於去臘二十八日，時實無兵可督也。正月初四日抵德州，初五日各鎮收合餘燼，至者萬餘。方竭蹶布置，而濟南之報至矣。僕乃倉皇具疏，亟請分防。貴縣及章邱隸在東南，應監兵任之，顧以所在拒兵，累呼不應，僕不得已馳檄德平、商河之兵，分發迤往，約望後可至。已報敵營北折，復馳檄止之矣。

與樞輔楊札十二年二月　日

到頭一著，誓期勉圖，以副拳切。日來多方鼓勸，行間兵將似亦儘知感奮。第臨時機會與用命若何，殊未敢必耳。然此著必不容已，譬之奕者，一局將終，勝已在彼，我猶餘有一絕大之劫，著可以立翻敗局。中闋乃可一洗國恥，爲諸將士鼓勵。敵此時現在玉、豐之間，某兵已抄至遵化，會兵夾剿，惟力是視。

答宣督陳札十二年二月　日

閱諸鎮壁壘，猶循故事，戰則必勝，恐不敢望也已。以鄙見諭令改列明日，當再約祖臺一觀之。哨撥事祗遵來諭，復嚴飭雲鎮確偵矣。

與督察劉札

自注云：十二年二月十八日抵三屯與札。

頃接楊翠老、高龍老札，云敵苗仍傍東北行，似不忘青口者。我兵住三屯，可謂扼要。第敵行甚緩，鐵廠此時尚無警耗，偵確之後，奉迎台駕，未遲也。遵距屯雖近二舍，然辰發午至，實不過四十里，屯地狹，糧芻俱乏，我兵不宜先集自窘。惟師相裁示。

答督察劉札

自注云：十九日阻雨三屯，督察誤聽總兵陳國威差弁口報敵已盡出青山，貽札見示，答云。

敵出青山，當走鐵廠，由河南寨渡河。河南寨距三屯三十里，兵在三屯即可控扼。敵出冷口，則走遷安，安距三屯一百二十里，兵在建昌乃可控扼。建昌距遷安四十里，距三屯亦一百二十里，距冷口止十里，總監大兵已至玉田矣。豐潤之敵哨撥已至沙河，自應東徙。附此併聞。

附督察來札

敵欲出青山口，被槍炮打回，此賊距後賊尚遠，當係前哨開路，想不過一二千，兩未相接，自是孤軍，正可乘機急擊，萬勿失此著數，以招坐待之咎也。幸速催督諸鎮與侯鎮合力猛圖之。又謂遵城眾口紛傳敵連日已從東中各口絡繹先運輜重，發將盡矣，但留精騎，抵旁殿後。若此語流聞入都，又增一番擬議。又云所云敵欲出青山者，乃陳總鎮標兵口稱，誤以十一爲十七，仍是前事也。兵且勿輕發還，須確探始行，併希轉語侯鎮爲望。

與宣督陳札

自注云：十九日又接宣督札，與督察前札所聞略同，答云。

黨谷之報，或總監哨撥誤之也。昨治庭行及中途，前山舉炮，又如走石門時，治庭故若罔聞者，已竟無他也。至云敵盡出青山，尤無影響，彼中哨撥時至，絕未見虜一騎往窺，閾傳之口可詫也。治庭進發之地，俟虎帥報到酌定，即馳聞左右，併請台駕東移矣。

報督察劉札<small>十二年二月十九日</small>

據雲鎮塘撥口報，敵撥已過沙河，苗頭的往東協，傳庭當發雲、宣兩鎮兵赴建昌伏擊。傳庭亦即携臨、陝等兵繼往。師相大駕，亦應刻下東指。

答督察劉札

自注云：二月二十日督察催赴豐潤擊賊，答云。

敵前哨已至沙河，其盤旋豐潤者，必後哨驍騎，遲留未去，以阻我師耳。王、楊等兵，已於昨晚發令馳赴建昌，因阻雨，故候質明始行。承教嚴切，復檄分千餘遠赴豐潤，出奇襲擊，詳具公移。伏惟慈鑒，再窺盛意，勉勵之殷，殆惟恐傳庭一著處後感生成，曷其已已！併謝。

又附札

小札將發，據虎鎮哨役報，敵營已至榛子鎮矣。傳庭當即催雲、宣等兵星赴建昌，傳庭亦即同餘兵繼發。其發豐潤之兵，仍令隨敵襲擊併聞。

附督察來札

陳方老已俯從弟愚見，密遣精銳由間道趨入豐潤，復爲前日香河之舉，必當獲捷。老年翁所統諸鎮，豈皆不能出一奇着而旁觀袖手乎？果若斯，則在三屯猶夫駐遵化也。何益，何益？夜襲儘可驚擾，何必有擊便中，若曰樹栅隔礙，鎗炮空發，而堅不肯圖，是膽怯氣靡之所借口也。將士倘再爲此言，幸勿復信。凡有妙用，希即馳聞。

答督察劉札

自注云：二月二十日督察又催赴建、冷，答云。

今日五鼓發雲、宣及延綏兵先行，某尚欲俟師相駕至面請方略後，乃督餘兵續進。接大教先伏待敵，時不可失，當即介馬前驅矣。至於相機指縱，圖一當以慰拳切，不敢不罄此心力也。

附督察來札

昨暮太府孫老先生發來虜營走出三小子，弟細訊之，謂辰刻自豐潤城東十里外起營。信若是，則漸近遷安矣。老年翁速當嚴督兵將，疾趨抄前，預伏以待，不宜再緩，致落敵後也。時即催陳方老急進，餘亦相繼俱行。劉、閻兩公而外，又有真監陳、密監邊俱已至，此誠所謂雲集也。春雨沾漬，敵所畏，以其易於生瘟，且弓軟弦濕，長技受窘，帳浸馬濘，行止皆難，正天授我以滅敵之會，而我若不盡力圖之，遺憾可勝道哉！不世奇功在茲一舉。時乎！時乎！萬萬勿失，惟老年翁以全神注之可耳。

與樞輔楊札 十二年二月二十一日

　　敵將出口矣。憶某初承壞局，竊謂不知更當如何決裂，乃敵禍反自此少殺，使鹽山、慶雲或能強支一日，以待某之東返，則自某接兵後，州縣遂無一失保全者不止在西路也。惟是到頭一着未審若何，如一創難圖，敵竟狡脱，恐終無以謝聖明、逭斧鉞，是某之所爲听夕懍懍不能稍釋者也。至於揆度情形，鼓勵兵將，調停群議，心力俱罄，艱苦備嘗，第不能一一筆舌於師相耳。

　　閱邸報，聖明允政府諸老之揭，敕部推舉心術端正、擔當敏捷者以聞，豈枚卜需人乎？果如明旨所云，得一人焉，俾於元輔還朝之後，毋廢督察之官，而合薊、遼、宣、大等邊爲一邊，俾此一人，本共信之猷望，握獨重之事權，盡謝情面，專計攘安，督撫不得耦尊，鎮將生殺爲命。其現在之督撫不問久任、新任，應留者留，應易者易。鎮帥悉以協將署管，非有真正軍功，不得輒加鎮銜。副將而下帶銜至都督、僉事而止，非有真正軍功，應轉鎮帥任著何勞勩，不得輒加蟒玉。其現在之鎮將，亦不問久任、新任，應留者留，應易者易。乃復卧薪嘗膽，改弦易轍，深思如何之兵始可辦賊，著求必勝，效取至捷，於兩月之內，先練樣兵十營，刻日報成。而以此一人往來稽閱，兩月薊、遼，兩月宣、大。出則戴聖明之威靈，使文武將吏震疊祗承；入則以所稽閱之狀繪之至尊，俾邊塞情形時在聖目。而又以師相之公虛果毅以主持照應於中。如是而從頭整頓，料理經年，豈有不能制敵死命而猶披猖惟意乎？至所練兵，步火十八，弓馬十二，兵不必另募，餉亦不必另加，但得此一人，俾其以贊畫佐帷算，當爲師相次第畢陳也。若此一人既得，其他萬難責效、不可共事、有害無利之贅物，即宜盡行撤去。然非朝議所可爭，亦俟此一人用後瀝誠以請，不濟則以死繼之。倘微倖回天，國家事庶可爲也。若有害無利之贅物不去，任舉何人爲督爲撫，於事無濟，宗社之計，某不知所終矣。惟師相裁之。憂憤無聊，忘其狂瞽，伏惟原鑒，更希秘密。臨穎不任惶悚。

答閣部楊札

　　自注云：先於三屯道中接樞輔札，言青山報敵闖出，又復闖入，蓋即十一日敵哨出口報也。恐敵不出青山，則建、冷爲所必趨，望我兵拼命出奇，驅之疾走，語甚諄切。廿一日答云。

頃報虜哨從豐潤南行，則關門可慮。而口外接應之虜又傳已至大寧，大寧近在中協，敵情甚狡，或詭爲南行，以疑我兵，然後突走青、冷，皆未可知。今某已與陳方老同至建昌，扼冷口之衝，合力圖一大創。如敵突關門，稍俟探確，亦可馳抄夾擊；或復回青山，則可轉太平一帶邀截，凡此事機決，不敢坐失。至台教所云“拼命出奇，驅之疾走”，敢不惟命？第驅應在後，抄應在前，昨在薊州已與總監分任，且有疏入告，即某亦屢有塘報奉聞矣。今某兵已抄敵前，如欲且抄且驅，何能分應？且同處敵後，恐致誤緩事，會小疏業詳之矣。敵盤旋遲緩，固似有待，亦以驅者不驅耳。牧羊鞭後，師相應另有玄籌，非某所敢贅也。

與督察劉札_{十二年二月二十一日}

昨報虜哨已過沙河，即冒雪走建昌，其豐潤一旅亦如命遣行，初發千餘。嗣接翰示，知豐潤敵營已拔，止遣六百餘，令之乘機擾擊，務尾及口乃已。然愚意必欲合力一大創，庶可少雪積恥。頃報虜移營南行，則關門可慮。乃據喜峰、冷口之傳聞，口外之虜已至大寧城。大寧爲中協之衝，恐內外夾攻尚在青山口，今之南行，其狡謀也。建昌居中扼要，若敵走冷口，正可扼擊；敵走關門，又可趨剿；即或出青山口，亦可抄太平寨擂鼓臺，出奇圖功。今已嚴行哨探，務得確息，然後與陳方老商度舉事，天時地利俱有勝機，斷不至坐失也。第以前扼而兼後驅，力必不能分應耳。禁旅及真、密兩公，俱聽師相隨機調度，臨時又當附聞。

答督察劉札

自注云：二月二十二日接督察札，屬令兼顧建、冷、關門，答云。

建、冷、關門兼顧，已非易易，若更以抄兼驅，其何能既前忽後耶？三路齊舉，業奉明旨，惟有密訂師期，合力奮往。至舉事應在何日，某兵應由某路，某不敢妄有擬議，惟師相運籌聯絡，飛檄指示，某有竭蹶從事已耳。如某與宣督應分一人，或遣一旅南下，聲擊用虛，而以餘兵設伏用實，一惟台命。第分則力單，到頭一著，必宜多不宜少耳。總兵侯拱極等兵三千五百已發關門，張天麟等兵新與臨鎮兵合，暫留建昌，亦是總監汛地，固所欲兼顧者。保鎮劉光祚奉旨解京，允屬妥便，業如命遣役馳往。附此併復。

答總監高札

自注云：接總監札，云賊已過松、塔，內賊盤踞鴉紅橋，苗頭向山海，屬令張天麟等三營回顧關門。二十二日答云。

外敵果至松、塔，則內敵盤踞遷、延，明係有待，關門重地，自宜嚴防，以伐狡謀。張天麟等兵極欲遵命發往，因新與臨鎮合營，臨鎮去此，遂無火器，故暫留建、冷，猶是台臺屬地，俟關門報警，仍即檄令遄赴，不敢再煩台示。總兵侯拱極及兩副將之兵，俱屬令赴關矣。頃奉三路齊舉之旨，業馳請督察聯絡指示，希台臺有以教之。

與督察劉札_{十二年二月二十四日}

屢接嚴示，何敢株守？約期併進，已請帷籌選銳馳擊，併告掌記矣。今早某復欲親提各鎮將兵，先趨遷安，迎頭偵剿，人馬列隊將發，未幾而冷口報警，未幾而喜峰與冷口傳烽狎至，遂撤還各兵，嚴備以待。至宣鎮之兵，必宜返三屯，或傍山抵太平寨，與禁旅及真、密二旅期會並舉。冷口一帶某獨任，俟內敵苗頭確有定向，兩地之兵即視敵抄擊，此機宜必不可移者也。宣鎮宜刻下即行，已再四促之矣。

趣宣鎮返三屯札 十二年二月二十四日

祖臺之宜返三屯或駐太平，與京營各兵期會合剿，此事機之不容已者，望以刻下啓行。如欲須之明日，某期期以爲不可，倘烽傳未確，自有任其咎者。援兵所憑，但視烽耳。

答提督閻札

自注云：二月二十四日接閻提督札，以敵情見訊，答云。

敵營盤旋不動，意蓋有待，因與督察劉老先生咨札，相商會期舉事，以信三路並舉之旨。某正欲親率官兵由遷安迎剿，而冷口、喜峰傳烽至急，今宣鎮已星夜馳還三屯矣。某專任建昌一路，俟內敵確有定向，仍當合力並圖。詳具小疏中，附覽不既。

答督察劉札

自注云：接督察札，謂已謝事，此後兵事不必見商，二十六日答云。

承示，約期齊舉事屬某，敢不惟命？但連日敵情倏東倏西，且行且住，似欲誘誤我兵分應，然後合力闖口。又我兵進發之路殊費商量，三屯之兵中宿無所，建昌之兵迎扼非計，其詳已悉小疏，惟師相教之。三軍機宜，全秉指授，捧讀手教，不勝惘然。

看議之旨，或聖明欲振聳行間諸臣，俾其畏奮，魚水一德，正自相成。師相身任天下，心憂社稷，當不能一日釋懷。敵遁非遥，萬祈提命不替，造就有終，某與諸將士引領望之矣。

答總監高札

自注云：總監來書，約兵折轉擊剿，二十六日答云。

兩日口外傳烽狎至，而內敵仍伏不動，或以我兵環集邊口扼其吭也。某已具小疏，從灤州夾剿，一面遣協將刁明忠等兵先往開平一帶，出奇擾擊。承台教，適獲我心，當於刻下親督存建馬兵前進，迎敵所在，奮圖一創。先此附復。

答關撫朱請兵分援書<small>十二年二月二十八日</small>

兩接台函，冗次率復，計此時已塵記室矣。茲諭移旅永平，兼顧灤州，與鄙懷適愜。擬於二十八日量擬楊鎮等南行，其建、冷仍留曹、王兩鎮駐防，敬拜疏奏聞矣。

答閻提督商兵事書<small>十二年二月二十八日</small>

內敵久延，邊烽疊警，此中正費商榷，台諭某仍宜駐師建昌，扼要待敵，實協鄙見。第建昌芻粒已竭，而內敵盤旋不動，接部咨，有「寧令敵闖邊口，毋使搖撼關門」之説。再接關撫咨，亦謂「窺冷可慮，闖關尤可慮，我兵飢尤可慮」。權之輕重機宜，某不得不分發永、灤，與高老先生犄角夾擊，務期促敵北奔，庶能從大駕及督理劉老先生之後稍圖斬奪耳。至口外之敵，已檄嚴堵，亦鎮將事也。此復。

答宣督陳札

自注云：接宣督札，商兵事兼借餉銀，二十八日答云。

自台旌西指後，即圖選銳南抄，二十六日三鼓，太平、冷口傳烽並急，因暫留建昌調度，先遣協將馳抄灤州。明日烽火復緩，遂拜疏趨永、灤，以圖遏剿，並遵部咨"寧使敵闖邊口，毋令搖撼關門"之議，及督察驅敵之指授也。建昌仍留王、曹兩帥待敵伏擊，詳具疏揭中，已呈台覽矣。大軍雲集，需餉維艱，老公祖具疏呼籲，自應得請。若李主事挾餉有限，恐未能兩應也。再支五日，敬聞命矣。松山之報甚急，今日内敵札營沙河，可東可北，如竟走山海，則結局更未易易。侯鎮現在冷口，遵高龍老之遣也。冗次蕭復，不一。

回兵部催由真定截殺咨

為三審機宜事。

崇禎十一年十一月初九日，職督兵行至徐溝，准兵部咨前事，内云出關剿敵，原應隨帶多兵，本部疏雖未及，豈有剿敵而不用兵之理？今馬步止帶一千五百，或者精選一以當百正堪鼓而用之，惟望星速前來，早濟公家之急。如遇真、保等處有敵騎抄掠村屯，即望相機出奇截殺。本部已調總兵左良玉提兵渡河，倘行次相及，就近會同調遣，亦一策也，等因。准此，爲照職奉調出關備援，自應隨帶多兵，即本部原咨未云帶兵若干，職亦應酌量多携。祇因閣部書札有「量率所部兵北上」之語，而差官王建都又稟稱，閣部分付兵馬不必多帶，故職止選携馬步兵一千五百名星馳前來，今欲再調，亦已無及。職即遵照來咨，鼓勵各兵從真、保迎頭相機截殺。其左良玉之兵，此時未知行次何所，除一面發撥哨探，相近會同調遣外。職仍一面檄行分巡關內監軍道王文清，再於標、潼兩兵內挑選馬步一千名，聽職即行馳調外。今准前因，合再咨復，爲此合咨。

崇禎十一年十一月十二日。

又回兵部催兵咨

爲敵報續至已真，現在援師猶薄，乞敕就近撫鎮星馳入衛，并酌議遠方赴援，以握勝算事。

崇禎十一年十一月十三日，職督兵行次壽陽，准兵部十月二十八日咨前事，內開：「陝西巡撫孫傳庭已調未到，且未報帶兵之數，約計三千有奇，應催速到，等因。十月二十七日戌時，奉聖旨：『山、永、遵、密之兵，俱着嚴防邊汛，萬一敵若續入，即分守各城。孫傳庭、曹變蛟及禁旅再行嚴催。甘、寧二鎮聽督臣酌發延兵，另選健將統領。王威留鎮，楊文岳之兵着分守沿河城邑，周鼎駐防臨清。應天、浙、福等處，即着照數解銀，兵不必來都，勒限去。餘依議。剿敵之兵撤調已多，左良玉、倪寵等應否俱調，再加確議速奏。』欽此。」欽遵，恭捧到部，合咨前去：「煩照本部題奉先今明旨內事理，星夜統兵，兼程赴援，勿得再遲。」等因。准此，案照先於本月初九日，准本部十一月初三日咨，爲三審機宜事，等因。准此，已將職奉調出關、選携兵馬緣由，并檄行監軍道、再挑選續調兵馬數目，業於十二日咨報本部訖。今准前因，除職督統所携兵馬星夜兼程赴援外。合再咨復，爲此合咨。

崇禎十一年十一月十三日。

真定敵情塘報

爲敵情事。

職督標下副將趙大胤、王根子，將李國政、郭清，遊擊王國棟，都司張一貴等，統領官兵，十一月十六日行次柏井驛，據原差塘撥遊擊郭鳴鳳，守備梅永高塘報，又准直隸巡按張懋熺手札。十七日職行次井陘，又據郭鳴鳳塘報，又據井陘道李九華具稟。各到職。該職看得，職兵於十七日抵井陘，敵營於十二日即屯真定之東，今南至藁城，北至靈壽，遍地皆敵，職兵與敵相距僅百里餘。明日再進獲鹿，則與敵止隔滹沱一水矣。職聞真定無兵，直隸按院張懋熺移書，及井陘道李九華具稟，各促職遄至。職兵雖寡，倘得馳入府城，必能爲重地防禦稍資一臂。第敵營環列，而敵騎四馳，其敵之屯古營者，距兵渡一綫之橋僅八里許，職提孤旅以突虎穴，殊非易事。除職至獲鹿相機衝擊外，理合塘報。再照職於初四日次洪洞具有一疏，爲秦計善後而略及敵情。今敵情較彼時復異，乃職兵適迎其前。昨接閣部咨札，其所期望於職者甚厚，職憤不與敵俱生，顧衆寡相懸殊甚，倘旦晚督監大兵從東追擊，職提偏師從西佐之，職即屠劣，必不敢自謝不敏也。須至塘報者。

崇禎十一年十一月十七日。

真定告急率兵馳赴塘報

爲敵情事。

案照職於十一月十七日行次井陘，已將本日以前敵警情形塘報訖。十八日職督兵抵獲鹿，查獲鹿至真定道路被敵梗塞，斷人迹者五日矣。職即選差官丁哨探開路，有直隸按院原委千總武振山在鹿防守，隨令本官引領前往。當夜又准直隸按院張懋熺手札，並據井陘道李九華、真定知府范志完、同知曹亭，各差快役任從善、馬應仲、陳建行、朱明仕扮作鄉民賫禀到職，催促兵馬遄至。職即於十九日督兵馳赴真定援勦，俟到彼審酌敵勢衆寡，相機戰守外，理合塘報。須至塘報者。

崇禎十一年十一月十九日。

率兵馳入真定解圍塘報

爲敵情事。

案照職於十一月十九日督兵馳赴真定援勦情形已經塘報訖。二十一日，據西安兵備清軍驛傳帶攝監軍道副使王公弼塘報，據監紀同知簡仁瑞塘報，准本院標下副將趙大胤塘報前事，内稱本職等官兵自蒙本院親督赴援，於十一月十八日辰時至獲鹿，有直隸按院原發防守獲鹿、井陘道門下千總武振山報稱，敵在真定五七里之内札營數日，音信不通，等情。隨蒙本院即傳各官兵整勵，於即日戌時，先發後左營參將李國政，領該營都司、守備、千把總、材官、百總、家丁，令武振山引路，前往真定偵探敵衆情形。是夜三更即至滹沱河橋，瞭見火光四起，李國政即領兵馬徑從大路衝趕敵塘，直至真定府城南關，隨差本營守備李國艾從間道回報本院訖。十九日本院率監軍道王副使，管餉監紀同知簡仁瑞，督副將趙大胤、王根子，旗鼓遊擊王國棟，參將郭清，都司張一貴，領各營官兵，於本日未時自獲鹿起行，一更時分渡滹沱河橋，齊至真定府南關屯札。時敵火東西環繞，本院隨遣內丁守備崔應舉、樊學仁等，各領撥丁十名東西哨探。崔應舉領撥丁哨至西北十五里遇敵撥六七十騎，衝砍一處，敵見我兵拚命砍殺，隨即走去。砍傷賊虜約十餘名，黑夜不便割級，重傷撥丁二名。隨探知保定撫院張其平督兵從西北前來，各丁恐昏夜真假難辨，隨回南關報知。本院諭令札營，嚴守竟夜。次早忽報敵五六十騎在城南窺探，蒙本院即發各營精銳百騎馳撲敵處砍殺。敵見我兵人精馬壯，望風馳遁。有副將王根子下家丁擺賽拿獲剪毛一名，併馬一匹，審得本名楊自禮，山西澤州人，係保定府蠡縣知縣王寀家人。除將楊自禮發赴真定縣查給路引回籍訖，理合塘報，等情，到廳，塘報到道，轉報到職。

二十二日又據該道塘報，准本院標下副將趙大胤、王根子，參將李國政塘報，本月二十日我兵趕散敵撥之後，敵不敢零騎撲搶。二十一日俱札營於府城東北一帶，以精騎數股於離城五七里內往來窺探，以防我兵襲擊，於本夜五鼓從東北起營南奔，塵土接天，行至日暮方盡，復札營於城東南沿河一帶。是夜蒙本院同真定撫、按兩院城頭會議，選發標下火攻把總雷世英、真定撫院標下火攻千總王全，各領炮手襲至地名王家莊，直向敵營衝打，擊亂敵營，打死達賊不知多少，盡被拖入大河，止遺屍二軀，查係從賊剃頭漢人，不應作級，救回難民二名，奪獲牛三隻，敵於是夜南奔，等情，到道，轉報到職。

該職看得，職兵次柏井，即聞真定告急，馳至獲鹿，而直隸

按院及道、府請兵之使從間道相繼狒至。職念重地孤危，不暇自
顧兵單，當發參將李國政精選塘撥先往。職將卷杠、吏書盡留獲
鹿，介馬擐甲，親提副將王根子、趙大胤及參將郭清、都司張一
貴等馬步官兵，從縱橫賊火中冒險衝突，直抵府城。時方一鼓，
我之哨丁十人於府城西北遇敵撥數十騎，隨能鼓銳力敵，傷賊且
多。旋報保撫兵至，敵伏出掩襲，保撫督火攻營兵擊打，敵退。
職嚴諭各兵列陣城南，職率監軍道王公弼、監紀同知簡仁瑞，分
投巡飭，露處達曙。敵復發塘撥迫瞰，職隨發精騎迎擊，敵驚還
老營，我兵追十餘里而返。自是，敵不敢復發零撥分犯，以大營
屯札西北，以精騎數股往來於城北五六里之外聯絡遊逞，防我襲
擊。我兵因遠涉山險，未遑食息，暫休一日。而敵於是夜之五鼓
拔營而南，敵行竟日，塵土接天，至暮方盡，屯札於濱河一帶。
職與保撫張其平、按院張懋爝城頭會議，發火器兵數百，攜西洋
等炮，夜擊其營，敵驚遁南奔。據報，擊傷敵匪甚多，敵悉拉投
河，內止遺二屍，驗有炮傷，一剪髮未久，或係新擄漢人；一髮
係舊剃，網痕俱無，必係久從遼人。職以既非真賊，俱不准級。
然恒陽重地，獲保無恙，則職之冒險赴急非徒，而各將兵拚命解
圍之功，似不可泯矣。幸督師大兵已至，正值敵飽而思歸之時，
敵之授首當在旦暮矣。理合塘報。須至塘報者。

崇禎十一年十一月二十三日。

遵旨赴京已至保定復接暫駐
真定之旨移兵部代題請旨咨

為塘報事。

十一月二十六日，職率兵行近保定，於途間接准兵部咨，前

事，該閣部楊嗣昌題，奉旨："孫傳庭如至真定，暫駐剿禦。張其平急宜回汛，勿再逗遛取罪。督、監、撫、鎮仍一併再飭行。"欽此，欽遵，抄出到部，移咨前來。案照職十八日行次獲鹿，據報大敵環遏真定，職慮重地孤危，因將卷扛、吏書盡留獲鹿，介馬擐甲，親提官兵，於十九日冒險馳至真定。當夜我兵殺退北兵塘騎，又於二十日奪獲敵騎。二十一日夜擊敵營，敵即南遁。業將解圍情形於二十三日塘報閣部訖。職因准部文，催職星馳入衛，毋容俱滯南方，奉有俞旨，職隨於二十四日率兵北上。復奉今旨，職已離真至保，且督兵無多，況群敵已渡滹沱南遁，督師大兵緊隨追剿，保撫又經回汛，職因暫駐保定，應具疏請奪。緣職吏書、卷扛尚在獲鹿，繕寫無人，即職驚聞新命，揣分難勝，亦俟職抵京繕疏控辭。爲此合咨貴部，煩請查照，代題請旨，移職遵照施行。

崇禎十一年十一月二十七日。

移兵部聞差官報敵出龍
固仍遵前旨赴京咨

爲塘報事。

案照先於十一月二十七日，業該職將真定解圍、敵兵南遁、督師盧象昇兵至追剿、保撫張其平已經回汛及職離真至保情形備咨本部，代題請旨去後，職暫駐保定候旨。本月三十日，有本部原差官黃學卿自真定回稱，西路敵衆已過龍、固兩關，督師親提虎總鎮、楊總鎮等兵，於二十八日由獲鹿赴山西追剿，又發總兵王樸由龍泉關赴大同扼防，則職自不應復返真定。除於十二月初二日仍遵前旨赴京外，爲此合咨。

崇禎十一年十一月三十日。

回兵部送到糧單咨

爲敵報續至已真等事。

本年十一月三十日，准兵部咨，前事，合咨前去，煩照來文事理，即將送到糧單一張、則例一張查收，照所領兵馬確數填單支給，仍希咨會户部查考，等因。准此，爲照職奉調入援，官兵應用行糧，職携有餉銀，按日支發，並不取給於沿途地方。惟是馬騾料草，恐一時措買爲艱，行各領兵官，照原題數目於經過州縣支領。其官之廩給、兵之鹽菜及官與兵之食米，俱以原携餉銀折給，沿途並未支領。今兵馬已至保定，除俟事完將支過料草數目造册，同原送糧單及則例咨報外，合先回復，爲此合咨。

崇禎十一年十二月初一日。

再接部咨仍駐保定移部請旨咨

爲微臣冒險解圍，已抵真定，恭報沿途情形，仰祈聖鑒事。

本年十二月初二日卯時，准兵部咨，該保定巡撫張其平題，前事，十一月二十八日奉旨："知道了。張其平回鎮稽遲，且屬邑多陷，何得以解圍自詡？敵氛正棘，着益加策勵，與孫傳庭作速協力剿援。該部知道。"欽此，欽遵抄出到部，移咨前來。同時，又准兵部咨，爲塘報事，准職咨，前事，等因到部。准此，爲照真定暫駐剿禦，奉有明旨，似難徑行抵京。今既行次保定，應仍暫駐，候本部另行題請，仰取聖裁，進止爲便，等因。到職。准此，案照先於十一月三十日，有本部原差官黃學卿自真定回稱，西路敵兵已過龍、固兩關，督師親提虎總鎮、楊總鎮等兵，於二十八日由獲鹿赴山西追剿，又發總鎮王樸由龍泉關赴大同扼防，則職自不應復返真定。擬於初二日仍遵前旨赴京，業於初一日咨報本部去後。本日又准保定總兵官劉光祚塘報，內稱，十一月三十日，據職原差健丁營撥哨守備毛士英、王英席、陳璉等報稱：英等探至真定府獲鹿地方，二十四日達兵攻獲鹿，三日火炮，打死達兵甚多，獲鹿無虞，達兵徑奔井陘山去訖，有欒城縣達兵亦奔西山去訖。有大同鎮兵馬二十八日起身往倒馬關，探得敵兵自二十六日起陸續徑奔山西地方，稟報到職，理合塘報，等因。准此，職於初二日自保定起行赴京間，今准前因，職仍應暫駐保定，聽候明旨進止。第今敵兵已於十一月二十六日從龍、固兩關西奔，離真定已遠，況職已抵保定，距敵愈遠，即追，敵現至何地，職亦不能遙度，又何能與保撫復圖協剿？爲此合咨貴部，煩爲酌題，仰請聖裁，恭候旨下行，職遵照施行。

十一年十二月初二日。

聞舊督兵潰塘報

爲敵情事。

職於十二月初九日督兵至真定，因鞏營兵候旨未發，關遼兵始至定州，職於十二日早携備行糧南下，本日至藁城。該縣用大炮擊兵，不容關厢住宿，官兵無奈，分投村舍。次早起行，於申時至賈氏莊，見有潰兵陸續北來。隨據保鎮併標下塘丁羅新氣等收來兵丁一名王振稟，係陽和鎮中營副將李重鎮營內左哨把總葉建開內司家丁，報稱本月十一日，督師盧象昇統兵到鉅鹿縣地方賈莊，與敵大戰，擒獲賊一名，斬級一顆。十二日卯時，敵從四面齊來攻營，用火炮相打，至巳時將營攻破，兵馬四散，督師盧象昇與虎總兵俱在莊內，虎鎮要上馬往外衝砍，督師云應死守此地，兵潰後未知下落。有總鎮楊總兵先領兵馬往援順德，今聞現在內邱，等情。據此，除探有的確情形另報外，事關兵潰，理合先行飛報。須至塘報者。

崇禎十一年十二月十四日。

移兵部借陝西功賞充餉咨

為州邑破殘已甚，官軍糧料俱無，祈發陝省斬級之賞功，暫充目前之實用事。

竊照本部奉旨協剿，其兵單糧乏情形業已另疏專請矣。但今敵茍自鉅鹿而東，飄忽莫知所向。本部是以攜帶標兵以及關、保兵馬，自晉州而趨束鹿、冀州，東西可以堵擊。惟是所在村落丘墟，民心風鶴，不惟官兵之鹽糧不繼，即一芻一束尤難，本部雖鼓舞而行，終難朽腹以待。查得先准本部以職任陝撫，原督標下各官兵征剿流寇，斬獲賊級，題准解發功賞銀一萬五千兩，已經委官領解，阻於敵氛未到，今尚在同庫，似可借那軍前，以濟亟用。此以陝兵應得之賞功，暫充剿敵之糧料，於計最便，擬合咨請。為此合咨本部，煩為查照咨文內事理，希將陝省征寇賞功銀一萬五千兩借發軍前，暫充剿敵緊急糧料之用，完日具數銷算。其應給功賞，仍俟事平撥發餉銀補給施行。

崇禎十一年十二月十七日。

報敵情塘報

爲敵情事。

案照先於十二月十三日酉時，據陽和中營家丁王振口報督師兵潰大略，業於十四日丑時塘報訖。本日職抵晉州，據兵部原委傳報守備張國瑞報稱，十一日夜二更被敵圍住賈莊火營，至卯時，正南又來一隊萬餘，將莊圍三重。督師周圍巡視，虎總兵西面，楊總兵東面，南北二處副將等官。西南面，敵用大炮打數十炮，我營對打大炮百餘。西南敵衆，紅旗四面，頂頭就上，亂箭齊進營內。督師舞刀大叫，齊殺上去，坐馬前射二箭，營中對面不相見，一齊亂殺，遂不見督師，未知存否。卑職只得殺出正南，被敵三重圍住，又殺向東，被射二箭，又出東北，左肩一箭，齊殺出官三員俱帶傷，等因。職因候關遼兵未至，暫駐晉州，一面檄行總兵吳襄催兵速赴軍前，一面遣參將李國政統兵前往鉅鹿一帶哨探敵營。又聞潰兵沿途紛紛四散，隨差守備趙安攘執牌招聚。續據宣鎮遊擊何鳴陛稟報，宣府總兵楊國柱、寧武總兵虎大威俱突出重圍。職隨給牌付鳴陛，找探兩鎮，各收潰兵去後。關遼兵於十七日到齊，職於十八日驗收隨征。

本日，據宣府總兵楊國柱塘報，十二月初九日至鉅鹿城南十二里賈莊，與督師合大營，隨奉檄催，就於賈莊札營，安設大炮。山西陽和分西北面，本職分東南面，隨即同各鎮帶兵分頭進發，直撲敵營。於蒿橋遇敵，我兵奮勇，斬級四顆，收兵回營，隨驗督師賞功。酉時隨報敵調大隊四面圍攻，我兵箭炮齊發，攻打一夜，至丑時方退。十二日辰時復又來攻，自辰至未，攻打不退，兩日一夜，炮聲不絕，箭射已完，火藥俱盡，本職拚命統率馬兵，列營對射。敵從西北角衝入，本職大喊，官兵轉身內向攻打，迎頭死戰。奈衆寡不支，本職被敵連中四箭，又被刀砍中盔落馬，隨為親丁降敵救出，本夜至鉅鹿北莊方蘇。當有在陣中傷副參張明禮、李國輔等，俱已責成各分要道，沿路招集兵馬，尚有本職印信并守護官丁猶未找獲，俟官兵招集及印信找獲另報，等因。又據陽和中營副將李重鎮、左營副將劉欽各報敵攻兵潰情形，與前大同小異。內李重鎮報稱，十三日申時，至新河縣南五里迎遇虎總兵，口稱營亂之時猶親手力牽督師馬首，救轉東面，督師奮不顧身，不肯出圍，用刀刺虎將之手，勒馬喊砍，衝冒流矢，忽然不見，不知下落等語。據平日督師指天誓為千古英烈，關帝斷頭，馬援裹屍，每不去口，苟旁有一人勸生，即着實怒罵，故臨難不能救轉耳。卑職雖負重傷，勉力找尋。十四日至關亭地方，遇左營副將劉欽並原差親丁黃智等，攙督師屍軀，面中一刀，頭中一刀，身中四箭。卑職先用布纏，俟至城池再行棺殮，等因。又據宣鎮遊擊何鳴陞報稱，蒙差招集潰兵，卑職隨即差人招集，今已收完宣鎮各營兵丁馬步共一千八百一十一名，內陽和馬步兵，卑職交付陽和領兵官訖，等因。又據宣府總兵楊國柱呈報，招集本鎮官丁共一千五百六十五員名，分別馬步各令入營整搠以後，兵丁隨到隨報，等因。十九日，據標下後左營參將李國政塘報，蒙本部憲檄，發卑職自賈氏莊前往戰陣地方，跟探敵衆向往情形飛報，以便督兵進剿。卑職帶領本營都司、守備李秀、李文奎、楊豹、李國艾、苗大勝、劉友元、吳養純、賀登第、羅國用、杜大捷、路哼囉、路着太、石登科、唐虎、王友倉、李應祥、劉光希、白光明、高棟、陳堯典、劉守信、汪得功等六十名，於十六日酉時至鉅鹿縣地方賈莊，忽見莊內達兵三四十騎，搜掠陣失器械，趕拉鄉民。卑職奮不顧身，即令各官兵撲砍。敵見我兵喊聲大振，隨即望南奔跑。卑職領兵追及一里，射中一賊，落馬竄入樹林，各敵救去，奪獲敵馬一匹，上馱紅包一個。欲再前追，天色將晚，又兼樹林叢密，不便深入，撤塘至鉅鹿縣，取看包裹，内有總督關防一顆，除先差人回報外。又據逃回隆平縣難婦張氏説稱，達賊内多半説話不真，其餘亦説漢話。説各賊於今年三月内會兵，至六月聚集，七月自窠起身，九月到邊，今各部落達賊願回，王子不肯。又因邊外草枯，路遠難行，須至天暖，邊外有草方回，等情。卑職又到鉅鹿縣官亭村，據陽和副將李重陣説稱，自保定起至鉅鹿，沿途及戰陣之時二十餘日，兵馬未見升合糧料，又兼各處炮打，不容近城。順德府、廣平府有宣府楊總兵發兵去守，地方官云敵已遠去，將兵發回，取據該府印結，等情。卑職探得，敵自戰後仍在鉅鹿縣南三十里外札營，復撤塘來戰場撲掠人民，苗頭向東南行走。寧晉、鉅鹿一帶被敵殘破，進則難戰，退無可守。伏乞憲裁，今將探的情形并奪回印信、馬匹一併解驗。各報到職。

該職看得，自賈莊師潰之後，敵勢益張，敵謀益狡。今據各報情形，固不無互異，至敵之苗頭復趨東南無疑矣。職現在所統之兵單薄實甚，必宜候兵力稍合，以圖防剿。但和應詔、曹變蛟等兵未審何日可到，又真屬地方一時無敵，便視兵如仇，不惟軍糧斷絶，求索無門，亦且訛謗繁興，釁端百出。職即欲審酌，彼已徐圖進發，不可得也。查冀州襟帶真、保，控引臨、河，我兵至彼，既可以犄角山左大兵，又可以還顧畿南重地，即敵出臨洺北竄，職亦由順廣躡敵之後，或折龍固以抄敵之前，而尾擊、迎擊之勢猶在，職遂於二十日望冀前發矣。俟抵之日，倘我兵漸集，分合進止，相幾爲之。職心原不敢稍有阻懈，職力實不能遽有恢張，此在聖明自有洞矚，舉朝必能體念，無俟職之多贅也。

至若參將李國政，領撥突敵，射馬奪印，勇往可嘉，除職量行犒賞，其督師關防暫發晉州寄庫，并檄令各鎮將將收回殘兵堪用者量選隨征，不堪者具數報部請示外，理合塘報，等因。

崇禎十一年十二月二十日。

二十五日本部題，奉聖旨："這報内李國政射馬奪印事情還應確查，餘已有旨了。"

移督察酌定潰兵去留咨

爲潰兵急宜酌定去留，乞就近裁示事。

爲照宣、晋潰兵，本部檄行宣鎮楊國柱等共招集一千八百餘人，業經塘報外。本部復行楊國柱，從新挑選堪用者隨征，不堪者具報兵部請示回鎮。此時該鎮諒已選定，第恐請示兵部，往返千餘里，若輩飢疲絶糧，勢難久待。擬合咨請，爲此合咨貴閣部，煩請查照咨文内事理，希將宣鎮楊國柱等下招集潰兵，挑堪用者隨征，不堪者填給糧單，委官統領回鎮，煩爲速賜裁酌施行。

十一年十二月二十日。

哨探敵情塘報

爲哨探敵情事。

十二月二十一日戌時，據保定總兵劉光祚報稱，自參將李國政奪印回營，敵尚在威縣，有職原差撥兒都司張登舉、劉永濬等，同標下後左營中軍守備李秀、楊豹等，領原選發撥丁五百名，遵本部面授方略，隨敵尾後，張聲襲探。今於十二月二十一日酉時，據張登舉等報稱，各官丁撒撥由鉅鹿探至威縣地方，縱馬往來，揚塵蔽日，遙張聲勢，隨復暗藏村落，若伏兵之狀，使敵驚疑。於十九日偵敵拔營，在臨清北五十里渡口驛搭浮橋三個，自午時河西往東過渡，約四更過盡，俱在河東札營。其臨清西南地名新集兒，還有達兵一營，前哨已到夏津縣地方，苗頭似向東北，等情，哨報到職。據此，又據鞏固右營千總白之鼎塘報相同，據此理合塘報，等因到職。該職看得，自賈莊兵潰，敵意我西路無兵矣。比李國政射馬奪印，敵已稍稍恫疑，乃保鎮撥哨都司張登舉與標營守備李秀等，復能遵職指示，襲敵尾後，若進若伏，使敵不能窺我虛實。據報，敵大勢已過渡口驛，抵夏津縣，一營尚在新集，相去臨清不遠，其意或不忘臨清，仍思窺逞，或得志復由河間北折，俱未可知，然似已不復南下。職趨冀州，爲適中之地，計職現在兵力，張聲設疑之外，雖不能別有規恢，若用少用奇，苟有機會，亦不敢不惟力是視也。今具塘報前來，理合塘報，等因。

十一年十二月二十二日。

二十六日本部題，奉旨：“知道了。用奇用少，須有料敵實着。孫傳庭着遵屢旨，集師敵愾，不得畫地，以誤事機。卿部還即飛飭。”欽此。

赴臨清防守易出監兵剿敵塘報

前數行闕不得已分兵防禦，河院趨濟寧，通鎮趨兗州，防院趨青州，東院趨濟南、天津，關寧兵暫屯目前，俟樞貳臣至，立刻交付，托以萬全，職即統鎮將視敵馳擊，等因。除具題外，會揭到職。該職看得，初報敵從渡口驛過河而東，恐其得志飽揚，折而宵遁，職提兵趨冀州，謂可以控德扼瀛，且還顧真定。繼報敵越臨清，由高唐折入東南，職遂疾馳棗强，欲從武、德之間渡河防扼。行次和生店，復接總監揭帖，議職守臨清，使關寧大兵得以視敵馳擊，該監業已具疏矣。職即於二十六日抵臨清，將所携兵丁盡撥守城，以代防院之登兵、總監之戰卒。除再確探敵情相機守禦外，理合塘報。須至塘報者。

崇禎十一年十二月二十六日。

回總河請兵援省咨

爲會城萬分危急事。

正月初一日申時，准貢院咨，前事，等因。准此，爲照本部院所督保鎮及關遼兵俱係步卒，已照總監高題疏派守臨城，其原帶秦中馬兵爲數無幾，已發防德州。至所調河南援剿總兵左良玉、臨洮總兵曹變蛟、大同總兵王樸、延綏副將和應詔、陝西副將鄭嘉棟等兵，俱已屢檄催促，奈途遙，一時未能遽至。今東省會城告急，發兵救援難緩，合無亟會總監高，速發現在兵馬，星馳應援，庶克有濟。爲此合咨。

崇禎十二年正月初一日。

移户部兌撥鹽課充餉咨

爲州邑殘破已甚，官軍糧料皆無，祈發陝省斬級之功賞，暫充目前之實用事。

崇禎十二年正月初六日，准户部咨，前事，合咨貴部，煩爲查照來文内事理，出給一萬五千兩，實收給差官前赴阜城兌領，以便日後該解委赴部持驗掣批，等因。又准兵部咨，同前事，等因。准此，查得阜城寄貯外解銀兩，昨據該縣申報，已經解運起行。今准前因，兑領無及，除移文催餉，户科葛樞於現在鹽課銀内兑撥一萬五千兩，湊支剿敵兵餉，完日具數銷算。其應給陝省斬寇官兵功賞銀一萬五千兩，仍照原議，俟事平聽户部撥發餉銀抵補施行。

崇禎十二年正月初七日。

移總監會兵咨

爲軍務事。

照得敵盤踞濟南，我兵進剿宜急，除先發雲延參遊王鉞、王虎臣、蕭漢鼎等各官兵分防外。職於十一日親督官兵馳詣平原，檄行大同總兵王樸，會同保鎮總兵劉光祚，及陝西標下副將王根子等，併延鎮各將官，各挑選精健官兵，共足五千，俱令王樸親督，由禹城馳赴濟南，同東撫標兵相機進剿。如貴監大兵至彼，該總兵即約期併進。如兩兵不能會齊，遇有機會，亦不必拘執等待，各徑進剿外。擬合移會，爲此合咨貴監，煩爲查照，速督各鎮將一體約期進剿施行。

崇禎十二年正月十一日。

移督察趣東撫守臨咨

爲軍務事。

頃接總監高疏，稱敵不忘情於臨，欲本職或督察閣部以一守

臨，托以萬全重任，易總監隨敵殲剿，等因。准此，爲照督察與
本職俱無專守一臨之理，且彼中有一總河、三總鎮，集兵頗厚，
亦足守矣。如以臨城遼闊卑薄，必欲更得一人爲之調度，查本職
現駐平原，德州之防此時較緩，且有貴閣部駐節彈壓，宣大總督
不日且至，似東撫宜移駐臨清調度防禦，以便總監提兵視敵擊
剿。擬合咨會，爲此合咨。

崇禎十二年正月十三日。

回督察留用鹽課咨

爲敬陳目前喫緊機宜事。

崇禎十二年正月十三日，准督察閣部咨，准戶部咨，前事，
該本部覆題，十一年十二月二十三日奉旨："阜城寄銀也著一併
支用，不必扣還。良鄉庫貯，各照數運留，所需本色，該督、
監、撫、按即於附近州縣樵取接濟，事平銷算。"欽此，欽遵，
移咨轉行前來。案查，先於正月初六日准戶部咨，同前事，等
因。准此，查得阜城貯寄外解銀兩已經解運北行，兌解無及，
業該職具疏題請，將戶科葛樞催督兩浙鹽課銀八萬一百九十九兩
零，盡數兌留，以充軍餉。其戶部原撥阜城寄貯銀三萬兩、良鄉
工銀一萬五千兩，併真定京場銀二萬四千餘兩，又職借兌陝西功
賞銀一萬五千兩，除真定解到銀五千兩，其餘俱聽戶部扣數撥
抵，併移文催餉戶科，及札行理餉主事查照兌解外。今准前因，
擬合復，爲此合咨。

崇禎十二年正月十四日。

報濟南敵遁塘報

爲馳報敵情事。

正月十五日申時，據大同總兵王樸稟報，十五日據副將刁明忠差官黨鎮口稟，前發輕騎在濟南府西北羅口離敵營二十里埋伏一日，敵未曾過河打糧。明忠等潛入齊河縣喂馬，相機擊剿，俟有情形另報，等因，到職。原蒙本部院憲牌，令職會同總監高大兵進剿濟南大敵，如有機會可乘，徑自酌行。蒙此，職差官哨會去後。其合力進攻，遵照憲牌會期，一有定期，一面飛馳報聞，一面如期進發，其用奇用少，現在相機酌行，謹先報知，等因。本日亥時，又據標下監營都司李遇春報稱：十五日申時，據新營都司趙祥、大同副將刁明忠報稱，於十四日四更，到濟南西北羅口離城二十里埋伏一日，敵未出打糧。有刁副將發撥，令夷漢丁七八十名探至河口，水大難過。十五日寅時，各官兵俱赴齊河埋伏。本日又據敵營逃出難民說稱，紅旗、黃旗達兵於十三四日已起營往東北行走，止有白旗達兵在濟南城內，口風要在十五六日起營，未知的確。具報間，又據前探都司李汝庫報稱，十五日早辰探至齊河二十里遠，敵將庫等趕回，今帶撥丁移到羅口，探見敵往東北行走，有逃出難民說敵要上滄州，等情。又據旁撥守備任國柱、李國艾稟報，小的等於十五日在禹城縣東，迎遇逃出難民說稱，敵營相議，聞得閣部劉領大兵，新軍門領西兵，行走二十日未盡，紅旗、黃旗達兵在十三、十四兩日起身，白旗達兵在十五六起身，往東行走，等情。十六日丑時，又據大同總兵王樸報稱，十五日戌時，據前探都司杜士祥報稱，十五日辰時，哨見濟南敵大營過河往北行走，留精兵殿後，等情。本日辰刻，又據王樸塘報，十五日午時，職兵在濟南府四十里齊河縣札營，據前探都司杜士祥報稱，哨得濟南達兵十三四日先發哨馬前行，已經馳報外，十五日老營大敵俱往北行，盡離省城去訖。我前鋒在省城西關外札營。具報到職。

爲照職兵至齊河，原遵本部院憲令，恐敵盤踞久持，一面會合關寧大兵約日進攻，一面相機截擊。今職兵方至，甫在會兵哨探間，報敵已出，除視其所向相機殲剿外，理合塘報。

又據稟稱，十六日五鼓，蒙本部院差官傳示鈞諭，職一一仰遵，即刻傳諭刁明忠等再加偵報。如十五日北行之敵往東，明忠等官兵不必西還，職當就之而前馳援東路一帶。如敵往西北行，趨吳橋、天津，即令明忠等盡將兵馬統回，與職合營，另聽本部院驅策。止留萬邦安馬兵緊追敵後，以張聲勢，謹具稟報，等因。本日申時，又據標下副將王根子塘報，據都司趙祥報稱，敵老營大股俱於十五日往北行走，盡離濟南去訖。卑職同各家兵馬在省城西關外札營，視敵向往，相機截擊，等因。又據監營都司李遇春稟報相同。

該職看得，敵盤踞濟南，恐或梗阻徐、淮，蹂躪青、兗，更勾回前□□□別有詭謀，可憂益大。故職會發應防之兵，密布於濟之西北東南，分路遏截，使不得四出旁掠。而又挑選精騎，令王樸統領，由禹城期約合剿。樸等先於羅口、齊河一帶，或伏或前，偵伺進擊。未幾，敵哨先行，今報大營亦北，我兵已抵會城西關矣。職隨馳諭王樸，分發一旅尾後，牽敵精騎，餘俱馳還，從間道星馳抄截。仍馳會總監之兵，從後合力緊促，更得津北之兵，撓擊於前，雖滅此朝食未可預期，然職鼓舞鋒鋭，乘勢奮擊，必能勉圖一當。至職前所發分防之兵，正敵苗所向之地，頗爲得著，第苦地方不能納兵。頃報德平、商河已相繼拒阻，乃兵聲所及，敵謀定可少戢也。容再探確另報外，理合塘報，等因。

崇禎十二年正月十六日。

回東撫咨留雲兵防濟陽咨

爲移會剿除土賊事。

正月二十一日，據濟陽縣知縣丁應祚申稱，北兵逃遁，本縣土賊盛發，或二三百一群，或五六百一群，約數千餘，各處豎旗鳴炮，晝夜焚擄。蒙發大同王參將大兵經過本縣地方杜家水口，有土賊一起將大兵哨馬截劫，王參將領兵殺死數十名，活拿二名。即今四鄉稱王稱帥，意欲竄據城池。卑職待罪，衙役星散，不能料理。懇祈暫留防守剿捕，以救殘黎，以靖地方，等情。又據該縣鄉官、原任延慶知州邢其諫稟帖，内稱濟邑因令君待罪無權，於是草寇蜂起，千百成群，晝夜焚掠，至於張蓋豎旗，無復天日，其害更甚於達兵。幸參將王鉞入境防禦，遇賊橫截奪馬，當場立戮幾賊，所得之腰牌開單及活口李天才具在。今臨城已懾威安靖，而四野尚爾跳梁，等情。據此，爲照濟邑當達兵殘破之後，奸民蜂起爲盜，有如該縣及鄉紳所言者，已跳梁無忌矣。本部院原遣大同參將王鉞防禦該縣，擒斬有據，近城雖稍安輯，而四野尚繁有徒。然虜已北遁，此輩原係乘機作亂，一行禁戢，自當解散。王鉞乃剿虜之兵，不能久留彼中，除檄調赴本部院軍前隨征外。其該縣土賊，應聽貴院就近遣發官兵，相機剿除，以靖地方。爲此合咨。

崇禎十二年正月二十一日。

回遵撫催兵赴邊口咨

爲軍務事。

本月十七日，准順天巡撫楊塘報，内稱敵自青山打斷之後，立馬東山，聞炮而却，其苗頭又往東行，或再闖青山，或直趨建、冷，固未可知，而鐵廠、三屯、黨峪三路爲扼剿追襲之要，等因。准此，爲照本部院與總^{中闕數行}，貴院塘報前來，本院當即會同宣督陳督兵趨三屯矣。擬合會覆，爲此合咨。

崇禎十二年二月十七日。

移督察催買本色咨

爲軍務事。

案照本職已行李餉司發銀一萬兩給遵化縣，買備本色五日，原備携帶以充征剿之用。昨據該餉司禀報，買完催令各營支領，乃復稱烏有。況今征剿急迫，兵馬勢難等待，除行該餉司以及該縣催買接濟外，非籍^{中闕數行}，刻期買完，運赴軍前，立等支給未領官兵施行。

崇禎十二年二月十八日。

回督察查敵拆墻出口咨

爲緊急敵情事。

二月十七日，准督察閣部咨，准兵部咨，據薊鎮總兵陳國威塘報，前事，該本部具題，十四日亥時奉聖旨："敵拆墙出口，各援兵何無追擊？該地方何無預備？該部查明即奏。"欽此。欽遵，備咨到閣部，合咨前去，希即作速查明，移覆以憑，咨部覆奏。_{中闕}初十日自搭浮橋，渡河抵香河，敵於是日札營打狗屯一帶，俱有塘報可據。今據陳國威報，敵於初十日在喜峰口之五號峰拆墙出口，其爲前股前哨之敵無疑。至後股之敵，於今十四五日猶盤旋於玉、豐之間，職兵尚與之相持，又安能於初十日即飛越喜峰口，以抄擊前股之敵也？擬合咨復，爲此合咨。

崇禎十二年二月十八日。

移督察申飭邊口鎮將誘敵夾擊咨

爲軍務事。

照得北兵剽掠已久，現圖飽揚。據報，苗頭向往似奔建昌、冷口。今職督率各鎮兵預伏於賊奔要路，惟待入山，掩其不備，出奇大創，期於殄滅奴孽，盡奪輜重，收救難民，雪恥除凶，仰慰宵旰。第恐該口將領不知誘敵入伏，遠瞭敵苗將至，即放無益炮銃，致令驚疑，南遁潰決，貽禍内地。除嚴飭建、冷各該總兵及將領，嚴督官兵，一面速差偵探，一面密□□□□□勿動，惟令齊心扼守要口，靜待誘敵□□□□□，合力據險，出奇堵截。仍一面飛報本職督兵夾擊，使虜首尾受敵，進退兩難，困處深山，奔逃無路，即可盡殲奴孽，奪還被擄難民與所掠輜重。惟該將領恪遵，立期虜中我伏，大獲全功，以俟具題优叙。若見敵塘輒放無益銃炮，致令驚退内地，有誤事機，該將領定以軍法重究，等因，嚴飭外。擬合咨會，爲此合咨。

崇禎十二年二月十二日。

督兵赴建昌塘報

爲敵情事。

二月十四日，職同督察閣部劉、宣督陳、提督閆、督理劉與總監高會兵薊州共議，總監兵由玉田、豐潤從敵後右躡追，職等於是夜馳行一百二十里，十五日丑刻抵遵化，發撥哨探。據報，敵營尚盤旋玉田一帶，恐突折大安、龍井等處，故職等暫駐遵化。十八日辰刻，據哨探守備倪光友等報稱，十七日戌時，哨得敵拔營盡行至□□□□迤南地名妻兒莊及高麗鋪樓□□□□下營，等因。據此，職等共議，督察閣部、宣督、提督、督理暫駐遵化，職督總兵王樸、曹變蛟、楊國柱，副參鄭嘉棟、趙大胤、王根子等兵，暨贊畫楊廷麟、監軍道張京，於是日馳至三屯。酉刻，據山西總兵虎大威親領哨撥探至遷安、建昌等處，報稱，十八日，本職同閣部標下都司張師孔，帶領夷漢親丁百餘名，探至遷安縣二十里、建昌營十五里，並無虜賊消息，本職仍統官丁從西占子鎮、豐潤一帶相機偵探，等因。十九日巳時，又據虎大威報稱，十八日晚本職帶領親丁探至占子鎮地方過十里，並無虜賊消息。占子鎮離豐潤四十里，據鄉民説稱，虜在豐潤一帶札營，等因。據此，虜在豐潤，若犯青山口，必走鐵廠，我兵正可從三屯扼要邀擊。本日申時，據原任山西總兵王忠，副將劉欽、猛如虎報稱，十□□□□兵丁前至灤河，探得虜前哨□□□□驛往北就是遷安縣，離冷口不遠，等因。准此，查冷口在建昌東北四十里，敵哨已至沙河，非突關門，則出冷口，我兵宜先抄建昌偵探邀擊。隨於本夜發大同總兵王樸、宣府總兵楊國柱、延綏副將和應詔等兵先往，職督曹變蛟等兵繼進，并移會宣督陳、提督閻、督理劉，各提兵前來馳擊去後。因雨阻，王樸等兵俟黎明啓行，間四鼓，准督察閣部咨，催合力夾攻，蚤清狂醜。准此，查得敵前哨既至沙河，在豐潤者必係後哨阻兵之敵。職復檄總兵王樸、楊國柱，督副將和應詔，挑發精銳千餘，馳赴豐潤，或協同總監大兵奮銳殲剿，或乘夜以少擊衆，襲營砍殺，務相機出奇，大挫敵鋒，併令視敵所向襲擊。隨又據總兵虎大威哨役古宗儒口報，敵營已至占子鎮。職即催王樸等星赴建昌，職亦督餘兵進發矣。

崇禎十二年二月二十日。

回督察選銳擊敵咨

爲合力夾攻，蚤清狂醜事。

二月二十日，准貴閣部咨，前事，等因，到職，爲照據報敵已至沙河驛，哨撥離遷安縣不遠，遷安離冷口四十里，其犯東協無疑。除一面會同宣督兩監兵及各鎮將兵三面襲擊外，本職即刻督臨、陝兵，向建昌進剿。今准貴閣部咨催，除檄大同王總兵、宣府楊總兵，督副將和應詔，挑發精銳千餘，除馳赴豐潤，或協同總監大兵奮銳殲剿，或乘夜以少擊衆，襲營砍殺，務相機出奇，大挫賊鋒，其臨時機宜，本職不能遙度。如或退怯觀望，軍法具在，屢旨甚嚴，斷難寬假外。擬合咨復。

崇禎十二年二月二十日。

回督察催兵赴口咨

爲敵勢偪口，闖突可虞事。

二月二十日申時，准督察閣部咨，前事，内開"據難民口稱，敵拔營東去，偪及遷安，離口甚近，在我官兵，相應星夜疾趨其前，相度險要，或多方設伏以逸待勞，或出奇以鋭邀惰"等因。准此，爲照今據探報，敵猶在沙河迤西王家店，離遷安四十里，苗頭似未有定向，本職未准咨催之先，業於二十日統各鎮將兵馬，自三屯馳一百二十里至建昌，偵探設伏，相機邀擊外，擬合咨復。

崇禎十二年二月二十日。

移督察約兵夾剿咨

爲軍務事。

二月二十二日酉時，准督察閣部咨，前事，等因。准此，爲照自薊州會議之後，職與宣督之兵如議抄前併抵建昌，日圖設伏待敵，以收到頭之一著。乃敵久延玉、豐之間，爲謀叵測。職等惟望總監大兵驅敵早北，共圖夾剿。職等不能既前忽後，又安能以抄兼驅？今准貴閣部咨，云徒前枉抄，職等可勝惶愧。頃既有三路齊舉之旨，相應密訂師期，鼓鋭合擊。職與宣督由遷安還剿，各監兵在三屯，即應由三屯赴豐潤截擊。總監在玉田，即應由玉田馳赴豐潤躡追。其舉事應在某日，更煩貴閣部定期移會，明確咨示過職，以便遵行。至於兵還合剿，或致敵突兵，前距口已近，兵必不能再抄其前，惟有大家尾後，即能與殿後精賊一再格鬥，恐終不能得志於敵也。然敵在內地，又無遙望坐待之理，此亦事之無可奈何者也。爲此合咨。

崇禎十二年二月二十三日。

又移督察挑選兵馬馳赴豐開邀擊咨

爲軍務事。

照得狡虜久延豐、玉，飄忽靡常，職一面咨請貴閣部密訂師期，三路齊舉外，猶慮會師舉事必須數日，敵遷延內地，狡謀易滋。職復會同宣督行臨、宣、山、大四鎮，并職標下副將王根子等，共挑選精銳馬兵三千，星夜由遷安馳赴豐、開，視敵所向，出奇邀擊，務期偪敵北奔，就我到頭之著，各鎮將仍即馳抄敵前并入大營合力驅剿。爲此合咨。

崇禎十二年二月二十三日。

回關撫請兵分援咨

爲急議分駐援兵以張聲勢以資糧食事。

二月二十七日，准貴院咨，前事，等因，到部院。爲照敵盤旋開平，或北遁建、冷，或東窺關門，向往未定。總監大兵從玉、豐驅偪，本部院督兵抄伏建昌，籌算布置已如期約。乃敵久延不動，以待接應。其我伏建兵馬糧料不繼，催運維艱。本部院議留總兵王樸、曹變蛟統各營兵，在建、冷伏剿。本部院携總兵楊國柱等，率領精銳馬兵，擬於二十七日馳赴永、灤，與總監兵合力夾擊。本夜三鼓，太平路與冷口俱傳烽火，本部院因未啓行。及至巳時以後，烽火又止，本部院業於二十八日南發矣。貴院速督關、寧鎮將，從東南邀截，使敵勿窺關門。此尤喫緊機宜，刻不容緩者也。爲此合咨。

崇禎十二年二月二十八日。

又回關撫請兵分援咨

爲虜騎逼臨灤邑，亟請分兵援剿事。

本月二十八日，准貴院咨，前事。准此，爲照狡虜養銳待應，前此盤踞玉、豐，今且突臨灤、樂，益忌我三屯、建、冷之兵，故迂折而東，其欲闖冷口者，本情瞰關門者，變計也。二十六七兩日，冷口關外與太平路相繼傳烽，本部院業留曹、王兩鎮兵馳建扼擊，且塘報侯鎮又於二十七日申時抵冷，則本口自可無虞闌入。若灤、樂空虛，本部院已檄副參刁明忠、全守亮等率兵馳援，據報二十七日寅時抵灤州。二十八日本部院親率楊鎮等兵亦至永平，視敵擊剿。擬合咨復，爲此合咨。

伏兵建昌量率馬兵趨 永平防敵闖關塘報

爲馳報敵情事。

職因内敵奔犯開灤，提兵南抄，於二月二十八日丑時拜發微臣督兵南抄一疏，即將建、冷伏擊機宜，一一密授總兵王樸、曹變蛟等。職率總兵楊國柱於本時啓行南發，中途接總監關寧内中軍太監劉國玉塘報，内稱敵攻松山，自二十四日四更時分環攻松城，至二十五日晝夜連攻，并今二十六日炮聲不絶，尚未解散，等因。（下闕）

校勘記

〔一〕此疏以下在《四庫》本卷四，《疏牘》本未收。

〔二〕“宜”，《四庫》本作“不宜”。

〔三〕“我”，同上書作“某”。

〔四〕“虜寇”，同上書作“腹心”。

〔五〕“愈”，同上書作“逾”。

〔六〕“暨”，同上書作“及”。

〔七〕“虜寇”，同上書作“腹心”。

〔八〕“給”，據《四庫》本及《疏牘》本當作“結”。

〔九〕此文《四庫》本及《疏牘》本均無收，《四庫補遺》收。

〔一〇〕“鄰”，《疏牘》本作“臨”。

〔一一〕“一”，同上書作“以”。

〔一二〕“況”，同上書作“思”。

〔一三〕“關遼”，《四庫》本作“關門”。

〔一四〕“敝”，《疏牘》本作“敗”。

〔一五〕“迎敵”，《四庫》本作“進兵”。

〔一六〕“敵苗頭見指何處”，同上書作“至軍機現在何如”。

〔一七〕“東偏”，同上書作“畿東”。

〔一八〕“原因剿寇”，同上書，作“近日”。

〔一九〕“竚”，《疏牘》本作“立”。

〔二〇〕“連”，同上書作“運”。

〔二一〕“負勇”，同上書作“勇員”。

〔二二〕“手額”，同上書作“額手”。

〔二三〕“陴”，同上書作“埤”。

〔二四〕“以格强敵”，《四庫》本作“以相格拒”。

〔二五〕"寧",《疏牘》本作"豈"。

〔二六〕"剿",同上書作"督"。

〔二七〕"剿寇",《四庫》本作"近日"。

〔二八〕"止諭令候",《疏牘》本作"諭令止候"。

〔二九〕"步兵",同上書作"部兵"。

〔三〇〕以下各篇《四庫》本及《疏牘》本均未收。

孫忠靖公集卷六　鑒勞錄

丙子春三月〔一〕，臣奉撫秦之命。夏四月六日，恭承召對，詢臣以剿撫方略。臣畢陳愚見，因以撫標無兵無餉爲請。欽蒙聖諭"措兵難，措餉更難"，宵旰焦勞，形於天表。又諭臣以真心實意，期勉殷切。臣自矢殫力盡心，實圖報稱。陛辭而西，以五月十有六日入關受事，爰及戊寅之十月廿二出關北援，拮据凡三十閱月，巨寇悉平，兵強餉裕，視向之妖氛匝地、徒手罔措者又一奏矣。

自維臣履極難之地，肩極重之擔，當極敝之時，能無即於隕越以爲簡書羞，且得通理京兆前俸，報成滿考，亦數十年來秦撫所未有也。非賴主上推誠委任，多方鼓勵，豈臣區區之愚微幸至此。乃蒙聖明軫念犬馬，凡有效力，必賜褒嘉，溫綸之下，歲無虛月，月無虛旬，甚且風示各撫以臣爲法。至臣以癡腸苦口，數爲樞部督過，因謂臣報兵後期，自請白衣領職，以甚臣罪，聖明迄信臣無他，仍於臣奏剖疏中，嘉其實心辦理，臣之仰徼帝鑒可謂至矣！故臣每拜寵命，雖戎馬倥傯，感泣之餘，必略識顛末，手錄登簡，漸積成帙，名曰《鑒勞錄》。夫臣即捐糜頂踵，何勞敢言，顧聖明之鑒，不敢忘也。敬付剞劂，惟志天恩罔極云。若夫叙錄猶稽，實所司有意矜慎，在諸將士不無顒望，然非臣愚所及矣。

崇禎戊寅十有二月朔識。

崇禎九年六月

時大寇整齊王等屯聚商雒數月矣，官兵憚險不入。臣履任未一月，嚴檄副將羅尚文選鋭馳擊，大獲奇捷，陣斬渠首整齊王，奪回擄去通判武位中，餘黨奔遁。十九日，臣塘報兵部，爲飛報大捷，預解賊首功級事。該部具題，奉旨[二]：“據報，設伏出奇，殲渠斬級，具見該撫調度，將士用命。有功員役及傷亡官兵，查明叙恤。餘賊乞撫是否確情，還著詳察誠僞，相機操縱，并別股既稱勢孤黨涣，亟宜鼓鋭殲埽，以底成績。武位中著吏部議處具奏。”

七　月

大寇闖王高迎祥緜蟄屋黑水峪出犯，臣親提孤標扼峪奮剿，四日三捷，生擒闖王等，餘衆殲散殆盡。二十日，臣會同總督洪承疇塘報兵部，爲口報奇捷生擒賊渠事。該部具題，奉旨：“據報，生擒闖賊及領哨，各自具見該督、撫調度，將士用命，著即查明叙賚。賊勢已潰，餘孽尚存，仍著一面相機剿散，立奏廓清，毋再致逋逞。該部知道。”

二十七日，總督洪承疇會同臣題，爲撫臣標兵先戰挫賊，狡賊窮遁山中，臣等再督官兵肆圖力戰，仰仗天威，生擒大賊頭闖王，剿黨散脅，恭報奇捷事。奉旨：“已有旨了。奏内有功員役，著即與覈叙，以示鼓勸。馮與京、李宏[三]震并從優議恤。張買兒等姑准免死，聽於撫臣軍前自效。賊渠解京，著擇的當員役，沿途撥兵嚴防，毋致疏虞。該部知道。”

同日，臣會同總督題，爲官兵四日三捷，賊渠成擒，餘黨殲散，馳報埽蕩捷音事。奉旨：“已有旨了，該部知道。”

九　月

　　大寇蝎子塊、張妙手等，因臣遵詔開諭，又聞闖渠就擒，繇徽、秦赴鳳翔投臣乞撫。臣親詣面諭，兩渠搏顙感泣。當夜張妙手率衆來歸。初六日，臣具題，爲微臣遵詔行撫，渠首率衆歸附，謹述情形上聞事。奉旨："奏内遵詔行撫及張文耀歸順情形，知道了。還著同該督相機操縱，亟圖勘定，以底成績。所請剿兵及祖大弼事宜，該部看議速奏。"

　　十九日，臣遵旨選役押獻闖俘，具題，爲俘獻陣獲賊渠，仰乞聖明敕部訊審正法，以快神人事。奉旨："該部知道。"

十二月

　　大寇過天星等，乘剿兵屢衄，東犯涇、三。臣親提標旅迎擊西遁。初四日，具題，爲大寇直瞰涇、三，孤標迎頭堵擊，鏖戰竟日，賊敗西奔事。奉旨："據奏，賊勢突窺涇、三，官兵奮銳扼堵，亦見用命。鄭嘉棟准與紀録。豫賊入秦，著即會督、理二臣，并檄催祖大弼兵合兵扼剿。其漢中之賊，星速移會蜀撫，即留該省入衛援兵協圖殲埽，毋得延諉。沔縣失事情形，還著詳查馳奏。餘已有旨了。該部知道。"

　　過賊被創甫遁，次日即報豫賊混世萬等擁衆闖關，逾渭逼潼。臣仍提孤標迎擊於渭南，擒殲甚衆，驅出關外，復合豫兵夾剿大捷。二十二日，臣具題，爲豫賊擁衆西犯，秦兵迎頭堵擊，殲賊幾半，賊復東遁，臣復約豫兵合剿大創，馳報捷音事。奉旨：“據奏，豫賊西犯，督兵扼擊，及賊東遁，復合豫兵夾剿，擒斬一千餘級，具見該撫鼓勵調度，有功員役及傷亡官丁著即與查明叙恤。仍著豫中道將確偵賊向，合力蕩埽，毋得畫地諉卸并狃捷少懈。該部知道。”

二十八日，兵部覆總督洪承疇題，爲撫臣標兵先戰挫賊等事。奉旨：“這螯座剿賊功次既經屢議，洪承疇、孫傳庭著各先加一級，仍俟事平彙叙。孫守法免戍，仍復原官，再加實授一級。賀人龍免查議。趙光遠准復原級，仍免戴罪。馬科、王根子、來胤昌俱另案酌議。馬友功、李建功俱免勘議。任國奇加都司僉書。孫承祖等三十員，鄭嘉棟等十員，董朝薦等十三員，羅尚文等三員，各加實授一級。内孫鑑加實授二級；李世春准復原級；孫顯祖准復原降二級，仍戴罪圖功。張京等六員，吏部分別優議。馮與京、李宏震各贈都司僉書，馮與京襲升正千户，李宏震廕一子外衛小旗世襲。其餘有名各官，該督、撫查明，自行紀賞。仍著鼓勵將士，速圖蕩埽，以底成績，不得少懈。該部知道。”

十年正月

十七日，臣因擒闖加級，拜疏控辭，奏爲寇魁雖獲，餘孽猶存，猥蒙加級，實難忝受，懇恩允辭，以安臣分事。奉旨：“孫傳庭擒闖著勞叙升，已有成命，著即祗受，不必遜辭。仍一面速圖戡定，以底成績。該部知道。”

二　月

二十七日，兵部復[四]該臣題，爲豫賊擁衆東犯等事。奉旨："這潼關剿寇功次，既經覆覈，內孫傳庭、丁啓睿、戴東旻俟彙敘優議；李國政、張一貴著各加都司僉書職銜，依議管事；張文耀加實授守備；王永祥等二十員各與紀錄；藍承惠照舊管事；蔣有學贈遊擊將軍，襲升副千户世襲；李藝新查明另議；鄭嘉棟等三員免議。該部知道。"

混世萬等寇，自臣驅剿東遁，提兵回省，復繇閿、靈峪口窺犯商、雒，臣發標兵并馬爲步，冒險進剿獲捷，收降寇渠一條龍等。十四日，臣具題，爲孤兵入山剿撫並效馳報捷功事。奉旨："據奏，官兵入山斬級俘渠，具見用命，有功員役即與查明優敘，仍著該撫、按先行賞賚。石有泉准收撫。混賊奔豫，著理臣嚴檄兵將，鼓銳奮擊，迅埽餘氛，以靖中原。叛兵既自拔逃歸，著確查同謀，首惡正法，餘仍遵前旨赦免，責令殺賊自效。藍田焚劫情形及疏泄各官，還著查明馳奏。該部知道。"

混世萬等自繇靈、閿復入商、雒，招合諸渠，結連叛寇。臣相機出奇，剿撫並用，除收降一條龍等外，復計斬大寇瓦背、聖世王、一翅飛等，收撫大寇鎮天王、紅狼、上山虎等。十四日，臣具題，爲豫寇轉折入秦，官兵剿撫並用，頭目收殲幾盡，謹據實上聞事。奉旨："據奏，招撫吕叙等情形，知道了。各賊渠目收殲强半，具見調度。蝎賊果投誠歸命，准審酌安插，仍加意撫戢，永消反側。張世强、張王謨俟查明敘賚，董鳳岐并與議恤。該部知道。"

三 月

大寇蝎子塊，自張妙手歸降之後，屢有稟至，望臣撫甚切。至是遵臣檄示，遣散夥黨，親率頭目十二人至會城乞降。臣收撫安插。十三日，具題，爲恭報蝎渠歸順情形，仰祈聖鑒事。奉旨："據奏，拓養坤輸誠投撫，已經安插，知道了。解散餘黨，仍著地方官加意綏輯，永消瑕釁。效勞各官，准與查核敘録。該部知道。"

二十七日，臣因擒闖加級，疏辭未允，吏部議加臣服俸一級，覆奉欽依，臣復具奏，爲寇禍未減，臣級難加，謹再疏瀝陳懇乞聖鑒允辭，以免冒濫事。奉旨："孫傳庭升敘已有成命，著即遵祗受，不必遜辭。寇氛未靖，仍速圖埽蕩，以奠巖疆。該部知道。"

四 月

秦省西安四衛，舊有額設軍屯，計地二萬四千餘頃，軍二萬四千餘名，廢弛既久，地歸豪右，軍則烏有矣。臣任怨清理，初清出課銀三萬五千餘兩。十九日，臣具題，爲經國當圖其大，裕餉無逾於屯，微臣力任怨勞，釐積弊以垂永利，要領既挈，裨益方鉅，謹據已經清出屯課數目，先疏具聞，仰祈聖鑒事。奉旨："這清出屯課數目并班軍抵價徵課事宜，深於兵食有裨，具見籌畫苦心。著殫力釐飭，以垂永利。王鼎鎮准與優異。該部知道。"

閏四月

大寇混天星等竄匿成、階〔五〕，合謀犯漢。又小紅狼等寇久擾漢、沔，藩封岌岌。臣星移督鎮，趣兵馳往，又爲閒道致餉，鼓勵奮擊，屢戰皆捷，漢危以解。十六日，臣具題，爲塘報成、階剿賊級功，并奏官兵入漢獲捷，以慰聖懷事。奉旨："據奏，成、階兵將剿賊獲級，已有旨了。沔縣解圍，藩封奠安，具見調度。著即鼓勵各將，乘勝殲擊，盡埽凶氛，以奏懋績。其各賊乞撫事情，該督撫隨宜操縱，毋致墮狡，并鎮臣移駐聲援事宜，俱聽相機酌行。所需勁旅，該部酌議速奏。"

五　月

自屯政清釐有緒，奸豪無計抗阻，遂煽誘喊譟，臣迄不爲動，當擒首惡正法，復清出課銀七萬二千餘兩，並實在軍九千餘名。十七日，臣具題，爲微臣殫力清屯，群奸多方撓法，謹將續清軍數、課數并處分事宜據實報聞，以祈聖鑒事。奉旨："據奏，續清軍課數目并處分譟亂事宜，知道了。豪右弁棍，鼓煽撓法，殊可痛惡。今後再有隱占播弄的，不問何項權勢，該撫即指名參來，立即〔六〕重治不宥。張彪等，李伸等，都著分別懲勸。所議增軍增課，務逐一實在，及官軍一例票收，不許仍前混冒，俱申飭行。該部知道。"

六　月

初三日，臣因擒闖之叙，蒙加服俸，再辭未允，乃恪遵祇承，奏爲恭謝天恩事。奉旨："知道了。該部知道。"

七　月

向來豫、楚及秦之大寇，俱倚商雒爲窟穴，已經臣次第驅除，尚有一二遺孽，與土寇聯合爲祟，名曰"桿賊"。臣密檄該道出奇用間，縛斬渠首姚世泰、楊萬林、張大法等，并黨衆千餘，殲散無遺。初七日，臣具題，爲剿撫商雒桿賊殲散已盡，恭報情形，仰祈聖鑒事。奉旨："據奏，商雒一帶土寇誅渠散脅，地方寧謐，具見該撫調度方略，并道州縣各官俱著從優叙録，有功員役確查獎賞。仍將解散餘人善行安插，毋致失所。應守險隘，嚴慎固防，不得以事平疏懈。該部知道。"

八　月

總督洪承疇以題允甘兵二千餘名咨送臣標調度。適報巨寇大天王等賊逼犯寶雞，臣飛檄副將盛略等馳赴迅擊，兩戰皆捷。十一日，臣具題，爲恭報甘兵兩戰獲捷事。奉旨："據報甘兵再捷，闖、過、混世萬等賊東西交遑，俱已有旨了。該撫須嚴加秣厲，相賊形勢，與督、理二臣協力夾剿，蚤奏蕩平，不得借口弛卸。

該部知道。"

九　月

大天王等賊自甘兵連創，窮遁山峪。臣復提標旅，親詣搜剿，渡渭入鳳。又報大寇猛虎、中斗星等相繼出棧，欲圖出關犯豫。臣鼓勵各兵迎頭縱擊。賊敗伏斜峪，依險窺逞。臣復期會督鎮，東西夾剿，殲降甚衆。初四日，臣具題，爲狡賊合股狂逞，微臣算賊殫力，戰必迎頭斬銳，撫能携黨收渠，賊窘西奔，復得督臣大兵夾擊，殲散尤多，恭報大捷事。奉旨："據報郿、寶合捷，具見督撫同心調度，將士戮力行間。著乘勝極力夾剿，净此賊氛，毋氣盈弛懈，復縱他逸。兵部馬上馳諭，其有功、傷亡員役，看議具奏。"

臣清屯告竣，通計清出實在官軍一萬一千八百五十五名，課銀一十四萬五千三百四十二兩，米麥豆一萬三千五百五十六石，又丁條、草馬等銀四千五百八十一兩。十三日，臣具題，爲微臣清屯事竣，三秦永利已興，謹將前後清出實在兵糧數目彙報上聞，以祈聖鑒，併叙在事官員，用示鼓勸事。奉旨："據奏，清屯既竣，裕餉足兵，孫傳庭具見實心任事，著該部看議具奏。"

先是臣以實圖埽蕩，條上方略，屢拂部議。故該部因臣請明責成，駁臣方略屢遷，不奉調度，募練後期。該部自請以白衣領職，以甚臣罪。幸荷聖明鑒臣無他，未至遽干不測。部咨到臣。十七日，臣具奏，爲敬剖微臣苦衷，併報募練兵數，以祈聖鑒事。奉旨："奏内現[七]在馬步各兵，通算已逾部數，且又另行調募，具見該撫實心辦理。會剿在即，著遵旨協圖蕩寇，共建殊勛，不得分畛畫疆，更請别議。該部知道。"

十　月

蝎子塊并所部降丁自受臣撫，咸願爲臣效。臣調之標下，籍爲一旅，無不人人感奮。祇因總兵張全昌部參逮問，全昌曾被陷蝎營，蝎未加害，後又數入蝎營招撫，蝎聞追論全昌辱國，遂懷疑畏，又惑於腹黨黃巢之誘，乘發防豫寇，於華陰地方劫衆西奔。臣於關門半夜聞變，即馳遣内役，授計降丁，次夜即斬蝎并縛黃巢歸獻，各降丁亦未有一人逸去者。二十五日，臣具題，爲降渠懷疑復叛，劫衆入山，群丁感恩，遵計斬首并擒腹惡歸獻正法，大害永除，大信愈彰，謹具疏馳報，以祈聖鑒事。奉旨："該部看議具奏。"

十一月

初三日，户部覆臣題，爲微臣清屯事竣等事。奉旨："李虞夔加一級；賈鶴年等俱紀録；孫傳庭清屯充餉，勞怨不辭，著加一級，仍賞銀三十兩、紵絲二表裏，用昭激勸。今後各撫務以秦撫真心實事爲法，不得自狃匪紲，徒煩仰請。該部知道。"

清屯之役，臣以拚命實做幸告成事。第取諸奸豪百十年久據之物，一旦還之公家，臣逆知有後來之變亂也。又臣舉於久廢，所得之數雖已不少，然較之國初屯額，尚不能什五。臣因詳列始末，告之後來，則臣區區報效之忱，固未有已也。二十五日，臣具題，爲清屯之效已著，害屯之漸宜防，敬陳五當明之故、兩宜著之法，以維萬世永利事。奉旨："孫傳庭銳意清屯，課銀本色已徵實效，這所陳各款，該部看議速覆。"

十二月

蝎寇之撫，臣心血爲嘔。及其復叛，臣遄發密計，立刻誅逆，不惟秦人共快，即各處安插降人無不人人信服。樞部以臣疏報有"蝎疑張鎮被逮，彼必難免，逆謀遂決"等語，故將按臣同在事官丁幷行優叙，於臣特加貶駁，議以功過相准。初二日，覆臣題，爲降渠懷疑復叛等事。奉旨："是。李國政加署銜一級；張文耀加都司僉書〔八〕；張守官加實授守備；劉俊儒、拓應卿、武養明、武大定、楊尚宗、苗有定、郭鳴鳳、崔應舉、任國柱，各加署守備銜；黃世俊先給重賞，仍給千把總札；趙大允戍案量與湔除；孫傳庭功過相准；謝秉謙俟回道優叙。俱依議。該部知道。"

十一年正月

初九日，臣因清屯蒙恩叙賚，具疏控辭，奏爲微臣清屯充餉雖效微勞，過蒙異數殊恩，萬難祗受。謹披瀝控辭，仰祈聖鑒事。奉旨："孫傳庭清屯著勞，叙賚已有成命，不必辭免。該部知道。"

三 月

臣以癡忠取忌當路甚衆。十年夏，總督統五總鎮兵剿賊徽、

山右叢書·二編 第十二冊

四四八

漢之閒，適有漢陰、石泉之失，部議乃責臣不遄發將領，與總督同降二級。先是臣以擒闖蒙加一級，部議部院無從三品職銜，擬加服俸一級。今以清屯再蒙加級，部議復云部院無從三品職銜，遂折降免加。時並無折降之例，如守道副使李虞夔，即因臣清屯叙加一級者，虞夔帶有舊降三級，該部覆加參政。臣忝首事而不得與道臣等。其臣節被之寵綸，則疆臣所未有也。二十五日，臣具疏稱謝，奏爲恭謝天恩事。奉旨："該部知道。"

四　月

自大寇入蜀，臣奉中樞調度，斷截商雒。總督洪承疇奏明，親提總兵左光先、曹變蛟等兵赴蜀援剿，布置總兵祖大弼、王洪等兵於漢、略、徽、秦之間防賊東返，專備夾擊。及各寇還秦，即繇漢、略、徽、秦長驅而東，各鎮不敢以一矢加遺，縱令直突慶、鳳，闌入內地矣。臣得賊返秦之報，即據實奏聞，馳還西安，適中調度。初繇徽、秦犯慶陽者，爲大天王、六隊、爭管王、混天王等寇。臣率標兵迎擊於合水，陣斬馬上精賊百餘，擒獲大天王愛子三家保、雷神保，賊大潰東奔。監軍道王文清遵臣派信，復擊賊於甘泉，陣擒六隊孽子小黃鷹并精賊抓地虎等。初七日，臣具題，爲官兵出奇扼要，鹹斬當陣精賊，俘獲寇渠二子，恭報捷音事。奉旨："該部看議速奏。"

楚之上津六郎關，與秦之山陽接壤，向有一朵雲等寇盤踞六郎關，出沒肆擾，每爲秦害。因臣推誠招撫，率衆五百人赴商雒歸降。臣行監軍商雒二道審明安插，冊報到臣。同日，臣具題，爲寇渠率衆投撫，謹報解散安插確數，以祈聖鑒事。奉旨："該部知道。"

大天王等寇被創之後，直奔延西。臣方督兵窮追，并期會臣原派鄜宜防兵夾擊盡賊。忽報過天星、混天星、米闖將、火焰班、劉秉義、就地飛等各夥大寇，復從徽、秦東來，繇鳳、寶出棧，直犯西安，惟餘闖將一股搶馬番地。督鎮大兵隨之俱西，不遑東顧。臣因急督標旅西馳迎擊。比臣抵邠、淳，賊已逾同、郃突澄城矣。臣兼程邁至，豫伏一兵於黃龍山，餘兵從澄城合擊，五路並進，斬級千餘，擒降數百，死傷潰散無算。俘獲過天星親姊張氏，陣殲混天星父老老掌。賊勢自此始衰。二十日，臣塘報兵部，爲飛報大捷事。該部具題，奉旨："據報，楊家嶺等處擒斬千餘，知道了。有功員役先著軍前立賞，仍俟彙敘。孫傳庭即宜乘勝鼓勵，亟圖蕩平。爾部星夜傳飭。"

先是臣因剿寇與禦寇不同，必宜多用馬兵，新募土著必不能得志於寇，屢書忠告，樞部弗然也。司務陳繼泰爲樞部特疏題用，赴臣標下，專練土著殺賊，恢張逾歲，糜餉四萬餘，毫無實效。方賊至澄城，臣檄令赴剿，失期不至。臣因於報捷疏中據實上聞。二十二日，臣具題，爲大寇合股東犯，官兵齊力奮剿，仰仗天威，大獲全勝，恭報奇捷事。奉旨："奏內有功及陣亡員役，該部核議敘恤，欽賞銀著即給發。陳繼泰并即看議速奏。"

五 月

初五日，兵部覆臣合水報捷疏，因議調晉將猛如虎赴秦協剿，題爲官兵出奇扼要等事。奉旨："是。即著猛如虎與秦撫會兵協剿，共圖蕩寇。奏內有功將士，著監軍御史作速看報，兵丁軍前立賞。該部知道。"

過、混等寇自澄城敗潰，俱奔延西。彼中連歲奇荒，賊窘困旬餘，報從甘、鄜繞出，分突中、宜。臣復督標兵馳赴截擊，賊聞風西竄。時總兵左光先等兵報至慶陽，臣馳約該鎮夾剿，於羅山阜擒斬三百有奇。十七日，臣具題，爲狡賊聞兵先遁，我兵迎戰獲捷，恭報調度情形，仰祈聖鑒事。奉旨："知道了，該部知道。"

大天王以二子被獲未誅，率男婦、腹黨潛出夥營，投誠乞撫。臣行延安府審明安插。同日具題，爲寇渠感恩投撫，謹具疏奏報，以祈聖鑒事。奉旨："該部核議具奏。"

自報各賊還突中、宜，臣親莅中部，計算鄜州百里之西，合水數十里之東，真甯百里之北，慶陽東川之南，橫豎約三四百里，彌望荒山，實賊受死之地。臣量提標旅東過，馳會總兵曹變蛟等，從慶陽西堵，度賊困餒不支，必乘麥熟折三、淳掠食喘息，乃圖西竄。臣盡發標甘精銳，豫伏三水，待賊於數百里之外，使賊殫力窮奔，自投機穽。三日之内，大小七戰，擒斬降散，賊黨一空。方臣料賊入伏，率輕騎日行二百五十里，馳詣督戰。至趙和尚寺，賊衆迎臣乞撫，羅拜馬前。臣即下令止兵，盡與收撫。自此而全秦蕩平矣。惟闖將一股，是歲未敢東突，賴督臣驅剿出境，非臣力所能及也。二十二日，臣塘報兵部，爲飛報異常大捷事。該部具題，奉旨："知道了，這大捷俟詳報議叙。"

二十六日，臣具題，爲微臣算賊幸中，標兵依信合擊，擒斬千餘，收降三千，死傷潰散無算，了完混天星、米闖將二大股，火焰班三小股，并收降過天星三哨，謹具疏馳報上聞，以紓聖明西顧事。奉旨："這剿降各股大寇，允稱奇捷。孫傳庭具見方略勞苦，并獲功各官，俱先行升叙，仍俟事平彙叙。應賞者准動餉銀，軍前立賞。該部作速抵補。敗逋者即乘勝盡殲，已降者仍安插得所。該部知道。"

二十七日，兵部覆臣澄城報捷疏，題爲大寇合股東犯等事。

奉旨："孫傳庭著加授部銜，仍賞銀三十兩、紵絲二表裏；丁啓睿、王文清各加一級，仍行吏部優升；徐文泌等六員紀錄；武清周該案另奏請度；鄭嘉棟等二十八員各加一級；王根子、趙大允各復原職；張一貴免戴罪；王萬策另案酌擬；郭清末減；張承烈叙用；盛略等二十六員該部紀錄。王國武贈武略將軍，署副千户，廕一子外衛小旗世襲。該部知道。"

二十八日，兵部題覆巡按陝西謝秉謙題，爲剿撫商雒桿賊，殲散已盡，恭報情形，仰祈聖鑒事。奉旨："這商雒剿撫土寇功次，孫傳庭著賞銀三十兩、紵絲二表裏；邊侖加升一級，仍與優擢；王文清賞銀十二兩；陳士猷、陳泰階、馬之麒、常吉各加一級；雷鳴時、虞懷智免叙；羅尚文、胡文華、范鼎燁、蘇州彥各加一級；羅國柱賞銀二十兩；譚階、羅光燦贈昭信校尉，署實授百户，各廕一子外衛小旗世襲；李康先等七名各恤銀十兩；王仕晋等六名各恤銀五兩。該部知道。"

六　月

漢中因大寇連年逋逗，遺有零孽，糾合土寇、饑民，藏伏南山，不時出擾。臣嚴檄副將趙光遠、參將鄒宗武、遊擊韓進忠合力截擊，斬獲頗多。渠首二名，一擒一殲，餘黨悉平。初二日，臣具題，爲漢中流孽突逗，官兵奮勇獲捷，謹具報奏聞，以祈聖鑒事。奉旨："兵部知道。"

臣受命撫秦，拮据剿事，三歷年所。臨、固二鎮之兵，俱在督臣軍前；延、甯等鎮兵，臣又不得以鄰撫調用。臣標下官兵，俱臣自募自練；安犒月餉，俱臣自行設處。其督臣題奉欽依給臣調度者，僅甘兵二千，臣汰去五百，鼓勵隨征，遂成勁旅。三水大捷後，臣因督臣移咨力調，即盡行發還。先是臣憤寇禍決裂，底定無期，一切疏奏及與樞部、總督書移，語多激切，惟圖共濟，非有他也。該部至以臣言總督自誤誤人且大誤軍國形之章奏，臣心徒苦，未敢自明。秦寇既平，臣因歸還甘兵於督臣，並發新至晉兵回晉，乃於疏末附剖。十二日，具題，爲甘兵歸還督臣，晉兵發駐晉地，謹將收發兵數日期恭報上聞，并微臣苦衷再一略陳，以祈聖鑒。奉旨："據奏，收發各兵事宜，知道了。孫傳庭以實心任事，同力協剿，素所鑒知，不必剖陳。該部知道。"

三水之役，各股渠黨俱相繼投降，惟過天星率零賊無幾竄入寶雞山中。臣遣內司守備任國柱單騎往諭。其臣先擒獲過寇姊張氏之夫二虎、子大星宿，皆驍勇敢戰，過寇倚之爲左右手者，見臣使至，感泣願降，與過寇率衆來歸。路經寶雞，任國柱引見督臣，因就便收撫安插。臣即發張氏付二虎收領。初八日，臣具題，爲恭報過寇投降事。奉旨："該部知道。"

樞部四面六隅之議，應給臣剿餉二十三萬四千兩，以臣有清出屯課，首年少給臣四萬六千兩。次年戶部議派先撥給臣一十三萬兩，移咨到臣。臣因標兵招練已完，無復前歲購募、安犒及市駿、繕器等費，臣興屯之利足以贍兵，遂將撥臣剿餉盡行辭免。臣又察得各邊鎮鹽引弊竇叢多，虧儲無算。若一改爲官納，較之商納每歲可增本折二十餘萬，而寬減所餘之息不與焉。臣因議鹽糧改爲官納，剿餉借充鹽本，二十一日，具題，爲聖明原諭暫累吾民一年，微臣不敢再累聖民，謹辭今歲給臣剿餉一十三萬，還之戶部，以見臣報效之微忱，並議借充鹽本，裕國濟邊事。奉旨："該部即與議覆。"

七　月

二十六日，户部覆臣題，聖明原諭暫累吾民一年等事。奉旨：“這繳還剿餉，孫傳庭具見體國籌邊。其借留扣補，俱依議。清屯事理，著通行風示。該部知道。”

八　月

先是臣以標兵募練告成，適值秦寇入蜀，因有出關夾剿之請。樞部謂臣任境外而卸境内，請旨責臣，俾臣斷絶商雒。及合剿三月之期竣，豫、楚諸寇日益披猖。比蜀寇還秦，臣數戰埽蕩。忽報豫、楚之曹、混、黄、左等寇十三營，合逞窺關。臣星馳赴關截堵，賊逡巡東返。臣提兵出關，於豫之閡、靈虢川山中誓師縱擊，馘斬盈千，擒獲三百，潰散奔逃不可勝紀。賊衆大恐，以爲往來豫、楚數年未有此敗。初七日，臣差官口報兵部，具題，爲秦撫出關甚奇等事。奉旨：“據報，出關大捷，具見該撫勇略。兵丁軍前立賞，仍具疏奏明；有功將士查明彙叙。餘著相機行。該部知道。”

次日，臣鼓勵官兵乘勝復進，忽接總理熊文燦招撫傳示，戒毋妒害。臣因咨報兵部，返旆關門。十五日，具題，爲豫寇合營西犯，秦兵出關迎剿，殺潰九股，擒斬千餘，恭報奇捷事。奉旨：“該部看議具奏。”

自兵威大振，巨寇殲除，山箐零孽相率歸命，鄠縣則收撫一條龍遺孽王三傑等一千一百名，城固則收撫搖天動遺孽沈界等九百四十七名。臣俱行令遣散安插，具報到臣。同日，臣具題，爲遵奉詔諭解散難民事。奉旨：“該部勘議具奏。”

二十三日，臣因三水捷功，蒙恩著加授部銜，並商雒剿撫功次，疊賚銀幣，具疏控辭，題爲剿殲微勞，職分應效，賚升大典，稠疊難勝，謹披瀝控辭，仰祈聖鑒事。奉旨：“孫傳庭屢著勞績，加賚咸有成命，宜即祗受，不必遜辭。該部知道。”

九　月

臣出關之兵，因總理傳示西還，而各寇於閿、靈之間，日肆攻掠，迄不受撫。總理始約臣夾剿，方在期會，賊已暗繇山徑折還西南，欲乘商雒之虛肆其狡突。臣業豫檄監軍道王文清，督先發防兵及續發各兵摩屬以待。賊至，三戰皆捷，賊已奔遁內、淅。初三日，臣具題，爲豫寇擁衆犯雒，又值郖寇窺商，官兵分頭堵擊，五日三捷，並獲全勝，賊衆潰奔，恭報捷音事。奉旨：“該部核議具覆。”

十　月

三秦自罹寇患，七易撫臣，從未有逭於禍謫、循例報滿者，臣承乏受命，幸無隕越，碌碌三年，獲告成事。初三日，臣具題，爲給繇事。奉旨：“該部查例具覆。”

秦寇既平，窺關突雒之寇又迅擊遠遁，標下各營將領以成功合例具呈，懇臣題請。臣念頻年血戰，蕩平大寇闖王、蝎子塊、混天星、過天星、整齊王、張妙手、瓦背、鎮天王、一條龍、大天王、米闖將、火焰斑、就地飛、劉秉義、一朵雲等一十五股，而桿賊、土寇及竊發零逞之餘孽不與焉。雖臣竭力募練，親臨調度，而諸將士拚命衝鋒，實不可泯。節奉明旨，有即與覈叙、仍俟彙叙者，有即與查明叙恤者，有即與查明優叙者，有俱著從優叙錄者，有先著軍前立賞仍俟彙叙者，有該部核議叙恤者，有先行叙升仍俟事平彙叙者。臣濫蒙聖恩，著加授部銜者一，著加一級者二，頒賚銀幣者四，溫旨褒嘉，應候即叙、彙叙者難以枚舉。雖以部覆稽阻，然臣奔走疆場垂三載，犬馬馳驅，職分應然，已曾實加服俸一級，臣之叨冒，殊逾分涯。其諸將士血功，委應遵照屢旨，即與叙錄。蓋撫標與督理不同，境內之寇既未逸出別省，又未留有一股，且未嘗借援邊鎮，或分督理大兵一旅，孤標獨力，竟奠金城，臣實無辭以塞諸將求叙之口。且如三水之役，平十年不結之寇者，臣也；奉有「這剿降各股大寇，允稱奇捷，孫傳庭具見方略勞苦，并獲功各官俱先行叙升，仍俟事平彙叙」之旨者，臣及臣標諸將也。該部獨摘叙督標，復總督原官，并督標鎮將而下升賞有差，以臣標新有澄城之叙，故停之。夫秦寇幸以臣標悉平之，臣標自擒闖以來，歷案之功，無論已叙、未叙，俱應仍與彙叙，而反以前功礙後叙，并出關等功盡付懸閣，其何以示鼓勵耶？臣因據呈轉聞。初五日，具題，爲標兵成功合例，營將同辭援請，謹據呈代題，仰祈聖明敕部照例議叙，以明信實，以鼓敵愾事。奉旨：「該部核議速奏，本內應避諱字改正行。」

十一月

臣標各案功次，俱節經巡按御史分案查明。臣因各營將陳乞據呈代題，復開造總冊，隨揭投部。該部乃稱臣冊未到，宜行巡按御史確查。十七日，覆臣題，爲標兵成功合例等事。奉旨：
"這功次俟該撫册到另議，仍著巡按御史確查速奏，以憑叙恤。
該部知道。"

　　臣自陷法網[九]，幽繫請室，悔罪愈深，感恩益厚，每手斯
編，輒拊膺悲慟，不能自已。臣因是而深慨於疆吏之難也，蓄縮
無論矣，即髮膚不敢愛，而濟事爲難；庸疏必及矣，即猷略可自
效，而獲上爲難；幸而竪尺寸微寵眷矣，而搆忌轉叢，初終莫
保，則毋自喪生平仰負知遇之爲尤難。臣於秦事一力擔承，剿撫
幸有成緒，又悉在聖鑒叙録，屢廑明旨，臣之遭際不爲不奇。祇
以樸拙，無似動逢齟齪意見之參差，固惟其可否，而蕩寇安秦之
戰功胡可掩也！臣一手足之勤劬[一〇]，亦任其遏抑，而將士衝鋒
陷陣之血績，何忍没也！猶曰臣實首事，不便偏舉，至若清屯之
效，利在軍國，臣何與焉？且聖明加意屯政，方風示各撫爲法，
而撓亂百出，不廢不已。又鹽政之議，臣考究有年，稽核閲歲，
一歸官納，利倍清屯。其官納之需，又取給於臣所辭還之剿餉，
臣疏告詳明，仰蒙聖俞，已敕所司舉行。新撫因剿餉派在鄰省，
請以秦餉通融挹注，攝部事者遂借端寢閣。夫司農方苦仰屋，乃
以人廢言，坐棄富强之長策而不恤，是誠何心？噫！見之實效，
奉有欽依，猶承望相阨亦至於此，臣復妄談匡濟[一一]，竊[一二]欲
以制敵管窺稽首御前，畢陳芹曝之悃，維宗社苞桑之計，何可得
也。此實臣報國有心，致身無術，自陷之厲，以至下貽鮮終之
議，上累知人之哲，臣罪萬死莫贖矣。

　　罪臣孫傳庭再識

校勘記
　　〔一〕此段爲《鑒勞録序》，原文在卷末，現移至卷首。

〔二〕"奉旨",《四庫存目》本均作"奉聖旨"。

〔三〕"宏",《四庫存目》本作"弘"。

〔四〕"復",《疏牘》本作"覆"。

〔五〕"成階",同上書作"階成"。

〔六〕"即",《四庫存目》本作"從"。

〔七〕"現",《四庫存目》及《疏牘》本均作"見"。

〔八〕"僉書",《疏牘》本作"僉事"。

〔九〕此文爲《鑒勞録跋》,《四庫》及《四庫存目》均載。

〔一〇〕"劬",《四庫存目》作"渠"。

〔一一〕"匡濟",《四庫存目》作"安攘"。

〔一二〕"竊",《四庫存目》作"切"。

孫忠靖公集卷七　省罪録

　　臣維今中外棘手〔一〕，惟北敵與流寇。臣至譾劣，剿寇秦中，
遽銷十載之烽。旋以北敵深入，奉召入援，尋被佐樞之命，祇遵
遄赴，復改協剿。無何，賈莊兵潰，遂儼然承師中之乏，方受事
集兵，濟陷已三越日矣。維時敵焰燎原，人心風鶴，臣始收餘燼
以支殘局，不自意徼天之幸，及臣之身，輒一無疏失，而靖二
東，障陵京，安〔二〕内堵外，於我皇上宵旰愍飭之廟謨咸肅將罔
墜。至臨口之戰，則又灑血誓衆，鼓鋭禦〔三〕强，二十三年之積
衰爲之一振。若夫枕戈擐甲，督軍〔四〕六閲月，轉戰數千里，暨
督援七十日之内，日與敵一彼一此，界生死於呼吸，臣未嘗少有
退怯，亦可謂備嘗艱阻，罔愛髮膚矣，乃敵將去而求臣者遂多，
敵既去而阨臣者益力。臣盡瘁之餘，加以憂鬱，狗馬之疾所自來
也。何圖一疏籲陳，貽罪亦至此極！噫！保督需人誠急，胡虛懸
五月，豫屬於臣督援之初？比臣席藁待譴，奚復任之敢望？顧已
早爲規卸之地乎？況時已戒嚴，臣一身叢垢，又有母垂危，揆之
臣義子情，俱有不得已者。伏思臣忠君報國，起念非誣；雪耻禦
侮，殫心未謬；而得禍如斯，殊非無自。臣敢謂何辜於天，實命
不同乎！因撮行間始末成帙，名曰《省罪録》。吁嗟！臣惟不
省，以至於罪，省而後知臣罪實深。第臣取罪之繇，雖死不變，
如以今日之省，初志少渝，臣罪滋甚，尤臣之所不敢出也。

　　崇禎辛巳十月望日識〔五〕

崇禎十一年十月

　　臣甫平秦寇，又出潼關，逾秦嶺，并豫、楚各寇大創遠遁，

返旆會城，即於十月初八日接兵部咨文并手書，因敵入墻路，題奉欽依，調臣入援，俾臣以出關剿敵爲名，量帶所部兵北上。又據差官王建都禀稱，本部面諭，不必携帶多兵，惟宜星速前來。臣即回咨該部，挑選馬兵一千，步火五百，優給布花安家。其行糧俱臣措處携帶，惟馬騾草豆於經過州縣支給，刻期於二十二日啓行。十八日馳疏奏聞，并言破敵機宜與剿賊方略夐異。臣七年閏八月在籍有"敵情必有虛怯之處"一疏。九年在秦有"驚聞進邊"一疏，中言剿禦之策，頗中肯綮。臣自信與臆决膚陳者不同，并祈皇上特賜省覽，敕部飭行。具題，爲微臣遵旨出關，謹馳報上聞，仰祈聖鑒事。奉聖旨："知道了。孫傳庭著遵前旨星馳。其應用草料，所過州縣預備。該部知道。"

十一月

臣依疏報日期，自陝省啓行，出關北上，取道晉中。初二日晚宿平陽，多難疚心，中宵不寐，言念秦寇披猖十載，幸獲平定，宜急圖善後；又憤敵衆深入，輒慮當事調度失宜。因草一疏，爲秦善後計，并言北兵勢如重大，我宜傳飭州縣，萬分嚴守。我兵不妨堅壁自固，敵躁我静，我無所失，敵衆自窘，狂逞不能，便當宵遁。如久持不去，我宜精選技勇，俵給壯騎，分道突敵，使忌疑恫駭。又或暗伏火器誘擊，或夜用飛礮驚擾，或購募死士襲劫，俟敵可狎，乘我氣日振，然後伺疏擊墮，計乃萬全。若不深維利害，湊合援師，結隊而往，忿與一决，勝未可期，敗則所失不少，非臣愚所敢知也。初三日，具奏，爲微臣出關北上，亟陳地方善後之策，以祈聖鑒事。奉旨："該部看議速奏。"

初九日，臣行逾徐溝，已取紫荆便道星馳赴京。忽接部咨，因敵騎南下真、保，遂諱前量帶兵馬之說，云："出關剿賊，原應隨帶多兵，本部疏雖未及，豈有剿賊而不用兵之理？今馬步止帶一千五百，或者精選，一以當百，正堪鼓而用之。惟望星速前來，如過真、保，有敵騎抄掠，即望相機出奇截殺。本部已調總兵左良玉提兵渡河，倘行次相及，就近調遣，亦一策也。"臣因一面馳檄秦中，續調標兵一千，一面追還前隊，改指井陘，不顧兵單，迎敵北上。十六日，抵柏井，接直隸巡按張懋熺及井陘道李九華告急札稟，時敵圍真定五日矣。十八日，抵獲鹿，方選發官丁哨探，而按、道、府、廳告急之文又至。十九日，臣留吏書、文卷于獲鹿，擐甲介馬，督兵馳進。夜一鼓至真定，哨丁突遇敵塘，鼓銳力砍，敵乃引去，傷我二丁。時敵火還[六]繞郡城，人心正在惶惑，臣至始恃以無恐，保撫乃自唐縣回鎮。次日，敵塘復薄城南，臣發精騎迎擊，追十餘里而還。二十一日，敵拔營南突，郡圍以解。臣仍夜發火兵襲擊於橋南，敵大驚擾。二十二日，督師盧象昇提兵亦至。二十三日，臣具塘報達部，不敢以解圍居功，而解圍者實臣也。方臣至真之初，接兵部咨，該吏部題奉明旨，升臣兵部添設左侍郎，又蒙明旨催臣星馳入衛，毋容俱滯南方。二十四日，臣遂起行北上。二十六日至保定，又接兵部咨，該部題，奉明旨云"孫傳庭如至真定，暫駐剿禦"。臣謂敵已南下，有督師大兵尾之而南，臣既離真抵保，因暫止保郡，移咨兵部代題請旨。此臣駐保數日之繇也。

十二月

初三日，接兵部咨，該部題奉明旨，著臣以原銜會同督監協剿，撥鞏固營兵一半及劉光祚、左良玉兩兵聽臣調度。時劉光祚兵見在保郡，馬僅五百，堪戰者不能什二，兵俱新募土民。其鞏固營兵隸真定分監標下。左良玉兵遠在河南，尚未啓行也。初四日，臣具題，爲微臣佐樞非才，協剿應效，謹遵旨任事，恭謝天恩事。奉聖旨：“據奏謝，知道了。孫傳庭著恪遵前旨，策勵圖功，以副委任。該部知道。”

初五日，臣躬督原帶秦兵及劉光祚兵，自保定南發，初六日次定州。臣見敵勢披猖，兵將畏怯，中外欺蒙，行間情形俱莫肯據實上聞，憂憤填膺，泣草密疏，直言北敵發難二十餘年，無一人爲皇上做實事說實話者，以致決裂至於今日。臣何敢效尤他人，朦朧耽閣？臣竊見各鎮之兵，聞敵膽落，必不能驅之使戰。凡言戰者，非愚昧即欺罔。若真逼令一決，譁潰之形，瞬息立見。當此之時，豈堪更有他虞！至於不戰之故，非關兵寡。臣細察各兵情狀，即使衆敵十倍，蓄縮依然，稱兵寡者皆藉口也。臣又觀地方有司物力，實萬萬不能供兵，閉户罷市，到處皆然，雖日取所在守令加以重法，亦不能禁。若更增兵，無益于戰，徒自窘困。臣愚竊謂宜將各鎮援兵，挑選精鋭，督監及臣人各數千，隨敵犄角聲擊，務使敵知所忌，正不必輕言戰勝。餘兵俱宜分發敵近州縣守城，力圖捍禦，使敵無垂涎之城，有礙手之兵，宵遁自可刻俟。至滅此朝食，須俟敵出口後，臣面請聖明，從長計議，另作良圖。著數一定，辦此非難。具奏，爲密奏事。奉聖旨：“知道了。北敵殘掠已極，孫傳庭著聯絡督監，盡力剿驅。其分發隨守，著各相機行。該部知道。”

自臣密疏下部，而當事遂有奪席之疑矣。臣惟知報主，遑恤其他。是日接兵部咨，該部題允，增給臣關遼兵五千，其兵見在通州防守，係原任總兵吳襄管領。初九日，臣抵真定，移調鞏固營兵，分監陳鎮夷以題留未發，爲劉光祚兵求保撫給數日行糧，候二日始給。時贊畫楊廷麟亦以督師屬令請糧在真，十二日同臣南發。十三日過藁城，遂得賈莊兵潰之報。故臣暫詣晋州，招集潰兵，并候吳襄兵。十四日塘報兵部。十五日，以請月餉、調祖鎮二事具疏上聞，奏爲敬陳目前喫緊機宜事。奉聖旨："户、兵二部看議速奏。"

十七日，吳襄兵至，重跰疲頓，俱各營選餘之步兵也。是日接兵部咨，該部題允，以臨鎮曹變蛟、延綏和應詔兵同左良玉兵俱聽臣調度，然俱遠不可待。其劉光祚兵，亦爲分監題留，宜赴真定戰守。又兵馬應支本色糧料，以經過州縣關門罷市，無處取給。臣憂憤之極，益無忌諱，因具疏直陳，云："辦如此大敵，而兵如此單微，餉如此艱窘。伏祈皇上速敕廷臣，從長酌議，務於萬難措手之中，確圖實可倚恃之著。毋不論兵之堪否剿禦，第撥給一兵，即曰有兵；毋不問餉之能否接濟，第行文地方，即曰有餉。以至耽誤不已，可憂益大。"并請留劉光祚兵千餘隨征。又言臣兵寥寥，似宜駐防畿南，環衛京都，具奏，爲敬陳微臣見在兵力并餉窘情形，仰祈聖裁事。奉聖旨："知道了。左良玉、和應詔各兵，著再飛檄嚴催。孫傳庭仍遵敕旨，相機進剿，不得以駐附衛護爲辭。該部知道。"

十九日，標將李國政率塘撥，自鉅鹿探賈莊敵情回，射獲彼塘一馬，并獲督師陣失關防，報敵猶在鉅鹿迤南搶掠。臣塘報兵部，東移冀州偵剿。二十三日至冀，報敵東犯臨、德。次日，臣即自冀州東發。二十五日，過棗强，接總監疏揭，題臣赴臨防守，易出監兵剿敵。臣星速馳赴，於次日傍午至臨，當將吳襄步兵五千、劉光祚步兵一千、秦標步兵五百俱撥易守城。二十八日，臣聞督師之命，符驗、旗牌、關防尚未頒到，臣拜受敕劍，具疏稱謝，中言："向來悠忽玩延，誇張誕妄，秋毫罔績，貽憂君父者何人？臣甫任協剿，已無督可協；再改總督，已無兵可督。方束手待兵，已束身待罪。即使諸兵既合，而各兵伎倆，廟堂不知，臣甚知之。見今二東郡邑望風淪陷，已不知凡幾。祈皇上於臣兵未合時，憐臣原屬無辜；即臣兵既合後，鑒臣非甘有罪。第得薄命朝天，面請聖明，確定大計，料理年餘，定有微效。若夫敵揚，度亦不遠，臣即聲疑驅逐，或可却走，不敢貪天功爲己力也。"具題，爲微臣祇承新命，拜受敕劍，恭謝天恩事。奉聖旨："覽奏謝，知道了。符驗、旗牌、關防何尚未到？著嚴催。孫傳庭仍遵旨集兵，出奇殲滅，以副簡任。該部知道。"

崇禎十二年正月

臣以菲才膺鉅任，謝恩一疏，爲宗社憂危，故益迫切無忌。又因樞部內備之議，經畫未當，寓書冒言天下事不堪再誤，并投該部。覽之大恚，面詰差官，云臣何有意督過若此。適樞貳臣傅永淳在坐，會爲臣代解數語。噫！臣豈得已哉！臣拜督師命二日，即爲己卯之元日。時臣所携步兵俱撥派守臨，馬兵千餘又以德州告急發援，其各鎮應督之兵無一旅見在者。初二日，始接大同總兵王樸、宣府總兵楊國柱禀報，云於歲前十二月二十日，各提兵隨督察劉宇亮前來援剿。時前股敵已報逾德逼滄，督與監分道援剿，臣何敢置京都之緩急於不顧。因繕發北援一疏，云臣聞敵突東南，因有渡河之行。比接監臣高起潛疏揭，促臣移駐臨清，易監臣兵援剿，登撫兵防青，蓋知臣兵寡，且係步卒耳。臣於前月二十六日抵臨，將臣兵與監臣計議派防訖。今敵大營既報北折，其分掠東南者，監臣已次第發兵馳援，惟是北折之敵無兵驅剿。臣正切徬徨，忽報王樸兵與楊國柱收合之兵千餘，自真定前來，且夕可至。臣當檄王樸逕赴德州，國柱尋間道馳入河間防守，臣亦即繇臨趨德，隨敵北援。其吳襄步兵五千，臣與監臣同河臣及監臣齊九皋商酌再四，監臣以臨城遼闊低薄，又爲北敵久謀之地，不得不厚兵嚴備，故全留防臨。至北折之敵，臣既有王樸、楊國柱兵，但能及敵，自勉圖驅殲，不至重有決裂。若京通東南應防之地，臣兵不能無翼飛至，監臣兵又方并力東南，祈敕該部，於就近營兵或援兵酌量防扼，以保無虞。初三日，具題，爲恭報雲、宣兩兵將至，微臣隨敵北援，以祈聖鑒事。比臣疏至都，樞部已有督、監分路截抄之請，奉旨下部矣。奉聖旨："已有旨了。孫傳庭著恪遵剿擊，出奇制勝。該部知道。"

臣拜疏後，即單騎赴德。從行者自援德選餘秦兵外，惟保鎮步兵一千，與執事官役十餘輩耳。初四日未刻，臣至德，王樸并延綏副將和應詔率前哨兵亦至，餘兵報於次日俱至。臣復具疏奏聞，題爲恭報兵至日期，並陳合分緣繇，以祈聖鑒事。奉聖旨："臨、濟既有分防，孫傳庭還相彼北遁大勢，合兵促擊，不得瞻顧墮狡。該部馬上馳餉行。"

初五日，督察攜雲、延兵及督餉主事李光宥俱至德州。初六日，東撫以濟陷報聞。初七日，督察同臣及德紳謝升、餉科葛樞會議，謂宜并力東南。臣謂北折之敵尚未知如何猖獗，況臣已兩報北援，未敢自便，因屬督察具題。臣於本日即發大同參將王鉞、王虎臣，延綏遊擊杭棟、陳二典，又大同參將張鳴鶴、韓斗，都司李時華，保定都司蕭繼爵、傅朝紀等，領兵分防環濟州縣。因魯藩告急，又發延綏遊擊蕭漢鼎，率延兵近千赴兖防禦。初八日，臣具疏奏報，言各兵於初五日抵德。次日，臣檄餉司人給銀一兩，行糧十日，尚未鑿封，即促之起行，并請借兑兩浙鹽課充餉，及凡緊急軍情。奏請止具正本，塘報止及兵部，題爲緊急軍情事。奉聖旨："已有旨了。軍機原不中制，即著督察、督監協謀合力，相敵機勢，速靖二東。各餉，該部看議即覆。本章、塘報依議。"

本日，臣因藩封告陷，憂憤欲絕。臣既叨承總督新命，不敢不以行間情實瀝血上聞。因草密疏，奏稱："濟南去臨清二百四十里，使總監高起潛所發祖寬等兵，能間道馳入協守，可保無恙。即不然，能張聲設疑，出奇撓敵，敵當飽揚之時，亦必惝駭引去。乃俱不能，寬等發於去年十二月二十三四等日，城陷於正月初二日，寬等之罪可勝誅哉！關遼兵頗稱勁旅，二十年來朝廷竭海内物力以供之，專爲備敵，尚且如此，他復何望？"又稱："臣思臣等欲仰釋宵旰，惟有奮力擊剿，第度兵將情形，萬萬不能。至如恢復省城，自是目前正著。臣謂如敵飽掠而遁，無俟恢復；如生心久踞，宜俟諸路兵合，另圖攻圍。此時惟有如臣前奏，將見在之兵分發近省州縣，與士民協力共守，使敵不得肆出狂逞、再生羽翼爲急著耳。"具奏，爲密奏事。留中。

初十日，臣續調秦標鄭嘉棟等兵一千至。十一日，臣復檄王樸，於各兵内挑選精鋭五千，繇禹城、齊河，同前發分防兵赴濟剿擊。臣介馬親至平原調度。十二日，接兵部咨，稱我督監援兵，一當繇河東以截其後，如吳橋、東光、南皮、鹽慶一帶皆是；一當繇河西以抄其旁，如景州、阜城、蕭甯、交河、青縣、靜海一帶皆是。奉聖旨"該督監著分路截抄"，蓋即臣前報北援疏所奉"已有旨了"之旨也。臣既南下，不能即繇河西抄截，因具題，爲微臣分路應然，南下殊非得已，謹備述情形，以祈聖鑒事。奉聖旨："知道了。孫傳庭著遵屢旨，協同驅剿，不得諉怯，致誤取罪。該部知道。"

十三四日，臣原發赴濟兵自禹城、齊河直逼濟南，偵哨截剿。十五日，敵拔營離濟，走商河、武定，取東路北遁。臣兵首抵會城，屯札西關。十六日，臣塘報兵部，該部具題，爲馳報軍情事。奉聖旨："知道了。"

是日，臨鞏總兵曹變蛟率兵四千至，報稱副將賀人龍兵一千餘，於中途譟逃還秦。十七日，臣因敵已北折，乃遵分路截剿之旨，馳返德州，抄前遮障。臣與督察面商，督察携提標營馬兵五百、雲鎮馬兵一千，并延、保火器兵二營，即繇德州渡河。臣統各鎮兵，繇吳橋、東光隨敵偵堵。十八日，督察渡河行十里，復傳調宣鎮馬兵一千從行。臣以兵不能多分無敵之地，乃邀還督察同行。臣於當日抵吳橋。二十日卯刻，督察亦至。王樸兵繇禹、齊，并曹變蛟新到兵俱至。本日，臣等抵東光。二十一日，接商河防兵却敵全城之報。先是，臣決策分防，發營將韓斗、李時華、王鉞等，預赴商河、武定等處防禦。因商河知縣賈前席、德平知縣田瑄拒兵不納，臣一面具疏題參，一面復行檄諭該縣乃遵檄留守。及敵逼，首犯商河，苦攻兩日，賴我兵力禦，獲保無恙。臣具疏奏報，謂敵不敢正視郡邑，必當馱喙北歸，臣於聖明"速靖二東"之旨庶幾無負。自兹以往，臣惟有鼓勵將士勉圖敵愾，儻徼皇上威靈，大衊外敵，泄憤神人，乃敢飛書告捷。若零星剿殺，無裨安攘，臣誓不飾功妄報，以欺君父，且貽愧同朝。具題，爲商令悔過納援，危城賴保，仰祈嚴諭通遵并陳近日情形事。奉聖旨："彼既北折，孫傳庭著即相機抄擊。田瑄、賈前席著分別議處。餘知道了。"

先是兵部以敵深入東南，謂我兵能抄向東方，阻其深入，即爲首功。自元朔二日濟陷之後，初五日臣方接兵任事，初六日聞變，次日即發兵南抄，不旬日而驅彼北折。臣固不敢自居首功，然亦可幸無罪矣。彼既北折，二東遂靖，臣即繇德州蹑敵，星馳而北。及分防各將彙報到臣，始具疏上聞，內稱："自濟南告陷，雲、宣、延綏等兵至德聽臣調度者，纔萬餘耳。合之猶不見多，而臣復分之使少，非臣愚昧無知，或別有奸欺，妄圖諉卸，蓋臣濫役行間有日，實知各兵簡挑精銳，十僅得三，即盡聚一處，而臨陣可發者亦止此十分之三。若以不堪戰者驅之盡往，進必倡逃，退無善敗，不惟無益，而且有害。何如挑堪戰者備戰，以不堪戰者分防，則餉既易供，守亦能辦，不惟無害而且有益。此臣區區之愚，即舉朝非之，臣終不敢謂無當也。今彼自我兵逼濟而北，臣商派之兵適當敵折之路，我兵羅列預待，彼瞻顧既多，喙駮乃決，二東州縣從此遂無一失，分防之效亦略可賭。若云彼飽必揚，無意攻掠，夫彼欲何厭之有？當獲鹿稇載，西窺龍固，及前營東折已逾津、滄之日，豈不飽哉？何復圖攻臨清，且有濟南之事？慶雲、鹽山何以一到輒破，易於拉朽也？所有分防各將勞績，自應題明存案，以俟彙叙。"題為環濟分防，二東已靖，謹據實奏聞，以俟事平察叙事。奉聖旨："兵部知道"。

二十一日，臣同督察自東光北發，臣欲從泊頭徑抵滄州，而督察不從，遂走交河。是日接河南調援總兵左良玉正月初九日回文，云該總兵已至河南歸德地方，俟安頓妥貼，即令嚴加蓐秣，刻日北渡。該鎮之兵，固兵部作數五千以給臣者，奉調四月，敵已北遁，猶淹河南，臣因咨部止之。二十二日，督察暫止交河，臣先至滄州。二十三日，督察亦至。時彼營甫至舊滄州，臣欲倚滄憑城設伏待彼，以滄州斷橋拒阻，兵不得渡。臣塘報兵部，督兵馳赴青、大。二十四日，敵於青縣窺河，我兵扼河截堵，敵乃繇青縣迤北蔡兒莊乘夜暗渡，次日逼犯大城。臣督各兵又先至大城，發李國政等領精騎出奇偵擊，猝與敵遇，以少敵衆，首斬彼撥，奪獲陝西巡按印信、山東督糧道關防及餉銀、戰馬，力挫敵鋒，逼之東遁。臣於本日塘報兵部，復據各鎮詳報察確，具題，為官兵抄前扼擊，力挫敵鋒，謹詳察題叙，以示鼓勸事。奉聖旨："已有旨了。銀兩即分別給賞將士，不必解進。有功及傷亡的，事平察明叙恤。該部知道。"

是日，督察不料軍實，下拜各鎮，逼之浪戰。時我之兵力，誘伏截擊尚在可辦，若欲倖勝忿逞，則萬有餘喪矣，故一時兵情莫不洶洶。臣爲密行曉諭，多方聯束，乃得無他。二十七日，臣因敵奔東北，時總兵虎大威、副將猛如虎兵報抵通州，先准兵部咨，該部題准，令大威等兵俱赴臣軍前。臣因檄大威等各統精健五百，急趨河西務聽候合剿。比臣檄至，兵部已題將二將聽宣督調度矣。二十九日，臣復移咨該部，仍令該鎮將各統兵五百赴臣軍前，而該督竟未之許。三十日，據閣部中軍徐鎮都塘報，副總兵周遇吉等率令官丁於蔡兒莊等處共斬獲敵級十顆，督察會臣塘報兵部。

二　月

自敵北折，臣繇西路率兵緊躡，惟期驅敵疾走，且不得旁突近郊，擾犯陵京，以仰副皇上遮障之明命。敵騎迫瞰大城，蓋欲躡前股北歸故道，繇文、霸一帶掠食而北。以我兵力堵，折渡鹽河，走兩河夾套沮洳荒涼之野，此即遮障陵京第一義也。臣逼彼既東，度彼必走楊柳青、楊村一帶北渡，因星催各兵馳赴東安截擊，遮障大城。士民慮敵折還，力懇留兵。督察爲之留二日。至初一日，臣欲先往督兵，掌號將發，督察復力止之。初二日，李國政等領哨撥至東安之黃花店。初三日，總兵曹變蛟、楊國柱等兵至東安之青頭兒，距河尚六十餘里，而彼營已于是日午時盡數渡河。初四日，臣與督察俱至東安。臣爲曹變蛟兵咨借衛輔營盔甲解至。臣所督各兵，悉前督潰散之餘，止有變蛟一兵新至可鼓。乃變蛟兵自剿寇來，未有盔甲，其所披帶，惟是壯帽絮襖耳。臣因咨部借題衛輔營盔甲給之。是日，分監武俊始自備車腳，差官解至。初五日，准部咨，議處濟陷內外防援各官，以臣受事日淺，奉旨降一級戴罪。又先准部咨，推臣保定總督，奉旨仍以兵部侍郎總督保定等處軍務。維時保督需人既急，臣方督援，豈能分任保事？臣具疏陳謝，并言保督事任，俟敵出口，另疏懇辭。具題，爲微臣力竭重任難勝，罪深量罰猶幸，謹謝天恩兼陳愚悃事。奉聖旨："覽奏謝，知道了。孫傳庭著遵屢旨，鼓勵督剿，速圖狂氛，不必另辭。該部知道。"

是日，臣督發各兵，悉索精銳，于東安之茨州、黄花店一帶，誘敵伏擊。臣與督察及贊畫楊延[七]麟、監軍道張京親詣行間鼓勵戒諭。彼見我誘騎，即率衆來迎，與頭敵官兵合戰，互有殺傷，我兵敵愾甚勇。總兵王樸等於二敵設伏，彼未至伏，時已薄暮，遂奔還大營。我兵雖斬級無多，而力戰却賊頭敵，固可言功，二敵亦無可罪。次日臣據實奏報，適各鎮哨丁報斬彼撥七級，臣止另報兵部，不敢牽合湊入。具題，爲官兵再戰益力，謹據實奏聞，以鼓勇敢事。奉聖旨："該部知道"。

方臣前報屬稿畢，督察閱之，稱其確寔，復手易數字，付臣繕寫奏聞，無異議也。次日拜發後，督察忽袖出一稿示臣，乃參各鎮及劉光祚疏，云已發矣。臣謂各鎮未有顯罪，可以無參。督察云韓城、武陵諸老皆有言，屬令參處。臣曰："兵情不能遥度，行間情形，廟堂未悉，但有罪不宜徇隱，豈可無罪遽參？"因以各營兵情詳語督察。自督察大城下拜各鎮後，臣已屢爲督察略言之，而督察不省。及兵至東安，曹變蛟復密以告臣，方臣等與各鎮俱集東安之張家浦廟中，督察自詡能親身督陣。曹變蛟即舉手向神曰"非國家之福也"，贊畫、監軍俱聞之。故臣復以前後兵情爲督察委婉一言，即督察所謂沙偶之説也。臣于斯時，既不便扶同督察，又不可彼此矛盾，因草密疏馳告。草就，復質之督察方發，疏云："臣承命督師，時應統之兵，潰者未集，調者未來。濟南告陷，兵方稍集，臣商之督察，分發扼防，簡提精銳，逼濟馳逐。今日兵至，明日敵奔，所過之處，皆以防兵獲保無恙，二東遂靖。復隨敵抄擊，若滄，若青，若大城，以及今東安、武清，皆兵先敵至，調度未嘗少謬。使實有勝兵滿萬，用正用奇，罔不如意，豈但遮障陵京，驅敵出口而已乎？無奈兵將積怯，鼓勸徒傾心血，振作竟未可知。大城之役，雖能實與敵決，稍奪輜重，執訊獲醜，概未之聞，而力已竭矣。東安之役，勉圖再舉，偏裨尚力抗敵鋒，鎮帥多甘心處後。臣從無瞻徇，飛參正法，皆所饒焉。第若董伎倆已窮，所部原無辦敵之兵，臣即遽假皇上三尺，爲之驅迫，安能責效目前，且恐致有償誤。故臣以分別參處，宜俟敵遁之後，今惟有於萬難鼓勵之中，更圖鼓勵。臣心良苦，臣無能亦概見矣。"本日具奏，爲密奏事。留中。

敵自夾河窘困之後，奔突東安，未及遊掠，因我兵誘伏奮擊，實有憚心，遂北走武清。臣又預發各鎮先至武清，偵襲遮障。初七日辰時，戰敵於縣東。申時，敵遁還營。是夜，我兵銜枚往襲，潛繞西南，出其不意，矢礮齊攻，驚敵亂竄。馘斬一十七級，奪獲銀四千四百餘兩、馬騾駝五十匹頭。次早口報到臣，方候詳報察驗，督察已約略具疏，輒申救前參各鎮，有恕愆責效之請，亦發疏後以稿示臣。疏入，奉嚴旨下九卿科道看議，乃歸咎於臣，不亦謬乎？及各鎮詳報到臣，臣將所獲功級據報察確，仍駁退一級解部覆驗。具題，爲官兵晝戰夜襲，斬獲敵級，奪獲輜重事。奉聖旨："已有旨了。銀兩准半給軍士，半留軍中賞功應用。傷亡的還著察明叙恤。該部知道。"

初八日接兵部密咨，以敵入夾河套，自走死地，欲我兵密訂巧乘，大圖創擊。時敵已渡河，然即未渡河，河套即爲死地，亦彼已共之。況彼先入待我，而我越河往擊，談何容易！至欲扼之河東，是欲其折轉南侵，尤萬萬非策矣。臣因回咨該部，稱敵走夾河一帶，固敵之死地，第察彼中地利，在我兵進剿尤難。若欲據河東扼，則必反突文、霸，肆擾河間。臣與督察審酌再四，我兵惟從東安、武清緊促遮擊，有利無害。連日大小數戰及夜襲，頗有斬獲。今敵已越楊村，除嚴飭各鎮將，視敵所向鼓勵擊剿外，合先咨復。

臣調度何敢少謬也？敵自我兵晝戰夜襲後，即繇河西務馳渡疾走，焚橋斷兵。初九日巳刻，各鎮將兵俱抵河西務。臣星馳至河，購募土人，同官兵連夜成橋，於初十日飛渡追襲，當晚抵香河。是日，總兵王樸塘報，斬獲敵塘三級。十一日至三河，宣督陳新甲、提督閻思印、督理劉元斌俱至。是日，副將周遇吉塘報，斬獲敵級三顆。陝西副將賀人龍率前逃回秦兵始至軍前。十二日，敵在薊州邦君店迤南屯札，臣發王樸、曹變蛟等統領精銳，乘夜攻襲，敵遂拔營奔向玉、豐。十三日，臣等俱至薊州。是日，副將周遇吉等塘報，斬獲敵級五顆。夜四鼓，總監亦至，臣於是有抄前之議。方臣與督察繇東安赴河西務也，途間接兵部密咨，爲飛報官兵大戰奇捷事，奉有"劉光祚著督察、總督立正軍法"之旨，蓋因督察疏參茨州之戰，各鎮不能接應，而又特指光祚庸碌，該部又因總監報捷，并責光祚等不能應總監渾河之夾擊，覆疏特參，遂奉嚴旨。督察接咨，悵惘自失，隨向臣云不意至此。臣謂茨州之役，各鎮無罪可誅。至臣兵自濟南驅敵北折，即繇西路遮障，監兵繇東路鹽、慶、滄州躡敵後，臣兵與監兵東西遠隔，敵間其中，聲息不相聞者將二十日。監兵至渾河及敵勇戰，各鎮不得而知，何繇夾擊？督察大城疏不云乎？此時僅臣等與敵逼近，餘尚未聞，可證也。大帥生殺，關係非輕，臣心知未當，豈敢默不上聞？因與督察商酌再四，暫發光祚於武清縣監候，合疏請裁，爲冒死合詞再祈聖裁事。奉聖旨："朝廷大法，卿等何得諉褻？仍即遵旨行。該部知道。"

此臣等爲光祚合請聖裁疏也。督察因前磚廠報捷疏，爲各鎮求寬，奉嚴旨看議，於臣何涉？至臣行間軍令頗自凜然。方臣繇平原返德州，陝兵拆取民間田圃草棚煨火，臣立斬二人，及過大城，雲兵竊取居停一衣，亦立斬之，三軍無不聳服。劉光祚如果失律當誅，彼實榆林世冑，又所率堪戰家丁不及百餘，臣於光祚何愛何畏，敢不遵奉明旨立斬以徇？況臣既拿發光祚監候，又何難於正法耶？該部以臣爲不能奉行，過矣！

十四日，臣同督察劉宇亮、宣督陳新甲、總監高起潛、提督閻思印、督理劉元斌、總兵祖大壽於薊州公議。臣言「敵已過薊，必圖闖口，我兵尾後，既難取勝，惟宜稍設疑兵於後，餘兵盡抄敵前，於東、中兩協山口并馬而步，預先設伏。候敵至口，本口之兵拚死力戰，別口之兵合力援擊，到頭之著，庶幾有當。」總監言：「我兵如盡出敵前，糧草益難接濟，且敵謀最狡，萬一轉回，西協尤屬不便。」因議臣兵同宣督及提督、督理兵抄前，總監原統關遼兵及總兵劉澤清、劉復戎并吳襄兵驅後。議後，總監有疏奏聞，臣有塘報達部。

臣自靖東之後，以獨力支持，勉圖遮障。自東光至薊州，無日不與敵一彼一此，并逐於平原曠野數十里或一二十里之內，塘報一一俱在。自臣而外，豈復有遮障之兵哉？敵過薊東，勢在必奔，遮障之事已畢。臣前[八]已獨歷危險，使於此時稍或避難，擇便即同各兵并繇薊州因勢尾逐，豈不較易？而顧肯自認抄前，獨當敵節年熟走、今苗頭已指之建、冷，扼其吭以犯其必爭哉？臣祇以到頭一著，樞部嚴請，聖明切望，不敢不實圖一當，故欲策駕當先，控據要害，舍短用長，拚命從事。臣之癡忠，二祖列宗實式鑒之。至於臣兵抄前，敵忽不動，豈臣意料所及？蓋敵自濟南北奔，止臣一兵與之緊蹤，敵未嘗有三日之留。即當夾河窘困之後，東、武之間千倉萬箱，敵亦不敢因糧歇馬，淹留信宿。豈有垂至出口，又多兵驅剿於後，而敵反盤踞玉、豐之間，遲不發者哉？孰知臣之抄前，原爲報皇上以副明旨，而臣之罪端乃舉集於此矣。然自敵過薊州，試細按臣等前後疏報，詳察臣抄前之布置是否諉飾，諸人之求多是否搆陷，與臣歷奉之明旨是否臣之所敢出，則臣孤孽情事亦歷歷可睹已。

是日議後，臣即率兵前馳，薄暮至石門驛，一飯即行。十五日丑刻抵遵化，據報，敵營盤旋玉田，界在中、東之間，恐敵突大安、龍井等口，故臣暫止遵化，發銀該縣，備五日糧料。臣傳集各鎮兵，同督察、宣督於遵化城南演練步營，以圖大戰，詳在臣《練步圖説》中。是日，督察始聞九卿科道看議之旨。十七日，遵撫報敵東行，稱鐵廠、三屯、黨峪爲扼擊追襲之要。總兵王樸報斬敵塘六級。十八日，臣先赴三屯。十九日阻雨，臣仍督各鎮演練步法。本日，據總兵王忠、副將劉欽、猛如虎報，敵前哨已至沙河驛，離冷口不遠。臣隨發總兵王樸、楊國柱，副將和應詔等馳赴建昌，臣督曹變蛟等兵繼進，并移會宣督、提督、督理提兵前來合擊。夜四鼓，又接督察合力夾攻、早清敵兵之咨，臣行王樸等挑發精銳千餘，還赴豐潤，同總監大兵奮剿。隨據總兵虎大威報，敵營已至榛子鎮，臣即塘報兵部，督催王樸等馳赴建昌。行三十里，復接督察催兵赴口咨，内稱敵拔營東去，離口甚近，在我官兵，應星夜疾趨其前，相度險要，出奇邀擊。臣於本日行一百二十里，督各鎮兵俱至建昌。二十一日辰刻，宣督亦至。臣因疏報抵口，即以到頭實做之著披瀝直陳，内稱："臣維我兵禦敵，惟步兵乃能取勝。今之步兵不敢用者，以平時無選練之步兵，故不若馬兵猶可遇緊收還耳。敵用弓矢，我必宜用火器。今之火器亦不敢用者，以原未有精熟之火器，故不若弓矢，尚可勉强一發耳。然以短角長，勢處必敗。欲行訓練，而敵在内地，日肆攻掠，豈能少待？此臣所以切齒腐心，自受事及今，痛憤而付之無可奈何者也。乃今敵將出口矣，樞輔楊嗣昌因有到頭一著之請，反敗爲功，惟在此時。故臣謂我之兵馬弓矢堪勝與否，此時不暇計也；我之步兵火器堪用與否，此時亦不暇計也。蓋到頭一著，更無兩著，且此一著，勝則敵勢立摧，我氣大振，雪恥除敵，即在此舉。萬一不勝，或至稍有損折，敵已離重地，亦不過闖關出口，然猶使敵知我將士忠憤所激，尚有不欲與敵俱生之意，少懷憚心，即損折猶愈於保全也。臣謂及今敵飽我飢、敵驕我憤、敵欲全歸、我宜放膽之日，臣與宣督陳新甲所提勦兵，見在建昌，據報敵後哨尚在豐潤，前哨已至沙河，必奔冷口，我兵設伏建昌，自可出奇制勝。敵即突關門，我兵亦可馳抄永平，約會關門守兵暨總監大兵，內外夾擊。臣等嚴令挑選，專用步兵，其馬兵止量用什二，以備誘追，餘者悉并爲步，分作三面。昨在遵化，臣同督察閣部及宣督陳新甲，携贊畫楊廷麟、監軍道張京，親詣教場申飭，訓以陣法。及至三屯，臣復親行演練，以火器當先，弓箭繼後，悶棍居中，循環連絡，呼吸相應。三面之中，又復因敵變化。臣各諄諄密諭方略，諸將亦各以爲可恃，頗增鬥心。有大同前營遊擊蘭應魁，列伍少有參差，臣當即以軍法責治。延綏副總兵和應詔，素稱敢戰，今亦未顯有失律之罪，而志氣不揚，言行未副，臣復於衆中申嚴戒諭，責以拚命圖功，本官願以死報，各兵將一時咸爲奮栗。臣與宣督預伏待敵，決計一戰，務如前習陣法，三面進攻，何處堅，則力抵牽掣，何處瑕，則乘虛直擣。但能一面得手，即可立翻前局。其各鎮將，惟以率兵勇奮爲功，不以傷折論罪。所獲輜重、首級，懸示計股均分，庶免貪利債事。若復退怯不前，鎮帥遵照嚴旨，必置重典。協將而下，無論是否臣所統領，俱以皇上賜劍從事。臣度敵出口尚須數日，臣等一面具題，一面期會舉事。至臣議專用步兵，以其遇敵勢在必爭，尚可牢定脚根。若敵飄忽分逸，步兵不能追逐，則仍用馬兵馳擊，不敢拘執一途，以誤機會。"具題，爲到頭一著，必宜拚命大做，謹馳疏奏聞，仰祈聖鑒事。奉聖旨："敵已鄰邊，不聞大創，猶以空言塞責，孫傳庭著即遵屢旨，同援守各官上緊實圖抄擊，不許鋪飾誤事，自干重典。該部知道。"臣之此疏，專爲敵已鄰邊，實圖創擊。後來臨口之戰，我兵一一如臣疏實行，乃獲有當。臣何敢以空言塞責，鋪飾誤事耶？

是日，接兵部咨，該本部十七日題，爲軍前一日無報等事，內稱："青山之敵闖出又復闖入，建、冷爲所必趨，聞援督、宣督、京勇諸兵俱集遵化，總監與關遼諸將俱走玉、豐，雖曰分道而馳，總之俱在敵後，無肯拚命爭前冒險決戰者。丙子官兵免送之嘲，將復見於今日。臣猶恐敵之狡計，乘我兵在後，直闖關門，計在玉、豐、遵、薊之兵，必拚命爭前，冒險決戰，爲朝廷立功，爲封疆弭患。臣激切申明，如其不遵，指參勿恕。"奉有"京援各兵既分道而馳，著即密訂日時，三路齊舉，奮勇決戰，不許逗延遙尾，自干重典"之旨。該部此時蓋不知臣兵已抄至建昌，故謂我兵俱在敵後，請旨嚴戒遙尾。及後知臣已抄敵前，而抄前遂爲罪端矣。臣竊見該部疏中題飭之語，較前日異。夫我之兵力，該部所知，濟陷以後，惟是望臣等驅敵北折早遁耳。比敵漸北，而該部之責成，遂不計我之兵力若何。臣已知從前靖東、遮障微勞，俱無足錄，向後拚命死戰，總無以塞該部之意矣。因冒昧具疏，奏稱"今日之事，敵衆將圖出口，剿事已至到頭，聖明重典不宥之旨日下，樞部徒事尾逐之戒時申。滿朝之議論，旁觀最明；前人之罪戮，覆轍可鑒。其宜拚命決戰也，無論鎮將豈全無血氣，而臣輩亦尚有心知。矧調度遣發，豈遂攖鋒？逗怯自甘，是誠何意？故臣於部咨未到之先，已具有'拚命大做'一疏，正與樞輔楊嗣昌之疏互相發明。臣等隱憂惟一也，第臣辱臣死，實惟今日，則命不可不拚；反敗爲功，萬一有濟，則命尤不可不捄；如徼倖竟難，情知罔效，甘心瞑目，益致決裂，則命不可徒捄也。即如臣議，并馬為步，豈非置死求生？乃此用步之法，亦非可漫然而已也。各路烏合之衆，心志不能遽齊，可無問也；數十年養成之蓄縮，膽氣不能驟易，可無問也；即使壁壘忽新，神情胥奮，然非背附城郭，憑據山溪，設伏出奇，扼險縱擊，而故欲爭衡於廣漠之野，奔跳於百里或數十里之外，以步格馬，敗則重喪，勝亦難收，臣何敢以封疆大事付之一擲乎？故臣疏謂'若敵飄忽分逸，步兵不能追逐，則仍用馬兵精銳馳擊，不敢拘執一途，以誤機會'。臣之心良苦矣。今臣已同宣督陳新甲抄敵之前，伏兵建昌。敵甫逾西、中，應出建、泠，勢險節短，可謂得地。乃敵前哨忽報南折開平，又似欲瞰關門。臣已將總監高起潛分發建昌總兵侯拱極、副將周祐等兵，檄赴關門防剿。如總監既從西悉衆緊促，關兵復從東張勢聲堵，逼敵直走建、泠，得如臣等所算，發伏縱擊，此時此際拚命，庶幾有益。儻敵南淹數日，臣等懼貽觀望之罪，又不得不督兵南向，地利既不可知，野戰安敢嘗試？則惟有不拘馬步，挑選精銳，與之一再格鬥，能無大損，已屬厚幸，如欲大勝，似未可期。比敵突兵前去，口已近兵，安能復抄？敵一至口，精敵堵後，兵遂無如敵何，第靠口兵支撐，安能濟事？即備有伏火，亦當先難民受之，斃敵能幾？縱使伏火徧山，所斃惟敵，能令敵跬步難行，乃不拒之於外，而拒之於內，豈敵之害而我之利也？臣不敢負聖明，故不敢愛死，不敢誤封疆，故不敢徒死，則不得不矢臣不欺之衷，一一瀝陳於皇上。至臣所願以死報者，尤不敢不與行間將士罄竭以圖也"。并請留張天麟火器兵與曹鎮合營。具題，為拚命實切臣願用命不可不審，謹因部疏申飭，冒死奏聞，以祈聖鑒事。奉聖旨："已有旨了。孫傳庭不得飾諉取罪。調留事宜，著相機酌行。該部知道。"

二十二日，又接督察札，屬令兼顧建、冷、關門。移時又接督察咨，云臣徒前枉抄，且言總監大獲全勝，臣與提督竟無一捷，有"勿令委靡遜人，恬不知耻，自甘頑鈍"等語。臣殊不解其意，思〔九〕宣督適在臣所，怫然曰："彼已謝事，不知是誰無耻耶？"臣因答督察一札云："建、冷、關門兼顧已非易易，若更以抄兼驅，何能既前忽後？三方齊舉，業奉明旨，惟有密訂師期，合力奮往，云云。"夫臣之抄前，與督察議定乃行，督察且隨臣抄前，與臣同至遵化者也。督察因聞看議之旨，故止遵化，臣乃辭督察獨赴建昌。二十日，臣行逾三屯，督察復有咨，催臣赴口。本日臣抵建昌，二十一日宣督亦至。是日，兵部請旨，飛檄亦云敵前哨已至沙河驛，此明明奔冷口之路徑，該督繇三屯直走遷、建，是沿邊捷徑，乃督察方有書屬令兼顧建、冷、關門，隨移咨嫚罵，云徒前枉抄，蓋祗爲抄送閣部，轉呈御覽，以脱己陷臣也。二十三日，臣因督察咨移屢至，瞬息矛盾，恐玉、豐之敵留處如故，必以徒前枉抄爲臣罪柄，復移咨督察，會同宣督挑選精鋭馬兵三千，令副將王根子等馳赴豐、開，出奇邀擊，遏敵北奔。二十四日，臣復傳集各鎮將兵，繇遷安一帶親提迎剿。列隊將發，據建昌副將汪喬塘報，冷口邊外敵兵在大户店扎營，離邊約三四十里。移時，喜峰與冷口傳烽并至。臣等謂接應之敵已至邊口，因撤換前兵。臣與宣督面商，兩路俱有烽警，自應分兵兩應。因趣〔一〇〕宣督兵遄返三屯，與禁旅及真保分監陳鎮夷、密雲分監邊永清，并密撫劉日俊兵及中協主兵，期會并舉。以内敵撥哨見窺建、冷，臣仍獨任建、冷。如敵兩路分出，臣於冷口一路鼓鋭奮剿，宣督與各監於喜峰一路合力邀擊。如敵盡趨冷口，或盡趨喜峰，兩地之兵，或間道會剿，或犄角出奇，力圖到頭一著，不敢有失機宜。總監仍率通鎮劉澤清、津門劉復戎緊躡敵後，共奮敵愾，仰慰宵旰。具題，爲兩地傳烽并急，遣將分兵抄截，謹飛疏奏聞事。奉聖旨："知道了。敵謀甚狡，行間文武正宜遵旨乘機合擊，急圖剿驅。孫傳庭何得專任一路？且此疏既任建、冷，再疏欲趨永、灤，是何機宜？如推避巧卸誤事，責有所歸。該部星速馳飭。"

臣之任建昌也，任敵必走之路也，非專任一路也。臣赴建之日，敵哨已逼遷安，距建昌止四十里耳。及臣抵建，而敵大營盤踞玉、豐不行，非臣抄前者之咎也。乃督察竟昧前議，求多於臣。該部又有"甯使敵闖邊口，毋撼關門"之題飭，奉旨責令齊舉。故臣永、灤之趨，自抵建之日已刻不容待，豈臣得已也？維時敵勢孔棘，處處險危。未幾，總監復疏請合擊，關撫亦告急請兵，一處誤事，責總在臣，何所容其"推避巧卸"乎？惟是臣卒未誤事，而竟不免於罪，爲可憐耳！

是日，宣督趨三屯。隨據各路塘報，内敵從冶里開營，東逼灤州；外敵已至冷口關外及太平路口外。又報山海路土烟臺傳烽三次。二十五日，又報内敵仍在冶里一帶札營，分頭搶糧，晚復回營。臣因外敵已至，内敵猶淹冶里一帶，東西叵測，乃檄副將王根子等，仍率前抄永、灤之兵，星馳往抄，并檄侯拱極兵赴永、灤剿扼。本日，臣馳疏奏報，内稱："東、中協與關外之烽相繼見告，則接應之敵已至。乃敵猶盤旋玉、豐之間，若行若住，忽東忽西，越一日而各處之烽復稍緩矣。蓋敵之所挾者重，故多方以分我之防。乃其哨撥與老營既指東南，未幾折轉，則似土烟墩之犯猶是丙子歡喜嶺之故智，而敵之所專窺者必在建、冷，所竊忌者則我建昌、三屯等處之兵也。臣以我兵欲實圖到頭一著，必預伏始能半擊，若尾後則止有送還。建昌地處適中而當要害，故臣欲以獨扼待衆驅，不敢分兵別往，稍圖零捷。即奉三路齊舉之明旨，亦以聞烽馳約未果，無非欲專力此舉。頃又因芻糧斷絶，并馬匹分發別城餧養。如臣初意決意步戰，蓋戰敵非步無當，用步此地獨宜耳。乃敵停緩如故，再遲三二日，臣惟有南趨永、灤，與總監高起潛之兵東西犄角，逼敵北遁。蓋與其堵之於內，毋甯逐之於外；與其嚴塞三面，使突關門，毋甯佯開一面，使出邊口耳。至如聖諭三路齊舉，著數最大。但臣細思進兵之路，惟總監兵在後，近敵較便。其禁旅與宣督陳新甲等兵之在三屯者，欲求適中宿兵之處不可得，而望其長驅曠野，直擣敵巢，殊非容易。如臣之轉折進發，無論迎擊之取勝，萬不可必，即能迎擊使西，則是欲重令深入也。故臣萬不得已之計，惟有南抄永、灤，多方驅擊。其臣先與宣督同發一旅，昨亦因傳烽撤返。今臣復選協將督往，并檄侯拱極之一旅俱先赴永、灤出奇奮扼矣。敢因塘報備述以聞。"具題，爲馳報敵情事。奉聖旨："知道了。孫傳庭督兵不圖扼勦，馬匹分養別城，何以制勝？且云佯開一面，是何籌策？明係逗怯縱敵。該部看議速奏。"

　　以步格馬，乃制勝不易之著。臣甲戌在籍，因敵患條奏，已詳言之。矧敵臨邊口，我兵憑山伏擊，上下登陟，惟步最便。又敵自內出，勢必闖邊，我兵但能死戰，敵將自至，奚用馬追？況我兵死戰之氣，惟無馬乃決，一有馬，則軍中怯懦之輩，必至臨敵思逃，而衆志沮矣。臣爲此日夜嘔心，計慮最審。幸各兵將經臣詳悉訓諭，人人折服，皆以爲制勝在此。故臣行令發馬別城，一一唯命。不然，我兵二萬俱暴露建昌城外，待敵決戰，臣盡去其馬，使無退步，此二萬人安能戢志以從也？至佯開一面，即兵部甯令敵奔邊口，毋使搖撼關門之意。且臣正於佯開之處伏兵奮擊，豈臣敢逗怯縱敵也？二十六日接總監會疏，謂敵養銳待戰，監臣以孤軍而支敵之全勢，心有餘而力難逮，題令縣邊東上鎮將選有馬精銳，迎頭沙河驛、榛子鎮、開平、豐潤奮力擊勦。臣因議將臣原練步營留之建、冷，令王樸、曹變蛟等統領伏勦，臣親督楊國柱并副將鄭嘉棟，率領精銳馬兵，於二十七日啓行南發。

而二十六日夜，副將汪喬口報，太平、燕河等路傳烽甚急，又報冷口邊外已至橫河。質明，又報哨馬已至哈喇坎，離邊十七八里，至冷口即可望見。臣因未敢啓行，及遣旗鼓官楊豹往探，則并無所見。至巳時，烽火亦止。移時，關撫朱國棟移咨再至，稱強敵連結不動，突口可慮，闖關門更可慮，與兵部毋使搖撼關門之説同，期臣亟移一旅，分發永平，扼敵東窺。臣因於二十八日拜疏，率楊國柱等南抄，仍將伏建截擊機宜一一密授王樸、曹變蛟等確實遵行。具題，爲微臣督兵南抄馳疏奏聞事。奉聖旨："援守各兵儘多，總督事權原重，孫傳庭前後奏章一味游移躲閃，未見實力辦敵，成何調度？仍著戴罪圖功。如再縱怯，朝廷大法決不姑貸。該部知道。"

援守各兵不下十萬，屬臣統者纔二萬耳，其餘各有專屬。即如虎大威、猛如虎之兵，該部方題屬臣，又題屬宣督，臣安得調遣惟意乎？至總督事權，臣實不敢自輕，從來總督多矣，實力辦敵有如臣者，亦似可以仰副明命於萬一。今敵禍未已，既往勿論，後來固可驗也。本日臣拜疏後，既督兵南抄，中途接關甯內中軍太監劉國玉塘報，云外敵晝夜力攻松山，自二十四日至二十六日礮聲不絶。據此，則內敵突關尤屬可慮。臣於巳時馳至永平，適真保分監陳鎮夷率兵亦至，臣因與面商拒堵。旋據各路塘撥報，敵起營至沙河地方，三營向北，四營向東，敵旗已至野雞坨，離永平三十里。臣會同分監發楊國柱等馳赴沙河，設伏誘擊。二十九日，報敵過灤河，至遷安縣東。據此，則闖冷必矣。臣復會分監發火器千餘，并刁明忠等領原率精鋭，間道回建，同王樸等兵合營伏擊，止留楊國柱同二三副將從東南緊促，於本日塘報兵部題知。

三　月

　　初一日，據總兵楊國柱塘報，遵臣嚴諭，於二月二十九日探得敵於遷安迤南河岸下營，該鎮挑選精銳，分四面衝殺，夜四鼓銜枚急進，拚命直闖敵營，礮矢交加，傷敵甚衆。因夜黑，止割六級，奪獲馬騾駝六匹頭，救出難民男婦數千。敵拔營北奔，我兵復追至分水嶺，斬獲三級。敵後哨在棗莊地方堵我追兵，該鎮復選壯馬、官丁直薄棗莊，轉戰許時，我兵愈加勇奮，復陣斬一十三級。敵奔還老營，我兵亦掌號收還。又報敵過遷安，紆行西北，折窺青、董。臣隨塘報兵部，并所獲功級解部復〔一〕驗，復嚴督各鎮將確偵抄擊。初二日具疏奏報，題爲官兵連戰獲捷馳疏奏聞事。奉聖旨：“已有旨了。該部知道。”

　　初二日，據總兵王樸、曹變蛟差官口報，敵北折青、董，我兵追擊於歸河川，大獲奇捷。臣隨催察功級數目，并略節塘報到臣，於初三日飛報兵部。本日酉時，臣自永平啓行，夜三鼓至建昌。初四日，據監軍道張京塘報，准總兵王樸、曹變蛟等塘報，探敵因我兵於灤、永驅扼，轉趨沙河，繇遷安欲奔建、冷，知我建、冷准備難犯，折向青、董北遁。兩鎮隨選精騎五千，於初一日一更時自建昌進發，四更逼近敵營，天尚未曉稍屯，黎明我兵銜枚砍入，敵營大亂。我兵乘勝連砍二營，敵齊掌臕栗捉馬大隊從兩路抄抵。我步兵列成率然陣勢，用火器迎敵，首尾衝殺。敵即西奔，我亦收兵回營。陣斬敵級五十一顆，敵器俱全，奪獲輜重銀六千一十四兩，馬騾駝驢一百二十一匹頭。同日又據副將王根子塘報，內稱該將原發塘丁於青山口南河岸地方，突遇敵塘，撲砍斬獲敵級四顆，奪獲馬二匹。又據副將賀人龍塘報，斬獲敵級二顆。又據建昌副將汪燾塘報，斬獲敵級六顆。臣俱察驗明白，內駁二顆，餘俱解部復驗。於初五日具題，爲敵兵避冷趨青，官兵奮勇截剿，仰仗天威，大獲奇捷，謹具疏馳報，伏祈聖明敕部從優敘錄，以鼓敵愾事。奉聖旨："據報斬獲多級，具見將士用命。有功并傷亡的，通俟事平敘恤。獲銀仍遵前旨行。該部知道。"

敵出中協走青山，宜扼太平寨，猶敵出東協走冷口，宜扼建昌也。敵因我建昌伏兵嚴備，改奔青山，而中協主、客官兵未有一旅扼太平寨者。臣自我兵歸河捷後，即嚴督各鎮將繇五重安截山西向，直赴太平扼剿，儘用步兵，佐以輕騎。敵據險列營迎敵，我兵賈勇同登，連奪四山，拚死狠殺，傷敵甚衆，陣斬二十七級，敵大披靡。遵化道臣李鑑從城頭目擊，親語臣曰："如此狠戰，實所僅見，使向來官兵即能如此，敵何至深入無忌也。"即沿邊居守將士，亦莫不人人欽服，以爲西兵名果不虛者。至我之將士，以苦戰陣沒者一百一十九員名，而帶傷者尤衆。若副將白廣恩，右腿箭傷刺骨，參將萬邦安，左臂箭傷，貫甲血淋，遊擊張立位，右胯箭傷，穿肉透鞍。臣皆親撫其瘡慰勞之。陣畢，臣即先以略節塘報兵部。比監軍道張京詳報到臣，具疏間，接邸報并部咨，始知臣前屢疏，俱奉嚴旨，且下兵部看議矣。臣因於疏內奏稱：此戰兵逾萬餘，而馬不及千，死地求生，故有進無退。前臣并馬之議，自臣七年家食時曾條奏及之，今疏猶在御前。敵在內地，曠野平原，新合之衆，萬難嘗試。今扼隘邊口，勢險節短，利用步戰，故敢冒昧決策。昨奉嚴旨，臣惶悚無地。然我兵欲圖制敵，必應出此。伏乞聖明終鑒臣愚，臣斷不敢有所諉飾於其間也。行間將士俱應破格敘賚，蓋苦戰卻敵，可以戢敵再犯之謀，而振我積衰之氣，故不宜以級少薄視。具題，爲官兵奮勇血戰，敵衆披靡北奔，恭報捷音，仰祈敕諭優敘事。奉聖旨："該部察明叙恤。"

自初五日太平寨創敵北遁，兵甫收營，又據王樸等撥馬馳報，後股濟南大敵，自豐潤起營，不繇鐵廠北遁，復屯遷安，苗向東北。臣恐敵乘虛復闖建、冷，隨督曹變蛟等分統馬、步官兵一半，復星赴建昌偵剿。初七日，曹變蛟親領塘撥，抵敵於建昌南二十里之蟒山。次日，報敵復繇擂鼓臺北奔。臣復嚴督曹變蛟兵截山星馳，於本夜四鼓，繇白羊峪銜枚馳至太平寨東十里，暗與王樸等兵期約，於初九日黎明舉礮爲號，兩兵齊進夾擊。内曹變蛟奮臂疾呼，挺身破陣，以步兵當先，馬兵環擊，敵鋒始却。是日，總監領關、甯大兵亦自永平馳至合擊。敵且戰且走，連退數山。我兵追殺益緊，敵見馬不敵步，亦下馬步戰。我設伏步兵從山溝奮出，矢棍交加，槍礮齊發，敵死甚衆。自卯至申，轉戰十餘里，城頭士民聚觀如堵。日暮收兵，陣斬敵級二十九顆，臣隨馳報兵部。是夜，臣與總監高起潛面商再舉。初十日早，報敵札營於太平寨二十里外兩旁高山中間，一路甚窄。臣議我兵仍多用步，分路齊進，臣與總監親督陣後。至亂柴溝，敵老營前走，精兵布滿山岡，攻打不入。賴我步兵從南攀援而上，分列四山，敵勢不能分應，乃并力南攻，力爭公樹臺，計圖憑高下擊。我步、火官兵先至臺下舉放火礮，連中數敵。曹變蛟親領兵健接應夾擊。敵復增兵轉攻西北，鄭嘉棟等兵拚死格鬥，祖大壽、王樸又率三路兵并力北向。自卯至申，血戰愈勇，敵始帶死扶傷，跟[一二]蹌北遁，懼我兵追，乘夜趨關，沿路砍殺馬騾駝牛填塞隘口。十一日，臣同總監仍督兵追擊，我兵直接敵塘，敵不敢返顧，於本夜二鼓俱從青山口遁訖。十二日早，臣同總監至青山敵出處所親閱畢，於本日班師。臣兵共斬獲敵級三十六顆，奪獲大旗十一杆，馬騾駝驢三百六十四匹頭，輜重據兵丁首出者二千餘兩，救回難民男婦無數，經臣遣散者二千餘人。臣一面行監軍道確察解驗，一面先以敵遁班師奏聞，内稱："是役也，仰仗天威，敵氛迅埽，在臣等不敢言功，而將士連日血戰，頗能用命。繇今視昔，敵兵始知有漢兵；舍短用長，我兵遂能格敵馬。崇朝喙駛，内地清平，應需叙録，用鼓忠勤。除級功馳解兵部復驗，捷報繕疏另題。其各鎮兵馬相應請旨發還本鎮，或有應留防者，仰祈聖明敕部酌議。"十四日，具題，為馳報官兵驅敵出口班師西還事。奉聖旨："敵遁出口，未聞大創，猶云'舍短用長'，'崇朝喙駛'，全無憤恥，虛事鋪張，孫傳庭溺職殊甚。其各兵著從便道還鎮，沿途照例支給糧草，不許軍丁騷擾百姓。如違，將領連坐。留防事宜，該部看議速奏。"

　　方敵圍真定，首至退敵者臣也，臣恥報解圍，而保撫報之；及敵據濟南，首至退敵者亦臣也，臣恥報恢復，而東撫報之。即靖二東、障陵京，臣為聲防，為拒堵，為驅擊，殫厥心力，悉副明旨，而臣之所入告於皇上者，亦惟是如何聲防，如何拒堵，如何驅擊，以無没諸將士之血苦已耳。臣先事未嘗誇詡，後事未嘗欺飾也。蓋臣以癡忠報主，"憤恥"二字，臣實獨切。臣身可殺，臣必不敢自喪本心，以熒聖聽。出口之役，我兵用步得力，敵衆披靡北奔，情形實實如此。彼時各監提兵内臣與各邊鎮將士卒同集邊口，臣如飾罪冒功，大言無實，皇上之斧鉞可逃，而萬衆之指摘悉逭也？且初十日之戰，曹變蛟遵臣步法，與敵轉戰衝擊。臣之步兵莫不一往無前，臣與總監諸臣俱在陣前，豈敢欺乎？至十一日之戰，以敵去漸遠，故從衆議用馬，遂不能摧陷如前，然我兵與敵騎力抵竟日，亦臣等所目擊者也。十六日，臣旋師薊州，據監軍道塘報到臣，繕疏具奏間，接邸報，見督察一再誣臣，意不可測。又見各部"痛感天言，泣領臣罪"疏内，首指及臣云："夫失群望之所歸，而推轂則名實不副。"又該部"復察沙偶"疏，奉有"原係孫傳庭飾詞，不必行察"之旨。臣

乃自痛才劣識微，隕越竟至於此，遂於出口叙疏，趑趄不敢具
報。已思各將士拚死力戰，敵懾之勇，實自罹敵禍以來所未有，
豈可以臣故湮没？輒復據實勒陳，内云"敵宵遁，臣身任剿務，
殄滅無能，惟有引罪，何敢復爲諸將士言功？第諸將士血戰創
敵，昭昭在人耳目，臣不得不據報轉聞。除總監原督關遼勁旅及
山永巡撫與從西驅剿之薊督、宣督、京營提督、督理分監、遵撫
所獲功次，應聽各臣自行察奏，其臣所統各鎮將官兵，與分監陳
鎮夷兵合營同進，仰仗天威，頗知鼓奮，雖馘斬無多，而敵懾殊
勇。總兵曹變蛟則揮刀當先，强敵辟易，方我軍戰勝，敵衆却
走。祖大壽親語臣等曰'今日衆將中顯了一人，諸將皆服'，則
變蛟也。此固大壽彝好之公，而變蛟之勇略冠軍，概可知已。王
樸則親提步卒，力撼敵鋒，九日之役，敵以數千人來突，而能不
爲動，敵氣遂沮。楊國柱則往來摧陷，矢捐糜以圖桑榆之收，均
應并録。在將領，李國政則決策鼓衆，先後數陣，本將聯率之力
居多。而全守亮、刁明忠、鄭嘉棟、王根子、趙大允、李有功、
劉忠、劉芳名、魯文彬、張天麟、張一貴、郭清、王國棟、王
越、趙祥、賀人龍、郝崇允、劉世爵、王希貴、蕭繼節等，恪道
師律，有進無退，均於行陣有裨，相應并録。其餘文武將吏應否
分別議叙，俱候該部酌復。至於戰殁之台賴、李孟貞、王兩等血
濺沙場，俱應優恤。内李孟貞係臣標下札委守備，以一人步逐五
敵奮砍，忽中敵矢貫腦而斃，亦祖大壽親見，爲臣等言之，曹變
蛟遣材官身負其屍以歸，爲臣慟哭不已者也，尤應優恤。被傷之
劉成、吳宗[一三]、馬應騰、郭汝磐、武大定等，臣驗多對面之
傷，足知進戰之勇。内郭汝磐即降寇之混天星，武大定即殺蝎子
塊、黃巢而堅不復叛者，今俱能報國忘身，尤宜風勸。至於從來
捷報，率多誇張，臣矢志不欺，素邀聖鑒。頃以舉事謬妄，又爲
舊輔劉宇亮兩次牽誣，致聖明屢責其誣飾，即朝議莫保其初終。

臣有身未死，無血可揮，於此番敘疏，實惴惴然閣筆難下，止以諸將士戮力疆場，勞勣難泯，輒敢詳述以聞。第祈皇上敕部密察，向來曾否有此兩三番之力戰？再察敵兵何以不敢肆然爲免送之嘲？是否逃死恐後？又道路之口是否云如照今年出口之戰，敵又何敢犯邊？何敢深入？則諸將士血戰之苦得明，臣雖身受斧鉞，有餘榮矣。"十七日，具題，爲敵兵疾走宵遁，官兵雖有斬獲，不敢言功，但實實苦戰三日，臣不敢不據報轉聞，懇祈敕部察復事。奉聖旨："兵部知道。"

方敵出口之日，臣於榆木嶺接兵部咨，該本部看議題奉欽依降臣三級戴罪，其議內所云"張網而鳥不入，刻舟而劍不存"，即督察前抄送閣部咨中語也。臣於是日附疏稱謝，因并督察牽誣之故及沙偶之說，略一剖陳，具奏"爲微臣負罪深重，荷蒙聖慈薄罰，恭謝天恩事"。奉聖旨："該部知道。"

二十日，臣行次三河，接邸報，復見督察一疏，奏爲微臣大負特委等事。奉聖旨："孫傳庭躲閃虛恢，全無調度，大負重任。該部院一并確議速奏。"

臣祇以任事過勇，做事太實，故致觸忌招尤，議者遂衆，"躲閃虛恢"，臣實非其人也。督察爲人嗾使，誣臣至再至三，非督察本意也。督察向在行間，殆不能一刻離臣，行間將吏士卒咸悉其狀，督察未嘗以臣爲不肖也。督察參救各帥，受誤有因，與臣何涉？即使陷臣於罪，於督察何補？顧於革職謝事之後，必欲得臣而甘心乎？督察曾屬宣督轉致臣曰，若彼得脫然一去，斷不扯臣。蓋因有挾之者，不扯臣，則不許其脫然去也。向臣辦寇秦中，欲以無兵無餉之巡撫，與總督各分四府，力圖翦滅，該部即指臣爲躲閃，而臣竟平秦寇。臣督師首疏，即言向來誇張誕妄，秋毫罔績，貽憂君父者何人？而臣乃敢自蹈虛恢耶？臣復何言！二十一日接邸報，該兵部題，爲請召薊、保督臣事。聖旨：

"薊督著遵旨陛見，總兵員缺作速推補。陝西兵馬著洪承疇酌議速奏。孫傳庭已有旨了。該部知道。"

臣因內外多事，憂憤廿年，揣摩十載，懷忠思效，匪朝伊夕。初奉命協剿，臣即有面請聖朝[一四]另作良圖之奏。既奉命督師，臣又有面請聖明決定大計之奏，復以請見之意寓書閣部，不一而足，臣之率妄極矣。該部此請，蓋特爲臣。若薊督事竣陛見，前已有旨，無俟請矣。彼時臣方下部院看議，正在席稾，又安得借前席之箸耶？該部豈見不及此？噫！使臣於此時倘得蒙恩召對，罄所欲吐，無論於禦敵長策條畫必當聖意，即議留陝兵，臣得一參末議，亦何至徒失剿寇家當，虛糜無限錢糧，而薊門竟未得陝兵絲毫之濟也？顧薄命如臣，胡可得也！痛思臣自入援以來，萬苦備嘗，一著未錯，比敵將遁，臣罪遂多，及事甫竣，臣即束身待議，雖欲碎首御堦，剖心無繇。臣因具疏瀝陳，內稱臣三年遠役，半載入援，咫尺天顏，妄冀一瞻睟穆，稍申犬馬戀主之私。本月二十日，於三河接邸報，知原任督察閣部劉宇亮又疏，牽指及臣，奉有"孫傳庭躲閃虛恢，全無調度，大負重任，該部院一并確議速奏"之旨。又兵部請召薊、保督臣，奉有"薊督著遵旨陛見，陝西兵馬著洪承疇酌議速奏，孫傳庭已有旨了"之旨。臣惟有席稾待罪，無能稽首瞻天矣。獨是"躲閃虛恢"，臣所萬萬不敢出。臣向剿寇秦中，無兵措兵，無餉措餉，能使十年之寇數戰立埽，蒙皇上"真心實心"之褒，不一而足，臣豈初終相謬？其不能滿志於殺敵者，則以寇敵之勢異。又兵馬不皆臣所自練耳。皇上痛念藩封淪陷，郡邑邱墟，生民塗炭，無論是否臣任後之事，何敢置辯？但督察欲蓋已愆，誣臣不已，甚且舉經過州縣駐宿時日一一可稽之事，惟其顛倒，不知何以誑誕至此？臣報北援在濟陷之先，彼時前股北折之敵尤多於後股，東省有總監大兵，臣應否不顧陵京？及初六日聞濟陷之變，臣等公議謂宜并力南向，屬督察具疏。臣於初七日即發兵分防，初八、九日即發總兵王樸等統兵，繇平原并趨禹、齊。十一日，臣亦親赴平原，焉用督察之挽捉？且督察自聞濟陷，稱病臥榻，奚暇挽臣捉臣？豈病未真耶？抑衹任奚僮挽捉耶？欲遠繇河間者，督察欲遠繇也。督察不於十八日從德州過河赴河間行十里許乎？時河西無敵，督察已携延綏、保鎮火器兩營，及雲鎮馬兵一千，同提標營馬兵五百，可無虞矣，又欲携宣鎮馬兵一千。臣以兵不能多分無敵之地，始邀還督察同行，督察逡巡不敢行。臣於本日夜至吳橋，督察止德州，囑令臣駐吳橋相候。二十日早，臣遣兵迎督察至，始同抵東光。二十一日，臣欲繇泊頭赴滄州，督察堅欲迂道交河。二十二日，督察復駐交河，囑令臣先至滄州相候。二十三日，督察始至滄州。今謂臣欲遠繇河間，獨不思經過州縣駐宿時日一一可稽乎？夫督察即遲行一二日，於事何礙？第督察正〔一五〕亦不容臣行；即或容臣行，亦必令臣相候以擁護督察爲誤事耳！若夫督察盡職於革職之後，咨札紛至，固欲補向來之缺陷，以爲抄送兵部之地，抑知刺謬多端，衹見心勞而日拙矣。他如偵探之不確，驗級之未真，即今偵探有報可考，而首級之經臣解與督察解者，司馬堂當自有定衡也。

又前〔一六〕督察參劉光祚彈墨未乾，又復疏救，致奉嚴旨，忽指及臣，初但以沙偶之言略爲點綴，繼聞朝議頗嚴，復具"瀝陳顚末"一疏，謂臣當言不言，一味旁觀，專欲以督察卸擔。夫督察參後始袖出一稿示臣，方參時臣不知也，何以謂臣卸擔？且督察前疏既云"若督臣白簡無靈，尚方空握，而必借臣代糾，督臣亦難自解"，反謂臣以督察之參卸擔，豈督察好爲此等不倫之語？衹以歸罪於臣，督察必可解釋耳。若臣之所以不參劉光祚者，非縱也。茨州之役，劉光祚等原未失律喪師，即怯懦委屬隱情，而參劾宜有顯罪。自大城督察爲各鎮下拜，各鎮將皆悚惕不安。臣以各鎮新合之兵，辦敵實非易易，恐繩之太急，別致僨誤。又行間之情形，左右之奸僞，督察殊未諳未知，臣實慮之。正月二十七日，我兵大城戰敵後，報敵苗已向東北。臣謂宜量留火兵設防，先發戰兵馳赴東安扼擊，而督察不從。故臣止發刁明忠、李國政、劉芳名領哨兵八百隨敵偵剿，餘兵俱頓大城。二十九日晚，臣勉發總兵曹變蛟、楊國柱等兵先往，次早復約督察率餘兵同往，不然或臣獨往。掌號將發，督察遣家人力阻，復停一日。比兵兼程於初三日寅時奔至東安，晝夜疲勞，距河猶六十餘里。敵即於是日午時盡數渡河，又安能爲半渡之扼擊？及敵掠黃花店等村，各鎮布置敵兵，設伏誘戰，各鎮俱在張家浦一帶埋伏。臣等未嘗易各鎮於前敵而各鎮不遵。臣等歸後，前敵官兵遇敵接戰，互有殺傷，我兵僅斬敵二級。敵未至張家浦，時已薄暮，敵放號火、吹觱栗還，我兵亦收營。各鎮未嘗臨敵潰逃，無可罪也。乃督察遽行題參，發疏之後以稿示臣，臣因以行間情狀爲督察微及，與臣所入告於皇上者無異也。未幾而有磚廠之役，督察不候報至，即行具奏，約略繕疏，如内云“首級在二十顆上下”，從來無如此報法。督察謬誤，當自有因，乃無端相尤，執定沙偶之言，爲下水拖人之計。督察即思陷臣，當强敵在内邊丁久戍之時，何可以此語見之章奏[一七]？督察顛倒乃爾，而毅然請纓，則臣等行間文武之不幸，於督察何責焉？若劉光祚，鎮屬郡邑多陷，自有光祚應得之罪，臣始終非爲光祚寬也。臣蒙皇上委任不效，即靖二東，遮陵京，驅内堵外，前後零斬，大戰屢捷，及敵出口，實實苦戰數日，使敵狼狽而去，俱不敢言功。第臣即不才，亦不至遠遜督察。乃督察患失懼禍，厚誣臣以行其掩飾，臣即任受，將如清議何哉？臣見候議處，陝西兵馬應遵明旨交薊、保督聽其酌議，具奏，爲微臣行近通州，忽接嚴旨，暫止中途，恭聽處分，兼瀝血忱，并請交割陝兵以聽薊督酌議事。奉聖旨："郡邑失陷，孫傳庭任後不少，豈得諉卸？并所奏督察事情，該部院通行確議速奏。"

自敵衆深入，郡邑失陷凡五十九城，試按臣接兵之期，與臣分抄之路，何處爲臣失援被陷者乎？臣凛承嚴旨，惟有手足莫措而已。臣待議通州，憂苦萬狀，突感耳症，雷霆不聞。亟傳醫官傅懋宰診視，謂肝火暴發、腎水枯竭所致。日服湯丸藥一二劑，甚至三四劑，毫無效驗，并水火時致結轖。及投以峻厲之劑，大便下皆血塊，小便色赤於赭，以手按臍下乃出。隨行僮僕及官役日環視垂涕，潞河供役人人目擊，督治、監道、分司、州守時相慰問。臣得病於二十三日，病後日有分移差官至京，兵部、兵科知之最悉，臣且數有書揭報之兵部。時臣方候議罪，豈知有官悉俟諉卸，至不肯自稱病廢？尚思捐糜頂踵，亟圖報效，以不負聖明耳[一八]。

四　月

臣感病逾十日，樞部召對申救，謂臣才尚可用，初三日夜遣塘官李奇，持樞輔硃批手帖，傳鑰入城，至臣榻前密寫示臣。臣附札稱謝，復力言病狀。至二十三日，始知皇上因都給事中張縉彦之議，准臣即赴保督新任。本日接兵部咨，該科都給事中張縉彦題，爲薊督擔荷甚重等事。奉聖旨："這本説的是。再嚴行申飭孫傳庭，著即赴任，作速料理抽練事宜。該部知道。"臣蒙恩復任，具疏稱謝，犬馬之私實不能自已，故仍及陛見之請。塘官李奇先以疏揭投之兵部、兵科，樞輔覽揭大恚云："彼尚不省，又欲請見！"聲色俱厲，立叱疏回臣。因削去請見語上之，內稱："臣自督師役竣，屢多舛謬，數奉嚴綸，九死餘生，不堪震疊，徬徨憂懼，無以自容，於前月二十三日突感耳症，遂至失聰，今已浹月。向臣甫任督師，皇上復允廷臣之請，俾臣總督保定等處軍務。臣綿薄無似，且已成廢物，自應具疏籲免，因見候議處，故不敢自請褫斥。何意聖明雷霆忽霽，雨露頓施，若暫置臣前愆，且將責臣後效，臣感激思奮，敢不捐糜頂踵稍圖報塞？即臣自絕於天，五官缺一，似不容靦顏於僚屬軍民之上。然臣年未五十，倘徼靈藥餌，未必不調理漸痊。臣荷聖明如此特恩，其何能自甘暴棄？臣當勉強趨任，一面調養，一面料理，萬一竟不可瘳，臣始瀝血另陳，今不敢遽瀆宸聰也。臣自丙子陛辭，忽越三載，迫欲一覲天顏。又臣竊見皇上虛懷下問於真、保等屬新設監司諸臣，且俱令星馳陛見。臣才略非能於諸臣有加，然巧不如習，言貴可行，臣似亦有一得。倘能續諸臣之後，跪伏御前，畢吐其愚，臣於內外安攘之間，必有一二肯綮之言，可以收事半功倍之效，用備采納。第恐聾廢蹣跚，趨承未便，故亦不敢妄有瀆請。"并言保督兵馬、錢糧應候部議，駐札衙門宜在適中處所。具奏，爲恭謝天恩事。奉聖旨："陛見不必行。保督練兵計餉，昨已有旨，孫傳庭著即星速遵行，真心實做，朝廷自有裁鑒。駐札不必又議。該部知道。"

　　此臣謝恩疏也，與樞輔叱回請陛見前疏語意俱同。第見疏有"臣於一切軍國大計，竊嘗留心考究，稍窺約略，臣耳固廢，心尚存，舌猶在也，意懇聖明召臣入見，庶幾罄陳芻蕘。即皇上俯有諮詢，但令輔臣書示數字，臣亦能一一條對。如疲聾無當，斧鑕願甘。倘以臣聾廢蹣跚，趨承未便，或容臣赴闕一叩，敕樞、戶部垣各出兵餉款略，與臣籌議一二日。臣苟有一得，即令各臣酌議上聞，臣不敢謂輕塵墜露必無補於嶽海高深也"等語，因樞輔叱回削去。後臣被逮情急，遂將印封原疏并陳御前，今固可復按也。

五 月

臣濫蒙使任，馳驅罔效，又屢遭搆陷，屢干譴責，節奉"是何機宜？是何籌策？明係逗怯縱敵，一味游移躲閃，成何調度？全無憤恥，虛事鋪張，溺職殊甚，及躲閃虛恢，大負重任"之嚴旨，凜於斧鉞。揆以陳力就列之義，臣豈容蒙面昧心，恬然任事？第敵在之時，臣方臨敵，何敢引陳？敵退之後，臣即候處，何敢引陳？及蒙皇上許臣復任，固將舉畿內、河北、山東之社稷生靈屬臣保乂，文武將吏屬臣綱維。臣從前伎倆已見，向後施為可知，臣即無病，胡可漫無一請？況臣病逢其適，加以溽暑塵勞。又臣自請見無繇，過都之日，目斷九閽，涕淚如漬。至保之日，又為儒學奸劣匿名蜚謗，益增愧憤。緣是耳愈無聞，諸病悉作。臣因思臣庸誤宜罷，病廢宜罷，拂戾人情宜罷。又念臣母老多病，倚閭情切，臣自剿寇以至入援以來，因事具陳，凡一十二次，臣報主無能，徒失母養，臣心何安？因是具疏請斥，內稱："臣負恩溺職，罪孽深重，自三月二十三日於通州感患失聰，了不聞聲，今已一月有半。前月二十三日，臣方席槁候議，復微皇上使過洪恩，催赴保督新任。臣感激思奮，不暇深維，始終謬謂臣年未衰暮，或可調養料理，漸需痊可，即具疏謝恩，刻期赴任，固臣區區犬馬報主之私也。孰意兩耳既廢，跬步難前，一至地方，始知不可旦夕容留。如不及早馳請斥更，以至耽延時日，虛負重寄，臣雖死不償責矣。"又言："臣方新涖，於將吏參謁之末節不能支吾，已無以肅體示觀。若臣任事之後，諸所經畫俱不得不借聽於報帖，假手於開寫，就中藏奸啟弊，寧有既極！其何以使群然懾服乎？"又言："即臣才力果堪，而聽而不聞，豈得尚言才力？即使三五月可愈，而保督之事豈可耽閣三五月？況臣伎倆已竭，又廢病難痊，緣是煎憂之過，煩躁增劇，兩日以來，并水火結轖，頭目暈眩，手足時作麻木。延醫吕國賓診視，謂心腎不交，肝經火燥，故爾氣閉聲收，蓋緣累年勞役，受病已深，且恐轉生他症，殊非藥餌可能旦夕取效。乃臣方擬繕疏瀝陳，而初七日之夜，已有匿帖粘臣署前，云‘軍門啞，總督聾。民有苦情，誰陳九重’？聞各巷口及各衙門亦粘有此帖，旋經揭毀，則臣之不孚衆望、拂戾軍民已見其端。然使臣力或可勉，即人言奚恤！乃臣憒憒若此，烏得不早自裁決也。用是泣血哀鳴，冒死馳奏。至於臣罪原應罷斥，聖明因閣臣楊嗣昌之申救、科臣張縉彦之請裁，姑寬臣愆，趣令復任。今臣既不能復任督事，自應仍行褫革，庶國法明而臣心亦可自愜，非臣所敢辭也。伏乞皇上敕令該部推舉賢能，仰請簡用，俾其星馳受事。念臣已經聾廢，又憐臣積勞嬰病，萬非得已，及臣印、敕俱未領到，無可交代，允臣即去，俾早獲回籍調理，又與臣老病之母早獲相依一日。倘不遽填溝壑，惟有偕山樵野牧共祝聖壽於億萬斯年矣。”具奏，爲微臣迫欲報主，已至地方，奈兩耳既廢，不能聞言，何以受事？又拂戾輿情，已見其端，展轉無計，不得不據實哀鳴，仰祈聖明敕部速議斥更，以無致貽誤事。奉聖旨：“孫傳庭特任練兵，何得輒以病諉？著即遵旨刻期料理，不許延誤取罪。著兵部察明速奏。”

臣拜疏後，旋於初十日接兵部咨，該本部題，爲功罪關封疆之重等事，奉欽依，實降臣五級，内議臣罪，曰：“總督孫傳庭執著‘抄前’二字，始終認定建、冷，不知何爲？”臣不知該部曰戒尾逐，且云敵已明明向冷口無疑，欲我兵專視其邊口之所必出并力交攻者何爲也？曰：“太平一戰後，仍調曹變蛟回建、冷，不知何爲？”臣不知前股敵遁，後股敵復指建、冷，臣奉“此疏既認建、冷，再疏欲趨永、灤，如推避誤事，責有所歸"之明旨，臣敢不顧也？曰臣云："連戰三日。該按以十一日實未有戰。"察十一日之戰，以距敵稍遠，故用馬與用步有間，然豈得謂之不戰？該按出口察疏爲人所誤，於臣督鎮將俱叙其功，乃輕以"逗遛"二字加臣。臣於二十日抵建昌，該按謂二十五日抵建昌，其言尚可憑邪？曰"德州屢催而不動"，臣不知接兵最後到濟最先者誰也？曰"平原暫往而即還"，臣不知敵已北遁，臣不急從德州遵旨抄擊，豈我兵悉宜尾後，當以何兵遮障邪？其爲臣寬曰"受事在賈莊大潰之後，提各鎮重整之兵，苦於殘局勉支，不能大有建樹"，殆亦非其本心，而磚廠、歸河川、西山、亂柴溝等處將士力戰，難以盡泯。至於靖二東、障陵京，恪奉明旨，幸無隕越，與夫驅內堵外，凡犬馬微勞之略有關係者，則盡置烏有，且并原旨不列矣。至敵已指建、冷，以臣扼建、冷，敵奔青山，則全歸功於瓦窰坡千户亭之埋伏火藥罐，皆與臣無涉矣。其臣原降三級戴罪，實因并馬用步。今議絶不一及，固已知我兵臨口之戰，全得力於用步，而何肯一爲昭雪乎？至曰"獨流、楊村敵墮落水套爲第一可擊，玉田、豐潤周遭泥濘爲第二可擊"，固概責我兵，非專咎微臣。第我之兵力豈堪與敵同走水套，恣圖一決？又玉、豐微雨崇朝，即果周遭泥濘，豈偏能窘敵而便我邪？其臣之抄前，曾經奏明既前不能復後又無論已，其總括臣罪，則云："委承殘局，不盡實心，例以督察之倫，亦應褫革。但一時保督需人，合擬再加重降。"噫！此案功罪，如止以分諸臣，一身榮辱生死，固甚輕微；即爲定千載是非懲勸，猶非緊切；獨是敵猖獗二十三年，我之著數茫無一是，此實朝廷懲前慮後以確圖一當之時，及疆吏偶有管窺，試之已效，輒爾內懷忌刻之私，外搆讎憎之口，多方排阻，必欲盡歸抹殺，坐使忠義灰心、封疆日壞而不恤，豈不痛哉！臣具疏稱謝，抑鬱滿腔，不敢詳剖，惟云臣承局雖殘，矢心原實，第智勇俱困之日，殘局委屬難收，矧庸蹇無似之人，實心何能自白云云。因復以病狀再申前懇，具奏，爲微臣幸徼寬政，恭謝天恩，并陳聾廢及病苦迫切情狀，萬乞聖明慨賜矜憐，急行斥革，另簡才能，畚爲料理，免誤封疆大計事。奉聖旨："孫傳庭已有旨了。該部知道。"

臣此疏方抵京，該部已據臣前疏，以革任行察具復，謂臣病果真即屬病廢，稍有不真即屬罪欺，而臣案即從此定矣。具題，爲耳病未可遥察，因循必至誤事，謹請聖裁立斷事。奉聖旨："是。這保督著作速就近另推來用。孫傳庭先著革了任，其稱病真僞，勒限監按察明奏奪。"

敵遁之後，凡行間督撫、鎮帥俱有引陳，如宣督、今兵部尚書陳新甲，宣撫劉永祚，雲撫、今督餉侍郎葉廷桂，總兵王樸、劉澤清、侯拱極等，莫不具疏請斥，或允或留，皆得無罪。矧臣實病甚，乃明旨方責以料理，而該部輒特請革察，即聖度如天，欲寬臣以旦夕而不得矣。

六　月

臣已革任，臣原任督援關防、符驗尚未奉繳。又臣先繇秦撫入援，報升樞貳，未遑復命，臣奏明俟援剿事竣補行。臣濫秉秦鉞，硜硜三載，一切贖鍰，除市馬製器外，未嘗以分毫取充私橐。又臣摘發鳳、岐驛遞私派等弊贓贖，并行潼關、京兆等驛站馬立法官應除省民間私幫無算，而在官正項，仍各有節省，二項合計約四萬兩。臣在秦之日，已分檄布政司、西安府收儲充餉，候臣復命列數上聞。其原卷因留寄獲鹿失毁，臣復檄行司府另造清册報覈，尚未送到。臣既罷事，恐致侵隱，遂因奏繳督援關防，約略具疏[一九]，僅報三萬餘兩，并疏以聞。十八日，奏爲敬繳微臣督剿符驗關防，兼報撫秦任内存積鐵站銀兩事。奉聖旨："該部知道。"

七 月

臣自革任之後，移駐易州，方束身待察，而兵部復有"敵騎西行"一疏，云臣方請陛見，忽告耳聾，遂誤數月之事。噫！臣兩疏語意全同，何爲方請、忽告？至臣蒙恩許赴保任，在四月二十三日，請斥在五月初九日，僅及半月，隨蒙革任，而保督另推楊文岳矣，遂謂臣誤數月之事。御史楊一儁知臣取忌之深，瞻顧意亂，差役四出，鈎稽詗伺，不遺餘力。及已察知臣病真確，猶不敢不以教官尹三聘之讎訐并列疏中。疏入，御史遂與臣并逮矣。臣方候命，二十三日，緹騎忽至，齎奉駕帖於易州公署開讀，該巡按御史楊一儁題，爲遵旨察奏事，奉聖旨："孫傳庭托疾規避，顯係[二〇]欺罔。有旨責令監察按明，乃扶同奏報，反以尹教官呈稱爲泄憤。内外官員好生徇貌。孫傳庭并楊一儁俱革了職，錦衣衛拿解來京究問。趙本政著革任回京候處。其道府州縣推官，照本内職名，俱著議處速奏。該衙門知道。"

教官尹三聘見任保定府學教諭，乃真定之晋州人也。先是臣因赴京抵保，始接"如至真定，暫駐防禦"之旨，因咨部代題請旨，駐保數日。時總監方正化門禁過厲，居人苦之，以臣兵在保，歸咎於臣，學劣唐俊、司芬遂有率衆喊譟之事。及兵過晋州，秦兵周太、許漢因赴于家莊買草，當被徐應湖、賈思恭等殺死，奪去官騾二頭，爲地方李應海首出，起獲原屍，臣行該州究問。又保定撥丁左讓等設塘該州，復被劫殺，爲屍親左引化舉告。又臣標下守備李棲鳳等奉差催調官兵，道經該州，被張應祥、周好玉等刺傷，該州申報到臣，俱批行真定府究問。其行凶各惡，皆三聘原籍親黨也。原案俱在，今不知凶犯曾否正罪，而臣已爲三聘含沙巧中矣。

然即無三聘之奸[二一]，臣禍豈能自免？方臣被逮至京，下部究擬，刑部尚書甄淑，楚人也，徑以修怨晉人，明列章奏。臣席藁請室，莫知死所，情急呼天，萬難自已。因以臣癡忠取忌之緣，拚死草勒二疏，投之通政。通政使臣王心一披閱臣疏，嘆惜久之，諭臣家人云："此疏如封，恐貽後悔。"家人歸悉之臣，臣惶懼莫能自決，因另行竄改，止以樞輔奪席之疑與阻回臣疏，及樞輔"方請陛見，忽告耳聾"之語稍爲辯白，并請見原疏進呈御前。樞輔馳疏奏剖，一則曰屬語提塘，再則曰屬聲數語，固不諱叱疏之事，亦不諱奪席之疑，第云恐臣見[二二]遷延，乃催其任事，非阻其上本，而長安口實遂有奪席之疑。又云方爲臣疏請陛見，豈阻臣陛見。噫！請見豈妨於任事？通州距京咫尺，如蒙允見，一二日可了，叱回改疏，不反致遷延乎？若代臣請見於看議之日，正所謂欲入而閉之門也。樞輔以此自明其毫無疑忌，樞輔之心愈晦矣。臣幽囚囹圄，荷蒙聖恩不即加誅，猶得偷生旦夕。乃臣母則已以老病報，故臣原疏稱母老病，豈亦忍欺，豈亦敢欺邪？臣爲臣思忠，爲子思孝，卒致忠孝兩虧，萬罪莫贖，臣惟有竊自悔艾而已。其臣取禍之緣，自章疏之外，不敢盡列，今所列者不能百一也。

校勘記

〔一〕此爲《省罪録》序，原書在卷末，今置於卷首。

〔二〕"安"，《疏牘》本作"驅"。

〔三〕"禦"，同上書作"摧"。

〔四〕“督軍”，同上書作“長征”。

〔五〕“崇禎辛巳十月望日識”，同上書作“崇禎辛巳十月望日罪臣孫傳庭識”。

〔六〕“還”，同上書作“環”。

〔七〕“延”，同上書作“廷”。

〔八〕“前”，同上書作“以”。

〔九〕“思”，據《疏牘》本當作“時”。

〔一〇〕“趣”，《疏牘》本作“趨”。

〔一一〕“復”，本書多處“復”，《疏牘》均作“覆”。

〔一二〕“跟”，據《疏牘》本當作“踉”。

〔一三〕“吴宗”，《疏牘》本作“吴宗迹”。

〔一四〕“朝”，同上書作“明”。

〔一五〕“正”，據《疏牘》本當作“止”。

〔一六〕“前”，《疏牘》本作“言”。

〔一七〕“何可以此語見之章奏”，《疏牘》本作“督察即思陷臣章奏”。

〔一八〕“至不肯自稱病廢，尚思捐糜頂踵亟圖報效，以不負聖明耳”，同上書作“至不肯自稱病廢過之路不必言矣”。

〔一九〕“疏”，同上書作“數”。

〔二〇〕“係”，同上書作“屬”。

〔二一〕“奸”，據《疏牘》當作“訐”。

〔二二〕“見”，《疏牘》本作“請見”。

吳太孺人乞言述

不肖傳庭頓首頓首，謹齋沐祈言於老先生大人木天閣下：傳庭自己未通籍而無禄，先子見背四載於茲矣，所恃煢煢相依爲命有母氏在。母氏以未亡之身不忍從先子地下，以有不孝孤在。傳庭念自先大父、先子以來，家世清白，一經而外，絶無長物。至傳庭之身，無以資膏油，四載機杼之力，實賴母氏以底於成。一行作吏，悠悠三年，邑衝政煩，不遑將母，人子之謂何幸！以敬受母命，居官勤慎，無大隕越，以干吏議。循資小考，奏之天官氏，得借一命，貤恩二人，使逝者發幽光於蒿里，存者荷寵賁於媰居，真千載一時也。謹述母氏懿行淑德，命女史掌記，備太史公采録焉。

母出吳氏，爲太僕丞吳公安孫女。受育繼母，有威無慈。母氏年七八歲即嫻《女誡》，慎居内，謹話言，鑿絲、女紅而外，終日不出一語。雖無以逢繼母謹，然繼母直額之耳。邦有淑女，君子好述。繼母必欲委之豪人子，以失所仰望爲幸。是時，先大父知吳之早有令女也，力爲先子求匹。繼母曰："寒士之家，安得發迹乎？曷其字之？"母氏遂許歸先子。縞巾練裾，躬服節儉，力行婦道，瀹瀡罔怠，凡米鹽畜字，精心綜理，井井有方。篝燈佐先子讀，每至丙夜不倦。先子大小文試，母必形之夢寐，嘗刻期以俟先子之薦。洎辛卯、丁酉，先大父、先子後先列賢書，里人榮之，母處之泊如也。已丁先曾祖及先祖母之變，先大父雞骨支牀，先子亦犯滅性之戒。時母少婦耳，室以内獨母爲政，母哀號而隨之拮据襄事，二喪克舉。先子從不解問家事，母經理悉中竅，一切瑣務不以煩先子慮。先子好行其德，周人之急，不責其報。母善承志意，不難脫簪珥，以佐不足。凡弟輩婚娶，輒出笥中之有，以相其成。及先大父、先子相繼不諱，繼祖母暨側室一人，年皆僅逾二十，志存匪石之固，母朝夕慰存，迄今冰玉之德，晚而彌芳，雖天植其性，而母左右之力居多。大約母氏慈惠端愨，溫懿蕭慎，馭臧獲以嚴，而不廢恩；處姒娣以和，遇燕接必取古名媛以相勖。喜持戒奉佛，深信因果，然語以禱祠邪魅，則輒麾去。又持衷淵塞，人不易窺其喜愠。至心應事機，睹兆知微，往往與先子若合符節。而沈静詳審，處艱難辛苦之時，委蛇克濟，即丈夫何過焉！

當先子見背時，遺命母氏曰：“吾弗及用世，齎志以没，是吾未瞑目之日也。不腆孺子，可望早成，曷緩治任，其以素靈暫停室堂，三年後，看孺子崢嶸歸來，徐徐入地下，吾志畢矣。”于時，聞者咸謂送死大事，成敗之數未可逆，無惑乃翁亂命。母慨然奉先子命惟謹，時撫不肖孤曰：“母能食貧，不以饔飧分爾念，有志竟成，爾其早慰若父也[一]。”則又搶地呼先子曰：“夫子在天之靈，其早有以相孺子也。”不肖孤會友課藝，或下帷攻苦，母喜且不寐。或昵交遊，狎酒人，則隕涕欲絶，“孺子若此，曷急營菟裘，無貽親朋羞”。噫！非母氏矢志激勵，不肖安得倖兹一第耶？既傳庭釋褐都門，領符而出，始歸謀窆事。哀禮略盡，母怡然曰：“孺子今而後始有以謝爾父於地下矣。雖然，立身揚名，方自今始，祖、父清白家聲具在，爾其勉之。”即今竊禄數載，不至尸素取戾，所稟於母訓者大也。

幸際聖恩汪濊之日，孝治聿新之會，敢祈青藜彤管，曲爲點綴，片言九鼎，一語七襄，頂戴恩德，奚啻銜結。先子行實載在志中，兹不敢贅。不肖傳庭可勝百拜懇禱之至。

劉太孺人乞言述

母劉氏，先子元配也。劉爲代之望族，女德聞於閭里。母氏淑媛尤著，結褵婉娩，篤同心之義。先子攻苦發憤，母氏佐以織紝之勤，有無逸之思焉。至其蘋蘩致潔，雜佩相德，庶幾婦職無忝。乃事先子無幾時，而竟以夭奪。嗚呼！傷哉。香返清魂，榮分白骨，端有望於金閨之溢美焉。

馮孺人乞言述

馮氏爲傳庭元配，孝廉馮公明期女也。年十四歸傳庭，十七歲而夭，僅育一女，托之師氏。馮氏膏沐爲容，知爲頎頎碩人。而婉孌幽閒，足迹未能〔二〕離壼閫，門以内闃若屏息，雖欲聞一笑語不可得。傳庭常〔三〕負笈汾水，輒能慫恿，不作兒女沾戀。至其温恭孝惠，尤足述者。天不祚我良配，竟使蒲柳之姿，溘然先零。傷哉！敢邀餘芬，少光兆域。

兩邑拙政乞言述

傳庭塞下豎儒耳，烏知爲令苦，今而後知其苦也。永、商二邑實稱繁衝，又以數年加派，民乃重困。傳庭始至，訪民間疾苦，首問錢穀宿蠹，剔兜收之奸，曉然示以親輸之法。徵收里排，勒索火耗，尤爲民害，嚴諭平戥〔四〕交納，自封投櫃，民不苦催科，輸將恐後。門攤之役，市民懵於剝膚，召募火夫，裁公費以給廩餼，在市之窮民以甦〔五〕。榷稅奉恩停免，議者欲復流稅以佐宗祿，輒力言其不便者四，深切利害，旋獲告罷。遼〔六〕餉永獨極重，激烈具申，曲折數千言，列小民苦狀如睹，當事靡不嘉允。奉文搜括，義切急公，搜過二千餘金。稅契之鏹，歲解不過十數金，而目擊時艱，不敢以纖毫充他費，前後解過一千餘金，逾常額奚啻十倍。募兵諭以忠義，無不踴躍先登，捐俸輸馬未已也，又出家畜之最善者以獻。他如清累年之滯牒，而積案一空；懲猾胥之舞文，而衙蠹若洗；窮兩造之隱伏，而雀鼠向化。一切乘傳所需，自行置辦。又力葺公署之頹壞，使者有即次之安。

　　至辛酉之夏，蝗蟲害稼，爲文禱於社，蝗即出境，民乃有秋。尤極重者，黃河衝決，直逼蒙墻，故道岌岌乎，將有甲辰、乙巳之變。甫任商邱，急請詳發帑修築，即今徼惠河伯，得免汛〔七〕濫。又浚壕之役，不憚艱難，以其素所佐縣官費之公田，易金一千四百有奇，以供民力，金湯之險，恃以無恐。洎鄒、滕妖變，商邱實逼處此，無賴棒會，狡焉，思爲內應。於是嚴保甲，練鄉兵，創柵檻，繕重門，製戰車，備火器，不避暑濕，單騎巡歷諸隘口，相度地形，指陳要害，而防禦始周。擒緝渠魁，妖賊聞風遠遁，脅轂亂民，莫不解散。蓋緣犯法有禁，又許令自新，以不治治之，而邑始有良民。業蒙督撫援新例題敘矣。若夫工夫稍暇，加意學行，群諸士造就之，悉彬彬裁文質，不乖於道義〔八〕。又〔九〕傳庭以一經起家，即多事之秋，不廢課藝。凡此區區政績，固令之所，不能盡得之民，而民卒無不樂其便者，則傳庭一念款款愚拙，可以致民之信從，民亦且相安於愚拙焉。永之父老子弟謀而勒之去思，且欲尸而祝之。何以得此於民哉？則曩之所苦者，今又若甘之矣。噫嘻！斯固濫竽兩邑，四載之行略如此。伏惟太史公忘其葑菲，采其一二，以少存實迹云。

歸德府商邱縣創置養濟院碑記

　　邑舊有養濟院，以收恤無告之窮民。原址不知何年附於城東南雉堞之下，日久漸積，居民依之，列爲衢道，以故池不得附城，且遠在數十步外。屋近城則有攀緣之虞，池遠城則有攻圍之虞。時歲在壬戌，余以永令借移於此。東省妖賊正横，訛言朋興，相違三百里，皆謂旦夕可至。亟修城守，僉云民社不撤，城無可守之法。余獨計以爲民居尚可，諸在養所[一〇]者皆煢然無依，使待有警而後徙之，屋一撤，安得遽有蓋頂駐足之地，將更顛連失所。乃爲期，令他居民徙，而預爲在養籍者擇得巽壇之右高阜爽塏之區，乃故憲副莒岸曹公冢君明經之地，欲購而得之。明經義不計直，遂捐以爲用。乃爲之創立棟宇，以備風雨；爲之周建垣堵，以禦外侮；爲之恢廓其庭院，以便遊息；爲之分別其庖湢，以便緩急。總之，南北若干步，東西若干步，共爲地若干畝。分其舊址，撤屋未竟，而諸罷癃已杖策扶掖，徙於中而安之，不覺有遷移之擾，其它居民更不迫而去。上視崇墉，巖巖百尺，如自地中踴出。乃始量其高下，計工開拓[一一]，不逾期而池仍附於城下，深廣各如法。引陂而注之，淵然巨浸。乃始爲之浮橋，扼其四闉出入之路，萬一欲守緪橋而去之，遂爲長河天險已。余亦不自意功之速成，成功而不擾也。然非先移養院，俾之有所歸，則罷癃殘廢之人，奸黠者倚之爲觀望，安得使令之？惟行如此，余既乘一時之攘搶，爲商邑固墉隍之防，貽百世以盤石之基，方憐養籍諸老與他徙居民之不暇。然一時創見之始末，并其址之袤延，不可不志其數，以杜將來侵没之弊，庶得永其居於無窮也。輒爲之記。

朋來草小序

　　孫子一日坐辟易齋中，俄見陰雲四合，雪花如拳。因憶王子猷訪戴事，千載興懷，大叫曰：“武子何在也？”亟命童子買蹇，直抵太原。一路堅冰在鬚，冷風刺骨，九原寥落，石嶺淒其，余於此時興益不淺。盡日至太原，徑入李署。武子方趺坐蒲團上，聞余履聲，勃勃有動，瞠目向余曰：“伯雅來耶！伯雅來耶！”余不作風塵之色，武子亦不及寒暄之語，第呼酒。酒酣，武子爲月下歌，騷人之致，英雄之淚，具見舌端。余亦爲“三載關河今把袂，百年天地此銜杯”之句。彼唱此和，竟夜忘倦。武子復向余曰：“我兩人豈以一笑空虛了今夜局耶？”乃啟蕭師，拈《朋來》一題，各就五首。情之所至，文亦同趣，一切道學氣、頭巾氣、腐儒氣，盡掃而空之，而興猶未盡也。噫！子猷訪戴，後世侈爲美談，然余且病子猷之淺也。我兩人今日奇緣，自謂過子猷一著，海內弟兄其謂之何？

　　丙辰長至後一日，書於晉陽李署之冰玉堂

明君用人而不自用論

　　帝王總攬宇宙，提衡萬靈，則於其所用矣。顧得其用，則不必我尸其用，而常有餘；不得其用，即日役其我以爲用，而用益不足。蓋用一也，偏據之則用小，共效之則用大；旁拒之則用私，兼茹之則用公。其小而私也，常不見天下而見我，而孰知我之用必不可以盡天下，則天下必有滋其弊者；其大而公也，常不見我而見天下，而孰知天下之用無不可盡之於我，則天下乃悉於我而受其成。善哉乎？明君用人而不自用之説也，請論之。

夫人君一人耳，而嘗君者百焉，待君者百焉，難君者又百焉。人君安能以藐然之身，輒投輒當，隨試隨周，亦烏有屏人不用而必自爲用者。獨至於暗主，則謂吾儼然君也。吾儼然君，是儼然無所不可爲之君也，又儼然無所不能爲之君也。何事取人以裨我且舍我以任人乎？故其始也，以驕而謂人皆不足用；其繼也，又以疑而謂人皆不可用；其終也，又以忌惟恐人罄其用而且無以見我之用。以故人皆解體，人皆離心，有嘉謨不爲進，有隱贊不爲指，有深謀遠計不爲籌，究至君孤處於上，而天下且日積日壞而至於不可支矣。噫！天下是我之天下也，人爲我用，是其理我之天下也。我處於驕、處於疑、處於忌，使人不獲究其用，是非誤人而自誤我之天下也，不亦愚甚哉！故惟明君不然，明君迥與暗主異者也。暗主無可以自用，而必不肯用人；明君可以不用人，而必不肯自用。其聰明之獨擅，則天下之聰明皆詘，而謂吾無聰明，天下之聰明即吾之聰明；其才識之獨優，則天下之才識皆詘，而謂吾無才識，天下之才識即吾之才識；其精神力量之獨饒，則天下之精神力量又詘，而謂吾無精神力量，天下之精神力量即吾之精神力量。天下之人無不受詘於明君，而明君之心必不獨伸於天下。惟明君之心必不獨伸於天下，則天下之所以爲明君用者，益無不殫且竭矣。繇是合天下人之聰明爲聰明，遂靡不照合天下人之才識爲才識，遂靡不效；合天下人之精神力量爲精神力量，遂靡不勝；人徒見明君之靡不照、靡不效、靡不勝，以爲明君別有非常不可測度之奇，抑知明君惟是用人不自用之，一念有以收攝一世而鼓動寰中也。在昔舜之濬哲，禹之無間，至今稱之曰大舜，曰神禹。夫大也，神也，可不謂明君也哉！乃推其所以大且神者，惟其闢門而受，懸鐸而求，好問好察之，雅懷善言則拜之，休風至今令人喜慕不已。知舜之大，禹之神，亦止以用人而不自用，有以成其大且神耳。人主尚可以自用乎？然用人固不可自用，亦必不自用，而後能用人也。君猶天也，君之所處曰大內，曰密勿，天下人跂望之若天庭地閣，然苟非虛爾衷、怡爾色、鉏爾盛氣，人且望而驚，顧而走，又誰肯輕以其可用而爲自用者嘗也？君天下者，又胡爲而自用哉？雖然，自用不可也，而不可不自斷；不用人不可也，而不可并假人。倘其意念旁惑，權柄陰移，方將爲叢神，爲煬竈，狐鼠之隙啓，鹿馬之奸成，是不自用而翻爲人用，欲用人而翻用於人矣，又不可不戒。

天生人才供一代之用論

人主奉天而有天下也，必與天下之人才共理之，而後能治天下。而用天下之人才，又必識天所以生人才之意，而後能使天下之人才爲我用。蓋人才之挾持甚大，而人才之關係亦不小；人才之擔荷甚重，而人才之誕降亦不輕。其處則冥鴻也，出則儀鳳也，然而非偶然也，有所以生之也。其生也，爲社稷之慶也，作宇宙之光也，然而非無自也，天生之也。其天生也，秉扶輿之精也，毓苞符之秀也，然而非無爲也，供一代之用。天爲一代，以生人才，則其愛人才也，正所以愛一代。人主擁一代以承天，則欲愛一代，自不得不愛人才。故自古明聖之君，奉天之意以用人，因用人之才以承天，人有心涵造化、性葆中和，不曰一代之純碩，而曰天供我以調燮一代者也；人有忠回天日、氣作河山，不曰一代之氣節，而曰天供我以挺持一代者也；人有望薄青雲、操凜白雪，不曰一代之道義，而曰天供我以滌蕩一代者也；人有燦黼黻之菁、擅珪璋之藻，不曰一代之文章，而曰天供我以潤飾一代者也。天供之，我安得置之？天爲一代而生之，我安得違天意而舍之？故人之未用則求爲用，而不使寄慨於沉淪；人之方用則專爲用，而不使致怨於籠絡；人之既用則又竟所用，而不使興嗟於約結。逵鴻漸矣，浦輪日賁於丘園；振鷺充矣，束帛歲馳於巖藪。毋陽收而陰棄，毋甫任而忽疑，毋過摘乎全瑜，毋苛繩乎寸朽。且也不以千羊輕一狐之腋，不以寒蟬薄鳴鳳之音。不重困乎囚山，不輕投乎瘴海。而一念殷殷，憐才之雅，雖至於人無遺用，而猶恐用有遺人。即人或指禄位爲桎梏，視廊廟爲檻籠，鑿壞垣以逃名，焚山林而滅迹，人愈不爲我用，而我愈欲爲之用。何也？人既負其才，則不得不爲天重其用；君欲收其用，則不得不爲天惜其才。雖以我用人也，實以天用人也；人雖受用於我也，實則受用於天也。其究也，人盡其才，才盡其用，造福生靈，貽休天下，至不可紀。世必以爲明君之能用人，不知非能用人也。天之所用，明君能不舍之耳？則其所以善用人，正其所以善承天。惟人才用，而天所以生人才之心亦庶幾可以無負矣。不然，人君之位曰天位，職曰天職，權曰天權，命討曰天命討，天下之人莫不仰之曰天子，是人君無一不借天爲重也。無一不借天爲重，而獨於天之人委棄之，遏抑之，甚則摧折而禁錮之，不使之結綬彈冠，而使之枕流漱石；不使之揚揚吐氣，而使之咄咄書空；不使之立朝而業建千秋，乃使之去國而身輕一葉：計不亦左乎？況人才曰天生，則天意屬之矣，用固可令其顯揚，不用亦不能令其湮没。桐江一綫，彭澤五株，雖苦無能用之者，而皆足以流清風而淑後世，此又人才之以不用爲用也。然至人才以不用爲用，於人才終無損，而國家已不可言矣，則人君之於人才，抑何爲而不用乎？昔者黃帝生而能言，役使百靈，可謂神矣。猶不乏人才之用，故廣成、大塊、力牧、風后，皆於神明中啓之，豈非用人以承天，而天亦若爲之告也？洎後夢符帝賚，高宗來版築之夫；卜叶王師，西伯起渭釣之叟。而湯之舉天民於莘野，必曰"簡在帝心"，則誰非所以承天之意也。然用人固所以承天而不自用，正所以用人如或自智自神，獨雄獨斷，人才且望影而奔，裹足而去，誰肯吹竽而見斥，抱明月而輕投也？故用人以承天者，又在於不自用。

戊午試策

策 一

方今仁賢解散，積薪轉石之嘆處處而是，廟堂之上苦無人矣；貢賦虛耗，池竭泉涸之憂在在而然，廟堂之上又苦無財矣。愚以爲非患無財也，患無人也；亦非患無人也，患無用人以理財之人也。夫財者天下之大命也，非有人以疏瀹之，經制之，則出虞其潰，而入又虞其壅。用人以理財者，天下之重柄也，非有位大責鉅之人以總持之，肩荷之，則獨任既滋弊，而眾任又滋棼。此《大學》并言用人理財而歸之"一个臣"，則以相臣者，爲君用人以理財者也。而人君之能任相臣，正其能用人以理財者也。歷觀漢唐之世，或以任相而財與人兩得，或以不任相而人與財兩失，則用人理財之法，固亦略可考見。至我國家列聖相承，芳規具在，而我皇上，營精久道，獨握利柄，年來開采榷稅，歲無虛日，謂宜天下倉盈庾羨，粟紅貫朽，俾在位之臣濟濟穆穆，相與坐觀豐亨豫大之盛治，又何至使人嘆乏財，而理財又嘆無人乎？乃茲顧有可慨者，台省累年不補，部院數歲猶懸。甚且南冠而縶，覆盆無見日之期；嚼指何歸，幽圄灑瞻雲之淚。此於用人何如也？九塞之脱巾可虞，四野之剥膚堪憐，甚且貂璫武弁察心計之津，鹽海金山關乾没之手，此於理財何如也？而謂可無道以處之乎？愚以爲用人乃可以理財，人用而財自理矣。任相乃所以用人，相任而人自用矣。誠使以君之精神寄之相，相之精神寄之人與財，其究又且合君與相、相與人之精神悉注之理財，祇見君不以己之財爲財，而直合天下以爲財；相若人不以君之財爲財，而直視君財若己之財。安有一家之中主伯亞旅相爲竭蹶，而猶乏生之是虞乎？如是，則天下之財自足，天下之用、天下之人自足。理天下之財，將見朝有師濟之風，國有豐盈之象，又何難上比成周，而遠邁漢唐哉？至如開納之途，搜括之方，一切權宜之術可置之不問矣。不然，相有未任，則相處孤矉之地，無便宜之權，將相欲請而君故吝之，相欲塞而君故侈之，相欲溥爲恩膏而君故朽蠹之，相且無如君何，又安言用人乎？縱使桑孔握算，計然操籌，未見財之能理也。

策　三〔一二〕

鼎之所以貴湛盧者，以其能烹也。劍之所以貴昆吾者，以其能斷也。試之而無當，則釜鬵、刀鋸得以其利格矣。世之所貴於士者，以其能用也。試之而無當，則與瞵目空腹者何異？世何賴於士，而士亦何以自重於世哉？第其用也，以才非才，則無以爲揮霍馳騁之具，而士庸；其所以善其用也，又以學非學，則無以爲經綸變化之本，而士淺；至其所以妙於才與學之間者，又以術非術，則才駁而不純，學滯而不通，而士亦終庸而終淺。顧才難言矣，學尤難言矣；才之術難言矣，學之術難言矣，而合才術於學術又更難言矣。才術猶爲表見之英華，有學術則攝英華以歸性命，而不虞其浮；才術猶爲外逞之技藝，有學術則陶技藝以還道德，而不虞其粗；才術猶爲各至之局幹，有學術則融局幹以會全體，而不虞其偏。至精而精之事業皆化也，微而微之才情亦不涉也。無論窺一斑、樹一節者未可輕與，即若往昔名儒碩輔，或能託百里之孤，或能却百年之虜，或能陳治安之略，或能著中興之論，議者猶謂其學術無聞，器識有歉。雖至留侯之善藏、武侯之盡瘁以及韓琦之能近二公，猶不輕許，止謂其天性暗合，則學術之難不可概見哉？至於今，則人負管晏之猷，家傳鄒魯之脉，猗歟！盛矣。而執事乃以才術、學術俯詢，豈今日之才非其才，而學亦非其學耶？愚以爲今日之士不病在無才也，而病在無學也；又不病在無才無學也，而病在無術也。無術則不惟不能化才以歸於學，而且欲借學以覆其才；不惟不能借學以練其才，而且欲因才以短其學。於是其才既偏，其學亦詭；其學既僞，其才亦不真；其才術與學術既未諧，而其才與學亦悉謬。故或曳朱門之裾，或指碧山之雲，或越位而旁通青鳥之術，或攘臂而坐籌白猿之書，或詭而標名柱下，或竄而問鼎天竺，令天下不受其才之利，而轉受其才之害；徒訝其學之名，而莫究其學之實，則士之所以用於世，與世之所以用士者，又安在乎？誠欲化浮於淳，易躁於恬，消奔競之風，勵高尚之節，使可以追踪往哲，不至以躍冶守株爲天下輕者，則在於賓興賢良而官使之者。

策　四

愚嘗謂國家不能百年無事，則何可一日無人。第事之有也，不必於有事之日也，雖無事之時，而宜存有事之心；而人之有也，尤不必於需人之日也，雖似可無人之時，而宜存不可無人之慮。故處無事而若有事，則遇有事而可保無事矣；以無事而謂可無人，則當有事而竟不能有人矣。所貴識微慮遠者，深維而早計之，寧以人待事，毋以事待人；寧可有人而無事，不可有事而無人也。執事蒿目時艱，鰓鰓以無人爲念，發策下詢，獨非爲遼事激耶！夫建酋之衆，不足當中國一大縣，乃俄而陷撫順，俄而據撫安，俄而剋清河，今開、鐵亦累卵矣。我皇上赫然震怒，拊髀思將，意非不殷。竟不聞有設伏制勝、果敢死力者，爲朝廷樹一奇、雪一恥，則天下尚可謂有人哉？噫！豈真無人也？則圖之不豫，鼓之無術耳。夫有文必有武，故武科之設，與文科並者也。乃文科轉難，而鉛槧之儒益濟濟；武科轉易，而韜略之士益寥寥者何也？蓋以武科爲豪傑奮庸之科，則武科重；以武科爲庸劣藏匿之科，則武科輕。以武科爲國家不可少之科，則武科爲實用之藉；以武科爲祖制不能廢之科，則武科爲故事之尋。今三年之舉幾爲虛設，而解額之數，則豪貴得其什三，巧營得其什五，僥倖又得其什一，其寒畯之負勇略、嫻組練者竟艱一售，即間一售而半級未叨，一籌莫效，又且碌碌終矣。至諸勛胄之裔、猴冠之輩，賄賂夤緣，乃登壇授鉞，比比而是。甚有力不挽半石弓、目不識一丁字者，猶且挾肘後斗大印以傲人，彼英雄之偃蹇跧伏者從旁窺之，又安能不氣短而心折也。夫無事則令若輩享之，有事則欲得人以爲之，而天下事豈有濟乎？故爲今日計，莫若用人，用人又莫如急清夫不可用之人，而始可以議用人矣。然用人之術尤多也，二卵不棄干城，一眚不掩大德，則功過當準。韓信拜於亡命，武穆拔於行伍，則獎異宜超；間金不問陳平，矯制不罪介子，則便宜宜假；彘子喪師而元戎執咎，衛霍樹勛而從軍剖符，則賞罰尤宜明，而明賞罰爲尤急。蓋賞罰者，鼓舞之大柄，賞明則人知戀偉績、垂後胤者於是乎在，即不愛國家亦必愛功名，即不愛君父亦必愛子孫矣；罰明則人知受顯戮、殞身名者於是乎在，即欲畏敵威亦不能不畏國威，即欲畏死敵亦不能不畏死法矣。行見人勵請纓之志，衆懷裹革之心，又何有小醜哉？此愚生拊心於今事之所最切者，故敢掇拾以進。若夫足糧糗、飭保障、選健卒、謹烽火、時簡練，諸凡經畫，當事者已慮之悉矣，愚何贅？

己未試策

策　一

　　人主以天下奉其身，即當以天下經其心，其必時操其心而後可。何也？心惟操則常以一身爲天下，而身之無痿痺、壅滯者，日流於天下；亦惟操則又可以天下爲一身，而天下之無夭札、疵癘者，還歸於一身。古帝王斂福錫極，道必繇此。我國家卜年無極，皇祖開基，御世最久，肅皇帝益臻其盛，至我皇上更閱而過之，海內沐浴王化，歌咏太平，厥惟盛矣。而執事勤思保泰，猶以君德清明、君身强固發策下詢。愚也素抱忠悃，未敢無說。夫從古稱上壽之君，無逾舜、文。舜曰無爲，文曰無逸，操術若有不同。乃舜無爲矣，而當日競業之懷，則無一日與天下相馳；文無逸矣，而當日緝和之化，則又無一日不與天下相安。獨非無爲本於無逸，而無逸乃所以無爲耶？帝王心法之同，固可考見。皇上遠慕清淨，深居靜攝，倘欲托於無爲，抑知無爲，必以無逸而成也。乃今求之無爲若可信也，而求之無逸實不可解也。求之無逸既不可解也，而求之無爲亦若不可據也。呼吸不通，陰晴互揣，萬幾莫由關心，累牘猶若瞋耳，皇上且習若故常，恬不爲怪，是所爲無逸者固非矣。衆口波揭，庶務瓦解，天災頻聞於四海，夷警告急於三韓，皇上間惻然深念，時介其衷，則所爲無爲者亦安在哉？雖聖慮淵微，未易仰窺，然愚思所以迓祉迎和，錫福臣民，當必有時操其心而不若今日之泄泄者。夫人主者，天下之腹心；天下者，人主之營衛也。世未有營衛已潰而腹心能安者，亦未有營衛既調而腹心不固者。故養莫善於養神而形爲下，壽莫大於壽國而身爲小。醉裀、女戒之念毖，則伐性役情之竇塞矣；投珠、抵璧之懷惕，則蕩心溺志之媒袪矣；赤渭、丹河之有戒，則傷恩干和之事絕矣。以祖宗德澤爲元氣，以萬邦黎獻爲命脉，以耆儒宿德爲膏粱，以法家拂士爲藥石，以四夷八蠻占氣候，以三辰六符察精神。一德馨香，何必減於青城之隱；六龍時馭，何必減於白日之升；細斿經史，何必減於素庭之書；庶事熙凝，何必減於丹砂之化。將見德日清明，身日強固，而以一身爲天下，即以天下爲一身，又何難過舜、文之算，而追無逸無爲之轍哉？

策 二

離婁稱明，公輸稱巧，以其法耳。楮葉無用，棘猴罔功，以其非法耳。法者垂永久，非法者炫目前，法顧不重歟？第法者法也，法法者君也。法之所創，必天下共奉之，不見有紐解綱弛之患，而後法信；法之所持，必一人獨握之，不見有陽操陰誘之端，而後法尊。今天下不可以法守者可勝道哉！三載黜幽之典，而含沙得以反中；四罪放流之黨，而死灰尚冀復燃。且新任未至，而輒爲量移，是爲仕宦擇地；雜流貪緣，而每爲題授，是爲錢神乞靈。條編免役，斟酌良多，將無巨屨、小屨同價；榷務鈔關，網羅殆盡，將無攫金、肶篋同殘。寅清者首在移風易俗，彼縫掖亢長吏，部民辱守令，悍宗凌重臣，何以聽之？邦禁者職在明刑弼教，彼罪前之荼毒，罪中之比附，罪後之科罰，何以置之？都官以竹頭木屑爲瑣務，而河渭之浪費、木石之虛估、工匠之侵漁弗覈矣；典戎以屬兵秣馬爲緩圖，而六師之疲敝、萬竈之蕭條、九邊之潰決弗振矣。曾不聞塞一弊端，行一實政，更一澆俗，竟一詔書。章奏沓出，每至萬言；題覆紛然，竟歸兩可。以故言不論是非，人欲化而爲臺諫；權不當黜陟，人欲攘而爲端揆。時勢如此，又何言法哉？所以起玩愒之弊，開振刷之端，固惟在皇上耳。皇上魁柄獨握，籠駕千古，謂宜威靈遠暨而內外大小咸不奉若惟謹，奈何使法之陵夷至此也？夫庸懦之主患在不法法，英明之主患在太法法。皇上以英明之主，而蹈不法法之弊，此天下之所以不能爲皇上解也。今欲起積弱而强之，則在不與天下相委靡；而不與天下相委靡，又在不與天下相隔閡。故臨御宜勤也，離照常懸，則奸法者匿影矣；懸缺宜補也，庶職翼明，則敕法者布列矣；章牘宜閱也，睿覽悉照，則飲法者不敢濫嘗矣。而賞罰尤宜明也，功罪不貸，則奉法者知所趨，而枉法者不得逞矣。所謂化瑟而更張之，其在是矣。若曰懲積弱，而遂有以擊斷操切爲事者，亦愚之所不敢獻也。

策　三

　　愚嘗觀天之愛君，其猶父之愛子也。父托子以家，而子不能有其家，必以督責爲裁成，而一念殷殷關切之意，甚有若不欲有其子者，然政其不能恝視其子也；天托君以民，而君不能有其民，必以災譴爲警告，而一念呕呕痛責之意，甚有若不欲有其君者，然政其不能漠視其君者也。故謂天心仁愛人君，輕則示災，重則示異。夫人君苟識天所以示災異之意，而猛爲懲艾，呕爲改圖，則妖孛何必非景星也，祲氛何必非慶雲也，怒號何必非和風也，嶽摧川振何必非山獻其珍而河呈其瑞也？是以《書》曰“克謹天戒”，《詩》曰“敬天怒逾”，豈非萬年之明鑒哉！歷觀往世，災異示警，而策士藎臣爭思補救，或因水旱，請減大官織造，助司農以流恩者；或因慧見，請慎終如始者；或論天災，請修政擇官節用弛利者；或論水災，請近臣更直商略章奏者。修省之法固亦略具，是誠可爲後王法矣。我國家重熙累洽，天心眷顧，有休無數。乃頃者物妖示異，河水流丹，蚩尤之旗揭於東方，妖彗之芒凌於北極，而鼠浮龍門，石隕竿焚，地裂壞折，諸凡變徵，皆有出於耳目睹記之外者。夫當奴酋猖獗之時，而變徵若此，識微慮遠之士固有不忍言者，乃天下有災異也，聖心則無災異也。噫！天下之有災異，此非災異；聖心之無災異，此則真災異也。而修祓挽回，誠今日之所最宜加意者。夫殿闕，天之重地，胡爲使若塵封之宇；言路，天之喉舌，胡爲使若無窮之匏；賢才，天之簡在，胡爲使有轉石之嘆；財用，天之血脉，胡爲使爲朽蠹之藏。凡此孰非所以逆天意而來譴告者乎？至若天既爲民而立君，必惠愛民生而後可靈承帝眷。今則焚林竭澤，人懷萇楚之憂；泣斗嗟箕，戶切苕華之嘆。隴蜀之生植盡矣，而饒造亦復不休；吳越之杼軸空矣，而洮戕亦復不罷。其他廣珠、滇金、潞織，種種未厭，其所謂惠愛斯民者安在？皇上誠穆然深思，舉一切弊政振刷而更新之，則愛民在此，回天亦在此，民之釋怨詈而歡忻在此，天之轉災異而禎祥亦在此，吾未見大戊之桑不枯，而宋景之星不退也。不然，足寒傷心，枝枯萎幹，鳥窮則啄，獸窮則攫，萬一挺險而走者揭竿響應，則可畏又不在天而在民矣。此愚謂舍愛民別無畏天之法也。

策　四

國家得百庸人不若得一豪傑，第豪傑非能自爲也，有用豪傑者而後豪傑可展也；豪傑亦非能自見也，有識豪傑者而後豪傑可用也。用之固難，識之尤不易；識之臨時不易，識之平日尤難。蓋豪傑而混之於庸人之中，則豪傑無以異庸人；庸人而置之以豪傑之概，則庸人安能識豪傑？今夫神龍馭雲，騰蛇遊霧，當雲霧之未遇也，與蜎蛭何異？一日奮霆鞭風，凌九霄，潤九土，而天下始駭其靈異，實未有預知其靈異者。夫使人人而預知其靈異也，則亦何以爲靈異哉？是故豪傑不爲天下識，始獨成其爲豪傑；天下不能識豪傑，始悉成其爲庸人。愚嘗歷觀古今之數，治世不必多豪傑，有所以識之而用之也；亂世不必無豪傑，無所以識之而用之也。無所以識之用之，而漫以治亂之數責之豪傑，而又謂豪傑無益於治亂，不亦誣豪傑乎？夫豪傑有豪傑之識，故蕭酇侯入關中獨收圖籍，范文子勝楚師獨虞內憂；豪傑有豪傑之謀，故樂毅破齊而先結韓趙，孔明伐魏而申好江東；豪傑有豪傑之勇，故祖逖誓清中原而江流擊楫，相如力還趙璧而頸血濺衣；豪傑有豪傑之望，故司馬既相而强虜縮舌，文正在軍而西虜膽寒。夫彼之爲識、爲謀、爲勇、爲望，皆蘊於未有事之先，而見於既有事之後，乃猥於有事之日始識，而用之亦已晚矣。是以有能用者，必其能識者也，未有不識而能用者矣。然不識固不能用，亦必用之而始爲識也。故識其爲佐命之豪傑，則鼓刀可載，而版築可登；識其爲定難之豪傑，則牧豕可收，而飯牛可舉。豪傑在讐敵而識之，則射鉤不以爲怨，而封齒不以爲嫌；豪傑在親嫟而識之，則祁不妨於薦午，而安不碍於引玄。又或有急於自見之豪傑，識之則爲之脫毛遂之穎，而高郭隗之臺；有難於自鳴之豪傑，識之則爲之解越石之羈，而罷公沙之杵。隨識隨用，即用即識，繇是豪傑之才情既不墮於牽制，而效竭之意願又悉激於推誠。我以豪傑待彼，彼以跅弛自待，猶謂不能使天下安不復危、危可復安者，未之前聞，又孰謂豪傑無裨於治亂之數哉？然則今天下爲治乎？爲亂乎？有豪傑乎，無豪傑乎？則在於識而用之者乎？

策　五

執事發策，終篇而激於建酋之憤，乃以兵餉俯詢，豈以習詩書者，不廢韜鈐。愚生目擊時艱，當不乏獻藿之忱乎？生也，劍術兵符，愧未窮其際，夫何敢以書生之吻妄談天下事？然明問所及，不能無說，而處於此，竊願借箸籌焉。蓋自古建都定鼎，皆以天下守京師，獨我燕京，則天子自爲守，此豈祖宗以邊患貽子孫哉？蓋以居建瓴之勢，當扼塞之衝，且使耳聞鉦鼓之聲，目接旌旗之色，欲令後世知寇賊伏於門庭，羌戎接於輦下，非凜凜預防不可者。夫天子自爲守，則不得不宿重兵，宿重兵，則不得不急餉，勢也。奠鼎之初，國賦充盈，威靈遐暢。至我皇上，神武獨奮，震讋窮荒，平夏、殄播，驅倭，不逾十年而弭三大釁。則今日之建夷固可折鞭笞之已，何至今日而若有相顧莫措者？夫國家盛衰之形，視於兵之强弱，而兵强弱之勢，又視於餉之虛盈。第策兵於兵弊之日，則利用振；而策餉於餉窮之時，則利用通。昔李廣夜行，以石爲虎，射之没矢，察而復射，矢躍無迹，則前之氣競，而後之氣怠耳。田單守即墨，燕人劓降者，掘墳墓，城中啼泣欲戰，單佯遣使約降，燕人益懈，乘夜奮擊，遂復齊七十城，豈非激其銳而用之耶？宋仁宗聞狄青破賊，謂宰相曰："急議賞，緩則不足勵矣。"穰苴將兵拒燕趙之師，莊賈後至，立斬以徇，軍中大振。向使宥一莊賈，雖後殺千萬人何益？凡此者皆可爲今日振兵之喻，而兹四方之兵環集遼左，謀臣策士當必有計出於此者。而愚則以兵未集則憂在兵，兵既集則憂又在餉。乃今太倉之出日溢而司農詘，駊牝之供頻移而同寺詘，匠作之需日發而水衡詘；欲加賦而賦額已增，欲括鍰而鍰金已盡。議者謂止有屯政之修可佐軍興，乃或以羽書旁午，萬竈呼庚，誠何時也？屯田之舉似覺其迂。然先臣王鏊有言，《兵法》取敵一鍾，可當二十鍾；屯田得粟一石，可當轉輸粟二十石。屯政修明固今日之最急者，第不清其弊，則修舉未可期也。將帥請廉田自便，而膏腴在官，瘠薄歸私，是影射之弊，宜覈也；衛所官各占軍丁，使蕉蓘不時，汙萊莫治，是擅役之弊，宜稽也；卒苦於饕吏之誅求，而逃亡相繼，有田在而人不知其主者，有糧在而地不知其所者，是朘削之弊，宜剗也；且聞清查不聞開免，聞增賦不聞減稅，有田未成種而名已在冊，苗未出土而吏已登門者，是催科之弊，又宜懲也。去此四弊，則屯政可復，屯復而餉漸以充，餉充而兵漸以振，威靈之赫葉[一三]，神氣之張皇，猶可旦暮幾之。若謂曠日持久非計之善，豈今日之事或可計日結乎，此愚生之所不敢信者也。

擬永樂五年上與侍臣論民之休戚事之利害必廣詢博訪以盡群情謝表

伏以念切窮黿，廣嘉謨於晋接；神凜朽索，闢聰聽於咸虛。期事治而民安，乃集思以廣益。愚忱可竭，聖德難名。臣等誠惶誠恐、稽首頓首上言：竊惟立國以民爲先，勤民惟事爲要。駕四騏而考俗，《周詩》博采群情；修六府以利生，《虞書》用熙庶績。孰是廟堂之大計，或可輕乎億人兆人？未有社稷之急圖，容稍忽於一日二日。慨自上下之交隔，則小民之艱苦誰陳？祇緣明良之遇疏，故衆事之叢脞以積。即前席勤鬼神之問，不念蒼生；縱中夜勞書石之衡，何神政務？休戚置之不念，利害付於罔聞。民托事以生，事廢而民復何賴？事因民而立，民殘而事亦成虛。自非爲君者，實能懸鐸以求；行見在下者，終難叩閽而請。伏遇皇帝陛下垂裳奠世，定鼎開基。拓日月於重新，業兼創守；闢乾坤於再造，德協天人。顧宇下方並戴其文治武功，而宸衷猶獨凜乎堯兢舜業。四海既登之清宴，而己治若未治，不啻有室嗟隅泣之悲；萬幾業奏於熙凝，而未難思圖難，猶若存紐解網弛之慮。惟兹臨朝以御，忽睹異命之頒，謂閭閻之情態宜窮，而宵旰之謀猷當計。千辛萬狀恒多，下受之而上不知；弊寶害端每有，上行之而下不許。苟堂廉遠隔，凡啼饑號寒之象渺不諮詢，則民其何堪？如宮府交睽，舉興利除害之方漫無商確，將事必大壞。爰希闢門之美，惟恐聞不得實，而實不得聞；用冀補袞之忠，切毋意不盡言，而言不盡意。覆盆隱穴，必須一一直陳；細務宏猷，庶幾絲絲悉剖。臣等心懸撫字，才謝繩糾。睿旨仰承，何異戴鰲山萬疊；愚忠俯瀝，願無負魚水一堂。敢不日夜憂思，如已饑而已溺；始終將事，矢無怠以無荒。德必宣，情必達，肯虛九重之懇懇；枯爲潤，滯爲疏，欲效一念之惓惓。伏願有大能謙，無微不照。內治與外寧交愍，塵清地雁天狼；主聖以臣勞益彰，會合雲龍風虎。臣等無任瞻天仰聖、激切屏營之至，謹奉表稱謝以聞。

校勘記

〔一〕此句兩處"爾"字，《四庫》本均作"兒"。

〔二〕"未能"，同上書作"未嘗"。

〔三〕"常"，同上書作"嘗"。

〔四〕"戩"，同上書作"等"。

〔五〕"甦"，同上書作"蘇"。

〔六〕"遼"，同上書作"軍"。

〔七〕"汎"，據《四庫》本當作"泛"。

〔八〕"道義"，《四庫》本作"道"，無此"義"字。

〔九〕"又"，同上書作"則又"。

〔一〇〕"所"，同上書作"數"。

〔一一〕"拓"，同上書作"浚"。

〔一二〕原本無"策二"篇。

〔一三〕"赫葉"，當作"赫奕"。

孫忠靖公集卷九　風雅堂詩彙

五言古

鄰翁嘆

　　鄰翁有三男，長男差膂力，仲也絶怯弱，季尤可矜惻。一身都廢棄，所存惟視息。忽驚邊[一]事非，繕發編[二]四國。紛紛閭左兒，不能安稼穡。長以力見選，執殳將軍側。王師二十萬，軍容亦既飾。豈知不慣戰，聞鼓皆變色。長男遂死之，全軍盡奔北。司馬復徵兵，倉皇請嚴敕。長令畏譴訶，何敢遲頃刻。又僉仲男往，且稱百夫特。鄰翁前致語，哀鳴聲唧唧。長男且戰亡，仲弱豈辦賊？長令亦信然，材勇不可得。强驅出門[三]去，勍敵何以克？再戰復不利，疆事亦叵測。司馬計安施，徵調且倍亟。鄰翁顧季男，恐亦不能匿。出門官使至，復以威令逼。鄰翁慘不言，蒼天曷有極！

靈邱山中

　　平生耽幽賞，所在恣冥討。偶來此山中，悠然暢懷抱。怪石高插雲，直欲凌蒼昊。霏微小雨來，空濛山益好。乍看瀑布飛，忽疑天河倒。香霧散新花，錦蘭藉細草。層巖轉深窅，蓊翳悉難考。古來觀空人，往往志蓬島。求之不可得，徒爾滋煩躁。咄咄今日遊，頓令俗腸埽。應接自不暇，何必山陰道。

玄滌樓詩并序

余於映碧園搆一樓，日居其上，世念都忘。偶劉青岳相公過我，爲題其額曰"玄滌"，且綴以詩。余拜而受教，怳若有會，援筆率和，不復删削求工，第以答公示我之意，或可比於拈花之微笑乎？

繄我搆此樓，我意殊有托。得公[四]名我樓，與我意殊若。我樓倚高峰，我樓環大澤。上可拂丹霄，下可淩廣漠。避暑接涼臺，飛雲連傑閣。秀木種千章，繁廡深相錯。名花蒔百種，嬌艷競芳萼。累石以爲山，森森翠如削。引泉以爲池，濯濯清可酌。菽麥滿四原，阡陌附城郭。春可眺平疇，秋可省收穫。於此得一名，取義總非薄。翁也不謂然，冥心爲深索。謂余有心人，塵氛早卸却。自能脱軒冕，非徒擅邱壑。"玄滌"爲我題，豈以示微謔。千古有秘藏，任人自領略。奈何當我輩，此道致淪落。卑者耽世緣，高者恣清樂。詎知性命閫，一毫無所著。元不貴豪華，亦不崇寂寞。東山妓堪嘔，北海賓亦惡。陶令無弦琴，亦似涉穿鑿。諄諄五男兒，先生已受縛。繹翁玄滌指，豎儒漫相愕。太玄本無玄，當從實地作。欲扣衆妙門，一切非糟粕。揚子謬致疑，毋乃見未擴。如此玄自存，甯復待疏瀹。滌於何處施？愚人難索摸。伎倆日紛紜，神理常渾噩。譬借匠石斤，爲削鼻端堊。譬就良醫鎞，爲刔眼中膜。滌盡乃見玄，玄亦於何橐？所以真如性，無病亦無藥。惟余具微慧，雅志在寥廓。盡日此樓上，萬念歸隝籜。醒坐倦即眠，羹藜而食藿。閒一窺典墳，不效張華博。有僕不裹頭，有婢長赤脚。庭並無懸魚，門安知羅雀？如此而已矣，翁其發一噱。

邂逅李挽陽明府有贈挽陽與張象風師
稱同籍友其先太翁曾倅郡太原

吾師西江歸，嘖嘖李瀛海。博碩復魁奇，擴達饒文采。燕趙繫相思，余心久屬乃。大梁忽把臂，呼樽澆塊壘。因念別駕翁，雁門甘棠在。顧今二十年，口碑曾未改。君能衍世德，出爲神明宰。惟余骹髒人，落落無可采。如何傾蓋閒，兩情足千載？

涌泉寺八咏

疏鐘撞月

疏鐘古刹傳，秋月空山朗。深聽自相聞，如從月得響。素影不可扣，清籟竟安往。如何林莽間，一一皆鳴爽？

深徑捫蘿一作松落烟蘿

深徑蘿冉冉，彌望烟漠漠。遙聞雞犬聲，知有人居錯。老幼總無營，第不廢耕作。辟地余有心，此中良不惡。

象隖雲深

誰將大士座，置向山之阿。因以象名隖，猛氣狎烟蘿。隖上經挂衲，無雨雲自多。我來探靈迹，或恐是龍窩。

寒松戛漢

鬱彼千歲枝，偃蓋寒光映。奇聳龍鶴形，冷具霜雪性。長風拂漢來，謖謖動清聽。鏗聲散寥廓，寥廓如相應。

仰公春曉

浮生覺如夢，至理色即空。林鶯一聲曙，天地爲啓蒙。名藍存勝迹，新花發故叢。此中有密諦，安能啓仰公。

溪橋晚眺

策杖涌林外，徙倚溪橋晚。静碧飲長虹，夕陽在絕巘。雲歸洞壑幽，倦鳥望林返。悠然縱雙目，神與目俱遠。

霜林歸鳥

根塵無了息，性真日以淫〔五〕。悟徹無早晚，元始自可尋。蕭殺滿天地，沉寥秋氣沈〔六〕。有鳥忽歸來，凄然霜滿林。

雪崦嗁猿

嗁猿聲本哀，況復在雪崦。層峰鎖寒色，聽者慘不忺。余亦落漠人，淚下襟袖沾。山寺有老衲，趺坐意自恬。

謁臺歸逢大雨旋霽

入山何晴佳，歸來雨滿道。其初始霢〔七〕霂，倏焉勢傾倒。萬壑怒雷奔，瀰川漲霆潦。我馬不能前，僕夫不自保。余謂天胡然，應是山靈惱。謂子與我期，已在十年早。十年始一來，歸去何草草。雲烟粗領略，深幽未全討。倏爾遽言旋，使我心如擣。余乃祝山靈，無〔八〕因逼客懊。有約願重遊，勝迹容再攷。向平婚嫁畢，尚圖此中老。應言遂清霽，當空日杲杲。

七言古

丈夫行

君不見西家生女施巾帨，東鄰生男懸弧矢。男子縱橫天地寬，女子深閨無越趾。吾曹磊落負鬚眉，顧瞻四方心曷已。若使低眉垂首老一邱，無[九]乃丈夫而女子？

秋夜飲貢二山同年醉後漫歌書贈

江南有客狂且清，我一對之爽氣生。見人先乞寬禮數，索筆每能賦秋聲。有時舉杯橫白眼，有時起舞狎青萍。嗟爾長我三十歲，愛我慷慨相結契。醉來執手共唏噓，意氣淋漓輕身世。自言天地總浮漚，醒持一杯醉即休。堪笑豎儒何爾爾，一日長懷千歲憂。

得蕭武子書喜賦

去歲知君文戰靡，遣使迎君江之沚。那知一往絕音耗，我心忡忡曷其已。縱橫道路滿豺狼，浩淼況隔大江水。咄嗟逾夏復秋冬，屈指殷勤數景曇。疑君昔別語疏狂，羞墮青雲淹鄉里。又思君固饒襟期，豈爲敝貂遂爾爾。云何彭蠡一月期，經年曾不致雙鯉？愁來兩鬢爲君秋，廬嶽嶙峋暮山紫。出門有客揖余言，袖出一函磨折齒。墨迹黯淡封識疏，拓落固與君相似。開函驚見君姓名，令我大叫發狂喜。持讀彷佛見顔色，離緒纚纚披滿紙。爲道芒山下榻時，吏隱朋親同蘭芷。問我夢蘭事若何，又道蚌珠新添子。我讀未竟欲起舞，僮僕相咤胡若此。吁嗟！武子！我本乾坤

孫忠靖公全集·卷九

五二五

落莫[一〇]人。爲君憂復爲君喜，兩人之情可知矣。

午日西溪宴集歌

五月五日霽色鮮，西溪開宴羅群賢。薰風微動水清漣，寶樹瓊枝紛四筵。善謔王郎[一一]至獨先，往往令人發狂顛。雄飲真如吸巨川，髯張意興淩青氈。揮麈能譚秋水篇，曹生雅是青門傳。畏飲却知聽管弦，寶叔願者亦復然。劉家兄弟殊翩翩，伯仲叔季華萼聯。阿倩文采獨披宣，太學馮君任俠偏，一擲能輕百萬錢，弟充落魄愛逃禪。兩郎詞壇何蹁躚，元三時花美女妍，誰能一見不生憐[一二]？元瑞奇古薄丹鉛，欲奪蘇韓印獨專。相馬常思九方歅，猶子修隱文行全。朝舞萊衣夕韋編，宸居早著祖生鞭[一三]。群季俊秀皆惠連，獨有六古堪比肩。余家大阮盡招延，新叔揚州跨鶴還。不貪腰無十萬纏，綸叔修飭自娟娟。吉叔臨池筆如椽，常來醉倒習池邊。健叔絕技擅鳴弦，時向新豐酒家眠。德叔尤喜酒如泉，經叔麋童美且鬈。瑞兒纔知放紙鳶，相與調笑弄潺湲。親知骨肉相周旋，固知此樂屬性天。況復良辰美景駢，少長雜列不問年。登高臨水隨其便，主賓迭進搖畫船。夾岸歌兒唱采蓮，鳴箏撾鼓聲闐闐。柳外新月一鈎穿，長去少留素手牽。更縱蘭橈破瞑烟，一曲滄浪意欲仙。曾聞滄海變桑田，金谷蘭亭久棄捐，及時我輩毋拘攣。

嶽蓮篇壽田禦宿大參

我聞華嶽之頂池生千葉蓮，采而服之成神仙，華嶽之名以此傳。雁門使君神仙者，自幼生長華嶽下。早探玉版嚼金丹。駕鹿騎龍如走馬。使君咄咄薄霞舉。揮手山中謝毛女。徜徉陸地漫浮沉，冥探[一四]時共嶽靈語。嶽靈使君相下上，爍爍蓮花開五臟。落腕雄文擘巨靈，山鬼叫號混沌喪。一日聲名動帝闉，夷然束帶向風塵。梟鳥蹁躚聊玩世，驄馬騰驤亦避人。驄馬春明不可留，玉節雄藩領上遊。纔向匡廬觀瀑布，忽依牛斗攬句注[一五]。句注烟雲接五峰，文殊見後多趑趄。徧地平鋪金菡萏，倚天高插翠芙蓉。使君靜對意何有，紫塞烟銷靖刁斗。埽榻焚香詩思幽，欲喚太華共杯酒。每來訪我荷池邊，如臨玉井意嫣然。爲言十丈花開處，使我兩腋同飛仙。仲夏六月荷正鮮，恰逢使君開壽筵。我有白雲不堪贈，特爲賦此《嶽蓮篇》。惟願使君如蓮還如嶽，赤英傾日緑陰稠，千秋萬載標卓犖。

五言律

夏夜獨坐

獨坐南窗月，悠然欲二更。空庭疏雨歇，小苑淡烟橫。湖海憐多病，乾坤苦用兵。旁皇清不寐，倚劍看欃槍。

暮春晦夕偶張屏燈同武子飲分韵得"來"字

爲惜春宵盡，紗屏四面開。影搖花欲動，光滿月疑來。客共飛觴興，人稱入洛才。稍聞烽火息，潦倒醉金罍。

送别武子

戎馬愁方劇，那堪送遠人。看雲憐别苦，折柳問歸頻。宦況惟余拙，交情獨爾真。明年十日酒，同對帝城春。

痛飲真吾事，其如别恨何。風塵勞歲月，湖海尚干戈。病骨開樽懶，雄心倚劍多。蕭蕭溮水上，千古此悲歌。起句一作"與君欲盡醉其奈别愁何"。

同梁大煦工部飲王宜蘇吏部園亭

城市開佳勝，登臨擬輞川。莓苔新著雨，竹樹晚含烟。水部
才誰似，山公興獨偏。何當逃吏事，長此共留連。

莫話風塵事，相憐但酒厄。挑燈花轉艷，倚檻月初垂。衫履
追隨雅，天涯聚晤奇。獨憐烽火急，重醉定何期。

秋　夜

經年長作客，獨夜況逢秋。燭影搖鄉思，砧聲亂旅愁。夢隨
鴻北下，心逐火西流。山月今方好，安能載酒酬？

除　夜

邊塞家何處，天涯歲又除。鄉心三載劇，客況此宵餘。看劍
心彌壯，謀糈計轉疏。明朝三十一，獨坐嘆居諸。

柏酒堪成醉，其如感慨何。風前人一別，客裏歲三過。鴻雁
關河遠，豺狼道路多。坐深聊假寐，清夢繞烟蘿。

元日試筆用除夜韵

歲從今日首，臘自昨宵除。郡邑驚危後，乾坤戰伐餘。物華
人自競，世局我全疏。何似悠悠者，漁樵老孟諸。

春　郊

躡履郊西路，愴然思有餘。輕雲揚遠岫，新水湛平湖。別恨
縈春柳，新愁長綠蕪。不堪成獨嘯，征雁一聲孤。

野　宿

燭影孤村夜，星光獨宿樓。愁隨春野闊，夢逐故山浮。倚枕

憐多病，持杯笑浪遊。何時歸計得，嘯咏繞烟洲。

火　樹

不借東風力，還因劫火新。聯翻天不夜，亂落地皆春。片片
霞光幻，枝枝寶色勻。誰云花頃刻，人世總非真。<small>首句"不借"一作
"非借"，次句"還因"一作"轉因"。</small>

暖艷圍紅玉，偏宜月下逢。輝煌侵夜色，雕鏤失天工。長養
非關雨，飄零豈待風。莫疑枝葉異，玉樹本青蔥。<small>首句一作"不向日
邊放"。</small>

疑是乘春氣，瑩瑩萬朵繁。樓臺靈蜃現，庭院燭龍翻。士女
喧良夜，笙歌滿上元。漫矜饒艷麗，桃李本無言。

龐雲濤孝廉至留酌衙齋次韻

詞壇久寂莫，割據尚吾曹。把酒分花氣，論文落翠濤。余才
原僻傲，汝意故粗豪。千古存深寄，蕭疏在二毛。

春　雲

春雲如有意，片片下城闉。乍合遥天媚，俄開遠岫新。有情
元是幻，浮世總非真。晚景蒼茫色，攸然得所親。

酒　籌

共覓清宵醉，消磨付酒籌。參差分夜月，來往促春甌。愛客
宜苛令，撩人喜暗投。漫言探海屋，此飲足千秋。

喜　雨

已嘆遺黎盡，誰驅旱厲回？一年纔見雨，五月始聞雷。父老

扶藜出，兒童跨犢來。欣然如有告，具爐不須哀。

苦　雨

蝗旱愁初歇，重憐雨不休。田廬翻作沼，闤闠可乘舟。索餉
追呼急，徵兵羽檄稠。蕭條四野內，不忍豁雙眸。

閩中夜集用李捖陽扇頭韵

棘院初鳴柝，繡衣晚散衙。萍分俱是客，星聚即爲家。醉倚
牀頭月，狂生筆底花。漏深香氣濕，知已落霜華。

同陳玉鉉集張雨蒼寓〔一六〕

兩君天下士，與我一鄉人。轟耳才名重，論心臭味真。雌雄
驚劍合，慷慨覺情親。咫尺聯青瑣，何勞嘆積薪。

與許亦齡諸丈夜集

知己當今夕，何妨漏幾催。縱譚燈漸短，劇飲月初來。蕭索
同官況，悲歌總賦才。西樓漫寥落，歸雁幾聲哀。

九月七日署中小酌

小院驚秋老，天涯忽二霜。干戈連五月，風雨近重陽。作賦
惟鄉思，當歌任酒狂。巡檐頻感事，叢菊爲誰黃。

伍家集早發

荒村夜不寐，明發攬征衣。殘月沈高樹，疏星照短帷。雞聲
催曉亂，暝色入晨微。漸覺春寒薄，東林日欲暉。

春　夜

官署饒幽況，含毫對酒壚。春星臨曉樹，夜色滿平蕪。興劇呼明月，詩成質老奴。盤桓不成寐，清坐未言孤。

對雨次蕭武子韵

清署偏宜雨，當壚飲興增。竹窗香霧合，草徑晚烟凝。酒劇蒼頭妬，詩豪白眼憎。狂來無著處，却憶六朝僧。

夜坐次武子韵

無計堪消暑，偏宜趁晚涼。都將愁付酒，不爲病修方。攬鬢憐余短，論心愛女長。賦成聊共質，如覺齒牙香。

携樽飲胡漢涵民部於楊氏園

愛客晚携樽，開門月滿園。春花初倚檻，翠竹故當軒。畫棟歌聲繞，綺筵舞袖翻。憐君歸思切，執手欲消魂。

飛觴同醉月，乘興復登樓。梁苑聞新曲，并州憶舊遊。深談時屏御，久坐數添籌。爲問芒山氣，今仍似昔浮。

荷亭飲丁竟豪憲副次韵

負郭成溪隱，閒情合灑然。學耕時省稼，試釣或臨淵。碧柳垂門外，青山遠座前。偶延雙蓋入，光采照池蓮。

小築南洲迥，鳴騶喜賁然。芰荷迎劍佩，簫鼓振林淵。酒繼平原後，詩追大歷前。使君饒藻逸，伯仲見青蓮。

園　居

闢地開三徑，誅茅構一廛[一七]。藜藿堪飽食，竹簟任高眠。夾岸千株柳，環溪百畝田。今年穡事好，足了酒家錢。

窺園時縱履，隨地得悠然。曲澗雙橋轉，危崖一徑穿。摘蔬憐嫩菌，試茗汲新泉。憩廳垂楊下，飄飄意欲仙。

迂僻真成性，終朝靜掩門。就中微有會，此外復何言。種得花千樹，沽來酒一樽。自非庭畔鶴，不許破苔痕。

不是耽玄寂，吾生合隱淪。烟霞支病骨，山水愛閒身。草閣全無暑，花田別有春。祇應成獨往，魚鳥却相親。

浮名吾自厭，豈與世相違。遠岫孤雲沒，空林一鳥歸。屠龍心漫切，刻鵠事全非。終計惟深隱，西山蕨正肥。

清事吾猶懶，況於俗事關。亭空惟貯月，案靜獨延山。作賦羞雕棘，敲棋厭角蠻。評花與選石，尚謂礙餘閒。

交遊近冷落，吾亦拙逢迎。山色當門古，溪光拂座清。平疇開遠眺，曲徑引閒行。老此無餘羨，堪同鹿豕盟。

《離騷》原夙好，深坐一齋幽。哀怨悲今古，文章第一流。高才多放逐，濁世合夷猶，讀罷餘深感，床頭酒滿甌。次句原作"齋坐探深幽"。

初夏小憩映碧園

小憩山園靜，清和四月天。柳飛瓊玉亂，荷散碧錢圓。臘酒鄰翁送，芽茶稚子煎。聲聲布穀鳥，驚破午窗眠。

西溪舟泛

余卜築西溪七載于茲，壬申之夏，偶作小艇，命童子操舵，與二三知友引胡床，據其上，一觴一咏，致其樂也，因成四律[一八]。

曲水饒幽況，閒情寄小艟。杯邀楊柳月，裾引芰荷風。蘭社人同載，桃源路可通。却憐塵世上，勞苦嘆飄蓬。

小泛西溪上，悠然自在流。吾原應縱壑，僕故解操舟。短櫂隨花發，輕帆共月浮。忽疑多事客，擊楫欲何求？

三尺平塘水，居然可放舟。新荷迎客艷，細柳拂堤柔。江海雙泡落，乾坤一葉浮。烟波如有意，即此是滄洲。

星漢仙槎杳，扁舟樂意關。自能專一壑，何用訪三山。萬事無過酒，浮名好是閒。魚鷗堪作侶，竟日每忘還。

苦熱屏燭

辟暑偏宜夜，帷燈覺可憎。人疑居火宅，吾欲踏層冰。乍可華樽暗，從教堆案仍。呼童亟屏去，照膽有良朋。

園　侶

園居誰是伴，鹿豕總堪群。繞檻皆予美，環池有此君。松陰邀鶴共，蓮沼與鷗分。相對不相厭，朝霞共夕曛。

園 課

園居有密課，早起向前除。花徑隨風埽，藥畦趁雨鋤。閒臨
鵝換帖，悶檢蠹留書。琴畫兼詩賦，蕭然雅興餘。

園 約

園居新著令，首戒俗人來。厭聽憂時語，羞稱治世才。憑他
嘲懶慢，老我畏塵埃。事不關歸省，柴扉莫浪開。

涵虛閣四咏

滌 暑

浣沐尋初服，清幽愛此方。稠陰分茂樹，空翠落修篁。泉迸
疑飛雨，雲來似撲霜。熱腸堪頓冷，況復我心涼。六句原作“月來似
有霜”。

流 觴

流觴溪水曲，雜坐列群仙。籌借新花作，杯憑細浪傳。飛揚
塵外客，瀟灑鏡中天。遠憶蘭亭迹，山陰修禊年。末韵原作“却類王
逸少，會稽修禊年”。

聽 泉

衆籟溪邊寂，泉聲枕上通。急來知帶雨，遠至想隨風。宛轉
危橋下，清淒亂石中。拂琴聊一曲，流水調堪同。

泛 月

蘭橈侵晚靄，桂影逐人來。舟似珠盤轉，溪如鏡匣開。映波

霜欲立，浮瀨雪爲堆。還視涵虛閣，依稀逼玉臺。

西園偶成

世情總如此，吾意復何求？負郭山連水，爲園近且幽。朝來黃鳥喚，晚駐白雲留。因憶陶彭澤，居然達者流。

咏松塔二首和田御宿焦涵一作

浮圖耽夙寄，對此意殊饒。細葉攢峰削，高柯累級遙。沸濤仙梵落，掩蓋寶幢搖。舍利應曾貯，君無訝後凋。

別有團欒致，亭亭倚蓋齊。疑搏冰雪造，喜引薜蘿躋。幹直知爲柱，枝垂想作梯。盤桓神骨爽，髣髴過招提。

田太液將軍請告西歸賦贈太液，大參御宿弟也

君歸元自好，吾意惜君歸。四海妖氛劇，三邊將略微。請纓心正切，投筆願何違？麟閣方虛左，甯應問釣磯。

山　行

盡日崎嶇路，登躋意自閒。雲深時有寺，樹密若無山。怪石峻嶒見，奇峰曲折攀。何當歸隱地，長此隔人寰。

行處山俱好，何妨任意游。草間橫亂石，樹杪落寒流。古洞晴如雨，陰崖夏亦秋。盡知延勝賞，隨地有高樓。

惟恐行將盡，行來境益偏。石林披霧入，翠壁挽[一九]蘿穿。徑轉全無路，峰回別有天。漸看日欲暮，愛此且停鞭。

不識五峰路，真游杳靄間。迥巖行欲住，曲徑往疑還。惜馬知僅健，尋僧信客閒。翠微如見許，投老鍵柴關。一作"投老合鍵關"。

峨　谷

五峰知不遠，峨谷亦殊佳。水遶明珠曲，山排翠髻了。嵐光銜古寺，樹色吐村家。巖畔尋高隱，忻分羽士茶。

清涼石與王永泰對弈

欲證三乘妙，非爭一局强。山中人自静，石上日偏長。子奪琉璃色，枰分蒼蔔香。豈同賭墅客，定不礙清涼。

秘魔巖

夙慕靈巖勝，扶筇共客探。危崖懸佛宇，峭壁嵌僧龕。鶴舞高松健，龍眠古洞酣。幽蹤藏絶頂，攀〔二〇〕陟獨余堪。

巖前夏日冷，巖上晚雲多。我到真遺世，人傳古秘魔。深林禽鳥息，幽徑虎狼過。老衲饒聞見，其如山鬼何？

萬年社 即萬年冰寺

合受清涼福，還依雲水僧。到來蓮社寂，真似玉壺澄。夏日猶飛雪，東風不解冰。家鄉逾百里，三伏苦炎蒸。

過觀來石斷愚上人留齋微雨旋霽遂行〔二一〕

靈石知何自，觀來幾歲華。地幽疏履舄，僧韵帶烟霞。香供雷生菌（蕈屬，雷震始生），元言雨散花。陰晴莫遞變，津渡已無差。

歸路臨蘭若，仍餘攬勝情。雲烟携客至，麋鹿夾僧迎將至，群鹿隨行不去。經罷龍收雨，齋餘馬趁晴。重來非漫約，諸衲記深盟。

張文岳吏垣過雁門留酌山園
因邀田御宿大參同集

雨散陰初斂，園林夕意幽。披襟臨水榭，躡屐上山樓。客興優登眺，主情洽挽留。數峰橫宿翠，相對豁吟眸。

陰晴日屢易，向晚復新靆。湛露花邊下，繁星柳外迷。十年吾磊塊，四海爾雲霓。況是高陽侶，何妨醉似泥。

送田御宿大參歸里十首 并叙

　　公治兵雁門，以廉卓樹聲。甲戌流寇西犯，公於雁門實有全城却賊之功。會公西臺時所彈劾某方柄政，輒苦議中，公竟罷。雁門之人咸爲公侘傺不平。公夷然曰：“奉親課子，適吾素願，邀惠修郤之力多矣。”傳庭與公千秋共砥，亦頗不以一去爲公訝，然世道人心之感，何能已已，漫成十律，情見乎詞。

惜別兼懷感，銜杯意未平。烽烟歸遠道，雨雪去孤城。罪合邊臣任，功惟野史明。相看餘侘傺，不獨爲交情。

竟〔二二〕作賢人隱，那禁義士傷。魚還誰矢直，鳥盡爾弓藏。五岳遊堪縱〔二三〕，千秋氣轉揚。驚看雙鬢短，元不負君王。

自抗西臺節，已高北斗名。射墉矜獨力，斥仗忌孤鳴。衆論方紛沓，天心未〔二四〕治平。故因寇禍搆，竟使撤長城。

正切高堂戀，何妨早拂衣。榮名輕節鉞，樂事慕庭闈。況有蘭芽苗，更兼棣萼輝。懸知歸子舍，繞膝共依依。

白雲縈渭水，紫氣動函關。遽遣雙龍失，惟將一鶴還。遺編窺韋絶，初服著萊斑。獨我悲離索，冥鴻不可攀〔二五〕。

舊有蓬蒿徑，新經兵火餘。到家惟四壁，解囊獨羣書。自信名心薄，寧嫌生計疏。汝〔二六〕歸吾意决，小草欲何如？

圖隱有新寄，懶齋及澹園。數椽蘭作室，十畝竹爲垣。静有琴樽對，僻無車馬喧。避居非傲物，吾道拙中存。

何物送君去？城頭句注山。浮雲連冀野，明月滿秦關。拙宦終成躓，工詩早得閒。二華几案上，行矣任開顔。

拂袖歸秦隴，囂然故作豪。人情涇水濁，君意華山高。結客懷燕俠，論詩續楚騷。悲歌亦我事，永矢托綈袍。

吾生常落落，於世總悠悠。龍劍殊難合，驪珠豈易投。浮樽分郢唱，飛舄共梁遊。自許生平在，當爲知己酬。

雨中小酌讀杜律有作

一雨來新爽，移樽傍短檐。鄉心愁裏盡，詩思客中添。閱世才難老，驚人句可拈。偶然披一過，滿座失蒸炎。

己未五月抵舍甫浹旬而北轅又發矣浪迹萍蹤可勝惆悵因成一律以志感尤以道區區將母之私云

越年初返轡，十日又長征。聚散悲塵世，浮沉嘆此生。塞雲縈子舍，官柳促王程。爲語閨中婦，憐予菽水情。

映碧園産並頭蓮偶作原作三十首，兹存十二首〔二七〕

驚見嘉蓮涌，真成別樣紅，雙葩霞采異，一幹素心同。並映西溪日，平分十里風。似聞關瑞應，吾欲問玄工。

虛心知有約，一壑解相容。馥馥香如和，翩翩影自重。臺簫齊下鳳，津劍並飛龍。混迹汙泥裏，忻然得所存。

矯矯風塵外，競芳兩不降。祇因無物並，只許自成雙。湛露分襟挹，炎威合力扛。芙蓉空好姤，冷落向秋江。

清鬐〔二八〕標異致，的皪〔二九〕照漣漪。元以一生兩，翻因偶見奇。季昆疇命玉，伯仲孰操篪。芍藥輕相謔，故因事可離。

解語都無語，因知喻意微。飛揚同翠蓋，綽約並紅衣。幻豈方神女，愁寧托帝妃。獨清憐衆濁，水上自相依。

奇葩開盛夏，香色兩相如。得氣非關〔三〇〕閨，吐華不厭餘。淩波聯縞帶，映日綴霞裾。爲謝塵中客，應難附執袪。

精靈元獨種，瑞采合分敷。自信根心一，誰云生色殊。波流仍獨立，風雨足相扶。莫遣齊諧志，由來德不孤。

自是芳心合，清溪如見招。角英高二陸，比艷薄雙喬。偶矣終非蔓，奇哉竟不妖。倚欄頻顧盼，一樣絶塵囂。

烟水芳菲際，依依不暫抛。日移花互隱，波動影頻交。笑覷雙魚泳，愁防獨燕捎。爲言休隕落，翡翠欲來巢。

愛爾亭亭者，胡爲並蔕生。臨風香共遠，濯水韵同清。仙子聯肩立，天孫一手成。休將鴛侶擬，原不落凡情。

倚檻延清賞，那禁眼並青。吾方嗟落落，爾自惜惺惺。拂鏡齊生態，紉蘭互襲馨。荷陰堪共覆[三一]，風雨勿飄零。

静碧一泓澈，仙葩影並涵。曉搏空翠濕，夜抱水雲酣。南岳雙遺鈿，西池兩墜簪。同妍非互效，相對亦何慚。

俱饒清遠致，相並不相嫌。目豈學魚比，翼非效鳥鶼。總緣頭角異，奚但色香兼。若作芙蓉鍔，應勞紫氣占。

答王炳蓘簡討[三二]

不淺蓬瀛意，由來感慨多。文能傾海市，氣欲挽天河。有客宵占劍，何人夜枕戈。出山余自哂，雲壑未能那。

留別吳鹿友中丞

自是英雄別，那禁倍黯然。雲霄空道路，天地正風烟。落日干戈外，孤城鼓角邊。此時分手去，不獨悵離筵。

已爲蒼生病，仍成社稷功。伏枕親草檄，裹藥自臨戎。毳帳連宵北，袞衣信宿東。峴山碑可續，墮淚古今同。

正切安危倚，胡興歸去情。道看八座淺，官較一邱輕。鷺鳳惟應隱，豺狼未是橫。憐余不解事，叱馭一何營。

自傍西溪隱，蹉跎十載餘。非能輕好爵，聊以愛吾廬。愁有堪呼酒，窮多未著書。時名誰復問，知己意何如？

次馮二瑞韵留别

迂僻殊多感，非耽一壑娱。衣冠猶傀儡，泉石亦穿窬。聲氣分高士，肝腸托腐儒。相期能不淺，吾世見唐虞。三句“衣冠猶傀儡”，原作“衣冠猶蹻跖”。

自向青門隱，人情識大都。九疑横地軸，五緯暗天樞。共信飛爲鳥，誰云赤匪狐。曝芹吾欲獻，未卜聖明俞。

何人能出塞，吾代自瀕胡。漫擁日如羽，空弯月似弧。腾驤思騄駬，披導識昆吾。會睹妖氛息，吾將長五湖。

時趨日以僞，世路總嶔嶇。無處尋昆璧，何由辨碔砆。識途嗟款段，變色駭於菟。分手深相惜，故園松菊蕪。

送蕭六門人歸西昌

恰惜相逢晚，那堪别意殷。百年憐隙度，一月報萍分。秋水人如玉，春風草似雲。臨岐頻寄語，端莫負斯文。

校勘記

〔一〕“邊”，《四庫》本作“遼”。

〔二〕“編”，據《四庫》本當作“徧”。

〔三〕“門”，《四庫》本作“關”。

〔四〕“公”，同上書作“翁”。

〔五〕“淫”，同上書作“深”。

〔六〕“沈”，同上書作“清”。

〔七〕“霵”，應作“霢”或“霡”。

〔八〕“無”，《四庫》本作“毋”。

〔九〕“無”，《四庫》本作“毋”。

〔一〇〕“莫”，同上書作“漠”。

〔一一〕“善謔王郎”，同上書作“王郎善謔”。

〔一二〕“誰能一見不生憐”，同上書作“令我一見心誠憐”。

〔一三〕“祖生鞭”，同上書作“祖逖鞭”。

〔一四〕“探”，同上書作“搜”。

〔一五〕“忽依牛斗攬句注”，同上書作“忽依勾注攬鬥牛”。

〔一六〕“寓”，同上書作“小集”。

〔一七〕“塵”，同上書作“椽”。

〔一八〕“因成四律”，同上書作“因成四律以落之”。

〔一九〕“挽”，同上書作“搊”。

〔二〇〕“攀”，同上書作“扳”。

〔二一〕此題《四庫》本作兩首，此書僅一首，前首據《四庫》本補出。

〔二二〕“竟”，《四庫》本作“已”。

〔二三〕“縱”，同上書作“壯”。

〔二四〕“未”，同上書作“厭”。

〔二五〕“攀”，同上書作“扳”。

〔二六〕“汝”，同上書作“公”。

〔二七〕《四庫》作“映碧園産並頭蓮三十首選十五首”，并有一東二冬三江四支等韵部名，此書只有十二首。

〔二八〕“豀”，據《四庫》本當作“溪”。

〔二九〕“的皪”，《四庫》本作“灼爍”。

〔三〇〕“非關”，同上書作“誰吾”。

〔三一〕“荷陰堪共覆”，同上書作“荷陰堪覆庇”。

〔三二〕“簡”，同上書作“檢”。

七言律

送余德先之任閩中取道雲中省覲

霜飛木葉亂紛紛，京邸蕭疏此送君。海內不堪多戰伐，天涯偏是惜離群。閩江春色延青斾，冀嶺秋風動白雲。此去相思同萬里，梅花驛路好相聞。

春夜同武子聯句

九十春光漸欲殘，客心無事一凭闌武。談兵漫灑丁年淚伯，把酒堪消子夜歡。快閣烟霞同汝夢武，芒山星月好誰看。愁聽嘅鳥聲聲急，一曲燕歌不忍彈伯。

送別武子有感

看君明日動歸帆，把酒西風淚滿衫。人在關河難作別，時當離亂易逢讒。一龍早起青雲色，雙鯉先飛白苧緘。江上故交如有問，王喬久擬脫囂凡。

此去休悲行路難，高齋樽酒暫留歡。荷香乍度飄官路，榴火新垂照繡鞍。念亂有人爭解綬，懷才我輩始彈冠。秋風咫尺高南浦，明月寧教按劍看。

秋日同謝九如常振寰二廣文飲三台閣漫賦

飛閣嵯峨倚太清，凭欄一望失塵纓。西來樹影搖金刹，南下烟光繞石城。邱壑有時歸傲吏，乾坤何地著狂生。坐深月上高臺靜，片片幽芬落酒觥。

宦迹天涯感慨中，登高覽勝解相同。思鄉節候逢流火，玩世行藏任轉蓬。漣水烟飛老子氣，芒山雲起漢王風。細論往事增惆悵，徙倚尊前意不窮。

再次前韵

爲愛秋光逼眼清，閒來一笑絕冠纓。黄金徒散三千客，白璧難償十五城。漫把閒愁消短鬢，誰將大藥度長生。與君且盡登臨興，潦倒風前酒數觥。

蒼生滿眼亂離中，索餉徵兵處處同。直北烽烟連戌壘，天南蹤迹嘆飄蓬。銜杯醉倚三台月，看劍悲來萬里風。忽憶家山搖落際，欲同阮籍泣途窮。

送王彭伯先生北上二律

軺車明日問長安，尊酒離筵暫握〔一〕歡。論將中原豪傑動，談兵午夜斗星寒。新秋早見邊聲急，時政深憐外吏難。聖主久虛前席待，佇成霖雨到江干。

多亂冥鴻不可尋，何來空谷轉傳音。烽烟正想匡時策，霄漢長懸報主心。上國群公疏漫切，遼氛〔二〕此日禍方深。驅車忽動中朝色，幾席相看擊築吟。三句"匡時策"原作"安邊策"。六句"遼氛"

一作“流氛”，按詩意當指大清。

闈中與許亦齡張斗垣二明府夜集

銀燭輝煌照素秋，芳樽涼夜對清幽。香飄玉樹風生戶，翠拂金莖月滿樓。車馬昔憐燕市別，文章今作兔園遊。酒闌忽漫談時事，萬里邊聲起暮愁。

許亦齡持朱胤崗吉士扇頭韵索和走筆次之

閒館清言夜更宜，開襟又到酒酣時。尊前白雪生長鋏，樓外青霞落遠陂。梁苑秋光驚過眼，楚天露氣欲沾脾。不知何處寒砧急，銀漢迢遙月轉遲。

飲明遠樓次李夢陽先生壁間韵

巀嶪飛樓俯夕烟，招携吾黨一開筵。感時客有悲秋賦，攬勝人同入洛年。指點河山分檻外，笑談星斗落檐前。元龍自昔多豪興，應擬身臨尺五天。

寓相國寺有懷

僧房落葉滿荒苔，小院烟光暝欲開。萬里秋風人入洛，一天夜月客銜杯。疏鐘漸向高樓斷，清梵頻從古殿來。客舍不堪成獨嘯，近鄰疑有謫仙才。

送友人還里

正惜天涯聚首難，風塵何事促征鞍。百年兄弟三秋闊，千里關河十月寒。解橐自憐宦〔三〕況薄，開樽常憶故情歡。何時我亦偕歸計，紫塞青山好共看。

秋夜同楊慕垣貢二山小集醉後聞二山誦曹孟德短歌聲甚悲壯漫賦

雨餘官署動新涼，縱飲高呼自酒狂。忽憶昔年歌轉嘯，相憐此夜慨當慷。愁聽魏武烏三匝，驚見燕京雁幾行。盡醉不須悲去日，乾坤萬古總蒼茫。

黃年伯京兆招飲園亭留咏

招遊忽漫問名園，把酒偏憐北海尊。花徑芳菲通近沼，竹籬宛轉護高軒。三春澮水烟光遠，一曲芒山夜色繁。盡醉不妨歸去晚，幾將時事坐中論。

廿年幽賞寄邱園，謝傅東山道益尊。楊柳風來春繞砌，梨花雨過夜開軒。坐看蘭玉前庭秀，仰視星河北闕繁。京兆新承明主詔，白門烟月正堪論。

梁大煦來自白下因言道逢倪武雙致訊[四]出其扇頭次韵詩次之

燕臺一別幾經秋，兄弟天涯尚黑頭。音信漫憑天外雁，行藏都付水中漚。梁園才子如君幾，南國佳人不可求。二十四橋明月好，不知今夜共誰遊。

考　績

悠悠兩地忽三年，撫字催科俱惘然。墨綬方慚臣職曠，丹書復荷主恩偏。九邊此日仍多壘，四海何時可息肩。爲語登閨新諫議，蒼生滿眼盡堪憐。

亳[五]都潦倒竟何爲，嚴劇疏庸總不宜。五鳳人爭推漢吏，雙鳧我自愧明時。傳家清白雖無忝，治邑艱辛未有裨。聖主若虛前席待，願將血淚灑彤墀。

大梁道中

桃花爛熳水潺湲，何事風塵惱客顏。四海幾人堪定亂，百年吾道合投閒。懷中有璧羞逢主，囊裏無錢欲買山。幾度圖歸歸未得，夢魂空繞雁門關。

龐雲[六]濤至署中留酌

思君愁逐太行高，此夕芳樽任我曹。月滿空庭生桂樹，風翻清漏落松濤。百年道義交元古，一載天涯意轉豪。多難獨憐余未已，却因時事慘皮毛。

中原寥落總消魂，慷慨猶憐我輩存。舊有奇文傾海舶，今皈禪思叩風旛。深談六月炎蒸失，盡醉三更意態翻。不道梁園俱是客，十年難得此宵論。

宿安平集

草舍茅檐障短屏，荒村事事總飄零。秋風況是愁中見，夜雨那堪客裏聽。濁酒漫供勞吏醉，鄰雞頻喚僕夫醒。未明忽又驅車去，蹤迹真同泛水萍。

題竹居宗正園亭

莫道梁園路已荆，仙宗別館是蓬瀛。樓臺忽向空中見，洞壑偏從絕處生。檻外風來松舞鶴，池邊水至石飛鯨。一邱已擅山河勝，千載應同帶礪盟。

小山兀起勢疑傾，面面奇峰削不成。微徑自能藏宛曲，幽巖元不礙空明。登臨此日無三島，開闢當時有五丁。何處忽聞清嘯發，恍從嶺嶺聽吹笙。

送友人還里

隋堤春望草離離，愁是天涯惜別時。淪落非關才獨短，迂疏自合衆相疑。風塵世上吾青眼，文酒場中爾白眉。此去故園應有賦，好將雲樹動遐思。

梁園十月共清嬉，愛爾人如玉樹枝。四海論心惟我輩，一時分手又天涯。黃河水接龍門下，大麓雲連雁塞垂。極目關山情共遠，與君重醉定何期。七句"情共遠"原作"情俱遠"。

對　酌

天涯同是客夷門，月夕相將共此樽。念我懷才知有意，逢君任俠敢無言。歌殘白苧情猶劇，看罷青萍態欲翻。明日匆匆應話別，飛花疏柳總消魂。

歸　興

風塵事事不堪論，回首雲山斷客魂。四海勞民皮已盡，三年傲吏骨猶存。倦思縮地歸南墅，愁欲呼天賦北門。奄忽故園春又暮，空教青鬢負華樽。

宦況今成寠且貧，艱危世路况愁人。陵陽白璧投偏僞，句漏丹砂煉未真。有鐵鑄來俱是錯，無錢擲去可通神。何時頓却支祁鎖，豐草長林任此身。

武子南還賦送

開樽〔七〕莫問夜如何，惜別清秋恨轉多。此去秦淮堪寂寞，由來燕趙擅悲歌。天涯執手腸如雪，離亂驚心世欲波。南浦風高須努力，未應伏櫪嘆蹉跎。

送田待溪侍御入都

西園斗酒暫相留，驄馬翩翩識壯遊。烽火幾年勞戰伐，乾坤何日罷誅求。知君剩有憂時〔八〕策，愧我殊無報主謀。北望燕京情倍切，榆關一綫使人愁。五句“憂時”原作“憂邊”，七句“情倍切”，原作“情俱切”。

雨霽遲月

一雨初回晚霽開，閑庭幽敞共徘徊。水邊涼氣生衣袂，花外新香入酒杯。作客十年人幸健，問天今夜月當來。獨憐故國關山遠，萬里清秋起暮哀。

秋日同新陽叔飲象風師宅賦謝

負笈幾年慚友道，倒尊此夕亦師恩。吾翁自昔曾聯榻，阿叔於今並在門。宿雨翻階秋欲老，春風入座夜疑溫。爇香燒燭忘更漏，舊賦新詩細討論。

小憩東園書舍

一廬新構水雲隈，文雅清幽亦快哉。小院止應留竹在，短垣特爲放山來。消閒據案頻拈管，破悶推窗獨舉杯。即此鑿坏堪永日，蓬門不許等閒開。

多病閒居耽寂寥，却憐清興未全消。溪聲到枕疑相約，山色當門似見招。酌酒每同花竟日，探詩常伴月通宵。吾身自分園林物，不爲移文作解嘲。

啜　冰

誰將玉斧伐淩陰，片片清涼似客心。頓使當筵無暑氣，甯須到吻失煩襟。月回漢殿金莖淺，天入峨眉白雪深。豈有熱腸消不得，獨餘清興滿瑶琴。

代武子寄内

十年無日不天涯，回首春風悵遠離。紅袖獨憐卿任俠，青山自笑我探奇。三秋鴻雁音書杳，千里星霜鬢髮知。江蟹欲肥歸可待〔九〕，好儲新酒埽東籬。

亳都秋興

蕭蕭梁苑獨徘徊，客思秋容黯不開。文獻總憐微子去，風流曾識孝王來。戰餘天地仍刁斗，水後田廬半草萊。芒碭數峰垂檻外，白雲紅樹總堪哀。

十年萍梗嘆浮蹤，一篆憂勞滯宋封。久客益工離亂賦，長愁欲失壯遊容。樓頭夜月吹雙鳳，塞下秋風泣九龍。爲憶故人天極北，何時歸去日相從。雁門關下有九龍亭。

山海徒聞尚可支，堪憐一綫繫安危。客兵況老三年戍，寇〔一〇〕馬偏肥九月時。永夜寒隨霜氣結，窮秋愁聽角聲吹。丸泥不是封關計，仗劍誰歌出塞詞。

海上神仙十二樓，珠宮貝闕擁丹丘。紫雲光泛明河曉，白露清分太液秋。有客逍遙看鶴舞，何人寥落對猿愁。塵遊自笑渾無定，又見長空大火流。

過訪黎爾瞻留飲

相憐何必嘆沉淪，小酌攀[一]留臭味真。於我正宜寬禮數，如君豈合老風塵。自矜藏酒能供客，更喜移花解傍人。忽爾半醺翻可愛，當筵起舞倒烏巾。

侯木庵編修請告賦送

此日真成離別難，正逢秋色滿長安。西山泉石開新爽，北闕雲霞散曉寒。世事祇銷君拂枕，風塵猶笑我彈冠。應知多病不勝感，但去無勞回首看。

同王天初明府劉逐庵作聖茂才張肖築太學飲
王永泰山亭次壁間謝畹溪王華野二先生韵

臺館新晴動晚涼，憑虛攬勝引杯長。鳥鳴深樹山逾静，花滿平隄水亦香。作賦何人成往迹，登高有客擅清狂。酒闌興劇仍更酌，枕藉空庭夜欲央。

訪勝重來問舊途，相挾醉眼欲模糊。雲歸林壑全飛動，雨過烟村半有無。席地壺觴花作幕，跨山臺榭石爲衢。主人愛我饒幽況，指點溪前許結廬。

秋日丁竟豪[一二]憲副招飲

塞下秋高夜色寒，虛亭乘暇共盤桓。一樽風雨重陽近，十載關河此會難。瓶菊似知矜晚節，伶歌不[一三]許雜清歡。招携折束休辭數，世法應從我輩寬。

秋　興

西風一雁下河洲，客思悠悠獨倚樓。窮塞不堪逢九日，美人何事隔三秋？看萸把酒情何[一四]限，對菊搜吟意未休。欲向中原舒望眼，南雲北樹總關愁。

烟凄古戍晚楓丹，水咽平沙塞草寒。胡[一五]馬正肥生事易，漢師已老撤防難。雄藩自古推三晉，壯略何人繼一韓。聞道聖明宵旰切，封關或可恃泥丸。

得吳訥如廉憲書却寄兼柬貢二山比部

玉節東南控上游，喜逢驛使問并州。錦帆橫槊酬新興，碧藕傳杯憶舊游。晉國河山存巨麗，毗陵文物擅風流。寄言秋署清狂客，莫爲聞愁泣楚囚。時二山有家難。

送曲陽令宋玄平入覲兼膺内召

種得河陽花滿城，徵車今喜上春明。西山積雪留琴韵，北闕疏星候履聲。治行兩朝重紀異，文章四海舊知名。中興輔佐需公等，霄漢應將隻手擎。

雁南一望思紛紛，遮道遙傳送使君。仙鳥曉縈龍塞柳，御書宵捧鳳墀雲。時艱擊目誰堪濟，民隱關心帝欲聞。應爲并州濡諫草，瀕河寇警近方殷。

除　夕

滿城簫鼓拂春烟，敧枕挑燈自嘛然。兒女試衣爭問夜，妻孥

庀食競更年。兩圍花竹存詩料，六載樵漁足酒錢。不是野人知節
候，偶隨流俗樂林泉。

杜　門

隱人微尚可誰論，養拙鍵關學靜存。一枕圖書堪歲月，三餐
藜藿足晨昏。青山有約容排闥，碧柳多情許侯門。此外不須勞剥
啄，林西原自厭攀援。

朱抱貞參戎擢陽和協鎮賦贈

東西戎馬日縱橫，誰挽天河洗甲兵。上黨將軍今大樹，雁門
關塞古長城。親提虎旅新馳捷，曾勒燕然久著名。制府正虛帷幄
待，佇看倚劍落欃槍。

答貢二山比部禮闈見懷之作兼致
楊慕垣春坊次二山原韵

肝膽真堪比素琴，俗交那得此情深。五年秋署人如玉，二月
春城柳似金。文字總關經世業，詩篇不改歲寒心。草玄尚有揚雄
在，漫向風塵覓賞音。

斥蠅次象風師韵

炎日偏宜爾輩生，翩翩緝緝欲何營？呼朋引類群難涣，逐氣
尋羶性不更。稍歷冰霜知匿影，纔逢薰灼便凝情。點污最是關公
憤，變白那論璧與珩。

斥蚊次韵

利吻輕身何處來，那堪聚處若聞雷。止憎善遁追難獲，漫恃
多援逐不開。有隙因緣能入幕，無端團結欲成堆。市朝自合逢辛

螫，恨殺窺人偏草萊。

又合斥蠅蚊二首并序

二醜苦人庭，業應象風師檄分擊之，而忿猶未已。復合
誅二律，以其同惡相濟，必對鞫伏罪，並付槀街，庶貪殘永
戢耳。

日下青蟲何攘攘，晚來白鳥復營營。乾坤未合吾高枕，晝夜
偏教爾遞更。拔劍空餘豪客忿，集帷殊負寡君情。天生穢惡真無
忌，曾喙貞媛點白珩。

貪殘相濟逐炎來，奮擊何當假迅雷。綺席聞香先客至，紗幮
抵隙伺人開。青衣集似蟻爲陣，素羽飛疑絮作堆。獨有仙遊〔一六〕
堪去汝，知難高逐向蓬萊。

贈苗功甫茂才

文雅風流爾擅長，更饒意興獨清狂。時名藉甚蜚三晉，書法
居然逼二王。作客關山多寇盜，還家廬舍久荒涼。猶能自恃舌無
恙，過我溪亭日舉觴。

咏　蓮

倚欄清興滿滄浪，静挹荷風度遠香。君子元爲花上品，伊人
宛在水中央。芙蓉秋老空零落，桃李春歸幾艷陽。華實誰能雙擅
美，亭亭九夏日偏長。

戲贈畫僧

悟得菩提色即空，冥然意象畫圖中。閒臨竹石知禪在，静寫
昆蟲見性同。不是毫端藏佛解，安能腕下奪天工。偶成净土蓮花

瓣，却與人間一樣同。

胡瀯陽大參招飲賦謝

新秋爽氣動邊城，把酒相看意欲傾。貔虎有如公輩出，豺狼敢似向時橫。階前露下杯堪挹，匣裏霜飛劍欲鳴。爲指天河須早挽，東西今苦十年兵。

使君豪邁本[一七]難儔，何物山癯喜見收。塞外氈裘[一八]驚壯略，天中耕饁想循猷。敢分玄賞來春徑，欲挹雄風上晚樓。我自應消平世福，願言一埽落旄頭[一九]。

八月十三夜李念騰餉部招飲鼓樓微雨無月

何事中秋景不賒，先期約客意空奢。月華應欲遲三夕，雨色堪憐滿萬家。臺上高樓生暮角，城邊古戍斷霜笳。相看酒既餘深款，小集重圖宴晚衙。

壬申中秋夜邀諸友飲風雅堂月光皎甚興亦
頗佳歡賞未終漏下五鼓矣因憶余自歸里
以來七度中秋四值陰雨中間愁病相尋事
與心阻此飲殊未易得也感而賦此

林間七歲度中秋，强半陰雲興未酬。況復文園偏善病。更兼漆室本多憂。月華特爲今宵勝，風雅誰如爾輩優。酣飲何妨更欲盡，主人未倦且淹留。

秋日炳寰王翁携榼相過因邀劉遜庵兄弟同集

高飲誰堪繼鹿門，多翁風尚晚逾敦。耆年雅興猶詩社，暇日清歡但酒樽。有客悲吟同宋玉，何人起舞似劉琨。相逢惟問奚囊物，舊賦新詩與細論。

九日邀諸友同集二首

招携素友共清嬉，傾倒高齋九日期。應節茱萸看自好，經秋
菡萏訝全衰。乾坤此會人同健，風雨連宵酒更宜。酩酊不禁狂態
發，偶然落帽未爲奇。

霜天搖落動清哀，詞客相將自快哉。雅興不隨楓葉落，芳樽
好共菊花開。百年勝日登高會，四座雄風作賦才。新釀正饒看菊
飲，門前不用白衣來。

咏　菊

園林搖落盡堪傷，惟見階前菊有香。豈是孤芳偏傲物，祇因
群卉不禁霜。葉雕寒玉深凝碧，花嵌精金密覆黃。我亦清幽堪作
侶，朝朝把酒醉君傍。

菊花四咏〔二〇〕

宿酒沈沈困未抛，猶餘醉態倚香苞。真同妃子柔無骨，殊異
先生懶折腰。妝罷豈容飛燕似，睡來不數海棠嬌。凌霜晚節胡如
此，堪與傾城作解嘲。醉楊妃

飛錫籬邊日欲斜，遺將破衲冷霜華。遠公舊在淵明社，釋氏
應拈隱逸花。不分禪心常寂寞，故教秋色滿袈裟。何當收向維摩
室，笑指諸天落晚霞。老僧衣

孤芳無分侍東皇，慘淡堪憐委徑旁。羞傍曉星迎劍佩，故教
秋露冷衣裳。自知應著寒籬色，誰謂猶携滿袖香。遙憶上林紅共

紫，每陪春賞沐恩光。_{舊朝服}

耻作空齋老蠹魚，携樽籬畔興偏餘。我方欲縱千觴酒，爾却先開萬卷書。求解自知元亮懶，欲眠誰道孝先疏。坐看蓓蕾愁佔畢，一任西風仔細茹。_{萬卷書}

紅 菊

爲愛秋容淡似余，誰令雲錦爛吾廬。一叢嬌殿千花後，老圃春回九月餘。豈侍先生披絳帳，疑徵晚節被丹書。海棠亦有秋時種，香色元來總不如。三句"一叢"原作"一從"。

新正十三夜李念騰招飲署中賦送[二一]

良宵清宴酒如澠，劇飲酣歌逸興增。我欲問天宜有月，君堪照夜不關鐙。慨慷元自空三輔，裘馬何妨似五陵。玉樹臨風殊皎皎，階前火樹漫相矜。

當筵誰似度支郎，酌酒論詩總擅長。文雅不存才子色，風流曾入少年場。龍門舊識家聲重，雁塞新承使節光。愛我粗豪差脱俗，中堂小集任疏狂。

送馮生元瑞赴試

與子深期在此行，開樽不是悵離情。高文欲擅千秋業，弱冠先操十載盟。燕趙淒涼歌調迴，井參燦爛劍光橫。欣聞主者饒玄賞，藝苑司南久著名。

送馮生修隱暨弟宸居元振赴試

相看意興總縱橫，光采紛生[二二]照舉觥。累代文章重振響，

一時兄弟盡知名。《無衣》合爲吾儕賦，有酒當同爾輩傾。留酌
莫辭持共醉，階前明月正多情。

送馮生益之劉生琴軒赴試

同驅秋色下河汾，南浦攀[二三]留酒欲釃。豈但文章堪脱穎，
即論肝膈亦空群。離亭劍影連霄動，會省雞聲入曉聞。爲屬聯鑣
須努力，廣寒仙蕚好平分。

七夕有懷

長空雨霽月初波，恍見靈軿[二四]駕鵲過。對景不禁人去遠，
舉觴無奈客愁何。乾坤七夕元無盡，今古雙星會已多。聞道橋邊
猶悵別，此情吾欲問明河。

邀田御宿李念騰飲映碧園次御宿韵

辟疆環水跨山隅，上客登臨意興殊。似喜一丘能獨擅，更憐
三徑未全蕪。新荷拂座香風度，細柳縈隄翠浪鋪。溽暑不知當六
月，兩君豐致總冰壺。

愛我城南近水臺，招携此亦勝游哉。拈樽坐上飛玄屑，縱
履[二五]花閒破碧苔。爽氣忽來風乍入，烟光欲散雨初回。漸看溪
月涵清影，既醉何妨更一杯。

田御宿大參携榼飲余映碧園李念騰
計部同約以事阻未至

壺觴就我河之濱，雅興高情事事真。看竹不知誰是主，愛蓮
其謂此何人。游巖本自耽泉石，思邈從來志隱淪。獨怪長源虛此
會，空齋應悵月華新。

送李念騰計部東還

秋高木落大河濱，惜別無由挽去輪。斗北群情方御李，江東孤興忽思尊。故家閥閱推司馬，宿老文章屬舍人。公論久知勞績在，拂衣漫謂任閒身。

我本乾坤落漠人，與君傾蓋即情親。唱酬漸覺詩盈帙，歡賞頻驚酒向晨。此去東山原有約，蹤來北海自多賓。相憐漫訂春明約，懶嫚那堪溷陌塵。

春雪喜賦得飛字

塞上春寒春事微，却憐玉蕊竟〔二六〕芳菲。隴梅欲發花先落，岸柳纔舒絮已飛。登眺正宜浮白醉，招遊不信踏青歸。吟成謾詡多奇句，郢曲蹤來和者稀。

張文岳給事典楚試還過雁門留酌兼別

兄弟天涯此會難，爲君似覺酒腸寬。曾憐采葛三秋別，可乏平原十日歡。座上文章飛郢雪，樽前氣味襲湘蘭。簡書獨畏催行急，一曲驪歌不忍彈。

次韵答李念騰計部

新柳垂垂翠欲牽，旗亭握別已經年。三春懷想燕雲阻，千里音書郢雪傳。去就爾猶餘古道，浮沉我自遜時賢。寄言近日西溪上，蘿月松風倍可憐。

送李欲仙司李內召入都

近來無事快人情，獨喜公臂內召行。楊柳接天孤劍往，桃花映日玉驄鳴。允〔二七〕明久著虞廷績，保障同推晋國城。況是御屏曾記姓，掖垣虛左合誰迎？

吳菊庵將軍以黃玉辰題園亭詩索和走筆次之

十年孤興寄山阿，小築城隅足笑歌。石磊數拳擎翠壁，池開一鑑落明河。階前日報新花發，檐外時聽好鳥歌。最喜歸來殊未晚，況兼能逐魯陽戈。

寄宋玄平給事

十年蹤迹任浮沈，知己相期意轉深。無我一邱誰作癖，有君四海盡爲霖。雪腸尚在終堪矢，霜鬢何來欲見侵。輦下〔二八〕舊遊如訊問，澤癯分老碧雲岑。

贈馮忝生侍御

蜚英吳下久無倫，攬轡今驅塞上塵。驚世文章歸諫草，補天事業屬才臣。霜搖句注千峰動，雨灑滹沱萬樹新。怪底澤癯承惠渥，詞壇十載舊情親。

聖朝使節重乘驄，況復艱危滿晋中。被寇遺黎仍苦旱，殺良諸將總多功。此時正藉車前雨，近日誰高柱下風。繡斧忽來興望洽，咸云何幸得吾公。

王炳藜簡討以詩刻見寄賦答

漫憐蹤迹滯林丘，忽誦題函破我愁。鳳閣早傳新姓字，雁門遙憶舊交游。曲中高調驚山鳥，局外閒情笑海鷗。早晚升平君可致，澤癯坐享復何求。

一塈俄驚十載過，故人且莫問蹉跎。雲霄北望星辰遠，道路東來雨雪多。較獵揚雄元有賦，飯牛甯戚豈無歌？報書欲遂彈冠意，懶嫚其如近狀何。

西溪夜泛

浮舟歡賞畫樓西，烟樹微茫夜欲迷。辟暑堪同河朔飲，遊仙漫問武陵溪。澗泉響逐歌聲遠，山月光隨舞袖低。既醉難傾今夕意，笑余潦倒有新題。

向夕芳樽傍水開，最憐知己共銜杯。詩成警處難爲和，飲到酣時不用催。池上涼風交翠竹，亭前新月照高槐。吾生此地應閒懶，謾訝明時有棄才。

謁臺初發

炎天城市畏喧豗，特覓清涼謁五臺。暑溽恍從兹日去，山靈應道此人來。驅車翠巘排空出，卷幔新花夾路開。爲語奚囊休索莫，儘教領取入詩裁。

入　山

纔到山前已絕塵，馬蹄隨意看嶙峋。瞻依五頂心同遠，懷想十年願始伸。翠岫開顏如見迓，白雲傾蓋即相親。不辭幽險須遊徧，漫向歸樵問路頻。

金閣嶺

寶刹崔嵬俯夕陰，何人曾此布黃金。嶺頭風雨來天地，閣上浮雲變古今。正好憑虛生遠眺，何妨攬勝入孤吟。詩成却自嫌饒舌，欲證菩提不染心。

西林寺有序

寺經寇火，惟聖水一樓巍然靈光。它如二聖對譚殿、七寶樹，皆諸山未有之勝，無復存者，即石上獅迹[二九]亦俱焚裂，僅能於灰燼中辨識耳。

八水空憐翠欲浮，西林勝概委荒丘。鷲宮半没祥光杳，獅迹徒存猛氣收。游客無緣瞻寶樹，寺僧猶自説靈湫。豈因二聖譚鋒盡，只合同歸一默休。

清涼石僧舍同諸丈坐譚

落落襟期總出塵，看花[三○]況復盡閒身。世情齷齪惟兒女，我輩蕭疏自主賓。掬得青霞同作飯[三一]，藉來碧草共爲茵。相憐欲問清涼隱，孰是人生未了因。

西臺有序

臺寺爲寇火焚毀殆盡，一望瓦礫，諸佛鐵像數尊悉委叢草中。

纔過八水上西臺，瞻眺那堪重客哀。佛解固應藏瓦礫，法身豈合委蒿萊？金蓮火後花彌發，金蓮花惟臺山産，各頂尤盛。寶炬燃時影自開。臺頂時放金燈。莫訝諸僧悲愴甚，衹餘法象未全灰。

中　臺

中峰清勝俯諸天，六月登臨倍爽然。泉逬都從絶頂出，雷鳴還自下方傳。經樓騁望群峰列，寺有經樓，登其上，五峰俱見。佛塔投誠一炬燃。寺有文殊髮塔，僧言遊人虔誠則金燈現。衲子似憐塵夢苦，梵聲徹夜醒人眠。

北　臺

獨雄五頂撼清虛，《清涼志》："惟北頂最高"。策杖登臨眼界殊。
五夜每驚淩斗柄，萬年常見拱宸居。俯環雁塞烽皆息，平倚恒峰
嶽可如。指點滄溟真一勺，圖南漫效化鯤魚。

東　臺

東頂嵯峨不易攀，平看渤澥漫驚顏。須知觀海難爲水，峰名
"觀海"。乃信登臺始是山。蜃市樓臺縹緲外，蓬萊宮闕有無聞。
奮飛欲塞雙丸窟，莫遣居諸速往還。

南　臺

離方孤峙鬱巑岏，森秀真如錦繡攢。峰名"錦繡"。金閣曉霞環
翡翠，竹林晴日擁琅玕。老人星近堪齊壽，大士潮鄰足縱觀。欲
與山林爭巨麗，漫將好句挂林巒。

永明寺同諸友夜酌不壞廣莫二上人啜茗在座

此日真堪號最閒，忻隨暝色扣禪關。祇園宮闕凌霄構，鷲嶺
煙巒入夜攀。僧爲談深偕看月，客因遊倦拒登山。諸友倦遊，頗撓登
山之興。坐來我倍饒清興，一路新詩取次刪。

閒心元與白雲親，此際尤疑失幻身。月滿琳宮晴若洗，風清
玉宇净無塵。偶逢禪侶知詩妄，忽悟玄宗覺酒真。我欲醉中窺秘
密，傳言護法莫深嗔。

塔院寺

名藍薄暮挹新晴，雲構天開象外清。月色半空浮塔影，松濤

滿谷帶鐘聲。千年功德揚先後，萬聖莊嚴佑我明。瞻禮不禁心地肅，欲從檀越悟三生。

別　山

看山殊慰十年盟，隱計猶憐尚未成。到日雲霞如有意，歸時猿鶴豈無情？丹崖翠壁皆留咏，瑤草琪花半識名。此去清涼應笑我，勞勞城市欲何營？

又驅匹馬向風塵，回首名山漫愴神。身類向平終有屬，宅如謝朓久爲鄰。林巒此會成知己，杖履重來是故人。躡磴探蘿仍有日，攢峰列巘莫相嗔。

閏八月初十夜酌樊淑魯爲余誦田御宿邀賞望夜之作口占次韵

天涯知己共清時，攬[三二]勝招携喜未遲。三五況當明月夜，尋常已是菊花期。塵銷北塞偏宜酒，興續南樓倍可詩。雅會幾能逢此夕，須教盡醉莫輕辭。

閏中秋夜田御宿大參携搏酒飲余映碧園

又見長空好月來，明河如洗淨無埃。天開霽景重飛鏡，人聚芳筵再舉杯。鐵騎銷氛清朔漠，銀蟾瀉影靜樓臺。攀留未盡登臨意，明日還應醉一回。

瑤臺此夕望彌新，漫欲高飛問玉輪。天與山園留颯爽，月隨好客振精神。衣沾桂氣香逾遠，盞落蟾光影更真。忽憶前朝登眺處，邊雲滿目正愁人。

月下口占

綺席重臨玉鑑開，良宵甯厭此徘徊。桂枝不共黃楊縮，菊令仍分皓魄來。賦月客應重授簡，問天我合更停杯。爲憐前夕成虛度，枕藉空庭醉不回。

樊淑魯以九日燈下作見示次答

冷署棲遲意不卑〔三三〕，更逢佳節與詩宜。斗星錯落驚新賦，風雨蕭疏憶故籬。吟罷襟懷殊喜〔三四〕放，狂來鬢髮豈羞吹。登高有約成虛負，獨傍孤燈却語誰？

九日偏憐得句奇，詩情惟許素秋知。風塵落落誰青眼，文采翩翩爾白眉。閒品霜枝飛玉屑，清分露氣倒瓊飴。遙驚夜半揮毫處，筆陣猶嫌刻漏遲。

風雅堂菊爲從人髡去田御宿大參以詩見慰次答

欣分玉蕊帶霜來，清艷元宜曲徑栽。色映圖書堪寂莫，香生几席足徘徊。披心有客頻邀賞，摩頂何人苦見催。豈是使君一顧後，漫將花事等閒開。

題馮當之茂才春雪齋次御宿韵

春滿高齋雪未闌，蕭然一榻此中安。吳鉤拂拭分朝霽，鄴架抽縹映夜寒。人是瑤林呈積素，詩成玉潤涌飛湍。漫因郢曲憐孤調，並奏於今有二難。

春雪霏霏覆畫闌，美人幽況足相安。文章堪與春爭麗，氣韵元同雪並寒。太液池邊浮瑞靄，峨嵋山半落清湍。憑君收入空齋裏，愧我留題得句難。

挽楊斗玉少參

蒿里幽沈掩夕陽，隴雲愁抱海天長。賜帷自切明君惠，裹革徒深義士傷。血灑江氛終化碧，骨埋冀野舊飛黄。招魂欲賦重搔首，風雨瀟瀟下白楊。

一柱天南正倚君，俄驚地下促修文。無人不欲歌黄鳥，有母那堪舍白雲。歷盡艱辛惟遠道，到來愁慘獨孤墳。關河搖落逢秋暮，滿目松楸對夕曛。

尋常死別已難禁，況復知交感倍深。郢曲昔曾先我賦，楚詞今爲吊君吟。春風共啖紅綾餅，流水誰聽緑綺琴？一往頓成千載恨，幾回清淚欲沾襟。

愁瞻素旐下荒原，執紼傷心不可言。梁獄上書應有恨，楚臣作賦本多冤。河山斗北千年氣，風雨滇南萬里魂。有友如余殊任俠，安能爲爾叫天閽？

秋興四首用田御宿大參韵

落木蕭蕭葉漸稀，客間猶厭岫雲飛。三秋臥病逢迎少，十載爲郎蹤迹微。兵火自餘松菊徑，風霜不礙薜蘿衣。故人漫切彈冠望，爲語西山蕨正肥。

塞下悲風九月來，亂餘天地不勝哀。桑田漫訝成滄海，池水曾聞是劫灰。感奮有人應擊楫，庸疏〔三五〕如我合銜杯。祇憐病骨逢多難，蒲柳那禁秋又催。

伏枕頻聽秋漏殘，轉思長夜正漫漫。風雷未合飛龍劍，烟雨
何妨滯鶡冠。縱酒劇憐三徑寂，探詩清愛五峰寒。即今高臥仍多
感，一似崎嶇世路難。

清閒深荷主恩遺，況是東籬菊綻時。最喜陶君能任俠，翻疑
楚客獨多悲。一邱久擅情堪放，十畝粗安命未畸。因憶承明趨侍
者，緋衣博得鬢絲絲。

秋夜不寐

勞攘憑將一枕休，却驚長夜轉多憂。微霜鬢裏秋先到，大火
心頭曉尚流。有我楚臣非獨醒，何人天姥與同游？謾言世事如蕉
鹿，好夢憐今無處求。

不寐愁看秋夜冥，幾回强起步空庭。短檠特與心相照，孤榻
堪令眼獨青。天有奇方常夢夢，我饒庸〔三六〕病却惺惺。無勞蛩語
窗前聒，殘漏清淒已足聽。

欲倚寒窗半榻休，長〔三七〕宵客緒正關憂。銅鑪火爐茶烟冷，
紙帳香銷燭影流。月落不堪把盞問，河橫未許泛槎游。豈因久斷
長安夢，一覺黃粱不可求。

怯眠欹枕嘆沈冥，露冷風淒葉滿庭。客在窮途雙眼白，家餘
故物一氈青。自驚病後同秋老，誰遣愁來似月惺。鄰舍不知長夜
苦，頻將歌管惱人聽。

秋暮愁心入夜偏，呼樽覓醉浪逃禪。五峰烟月餘詩料，百畝
桑麻自〔三八〕酒錢。葉墜空階同我落，霜添短髮合誰先？不禁憑檻

增惆悵，徙倚明河欲曙天。

　　獨寐惟余意久恬，比來衾影自相嫌。揆人已厭揮玄草，逸我安能入黑甜。月色可憐霜色似，柝聲無賴葉聲兼。不禁倚劍生悲壯，斗下頻將紫氣占。

　　頑愚長笑賦余偏，秋思翻成默照禪。涼夜强斟求醉酒，清風虛送買眠錢。目光漫擬夏侯隱，腹笥寧同邊孝先。感激幸生明盛世，華胥無夢愧堯天。

　　薜蘿自分此生休，何事偏銜楚客憂。多病却憐饒暮氣，獨醒豈敢附清流。百年只合焚香坐，四壁那堪秉燭游。欲賦悲秋爲遣悶，愁腸佳句苦難求。

　　幽思真疑入杳冥，兀然中夜坐閒庭。菊樽漫對陶顏綠，藜火空迎阮睫青。十載行藏嗟落落，三秋懷抱眼惺惺。撩人何處來羌管，哽咽隨風斷續聽。

　　輾轉寧關意未恬，自憐明發轉生嫌。和丸敢昧從前苦，啖蔗徒思向後甜。椿樹有懷霜露並，蓼莪空賦蔚菁兼。祇疑光顯非吾事，爲望熊羆有夢占。

　　高卧從矜林壑偏，秋來不寐似枯禪。探〔三九〕吟豈是耽詩癖，却飲非關乏酒錢。興至清芬憐菊晚，病來零落懼蒲先。坐深漸覺殘更盡，幾點疏星淡遠天。

　　中夜怦怦意未休，不堪秋氣攪離憂。澆腸渴欲吞宵露，洗耳清思枕上流。浣沐栖遲成小隱，招提潦草負前游。空餘遠志羈塵網，期向莊周夢裏求。

泉石追尋任晦冥，幾看落葉舞閒庭。風霜容易侵頭黑，歲月艱難滯汗青。養拙一丘人共棄，息機午夜我常惺。晨鐘暮鼓休相聒，向日承明已厭聽。

惟餘我與我相恬，近狀支離我亦嫌。時訝蛩鳴因甚苦，每嗤蜂釀爲誰甜。笑哦豈合逢人易，醉醒那堪涉世兼。俯仰祇應歸獨覺，茫茫岐路總難占。

清宵爽氣小齋偏，一榻蕭閒可悟禪。歡賞幾虛游野屐，幽尋漫貸買山錢。徵書不就高思邈，博物無能愧茂先。客況真同秋意索，祇應搔首問青天。

歸臥真判〔四〇〕與世恬，秋宵淒冷未須嫌。有愁自覺風霜苦，申旦安知睡夢甜。世上滄桑俄頃易，古來仕隱幾人兼。江湖魏闕俱多礙，獨把行藏夜夜占。

草堂竹簟自堪休，豈爲傷秋未解憂？星影靜窺書幌入，霜華清傍客衣流。琴樽自負千秋意，杖履行追五嶽遊。永夜不眠緣底事，區區於世總無求。

兩眼驚秋不可冥，起隨竹影步前庭。關山月照千門白，河漢天回萬里青。最是人間今夜靜，却思林下竟誰惺。夜來秋憲傳新唱，流水高山未易聽。

歸來魂夢久相恬，困倚孤幛漫自嫌。頸厭鶴長難學短，味諳茶苦反疑甜。人情冷與秋風並，世路蒙如夜色兼。却怪[四一]屈原原未醒，卜居何用拂龜占。

馮忝生侍御還朝有贈

繡衣使者有殊庸，攬轡今看報九重。驄出吳門非衆馬，侍郎[四二]吳人。劍來豐獄是真龍。皁囊已吐台中氣，白羽還銷塞上烽。開府仁應承寵渥，還將雨露灑堯封。

氣節文章世兩難，真宜才子作言官。時英爭睹囊中草，大吏猶欽柱後冠。按晉河山殊借色，趨朝霜雪正生寒。共知足副澄清志，不忝鳴陽一鳳看。六句原注“時方十月”。

焦涵一開府雲中賦贈

名高台鼎風流詘，藻奪雲霞竹帛難。天使文章兼事業，君能才子復尊官。行當自勒燕然石，更有誰登漢將壇。節鉞非榮君可貴，范韓揚馬一時看。

雲中舊是瀕戎地，警息新當出塞時。宵旰九重思鎖鑰，瘡痍萬姓望旌旗。交河躍馬鯨鯢戢，廣野陳兵虎豹馳。仁奏膚功膺簡畀，願將鐃吹紀清夷[四三]。

留酌焦涵一於映碧園因邀田御宿大參同集[四四]

風雅寥寥我輩存，頻年河漢漫銷魂。懷中明月寒相照，匣裹清霜晚共論。大白浮杯臨水榭，太玄題字署山軒。涵一爲余題“太玄別境”。高牙獨訝催行急，一曲溪前夜色繁。

溪水溪雲凍欲連，空庭酌酒劇相憐。春風十憶金門柳，_{自乙丑}相晤都門，今經十載。朔雪雙看玉井蓮。_{晚步荷池，又二公皆秦人。}並有襟期存世外，何妨意興滿樽前。却疑鼎足非吾事，幾傍雌雄劍惘然。

冬日田御宿大參邀飲清宴堂晚復圍壚鑪飲益出內廚[四五]佐酒屬余病嗽却飲爲樊淑魯計部所窘輒飲至醉即事二律

霜清紫塞罷談兵，月滿空庭照舉觥。詞客都忘天使重，_{監視某在坐。}酒人獨有夜郎橫。_{淑魯，黔人。}偶拈勝句吟懷爽，忽得梟盧醉眼明。縱飲那能寬病骨，狂來吾亦渺浮生。

盡捐苛禮叙從容，雅集何妨命酌重。蘭室晚携人似玉，戟門初挂月如弓。坐深徐榻殊堪下，飲劇郇廚不厭供。解道春風生滿席，故教此夜失嚴冬。

王樂齋以幕府札從戎索詩爲賦

文雅風流已足觀，援弓上馬亦桓桓。不因有意麒麟閣，安得無端鸊鷉冠？匕首久從燕趙把，旄頭今向井參看[四六]。自驚儒服兵機見，知爾應登大將壇。

田御宿大參西歸有日小酌草堂樊淑魯計部同集限韵

相看欲別復何言，對月堪銷此夜魂。歸客遄心千里去，隱人傲骨十年存。雁行把酒悲燕市，龍塞談詩憶兔園。南北天涯同努力，重圖執手問華樽。

遣病

病來不訝世緣奇，久病翻知病却宜。天上神仙如不病，月中靈藥欲何爲？姓名已落時人忌，詩句還生真宰疑。伏枕儘教風雅廢，漸還懵懂覺堪支。

送張深之歸里省親深之雅負奇任俠
詩意頗涉規勸知不足當一哂也

北風吹冷透征裘，河水凝愁凍不流。雲繞高都瞻大麓，雪夢上館憶并州。身藏〔四七〕莫遣千秋失，母在〔四八〕須教七尺留。我意獨嫌君任俠，等閒未可試吳鈎。

賦贈袁臨侯督學

柏臺磊落振孤蹤，直道終應聖主容。殿上昔驚人是虎，斗閒今識劍爲龍。文章自繫千秋業，禮樂原推一代宗。吾黨相期殊不淺，河汾佳士正雲從。

午日偶成

爲逢午日集園亭，遣興持杯杯轉停。病後感時思艾畜，愁來覽物感蒲零。綵絲疑效腸如縷，紈扇應憐鬢欲星。浩渺忽看溪上水，汨羅千載恨猶醒。

送盧靖寰大參之任西川

雄風萬里動雙旌，酌酒相看壯此行。花發錦江明驛路，雲浮玉壘度山城。文翁舊化風應好，漢檄新傳寇未平。到日定知經緯裕，草堂遺老漫怦怦。

乙亥警

去歲流氛[四九]獵雁門，雄關虎豹自雲屯。請纓漫切書生志，聞鼓偏銷戰士魂。草垛陰風吹白晝，桑乾燐火照黃昏。只今痛定方思痛，又見烟塵滿冀原。

頻年戎馬任縱橫，此日長驅氣轉盈。兩鎮元戎爭料敵，一時健旅盡嬰城。樓煩磧外朝鳴角，石嶺峰頭夜合營。燕壁晉藩俱咫尺，令人擊目淚如傾。

留別樊淑魯餉部用韵

十年無復聽和鸞，小草殊多此一端。曾羨陶潛能解綬，敢言貢禹愛彈冠。天高北闕風雲遠，地迥西溪雨雪安。強起不知緣底事，馬頭秋色正餘寒。

九日同潘升允侍御薛行塢簡討宋泗洲驗封集李龍門樞部宅漫賦

帝城佳節足追陪，良晤何妨結馴來。千里一堂今把袂，百年九日此銜杯。龍山客好仍同健，燕市花寒却早開。拚醉盡忘歸去晚，迢迢清漏漫頻催。

登高作賦本吾儕，閒館清歡亦勝遊。天入幽燕瞻上國，地連豫晉憶并州。李、潘、薛三公皆官[五〇]晉，余亦曾令中土。從教月色開新爽，莫遣邊聲起暮愁。回首關河勞夢寐，南雲北樹幾悠悠。

甯署壁間刻馬端甫公咏竹詩而竹與人俱不可睹矣次以志感

偶從題咏想琅玕，春老空庭客夢寒。渭水千竿何處挹，沱陽三徑幾時看？殘枝未許喧烏雀，遺韵猶堪卜鳳鸞。惆悵此君不可作，惟餘汗簡照心丹。

五言排律

陳玉鉉給事入都寄贈十二韵

聖代需鴻碩，天街儼驅驂。雄風空冀北，大業起周南。霄漢孤心映，乾坤隻手擔。瑣垣秋冷烈，彩筆夜清酣。氣向豐城識，珠從赤水探。直疑雲可作，黷比黯何慚。猶憶同聯綬，相期自盍簪。解牛知絶伎，捫虱想雄譚。世局今逾變，時賢理未諳。澤鴻方肅肅，嵎虎復眈眈。恤緯余空切，回天爾獨堪。遥聞旋上國，聊此寄心函。

賦得看劍引杯長十韵

别有臨觴意，非關飲興頻。琴樽徒寂寞，詩酒漫逡巡。狎厭東山妓，喧憎北海賓。胸原饒磊塊，世未息烟塵。何物堪酬主，斯時合致身。龍精驚在握，虎氣喜相親。雷焕占非偶，風胡辨獨真。芙蓉鍔上燦，霜雪匣中明〔五一〕。睥睨懷仇耻，盤桓念蹇屯。連呼盡百斗，此際意誰倫。

孫忠靖公全集·卷十

至日二十韵

　　榖旦迎長至，昌期應大來。復臨三極轉，泰履一陽回。建子周爲歷，書雲魯有臺。嚴凝初地坼，寥落乍天開。金翼馳南陸，璇衡指北垓。乾坤終不改，日月故相催。廣漠占風遠，玄冥識氣該。荔生乘歲亞，梅斂待春魁。真宰殊堪信，浮生漫自哀。有爲皆駢拇，不盡是枯荄。半世吾將老，兩儀爾更孩。齋居探混沌，兀坐辟喧豗。淡取匏樽酌，寒將鑪火煨。忝親多夙夜，報國少涓埃。久分魚鷗侶，都忘鵷鷺陪。懶疑能惜病，拙敢望憐才。意氣消三鼓，行藏滯一雷。緒添同繡綫，名斷異葭灰。冰雪餘心在，風霜任鬢摧。儘堪時蕇棄，合付彼蒼裁。

七言排律

至日南郊恭紀同徐嵋雲文選孫三如考功黄率行驗封限韵

　　祇天大禮三先甲，罄地精誠七閱辰。正厪殷憂連下土，轉思至德合穹旻。望靈夙戒勤將享，奉贊親臨怭祀禋。雲繞郊宮華似蓋，月依輦路碧如輪。

　　儒臣履舄聯雙珮，衛士兜鍪挽六鈞。氣肅牲牷登豆列，光浮玉帛鼓鐘陳。鼇樽馨馥初將酒，燎火輝煌不盡薪。暖入管灰宵動玉，漏催宮箭晚傳銀。

　　紫烟輕拂仙韶遠，黄道重旋御仗新。肅駕鳧趨環左掖，慶成嵩祝徹中宸。忭歡自叶迎陽義，搏捖知回造物仁。九塞無虞烽盡息，萬年有道福長臻。

五七五

題《先徽録》十韵

石瑶符鄉丈以《先徽録》索詩，余雅善瑶符，且韙其事，爲賦七言近體十韵，未及登册，遽聞先慈之變，遂成逋負。越一年，瑶符以近遺行，猶申前請，因感其意不可已，輒取原草雪涕泚毫，書已殆不能還視，益知古人蓼莪廢讀，同此至情，余於瑶符深矣。

漢代君家盛絶倫，明時奕葉遠逾新。一完白璧生庭玉，兩獲玄珠擅席珍。出應禎祥同鳳覽，誕由仁厚並麟振。積書早信兒能讀，斷織嘗愁母見嗔。弓冶相承蒙澤永，壞篋迭奏此情真。御鱣座上儒風古，擾雉田間吏術淳。即墨不封翻是罪，原思何病但宜貧。瞻雲灑淚悲空壘，傾日懷丹嘆獲薪。丘壑尚堪容故我，耕樵總不愧前人。天心倘在偏衡慮，世路難知漫愴神。

五言絶

别　友

一樽風雨至，孤劍暮雲横。意氣知難老，何妨萬里行。

山中雜吟

人迹真難到，奇花自在生。元[五二]皆天女散，安得盡知名。引水遥通竈，裁山曲抱墙。高樓窺樹遠，虚牖納雲長。天半數聲鐘，聽之清思發。獨起步空階，但見空山月。細路何盤折，重經碧蘚封。鐘鳴知寺近，只隔數重松。樹起不見山，雲生不見樹。往來[五三]翠微中，衣濕非關雨。空林寂無人，清言共誰訂？流水澗中鳴，泠然動我聽。一片清涼石，憑余任意眠。歸來倘有意，不用買山錢。留驂僧罷磬，蕭客寺敲鐘。迎送俱能廢，願將幽意容。輆卷入山來，搜吟非自苦。好景携不去，只合倩詩取。

七言絕

月 夜

娟娟清影滿欄干，不是相扸不盡歡。地北天南月俱好，可憐惟有客中看。

郡城夜眺

立馬城頭月未闌，樓臺新霽暮空寒。客心此際真悲壯，指點旄頭子細看[五四]。

贈相者

誰將姑布動公卿，洛下原來舊有聲。一領青衣雙碧眼，教人到處説髯生。曾聞早歲遇奇人，知汝傳來骨法真。不爲千金輕一決，偏將物色到風塵。

送別蕭武子

寶劍黃金贈遠人，雄風萬里動車塵。却憐一雨添離恨，愁殺長亭酒數巡。

白鼻騧

何處馳來白鼻騧，銀鞍金勒總豪華。笑看紅袖飄飄處，道是垂楊第幾家。

結客少年場

長袖翩翩白皙郎，紫騮斜控綠絲韁。等閒來往青齊道[五五]，爲訪何人是孟嘗。

郊行有感

澗底凍陰猶漠漠，岸頭草色已芊芊。祇緣物理分高下，不是春光有後先。

許州道口僕夫偶折牡丹一枝置輿中

輿中忽見一枝春，帶雨含烟自可人。正是洛陽饒富貴，窮途也得借花神。

蕭生瑶來自西昌訪余商邱十日辭去

十載交遊感慨中，清樽涼夜意何窮。送行冷署仍前度，猶有榴花似火紅。匹馬怱怱出宋城，主人相愛轉相驚。知君欲續平原約，十日追隨又遠行。

聞　雁

秋滿長空月滿湖，忽聽征雁一聲孤。遠來應解傳書信，曾到雁門關下無？

聞　笛

關山楊柳盡飄零，遠客含愁夜獨醒。何處風前三弄笛，泠然清韵滿空庭。

聞柝

涼夜孤燈客思焦，柝聲和雨度寒宵。荒村不是嚴更漏[五六]，爲伴陰蟲送寂寥。

聞砧

日落孤城秋氣深，西風入夜轉蕭森。飄來一片寒砧急，敲碎離人萬里心。

送張志南再歸雁門

去年四月送君歸，楊柳花飛點客衣。今日送君春正早，雪花却似柳花飛。雪臺兩度惜臨歧，總是乾坤多事時。咫尺故園君又到，憐余猶未定歸期。

棲賢社

十里青松一徑烟，嵩陽老衲此安禪。寬余許似淵明飲[五七]，賢社何妨繼白蓮。

澡浴池戲題口號

聖水誰將澡浴名，不知智慧幾人生。日來劫火名山徧，安得靈泉一洗清。

萬年冰

誰斧凌陰結玉虹，炎天赤日總難融。緣何不與夏蟲語，此地繇來無夏蟲。

竹林寺憶月川上人

高衲曾聞隱竹林，應憐空翠似禪心。一從寂後荒涼甚，明月川前自古今。

廣宗寺

靈鷲峰南半麓高，護持曾此荷宸褒。殘碑漫訝沈苔蘚，功德元逾銅瓦牢。

圓照寺

圓照旌幢望欲遮，我來空自問袈裟。旃檀寂寞香花冷，幾杵疏鐘撞晚霞。

羅睺寺

一路尋僧苦寂寥，羅睺寺裏漫相招。番僧貌古言難曉，片語都無意較饒。

閏中秋夜田御宿大參邀飲映碧園樊淑魯民部
以微恙未與書二絕見示依韵答之二首存一

銀漢重看拂素盤，依然清影繞闌干。如何不共春風座，露冷風淒覺夜寒。

和契此長平懷古三絕

孤征匹馬此經過，極目蕭蕭客恨多。徙木未聞坑降令，長平這會更因何。忍將萬衆付摧殘，殺氣橫雲草木丹。白骨滿坑猶未冷，秦中子弟已心寒。荒墟月落少人家，幾點寒星滿磧沙。疑是怨魂消未盡，空林無處不棲鴉。

校勘記

〔一〕“暫握”，《四庫》本作“且盡”。

〔二〕“遼氛”，同上書作“强鄰”。

〔三〕“宦”，同上書作“官”。

〔四〕“訊”，同上書作“詢”。

〔五〕“毫”，據《四庫》本當作“亳”。

〔六〕“雲”，《四庫》本作“雪”。

〔七〕“撙”，同上書作“樽”。

〔八〕“時”，同上書作“邊”。

〔九〕“可待”，同上書作“計决”。

〔一〇〕“寇”，同上書作“邊”。

〔一一〕“攀”，同上書作“扳”。

〔一二〕“豪”，同上書作“蒙”。

〔一三〕“不”，同上書作“未”。

〔一四〕“何”，同上書作“無”。

〔一五〕“胡”，同上書作“邊”。

〔一六〕“仙遊”，同上書作“遊仙”。

〔一七〕“本”，同上書作“更”。

〔一八〕“氈裘”，同上書作“驍騰”。

〔一九〕“願言一埽落旄頭”，同上書作“行看王化到退陬”。

〔二〇〕“菊花四咏”，《四庫》本作“又菊四咏”。

〔二一〕“送”，同上書作“謝”。

〔二二〕“光采紛生”，同上書作“入夜星文”。

〔二三〕“攀”，同上書作“扳”。

〔二四〕“耕”，同上書作“妃”。

〔二五〕“履”，同上書作“屐”。

〔二六〕“竟”，同上書作“競”，疑本書訛。

〔二七〕“允”，同上書作“平”，疑本書訛。

〔二八〕“下”，同上書作“上”。

〔二九〕"迹"，同上書作"踪"。

〔三〇〕"花"，同上書作"山"。

〔三一〕"飯"，據《四庫》本當作"帔"。

〔三二〕"攬"，《四庫》本作"濟"。

〔三三〕"卑"，同上書作"違"。

〔三四〕"殊喜"，同上書作"還自"。

〔三五〕"庸疏"，同上書作"疏慵"。

〔三六〕"庸"，同上書作"慵"。

〔三七〕"長"，同上書作"深"。

〔三八〕"自"，同上書作"足"。

〔三九〕"探"，同上書作"搜"。

〔四〇〕"判"，同上書作"抃"。

〔四一〕"却怪"，同上書作"怪殺"。

〔四二〕"侍郎"，同上書作"侍御"。

〔四三〕"紀清夷"，同上書作"入歌詩"。

〔四四〕"田御宿大參同集"，《四庫》本無"大參"二字。

〔四五〕"廚"，同上書作"庖"。

〔四六〕"旄頭今向井參看"，同上書作"刀頭莫向斗牛看"。

〔四七〕"身藏"，同上書作"藏身"。

〔四八〕"母在"，同上書作"有母"。

〔四九〕"流氛"，同上書作"遊兵"。

〔五〇〕"官"，同上書作"宦"。

〔五一〕"明"，同上書作"新"。

〔五二〕"元"，同上書作"原"。

〔五三〕"往來"，同上書作"來往"。

〔五四〕"指點旄頭子細看"，同上書作"指點欃槍仔細看"。

〔五五〕"道"，同上書作"近"。

〔五六〕"漏"，同上書作"鼓"。

〔五七〕"飲"，同上書作"否"。

慎守要録

〔明〕韓　霖　撰

白　平　王　磊　點校

點校説明

韓霖（約1596—1649），字雨公，號寓庵，山西絳州（今新絳縣）人，明熹宗天啓辛酉（1621）年舉人。其兄韓雲出任過徐州知州等職，並與徐光啓交好。受其兄及徐光啓等人的影響，韓霖成爲天主教徒，並師從徐光啓學習兵法，向高則勝學習火器。韓霖好讀書，文章有奇氣，曾遊歷江浙齊魯“購書數百卷歸”，築成卅乘藏書樓，日夜校勘編摩，著述甚富。崇禎十七年，韓霖投降李自成軍並隨之入京，兵敗後隱居山西稷山縣，順治六年被盜賊殺害。其事迹在《山西通志》等書中有記載。

《慎守要録》是韓霖撰寫的一部軍事著作。全書共分九卷，以守城防禦爲核心内容，各卷以“酌古”“設險”“制器”等爲中心，徵引匯集了大量軍事文獻中的内容，主要有戚繼光《紀效新書》《練兵實紀》、徐光啓《兵機要訣》、吕坤《救命書》《實政録》、茅元儀《武備志》等，還介紹了一些西洋的火器及築城的技術和方法。《慎守要録》所記載的多爲簡便可行的守城方法，所擇取的材料詳今而略古，可見其指導當時戰爭的著述目的。

韓霖還著有《守圉全書》八卷，《慎守要録》在體例和内容上與之相似，内容上更爲簡要，可以看作是此書的一種縮簡本。

此次以清道光二十九年刻《海山仙館叢書》本爲底本進行點校。1991年，中華書局出版過《慎守要録》排印本，也是以此爲底本的。

慎守要録卷一

酌古篇

許洞《虎鈐經》曰："何爲[一]必守？'盡我力焉[二]，援之不到，即候敵困[三]，出奇以戰。'何謂即戰？洞[四]曰：'既圍即戰，謀未備也，圍久則固[五]焉。'被圍之師不可出者三：敵無故開圍一角者，有伏也；退圍數里者，謀也；示以老弱者，誘也。可以急備者二：敵攻其西，謹備其東；敵示以閑暇者，此必緩我而欲求懈，因[六]將衝突也。夫被圍者當[七]安其內，而後及[八]其外可也。"

《武經總要》曰："凡守城之道，有五敗：一曰壯夫寡，老弱衆[九]，二曰城大而人少，三曰糧寡而人衆，四曰蓄貨積於外，五曰豪強不用命。加之水[一〇]高而城內低，土脉疏而城隍淺，守具未足，薪水不供。雖有高城，宜棄勿守。亦有五全：一曰城隍修，二曰器械具，三曰人少而粟多，四曰上下相親，五曰刑罰嚴重[一一]。加之得高[一二]山之下，廣川之上，高不近旱而水用足，下不近水而溝防省，因天時[一三]，就地利，土堅水流，險阻可恃[一四]。兼此形[一五]勢，守則有餘。"

《江南經略》曰："善守者守於城外，不善守者守於城內[一六]。"

韜英子曰："守者降敵，必施反間之計，使吾間傳於敵，敵殺降者，則衆心固而不敢降矣。"

王鶴鳴[一七]曰："兵不在多，止在精。精非選不能，選之有道，則精者留而冗者去，冗兵既去，則食自可足。"〇計城中兵糧，可支三月，則無足慮矣。若兵多糧少，則盡搜城中之無用冗食者，乘敵未至，先徙之於無事地方，使各就食。曉諭在城兵民，當無事之時，須日減一餐，至臨敵時，而用力之人，須令其飽食。城有隙地，不拘何樣菜蔬，皆先種之，以備不繼。有牲畜等項，除馬供戰陣之用，不容輕殺，其餘皆令殺之，預爲爆乾，毋過用鹽，可以食用。

韓霖曰：“古之善用兵者，謀定而後戰〔一八〕。若勝負不可知，寧堅壁清野，養銳蓄威，以保萬全。”

韜英子曰：“守城有四可出擊：凡敵來攻城，已近郊而不即攻者，其衆未集也，其計未定也，可出擊一；雖攻城而士卒不用命者，其賞罰未當也，其上下不和也，可出擊二；用命被傷而將督不止者，不愛惜士卒而必力屈也，可出擊三；攻城日久而忽急攻不休者，必糧盡力殫而欲解去也，可出擊四。”

又曰：“凡立營而守者，地勢欲其高，所以虞水旱也；壁壘欲其堅，所以爲持久也；林木欲其遠，所以防火攻也；水草欲其近，所以慮困乏也。”

徐光啓曰：“城外立營〔一九〕，必須良將精兵，足以當敵然後可。如或不然，萬一兵勢外挫，人心内摇，其爲守豈不更難乎？”

韓霖曰：“不能戰而言守，猶爲中策；不能守而言戰，則下策矣。”

何喬遠曰：“守城分畫墻垛，多備瓦石。燒滚人糞，雜以毒藥，投擲賊頭，不惟穢溷，且有潰爛。”

王鶴鳴〔二〇〕曰：“人糞煮熱傷人，則爛及於骨。”

又曰：“石灰瓶，必用礦灰未經水泡者，一星入眼，見水即爆。”

又曰：“賊若將大舊船底，頂運直至城下，上面矢石，皆不能傷，任意掘城，祇先將大礟用絞關絞放城下，對而打之。彼船底僅蔽其上，豈能下衛人身哉？若有飛鈎之制，鈎翻其船，彼何能施也？”

校勘記

〔一〕此段見《虎鈐經・被圍第二十八》。“爲”，《虎鈐經》作“謂”。

〔二〕“盡我力焉”前，《虎鈐經》有“許洞曰”三字。

〔三〕“即候敵困”，《虎鈐經》作“俟敵困懈”。

〔四〕“洞”，《虎鈐經》作“許洞”。

〔五〕“固”，《虎鈐經》作“困”，兩字形近。

〔六〕“因”，《虎鈐經》作“陰”，兩字音近而訛，當據改。

〔七〕“當”，《虎鈐經》作“先”。

〔八〕“及”，《虎鈐經》作“反”，兩字行草形近而訛，當據改。

〔九〕此段見《武經總要・守城》。“老”，《武經總要》作“小”。

〔一〇〕“水”前，《武經總要》有“外”字。

〔一一〕“刑罰嚴重”，《武經總要》作“刑嚴賞重”。

〔一二〕“高”，《武經總要》作“太”。

〔一三〕“時”，《武經總要》作“財”。

〔一四〕“恃”，《武經總要》作“侍”，兩字相通。

〔一五〕“形”，《武經總要》作“刑”，兩字相通。

〔一六〕此句見《江南經略・守城論三》。原書無兩“城”字。

〔一七〕“王鶴鳴”，疑當作“王鳴鶴”，明代軍事家。《明史・張可大傳》：“……與總兵王鳴鶴用黑番爲導，搗其巢，黎乃滅。”《千頃堂書目・兵家類》載：“王鳴鶴，《登壇必究》四十卷。”

〔一八〕《宋史・岳飛傳》：“欲有所舉，盡召諸統制與謀，謀定而後戰，故有勝無敗。”

〔一九〕見《皇明經世文編》卷四百九十二《復熊芝岡經略》，作者爲徐光啟。“城外”前，原文有“若”字。

〔二〇〕見上頁注五。

設險篇

城之患

築城者不悉攻之之具，審攻之之謀，徒壘石積土，雖高峻美觀，不能固圍久據，等於無耳，何益之有？故欲善守，必明善攻，預知患端，方能捍患，故先論城之患。深其隍以蓄水，或引源流繞城，則可防地道火洞。高其臺以遠眺，則能偵敵人之來，可以預備，使之難迫於城。彼以銃攻，此以銃守，故銃臺之設，視他事爲尤急焉。古今攻守之具，新新不已，至大銃極矣。他器俱可置不問，善用銃者無堅不破，無勇不摧，知銃之患，量銃之力，作爲城隍，庶期可守可久。

城之基

西洋築城全法，惟上層三丈，係板築之土垣，其磚石所甃之下三丈，則皆墾闢入于地平，平下以深至三丈之自然本土，尚何論其基址不實乎？

開土丈許，得石或類石或自然之堅土，皆可爲負重之本所。或欲驗其自然之土質堅鬆與否，其法取土成塊者沉于水，漬之經晝夜不稍弛解，斯爲實土。或大車經行其地而不震，亦驗其下必實。若其地爲沙或浮泥，斯必開墾令盡，方可定基。試觀掘井者，一層沙，一層泥，最下一層始爲黃土，此必然之理，故知開墾可盡焉。至如窪下沮洳之地，則水椿之用[一]，又不可後矣。

椿用不朽堅木，或長五尺，或一丈，其徑或一尺二尺，更大更妙，以火略燒，使其周圍有炭色，方可入土，始難腐爛。

城之制

《虎鈐經》曰：“夫城^{〔二〕}，下闊與高倍，上闊與下倍。城高五丈，闊二丈五尺^{〔三〕}，上闊一丈二尺五寸，高下闊狹，以此爲準。”

鑿壕法

壕面闊二丈，深二丈，底闊一丈^{〔四〕}。

《紀效新書》曰^{〔五〕}：“大凡城高^{〔六〕}，除垛城身必四丈，或三丈五尺，至下亦三丈，面闊必二丈五尺，底闊六丈。次城，除垛城身高二丈五尺，面闊二丈，底闊五丈。小城，除垛城身二丈，面闊一丈五尺，底闊四丈。此其大較，若再加寬闊益善。勢不可再減，但底加面不加可，面加底不加不可。若內外俱周^{〔七〕}磚石基，底只增闊一丈，亦堅。如土築，必合前數。凡城身第一磚，第二石，第三土，蓋石本耐久，今爲第二者，可以火粉之也。垛必高六尺，每垛口相去牌堵中分，净七尺五寸，垛口一尺，各分五寸，連垛空合八尺，八丈十垛，八十丈百垛，俱官尺。若除城垛^{〔八〕}身只丈五者，則不可守。”

呂坤《實政錄》曰：“城根土堅，止留一丈，下面即挑池，池深三丈，口闊十丈，底闊三丈，城根窄則賊無處容足。又池深以助城高，池底每十步鑿一圓井，口闊一丈^{〔九〕}，深一丈，謂之重淵，及泉更好，不則外引河水或內引城中雨潦之水，常令丈深。若土脉不堅，城根之外，須留三五丈。池外不用高阜之土以防填壕。池外一里之內，不可栽樹。城門不可安在洞中，常宜近外，使賊無所容身。城內附墻多留蹬道，半里一座，以便急時往來。今各處城內止有四門四路，甚爲失計。每蹬道須留一門，以防賊人登城。城上用木^[一〇]欄墙，高與心齊，以防進城之賊，便於射打。"

山城則又擇其前後左右，取去大城近處，隨山形築一城，令與大城相接，必盡據高地，外亦開塹，兩地之中，或設烽臺以爲遠候，賊至即以兵專守，免先爲賊所據，下窺城中虛實。

城外據山爲險，或城或臺皆可。城遠不便通道，則分人守之。

城内據山作堅城高臺，設大礮守之，賊即入城，可保小城，或登臺遠擊。

如恐城大難守，附城另作小城，大城縱破，小城無恙也。今之城制，鮮有合法者，總論其弊有五，而低小頹廢不與焉：城大而人稀，守陴之人不足，一也；敵臺之顧盼未必得宜，而馬面敵臺三面受敵，火器矢石難於施放，二也；城内外山川之險，未必盡爲我用，三也；太平日久，居民稠密，附城而居者，屋宇高大，幾與城齊，寇遠而毁之，人心不服，臨期拆毁不及，四也；惑於堪輿之言，高下向背，不顧有形之利害，而拘無形之陰陽，五也。

城雉

城雉，即敵臺也，亦謂之銃臺，亦謂之礮臺。

凡雉出城身外，每五十垛一雉，左右遇角遇門，或多少幾數丈，從便均匀，通變在人，此大概耳。

郭子章《城書》曰："城墙正面不便俯視，恐其矢彈正面對攻，不能眺望，故賊得以攻逼城下，任意施爲。如今之城，且不必矢彈對^[一一]，雖鎗筅亦上剌有餘矣。全仗敵^[一二]臺兩邊顧視夾擊，賊不得直至城下，且又不能屈矢斜彈，以傷我臺上之人，故我得^[一三]放心肆力敵賊也。有城無臺，亦如無城；臺非其制，亦如無臺。是城所以衛人，敵臺又所以衛此城也。敵臺之制，緊靠城之外，身貴於長出，不貴橫闊。臺脚基長出一丈五尺，則收頂止有一丈一二尺矣。臺基橫闊一丈二尺，則收面止有八九尺矣。

原城有二丈高者，臺比城身再高三四尺；城無二丈高者，臺比城身再高五六尺。臺上左右垛墻，平腰之半，各開三垛口，每口要闊一尺四寸，以便抛打磚石，放發矢彈。墻脚下中央各開一孔，方圓八寸，以便放打佛狼機、百子銃。上蓋瓦屋，檐各出墻二尺許，使兵夫得以安身，火器得蔽風雨也。各臺地步相去或二三百步，或一百餘步，或七八十步，隨其城屈直回折以爲遠近，不必拘泥也。”

何良燾曰：“城有不可用銃者三：一曰圓城，謂銃能直放，不能遶放也；二曰直城，謂銃能仰前，不能俯下也；三曰方形馬面臺，謂方臺止能顧城脚，不能顧臺脚也。似此三種，以致賊臨城，我銃不及，故得填壕思逞，築土内窺，主客勝負，事未可定，則所稱衛城之臺，可不于閑暇時一究心乎？衛城之臺，不宜築於城正面處，當築於城之四隅城委角處也。城有五角六角者，臺亦宜有五座六座也。蓋城委角處，左右顧盼，歷歷分明，角角有臺，則彼此又互相照應。臺式作三角形，每臺厝大銃六門。臺基擊以石砧木杵，墊以大石。臺墻砌以磚，用沙瓦屑、石灰、三合土築之，築尺許，以糯米汁沃之，或以片糖汁沃之，日久堅硬如鐵，送發猛銃，可保無虞。臺之中，砌以磚窨，以藏火藥。若城門正面有月城者，恐左右銃臺又爲月臺所間，宜於城角外另建方臺而斜形，廣袤各十五丈，務必遠過月城，俾左右得相應援，即月城亦在所管顧也。臺門竅于城角，夾以石墻，備防外盜竄入，其築基、砌墻、挖窨如前。每臺之銃，編成字號，鎸以平、仰、俯、放得至某地成法，庶不致臨期忙迫失措。夫鑄銃有遠銃、有近銃，一銃有近有遠法，知銃方用臺，乘臺即可識銃，惟在講明照對約度之法而已矣。”

孫元化曰：“夫銃，我欲擊人，先虞人之奪我而且得困我也。凡敵至城下，則銃不及矣。有棚梯，則抛石滾木無用矣。是以出爲馬面臺，謂我得從馬面臺橫擊也。然敵以棚梯薄馬面臺，安從橫擊？故法宜出爲銃角。銃角者，猶推敵于角外以就我擊，故銃無不到，而敵無得近也。用大銃之處，旁設土筐，一以防銃，二以代堵。蓋銃最爲害，器雖精，猶恐其裂也。故防之以筐，隱人於後，既隔銃，亦捍敵矣。堵薄易震，既設筐，遂不設堵矣。用鎗矢之處，不獨堵之，因其堵以蓋其房，因堵之口以爲其窗，因窗之懸板以爲其牌，我在牌之下，房之內，我得見敵擊敵，敵不得見不得擊也。故城之上設堵于牆，即爲營房；臺之上設堵于角，即爲望房。使其飲食坐臥于斯，用志不分矣。角之銃也，外洋法。堵之即爲營房也，閩粤亦有之，即近地邊臺亦有之也。"

新譯西洋法

敵臺亦有三類：造於城角，一也；或於城牆居中造之，二也；或于城外另作，三也。城角上者，謂之正敵臺，此必不可無者。城牆居中者，因其角鈍，謂之偏敵臺。另作於城外者，謂之獨敵臺。

正臺之式具於後。偏敵臺之爲用，蓋緣城牆太長，二臺相去甚遠，彼此難於救援，故於其中建一臺以爲犄角，其臺之頤鼻眉眼以及銃所，皆與正臺同，但二頤所交之角，爲極鈍之形，取其便於用也。獨敵臺者，對城門外建以掩門，此更爲固守難攻計也。蓋欲攻他臺，必先攻此，即使攻破，尚在城外，何損於守？其形皆如他臺，但此不作吭，用橋從城上達之。

又有雙敵臺，其左右各有銃眼，用以守山谷或湖海之夾洲則建之。

又有雙鼻之臺，此乃建於極銃角式之城者，其鼻分作二角，便於相救。

城　牆

城牆，乃二臺相去之牆也，其形貴直。或牆太長，二臺相去太遠，難於銃守者，則當於居中作偏臺、獨臺矣。

護　門

護門亦有二法，或門之外，於左右二臺不相妨處，建一獨臺以掩門；或建於甕門之內，則更大益守者。

銃　所

凡銃所之地，宜略低向前，蓋銃發時勢必退後，今後崇前卑，是退而逆上也，其退必少，則銃士易於引往原所。其下或實以石，或襯以堅木厚板，便銃進退。

銃　窗

窗之形長，內外廣而中隘，止容彈發而已。製作之妙，全在中隘，暇時實之以土，用備他虞。

圖具於後：

銃窗正面圖

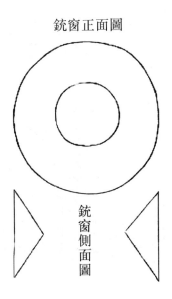

銃窗側面圖

正敵臺圖

細點爲礮路

鼻
頭
眉
吮　眼

墙形貴直

偏敵臺圖

獨敵臺圖

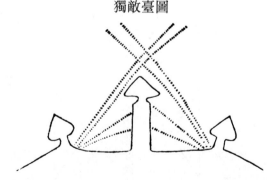

雙眉雙眼敵臺圖

雙鼻敵臺圖

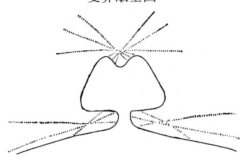

眺　臺

　　眺臺者，更高峙於城垣敵臺之上，用以瞭遠者也。或造於敵臺坑中，或于坑之左右。其形則方圓象限半月等數不拘，第以一目能盡隍底城根爲宜。不用磚石，純用土堅築之，其高大約以自本敵臺得見對城砧外爲度，然亦不過高出土垣二丈。倘太高，或受敵銃之害，則易於倒塌。其巔則周以護牆，其中平空處亦爲銃之所，第較之敵臺略小耳。周圍皆成大邪，向內一面，不設護牆，有坡，守者便於馳驟。論其益有五：其一，高能瞭遠，斯可預備，且便用大銃俯擊敵臺；其二，敵欲作臺，用銃破守，此處偵知，預用銃阻；其三，敵隱於對城砧後，將入城隍，眼中諸銃難見，可發此處銃擊之；其四，城或失守，攻者已得敵臺，緣此在上，猶能用銃掃逐。其五，或有奸細萌亂於內，從此瞭見，亦易於平。

城之有敵臺也，如人有元首四體，如獸之有角距爪牙，登陴而成營陣之形，守禦而兼攻戰之利，今郡邑城制，亦略存其意，然合法者鮮矣。求其盡善，莫妙於西洋。蓋西洋之城，全恃此耳。其制有肮，有頤，有鼻，有眉，有眼。眼有珠，珠能左右盼，數里之外，發必命中。精於度數之學，乃能造之。

牛馬墻[一四]

牛馬墻，在城外壕岸内。凡城身下壕岸，不拘寬狹。狹即一丈，或八尺，皆可；寬不可逾二丈。於其外爲墻，磚亦可，石亦可，土築亦可，三合土亦可。守法在後。或一時收斂不及，或昏夜難辨，不敢開門，一應避難之人，牛馬之類，皆可暫於墻内收避。兼此墻恃城爲險，城以墻爲衛，緩急有城上人可以助力張威，此所以牛馬墻爲有用之物。○高一丈，厚六尺。

星池滅火

賊來攻門，多用火燒，門上鐵葉未足恃，圈洞之内，矢石所不能及，須用淋水以滅其火。預於城上緊貼門扇處開鑿一池，橫長與門等，闊二尺，池口至底，以漸而殺，如屋檐天溝樣，底約闊五寸，鑿爲七眼，徑六七寸，每眼相去，以門之廣狹爲度，務令均匀。其相連之處，橫鑿寸闊一縫。臨城，從城上泄水，眼大，可下礘石，縫狹，水不旁注，如閘河傾瀉，火無所施，且人亦難於站立，此萬萬不可少者。池上無事，以厚板蓋之。

外　鎖

甕城内一層門，須安外鎖，撥謹慎有身家者十餘人守之，以防城内奸細砍門而出。

插板鑿門[一五]

插板與城門爲重門，其制用榆槐木，廣狹準城門，幔以生牛皮，裏以鐵葉，兩旁施鐵環，貫鐵索。凡大城門，去門闔五尺，立兩頰木，木開池槽，亦用鐵葉裏之。若寇至，即以絞車自城樓上抽所貫鐵索，下插板于槽中。外實以土，防火攻；内撑一柱，防傾折。一説不用插板，則鑿門爲數十孔，敵逼城門，則出矛戟，以强弩射之。

釣　橋

釣橋造以榆槐木，其制如橋，上施鐵環[一六]，貫以二鐵索，副以麻繩，繫屬於城樓上，橋後去城約三步[一七]立二柱，各長二丈五尺，開上山口，置熟鐵轉輪爲槽或在城上作轉幹更妙[一八]，以架鐵索並繩，貴其易起。若城外有警，則樓上使人挽起，以斷其路，亦以護門。城上常以礮及弓弩禦敵，慮以火燔燒，及被攻斫。

突　門

突門於城對敵營[一九]，自鑿内爲暗道，多少臨外[二〇]，之[二一]五六寸，勿穿[二二]。或於中夜，於敵初來，營札未定，精騎從突躍出，擊其不意。

城之隍

作隍之寬，以城上鳥銃之彈得到其外岸爲率，大抵爲十五丈。或相去太近，則攻銃力猛，且易爲敵所填。或太遠，則守者鳥銃之力不及外砧，敵得任意出入隍中；又攻者易見城之下層而擊其根，此臺眼中之銃，難掃彼臺對砧。

隍底則更深更妙，然以臺垣之土足用爲準，則止于三丈。

隍外里許，皆宜曠野，斯於城守盡善。若夫有村落，則敵得以據而與守持；有臺塔，則敵得以登而瞰虛實；有豐草溝渠，則敵可隱匿；有樹植等物，則敵可資作臺堰。故被困而爲堅壁清野之計，總不若預防之爲愈耳。

壕　險

有近濠水者，釘品字椿木百餘根於水中，高出水面尺許，防樓船臨衝我城也。

坑坎防車攻

山中城多無池，以地不可池也。須離城二丈許，掘爲高下坑坎，或空閑安置石條，或連絡厚築牛馬墻，以拒臨衝、呂公車、翻梯、踏雲車。

城　忌

城外三丈內有房屋，賊勢衆則撤之[二三]，撤不及則焚之。係木壁者，一焚而净，即日可守。係磚石爲壁者，賊遠則居民不服，賊近則毀撤不及[二四]。若賊以百數伏屋脊外，擊射[二五]守城人，賊衆將屋內打通墻壁，扛梯木到城下，可以徑登；或就民房中運土幫城，起闉而登，皆無可奈何。有近城一丈以內者，城身又低於屋，此不可守之城也[二六]。

繕葺舊城新譯西洋法

舊城者，或其墻垣傾圮，隍池壅塞，敵至不難於攻，守者全無所措，此雖有而實無者也。至或不諳銃力，壘垣鑿池，雖則堅完，難禦強敵。然此二者，皆可因其形勢，如法繕葺，即不能盡如崇臺厚垣之全美，而猶庶幾守之者可以制敵云。

一、或傾圮者，或堅完者，皆當於隍中開鑿，倍深倍廣，即用其土幫厚墻垣，將城對砧外培令稍高。

二、或先有敵臺，為正方形，人守於內，亦可禦外，即以此臺為新法之阬，而別加作眉頤等類。

三、或舊臺相去太近，不及一箭之地，當去其一，改作稍遠。

四、先有臺，或太小，或為圓形，預須如法幫築廣大；蓋圓而小，不便用銃也。

五、原有甕門在城外者，當改作為城內，庶便臺銃彼此救援。

野外礮臺

礮臺築於孔道要津之處，如地方曠闊難守，尤當建築幾座，勝於屯駐強兵。其臺約高四五丈，為三層樓，四面開窗，又多留小洞，窗內置格門大小諸礮。如遇賊來，少用小器，多用大器，各起窗洞，發火攻打，無不糜爛。但須度其近我方發，勿慌張預先空發。臺外掘壕，周回築矮墻，過壕外用木吊橋。其下門內即掘深坑，上蓋木板，進則閉門撤板，令賊入即陷。其二層留一孔，石板蓋掩之，第三層亦然也。賊進撤板，向孔中擲下火礮，賊必不能上攻。

孫元化曰："善用銃者，據高望之，以我銃心對敵陣心，藥力圍圓百步，即所殺百步。若置之平地，雖一彈餘力能殺二三層，而全銃之下半圓空費於地矣。銃法宜依臺法，地不善必不敢築臺，臺不成必不敢造銃，恐以不得地之臺為敵設壘，以不得臺之銃為敵助器也。"

小　城 即堡也

西國建置郡邑，斯爲大城；其或村落結聚居民，或地勢難築城池，或費不足用，或兵不足守，則相度形勝，圍一小所，謂之小城。然亦有建重臺者，亦有備諸法者，其損其益，恒相等焉。

城之小者，閭閻相接，奸宄無所藏匿，呼吸可通，緩急互相保守於兹者，舉凡軍火等器，以至戍卒儲糧，較守大城不過十之二三，非若其皆欲全備，方能久據，是益於易守，一也。建小城便於擇所，或湖海之隅，或山嶺之巔，費既不多，不礙民家農地，城外不過築建五六敵臺，即可禦寇，是益於易作，二也。小城以全法築之較易，大城則難；且城小其守軍必鮮，惟挑選最勇悍者屯之，乘堞拒攻，無不以十當百，是益於難攻，三也。大城五方雜居，一有寇警，則內外戒嚴，經營者出入不能自繇，土著者疲於官司奔命，或不逞之徒，與敵人爲內應，則開門延寇之虞，恐所不免；矧人情厭常喜新，困苦之餘，必樂於從亂。小城則比屋可詰，人不雜而守得專，假使內有亂萌，又可從眺臺瞭望，是益於不懼內亂，四也。

西國大城之外，欲互相守爲犄角，亦有別築小城者。蓋此或被破，猶可退保於彼。然大城當以土人守之，緣各有家室之虞，其守必固。而小城或守以外來之兵，或投奔竄之難民，且無奸細之虞故也。

或問："郡邑作內外二城，何如？即攻破外城，猶可退守內城也。"曰："否。是二守軍之心也。人盡以內城爲可退，則守外者必至懈弛。其或外城失守，敵反得以憑高內擊，則是資敵利也。故西國不作重城，止一層者爲便。"

堡以高原作基，依水作隍，四面不近高山峻嶺爲第一，此不易得。今人平原堡築方圍墻，墻不能站人，賊來一掘即破。今用此式：墙根下取土築城，於四角作三角形，三角形之内三角，以土築實，便是敵臺，人站立其上，用火器擊賊，若箭來，鍋蓋就是防牌。墙根外壕深一丈，賊在壕内，便見墙又高一丈矣。墙根無留走路，下作斜形，雨水自不能壞。

王鶴鳴[二七]曰："使有心機之人，相度地勢，高阜宜城者則城之，其低窪有水或溝澗之處，則因勢利導，更加深闊，以阻截之。却於敵入之路，掘大河以環遶之，又不欲使彼明見吾之險，其入也必迂其途，使彼不察就中委曲，或窮日之力，始得近我城堡，及到城下，必竟仍隔河水，可望而不可到。至於迂回之間，潛製有飛橋，吾兵出入救援，隨便而應。或斷其歸，或擊其半，無不如意。而其大要只在敵攻某堡，而某堡出兵爲援，某堡出兵斷後，某堡出兵遏其奔衝；其烽火號色之上皆有暗語，如已派定，而救遏不能如左右手，則罪之不宥。"

王徵曰："曾從代州而來，見一路有磚堡十二座，每相距十數里。堡皆磚砌，止兩門，内設營房百間。城外周圍皆深壕，城上却不設垛，城四隅相連出外作大圓角形，各爲空心敵臺一座，即從城内平地直入臺下。臺外下面三面皆留礮眼，守者從内發礮，傍地衝胸而發，足驚敵人之膽。一臺足禦三面，以墙代甲，人心安定，真城守第一善法也。"

種　冰[二八]

凡賊來，遇嚴冬之時，可相度坡塘城岸高低處，令軍士灌水，乘寒結冰，令賊不得趨，馬不能馳。又可灌水凍沙爲營塹。

攔馬石品字坑[二九]

攔馬石、品字坑，俱於空闊無城塹處布置。

結　草 ^{〔三〇〕}

掘溝澗，斷橋，塞住大路，賊必漫野而行。預先結合野草，
以絆馬足。

斷　木 ^{〔三一〕}

度林木之處，賊所必由，則伐斷其木，橫亘以塞其路。又須
留根一半相連，使賊擡移不便。

青　穽 ^{〔三二〕}

於麻麥草芥生處掘穽，下插凶器，上擱竹竿，鋪以蘆席，即
移一樣麻麥草芥鋪之。

白　穽 ^{〔三三〕}

於泥沙白地處掘穽，照前鋪置，亦就彼處沙土遮蓋，使賊不
疑墮穽。

獻　白

賊馬入境，必乏水飯 ^{〔三四〕}。宜於陂池溪澗中設置錐刺，使馬
望水奔飲受傷。

獻　青 ^{〔三五〕}

賊馬久不牧放，望有青草，必奔食之。宜於草中地插鎗刺，
使馬入陷。

芻　誘 ^{〔三六〕}

賊馬久缺草芻，故掘穽，下設凶器，上覆芻秣，或置毒於

内，馬見而食即傷。

餌　誘[三七]

賊馬飢餓思食，製炒香料菽豆鋪穽上，馬聞奔食，即墮下死。

校勘記

〔一〕"水"，疑當作"木"，兩字形近，又涉"窪下沮洳之地"之語而訛。水椿用例未見，《清史稿・閻堯熙傳》："滹沱常以秋溢，築堤樹木椿，以捍其冲，夾岸種柳，堤固，水不爲患。"是知用於水者，亦可稱"木椿"。

〔二〕此節見《虎鈐經・築城第五十六》。"夫城"，原書作"凡築城"。

〔三〕"闊"前脱"下"字。

〔四〕此句見《通典・守拒法附》。"深二丈"，原書作"深一丈"。

〔五〕此段見引于《武備志》卷一百一十《軍資乘》。《紀效新書》十八卷本及十四卷本，均未見此段文字。

〔六〕"城高"，疑當作"高城"，與下"次城除垜""小城除垜"之句對舉成文。《武備志》此處作"城高"，疑誤。

〔七〕"周"，《武備志》作"用"，兩字形近。

〔八〕"城垜"，《武備志》作"垜城"。

〔九〕"口"字前，《實政録》有"井"字。

〔一〇〕"木"，《實政録》作"内"。

〔一一〕此段見引于《武備志》卷一百一十《軍資乘》，《城書》原書未見。韓霖未全録原文。"對"後，《武備志》有"攻"字。

〔一二〕"敵"，《武備志》作"高"。

〔一三〕"得"後，《武備志》有"以"字。

〔一四〕"牛馬墻"一節，除〇後一句，餘見《武備志》卷一百一十《軍資乘》，非全録《武備志》文。

〔一五〕"插板、鏨門"一節，見《武備志》卷一百一十二《軍資乘》。

〔一六〕"釣橋"一節，見《武經總要》卷十二《守城》。"鐵環"前，

《武經總要》有“三”字。

〔一七〕“立”,《武經總要》作“主”。

〔一八〕小字部分不見於《武經總要》。

〔一九〕“突門”一節,見《虎鈐經》卷六《守城具》。“城”後,《虎鈐經》有“中”字。

〔二〇〕“外”,當作“時”,行草形體相近。《虎鈐經》作“時”。

〔二一〕“之”,當作“入”,形體相近。《虎鈐經》作“入”。

〔二二〕“勿”,當作“力”,誤增筆畫而訛。《虎鈐經》作“力”。中華書局版此句標點作“自鑿内爲暗道多少,臨外之五六寸,勿穿”。

〔二三〕“城忌”一節,見《武備志》卷一百十《軍資乘》。《武備志》此句無“則”字。

〔二四〕此句《武備志》作“賊近則毁毁不前”。

〔二五〕“擊射”,《武備志》作“射擊”。

〔二六〕《武備志》此句無“可”字。

〔二七〕“王鶴鳴”,當作“王鳴鶴”,見卷一注。

〔二八〕“種冰”一節,見《翠微北征録・治安藥石・破敵長技》。文字改易較大。

〔二九〕《翠微北征録・治安藥石・破敵長技》有“馬筒”“裂石”兩端,分別説明挖坑陷馬和設障攔馬,與“攔馬石、品字坑”一節意義相近。

〔三〇〕“結草”一節,見《翠微北征録・治安藥石・破敵長技》。文字改易較大。

〔三一〕“斷木”一節,見《翠微北征録・治安藥石・破敵長技》。文字改易較大。“斷”,《翠微北征録》作“伐”。

〔三二〕“青穽”一節,見《翠微北征録・治安藥石・破敵長技》。文字改易較大。

〔三三〕“白穽”一節,見《翠微北征録・治安藥石・破敵長技》。文字改易較大。

〔三四〕“獻白”一節,見《翠微北征録・治安藥石・破敵長技》。文字改易較大。“水飯”,指粥一類的食物,非馬所食。疑此處當作“水飲”,其下有"使馬望水奔飲受傷"之句，可知。《翠微北征録》作"賊馬入境，久不汲飲"，亦用"飲"字。

〔三五〕"獻青"一節，見《翠微北征録·治安藥石·破敵長技》。文字改易較大。

〔三六〕"努誘"一節，見《翠微北征録·治安藥石·破敵長技》。文字改易較大。

〔三七〕"餌誘"一節，見《翠微北征録·治安藥石·破敵長技》。文字改易較大。

制器篇

抵 篙[一]

用長堅木爲之，可禦雲梯。

形如新月，長一尺餘，曲刃向外，須極鋒利，安長木柄。如賊用鈎竿上城，待扒至半城之時，順竿從上向下着實一推，賊手即斷。每五垛置一件。或曲兩尖向上，爲仰月鏟。

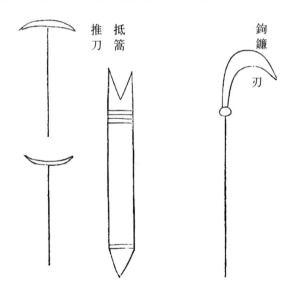

推刀　抵篙　　　　鈎鐮刃

賊用車攻城，車與城齊，用繩拴繫大堅木，五六人懸撞女墻，頃刻墻倒。此時須用鈎鐮，待撞木至女墻邊，用三四鈎鐮鈎挽，割斷其繩，木自墜下。但鐮要純鋼鋒利，一鈎即斷方可。

燈

每五垛一燈〔二〕，用新油紙者方明亮。燈上用一油紙蓋以防雨，蓋上仍壓一小瓦片以防風，若篾箬篷蓋尤佳。每燈製一挑竿，索懸城下，離地七尺，庶使賊抵城下，我能照見；我瞭垛口，賊不見我〔三〕。換燭即輪更之人，不許誤事。然懸索宜細，止勝一燈，庶賊不能攀躋。每十垛用一火毬，所費比燭油減易。燈油須官備爲是。

望遠鏡

視遠爲近，視小爲大，可以遠望敵人營帳人馬、器械輜重。此物來自西洋，用筒數節，安玻璃兩端。

甕　聽

用大甕〔四〕，遠城多置坑，令人持入坑内，擇耳聰人坐聽於甕下，聽之極遠，以防鑿地道，急用火攻，或毒烟薰之。

吊　車〔五〕

每敵臺左右，仍置小吊車四五架，以便遊兵上下。及逃難者，婦女徑與吊入，係男子，須審聲音、里籍。

繩　梯〔六〕

以巨繩繫橫桄爲軟梯，凡登高則用之。

灰　瓶

取生石灰末入小瓶内，每垛預積一堆，將口塞住。如賊臨城，將瓶從上拋下，擊打賊人。石灰飛起昏天，撲鼻損目，不能久立。

懸户懸簾

懸户、懸簾，垛口第一切要之物，無此二者，賊萬弩齊發，城上不得存站。今擬每垛口作木架一個，兩足在內，栽於城上，緊貼兩垛之邊，上安橫木向外[七]，可搭氈毯，或用被褥，俱以水濕，直遮垛口，箭不能入，但防賊鉤竿所挑，裏面須用兩帶繫於垛內[八]，外用兩活柱撐。如欲下視，將兩柱斜撐兩垛邊旁，遠視高撐，近視低撐，下可矙十丈。懸户則以轉軸作爲小門一扇，厚一寸，外畫虎頭，兩眼穿透，如鵝卵大，可以遠窺，亦以活柱撐之。懸户、懸簾，撐不可太高，須防旁箭。如垛口多而人數少者，隔口守之，其無人垛口，多堆[九]圓石二三百，彼若用鉤竿、雲梯，觸動石子自然下落，賊亦存立不住也。

布　幔[一〇]

以複布爲幕，度矢石來處，以弱竿張挂，去城七八尺，居女墻之外，以折矢石勢。一說結粗繩爲網，如布幔張挂，亦可護女墻樓櫓。

皮　簾[一一]

以水牛皮爲之，闊一丈，長八尺，橫綴皮耳七個，凡城上有闕遮蔽，則張挂之。皮不可繃緊，蓋柔能制剛也。

戰器六種

軍中秘訣："稱干比戈，用衆首務。"一向不知較量異用之術^{〔一二〕}，惟以敵爲師，彼以何利，我即以本器當之，不惟不敵，便精長於彼，且諺有云"殺人三千，自損八百"，此相敵説也。殺人三千，我不損一，則稱比之術也。譬如彼以何器，我必求長於彼，使彼器技未到我身，我舉器先殺到他身上了，他應手而死，便有神技，只短我一寸，亦無用矣。是以我不損一人，而彼常應手便靡，此用棠之法也。若用棠只待見肉分勝負，未有不敗者。何則？用棠有進無退，有勝無敗，一步那移不得。故必以萬全萬勝爲術焉。兵讖云"一寸長，一寸强"，此六字其秘訣乎！

钂 鈀

此器柄長八尺，粗可寸半，上用利刃，横以彎股，刃用兩鋒，中有一脊。造法：須用^{〔一三〕}脊平磨，如磨刀法。兩刃自脊平減至鋒，其鋒乃利，日久不禿。彎股四稜，以稜爲利，須將稜四面直削至尖，庶日久而不禿。中鋒頭上之^{〔一四〕}庫，須如大核桃大，安於木杪，乃不損折，仍用一釘銷之，於馬上最便，可戳可格，利器也。

重四觔

綫 鎗 重三觔

舊製^{〔一五〕}柄短刃禿，粗惡不堪。新製鐵頭長二尺，蓋因柄細，防敵刀斫斷及用手奪去^{〔一六〕}。手柄長七尺，粗僅一寸，鋒用兩脊兩刃，形稍扁，至鋒^{〔一七〕}稍薄，一謂之透甲槍。造法：鋒用鋼三寸，左右刃用鋼，一尺以下皆鐵，從脊分鐮^{〔一八〕}至刃左右面平，乃利。至鋒更扁，漸寬又漸收，收薄則利，寬則刃入以下不滯矣。最利馬上直戳，用法亦如長鎗，但終不能禦長器，於腰刀互有勝負，得十之五。

腰　刀

造法：鐵要多煉，刃用[一九]純鋼。自背起用平鏟平削，至刃平磨無肩，乃利，妙尤在尖。長三尺，重一觔十兩，但以刀[二〇]與敵角，屬勢均之器，殆不可勝敵也。〇馬上惟利輕捷鋒芒，他如斧、鉞、錘、撾、大刀、鈎鐮之類，膽大藝精，能獨馬出入陣中者，間或有之；不可以教隊兵，不可堂堂當大敵。

狼　筅

用大毛竹上截，連四旁枝節枒杈[二一]，長一丈五六尺[二二]，重六觔。人用手勢遮蔽全身，刀鎗叢刺，必不能入，故人膽自大。用爲前列，百戰全勝，恃此爲第一。〇有竹、鐵二種。

藤　牌

此牌兵，必以狼筅爲恃。蓋短器不能當馬，用筅拒其馬，以牌出筅下，斫其馬足。出入陣中行伍之内，進退便利，且衛且殺，利物也。

長　鎗

用毛竹之細者，長一丈七八尺，上用利刃，重不過四兩，或如鴨嘴，或如細刀，或尖分兩刃，造法亦自脊平鏟至刃乃利。必執持在根，用楊家法。又用法長則易老，不可回轉；長則杪細，恐爲馬所闖折。今視之，更可與敵戰，蓋狼筅當鋒，藤牌在下，而前行既有藩衛，去一丈餘矣，短器不可戳及馬上，何以傷人？得長槍於筅空戳去，徑刺人馬喉面，則彼既不可入我陣内，又能先及彼身，故不憂細弱也。設若敵馬群來齊衝我[二三]，前無筅、牌，徑用鎗以當之，戳馬間有損折，必非全利。夫五兵之法，長以救短，短以救長，長既易邁而勢老，短又難及而勢危，故相資之用，此自然之勢，必然之理，至妙之術也。○重三勿。○此用竹[二四]，北方乾燥風勁，多脆折，用攢竹[二五]。腰軟用木，北方無此木，夫長鎗必利用，但不知以何物爲之乃可。今將竹杪內二尺餘實以木心，外用藤扎，亦可暫用。

一、綫鎗亦可用於步軍，繼長鎗之後。

一、钂鈀亦可由步下直進敵群，一禦一刺且格殺之器也。

戚少保鎗駕鴛陣[二六]，二牌平列，狼筅二[二七]，各跟一牌，以防拿牌人[二八]；繼以二鎗，各分管一牌一筅；短兵防長鎗進老殺上[二九]。筅以救牌，長鎗救筅，短兵救長鎗，加以弓箭、火器，爲要緊束伍第一戰法。

銃

神器，爲兵家第一長技。

一、神器附之車間，功用甚大。

一、神器南方用之舟中益利，緣有憑籍，心膽俱定耳。爲將者，步下亦能設法，使士卒如處舟中，則制敵無難矣。

一、林木茂密，丘陵崎嶇，田塍淤潯，村路委曲，必須短兵護持，挨牌翼衛，與弓矢迭相爲用。無弓矢，則神器手自相犄角，更番策應，因時制宜，隨地作用，庶幾萬全。畢竟將吏先明奇正之法，處於不敗之地，然後可以言戰。

一、製藥必須與研搗之人先約，藥成，即放經手者手心點試，自然不敢苟且；銃筒亦令經手捲筒鐵匠點火試放。緣世間極愚至賤，無有不欲保全性命、愛惜肌膚之人，累經試驗，極妙之法。

火門要極到底。

彈略小則免炸，又有髮則炸。

藥不精專，雖多亦少；藥能精製，以少爲多。

熬熟老桐油，粘紙作藥綫衣，過水入地無礙。

土囊所以壓礮，沸湯用以和藥。

寧可長技短用，不可短技長用。

燕尾炬

束葦草，下分兩歧如燕尾，以脂油灌之，火發[三〇]，自城上縋下，騎其木驢板屋燒之。

西瓜礮

又名皮礮，此物原是守城第一美器，蓋以高臨下，方可用也。礮中入小蒺藜一二百枝[三一]，火老鼠五六十個[三二]，每一鼠筒面倒縛細毛鈎三口，各貫火綫，俱入礮中，然後入礮藥，但使藥滿，不可築實。入藥之後，緊閉其口，再糊麻布二層，堅紙二十層，曬乾，周回分三停，錐三細孔，俱貫入藥綫。頂上正中錐一孔，入二寸長細竹管，夾一藥綫貫入其中，使其火當中發，爆力均齊，不致偏勝也。四藥綫會歸一束，俟賊至城下，點燃總[三三]，待火將分，擲[三四]落賊群中。火綫必四者，防抛滅也。礮聲一響，紙殼碎裂，亦能傷人。蒺藜布散滿地，火鼠錯亂燒人，人必走動，脚蹈蒺藜，自然傷跌，斷不敢再至城下矣。

地　雷

地雷炸營，多設關隘。以竹九寸圍者，鋸作段，長五尺，打通，底留一節，先以生羊皮繩縛[三五]，以沸油灌入，良久傾出，下安藥綫，杵作炸礮，藥滿八分，入鉛鐵子，以蠟封口。挖地坑五尺，每處下用方木座，豎其八枝。木蓋隔土不侵，藥信總合一處於坑內，穿透藥綫，火機動發即應矣[三六]。

地雷但當用之西北，若東南窪下之地，方掘數尺，即有水泉，雖土面之上，四時皆有濕氣，縱有竹竿通火綫，而火信亦被潮濕，難以卒發。況下一部地雷，要費無窮心機，一個火信不着，不惟空費，且至誤事。其制無論大小等礮，俱掘成溝，將礮栽向敵人來處，或敵人集處，上覆淺土，中用通節竹，走火綫以內，令一快走之人，暗隱於後發之。或將各器埋成營壘，待敵人入營，然後發之，則須用鐵鑄石榴礮，或石礮，平地碎躍，無不可者。遠近皆可以類而推，雖百里之外，亦可接去施放也。

石炸礮

用石造，圓形，大小不等，腹中鑿空，裝炸藥滿，杵實九分，入小竹筒一節，入引綫，再用紙隔藥上[三七]，少覆乾土，土上用紙觔泥泥平，盤藥綫於上。守城設伏地雷，用此炸礮，火發礮碎，且爲久埋妙器也。

萬彈地雷礮

用大窰罈一個，盛炸藥盡滿，中鑿眼一個，以裝藥綫，罈口用土填緊。探賊出沒之處[三八]，掘地丈餘，上用亂鵝卵石堆滿，仍用泥土蓋平，埋藏如法[三九]，將竹竿作爲藥路，引入罈內。火發，其罈炸裂如雷，泥土亂石衝天，强寇遭之，有不披靡者乎？

萬彈地雷礮式

木 礮

用堅木造式[四〇]，無論大小，渾鑿空腹，外鐵箍四道，下開綫眼，裝火藥，杵實，口入黃土少許，次進石鐵子，藥綫穿聯[四一]機槽。火發礮碎飛傷，便於守城。

火門

事急爲易造耳，只可置之城下〔四二〕。

石礮解

石有大小不等，粗可徑尺，細可徑六七寸，鑿以孔，内入以炸藥，築之以土。預安纏綫葦筒，置於城墙垛口，遇賊至墙下，則燃綫入筒，以手推下。敵人所見不過一石，以爲我抛擊不中，不再隄防，藥然石碎，有相近而不傷者，有數十丈而被擊者，敵人莫測所向，故人人自危。此爲第一利器，且一時數萬可備〔四三〕。仍有大至千觔者，又有走兔引綫之法，地雷叢發之制，固爲千變萬化而無窮，然皆有制〔四四〕，未可期必，不若墙上推下之爲妙也。夫賊至墙下，勢不可阻，如出頭視賊，而外方叢矢如蝟，即抛一石，不過擊一人，況仰視石下，每可回避，十未得中其一。此礮一落，即有百人，莫知中誰，莫不畏懼，人人奔遁，此所以爲利器〔四五〕也。

竹將軍木發槓〔四六〕

竹將軍，即竹發槓，雖木亦可爲之〔四七〕。有七利〔四八〕：其器雖一發而壞，不似銅鐵崩毁能傷人〔四九〕，其利一；敵人得去，不可再用，其利二；費廉工省，一刻可就，其利三〔五〇〕；無難取之物，隨地可造，其利四；體輕可以負遠，其利五；易於分布，易於捨棄，其威猛與銅鐵相等，能威敵心，能壯吾膽，其利六；南北水陸，無所不宜，匠不論工拙皆能造，其利七。對壘立陣，防營守城，無不可者。但安藥信，並製藥，又與別器少異，不然，則橫出多而直出少矣。識者自能默會。

竹將軍〔五一〕

用猫竹圓厚者，長四尺許，將圓鑿開，通其節，止留頭節作

底節，後留一尺四五寸，用一木柄，柄頭照竹節凹凸之形，直抵
竹節處，周回[五二]用四肥釘犬牙樣釘之。以苧麻打成辮，或三股
繩，自柄至口，緊緊纏固。傍節底上，先置潤黃埏二寸，以一分
厚瑴筒口大鐵錢一個蓋埏上。傍錢上開一藥綫眼，先將雙藥綫引
入四五寸，直透上爲妙。方入藥一觔，看竹之大小增減。已入
藥，用木杆輕輕築實，少用紙團或乾土實之。又將一分厚瑴竹筒
圓大鐵錢一個，鑽眼如蓮房式，置藥上，方以瑴筒口大圓石彈一
個置鐵錢上，或再加碎生鐵、小鉛彈於錢上更妙。若單用石彈，
則蓮房式鐵錢不必用矣。上用木蓋，瑴竹口大，外加油紙或柿漆
封固。其竹火門用油灰抿訖，方用辮藥綫盤在竹眼，用油紙或柿
漆封固[五三]。以徑寸粗柴二根、長三尺許縛成杈架之，取其便
也。對敵舉放，若欲遠，則稍昂其頭；如敵近在二三百步外，只
消平架放去。柄尾須以大石[五四]抵住，防其後坐，人在側立 _{竹礮如}
_{何可立其旁}[五五]，即不用亦可。惟麻繩與辮，用圓石子、鐵錢、鐵
釘、火藥、竹火門、油灰，及製造之器斧、鋸、圓鑿等項，預備
多帶，軍中即隨地立刻可造。其體甚輕，每兵可擔十數位，而威
力則猶在佛狼機上。發時響聲震地，其力可及七八百步之遠，故
以將軍名之，尊其威也。每營共得數十位架在陣前，分作十數
層，次第發之；再以數位分架兩翼，或橋口，或田塍，或津渡，
敵可往來之處，以備衝突，賢於數百精兵矣。

見血封喉方[五六] _{即射虎藥}

取生鮮草烏，或一二斗，洗去土沙，再用籩盛，人脚踹去黑
皮，以內肉白爲度。搗碎，用布濾榨出汁，汁乾爲度，去渣不
用，用磁盆澄汁，盆底下有粉，去粉不用。約清汁有十碗，用四
碗入鍋內煎，一滾起沫，用篾片刮去沫，傾入磁盆內，再將存六
碗生汁入煎熱汁內，一順攪勻，放露天卜露一宿，明早取澄清

汁，散分於碗內，下澄渣粉不用。量汁多寡，以碗大小盛之，放日中曬至午時，又取澄清汁，下澄渣粉不用。曬至晚，如前取澄清汁，再用薄綿紙鋪罩籬內，濾過渣不用。第二日、第三日，如前曬法澄法，紙濾出渣粉。每日曬時，用竹片從碗底挑起順攪曬，此法不致上熱下生之故也。至第四日晚濾稠藥，存留勿去，另用碗盛曬。第五日將濾稠藥入總曬用，此稠藥先夜露一宿，取澄清汁用，底下存硬稠者不用。曬至六七日，各碗漸少，減歸各碗。曬時觀看碗弦上起黑沙點子，面上結冰，有五色雲象，其色紅黑，如香油樣，歸總磁盆內，放淨處陰四五日聽用。再用磚砌一爐，高二尺，周圍大可容藥盆放內中爲度。爐中從地上一尺五寸，用木物架盆於上，爐上空五寸，用布物蓋於藥盆之上，不致烟透走。爐旁取一火門，如鵝卵大，從地起高三寸，外用炭火十數塊，並櫪戚柴，又名縶條，又名棍戚，又用皂角、花椒同燒烟，令烟入火門內，熏藥盆熱，藥面上結成冰，是火候好矣。約熏一時之候，其結冰要厚，如冰薄再熏再看，冰厚則除火取藥出，令冷，收入磁瓶內，封固聽用。如冬天寒冷，用縶物包放暖處，勿令凍省；如夏天熱時，放於清涼之處，勿令潮壞。如冬凍省，如夏潮壞，出沫，用磁盆盛，如前法，上爐熏之，藥熱即止。或將藥上於箭上，用皂角、花椒烟燻之如舊。前藥曬時，如遇日色太緊，曬一二日，又要露一宿；如日色淡緩，不必露也。初做藥之日，觀天色晴朗，即用烏頭如前法製之。如遇日曬一二日有雨，將照前熏藥爐上，只用炭火烘熱爲度，攪勻，又放得一二日，候晴，再照前法曬之。烏頭取來，不可堆厚，恐爛壞，必要濕地下攤開，又不可風吹乾了無汁，即取即搗爲妙。其藥製完，放瓶內封固，日久下沉有稠者，如沙糖樣，挑起取用，上箭最快，箭到身上，不滿數步即斃矣。此藥名爲曬藥，比熏藥更妙。或人誤中藥箭，用松毛搗調冷水服之，或香油服之；如不及，自溺泥中，和泥漿水服之。如旁有人，用口銜水吸箭傷吐之，再銜水吸再吐之，不致藥散走封喉之故。其藥忌見香油，如入一點香油，藥即解無效。其性有三飛，見血飛，見油飛，見水飛，造藏甚忌。

煉造大小銃火藥法〔五七〕

磺用生者佳，先搥碎，去沙土，約每十觔用牛油二斤，煮溶磺，火不可太旺，以木棍旋攪鍋底，看磺溶化時，方以麻布作濾巾濾在缸內，則油浮居於上，磺實沉於下，去油用磺，研細聽用。

硝用雞蛋白煉〔五八〕，約每十觔〔五九〕，用蛋兩個，硝不潔者，多用數枚。先將雞蛋白水攪勻訖，次將硝下鍋，水高二指，復將蛋水傾入，大滾數次，則雞蛋白雜硝滓俱浮鍋面，以竹笊籬抄起，又用細麻布爲濾巾濾過，復將前鍋洗淨，再以濾過硝水傾入，用文火煮成冰塊，然後將鍋舉起，放在地上，一日冷了，則鹽在下，硝在上，只取上面硝，研細聽用。

炭稭骨爲上〔六〇〕，茄梗次之，柳、杉又次之，大都輕浮之木皆可，研細聽用。

右三種〔六一〕，細細製煉，照後方秤準明白，然後和勻，放在銅鑲木臼內，用銅包木杵搗之，後將酸果汁、破雨水，或泉水，不時灑濕，使搗。有力搗藥之人，須擇勤慎者〔六二〕，莫使毫釐砂土蒙塵入藥內，恐搗熱之際，石能生火；亦不可犯鐵器，鐵亦易生火也。藥搗萬杵後，用木板試放，略無渣滓，烟氣白色、快且直者始妙。始即以粗細夾篩篩過，粗者成珠在上，細者在下，宜用樹下日色照乾，不可用暴日，慮日中有火耳。照乾後，以內外有銃研罈收之。如日久有濕氣，再取酸果汁、破雨水、泉水，灑濕搗過如前，點放自然遠到矣。

大銃藥方[六三]：硝六觔，磺一觔，炭一觔。

小銃藥方：硝六觔，磺一觔二兩或十六兩二錢，或十五兩，炭一觔。

火門藥：與小銃藥分兩相同，但硝用最上面一層者，配以磺炭，多搗數時，不用篩，揉成珠，照乾研細即是。

又煉硝法[六四]：柴火煮之，木片攪之，沫浮水面，笊去之，清澈可鑑，滴而試之成珠，可用矣。但滴不宜近火，近火恐熱，則難凝而傷老；亦不宜避火，避火則易凝而傷嫩。以草莖蘸出，即轉身背火，滴於指甲之上可也。濾法同前。

又煉磺法[六五]：麻油、牛油各一觔，油既熱，乃以磺徐徐投入，隨投隨攪，使磺速化，投時勿使纖毫着鍋，恐其發火。

又大銃藥方當以此三方爲定：硝四觔，磺十二兩，炭一觔，搗之。膠結成塊，用銅木刀切碎，篩珠，用細灰再搗。

又鳥銃藥方：硝七觔，磺十兩，炭一觔。

又火門藥方：硝一觔四兩，磺二兩三錢，炭三兩，搗至七日，手試藥過不熱。

捻藥綫法

先捻就麻綫數百根，將薄綿紙割成紙條，將麻綫順鋪入內，複將信藥入內，捻起接續相連，可以不斷。外用油紙纏之，再用毛竹截尺半或二尺，用鐵火箸燒烙透竹節，上節用刀內刻略大，下節用刀外削略小，將下節插入上節內，接連可數十丈。先將接就藥綫穿入毛竹內，隨穿隨插，與礟火眼藥綫相連，引扯山上，用兵守之，俟賊至數十步內點放，雖陰雨不能壞也。

校勘記

〔一〕“抵篙”，見《武備志》卷一百一十二《軍資乘》。

〔二〕"燈"一節,見《武備志》卷一百一十一《軍資備》,最後一句未見。此句《武備志》作"每垛一燈,三垛懸一燈落地"。

〔三〕中華書局版標點作:"每燈製一挑竿索懸城下,離地七尺,庶使賊抵城下,我能照見,我瞭垛口,賊不見我換燭,即輪更之人,不許誤事。"誤。(清)許乃釗《武備輯要·城守申令·懸燈》:"每五垛一燈,每燈製一挑竿索,懸城下,離地七尺。火光下映,我能見賊,賊不見我。每十垛用一火球。"與此文意相近。"賊抵城下,我能照見;我瞭垛口,賊不見我"相對成文。

〔四〕中華書局版標點作"用大甕繞城多置坑",按"甕"後應加逗號分隔。(明)茅元儀《武備志·器式·甕聽圖說》:"甕聽,用七石甕覆於地道內,擇耳聰人坐聽於甕下,以防城中鑿地道近我。"與此文意相近,可知"大甕",即《武備志》"七石甕"。

〔五〕"吊車"一節,見《武備志》卷一百一十一《軍資乘》。文字少異。

〔六〕"繩梯"一節,見《武備志》卷一百一十二《軍資乘》。

〔七〕"懸戶、懸簾"一節,見呂坤《實政錄》卷九《督撫約》。"上安橫木向外",《實政錄》作"上用覆格"。

〔八〕"垛",《實政錄》作"架"。

〔九〕"堆",《實政錄》作"推"。

〔一〇〕"布幔"一節,見《武經總要·守城》。

〔一一〕"皮簾"一節,除末尾一句,餘見《武經總要·守城》《武備志》《三才圖會》等書。

〔一二〕"戰器六種"一節,及以下"钂鈀"、"線鎗"、"腰刀"、"狼筅"、"藤牌"、"長鎗"六器,見戚繼光《練兵實紀》雜集卷五《軍器制解》。"不知"前,《練兵實紀》有"邊塞"兩字。

〔一三〕"用",《練兵實紀》作"分"。

〔一四〕"上",《練兵實紀》作"下"。

〔一五〕"舊制",《練兵實紀》作"此邊舊有之"。

〔一六〕"斫",《練兵實紀》作"砍"。"去"後,《練兵實紀》有

"也"字。

〔一七〕"鋒"，《練兵實紀》作"銷"。

〔一八〕"鐮"，《練兵實紀》作"鏟"。

〔一九〕"用"，《練兵實紀》作"要"。

〔二〇〕"刀"，《練兵實紀》作"用"。

〔二一〕"連四旁枝節枒杈"，《練兵實紀》作"連四旁附枝，節節枒杈"。

〔二二〕"長一丈"前，《練兵實紀》有"粗可二尺"。

〔二三〕"設若敵馬群來齊衝我"句，《練兵實紀》作"設若敵馬乘群齊來衝我"。中華書局版標點作"設若敵馬群來齊衝我前，無筅牌"，誤。

〔二四〕"此用竹"至"亦可暫用"，未見於《練兵實紀》。句意爲北方製作長槍之法，當爲韓霖所加。

〔二五〕此句意爲，北方乾燥，用竹子製作長鎗容易折斷，可以將竹子聚攏捆紮使用。"用攢竹"前疑脱"可""當"一類的字。

〔二六〕"鎗"字疑衍文，此下有"短兵防長鎗進老殺上"之句，或兩行相近而誤抄。《草廬經略·教部陣》："戚繼光鴛鴦陣……"與此相似。"鴛鴦陣……爲要緊束伍第一戰法"，見戚繼光《紀效新書》卷二《操令篇》。

〔二七〕《紀效新書》無"二"字。

〔二八〕"拿牌人"後，《練兵實紀》有"後身"兩字。

〔二九〕"短兵防長鎗進老殺上"一句，《練兵實紀》作"短兵防長鎗進的老了，即便殺上"。

〔三〇〕"燕尾炬"一節，見《武經總要·守城》。"火發"，《武經總要》作"發火"。

〔三一〕"西瓜礮"一節，見《武備志》卷一百二十二《軍資乘》。"枝"，《武備志》作"枚"。

〔三二〕"個"，《武備志》作"简"。"個"，異體作"個"，兩字形近而訛。

〔三三〕"總"後，《武備志》有"綫"字，當據補。

〔三四〕“擲”，《武備志》作“丟”。

〔三五〕“地雷”一節，第一段見《武備志》卷一百三十四《軍資乘》。“羊”，《武備志》作“牛”，兩字形近。

〔三六〕“火機”前，《武備志》有“引進鋼輪”一句。

〔三七〕“石炸礮”一節，見《武備志》卷一百三十四《軍資乘》。《武備志》無“再”字。

〔三八〕“萬彈地雷礮”一節，見《武備志》卷一百三十四《軍資乘》。“賊”，《武備志》作“虜”。

〔三九〕“埋藏如法”前，《武備志》有“再用鋼輪一個”一句。

〔四〇〕“木礮”一節，見《武備志》卷一百二十三《軍資乘》。中華書局版此句標點作“用堅木造，式無論大小”，誤。“造式”爲一詞，意爲製作物體的形態。《埤雅·釋獸》：“故古之造式者，木用槐瘻棗瘤，而以狼牙爲柱，取其靈智也。”即其用例。

〔四一〕“聯”，《武備志》作“連”。

〔四二〕“只可置之城下”一句，不見《武備志》，當爲著者韓霖所加。

〔四三〕“石礮解”一節，見《練兵實紀》雜集卷五《軍器制解》。“且”字後，《練兵實紀》有“不費官帑”四字。

〔四四〕“制”，《練兵實紀》作“滯”。

〔四五〕《練兵實紀》無“器”字。

〔四六〕“竹將軍、木發槓”一節文字，見《武備志》卷一百二十三《軍資乘》。《武備志》中，此段與下節“竹將軍”同屬一段，連屬“竹將軍”文字之後。文字改易較大。

〔四七〕此一句不見《武備志》。北方少竹而多木，此或韓霖爲適應北方戰爭的需要所加。

〔四八〕“有七利”，《武備志》作“此器之便有六”。

〔四九〕此句《武備志》作“雖一發即廢，絕無傷人之患”，韓霖將之列爲一利，故增“六便”爲“七利”。此處的人，指本方的軍士，並非指“竹將軍”沒有殺傷力。

〔五〇〕此句《武備志》作“二、每位通計工價七分，費廉工省；

三、隨地立刻可造；四、體輕，可以多負遠行，易于分佈”，此處合爲一利。

〔五一〕“竹將軍”一節，見《武備志》卷一百二十三《軍資乘》，個別字句遺漏未抄。

〔五二〕“回”，《武備志》作“圍”。

〔五三〕從“上用木蓋，穀竹口大”，至“用油紙或柿漆封固”不見於《武備志》對應章節。

〔五四〕“石”後，《武備志》有“塊”字。

〔五五〕小字部分爲手抄者或著者批語，非原文。

〔五六〕“見血封喉方”，見《武備志》卷一百二十《軍資乘》。文字少異。

〔五七〕該節製作火藥之法，見孫元化《西法神機》，記載最爲詳盡。一些段落又見焦勖《火攻挈要》及徐光啓《兵機要訣 · 附制火藥法》。各書之間所記內容有相近對應的關係，文字略有差異，蓋皆譯自西洋的著作，而翻譯及傳授略有不同。

〔五八〕此段見明孫元化《西法神機》卷下。文字少異。

〔五九〕《西法神機》：“煉硝又法，每硝一斤，雞子二個。”此處作“十斤”。

〔六〇〕徐光啓《兵機要訣 · 附制火藥法》：“炭：以麻秸、茄秸爲上，或近春柳枝、梧枝皆可，搗末，篩去聽用。”

〔六一〕此段見明孫元化《西法神機》卷下。句句皆有對應，而文字少異。

〔六二〕此句《西法神機》作“不時灑濕，搗之。選有力搗藥之人，須擇勤謹者”。

〔六三〕徐光啓《兵機要訣 · 附制火藥法》：“大銃藥方，即粗藥：硝四斤，或五斤，炭一斤，黃十二兩。”

〔六四〕此段見徐光啓《兵機要訣 · 附制火藥法》。此處未全錄原文，文字改動較大。

〔六五〕此段見《西法神機》，所記較此段詳盡。

豫計篇

清四野

《武經總要》曰："守城之法，凡寇賊將至，於城外五百步內，悉伐木斷橋，焚棄宿草，撤屋烟井，與水泉皆投毒藥。木石磚瓦，茭芻糇糧，畜牧與居民什器，盡徙入城內。徙不逮者焚之。"

《武備志》曰："四關百姓入城避兵，凡關外一切私財，除盡數搬入城中外，其長木、大板、席薄、木鐵家伙、柴草，休留一件。一則徒爲賊所燒毀，二則賊借之爲攻城具[一]，萬分慎之。城外有大樹宜伐之，近城尤宜防禦。竹木行貨多負郭，若不移徙，則賊攻城之具也。須仰各商將已登岸者，依期速運入城開賣，其在水各排，移去五六里外隱僻小港中暫置，以待賊過復業，如違，俱入官公用。城外各鄉鎮大户，收米在家，與夫糶糴待價者，着落里保，一聞警報，嚴催搬運入城，任民開糴堆積，止許城中糴賣，不許粒米出城，其倉貯搬運難盡者，有司嚴督糧長糴買上倉，如有不肯預期搬運，棄遺在鄉，致資盜糧者，其米入官，爲養守城兵夫用。仍查大户，有以牛酒鍰幣，開門延寇，俱係通賊之家，查照律例梟示。"〇如攻圍日久，勢不能支，即城內芻糧，亦當付之烈焰，而後爲借一之圖，使其野無所掠，內無所資，欲戰不可，欲留不可，不走奚待？此於萬不得已之時，酌量事機行之，又不宜張惶輕動，以自取內潰也。

料糧食

呂新吾曰：“州縣倉積[二]，須有穀豆二萬石以上，方爲寬綽，雖遇凶年，人不致於[三]相食。決不可一半在外，即放在外，許借不許賑，救死不救飢。即借，春出秋必收，利必加三還[四]。縣倉名預備[五]，非但救荒年也。”

“凡[六]富足人家，聞有聲息，將各莊積聚收入城中。城困之時，但有不足者，不分親疏，除自己足用外，盡數借貸與人。急時救命[七]，百倍陰騭；借衆人之精力，萬分保障。仍將所借登記[八]簿籍，令借人[九]親筆畫押，人有良心，得命之後，能[一〇]不補還？如不補還者，官爲加倍追償，決不相負。不然，即自己亦不得受用矣[一一]。”

《武備志》曰：“守城全賴居民，居民全賴兵食，須先料民料兵料食。凡城中居民及城外避兵之民，每人每日計米半升，煤炭五觔，或柴五觔。計口計食，須有三月之備，不自備，誰其顧之？惟日求升合。城閉絕糧之人，我既賴其守城，必須代之備食，不然彼先飢餓，豈能敵賊？”

孫傳庭曰：“嘗倣古社倉之意，而復參之己見，酌之人情，因得一法，謂之公督私藏。其法，令各府州縣，將本地殷富之家，不拘在城在鄉，無分紳弁士庶，逐一查明，分別上中次，令各於城內積米有差，如家在萬金之上，即派積米千石，以次而下，或數百石，或數十石，其平日積粟之家，尤不妨多派，派定之後，令各照數積完，各在本家收貯，報官親詣查驗，務一一足數，又一一實在城內，查驗明白，其米仍係各家之物，官不得用一粒，故謂之公督私藏。遇青黃不接之時，許其糶賣一半，出陳易新，徵貴之利，亦本主享之，但不許任情全糶。糶過及見在之數，仍赴官報知，至秋收，或糶買，或以種地之所獲仍補完原數。尋常無事，歲以爲常，一遇有警，城門關閉，許照未關城門時米價稍增十分之一，聽民間糴買。買户姓名及糴過米數，令糴户置簿登記明白，以備查考，恐其隱匿不糴，輒稱糴盡。官或因兵糧不足，方許取用，亦照十一加增之銀價，如數給銀，不許勒短分文。如無事之日，官取用一粒，及有事之日，官取用若干，不行照數給價，該府道申報撫按，即行糾參，拿問重究。如此，則於民無損，而於國有裨，似無米而炊，權宜之術，實藏富於民，制用之經也。但須賢明有司，能以此意家諭户曉，又酌其土俗人情，商同巨實鄉者，議妥舉事，行之有法，如一家之人自爲生計，始得。不然[一二]，或不明所以，張惶僉報，致生疑畏，更或借此行其不肖，人自不肯樂從，使良法美意，反成擾害，旋歸寢閣，亦安見無損於民而有裨于國也？是惟在各撫按道府及州縣之遵行若何耳。"

安頓鄉民

城外避兵之民[一三]，有親者依親，無親者官爲設處。如廟寺之類，僧道預先報名，選令守城，止鎖臥房一處，其餘公館寺院俱派鄉民棲止。大率壯民既各守城[一四]，老弱共止數處，婦女共止數處。門外貼名，以便認識可也。

設法防奸

州縣官當平居無事[一五]，宜先將本縣鄉居土民，作有柄手牌式一面，寬六寸，長一尺二寸，白粉油面，每家照樣做來，上書本家某人年若干歲，面色紅白，有無疤記[一六]，男女老幼幾名口[一七]，官標仍給各家領去[一八]；待聲息將近，四面各照四門進入，守門官吏於門外照牌點驗[一九]，若有面生之人，牌上無名，或年貌不同，即時擒拿送審，以防奸細夾雜進入，爲賊內應。

凡城中之人，裳服用本州縣關防印記，亦防奸一法。

禦城外

守城者禦於境外，固爲上策，仍恐守力不及，則當預於城外周回四面，各札營寨，掘爲壕塹，置陷馬坑，堆攔馬石，列拒馬鎗，插連機弩，置套馬索，立火器臺，埋遍地雷，木柵、鹿角柞、行馬、鐵蒺藜、火屏、火櫃、火牌、火車、威遠礮、連珠礮、氊布、圍竹、營車、釘牌之類，都要預先製造，禦於城外。賊來犯之，守器不可遽闖，攻器尤能堵截，且前出後應，左突右掩，我有所依，彼無所乘，此守之城內，不若守之城外者之爲得也。

早分垛

城內外居民[二〇]，年五十以下，十八以上，各以方面分記姓名於城垛粉壁之上，以備臨時各認信地，此事倉卒做不得，須預安排詳見《協力》《申令》篇。

嚴城門

各門用石嚴砌，或用土填塞，以防他虞。如我兵尚可出戰，恐反阻出入之路，止於門扇中當胸開鑿五孔，以五弓弩守之，賊不得近矣。

備石塊[二一]

每垛下要石子五六觔重，以至一觔半重者，高圓三尺一堆，大圓石可五六十觔者五塊，如措辦不及，即令避賊人於進城之時，各納數塊。

備修築〔二二〕

城上每面備磚一萬，黃土數十車，石灰千觔，水一百甕，每十垛用鐵掀二張，鍘刀二口，門六扇，丈五長杆四根，以備攻破城垣當時修補。

備傳警

每五垛備竹木梆一個〔二三〕，每城門四角，各備大小鼓二面，鑼二面，快馬數匹，以傳警急。各敵臺各備起火流星，事急則燃之，本面遊兵援〔二四〕應。各鋪備火種一盆，不許種絕。

備灰沙

守城遇有大風〔二五〕，則撒灰揚塵。石灰傷目而不能遠飛〔二六〕，柴灰輕飛而入目無損，不若以石灰攪於柴灰或黃沙之中。

備井水

城中宜多浚井泉，一以備人衆可飲，一以火攻猝救。又棚樓、敵臺之下，皆當各貯大小水缸數口，而五垛亦共貯一缸。如爲飛火所燃，隨燃隨撲，庶不致取救遠水，而成燎原之勢。

藏柴薪

警報緊急〔二七〕，城中居民近城者，不宜堆積稻草柴葦，恐城外火箭飛入起火，故宜禁諭，少則收藏，多則移置隙地爲便。

護草場

城堡中堆垛草場，必須撥人防護，萬分謹慎。賊至之日，有面生可疑之人，但至草場，即係奸細，拿送究治。

備筆硯紙條

每號頭備桌一張[二八]，筆硯一副，小紙條寬一寸者一百，以備緩急取物[二九]寫字傳知。

守城必用之人[三〇]

鐵匠，木匠，石匠，泥水匠，皮匠，弓匠，箭匠，火藥匠，竹匠，弩匠，油漆匠，紙紥匠，窯匠，裁縫，畫工，醫士。

守城必用之物[三一]

火器，弓箭，弩，各樣兵器，柳炭多，石灰多，煤炭多，水缸多，硝多，磺多，柴多，草多，油多，燭，桐油，白蠟，黃蠟，各樣紙，鉛多，銅，鐵，鋼，搥帛石，鐵釘，鐵彈，木料，尿屎桶，板，席，麻，磚多，各樣藥料，棘針，鐵扴[三二]，荻葦，舊鞋底，钁，釜，盆，鋸，大木杵，石杵，長椎，竹料，牛皮，鹽，舢，梯，繩，石杵臼，鐵杵臼，銅鑲木杵臼搗火藥用，多備，布帛，膠漆，毒藥，鐵索，砂土，推鑿，松樺，蒿艾，氈毯，芘籬。

以上諸物，或官備，或民備，其已具者，必簡驗一番，何者可因舊，何者當修葺，如未具，何者當特造，何者當預備，至如秘器奇械，必令知法者，另幽僻公所，密先製造，但要任之得人，無不精妙備具。

守城緩急應用之物，偶有缺乏，或無處置買[三三]，凡城中大家小戶，果有收藏，爭先送出，父母官即記一簿，各家器物，各記一號，事寧之日，除義施外，照其原數，或領價，或還物，必不相負。若慳[三四]吝不與，致誤大事，賊一入城，汝父母身家妻子，尚不知屬之何人，況財物乎？

　　管仲之言八無敵，以財爲首，守城之計非一端，安能無米而炊乎？勸募苦富，厚斂苦貧，與其苦貧也，寧苦富。然沿門托鉢非計也。良有司能實心任事，則積羨贖鍰，用之不盡，第難爲撲滿輩道耳。

校勘記

〔一〕此段見《武備志》一百一十一《軍資乘》，未全録原文。〇後語句未見出處。"具"前，《武備志》有"之"字。

〔二〕此及下一段見呂坤《救命書・城守事宜》。"州"，《救命書》作"本"。

〔三〕"致於"，《救命書》作"至"。

〔四〕"利"前，《救命書》有"即收"二字。

〔五〕"預備"前，《救命書》有"爲"字。

〔六〕《救命書》無"凡"字。

〔七〕"急時救命"，《救命書》作"救緊急之性命"。"救緊急之性命，百倍陰騭；借衆人之精力，萬分保障"兩句句式相同。

〔八〕"登記"，《救命書》作"記一"。

〔九〕"借人"，《救命書》作"本借"。

〔一〇〕"能"，《救命書》作"誰"。

〔一一〕《救命書》無"即"字。"矣"，《救命書》作"也"。

〔一二〕中華書局版標點作"如一家之人，始得不然，或不明所以"，"始得不然"相連，誤。《朱子類語》卷三："須是使民知信，末梢無疑，始得。不然，民倚神爲主，拆了轉使民信向怨望。"與此例同。

〔一三〕"安頓鄉民"一節，見呂坤《實政録》卷九《督撫約》。"城外"前，《實政録》有"其"字。

〔一四〕"民"，《實政録》作"男"。"守城"，《實政録》作"城守"。

〔一五〕此段見呂坤《救命書・城守事宜》。"州縣官"，《救命書》作"縣父母"。

〔一六〕"記"，《救命書》作"麻"。

〔一七〕此句《救命書》作"男幾口，孫男幾口"。

〔一八〕此句"救命書"作"官票字樣各家領去"。

〔一九〕"驗"，《救命書》作"查"。

〔二〇〕"早分垛"一節，見明吕坤《救命書·城守事宜》。《救命書》無"内"字。

〔二一〕"備石塊"一節，見《武備志》卷一百一十一《軍資乘》。

〔二二〕"備修築"一節，見《武備志》卷一百一十一《軍資乘》。

〔二三〕"備修築"一節，見《武備志》卷一百一十一《軍資乘》。《武備志》此句無"五"字。

〔二四〕"援"，《武備志》作"接"，兩字形近。

〔二五〕"備灰沙"一節，見吕坤《實政録》卷九《督撫約》。"有大風"前，《實政録》有"夜"字。

〔二六〕"不能"前，《實政録》有"體重"兩字。

〔二七〕"藏柴薪"一節，見《武備志》卷一百一十一《軍資乘》。《武備志》無"警報緊急"四字。

〔二八〕"備筆硯紙條"一節，見吕坤《實政録》卷九《督撫約》。"桌"，《實政録》作"卓"，可通。

〔二九〕"物"，《實政録》作"要"。

〔三〇〕吕坤《救命書·城守事宜》有"守城必用之人"，所舉工匠有異。

〔三一〕吕坤《救命書·城守事宜》有"守城必用之物"，所舉器物有異。

〔三二〕"扶"非器物名，此字當作"掀"。《慎守要録》卷四"每十垛用铁掀二張，鍘刀二口"可證。山西方言，讀"掀"如"欠"平聲，"扶"或爲以"欠"爲聲的俗字。

〔三三〕此段見吕坤《救命書·城守事宜》。"或無"，《救命書》作"何"。

〔三四〕"慳"，《救命書》作"奸"。

協力篇

主守事權

守土官爲主〔一〕，居中調度。城上分爲四面四角〔二〕，一人〔三〕，守正一人，守副二人，俱以佐貳副倅〔四〕，或大小鄉官舉監，老成練達、執法嚴明者爲之，處斷一面之事。練成民壯二十名〔五〕，督率城衆，教演守法。守城悉行〔六〕軍法，欲救一城性命，難做一些人情，主守須借之威權，便宜行事。寬緩柔懦、避事徇〔七〕情之人，決不可用，蓋一面稍疏，三面雖嚴，何救于一面之失？一城萬人〔八〕之命，付於守城之人，守城數千人，付之十餘〔九〕守者，何等關係，可不擇人？

分派信地

請鄉官協守城門，各就其家之便、情之合者分配。又將在城舉人監生等，及衛所能幹官生，各派分樓鋪，分班輪管，晝夜巡視，分定信地，庶事有責成。

責人任事

守城，非臨時守之也，必於未事之先，搜賢才，募智勇，核忠勤，及夫巧思奇技之士，靡不羅致麾下，隨才任用；又當用謀諮度，虛心獨斷，使賢才者不失其賢才，心計者不失其心計，膂力者不失其膂力，群策群力，無不畢舉，於是守法具備，而賊無可攻之隙。且下至游棍俠徒，雞鳴狗盗，及罪犯疲民之輩，亦必收之，使彼各思得當以顯其才，效其用。此用人，爲守城第一義也。

有事之際，最貴和衷；攘難之期，尤要實念。一切在城文武職官，俱當忘爾我、化町畦，一應事機，必同心商確，不得營私任氣，矛盾異同；又勿得以徇情故而妄示優容，勿以勢要地而故承結納，必或如殿上虎，或如一家事，乃可堅守力禦。否則略着私念，略襲虛文，兵事難容一誤，縱不爲國家計、民人慮，而吾之身家名節，關係亦何如耶？

守城要擇人。有十人之能者，統十人；有百人之能者，統百人；有千萬人之能者，統千萬人。先要擇十人百人千萬人之所服者而推之，是得一人即得十百千萬人，失一人即失十百千萬人也。柔懦者不爲長，昏愚者不爲長，暴横者不爲長，執拘者不爲長，奸私者不爲長，志不奮發、力不强健者不爲長。

編派丁壯

守城必派垛夫，編夫難論門户。富家有大厦千間，而貧家一室懸罄，一門一夫，貧者安肯心服？但富者固有資財，而貧者亦有性命，事到忙時，不獨富者有利害也。是在守土者，酌量時勢情理而編派之，務令貧富帖然，各盡其道而已。

一、賣菜販水、傭工貧棍、朝來暮去之人免編。

一、六十以上無兒老夫婦，又無住房、使令之人者免編。

一、寡婦、十五以下幼子，又無住房、使令之人者免編。

一、士大夫及武弁隨主將巡城提調，本身免編。

一、瞽目殘疾勞癖之人，又無住房、使令之人者免編，偶疾者不准。

一、一人兩處有房者，住處編本身，閑房編賃户。若本身住房已編，別處另賃一間半間開鋪者，免其重編。

一、每垛口須用兩人或三人^{〔一〇〕}，輪流喫飯宿歇、解手搬運。若只一人，豈能站一日一夜不勞倦乎？賊乘勞倦而攻之，豈有精力鬥敵^{〔一一〕}哉？

一、編夫守城，要近各人住處，不得遠過里半二里；若不分遠近亂編者，官吏重究。

一、城上自東面向南^{〔一二〕}，天字一號起，每五垛爲一號^{〔一三〕}，地字以下俱同。其號寫於垛口內^{〔一四〕}，大如升口，止寫天一兩字，以便傳令。

重兵鎮守

城池地寬平^{〔一五〕}，可容萬寇，守此面者，人須倍於三面，又多列强弩硬弓火器^{〔一六〕}，而委任擇有膽智^{〔一七〕}之人以統率之，或正官^{〔一八〕}坐鎮此面；不然，此處一失^{〔一九〕}，三面雖堅，無救於敗矣。

分派游兵

賊攻城，固設有守垛兵夫，然此輩終是百姓，未必能諳武藝。必須將本城素練之兵，饒有膽略、善於火器弓箭者，分游兵四支，派守四面，幫助守垛人夫，以壯其聲勢。或射箭，或放礮，必使賊不能攻方好。

添設援兵

一、守四面城垛，既有民夫，又有游兵幫守，似可保無事矣。但恐賊衆多，久攻兵力不能支，則設援兵二支，一支屯於城之東北隅，一支屯於城之西南隅，遇有緊急之時，各照信地，急爲應援，以保萬全。或城中有奸細放火，即用此兵救之。

添設外拒

守者非特守於城也，必搜境內山川形勢，何處可扼要而令重兵屯守，何處可分據而令偏師犄角，何處可埋伏兵而挫其先鋒，何處可掩游兵而絕其糧道；又聯絡聲勢，各爲應援。如猝然在山，則遏之於遠，勝於守之於近矣。

總派軍馬

分城中軍馬，各有部數。必量其多寡，城外營若干，屯隘處若干，牛馬墻若干，守城垛若干，各門臺若干，各巡視若干，各游兵若干，救火兵若干，中軍兵若干，其餘多剩，皆統於中軍，以聽調用。

體恤下情

勢在危迫，上下同命。主將必與士卒同甘苦、均勞逸，問病撫傷，即至食弩筋、飲糞汁，民無離心。

兵　略

俞大猷曰：“教兵之法，練膽爲先；練膽之法，習藝精則膽壯[二〇]，膽壯則兵强。”

又曰：“陣隊之法，即一人所習之法也。一人之鬥，有五體焉，身爲中，二手二足爲左右前後，五者變化，不可勝用矣。引而伸之，觸類而長之，五人、五十人，以至於五萬、五十萬人之鬥，俱[二一]同一法也。”

又曰：“若使[二二]之習藝，而得精兵以爲用，雖以二兵之養養一兵，亦可也。蓋習藝之兵，非酒肉不飽，衣鞋之類，亦易弊壞。我能以二兵之養養之，及其藝成之後，則精兵一人，可當百人之用。”

校勘記

〔一〕"主守事權"一節，見吕坤《救命書·城守事宜》。"守土官爲主"，《救命書》作"父母官爲主守"。

〔二〕《救命書》無"四角"，當爲韓霖所加。"四角"者，城墻東北、東南、西北、西南四角。

〔三〕"一人"爲衍文，當删去。

〔四〕"副倅"，《救命書》作"丞尉"。

〔五〕"名"，《救命書》作"人"。

〔六〕"悉行"，《救命書》作"原是"。

〔七〕"徇"，《救命書》作"徇"。

〔八〕"人"，《救命書》作"口"。

〔九〕"餘"，《救命書》作"數個"。

〔一〇〕"編派丁壯"一節，見吕坤《實政録·督撫約》。起首一段改寫較多，作者不全遵原文，故不出校記。原書無"或三人"三字。

〔一一〕"鬥敵"，《實政録》作"敵鬥"。

〔一二〕《實政録》無"城上"兩字。"面"，《實政録》作"門"。

〔一三〕"每五垛爲一號"，《實政録》作"十號止"。

〔一四〕"垛口内"，《實政録》作"懸户内外"。

〔一五〕"重兵鎮守"一節，見吕坤《救命書·城守事宜》。此句《救命書》作"城東南無池，而地寬平"。

〔一六〕《救命書》無"又多列强弩硬弓火器"一句。

〔一七〕"智"前，《救命書》有"有"字。

〔一八〕"正官"，《救命書》作"縣主"。

〔一九〕"一失"，《救命書》作"失機"。

〔二〇〕"兵略"一節，見俞大猷《正氣堂集》卷十一《兵略篇》。"習藝"後，《正氣堂集》有"爲先"兩字。

〔二一〕《正氣堂集》無"俱"字。

〔二二〕"使"，《正氣堂集》作"苦"。

申令篇上

中軍號令

　　城中高處，可以四面瞭視之地，或就樓鋪，或立廠房，主守居之，設立中軍旗號，用十二丈黃布大旗一面，圍竿長五丈，預備黃紙雙燈一盞，單燈分青紅白黑紙各一盞，若黑紙難明，則代以綠。又備青紅白黑小旗各一面，大流星礮百枚，巨鐘一口，碗口礮四口，用止三口，多一口者，以備不響也。手銃亦四口，其隨銃應該木馬、火藥、火繩、送子等件俱備足。撥好軍一名，專管火種，日夜瞭城外伏路號火。銃礮吹鼓手八名，平時無警之日，天明放礮三聲，吹打一通，催守城人下城；天晚放礮三聲，吹打一通，催守城人上城；每更盡，吹喇叭二聲，催人換更。如有警，則放礮三口，日間搖動黃旗，如東方警，則加青小旗，東南隅則加半青紅小旗，連撞鐘催兵，放礮止之；夜間放礮三口，又起雙燈，如東方警，則加青單燈，東南隅則半青紅燈，連撞鐘催兵，放礮落燈止之。游兵戰隊各認方色策應，而諸原派守城者不得擅離信地，以防聲東擊西也。如二方三方四方交發，亦各認本色策應，而東方則坐援南方，南方則坐援西方，西方則坐援北方，北方則坐援東方。如南方有警，例當東方援，而北方無事，西方又當援南方矣。各方以類推之。

協守號令

四面城樓、四角樓，亦各豎本方旗號，以六丈布爲率，而游兵將領，雉、城長，各認本方色旗，其旗大小以官爲差。如本方有警，晝則搖動本方旗，夜則又起本方色單燈，擊鼓催兵，夜或再加流星，無事則鑼聲止之。本城、雉有警，則搖動本城、雉旗，夜用小單燈。城門及四隅，油燭火藥、選軍火種等項，俱照中軍。○主守須假協守以權，乃可服衆。

城外號令

營有結之城外者，亦當照依四方旗色掌號流星，而城上本方代爲傳號接應。無事之時，不許亂舉響器旗號，城中禁高竿之物，並樂器小礮，概不許作。

分垛定方

守垛夫必計其多寡，派作二班或三班，每一垛用灰粉白内書垛夫姓名，各認定防守，更番迭換，以體養息力。如頭班一晝一夜，次日即換二班，再須即換三班，各置簿，有定限，彼此不得推諉。五垛爲一伍，立一伍長。二十五垛有城長，百垛有雉長。伍長、城長、雉長各執旗，伍長填五垛夫姓名在内，城長書伍垛長姓名，雉長填四城長姓名，各有統領，各有分責，庶可齊一，亦可查核。○若人數多，城長、雉長當在垛數之外。

編寫字號

東面自北起，伍長旗寫天地元[一]黄字號，城長寫東城一及東城二字號，雉長旗寫東雉一東雉二字號，餘可類推。各門各角又分管各雉長。白日止豎旗號，各長輪守之。非寇至，不用軍民上城，以息其力。

分派守具

通計本城共有若干垛口，現今通有若干守具，各照信地分派，稀密得宜，即令慣使官兵領之，安置就近鋪廠，其餘守具，俱置城樓，以候不時之用。各城樓及對城外衝要之處，各置大銃、佛狼機等器，隨用裝放火器，人帶火藥備急用。其城樓下預置合用火器、鋒利器械弓弩，又堅固防牌；若庫中封識不足，借附近居民空房亦可。垛夫每人備利斧一把、木棍一條，最爲得力。

派守敵臺

敵臺擊賊易於爲力，每臺各置大礮，翼以鳥統火鎗，選擇勇力者守之。若敵臺大礮得法，守城工夫已完大半。

守垛條件八條

一、垛夫每夜一人輪守一更，每垛各置一石，大二三尺，高稱之，每更夫執小旗登石擊柝，站立既高，則可以俯瞰五垛城下有無奸細。其餘四人穩卧，倘遇有警，喚醒同伍四人，則名雖一夜之守，實止一更之勞也。轉更輪換，聽中軍喇叭，各門應之，並時轉換應換之人。每伍置一木牌，注定某人某更，不得推諉失誤。

一、每垛口五個，立草廠一間，下用板鋪，勿使泥濕傷人；上用苫蓋，四面皆堪遮蔽風雨。遇至樓鋪充之，不必另立[二]。每五垛梆一口，燈一盞，藏在鋪內。

一、垛夫每五垛共懸一燈，或燭蠟難繼，則收用松柴，然火必用鐵毬盛之，須用竿六七尺，長繩繫挑出城外，下離地七八尺，庶有無奸細，可以洞見；如用燈，則當上以瓦蓋，下繫鐵石，以防風擺。

一、垛夫該值者，晝夜俱要注定限，亦不得滅燈火，又戒出頸外望，以防飛矢銃彈所傷；夜間所睡之人，亦不得脫衣，如聞中軍礮響，懸起雙燈，則同伍者一齊向外，持械站立力拒，候中軍落燈止號，方許就睡，該值者照舊執更。每日夜便溺，俱拋城下〔三〕。

一、上城處豎立柵門〔四〕，撥兵看守，不許垛夫私下及閑雜人潛上，一防攪亂軍伍，一防奸細外招。止放飯、換班開出，至晚中軍放礮，則封鎖不開；如警急，則茶飯挈送城上，止於換班放出。

一、城上每段立一典掌，置小旗數面，凡遇有需索物件，寫字貼旗上，舉示城下，城下各段亦有主者，預簡備用雜物，各爲部分，謹伺舉旗，即應送上城，勿令緩急缺乏；又設雜役軍人，量爲多寡，專司負挈所需物件。

一、冬月城上每段加爐火，煮椒湯，各廠加小火爐，以禦寒冷，皆官爲設處。

一、城脚下每段繫犬一隻，以防夜警，撥分管人經管犬食。

巡邏巡官〔五〕

各垛兵勤惰不一，須常稽查。但〔六〕使人人點名，更更喧嚷，則守垛者不能睡卧，精神困疲，非計也。當以城門爲限，如東門至南門之類，每設巡邏兵十名，置小紅旗一面，中書巡邏二〔七〕字，每更兵二名，輪班絡繹巡視，各止挑燈執旗往來垛口，不許叫喝打梆搖鈴；若有垛夫熟睡，不行瞭望，並垛口燈火斷滅者，隨挈更旗，次早總巡官處稟究，仍行喚醒點燈，不許擅自喝打、賣法。

設巡邏役猶恐疏虞，每門另選武職官二員，各與馬匹，置[八]更牌更箭。如東巡至南門，時值二更，東門官將一更箭交付南門城樓上官驗收，南門官隨付二更牌與東門爲驗，輪番迭周，次早送總巡官處查考。若各官將牌箭私授，不親巡警者，查出以軍法重治。其巡警官先查巡邏十人，若見各垛口偶有睡熟失瞭隱燈者，掣其更旗巡邏[九]，次早並送總巡官處究治，亦止許巡視，不得呼喝敲梆，驚擾守垛之人。

遊兵協助

各門另設遊兵若干人，俟有警，協力策應禦敵。一門有警，各門堅閉固守，不得輕動，以防聲東擊西之患。尤禁垛兵驚擾離次。至於疾風暴雨，半夜黎明，人易懈馳，賊每乘間，尤宜申飭。

謹慎火藥

各門各臺火藥，俱專派人司之。如不如法，捆打，及不謹慎失事者，軍法從事。

立監軍官

監軍官置紀功紀罪簿各一本，某人有功，係是何功，某人有罪，係是何罪，登記明白，以憑賞罰，毋得徇情取咎。

專主賞格

月餉賞格，有專主者，必擇廉謹者司焉。更令心計員役，時爲稽訪，如有刻削，即從上刑。本軍亦許自首，但有捏情罔上者，一體治之。

預期演習

城上人夫認號既畢，限於每日飯後巳時，照以前號令[一○]，即一連教演三日，巳集未散。庶免臨敵倉皇，手足無措[一一]。

以上爲第一[一二]段。

設伏探

照城外要口，四面共有幾處，每處五人，每人管一更，俱於每日午時，各領起火繩六枝[一三]，三眼銃一把，燈籠一盞，黃旗一面，雨具一副，各照派過信地，方可出城伏探。每至次日午時，有人交代，方許回家。若遇有賊在近，每路每方加撥五名，器具同前。如遇賊至[一四]，即放手銃三個，起火三枝，搖展黃旗，馳回。中軍高處照給過號令接應，城內人兵又照中軍號令上城守禦。如有人出伏遲期，及備該隨身前項火藥不如法，藥繩藥綫濕落不堪，雨具不整，及在外之人不候交代而輒回家，或偷藏人家屋廠園林之內者，通以軍法捆打一百，割耳。如有誤事，軍法示衆。再外設偵探，能近賊營、入賊隊，打聽得的實消息者，優以重賞。如預知賊人如何攻器，我便可預爲守具；如何詐謀，我便可將計做事。此尤喫緊一着也。

設馬鋪[一五]

每鋪相去三十里，於要路山谷間，牧馬兩匹，有事警急，烟塵入境，即奔馳報。

設烟墩

尋常境外必築有高墩瞭哨，聞警必愈爲嚴謹。其墩或隔三里，或隔四五里，每墩以五人居之，紅旗五竿，火器木石鈎刀鎗弩備具。上多積狼糞火種，凡賊來放烟，晝黑夜紅，連結不散。如見賊結隊將犯者，放一銃，起紅旗一竿；賊遠十里，連放二銃，起紅旗二竿；賊遠墩五里，連放三銃，起紅旗三竿；賊近墩，放四銃，起紅旗四竿。或定爲口訣，賊來某路，放礮幾，紅旗幾，或舉旗何色，夜則易燈籠流星，亦照數各爲信驗。賊若攻墩，則發矢石火礮鎗鈎等器禦之。其芻米等物，皆限以一月。如哨瞭人有違玩失誤者，以軍法從事。

走報軍法 五條，墩軍宜熟背

一、賊所登犯之地，本墩失誤，放火卓旗；遇賊流至鄰墩之下，鄰墩放火卓旗，而本墩後接者，墩軍以軍法示衆。

一、墩軍於賊情緊急時，及聞警報，務要盡數在墩。敢有下墩回家，及雖住近墩下而不在墩者，無賊至，捆打一百、割耳；有警，軍法示衆，該管連坐捆打。不准以取水米調用，餘月准以一名專運薪水。每二名爲一班，分爲二班，每半月一更赴墩。

一、近賊本墩放火卓旗，而鄰墩接應失誤者，鄰墩軍法示衆。

一、應備前項什物軍器，欠缺一件者，墩軍捆打一百、割耳，仍罰月糧置辦；該管官連坐捆打。

一、應備前項什物軍器，雖不欠缺而不如法者，墩軍捆打四十，扣月糧改置；該管官以分數論罪，治以軍法。

查點法式 八條

一、每月定若干次，差人於本處起，四面分撥人員點查，如有不到者，即便綁解治罪。

一、凡差人員點墩，敢有索受分銀粒米，與墩軍所得之罪一律均治。雖素親信，並不輕減。

一、差閱人員不逐一親到墩查勘，乃於總路拘查，或托人代查，及到墩而又點查不明者，一體捆打，沿墩示衆。

一、差查人員到墩，先數軍足五名，即看火種之處火種有無，次看火器收拾藥綫可否，次看大小銃裝收何如，旗有無損壞，次看旗杆堅置何如，桅繩車試是否堅壯，次看草屋三架，草柴有無雨濕短少，用過有無補足，次看水缸有無水，次看米菜等物見存用過數目，次看碗碟睡臥處所，是否在墩宿歇。

一、試銃、試旗，卓旗而不放銃，放銃而不卓旗，皆不接應，知是演習也。

一、初立墩，其號令必須照依報警習學，預於十日前，通行鄰近軍民之家，及報令於上司知會，使鄉野城市、近墩遠墩之人悉知其由，方可舉行習演，否則恐驚地方耳目，以後不信矣。

一、遇驚之後，但經放過軍器草屋，不許過三日即要補完，違者以缺少法治。

一、官府經過，止可擊梆鑼，不許擅卓旗、舉燈、放銃礮等項以疑鄰墩，違者以妄報聲息，軍法重治。

添設飛報

每門置飛報四人，健卒善走者爲之。或城寬可走馬，則各置馬二匹。每伏路警報一到，除本門設備迎敵外，即左右分報，遞報各門，知會預備。此因城中立竿不便而設也。

以上爲第二段。

防奸細 十條

城中奸細，萬分當防。凡面生之人，或一年半年妝爲客人、僧道，或充算卦、傭工、皮匠、裁縫、賣菜、販果[一六]、修脚、篦頭，在於城中，踮[一七]探道路，采訪虛實，窺伺貧富，交結守門牢伴爲心腹[一八]，買囑在官人役爲耳目，甚者包攬皂快，營幹守門。一動一靜，無不皆知；一計一策，無不傳報。及至圍城之時，此人或舉火内應，或預配城鑰開門，或揚言賊已入城，惑亂衆心。有司預先謹防，臨時收逐[一九]，但有房主歇家不行覺察，一概混留者，查實，奸細與房主歇家一同打死。

從來賊欲攻城，必有内賊爲之應。多在夜間倉庫放火，或於空廟及高阜處放火或放礮爲號，即有十餘人雜於我軍，偷至城上，砍傷守垛軍士，吶喊稱言："城破矣！賊至矣！"我軍聞之驚潰，賊因乘之大開城門以延衆賊而入，此千古覆轍也。如遇有此等之人，但嚴戒軍士，守城者守城，妄動即斬；守門者守門，妄動即斬。又急傳守門之人，但防内賊，勿防外賊。凡城内居民，各執器械，各立門前。至天明賊計不行，自授首矣。我軍不潰，賊萬萬不能奈城何也。

凡欲守城[二〇]，必預先編定保甲，十家爲牌，又各人給一腰牌，開寫年貌、籍貫。凡有牌者，出入城門一概放行。其行旅客商，偶投避難，盤得言不支離，面不生異，亦令入城。又或慮賊有拘執吾民家屬，令其裏應外合者，必須仔細搜檢身上物件，有疑拘住。即如放民采樵，出軍回城，亦爲查考。城中最慮潛伏，須於各街巷口設置柵欄，每夜懸燈，撥夫執器械嚴守，晨昏啓閉，即官府夜行，亦須訊察，以防奸細。

城上四面各有巡官，而在城中亦必設立，專管巡邏城中，以稽地盜乘機竊發。如守柵巡夜之夫違玩者，重究。城中分爲各坊，坊各立坊長一人，大坊立坊長二人。每巷立巷長一人，視巷之大小，又派分管五七人，或三四人，每日一查報坊長，某巷清查訖，每兩日各坊長報中軍，某坊清查訖。如捉獲真奸細一名，有賞格犒之，坊長另議公舉旌獎。如知情隱昧，有連坐之法，公舉到官，以憑處分。又設稽察之法，各巷長查分管每門查過否，各坊長查巷長盡心否，各坊長率人又互查別坊之長盡心否。以上三項，不必處處問，但無心采訪之。如分管不用心，罰銀五分，巷長不用心，罰銀一錢，坊長不用心，罰銀五錢，充公餉。又每坊細編各巷號數如左，某巷幾門，其有廟有寺、有空閑房屋窑洞等項，俱要備細開明，後書巷長某人，各坊坊長處各存一張，以便稽察，若每坊細畫一圖更妙。前街鋪面店房，以三十家爲率，立鋪長一人，以當巷長，分管四五人副之。

坊第　號　巷

墻自　起　止共　門

墻自　起　止共　門

寺　廟　在内

巷長

城中失火，專立救火軍一枝，量城寬狹爲數分布，聽候中軍擊鼓，即急趨救滅。城中居民，不許亂走混救。其在守城垛夫、巡官將領之家，亦不許下城救應。而街巷之中，又當預令每家各貯一水缸備火。

城外有使至，守門者簡實，徑導諸主將，内外軍民不得輒相見。如得飛書，持送本營，對衆封送主將。凡有曉景氣術數人[二一]，悉收[二二]官府，不得與他人竊語。又[二三]禁論説怪異，以惑衆人[二四]。如城上城下有面生可疑，交言接語，或擲物件，做手勢號色，即時拘拿，解主將究問。

城門選派壯丁數十人，以防奸細開門。甕城門内層向外者，晚用外鎖。

凡詰奸，須立木栅，在壕之外百步，陳兵守衛而詰之。城門之下，又嚴兵而待之，遇警則閉。今人聞警，輒將城門畫閉，或止開一門，或日開二次，而詰奸又在城門之内。避難之人一擁而入，又孰從詰且辨之？又每敵臺左右各置小吊車四五架，以便兵上下及逃難者。吊人之法，婦女隨即吊上，若係男子，須審其聲音貫址，方許吊入。又倘賊急人衆，宜暫躲牛馬墻內，陸續放進。

嚴禁奸盜

壯丁上城，家中無人看守，小人乘機爲奸爲盜，但有拿獲者〔二五〕，當時打死示衆〔二六〕。其飲食不足之人，開具手本稟官，設法賑借存恤〔二七〕。

以上爲第三段。

對敵號令七條，守城之人俱宜熟背

遇有伏路警報，城上中軍〔二八〕，晝則放礮三個，卓起大旗，夜則放礮三個〔二九〕，卓燈二盞。各軍民〔三〇〕照派信地垛口，各執原給器械。垛長、城長、雉長豎旗懸燈，俱向外立定。賊如遠來，則大礮、佛狼機，近則銃、弩，再近打石子、灰罐、石塊、檑木、鐵汁、糞汁之類。如有老少搪塞，抗違不到，諸般違令，本犯以軍法從事，垛長割耳，同垛捆打。

緊要七款，開列於後：

齊　心

一、守城要心齊。城上四面防守之人，無分貴賤大小，均以性命爲急，均有死亡之懼，各爲自家身家守〔三一〕，非爲他人效命也。凡在城中城上之人，先要誓諸天神，齊心一體。勿懷奸心，我飽而人飢；勿懷懶心，人勞而我逸；勿爭利而趨，勿見害而避；勿因小嫌而彼此賭氣，勿懷小忿而彼此相爭。違者各長〔三二〕審實，送中軍處〔三三〕捆打一百。至於一垛有急，一伍〔三四〕協力，一賊上城，五〔三五〕夫下手，敢有觀望退縮者躲避不前〔三六〕，一伍[三七]之人，俱斬首示衆。

壯　膽

一、守城要膽壯。賊之膽略與我一般，賊之性命與我一般。彼不皆勇，我不皆怯；彼不皆巧，我不皆拙。彼以捨命成功[三八]，我以貪生得死耳。彼在城下仰攻，有十倍之難；我在城上打下[三九]，有十倍之易。人只見賊扒城便是膽戰，見賊上城便欲驚逃，不思一人驚走，千人皆散，一散之間，賊俱入城，父母妻子個個殺死。若放開膽力站住不動，與賊敵鬥，賊安得上城？是站住者滿城得活，走散者大家同死。但有一人見賊退走一步者，登時斬首示衆[四〇]。

定　氣

一、守城要定氣[四一]。凡五十步之外，賊吶喊衝搪，或用先鋒前哨聲言要攻者，勿動。離城數十步者，敵臺方發箭石快鎗用大礮遠擊爲是，守垛勿動。賊到一二十步之內者[四二]，垛口擂石、打快鎗。負門頂卓攻城者，大銃擊之，或下大石[四三]。架車挖城者，投柴於車之兩傍，火箭焚之。賊至城下，勢必仰面，用撒灰[四四]。三人搭鈎竿者，用仰月鑱斷其皮條[四五]。一人搭鈎[四六]竿者，仰月鑱斜推之，猛推即倒，仍用大斧碎其鈎頭。搭雲梯者，四五人魚貫齊上，用仰月鑱，四五人偏柱[四七]着力，土城則外推而梯反，磚城則斜推而梯傾，仍用三刺鎗極力刺賊面、賊心、賊腹，務必一處中傷。賊手爬垛口者，揮斧截其十指。賊刀先繞垛口者，大[四八]棒旁擊其刀，或以舞袖鎗搭賊，使上而殺之。即使[四九]賊頭入垛口，見盔用斧頭碎其腦，見項用斧刃斬其頭。跳入垛口內者，手足俱[五〇]不得定，一伍[五一]人夫亂札砍之。切忌數十步之外妄發矢石火藥，既不中賊，又損實用。嘗曰[五二]：守里不如守丈，守丈不如守尺，愈遠徒勞，愈近得力。若氣不先定，便是慌忙亂放鎗礮矢石[五三]，器械已盡，氣力已乏，心膽已亂，待賊近城，何以禦之？此守城第一大戒也。然殺賊之後，各人急須嚴守自己垛口，聽上人頒賞均分，不許爭功爭賞，致有失守誤事，切戒切戒，違者定以軍法重處。

定　脚

一、守城要脚定。每垛各有信地，見班守垛，東西南北不過五尺[五四]。假如賊欲攻西，先在東面熱混，撒得人護東門，則西面必鬆，他却一枝兵乘機一擁，自西登城，謂之聲東擊西，聲南擊北，聲晝擊夜，聲晴擊雨，總是“出其不意，攻其不備”八個字耳。兵法“擅離信地一步者斬”，城上之人分定人數，各照粉壁，日夜防守，不許越過一垛。面目向外邊看，城下賊如攻東，雖十分緊要，三面之人安定不移，自有游兵火速向緊急之方齊力防護。傳語城中，但許歇班離垛。巡視城上，惟許垛長往來。其見班若過他人一垛[五五]，割右耳示衆。

目　專

一、守城要目專[五六]。守垛之人遠望近視，頭不敢回顧，眼不敢轉睛。放鎗發箭，則端相賊之頭頸[五七]。目力不精則緩急失候，毫髮之間，生死所係。凡垛長、城長、雉長[五八]巡視困倦者，輪流歇息。但有視[五九]班打盹亂瞧者，穿耳示衆。

聲　静

一、守城要聲静[六〇]。城上喧嘩，則號令不聞，心志不一，警戒不肅，目力不專，此敗道也。故城上招呼各以手勢，説話各以喉聲，至於夜間，尤要安静無聲，以聽賊之消息。四城門俱有更鼓，每交[六一]點放礮一聲，高聲人大叫一聲云：“大家小心！”

城上衆人齊應[六二]一聲。餘時不許動一些聲息[六三]，使賊不得以掩我[六四]之形聲，探我之消息也。城上白日屏去鈴柝，止豎旗號，不許一人喧嘩，且城上不嘩，城外有警，亦可傳報，以便策應。即如巡城守垛，與賊攻打，甚至被傷，亦不得大言震喊，高叫驚走。但有隔垛鬪語者，割左耳示衆。

志　堅

一、守城要志堅。兵貴如山，千搖不動，百震不驚，庶乎賊智自窮，我守可固。昔曹成攻賀州，日久不下，忽有一人登城大呼曰：“賊登城矣！”守城之人都滾下城來，賊遂登城。原來曹成用了個炕營計[六五]，一人訛言，萬人驚走。以後守城，丁寧此令，但有一人謠言惑亂人心者，守城之人寸步休移，抵死莫動，只將謠言之人與先動之人當即斬首，懸頭[六六]高竿示衆。

遊兵策應二條

一、遊兵聽四面號聲策應，如南面東南隅以鐘三聲爲號，西面西南隅則以鐘四聲爲號[六七]，北面西北隅則以鐘五聲爲號，東面東北隅則以鐘[六八]急撞數十聲、稍歇又撞數十聲爲號，須用預期曉諭。然賊有實欲攻西而故急東，以輟[六九]吾兵力者，此不可不知。〇恐鐘聲與中軍相混，或傳八色小手旗亦可。

一、賊用攻車雲梯上城，垛夫難禦，游兵齊力用大力守器禦之。〇還當於敵臺禦之爲妙。

遊兵捉逃

守垛夫下城逃走，遊兵拿獲立斬。使人知守不必死，退不必生，不畏敵而畏我。

敵臺擊賊

賊至城根，扒城挖城，守垛之人，只用礌石、灰瓶之類，箭不得加，全憑敵臺兩下交打。若敵臺無大礙者，只可五十步一座，如太稀，須用有力量挽强弓發硬弩者守之，否則遠不相及矣。

傳報賊話

一、賊有講話者，不許私回，巡邏報與中軍，酌量回答；一面傳令別面，隄防暗算。

專擊賊首

一、賊來必有賊首指揮，用火器，選鋒手十人，攢打一人，斷乎必中。打死一賊首，餘賊自然退去，照斬首級功，加倍厚賞。

紀録功罪

一、戰時，監軍官執旗督戰，不力者記之，戰而有功，或殺賊，或敗賊，鳴角一聲，給與賞票，以作士氣。

隄防早夜〔七〇〕

凡敵夜襲，多在下半夜，乘人疲倦故也。悉衆攻我，多在黎明，守者散班故也。故夜巡須嚴，次早亦須換班人各到垛口，方許散班。

分別男女

一、用婦人披挂搠立，不可與少壯男子相雜〔七一〕，恐生奸邪。

若非萬不得已，亦不許編婦人。

設立飯廠

一、方戰時，衆不暇食，官爲備食犒之。或立飯廠，每三十人立一廠，令老弱閑丁供爨，每廠六人，官給食米器具，早晚一粥，午一飯。

申明法度

預委各官，及分派巡邏雉長、城長、垛長、垛夫、遊兵、飛報、柵夫、巷長各色人等，俱照派定執事，用心幹辦，依令施行，各有重賞。如有器具不備、不遵號令者，輕則捆打，重則軍法處治。

賞 格十一條

一、掌印官守城有法，能却賊保境者，特疏題薦。同守城官，無論現任或鄉官，一體疏薦。

一、城內正奇遊兵整辦鎮靜者，領兵官紀錄。

一、各官臨敵，身先督率，攻打退賊者，賞銀若干兩。

一、管理火器官，火藥、火器、藥綫件件預備如法，臨敵不致缺用者，賞銀若干兩。

一、號令官舉礮升旗，及鑼鼓鐘聲不錯亂者，賞銀若干兩。

一、監軍官查核功罪分明，無漏功、冒功等項情弊，賞銀若干兩。

一、雉長、城長、伍長督戰不違誤者，賞銀若干兩。

一、兵丁奮力射打退賊者，賞銀若干兩；打中賊首者，賞銀若干兩。

一、賊上城，守垛人能獨殺一賊者，賞銀若干兩，左右應援者各分給若干。

一、正奇遊兵應援攻打退賊者，賞銀若干兩。

一、巡官、巡邏、伏探、守門、柵夫、巷長人等盡心職掌者，賞銀若干兩。

罰　格二十二條

一、器具不備，兵器不堪，火器不如法，及軍丁喧嘩不整者，各掌管分別捆打記簿，致有失事者斬。

一、正奇遊兵不整辦鎮定者，領兵官捆打一百，致有失事者斬。

一、舉礮升旗及鑼鼓梆聲遲速不時者，捆打一百，致有失事者斬。

一、監軍官查核功罪不明，致有冒功爭功搶功者，打一百〔七二〕，致有失事者斬。

一、敵臨城，雉長、城長、伍長不督率丁夫、或身先退縮者斬。

一、垛丁專守本垛，左急援左，右急援右，退避者斬。

一、垛兵器械不備，不守本垛，離次亂行，臨敵回頭，驚慌錯亂，俱捆打一百。

一、一伍內一人不至，或夜歸私家，連坐垛長，各打二十，本犯割耳，同垛連坐。

一、遇賊攻打城池之時而不到者，本犯軍法示衆，垛長割耳，同垛捆打。

一、旗廠器械，矢石、火銃、鑼鼓之類，一件不完者，本犯捆打，連坐同垛。五垛以上本城長捆打二十，十垛以上本雉長捆打。臨賊攻城之時，以致缺少，及放火器不如法者，本犯軍法示衆，照前連坐者，俱割耳。

一、各鋪内遇守城時，或致火種斷滅，俱罪該管官。

一、見賊人大言喧嘩者，或被傷高叫驚走者，遵照臨陣退縮，軍法示衆。

一、夜驚者，治其所由，同垛本管連坐。

一、巡邏人私放兵夫，無論縱放賄放，與逃兵同斬。

一、哨馬哨探不明、馳報後時者斬。

一、中軍高處接應在外並墩堠號令遲誤者，經管官重治；因而失事者，軍法示衆。

一、捏造謠言、搖惑衆心者斬。

一、奸暴亂群、損人利己者斬。

一、乘機竊劫、奸污婦女者斬。

一、不遵將令、私議軍法者斬。

一、窩藏奸細、泄露軍機者斬。

一、凶軍犯上、率衆鼓噪者斬。

明法一志 四條

守者不足，攻者有餘，非信賞必罰，人心整肅，何以禦敵？故必須預頒條令，凡有微功薄罪者，立時舉行，無論貴賤親怨，從公一體處之。

強寇臨境，人情搖惑，非稟令畫一，何以遵守？故自大將出號以後，偏裨以下，俱不得各異指揮。

守城條約[七三]，千思萬想，既已立定，三令五申，便要通行。古今名將用兵，未有無節制號令而能取勝者。今將中軍以下號令合行刊刻，守城之人，各執一本，如某項人某款要緊，識字者自讀，不識字者聽識字之人教誦解說，務要熟背，即不熟，須解說明白，字字依行。各讀記之後，聽本管點背，若一條不記，打一板，若犯小過該責打之事，能背一條，免打一板，臨陣軍法不在此例。

　　萬一城陷，賊不過搶掠財物殺害家口，城上之人不動亦可以避兵。甚者賊將陷城，家口俱登城上，亦可以免死。蓋賊以得財物爲第一〔七四〕，殺人爲第二，待其搶足出城，行李鎭〔七五〕累，我或出城而襲擊之。縱不能襲，彼既得財，何苦攻我？何暇攻我？故城上薪水米糧，須有十日之備，可救城上之命。蓋城中巷戰尚自有兵，果無兵而調城上之人，須中軍放大礮九聲，方許下勁兵一孚〔七六〕，不然不可下也。故二令者是謂死將，不遵令者是謂死軍，不可不謹也。尤要者，賞欲信，罰欲必，行欲速，不恕身，不避勢，不然令亦不行矣。

　　以上爲第四段。

　　前輩城書，互有長短，且先後次第，未能愜心，況申令俾衆不二聽，可紛然淆亂乎？一一釐之，自預期演習以上爲第一段，明職掌也；添設飛報以上爲第二段，重整暇也；嚴禁奸盜以上爲第三段，防内變也；對敵號令以上爲第四段，嚴紀律也。而信賞必罰，尤髐髒之斧斤乎！

校勘記

　　〔一〕“元”，本當作“玄”。避清帝玄燁諱而改字。

　　〔二〕此句《登壇必究》作：“遇至樓鋪者，即聽以樓鋪充之，不必另立。”

　　〔三〕呂坤《實政錄》卷九《督撫約》：“城上終日便溺，俱拋之城外根下。”

　　〔四〕此段見《武備志》卷一百一十一《軍資乘》。文字少異。

　　〔五〕“巡邏巡官”一節，見《武備志》卷一百一十一《軍資乘》。

　　〔六〕“但”，《武備志》作“第”。

　　〔七〕《武備志》無“二”字。

　　〔八〕“置”後，《武備志》有“立”。

〔九〕"邏",《武備志》作"旗"。

〔一〇〕"預期演習"一節,見吕坤《實政録》卷九《督撫約》。"照以前號令",《實政録》作"撥標下或太原營軍熟知兵法者"。

〔一一〕此句《實政録》作:"須使稍知運用兵器之法,庶臨敵不致倉皇而手足無措矣。"

〔一二〕"一",原文此處爲空格,據文意補。

〔一三〕"設伏探"一節,見《武備志》卷一百一十一《軍資乘》,不全遵原文。"繩"字爲衍文,當删去。"起火"爲發佈軍令的一種信號,下有"起火三枝"之句,可證。《武備志》此句無"繩"字,或涉下文"藥繩"而衍。

〔一四〕"如"後,《武備志》有"白晝"兩字。

〔一五〕"設馬鋪"一節,見《虎鈐經》卷六《馬鋪》,無"即奔馳報"一句。

〔一六〕"防奸細"第一段,"城中奸細"至"奸細與房主歇家一同打死",見吕坤《實政録》卷九《督撫約》。"販",《實政録》作"賣"。

〔一七〕"跴",《實政録》作"躧"。

〔一八〕"心腹",《實政録》作"腹心"。

〔一九〕"臨時"前,《實政録》有"或"字。"收",《實政録》作"搜"。

〔二〇〕此及下一段,語意與《武備志》卷一百一十一《軍資乘》中"嚴盤詰""察奸細"兩節相近,然而文字差異頗大,或另有出處。

〔二一〕"凡有"一句,見《武備志》卷一百一十一《軍資乘》。"景",《武備志》作"星"。

〔二二〕"收"後,《武備志》有"隸"字。

〔二三〕"又",《武備志》作"及",兩字形近。

〔二四〕"人",《武備志》作"者"。

〔二五〕"嚴禁奸盗"一節,見吕坤《實政録》卷九《督撫約》。"拿獲"後,《實政録》有"真贓"二字。

〔二六〕"當時"之前,《實政録》有"不分强竊"四字。

〔二七〕此句《實政録》作"開具手本稟官賑借，照口存恤"。

〔二八〕此一段見王鳴鶴《登壇要録·守城·守城號令》。"遇有伏路警報，城上中軍"，《登壇要録》作"如夜有警，但看城上中軍内"。

〔二九〕此句《登壇要録》作"夜則聽中軍高處放大銃三個"。

〔三〇〕"軍民"，《登壇要録》作"人"。

〔三一〕"齊心"一節，見吕坤《實政録》卷九《督撫約》。"身家"後，《實政録》有"妻子"二字。

〔三二〕"各長"，《實政録》作"甲頭隊長"。

〔三三〕"中軍處"，《實政録》作"軍正處"。

〔三四〕"伍"，《實政録》作"甲"。韓霖守城的人員編排與吕坤異，故有"伍""甲"之别。

〔三五〕"五"，《實政録》作"十"。

〔三六〕"觀望退縮者躲避不前"，《實政録》作"觀望退縮躲避不前者"。

〔三七〕"伍"，《實政録》作"甲"。

〔三八〕"壯膽"一節，見吕坤《實政録》卷九《督撫約》。"彼"前，《實政録》有"但"字。

〔三九〕"打下"，《實政録》作"下打"，與"仰攻"對舉。

〔四〇〕"登時"前，《實政録》有"標長"兩字。

〔四一〕"定氣"一節，見吕坤《實政録》卷九《督撫約》。其中"切忌數十步之外"至"愈近得力"，亦節自此卷，然與此分屬不同段落，著者將之雜糅爲一段。段尾"然殺賊之後"至"違者定以軍法重處"未見於《實政録》，或爲著者所加。"定氣"，《實政録》作"氣定"。

〔四二〕"一二十步"，《實政録》作"五步"，其數太少，或《實政録》此文即有誤。

〔四三〕《實政録》無"大銃擊之或"五字。

〔四四〕"撒灰"前，《實政録》有"噴糞噴火"。

〔四五〕"皮條"後，《實政録》有"一人墜地，一人偏倒"句。

〔四六〕《實政録》無"鈎"字。

〔四七〕“柱”，《實政録》作“挂”，可通。

〔四八〕“大”，《實政録》作“火”，形近而訛。

〔四九〕《實政録》無“即使”兩字。

〔五〇〕“俱”，《實政録》作“便”。

〔五一〕“伍”，《實政録》作“甲”。

〔五二〕“嘗曰”前，《實政録》有“我”字。

〔五三〕此句《實政録》作“賊在百步之外便有慌忙亂放槍礟矢石”。

〔五四〕“定脚”一節，前二句及最後一句見吕坤《實政録》卷九《督撫約》，中間語句見吕坤《救命書·城守事宜》。“不”後，《實政録》有“得”字。

〔五五〕“若”，《實政録》作“但”。“垛”後，《實政録》有“者”字。

〔五六〕“目專”一節，見吕坤《實政録》卷九《督撫約》。“專”，《實政録》作“精”。

〔五七〕“放鎗發箭”一句，脱文甚多。《實政録》作“放鎗放箭則端相賊身，下石投木則端相賊腦，下三刺槍則端相賊之心腹，使奔斧火棒端相賊之頭頸”。

〔五八〕“垛長、城長、雉長”，《實政録》作“甲頭隊頭”。

〔五九〕“視”，《實政録》作“見”。

〔六〇〕“聲静”一節，自“守城要聲静”至“説話各以喉聲”，見吕坤《實政録》卷九《督撫約》。自“四城門”至“探我之消息也”，見吕坤《救命書·城守事宜》。“聲”，《實政録》作“口”。

〔六一〕“交”後，《救命書》有“一”字。

〔六二〕“應”，《救命書》作“喊”。

〔六三〕“不許”前，《救命書》有“俱”字。“息”，《救命書》作“色”。

〔六四〕“我”，《救命書》作“彼”，“彼”字更合句意。

〔六五〕“志堅”一節，見吕坤《救命書·城守事宜》。“曹成”前，《救命書》有“只是”兩字。

〔六六〕"頭"，《救命書》作"在"。

〔六七〕"游兵策應"第一條，自"游兵聽四面"至"此不可不知"，見呂坤《實政錄》卷九《督撫約》，惟"游兵聽四面號聲策應"九字與"須用預期曉諭"六字，或韓霖所加。《實政錄》此句無"鐘"字。

〔六八〕《實政錄》此句無"鐘"字。

〔六九〕"輟"，《實政錄》作"撤"。

〔七〇〕"隄防早夜"一節，見《武備志》卷一百一十一《軍資乘》。

〔七一〕"分別男女"一節，見《武備志》卷一百一十一《軍資乘》。"少壯男子"，《武備志》作"少男壯子"。

〔七二〕"打"字前，當脱"綑"字。

〔七三〕此段見戚繼光《紀效新書》卷二《操令篇》。文字多做改動，不全遵原文。

〔七四〕此段見呂坤《實政錄》卷九《督撫約》。《實政錄》此句無"物"字。

〔七五〕"鎮"，《實政錄》作"負"。

〔七六〕"孚"，《實政錄》作"半"，兩字形近。

申令篇中選練條格

選　士[一]

凡選士，以勇、力、捷、技四者取之。勇不可以度量而得，舒徐察之，臨事試之，其略可見者，色壯而恒，氣猛而沉，目静而朗，此勇之端也。力、捷、技皆試以權衡度量，填入册籍，加以籍貫、年貌、瘢記、營部、隊伍，倣古尺籍伍符，自隊哨以上，至主將，皆有此籍，可查可對。籍不可易，人不可代。藝有進退，隨時改定；人有去留，隨時更易。

一、力之凡有三：曰舉，曰挽，曰蹠。舉者提舉行動，烏獲百鈞之類是也；挽者挽强，顏高弓六鈞之類是也；蹠者蹠弩，岳武穆[二]蹠弩九十石之類是也。

一、捷之凡有三：曰超，曰走，曰獲。超有躍起，有跳越[三]；走者疾行[四]；獲者接取，慶忌手接飛鳥之類是也。

一、現有技藝者，就行試驗，分別等第。技之凡有五：曰遠，曰長，曰短，曰奇，曰騎。遠者，弓矢弩銃。長者，長鎗。短者，短鎗、棍棒、鐺鐮、刀劍之類。凡藝俱要實法實步，一面擊刺，不用轉身倒頭、花舞打滾。奇者，鏢鎗、飛箭之類。騎能左右蹁馬，馳騁合法，强弓命中，兼熟鎗刀者爲及等；弄閑賈暇，兩鐙藏身，銃箭武藝精熟命中者爲上等；八面升降，衣袂無聲，罄控周旋，無須鞭策，射打擊刺，百不失一者爲超等。

一、籍貫須備細開寫，係官舍軍[五]者，書衛所及本管千、百户長姓名；係民匠等籍者，書都鄙及里長姓名。

一、年貌備細開列，務要分寸不差，以防更代。量度俱用營造尺，即今工匠所用，每一尺當官尺八寸。

一、疤記開明幾處，或青紅黑疵，或瘡瘤、刀箭瘢痕、火疤。

練　藝〔六〕

凡練士，先練一人始。一人有五體，即伍法也。護首手必應，舉手足必隨，即常山蛇勢也。攻守形勢，奇正虚實，備在一身。因而五人爲伍，五伍爲隊，五隊爲哨，五哨爲部，五部爲營，安營〔七〕布陣，變化出没，總是此理。一人之技精，兵〔八〕盡在其中矣。項羽謂劍一人敵，不足學，學萬人敵，此不知劍法，亦不知兵法也。故練士之法首技藝〔九〕。

一、練遠器。先銃礮，次弓矢。方今制敵利器，第一火器。火〔一〇〕器有小有大，小者鳥鎗最利〔一一〕，上自將領，下至火兵，人人俱要打放精熟。此品〔一二〕於技藝中只消二三分功，便有七八分用，其餘技藝要七八分功，只有二三分用，却是都要精妙，纔彀十分，不得十分，終不可見敵也。學鳥銃要極準，要極快，其工夫半在製造，半在習學。膛直柄長，照門照星毫末不差，則準；火門、機軌〔一三〕、藥囊諸器色色便利，則快，此在製造也。身首〔一四〕足目，事事合法，則準；精熟便捷，勢如纍弄，則快，此在學習也。銃須作三節學：先習法，次用藥，次打把。不可驟進，與學書學射相似。若圖驟進，終不合法矣。比銃於教場，射的闊二尺，高六尺，相去八十步。或三發，或五發，以打中多寡爲賞罰，積賞罰爲升降。若窄處演習，設土把中心的方一二寸，相去三五步，亦可。大礮制度不等，皆須試驗堪用，演放精熟。此須教場中及空闊去處立把比試，一隊中須得五六人善於點放者，餘人俱演習裝藥諸[一五]事。弓矢之利，全在强勁，若弱弓輕箭，豈能勝[一六]？今弓箭手務須弓力七八斗以上，方准合式。比箭的方一尺，相去三十步，以射中多寡爲賞罰[一七]，爲升降。軟弓小箭，降等論賞。

一、練長器。先長鎗，次狼筅。步兵[一八]利用鎗筅，五人之中，一筅居前，兩鎗夾之，法兼攻守，兩短兵雜之[一九]，以資救衛，此古今不易之法。内狼筅只要膽力堅定，鈎閘疾猛，不必比試。長鎗設的設限，進步捉拿，抵限札鎗，以中的多寡爲賞罰。兩鎗相併，包尖施粉，以勝負爲賞罰，積賞罰爲升降。

一、練短器。一刀、二棍、三鐮、四鈀，俱長九尺以上。刀者，長柄剔刀，一名鎲刀。棍者，俞家棍，上施利刃。鐮者，鈎鐮。鈀或用虎叉，或用钂，任從其便。四藝任習一事，但都要俞家棍法方妙[二〇]，故用短器者，皆宜先習俞棍也。教練諸藝[二一]，不及盡學全套，只須除去花法，尚練實用擊刺剃剪鈎壓數法，日夜演習，務求精妙如神，便可制勝。比試皆設的設限，如法進步，抵限擊刺，以中的多寡爲賞罰。相併者設法護刃，以勝負爲賞罰，積賞罰爲升降。

一、練短刀。諺曰"一寸長，一寸强"，烏枝鳴又言"用寡莫如用短"，可見兵器[二二]不論短長，用得着時，便爲救命立功無上之寶。故短刀亦人人該學，亦須[二三]除去花舞，尚學架隔擊刺數法。其設的比試，假刀相併，亦同前例。

一、練拳法。世稱拳爲武藝之源，蓋用以活動身手，貫串足目，便習閃賺，勞勤肢體。却是習慣世俗拳法，又慮腰力柔軟，脚步虚鬆，是拳又爲學藝之累也。今後學拳者，全要認取輕疾堅重四字，輕疾是後發先至，堅重是遍身力[二四]，了此四字，不止百藝俱精，亦是兵法要領。

束 伍[二五]

用衆之法，全在分數；欲明分數，全在束伍。今定以五人爲伍，伍有長，長有伍旗。四伍二十人，分之爲前後左右，四伍合之爲兩鴛鴦伍，別立隊長一人，並火兵四人爲中伍，共二十五人，爲一隊，隊長有隊旗。五隊一百二十五人，分左右前後中，別立哨總一人，雜流四人，共一百三十人，爲一哨，哨總[二六]有哨旗；不足一百三十人，或三隊四隊，附餘歸於中軍[二七]。五哨六百五十人，分左右前後中，立千總一人[二八]，雜流十九人，共六百七十人，爲一部，千總有旗鼓；不足六百七十人者，或二哨三哨四哨，附餘歸於中軍。五部三千三百五十人，分左右前後中，立將官一人，雜流九十九人，共三千四百五十人，爲一營，營將有鼓旗；不足三千四百五十人[二九]，或二部三部四部，附餘歸於中軍。五營一萬七千二百五十人，大將統之，不足，或二[三〇]營四營，附餘歸於中軍。

一、伍藝。營伍中除鳥銃、短刀人人習學外，其一伍中，選壯大老成者一人爲狼筅手，選長健便捷者兩人爲長鎗手，選精悍短小者兩人爲短器手。短器者，或一刀一鈀，或一鐮一棍，或刀配鐮，鈀配棍，俱要尚力[三一]習學，不時試驗比併。各藝既知，就學伍法；伍法者，合五人爲一人也。伍法既知，就學隊法；隊法者，合二十五人[三二]爲一人也。因此推廣爲哨，爲部，爲營，爲大營，其理皆同。各將官下雜流應入行陣者[三三]，俱要各習一藝，酌量編集隊伍，略與兵伍同法。一隊二十五人[三四]中，選有力善負、耐勞苦者四人爲火兵，火兵亦佩短刀，學鳥銃，所持扁擔一頭加闊口刀[三五]，以備穿掘[三六]，仍[三七]當棍用，平時亦須學習。

一[三八]、伍號。各兵俱有腰牌，陽面備書營、部、哨、隊、伍、姓名、年貌、籍貫、力勌、技藝、疤記[三九]，陰面作同伍圖。另有牌式，火兵牌與兵略同[四〇]，伍長牌亦與兵略同；隊長牌陽面略同伍長，陰面土[四一]書四伍長姓名，下書四火兵[四二]姓名。哨總有腰旗，旗書營、部、哨、姓名，及五隊長姓名。部千總有部旗，旗書營、部、姓名，及五哨總姓名。將官有腰旗，旗上橫書某營，下書三軍司令。大將有腰旗，旗書三軍司令。各將官下雜流腰牌略與兵伍同法，茲不具贅[四三]。

一、伍約。伍法既定，凡行立居止，俱照伍圖次序，不許錯亂，直待號令，方許移動。五人居止要在一處，一隊二十五[四四]人亦要相近。同伍五人互相保結，四伍長亦互相保結，情願互相覺察，不致爲非脫逃。一伍中有爲非者，報知隊長，稟達將領治罪；知而不舉者罪同。本伍中覺有脫逃情形，報知隊長，稟達將領，以便防範；知而不舉，致有一人脫逃者，二人監候，二人追獲。全伍俱逃者，鄰伍五人監候，五人追獲。

一、伍書。古者將百人以上，臨陣草教，皆執經援枹。經者，軍書、軍令、軍冊也。今後自隊長以上，各造本營軍兵花名，並緊要號令法制，彙成小冊，隨身携帶，以便逐時查點，遇便講習。

形　名[四五]

鬥衆如鬥寡，形名是也。形者旌旗，名者金鼓。旌旗、金鼓，三軍之耳目，節制之師，未有不用形名者。故古兵法言："目隨旌旗，耳隨金鼓，步隨長鎗，心隨號令。"今後將士，但見中軍某色旗豎起點動，便是某枝兵收拾，聽號頭行營出戰。不許聽人口説，不見旗幟，不聞金鼓，便是主將親口説，亦不許動，一味只看旗鼓。兵看隊長，隊長看哨總，哨總看千總，千總看中軍。如擂鼓要進，就赴湯蹈火也要進；鳴金要退，後面有水火也要退。衆人共一耳、共一目、共一心，此齊衆若一之法，陣無有不堅，敵無有不破矣。

一、服章。古今卒令有五色之章，或置於首，或置於項，或於胸，或於腹，或於腰[四六]，雖百萬之衆，皆逐一分明，無有同者，此之謂分數明也。今以營、部、哨、隊、伍別之，營章在首，部章在項，哨章在腰，隊章、伍章在背。營章在首者，盔上或插毛羽，或加油漆，或用包巾，俱全營一色，如左營用青，右營用白也。部章在項者，盔上護項腦包，或各包布絹或色巾[四七]，後加飄風一片，用各色布絹，皆依方色，如左部用青，前部用紅也。哨章在腰者，各用布束腰，依其方色，如中哨用黃，後哨用黑也。隊章在背者，甲背心加圓布一片，徑五寸，依其方色，如左隊用青，前隊用紅也。伍章亦在背者，就於圓布上寫伍分伍數，如左伍長即寫左一兩字，右伍第二即寫右二兩字，隊長即寫隊長，火兵即寫火一、火二也。如此，但點一兵，見其首青項黃，腰紅背黑，又寫右三兩字，便知爲左營中部前哨後隊右伍第三人，按册可知其名也[四八]。

一、旗章。伍長以上[四九]，皆有認旗，以指揮本管。伍長認旗，杆長二尺，徑四分，旗方一尺，上面有邊有帶，旗用伍色，邊用隊色，帶用哨色。如各營各部之右前隊左伍，則青旗紅邊白帶也。用[五〇]繫之背上。隊長認旗，杆長二尺五寸，徑四[五一]分，旗方一尺二寸，三面有邊有帶，旗用隊色，邊用哨色，帶用部色。如各營之前部右哨後隊，則黑旗白邊紅帶也。哨總認旗，杆高一丈二尺，徑一寸五分，鎗頭旗方二尺，四面有邊有帶，旗用哨色，邊用部色，帶用營色。如左營前部右哨，則白旗紅邊青帶也。千總認旗，杆高一丈五尺，徑一寸六分，鎗頭旗方二尺五寸，四面有邊有帶，旗用部色，邊帶俱用營色。如右營前部，則紅旗白邊帶也。營將認旗，杆高一丈六尺，徑一寸六分，鎗頭旗方二尺八寸，四面有邊有帶，旗用營色，邊帶用生色。如右營則白旗黃邊黃帶，左營則青旗黑邊黑帶也。大將認旗，杆高一丈八尺，徑一寸七分，雉尾瓔珞，旗方三尺，五色備[五二]如腰黃旗，帶色用紅[五三]；外擺營旗幟，每營該中軍千總巡視藍旗十二面，門旗十六面，角旗八面，五方旗五面，飛虎旗四面，五方高照旗五面，巡纛旗一面[五四]，令旗四面，督陣紅旗五面，清道旗二面。凡旗有點動，有起立，有偃，有摩，有伏，俱隨主將號令，營、部、哨、隊、伍，各依其令應之。

一、金鼓[五五]。凡掌號笛即嗩吶[五六]，是聚官旗哨隊長分付軍務，到齊，鳴金方止。凡吹哱囉三聲，是要各兵起身，再吹一次，執器械跕立，有馬者上馬。凡摔鈸響，是要各兵收隊，即將原單[五七]擺開的兵，照舊收[五八]營、部、哨、隊、伍。凡獨吹喇叭，是掌號，第一次，要人起[五九]，收拾行李，做飯；第二次，各兵吃飯；第三次，各兵出赴信地札營，候主將到，發放施行。凡吹天鵝聲，即長聲喇叭，是要各兵吶喊。如放銃[六〇]一個、吹一聲、摩旗，是要轉身。但有[六一]旗點處，各兵同[六二]其處轉身。凡喇叭吹擺隊伍，是要於腳下擺隊伍。凡喇叭吹單擺開者，是要各隊如法一字擺開。凡鼓是進兵，古有步鼓、趨鼓，或一步一鼓，或十步一鼓，難於分別。今定鼓點相間爲步鼓，每一鼓行十步，又[六三]一點行十步。純鼓爲趨鼓，一鼓行一步，緊鼓緊行。凡擂緊鼓，是要趨跑，向前交鋒。下營後擂鼓，是放樵汲，掌號收回。閉營門擂鼓，是更鼓[六四]。凡交鋒，聞鳴金一聲，即便立止；又鳴一聲，是要退還；連鳴二聲，是要[六五]於腳下再轉身向前立定作戰勢。凡一切樂聲欲止，鳴金一聲即止。凡打金邊，是發人探賊。凡升帳礮三舉，即鳴金火[六六]吹打。升旗礮一舉，即擂鼓鳴金升旗。靜營礮發放後[六七]，三舉，肅靜下營。吶喊礮一舉，吹天鵝一聲[六八]。開營礮一舉，即點放開營[六九]。閉營礮三舉，即大吹打，閉營門。定更礮，遇夜，擂鼓畢，一舉，吹天鵝聲。變合[七〇]礮，正行間，忽舉礮，是變號令，即止，聽新令。或札營時聞礮，是欲變陣，齊看中軍旗號照[七一]行。以上金鼓、旗章、號礮，只舉大略，其間用法多端，或臨時出令，不能盡述也。

營　陣

　　古來陣法相傳甚多，大率談兵之家支離繁瑣，用兵之家簡易直捷。今欲求簡易直捷，惟有方、圓、曲、直、銳五法也。古法曰：「高平利方，方利變；四方高利圓，圓利守；左右高處利曲，曲利吞；前高後下利直，直利爭險；後高前下利銳，銳利潰。」考之古人營法戰法，不能出此數勢，並不如相傳陣法纏繞紛紜者也。但一營一部一哨一隊一伍，皆有方、圓、曲、直、銳之法。其練法宜先從一伍始，伍合成隊，隊合成哨，哨合成部，部合成營，營合成爲大軍。

　　一、練伍。伍長兵器用狼筅，伍二、伍三用長鎗，伍四、伍五用短器；五人皆兼短器、遠器，皆用鳥銃，銃少，以弓箭雜之。伍一、伍二、伍三遠器皆隨身，伍四、伍五用畢，付火兵執之，以便坐作進退。火兵各執本用闊口鐵鏟扁挑，未備，以悶棍權代之，仍裝鳥銃聽用。其號令，若集營部隊，聽大號令；若演伍，則伍長口呼方、圓、曲、直、銳一字二字爲號，或擊筅一二三四五爲號。伍長亦可用鎗，特不得用短器。

　　方伍：筅居中，一短一鎗居左，一短一鎗居右。此爲結聚一面、衆刃齊鋒、長短相救之勢。縱橫相去連身六尺，斜相去連身四尺二寸。

　　每〇爲一人，下同。

方　伍

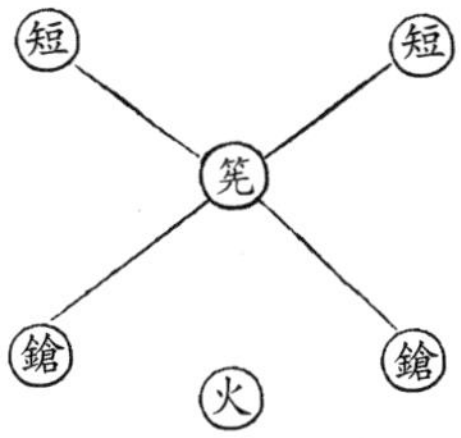

圓伍：五人不能爲圓，爲圓與方伍同，故缺之。

曲伍：筅退居後，二翼稍張。此爲兩頭圍繞、吞脅翼擊之勢。斜相去連身六尺，張翕以相稱爲度。

曲　伍

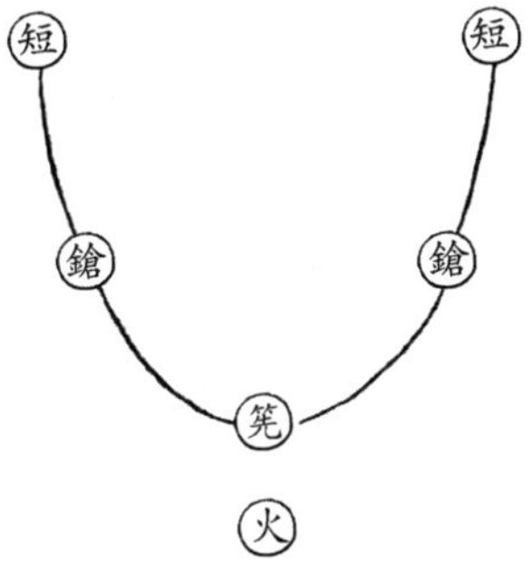

直伍：筅進居前，一短一鎗，相間魚貫而立。此爲雁行直進、争利出險之勢。前後相去連身六尺。

直　伍

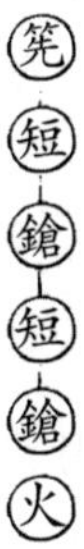

銳伍：筅進居前，一短稍後，二鎗又稍後，正與曲伍相反。此爲直進無前、衝敵潰堅之勢。斜相去連身六尺，張翁以相稱爲度。

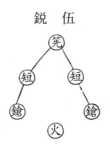

銳　伍

一、字平伍：直伍之變也。筅退居中，鎗分左右，二短居鎗筅之間，列成一字。此爲人人前戰、用寡齊力之勢。橫相去連身四尺。

一字平伍

二、字平伍：亦直伍之變也。二短進前，鎗筅居後，列成二字。再聞進，二短站定，鎗筅進前，如是迭進；聞退，二短站定，鎗筅退後，如是迭退。此爲抽疊進退、更迭治力之勢。橫相去連身四尺。

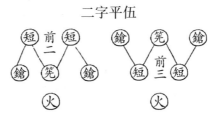

二字平伍

若以結營部，集哨隊，恒用方直平三伍。其曲銳二伍，獨五人可用之，集陣不用也。然兵法起於伍，伍起於一人之身，小大一理，故當心知其意。

若以二伍三伍，皆依前法變通之。如以二直伍齊出，即鴛鴦陣也；以二三方伍並列而出，亦一字陣也；以二三平伍更番迭出，即二字三字陣也。其餘法皆可視人視地隨便配合也。

一、練隊法。四伍並火兵二十四人，又立隊長一人，共五伍二十五人爲一隊。隊長背隊旗，隊長爲本隊中軍，火兵其雜流也，亦或居四伍之前，或居四伍之後，或居前二伍之間。若集營部，聽大號令；若演隊，隊長以小竹木梆爲號。

四伍中前伍之長，可兼轄左伍；右伍之長，可兼轄後伍。爲集鴛鴦伍當聽之。

方隊者，四伍各依本方結爲方形，刃皆向外，隊長居中，隨敵四應，常山蛇勢也。可以守，可以變，一面應敵，可以前後抽疊。若帶火兵，如上圖，縱橫相去，連身五尺。不帶火兵，如下圖，相去連身六尺。號聲用四，是金數。

每〇爲一人，下同。

方　隊

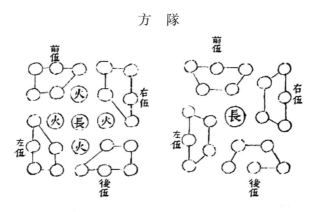

圓隊者，四伍各依本方結爲圓形，刃皆向外，隊長居中，火兵彌縫其闕。內外層更迭擊刺，隨敵四應。無門角首尾，混混沌沌，形圓不可敗也，最利守。可以變，受敵圍，度其瑕處，可忽作鋭陣潰之。如上圖，外層相去各連身六尺，每層相去各四尺。如下圓〔七二〕，中層相去各四尺。號聲用五，爲土數。

圓　隊

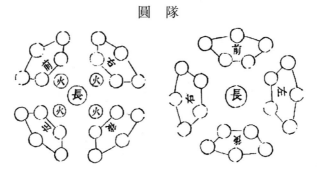

曲隊者，四伍分爲二首，前張後合，遠敵而翼擊之，可以更迭出入。本層相距各六尺，前後層相距各五尺。號聲用一，爲水數。

每○爲一兵，每◉爲一火兵，下同。

曲　隊

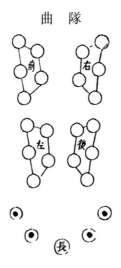

直隊者，或以直伍，或以方伍，隊長可前可中可後，皆四伍平列一面，向前更迭攻戰，用以遂利爭險，亦可抽疊進退。若行路，或一行二行以上，隨地廣狹爲變。縱横相去皆五尺。

號聲用三，爲木數。○隊長統領行動，當居前；監制調度，當居後；臨敵接刃，當居前二伍之中。惟鋭隊鋭哨當前，以衝鋒潰敵。

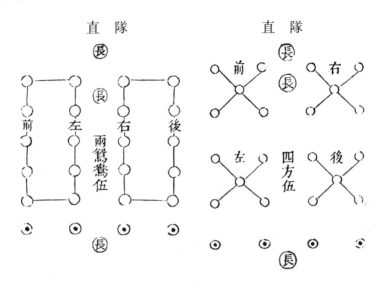

直　隊　　　　　　　　直　隊

鋭隊者，隊長居前，四伍前翕、中張、後翕，人人齊力，用以衝堅突圍。縱橫相去各四尺。號聲用二，爲火數。

鋭　隊

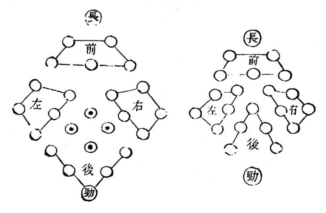

一、字隊者，四方伍平列，一面齊鋒，敵小則用之。若用平伍，力勢太薄。號聲用連二又一。

方伍一字隊

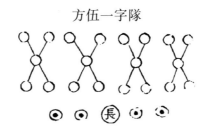

二字隊者，或以平伍，或以方伍，皆抽疊出之。前後相間爲抽，相直爲疊。或用疊，或用抽，或兼用之，更休迭戰，所以爲無窮也。自此以上，爲三字四字，無所不可。號聲用連二又二。

二字隊平伍抽法

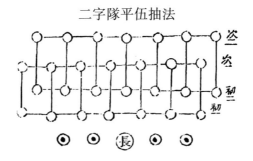

二字隊平伍疊法

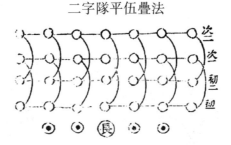

二字隊方伍抽法

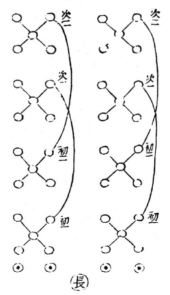

(長)

二字隊方伍疊法

(長)

若以直隊抽疊，非鴛鴦伍不可。一隊止於四伍，勢薄難用。

一、練哨。五隊一百二十五人，分左右前後中，別立哨總一人，雜流四人，共二十六伍一百三十人爲一哨。哨總三中哨爲中軍[七三]，或不立中隊長，則哨總自領之。哨總不足一百三十人，或二隊三隊四隊，附餘歸於中軍。哨總號令用哨笛、小鼓、小金；若集營部，聽大號令。

方哨，説見方隊。下圖以方伍集之，或用鴛鴦直伍，或用一字平伍，皆可。哨總吹笛一聲，摩旗，是變隊；須聽鼓四聲，當爲方哨也，依圖列之。若縱橫相去五尺，每面方五十尺，占地二千五百五十尺，是爲六十二步二分步之一，得地二分六釐零四絲六分絲之一。

每○爲一人，◉爲一火兵，◎爲一隊長，◉爲一哨總，下同。

方　哨

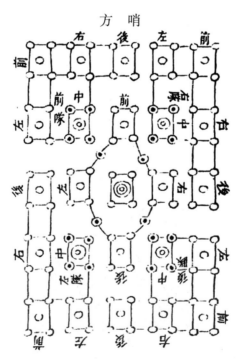

圓哨，説見圓隊。凡圓陣多以前三平伍集之，或間用方伍。吹笛、摩旗，聞鼓五聲，當爲圓哨，依圖列之。

圓哨分八瓣列法，變法須先明瓣數，次以法命之。若外層橫相去五尺，則外周二百四十尺，每瓣三十尺，徑八十尺，每層內外相去八尺；成列之後，第二層移前二尺或三尺。子層更代亦如之，子層外周一百四十四尺，每瓣十八尺，徑四十八尺，橫相去六尺。

圓　哨

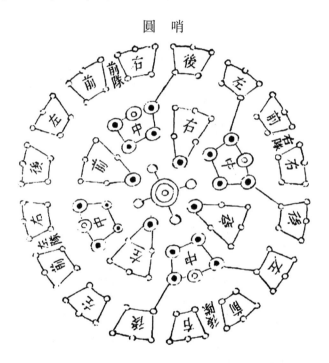

曲哨，説見曲隊。此以方伍集之，或用鴛鴦直伍亦可。吹笛、摩旗，鼓一聲，當爲曲哨，依圖列之。曲哨分五瓣，中層相去四尺，餘隨伍疏密布之。若合圍既定，宜用疊法。

直哨，説見直隊。此以方伍或鴛鴦伍集之。吹笛、摩旗，鼓三聲，當爲直哨；少止，再鼓一聲，當爲第二勢，皆依圖列之。直哨多用抽疊法。橫相去四尺以上，六尺以下，相機命之。

曲哨

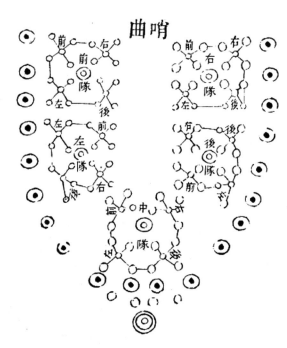

直哨方伍

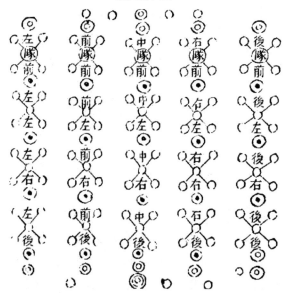

直哨鴛鴦伍

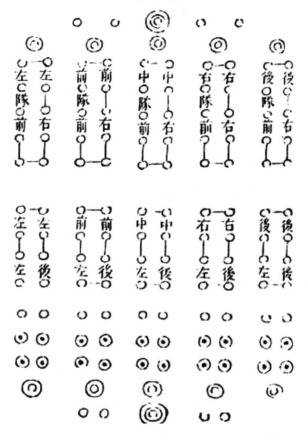

　　銳哨，説見銳隊。此多以前二前三伍雜合成之，間用直伍。前圖爲突圍勢，二圖爲潰敵勢，三圖爲分合勢。吹笛、摩旗，鼓二聲，當爲銳哨；少止，再鼓一聲，爲第二勢，三聲爲第三勢，皆依圖列之。戰酣，宜用疊法。斜相去皆四尺。

銳哨一

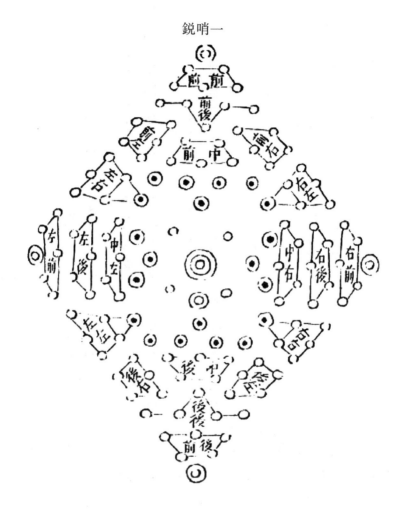

鋭哨二

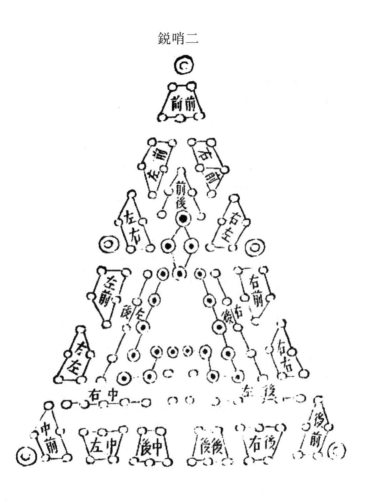

銳哨三

一字哨方伍

每〇爲一方伍。

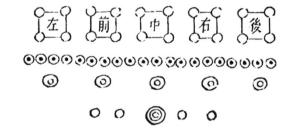

一字哨直伍

每二直爲一鴛鴦伍。

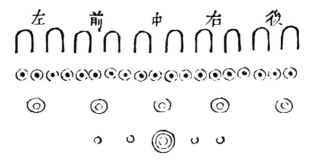

二字哨方伍抽法

每○爲一方伍，或帶火兵，或不帶火兵。占地太寬，姑以二隊半爲例。

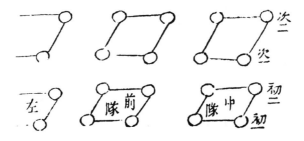

二字哨方伍疊法

每○爲一方伍，或帶火兵，或不帶火兵。占地太寬，幅小，姑以二隊半爲例。

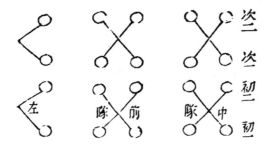

二字哨直伍抽法

每二直爲一鴛鴦伍，或帶火兵，或不帶火兵。

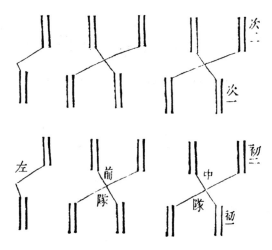

二字哨直伍疊法

每二直爲一鴛鴦伍，或帶火兵，或不帶火兵。

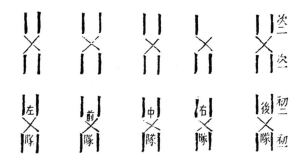

二字哨平伍疊法〔七四〕

每直爲一平伍。占地太寬，姑以二隊半爲例。

二字哨平伍疊法

每直爲一平伍。占地太寬，姑以二隊半爲例。

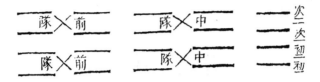

三字哨方伍抽法

每○爲一方伍。配不盡法，或撥隊、并隊作之。此撥隊也，餘隨哨官爲駐隊。不帶火兵，則并入駐隊。若抽中用疊，則進退法同上圖。

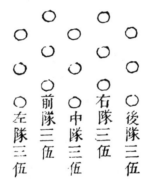

三字哨方伍疊法

每○爲一方伍。配不盡法，或撥隊、并隊作之。此撥隊也，餘隨哨官爲駐隊。不帶火兵，則并入駐隊。進退法同上。

三字哨直伍抽法

每二直爲一鴛鴦伍。並伍，則一哨四隊，人數不足，須并哨作之，餘分哨官爲駐隊。不帶火兵，則并入駐隊。若抽中用疊，則進退法同上圖。

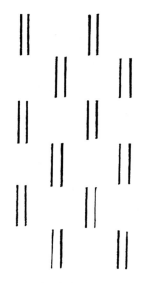

三字哨直伍疊法

每二直爲一鴛鴦伍。配不盡法，或撥隊、并隊作之。此并隊也，餘隨哨官爲駐隊。不帶火兵，則并入駐隊。進退法同上圖。

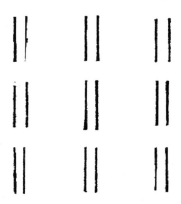

三字哨平伍抽法

每直爲一平伍三字哨。配不盡法，或撥隊、并隊作之。此圖爲撥隊也，餘隊哨官爲駐隊[七五]。不帶火兵，則并入駐隊。若抽中用疊，則第三進皆出於一之前，第一退皆出於三之後，四層五層同此。

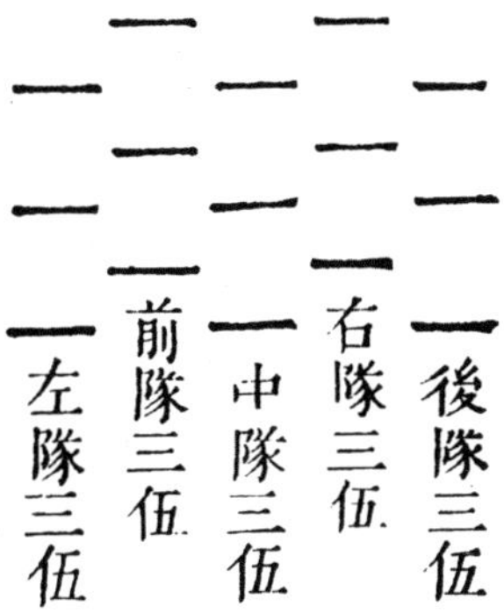
左隊三伍
前隊三伍
中隊三伍
右隊三伍
後隊三伍

三字哨平伍疊法

每直爲一平伍。此亦撥隊，餘隨哨官爲駐隊。凡第三進皆出於一之前，第一退皆出於三之後，四層五層同此。

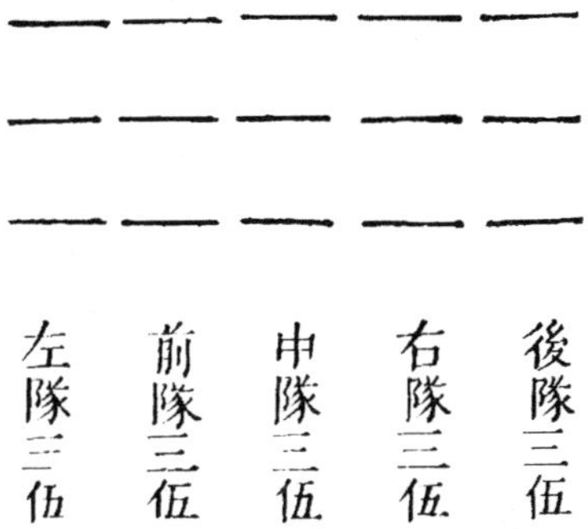
左隊三伍
前隊三伍
中隊三伍
右隊三伍
後隊三伍

一[七六]、練部。五哨一百三十伍，六百五十人，分左右前後中，別立千總一人，雜流十九人，共二十五隊、一百三十四伍、六百七十人爲一部。部總主中哨爲中軍，或不立中哨總，則千總自領之。部總不足六百七十人，或二哨三哨四哨，附餘歸於中軍。部總號令用喇叭、中鼓、中金；若集營，聽大號令。

方部，説見前。下圖以方集之，或用鴛鴦直伍，或用一字平伍，皆可。部總下吹喇叭一聲，摩旗，是要變陣；聽鼓四聲，當爲方部也，依圖列之。若每人縱橫相去五尺，每面二十四人，爲一百二十尺，古[七七]地一萬四千四百尺，是爲四百步，得一畝三分畝之二。

若一部二哨爲五十六伍，列方陣，每面八伍，中留間地八伍；若三哨爲八十二伍，中留間地十八伍；若四哨爲一百一十伍，每面十一伍，中留間地十一伍。

方　部

每〇爲一方伍，每◉爲一隊長、四火兵，每◎爲一哨總、四雜流，每◎爲千總。

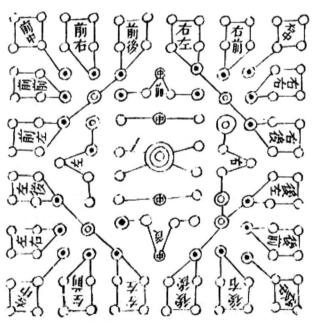

圓部，説見前。見分四瓣。吹喇叭、摩旗，聞鼓五聲，當爲圖[七八]部也，依圖列之。若外層每人相去四尺，則四十八伍一百四十四人，爲周五百七十六尺，徑一百八十四尺，中外一十三層，徑分二十六節，每節七尺一寸弱；成列之後，本伍移前，自相依附。子層更代亦如之，中哨外同[七九]二百九十八尺，每瓣七十四尺五寸，每人横相去六尺三寸弱。

若一部二哨五十六伍分四瓣，每瓣一十四伍，間地一；若三哨八十二伍分六瓣，每瓣十四伍，間地一；若四哨一百一十伍分四瓣，二十八伍，間地二。

圓　部

每○爲一伍，每◉爲一隊長、四火兵，每◎爲一哨總、四雜流，每◎爲千總。

曲部，説見前。或用鴛鴦直伍。吹喇叭、摩旗，鼓一聲，當爲曲部，依圖列之。

凡曲部厚薄長短，相機哀益，此圖特用爲例，難可拘執。

曲　部

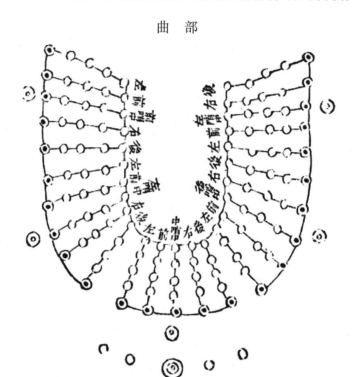

直部，説見前。或用方伍，或用鴛鴦直伍，皆以直哨合之。吹喇叭、摩旗，鼓三聲，當爲直部，俱同前哨法。若二哨三哨四哨五哨合，或前後直列，或左右平列；四哨合，亦或兩兩平列。

直部多用抽疊法，見哨圖。其廣狹厚薄，抽疊層數，相機命之。餘見哨説。

鋭部，説見前。吹喇叭、摩旗，聞鼓二聲，當爲鋭部，依法列之。凡鋭部多用前二後三伍，皆以鋭哨第三勢合之。若二哨合，以一爲鋭首，一爲鋭尾。三哨四哨五哨合，亦以一哨爲首，

一哨爲尾，皆如第三勢；其餘哨皆兩分之，一爲左，一爲右，皆
用鴛鴦伍，如雁翅參差成列，火兵居中，令如第一勢。餘見
哨法。

鋭部三哨

每直爲一伍，每●爲火兵，每○爲隊長，◎爲哨總、雜流。

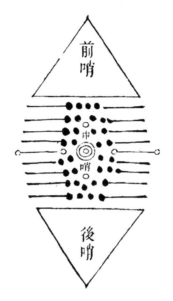

一、練營。五部分左右前後中，立將官一人，雜流九十九
人，共二十五哨、一百三十四隊、六百九十五、三千四百五十人
爲一營。營將主中軍，其中部千總管中軍事務。不足三千四百五
十人者，或二部三部四部，附餘歸於中軍。營將號令有各色旗
幟、金鼓、號器、號礮、起火；若集大軍，聽大號令。

方營，説見前。下圖用方伍，或鴛鴦直伍，或用一字平伍，
皆可。營將下放礮，或起火、摩旗，是要變陣；聽喇叭四聲，當
爲方陣也，依圖列之。

方營五部，每面二十八伍，若每人縱橫相去五尺，每面五十

八人，爲二百八十尺，積七萬八千四百尺，是爲二千一百七十七步九分步之七，得九畝七厘四毫二十四分毫之一。

若一營二部爲二百六十八伍，加營將二十伍，爲二百八十八伍，列方陣，每面十八伍，間地三十五伍；若三部爲四百二十二伍，每面二十二伍，間地六十二伍；若四部爲五百五十六伍，每面二十四伍，間地二十伍。

方、圓二營，幅小，姑以一隅爲例。

方 營

每○爲一伍，每◉爲一隊長、四火兵，每◎爲一哨總、四雜流，每◎爲千總，每◎爲營將。

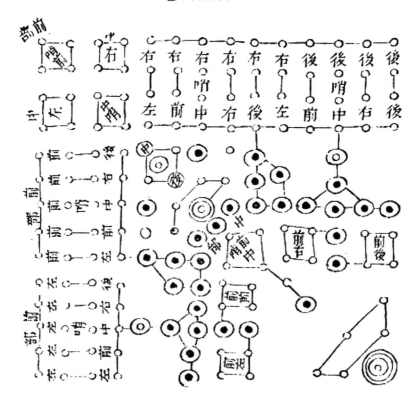

圓營，説見前。分四瓣，亦可分五瓣十瓣二十瓣。如下圖，外第一第二層爲前三伍，第三第四層爲方伍。放號礮，或起火、摩旗，聽喇叭五聲，當爲圓營，依圖列之。圓營五部，若外層每人相去四尺，則一百二十伍三百六十人，爲周一千四百四十尺，徑四百八十尺，中外二十四層，徑分四十八節，每節相去十尺；成列之後，本伍移前，自相依附。子層更代亦如之。

中部外周七百二十尺，每瓣一百八十尺，每人橫相去六尺。

若一營二部爲二百八十八伍，分八瓣，每瓣三十六伍，無間地；若三部爲四百二十二伍，分八瓣，每瓣五十三伍，間地二；若四部爲五百五十六伍，分八瓣，每瓣七十伍，間地四。

圓　營

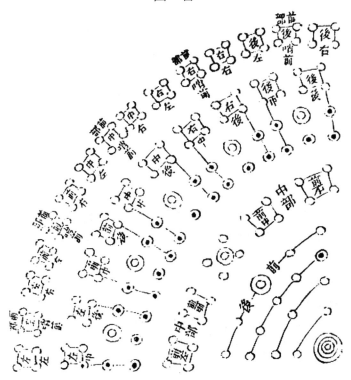

全營曲勢，説見前。或用鴛鴦伍。放號礮，或起火、摩旗，聽喇叭一聲，當爲曲勢。凡長短厚薄，相機衰益，別爲形名命之。不言曲營者，爲疑於札營札營只用方、圓二法，或隨地曲折分合，總之不離方圓。若全營曲勢，則戰陣也。直、鋭同。

全營直勢，説見前。或用鴛鴦直伍，或用方伍，皆以直哨直部合之。放號礮，或起火、摩旗，聽喇叭三聲，當爲直勢。凡直勢，或直列，或平列，或重疊列，廣狹厚薄，抽疊層數，相機斟酌，別爲形名命之。直勢多用抽疊法，其廣狹厚薄，抽疊層數，相機斟酌，別爲形名命之。圖略見前。

全營鋭勢，説見前。放號礮，或起火、摩旗，吹喇叭二聲，當爲鋭勢。凡鋭勢多用前二後三伍，皆以鋭哨第三勢，一爲首，一爲尾；餘皆平分，作鴛鴦伍，雁翅參差成列，將領居要，火兵居中，令如鋭哨第一勢。其厚薄相機斟酌，別爲形名命之。

校勘記

〔一〕"選士"一節，以勇力捷技選士的思想，當出自韓霖的老師徐光啓。徐光啓《兵機要訣·兵法選練百字訣》："選士之要四：勇，當前略見，久試方知；力，權衡校計；捷，量度比試；技，中否遲疾，試驗比併。"又徐光啓《復太史焦座師》："然後選取材武之士，務求勇力捷技。"

〔二〕"岳武穆"，《守圉全書》卷六之二《申令篇》作"岳飛"。

〔三〕"跳越"後，《守圉全書》有"甘延壽超逾羽林亭樓者，躍也。岳飛教人學注坡跳壕者，越也"之句。

〔四〕"疾行"後，《守圉全書》有"元人試貴鷗赤河西務至御前，三時行百八十里是也"之句。

〔五〕"軍"後，《守圉全書》有"餘"字。

〔六〕"練藝"一節，見徐光啓《兵機要訣·練藝條格》。

〔七〕《兵機要訣》無"安營"兩字。

〔八〕"兵"後，《兵機要訣》有"法"字。

〔九〕"技藝"後，《兵機要訣》有"焉"字。

〔一〇〕《兵機要訣》無"火"字。

〔一一〕此句《兵機要訣》作"小者如三眼快鎗夾靶之類，膛短無力，又難取準，俱不許學習，惟鳥銃最利"。

〔一二〕"品"，《兵機要訣》作"器"，是。

〔一三〕"軌"，《兵機要訣》作"括"。

〔一四〕"首"，《兵機要訣》作"手"，音近而誤。

〔一五〕"諸"後，《兵機要訣》有"等"字。

〔一六〕"勝"後，《兵機要訣》有"敵"字。

〔一七〕"寡"，《兵機要訣》作"少"。

〔一八〕"步兵"後，《兵機要訣》有"禦步"兩字。

〔一九〕此句《兵機要訣》作"兩短居後"。

〔二〇〕此句《兵機要訣》無"要"字。

〔二一〕"教練"前，《兵機要訣》有"目今"兩字。

〔二二〕"器"，《兵機要訣》作"法"。

〔二三〕《兵機要訣》無"須"字。

〔二四〕"力"前，《兵機要訣》有"着"字。

〔二五〕"束伍"一節，見徐光啓《兵機要訣·束伍條格。》

〔二六〕"總"，《兵機要訣》作"長"。

〔二七〕"不足一百三十人，或三隊四隊，附餘歸於中軍"一句，不見於清嘉慶九年虞山單侃評抄本《兵機要訣》，或原有此句。

〔二八〕"立"前，《兵機要訣》有"別"字，當據補。

〔二九〕"人"後，《兵機要訣》有"者"字。

〔三〇〕"二"，據上文慣例，似當作"三"。

〔三一〕"力"，《兵機要訣》作"功"，兩字形近。

〔三二〕"二十五人"，《兵機要訣》作"三十人"。一隊由五伍組成，每伍五人，共二十五人，另有雜流四人，哨總一人，則成三十之數。

〔三三〕"下"前，《兵機要訣》有"部"字。

〔三四〕"二十五人"，《兵機要訣》作"三十人"；"火兵"作"兵火"。

〔三五〕"擔",《兵機要訣》作"挑"。《兵機要訣》無"闊口"兩字。

〔三六〕《兵機要訣》無"以備穿掘"四字。

〔三七〕《兵機要訣》無"仍"字。

〔三八〕原本無"一"字,據此節體例補。

〔三九〕"記",《兵機要訣》作"痣"。

〔四〇〕"另有牌式,火兵牌與兵略同",《兵機要訣》作"火兵牌與兵略同,另有牌式"。

〔四一〕"土",當作"上"。

〔四二〕"火兵",《兵機要訣》作"兵火"。

〔四三〕《兵機要訣》無"兹不贅述"四字。

〔四四〕"二十五",《兵機要訣》作"三十"。

〔四五〕"形名"一節,見徐光啓《兵機要訣·形名條格》。徐光啓此節文字,取意于戚繼光《紀效新書》卷二《操令篇》,文字改動較大,不全遵戚文。

〔四六〕"或於胸,或於腹,或於腰","或於"《兵機要訣》皆作"或置於"。

〔四七〕《兵機要訣》無前一"或"字。

〔四八〕"但點一兵"至"按册可知其名也",《兵機要訣》作"但點一兵,見其首項腰背之章,辨其青黃紅白黑之色,及前後左右中一二三四五字樣,便知爲某營某部某哨某隊某伍第幾人,按册可知其名也"。

〔四九〕"伍長"前,《兵機要訣》有"旗幟"二字。

〔五〇〕《兵機要訣》無"用"字。

〔五一〕"四",《兵機要訣》作"五"。

〔五二〕"備"前,《兵機要訣》有"俱"字。《兵機要訣》無"黃"字。

〔五三〕"帶色用紅",《兵機要訣》作"帶用紅色"。此句中華書局版標點作"旗方三尺,五色備,如腰黃旗帶色用紅外,擺營旗幟",誤。

〔五四〕"巡纛旗一面",《兵機要訣》作"巡視旗四面,坐纛旗一面"。

〔五五〕"金鼓"爲"形名"末段,亦見徐光啓《兵機要訣·形名條格》,但徐光啓此段文字兼取意於戚繼光《練兵實紀》卷三《練耳目》及戚繼光《紀效新書》卷二《操令篇》，文字變動較大，不全遵戚文。

〔五六〕"即嗩吶"三字，不見《兵機要訣》。戚繼光《練兵紀實》卷三《練耳目》："第二、明笛號，吹嗩吶。"

〔五七〕《兵機要訣》無"單"字。

〔五八〕"收"後，《兵機要訣》有"成"字。

〔五九〕"起"後，《兵機要訣》有"身"字。

〔六〇〕"銃"，《兵機要訣》作"炮"。

〔六一〕"有"，《兵機要訣》作"看"，兩字形近而訛。

〔六二〕"同"，《兵機要訣》作"向"，兩字形近而訛。

〔六三〕《兵機要訣》無"又"字。

〔六四〕"更鼓"，《兵機要訣》作"起更"。

〔六五〕《兵機要訣》此句無"要"字。

〔六六〕"火"，當作"大"。《練兵實紀》："升帳礮：三舉，即鳴金大吹打。"

〔六七〕《兵機要訣》此句無"後"字。

〔六八〕此句語意不完全。《練兵實紀》："吶喊礮：一舉，喇叭吹天鵝聲，吶喊一聲，三舉止。"

〔六九〕"點放開營"，《練兵實紀》作"聽點鼓便開營行"，《兵機要訣》作"點鼓開營"。

〔七〇〕"合"，當作"令"，形近而訛。《兵機要訣》作"令"。

〔七一〕"照"，《兵機要訣》作"施"。

〔七二〕"圓"，當作"圖"，涉"圓隊"而訛。

〔七三〕"哨總三中哨爲中軍"，據後文"練部"，當作"哨總主中隊爲中軍"。

〔七四〕"二字哨平伍疊法"，按上下文及圖當作"二字哨平伍抽法"。

〔七五〕"餘隊"，按上下文當作"餘隨"，係涉下而誤。

〔七六〕原本無"一"字，據文意補。

〔七七〕"古"，當作"占"。

〔七八〕"圖"，當作"圓"，形近而訛。

〔七九〕"同"，當作"周"，形近而訛。

申令篇下兵訓

原軍禮[一]

近日武教不明，行伍寬縱，蓋由上人視此爲不急之務，加以頭目欲多無剛，和光延日而不任怨，軍禮之不興也久矣。爲今之法，宜將士衆編伍既成，申令再三，期集於場，主將監之，務使小卒跪聽隊長約束，惟言是行，少有犯者，即得以徑行捆打，重則貫割其耳。凡有兵告隊長，必先以軍法捆打，而後與究其理；惟有侵剋一節，不在禁例。牽引侵剋，以圖害本管隊長者，約以軍法。隊下卒人犯科，隊長同夥咸抵於罪，若隊長之臨士卒，亦必盡其同甘共苦之情。其責隊長之承哨總亦如之，哨總之承千總亦如之，以上皆然。如是，而威儀名禮既明於夙，一旦臨壘，偏將於千總，千總於哨總，哨總於隊長，隊長於士卒，舉手而揮，驅而往，驅而來，孰不從命？

原用人

用領兵之人，寧過於誠實。彼伶俐之徒，平日只顧身家而怠所事，明恃其才足以庇緩急，至於枹鼓之間，先看得利害分明，恃能顛倒是非，必不用命前列；我之感召不能化之，我之號令不能信之。誠實之人，感恩而不忍負，畏威而不敢犯[二]，雖才有不逮而疵瑕不能遮掩，則吾耳目不眩於是非。然又有一等衝鋒陷陣之徒而不堪領鋒率衆者[三]，於此處之盡其道，而使偏於勇力者可以將兵，偏於調度者可以衝鋒，是在誠我良工之苦心矣。哨總以上，弓馬技藝皆其末節，不足爲輕重[四]；然亦須各有藝[五]，然後仗此無恐，庶可當先。且平時教練頭目，先知此藝之利病，庶可以使人知[六]習向。苟不可得兼，寧用有膽而無藝者。

原　信

夫人無信不立，而軍中之信，猶如冬之裘，夏之葛，不可一時缺者。夫子曰：“去食去兵，民無信不立。”當今之時，天下之政載諸條列，頒諸陳奏，充棟累牘，集案盈几，皆通變、宜民、致治之言也；朝行暮輟，而曾無一補於治者，不信之故耳。如今之官府告示張挂通衢，大字招揭可謂信令矣，而舉目一看者誰何？良由官府不行督察之令，小民習爲故事，如此而雖日出一示何益哉？着實舉而行之，如有司官只一信字有餘用矣[七]。兵中號令，更不可一字苟且。凡集烏合之兵，行伍既就，首閱體統以正軍禮；軍禮不肅者有誅。軍禮既正，在南則《紀效新書》，在北則《練兵實紀》，擇其第一當習者，人各一本，每入教場，先令每隊中識字者一人讀與衆人[八]聽，日限若干，抽兵考背，書聲徹外。至有兵人苦之，曰：“我輩能讀書，必去考做秀才，不來當兵矣。此豈得已哉？”人心既苦，則又從而解諭之，使知當習之故，如此，人人知我之令矣。然未必人人行我之令也，於是再約以期，挨次查其行否，怠事有誅。歲月之餘，習久信立，人人知方，是之謂節制之師，是之謂人自爲戰。今人之談兵者，却以不用節制、野戰向敵人出己意，謂之人自爲戰，謬矣。是故行之而必察，察之而必行，操簡馭繁，統萬如一，信於先而用於後，故未戰而廟算勝者此也。孫子以“信”居二，吳子以“果”居中，誠能着實用力於此二字，庶幾乎節制之師。

原火器

　　夫五兵之中，惟火最烈，古今水陸之戰，以火成功最多。但今之製火器者，類愈多而無實用[九]；用火器者，失法而每以自誤。彼有精器而無精兵以用之，是謂徒費；有精兵而無精器以助之，是謂徒強。須兵士立得脚根定，則曳[一○]柴可以敗荆，況精器乎？諸器之中，鳥銃第一，往往打放無節，賊未至而打放已盡，賊既至而空手無可打放者。其弊在於場操時不會[一一]臨陣實演，及[一二]對陣時頭目不在前列，火器之兵信不過殺手立得脚根定，中軍復無主令以爲火器之放止耳。夫火器均謂之長技，長者短用，平時即以草人約臨陣打放步數，教之如對敵，及臨陣[一三]之際，用之則如在場，叮嚀聽中軍呵[一四]令，方纔打放，完[一五]者有誅。凡力可及百步者，只用於五十步之外，勢險節短，無有不中者矣。又火未出而手先動，銃已歪斜，鉛子何由得準？且鉛子大小不一，子大而銃口小，則子入不深，出口便落；子小而銃腹大，火藥先鉛子而泄，則鉛子無力，何以致遠？夫欲鉛子出遠而有力，爲其銃身長，腹内光圓均直，鉛子與銃口腹[一六]合，火氣不泄之故也。藥幾錢則鉛重幾錢[一七]。火發而銃不動者，爲其一手把於銃前，手在火藥之前，銃不動則發必中。銃腹長則子去必直。後手不點火而以指發機，則手常[一八]執銃而臨發穩正。此鳥銃之所以爲利器也。

原用器

　　夫長兵短用，短兵長用，此所謂勢險節短之法也[一九]。火器、火箭、弓矢，皆長兵也，往往賊在數百步外，即已打發，及至賊近與人隊齊來，却稱火藥放盡，鉛子欠缺，或再裝已遲，每由此而敗。緣其故，在於場操素無號令以節制之，臨時殺手立不定，銃手居前列，每陷於敵，非此之用也。今當前將銃手交於[二〇]殺手，臨陣放不如法，違令先發，徑聽殺手割耳，回兵查無耳者斬；銃手若亡，殺手償命。平日又操之以定令，每於報賊將近時，銃手雖列於外，專聽中軍號令[二一]。中軍主將自掌號銃，看賊至五六十步，中軍放號銃一個，向賊一面才許放銃。分番如期，每一長聲喇叭放一次，看中軍放起火一枝，方許一體放火箭。如無號銃，便賊到營下，亦不許輕放；若違令放銃打賊者，即一銃打死二賊，亦以違令誅之。如此而更番有法，放銃必能打賊，打賊必能多中，賊亦不敢衝我矣。此放火器第一要務也。至於叉鈀鎗刀，皆短器也，何以長用？鎗必身法、步法與手法並進，而手握於根，即如把舵使舟，又必盡柄着手，皆長用之妙也。但平日在教場操時，打銃則把托穩定，對把從容，舞械則以單對單，前無利害，似謂習之已精已至矣。臨敵之時，若使仍是照前從容酬應，如教場內比試一般，不必十分武藝，只學得三分亦可無敵；奈每見賊時，死生呼吸所繫，面黃口乾，手忙脚亂，平日所學射法打法盡都忘了，只有互相亂打，已爲好漢。如用得平日時一分武藝出，無有不勝；用得二分出，一可敵五；用得五分出，則無敵矣。

原練兵分數

軍禮節制之道，居二十分之二；次第連坐之法，居二十分之二；賞而當，居二十分之二；罰而當，居二十分之二；月糧得實惠，明號令，居二十分之一[二二]；利軍火等器，居二十分之一[二三]；營陣得法，居二十分之一[二四]；將勇兵精，居二十分之一，此皆練士之一節也。仍有五分，則在使站得脚根定耳。以前十五分，皆爲站得脚根之一事，雖一事不能少，而不足以該全體。所謂五分者，實心任事，至誠馭下，同甘苦，恤患難，以感召爲工夫，使三軍心服，恩威信於平日，必至殺之而不怨，利之而不庸。

循士情

主將常察士卒飢飽勞逸、強弱勇怯、材技動靜之情，使之依如父母，則和氣生；氣和則心齊，兵雖百萬，指呼如一人。

公賞罰〔二五〕

凡賞罰，軍中要柄。如該賞者即與將領有不共戴天之恨，亦要錄賞，患難亦須扶持；如犯軍令，便是親子姪，亦要依法施行，決不許報施恩讎。有此者，以其所報之罪坐之。

信口耳

發號施令，預先決定，不可臨時反覆，使三軍疑惑，故云將無還令。凡應行軍務，係有文字，事緩者除通行揭示外，若值緊急軍機，雖有文字，抄示不及者，主將門上掌號笛，各偏裨傳帶頭目，自哨總以上〔二六〕，赴廳〔二七〕面諭。主將無定位，但凡臨時在本地方獨尊者便是。如職位相等，則尊其老成年長者一人主之，掌號笛，各同僚中軍、千總、哨總、隊長以上，俱赴共行會計遵守。夫主將一人耳，官兵〔二八〕數萬，一句說話，如何傳得遍知？但主將號令只傳偏裨，偏裨只傳中軍千總，千總只傳哨總，哨總只傳隊長，隊長只傳伍長，口授軍兵而止。須要傳說明白，叮嚀熟記；若一時聽記不全，還挨次再問所傳之人，若都問不明，再問主將，不許攙越推挨。若有得令不傳，傳到不遵，及與傳說不明，或忘記不來再問，以致誤事者，軍法重治。干係偏裨者，事小則治其中軍〔二九〕。其告示文字之類，亦要挨次抄傳，互相字字說明。以上〔三〇〕二項，傳諭口令，抄謄文字，仍要一字一言，不許增減，及別添禍福之說。每傳畢，差巡視旗喚〔三一〕二三個軍來問之，照不知條內，查治所由。

一號令[三二]

軍中有主將謂同在軍中之尊者，非大將也，而副將以上非副總兵，乃一時同事位稍次者輒出號令，及別改易旌[三三]軍號者，重治。若號令未便，須合改易者，先申主將。

詳責成

凡責成之例，不拘平時臨陣，小而一切號令有違，作奸犯科，大而退縮致誤軍機，管五名以上者，一名有犯，必連坐之；管二十名以上者，二名有犯，必連坐之；管六十名以上者，六名有犯，必連坐之；管百名以上者，十名有犯，必連坐之；管三百名以上者[三四]，二十名有犯，必連坐之；管一部以上者，五十名有犯，必連坐之；管三部以上者，一百五十名有犯，必連坐之；管一萬名者，五百名有犯，必連坐之。若先呈舉者免坐。至於賞亦如之。若逃去奸盜等事不訐首，疾病患難不報官，專罪伍長與同伍甲兵。器械損壞不充足，專罪隊長。武藝不精[三五]，專罪哨總。號令不通明，專罪千總。所謂專者，特於此等人加重也，非是只罪此項人員，而本管大小頭目便不相干。

勵火兵[三六]

編過火兵，有能奮學武藝精熟者，升爲戰兵；戰兵內懶惰不習武藝、號令生疏者，降改火兵。每季終次月初二日一考，平時聽各火兵自首，即與驗升。

申軍紀

平時恃強凌弱，酗酒忿爭，喧驟無禮，蹂取人果稼[三七]，作踐人廬器，分別輕重治之，貫耳遊營。奸淫人婦女，偷盜人財物，軍法示衆。以上有犯，但係同夥同隊之人，有一舉首，餘皆免罪，首者行賞。若互相容隱，同夥同隊之人，俱與[三八]以軍法連坐。

禁争毆[三九]

自己軍士頭目兩相鬪毆，不論曲直，各捆打，然後查其所由加治。若軍士與非管伍長，伍長與非管隊長，隊長與非管哨總，哨總與非管千總争毆者，先治其卑者以不守分之罪，然後另剖曲直。若與本管争毆者，以毆父母論定，行軍法從事。

禁喧嘩[四〇]

凡軍中要緊第一件，只是不許喧嘩説話。每遇動止進退，自有旗幟金鼓，若無令不許説話；但開口者，着實重處。夜間尤是切禁。

禁妖妄[四一]

訛言誑惑，妄説陰陽卜筮、道釋鬼神、灾祥禍福，搖動衆心者，重治；因而誤事者，軍法從事。

禁乖異[四二]

凡將領官哨隊長不相和協，傾陷妬忌，因而誤事者，軍法處之。商議兵機務在平允，即時決定，違與執拗者處治。

書軍械[四三]

應有兵器，軍士配定隨身，雖一弓一箭，須書名[四四]行伍在上，或遺失易爲檢給，或臨操易爲辨賞。官器不必書名，以便更代者。

練手力〔四五〕

凡平時各兵所用器械輕重分兩，當重於交鋒時所用之器。蓋重者既熟，則臨用輕者自然手健，不爲器所欺矣。是謂練手之力也。

練足力〔四六〕

凡平時各兵須學趨跑，一氣跑得一里不氣喘纔好。如古人足囊以沙，漸漸加之，臨敵去沙，自然輕便。是謂練足之力也。

練身力〔四七〕

凡平時習戰，人必重甲，荷以重物，勉強加之，庶臨陣身輕，進退自速。是謂練身之力也。

以上平日二十一條。

作怒氣

臨陣，各人壯起膽來，發起怒來，想起來我與他殺，固怕死，我殺了他，他死，我便不死，又有功賞。若彼圍在內〔四八〕，不誓死戰，更有何計？敗走時便逃得回，陣亡了頭目，軍法連坐，亦不饒我，是走回也免不得死。務各一心發猛，肅肅靜靜，惟主將號令是聽。主將不必大官府，但一營之中第一大者便是。如壹隊中只有十個人，在彼再無別人，則隊總便是主將，以上類此。

原戰秘〔四九〕

夫戰之有秘者，猶醫方之火候也，方同而火候異，則效有差等矣。陣惟密，此平原之法也。凡臨陣時去數里地列陣，須一息而定，列陣時勿使敵見尤妙。列畢，火器在前，擁營而進，或寇來衝我，或列陣待我，挨到五十步內，火器聽中軍令齊發，只有一次，兵士乘火烟如雲一齊擁進，須是飛走，密布長器，如蜂叢蟻附，一齊擁上，不可毫髮遲疑，短兵救之，無有不勝。此非擊殺之力，乃火烟之勢，飛進之雄，奪其心目，徑前交鋒，彼自靡矣。兵法謂勢險節短，始如處女，敵人開戶，終如脫兔，敵不及拒，不其然乎？

申連坐〔五○〕

你們自來不知節制，大小不相鈐束，以故進前者徒死而無賞，雖欲賞之，無處查考；退後者倖生而無罰，雖欲罰之，無處查考也。今定〔五一〕節制，取有甘結矣。即如一伍同退，只殺伍長；一隊同退，只殺隊長；一哨同退，只殺哨總；一部同退，只殺千總，以上皆然。如此看來〔五二〕，所殺不過三五人，似與你衆人無干，還可退〔五三〕也。你不曾細思，此法一行，便是百萬兵一時進前退後，我也都有查考，所殺幾個人，不怕你百萬人都退不得。聽我説其故：且如一部人齊退，必殺千總，千總但見他一部人退時，他決不退，若是他不退，必被賊殺了，我便將他管下哨總都殺了，以償千總之命；哨總見千總不退，恐陣亡了千總就該償命，便是哨總亦不敢退；他所管下隊長見哨總不退，恐賊殺了哨總，所管下隊長怕我殺了，就守着哨總不敢退；隊長不退，若被陣亡，他所管下伍長都該殺，伍長怕殺，便不敢退；他所管下一伍軍怕賊殺了伍長，必然官府殺他，他也不敢退，就護着伍長站定了。如此，不是我所殺止於陣亡的部下三五個人，便是百萬人也要同心，那個還敢輕先退走？若一齊上前，同力殺賊者，頭目致有陣亡，不坐以屬下償命之罪。如有斬獲，仍以功論，以首級先恤死者，然後分與生者。

齊士心[五四]

殺賊只是萬人一心，强者不得先進，弱者不得退後。如臨陣敢有一人非令先進，即斬賊首、得賊馬而還，亦以違令，軍法從事。

治貪級

自來壯軍殺賊[五五]，專好争功，殺倒一賊，三五十人互相争奪，却將敗賊忘了追殺，每每致賊以數人爲餌，誘你上前都去争功，却大衆一擁殺來[五六]，一個首級又不得，不知倒[五七]被他殺了多少，乘衆少，却將營盤衝破，全軍没了。迷而不悟，其故也[五八]？此乃將官平日無嚴制，教場内不曾千言萬語説得明白，臨時又不曾殺了幾個違令的，以此養成夙弊，再不知改。今日比前不同，若殺倒，首級、馬匹都不必管他，殺手只管殺向前去，我自另定一班人割首級、收馬匹，但以殺退賊爲主，即將級銀先賞衝鋒，首級以十顆爲率，衝鋒者六顆，銃手二顆，割首級與札營者二顆，俱係陣前回營均分。仍有臨陣争首級者，首級入官，所争之人，理虧者斬首，各官長一體連坐，以分類[五九]論罪。

戒銃手[六〇]

夫銃手善能打賊，使狂勢少挫，以助殺手之膽，使殺手膽壯，殺得賊敗，自可保銃手之命。即各藝雖有不同，均爲彼此救護保全，何況挣立功名，通是大家受用。臨時打放不如法，故意高放、低放、歪放，畏懼、顫摇、後顧者，斬首。交鋒時許殺手伍長並本管隊長先割去一耳，回兵查斬。若有本管官在近，就送斬首。

懲虛銃

凡鎗銃等手，遇賊在遠時，因我膽怯，每於數百步外鉛子所不到處，大小銃礮只管浪放；或賊來本少，我銃盡放，又打不着他，又可惜了火藥氣力，及至賊到近與擁衆衝來，都稱火藥鉛子都用盡了[六一]，束手送死，可乎？今遇賊來，不論遠近，只聽軍中放銃一個、吹天鵝聲，銃手就放銃[六二]，照依操時之法，輪班點放，着准斃[六三]賊。若賊成宗來，每人只指定賊宗當中一賊打。不奉中軍銃響、不吹天鵝聲，便是賊進營裏來，也不許放銃。先放銃者，便一銃打死二賊，亦不准，定以軍法斬首。

飭銃器[六四]

火器收放不如法，臨時致藥濕綫濕、放銃不響者，俱以軍法斬首。千總以下知而不舉，及姑息不治者，連坐。

處傷害[六五]

陣上血戰之時，遇有兵[六六]戰傷，就聽在地，勿令呻吟，吾兵只管向前，便是父子有傷，你只管向前殺去，殺了賊，便可收拾調理，即是與父子報讎了。若因而守顧，不行向前殺賊，致軍大敗，賊衆[六七]追來，就守之扶之，何處[六八]去也？自己命不保，如何救人？違者斬。

罰故避

但有詐病，故將軍器、馬匹、車梁損壞，及預先損失而臨陣方舉，希圖免戰者，斬首示衆，仍查本管人役[六九]。

忘私讎〔七〇〕

將卒有私讎,至臨陣互相報者,軍法從事。

處水陷〔七一〕

凡軍前有水陷,我則據高以待之,候賊至陷中即擊;若賊不來,則設伏退軍以誘之。

經山谷〔七二〕

凡有山谷處戰,必然設伏,佯兵誘之,入伏攻之。

整追兵

凡戰勝追賊,約一里遠,則聽摔鈸響,收軍整隊,恐賊窮返鬪,軍亂難整。此令俱出於同戰將令爲主者,不必稟中軍,以其去遠,不相聞也。俟稍整,又擂鼓追逐,一面分遣騎兵,各出山頭林木都要留人搜瞭〔七三〕,恐賊埋伏佯敗。果係大敗,亦即長驅,不許乘此縱賊得脫,雖前功不叙。

給戰獲〔七四〕

凡軍中掠獲,按條賞士,將領不得輒取,聽主將從宜分之。

處陣降

凡當陣之時,賊方迎鋒而來,若係被擄驅之向前者,今給每哨降旗二面,遠遠共呼:“丢了槍刀不殺!”若係丢槍刀者〔七五〕,令徑往白旗下,聽他投附偷生;若妄殺一級,定斬下手之人償命,各相近隊伍頭目不行舉首者同罪。若聞呼不改,徑持鎗刀前來者,聽於陣上殺之,報功之日,即與開説明白。

刑俘奸[七六]

凡奸淫民間婦女，固在不赦，若臨陣追獲賊婦，未奉明文配賞而奸淫者，以軍法論。

慎妄殺

百姓在危地，反殺其首級冒功，此等無天理之人決不宥。所獲子女人口，只將生口送官，論功給賞。若戰後殺取降人，主將臨敵時面見，鮮血猶存，驗有前弊，查其動手提級來報之人[七七]，即時斬首償命，雖夙有功者不宥。此一節萬萬叮嚀，凡我將士務要痛改盡洗之。

以上臨陣十八條。

報戰傷

凡遇戰畢收兵到營時，一面各營將督據千哨總，即開戰傷者爲一手本先遞。凡弓箭傷係致命處爲一等，雖重不開超等。被中三箭以上，雖輕亦開一等。中二箭者，雖輕不開三等。凡射在手足間者爲二等，箭入不深，再輕者爲三等，再輕者爲四等止。其刀傷當面者爲超等，傷手足重者爲一等，輕者爲二等，三等止。凡箭刀傷俱在背後者不准，亦不給醫藥。若賊衆四面圍砑我軍[七八]，在中向敵者，雖背傷亦准作等數，須取營將臨陣將官畫字於手本末。若衆軍同敗，一齊奔走而傷者，不論面前背後，俱在[七九]准恤，即不必開報。若有幾人，能於衆[八〇]敗走之中，復回身對敵者[八一]，能阻賊回者，即無傷，俱開頭等；傷者原合一二三四等例，俱各進一等，開報超等者，開超超等。

報陣亡

凡亡者另開手本，某人傷某處，須面前傷，乃坐同隊伍償命之罪；傷在背後，死者不恤，亦不連坐同隊伍。若大衆敗走而亡者不恤，當開坐退縮被殺，但一傷在前者〔八二〕，即准血戰陣亡之類。

報功級

凡首級另開手本，哨共斬若干，衝鋒某人某人，斬取某人某人〔八三〕，聽主將照前例均派。願紀録者，約自己該銀若干，衆人分銀若干，除已分外，仍出銀與各應賞者。其首級聽紀録，衝鋒者除分派首級之外，另有特賞。

報人口〔八四〕

凡獲生另開手本，以憑發主獲者照數賞銀。

報軍器〔八五〕

凡賊器另開手本，解官貯庫。

報馬匹〔八六〕

凡賊馬另開手本，以憑議賞衝鋒之軍並有功人員。

以上戰後六條。

韓霖曰：尉繚子云：“戰所以守城也。”又云：“務戰者城不圍。”然非實選實練，安能戰勝守固哉？選練條格，受之先師徐文定公，而僭爲删定；此外尚有操行營諸條，采取近年余、戚兩家爲多。兩家書具在，余詳守略戰，不能一一盡載，止輯戚氏書數十條爲兵訓，而於火器尤三致意焉，蓋今日之時務也。

附王臣直練鄉兵條約

鄉兵，皆不教之民也，余不與之譚節制，而與之譚野戰。然野戰中亦未嘗無節制焉，今爲爾删繁就簡，約詳爲略，爾枝長既易爲教，各鄉兵亦易爲習。朝而農夫也，夕而健卒也。且即我民之耕耨器具，爲我民之堅甲利兵，不費民財，不費民力，想我民亦樂從者。爾枝長五日一小操，半月一大操，凡有不遵爾令者，刑無赦。本州於大操日親閲勤惰，以爲賞罰。至於探賊之虚實强弱、衆寡進止，而相機以制勝，則本州事也。臨時更相劻勷。

一簡選

"兵貴精而不貴多"[八七]，此至言也。今除去老弱不用外，將所選精勇者爲前驅，其次勇者則屯札老營，管戰車及軍中什物。

鴛鴦伍戰法

兵法之妙，一言以蔽之，曰：奇正相生於無窮。不但枝枝有奇正，營營亦有奇正，即伍亦有奇正，然必鴛鴦伍法不亂，而後臨敵可決勝也。每伍三人爲正，兩人爲奇。每鴛鴦伍長與四人爲正，兩翼各一人爲奇。務要同死同生，并力以擊，但有退後者，本枝長斬之。如一人有功，十人同賞；一人有失，十人連坐。

一認枝

如天字枝鄉兵，凡旗幟衣履，但書一天字，使本枝易於辨識也。餘皆倣此。

一認旗

散兵只看定小旗以爲進退左右，小旗看本營旗，本營看本枝旗；敢有擅進退及亂動者，斬。凡營旗色前紅後黑左藍右白中黄。

一戰車

我步兵不能當賊馬，車前着鎗，則馬不能衝。我兵不能當賊射，車上着長板四尺，則箭不能加。我兵便可倚車自蔽，而以火銃弓矢及賊。此戰車必不可不備也。

一盔甲

每鄉兵一名，頭戴牛籠嘴一個，或竹或皮，内遍着舊鞋底，刀箭不能傷。急切無甲，只每人右臂懸一鍋蓋，防賊之遠射也。

一器械

先火器，次弓矢，次長鎗，又次悶棍、腰刀，須長短相間。

一臨敵

鼓之則進而接戰，急鳴急進，緩鳴緩進；金之則退而結營，急鳴急退，緩鳴緩退。

一營陣

每一鴛鴦伍，戰車一輛，立一小旗長統之；每小旗若干，立一營長統之。枝長約人數多寡，分前後左右中爲五營。賊攻吾前，則前即爲正兵，後一營爲助，左右張兩翼；若攻左右，則前後又爲兩翼，互相奇正，庶無臨敵易隊之擾。

一戰法

遇警，則枝長擺於四面，步步爲營，弓銃長鎗，夾車而列，賊來一二十步之内則擊之，彼必不敢長驅。若賊勢單弱，則留中營屯車中爲家，其四營出車前進戰。然不可離車太遠，恐賊以步兵誘之，以騎薄之，我兵難於歸車營也。太抵練兵須求實用，十人可用，勝百人千人而無用者。然欲得實用，不過伍法精熟、奇正相生而已。法不嚴則伍不整，不公、虛誠信則自不能嚴，是在爾枝長加意圖之。

韓霖曰：田里之民，耳不習金鼓，目不習旌旗，手足不習步伐，一旦驅以從戎，有駭走耳。吾鄉王聖鄰先生守壇淵，作《鄉兵條約》，從《龍韜・農器篇》悟入，簡約易遵，非洞曉兵家之秘，安能神而明之乎？守開〔八八〕一年，民安盜息。安得今之有司盡聖鄰其人者以固吾圉也！

校勘記

〔一〕"原軍禮"一節，見《練兵實紀》雜集卷二《儲練通論》。

〔二〕"原用人"一節，見《練兵實紀》雜集卷二《儲練通論》。"犯"，《練兵實紀》作"負"。

〔三〕"然又有一等衝鋒陷陣之徒而不堪領鋒率衆者"，《練兵實紀》作"然又有一等衝鋒陷陣之徒而不堪管練統御者，又有一等調度知方之徒而不堪領鋒率衆者"，如此，方與"而使偏於勇力者可以將兵，偏於調度者可以衝鋒"一句相照應。

〔四〕"輕重"，《練兵實紀》作"重輕"。

〔五〕"藝"前，《練兵實紀》有"一"字。

〔六〕"知"，《練兵實紀》作"之"。

〔七〕"原信"一節，見《練兵實紀》雜集卷二《儲練通論》。"信"，《練兵實紀》作"牧"。

〔八〕《練兵實紀》此句無"人"字。

〔九〕"原火器"一節，見《練兵實紀》雜集卷二《儲練通論》。"無"前，《練兵實紀》有"愈"字。

〔一〇〕"曳"，《練兵實紀》作"拽"。

〔一一〕"會"，《練兵實紀》作"曾"，形近而訛。

〔一二〕"及",《練兵實紀》作"及至"。

〔一三〕"陣",《練兵實紀》作"敵"。

〔一四〕"呵",《練兵實紀》作"何",兩字形近。

〔一五〕"完",《練兵實紀》作"先",形近而訛。

〔一六〕"腹"後,《練兵實紀》有"相"字。

〔一七〕此句《練兵實紀》作"藥幾錢則鉛子幾錢重"。

〔一八〕"常",《練兵實紀》作"嘗"。

〔一九〕"原用器"一節,見《練兵實紀》雜集卷二《儲練通論》。"也",《練兵實紀》作"已"。

〔二〇〕"於",《練兵實紀》作"與"。

〔二一〕"令",《練兵實紀》作"銃"。

〔二二〕"原練兵分數"一節,見《練兵實紀》雜集卷二《儲練通論》。"二十分之一",《練兵實紀》作"二十分之二"。此下有"仍有五分"之語,知此處及以下二處當作"二"。

〔二三〕"二十分之一",《練兵實紀》作"二十分之二"。

〔二四〕"二十分之一",《練兵實紀》作"二十分之二"。

〔二五〕"公賞罰"一節,見《練兵實紀》卷二《練膽氣》。

〔二六〕"信口耳"一節,見《練兵實紀》卷二《練膽氣第二》。"哨",《練兵實紀》作"百",韓霖與戚繼光在守城將官層級的安排上有差別,在《練兵實紀》的基礎上稍作修改,不一一出校記。

〔二七〕"廳",《練兵實紀》作"聽"。

〔二八〕"官兵"前,《練兵實紀》有"車步騎"三字。

〔二九〕"軍"後,《練兵實紀》有"官"字。

〔三〇〕"土",當作"上"。

〔三一〕"喚"字前,《練兵實紀》有"於街上或歌家"六字。

〔三二〕"一號令"一節,見《練兵實紀》卷二《練膽氣》。

〔三三〕"旌"後,《練兵實紀》有"旗"字。

〔三四〕"詳責成"一節,見《練兵實紀》卷二《練膽氣》。"三",當作"二"。

〔三五〕"精"後，《練兵實紀》有"習"字。

〔三六〕"勵火兵"一節，見《練兵實紀》卷二《練膽氣》。

〔三七〕"申軍紀"一節，見《練兵實紀》卷二《練膽氣》。"果"，《練兵實紀》作"禾"。

〔三八〕《練兵實紀》無"與"字。

〔三九〕"禁爭毆"一節，見《練兵實紀》卷二《練膽氣》。

〔四〇〕"禁喧嘩"一節，見《練兵實紀》卷二《練膽氣》。

〔四一〕"禁妖妄"一節，見《練兵實紀》卷二《練膽氣》。

〔四二〕"禁乖異"一節，見《練兵實紀》卷二《練膽氣》。

〔四三〕"書軍械"一節，見《練兵實紀》卷二《練膽氣》。"軍"，《練兵實紀》作"器"。

〔四四〕"名"，《練兵實紀》作"各"。

〔四五〕"練手力"一節，見《練兵實紀》卷四《練手足》。

〔四六〕"練足力"一節，見《練兵實紀》卷四《練手足》。

〔四七〕"練身力"一節，見《練兵實紀》卷四《練手足》。

〔四八〕"作怒氣"一節，見《練兵實紀》卷八《練營陣》。"彼"，《練兵實紀》作"被"，形近而訛。

〔四九〕"原戰秘"一節，見《練兵實紀》雜集卷二《儲練通論》。

〔五〇〕"申連坐"一節，見《練兵實紀》卷八《練營陣》。

〔五一〕"定"後，《練兵實紀》有"有"字。此與下句句式相同。

〔五二〕"來"，《練兵實紀》作"之"。

〔五三〕"退"後，《練兵實紀》有"之"字。

〔五四〕"齊士心"一節，見《練兵實紀》卷八《練營陣》。

〔五五〕"治貪級"一節，見《練兵實紀》卷八《練營陣》。"壯"，《練兵實紀》作"北"，是。"殺賊"，《練兵實紀》作"臨陣"。

〔五六〕"却"前，《練兵實紀》有"他"字。

〔五七〕"倒"，《練兵實紀》作"到"。

〔五八〕"也"前，《練兵實紀》有"何"字。

〔五九〕"類"，當作"數"，形近而訛。《練兵實紀》此句作："各官旗隊百總一體連坐，把總各以分數論罪。"

〔六〇〕"戒銃手"一節，見《練兵實紀》卷八《練營陣》。

〔六一〕"懲虛銃"一節，見《練兵實紀》卷八《練營陣》。"都稱"，
《練兵實紀》作"却又"。

〔六二〕此句《練兵實紀》作"就要銃手放銃"。

〔六三〕"斃"，《練兵實紀》作"打"。

〔六四〕"飭銃器"一節，見《練兵實紀》卷八《練營陣》。"及姑息不
治者連坐"後，《練兵實紀》有"因而誤事者，一體斬首"一句。

〔六五〕"處傷害"一節，見《練兵實紀》卷八《練營陣》。"處"，《練
兵實紀》作"戀"。

〔六六〕"兵"前，《練兵實紀》有"我"字。

〔六七〕"衆"，《練兵實紀》作"馬"。

〔六八〕"何處"前，《練兵實紀》有"向"字。

〔六九〕"罰故避"一節，見《練兵實紀》卷八《練營陣》。此句《練
兵實紀》作"及查治本管旗隊人役"。

〔七〇〕"忘私鬭"一節，見《練兵實紀》卷八《練營陣》。"忘"，《練
兵實紀》作"報"。

〔七一〕"處水陷"一節，見《練兵實紀》卷八《練營陣》。亦見于
《武經總要・軍争》。

〔七二〕"經山谷"一節，見《練兵實紀》卷八《練營陣》。

〔七三〕"整追兵"一節，見《練兵實紀》卷八《練營陣》。"出"，《練
兵實紀》作"處"。

〔七四〕"給戰獲"一節，見《練兵實紀》卷八《練營陣》。

〔七五〕"處陣降"一節，見《練兵實紀》卷八《練營陣》。"丟"後，
《練兵實紀》有"了"字。

〔七六〕"刑俘奸"一節，見《練兵實紀》卷八《練營陣》。

〔七七〕"慎妄殺"一節，見《練兵實紀》卷八《練營陣》。此節與原
書相較，字句未録者多，而語意完整，是韓霖有意爲之，故不一一出校記。
"其"，《練兵實紀》作"真"，形近而訛。

〔七八〕"報戰傷"一節，見《練兵實紀》卷八《練營陣》。"斫"，《練兵實紀》作"砍"。

〔七九〕"在"，《練兵實紀》作"不"，是。

〔八〇〕"衆"後，《練兵實紀》有"人"字。

〔八一〕《練兵實紀》無此"者"字。

〔八二〕"報戰亡"一節，見《練兵實紀》卷八《練營陣》。"但"字後，《練兵實紀》有"有"字。

〔八三〕"報功級"一節，見《練兵實紀》卷八《練營陣》。"斬取"後，《練兵實紀》有"首級"兩字。

〔八四〕"報人口"一節，見《練兵實紀》卷八《練營陣》。

〔八五〕"報軍器"一節，見《練兵實紀》卷八《練營陣》。

〔八六〕"報馬匹"一節，見《練兵實紀》卷八《練營陣》。

〔八七〕《金史·陳規傳》："昔周世宗嘗曰：'兵貴精而不貴多。'"

〔八八〕"守開"，當作"守關"。"關"俗字作"関"，與"開"形近而訛。

慎守要録卷九

應變篇

禦石礮

賊有遍尋石碑、石羊虎，磨石爲礮，擊傷守垛之人者。當令守垛者近女頭墻坐，高則於女頭墻上過，低則打中女頭。又須用木與麻繩，造方高一丈洞子，以備礮石衆多。如賊攻壞女頭，即於兩邊連進洞子，以代女頭。若此，則礮石縱至大至多，亦無壞損。

備火礮

賊或用火礮攻城，我以大而精者先發制之。城垛不能當礮擊，須備大籭徑四五尺以上者，内實以土，人隱其旁擊賊。其籭愈大愈妙，南方編竹爲之，北方編荆爲之。

防排圈[一]

賊戴木排、門扇、木船、竹圈之類遮護其身，突來攻城，此時矢石不能擊，長鎗不能入，何以破之？須用水和土爲泥擲之。泥在木土[二]不墜，泥多則重；又擲巨石於泥上，石亦不墜。泥石相壓，戴者不能勝，自然退矣。

女扮男

城中人少事急，壯年婦女須冒男子冠服，土城防禦[三]。朝暮之喊，男婦小兒俱要齊聲，以示人多，以揚精采。仍須一家男婦聚在一處，但有調戲褻狎者，斬首示衆。

備火飯

恐賊夜攻，須多備油燭、竹纜、草把應用。又急戰難候炊飯，須備團飯，遊兵至，即給食之。

詭夜鼓

夜間嘗擂鼓一二次，若出師之狀，令敵夜不得寢，而我兵實安寢城上[四]。亦必先諭城上人知之，然後不亂。

認賊首

一、使善打鳥銃者認打頭領，然頭領多與衆賊妝成一樣，不易認識，須令能遠射者，懸書一紙，上寫謎語，射至賊營，衆賊拾起，必送頭領觀看，此時正好下手。

偃月城

如賊圮壞城墻，城上兩邊，多置火礮矢石，以防賊急登城，次於城內脚下，取土爲深壕，築偃月城圍之。若賊上城，畏石礮難立，到壕內無不死者。

火月城

賊若破月城，未破內城，城土[五]人須用火炬擲月城內，以月城爲火池，多多添擲竹木。賊不勝烟火，自然退去[六]。

防　水

賊有水攻之法，或壅其上源，或決其下流，使我田禾枯稾[七]，人畜焦渴，我必築爲堡塞以守其要。若旁爲浚塞，則出劲兵奪築爭決之。倘置毒上流，則我多穿井以資飮饡。或兵勢寡弱，不敢出城，則賊壅水灌我，我壅塞諸門，察視城中陷穴之處，悉加傅築，則水自難入。倘水已入城，則又不得不選勇士，望外水低窪處力決其渠。或銃攻，或偷放，此必爭之術也。

守　法三條

城守器械皆已先具，則量其輕重緩急而次第行之。如賊已向城，乘城將士皆援立牌。賊將近敵臺，並度視遠近，施放矢石、火球、火鷂、鞭箭。賊在城下，則抛飛鈎；賊若填壕，則火藥、鞭箭以射焚其蕘稾。木板傅城欲上，則隨其處下擂木擂石以擊之，投飛器以燒其攻器，揚石灰、糠麩以眯害其眼目，擲火罐、毒礵，擊爛其身，樓棚踏室板內雜短兵，下刺[八]登城者。若登城者漸多，則禦以狼牙鐵拍；手漸攀城，則以連加棒擊之，銼手斧斷之。賊以衝車等進，則穿以鐵環、木鐶，放猛火油。賊雲梯倚城，則引叉竿，推撞車。賊木驢穴城，則用絞車、鐵撞、燕尾炬壞之。賊飛礮石，則張布幔、水絮。賊爲地道來攻，則掘塹聽候其來，方穿井邀之，霹靂火毬烟毬等害之。賊附高穴城，則縋油火箱灼之。賊築土埋傍城欲上，則穿地道至埋下，引取其土，賊埋自壞；或起埋相對，盛兵抵禦。賊以火攻城，則城上應救火之具，有托叉、火鈎、火鐮、柳灑子、柳罐、鐵手、貓唧筒禦之。若攻具猛至，則爲水袋、水囊以投沃之。一應棚樓器械，雖預塗覆，亦須舉麻搭潤護。若賊爲火車燒城門，則下濕沙滅之，切勿以水加，恐油焰愈熾。賊若縱烟向城，則列甕缶，以醋醬水各實五分，人覆面其上，其烟不能犯鼻目。

賊攻壞城門，則以力車代之。如編濕木幔皮竹作洞屋來攻，則以佛狼機碎之。或伐大木盛作攻具，凡爲守器所不能禦者，皆以巨銃推毀，遠器近器小器並發，而更以埋器翻擊之。

諸守械之所最利者，莫如火器。然使守城人能用，攻城人不能避，則攻者受屈矣；若使攻者能禦，守城人稍屈，雖有利器，亦不能施。火器且然，而況於他技乎？故用器者在乎人，通變者在乎知，必使敵萬變，我萬應，心運於器之先，技妙於神之輪，則反攻者爲守，而我守者反爲攻矣。

應變器具

猝守孤城，器械難具，則急取民間竹笆或荆棘搭女墻，多運磚石、石灰瓶。賊有頂門一樣者，以大石壓之。在城下者，以小磚石拋之。附城者，灰瓶眯之。又收拾蘆柴，火以燒之。用運竈行爐，煮糞汁澆之，令其肉爛；滾湯潑之，令其皮脫。鐮刀斬其手，鋤鍬斷其頸，衝錐穿其胸，挑叉貫其喉。鍋蓋窗户，可以抵弓矢；水被濕袋，可以禦火礮。持竹繫繩，作飄石以擊遠賊。取木簪鏢爲鐵標，以鑿扁筏。又以小木作抵篙，以禦雲梯。以大木懸鐵石爲吊搗，以拒攻車。又斲木爲弩，緝麻爲弦，劈竹爲箭，淬毒爲鏃，以代弓矢。此應急權變之術也。

無城守法 二條

守無城堡，亦在人之善守。蓋能守者，非徒守而已也，必以戰爲守。故賊之來也，以攻爲志。吾於四郊度其來處，札野營、修野戰以待之，器械精，士氣勇，糧餉充，號令肅，賞罰明，任用當，或以山爲險，或緣河爲限，或相其地勢以立堡臺，或因其衝衢以伏機弩，或作陷筒以拌其馬，或灌水田以濘其足，或因凍以築沙，或鋪錐以誘入，或舉火於深林茂草之間，或埋礮於要害必經之地，則賊進之不能，退亦抱恐，心志眩惑，手足無措。而又設爲遊軍伏騎，左右掩擊，晝夜出没，彼欲戰而我不與之戰，我欲戰而彼不得不與我戰，我當以逸待勞，以飽待飢，以土著之兵襲遠來之寇，而又賊衝不動，賊餌不貪，賊自不能仰視，而我可畫地以守矣。

如地方原未有城，急難起築，宜速挑深池，即將取出之土，累爲高堤，四角築臺，以大礮守之。

出戰決機二條

城內調度分布，皆已得法，號令嚴明，軍心齊一，則出奇用詐，以戰代守，以擊解圍。或乘賊初至營陣未整，或賊遠來及其勞疲。或賊攻初息而犯其怠，或賊圍已久而闞其疏。或冒雨雪，或襲暮夜。或伐鼓以警營，或飛灾以擾衆。忽鑿暗門，則賊不及拒；突縮死士，則一以當百。或佯挑羸士以驕之，或盛發奇兵以懼之。或約降而反戰，或掩實而示虛。或出左而擊右，或搏後而突前。或作抽兵法，或爲疊陣營。或遽殺馬以饗士，或因方食而進兵。我不往，彼不可以來；彼常來，我常以自逸。城堅糧足，不難久守，困其師。勢孤援絶，必將背城以借一。乘賊餉之耗竭，則伏礮弩於糧車以誘之；瞰賊馬之飢渴，則置香毒於芻水以餌之。至若草人可以紿敵矢，縱盜可以竊帷幬。援風沙以合陣，則寡可勝衆；假水火以致師，則弱可爲強。或驅獸以決戰，或空營而破敵。變變幻幻，出出没没，此皆用兵救守之法也。

凡守各有時，亦各有機；有常必有變。守在於先，攻在於後。旌旗必明，鋒刃必密，使賊知有備而不敢犯。敵兵既出，我兵後起，此必倍道密據，掩旗息鼓，設計以待。或開其門，或赴其衆，候賊近追，我一舉礮而衆力齊奮焉，矢石交集焉。或繞其前，或截其後，使賊驚悸而莫知所之。此爲守戰，賊將可擒。如賊發探兵，而我兵三讓之，或予以所利焉，使入深地而後我計得行，此爲誘攻。誘攻之法，持棒以待之，設穽以迫之，毋作浪戰。不幸而去兵失守，地爲必要，城爲必據，敵疾發而掩至焉，我總老弱，編婦女，持旗幟而累周之，使知不虛；又爲餓馬之鈴，羊蹄之鼓，或發礮而僞練焉，或束草而假卒焉，必有遠應，晝爲三旋旗，夜持數頭爇，廁於山灣，映於林木，或不得已而坐將壘口，獨馬搦戰，撦氊飲宴，揮扇自若，飛檄鄰郡以應之。此皆飾守之計也。

斫夜營

特選精壯勇敢士五百名，照依敵妝敵哨，以一聲爲暗號，每遇晦夜雨雪，賊忽賊倦之時，則開城門，或從暗門縱出[九]，或以火礮，或以白棒，或以骨朵亂斫其營，聚散倏忽，人自爲戰。遇有順風，以火器火礮燒其積聚，得便則取器械轡勒敓[一〇]馬匹，驚則亂與同驚，睡則亂與同睡，但以無聲爲妙機，暗傷爲妙手；明斫[一一]明攻，是爲下着。大率以二鼓初交出城，五鼓鐘鳴入城，斫西營入東門，斫南營入北門，仍以暗號認是吾兵，方許放進。此之謂鬼兵。密如鷺探，速若鶻擊，非敢死士熟練人不可。或只用大礮齊放轟營亦可。

詳　計

攻者巧，守者嚴。攻必設餌以誘焉，守者必詳其計。撤圍勿喜，疾攻勿驚，歸師勿躡，示怯勿進，約和勿信，僞隙勿乘，忽退毋懈，久持毋斁。有進援，毋出奔；奔必死，援必生。

燭　奸[一二]

賊在城外屯聚，以逸待我之勞，以飽待我之飢，以寧耐挫我之銳，以優遊懈我之心。聲言解圍，以安我之意；聲言增兵，以寒我之膽；乍動乍靜，以疲我之精神；緩進零衝，以耗我之氣力；忽散忽聚，以老我之知謀；築壘增柵，以示彼之久持。我意已定，一切勿動。

結援二條

守者必先結援。援欲其應，必彼此合期，內外夾攻，勝。又欲我不應，聽援者獨戰，我休養士卒，乘其疲而出戰，勝。一援兵臨城，且勿輕信，須擇勇敢者縋城而下，認識的真，方可延入；或相約舉事，恐賊有假我衣飾以賺我者。

追敵

歸師勿遏，固爲常法，第歸不同，或主將病亡，內外携貳，境有他兵，久師疲敝，糧援殫絕，皆爲可追，早令吾間偵知焉。毋直進，必旁擊之，設預伏，分合疑誘，各有奇機。如遇險阨之處，必令探者詳察地形，有可以往，難以返，謹止勿進。

出圍

若守者審處其變，勢在必危，乃爲出圍計。區撥壯者居前，疲者繼後，强者護外，弱者處中，必有武衝武術，使賊器無施焉。會於晦夜，銜枚疾奔。欲出於東，先開其西，毋由正道，必穴其城。明告將士，勇鬬則生，不勇則死。忽然而突，敵不及拒；望火爲號，吹器知聚。又令村騎伏弩殿其後，賊不敢逼，始可全生。

偽出

若守者偽出，出者欲復，預埋巨礟各門，陷機孔道，正將總老弱蠶伏而守，進選銳士奉偏將疾走，敵逐之不及，廢然歸返，其伍不齊，其心不戒，及城而機穽礟弩共發焉，賊衆必殲，於是守者出擊，逸者還戰，賊軍亂奔，賊將可擄。此爲孤注，危可復安。如其不能，效死勿去，寧守吾經。

偵　探

每營設偵探五人，凡賊中消息，營内動静，每日一報，以便城中設奇制勝。或有方略，即付偵探人帶回，營將依計施行。來往之間，須要密記。

察　機〔一三〕

一、守城要察機。彼機我機，不可不知。或城中有奸人，或身邊有漏口。或群小摇惑，防有内亂；或事不服人，防有激變。或飢寒勞役，無人存恤；或隱微下情，無人體悉。或與敵人通信，無人關防；或敵人營中動静，無人偵窺。或用度不足，當早戒備；或消息稍露，當早安排。諸如此類，當事者務要夜想晝思，早聞預處。若變起倉卒，收補難矣。

感　激

一、守城要感激。寧夏蕭總兵如薰之守孤城也〔一四〕，先向〔一五〕城中之衆激之曰：“賊叛敵〔一六〕攻，孤城難守，衆果懼敵，願各降賊，我一家惟當以死報國〔一七〕，汝等各逃性命耳！”衆曰：“將軍捐軀報國，我等小人忍負將軍乎？願以死守！”薰乃設香案向闕慟哭，又向衆人拜曰：“同心協力，各保身家！”先將家財分賞爲首之人，其妻亦將衣服首飾盡數發出，分賞當前之士。衆感泣不受，爭戮力獻計。滿城如一身，故能卒守孤城，抗賊斬敵〔一八〕。乃知氣不激則精力不奮，心不感則忠義不生，此戰守之本，而法令又其末也。

韓霖曰：兵法教正不教奇。《申令篇》正也，誨之諄諄矣；

《應變篇》奇也，難以預設先傳。張設輕重，在於一人；運用之妙，存乎一心。此不過爲將者之鞭影云耳。

校勘記

〔一〕"防排圈"一節，見《武備志》卷一百一十一《軍資乘》。

〔二〕"木土"，當作"木上"。

〔三〕"女扮男"一節，見呂坤《實政録》卷九《督撫約》。"土"，當作"上"。《實政録》此句無"防"字。

〔四〕"詭夜鼓"一節，首句見呂坤《實政録》卷九《督撫約》。"實"，《實政録》作"寔"。

〔五〕"土"，當作"上"，形近而訛。"火月城"一節，見《武備志》卷一百一十一《軍資乘》。

〔六〕"去"，《武備志》作"出"。

〔七〕"防水"一節，見《武備志》卷一百一十一《軍資乘》。文字差異較大，或另有所據本。"稿"，當作"搞"，形近而訛。

〔八〕"刾"，當作"刺"。

〔九〕"斫夜營"一節，見呂坤《實政録》卷九《督撫約》。此句《實政録》無"或從暗門"四字。

〔一〇〕"敕"，當作"刺"。

〔一一〕"斫"，《實政録》作"砍"。

〔一二〕"燭奸"一節，見呂坤《救命書·城守事宜》。

〔一三〕"察機"一節，見呂坤《實政録》卷九《督撫約》。

〔一四〕"感激"一節，見呂坤《實政録》卷九《督撫約》。《實政録》無"如薰"兩字。

〔一五〕"向"，《實政録》作"召"。

〔一六〕"敵"，《實政録》作"虜"。

〔一七〕此句《實政録》作"我惟一家自殺以報國"。

〔一八〕"敵"，《實政録》作"虜"。